LEBENSVERSICHERUNGS-MEDIZIN

EINE ANLEITUNG FÜR ÄRZTE UND STUDIERENDE DER MEDIZIN

VON

DR. W. NOLEN
PROF. AN DER UNIVERSITÄT
LEIDEN

DR. A. A. HYMANS V. D. BERGH
PROF. AN DER UNIVERSITÄT
UTRECHT

DR. J. SIEGENBEEK VAN HEUKELOM
IN ROTTERDAM

NACH DER DRITTEN HOLLÄNDISCHEN AUFLAGE
INS DEUTSCHE ÜBERTRAGEN

VON

DR. A. HAEHNER
IN DOORN

MIT 52 ABBILDUNGEN

BERLIN
VERLAG VON JULIUS SPRINGER
1925

ISBN-13:978-3-642-93866-5 e-ISBN-13:978-3-642-94266-2
DOI: 10.1007/978-3-642-94266-2

Softcover reprint of the hardcover 1st edition 1925

Berlin
Verlag von Julius Springer
1925

Aus den Vorreden zur 1. bis 3. holländischen Ausgabe.

Das Buch ist von den Verfassern gedacht als eine Anleitung bei der Untersuchung der Personen, welche sich einer ärztlichen Begutachtung unterziehen wollen oder müssen. Es wird in der Jetztzeit wenig Praxis ausübende Ärzte geben, die sich nicht des öfteren in die Lage versetzt sehen, derartige Begutachtungen vorzunehmen. Sei es, daß es sich um eine Untersuchung zum Zwecke der Aufnahme in eine Lebensversicherung handelt, sei es zur Feststellung des Gesundheitszustandes vor der Übernahme eines Amtes oder ähnliches. Der Ausfall einer solchen Untersuchung und die Beurteilung der dabei gewonnenen Ergebnisse sind für die betreffenden Personen gewöhnlich von großer Bedeutung, und oft von einschneidenderen Folgen als der untersuchende Arzt vermutet. Aus diesem Grunde muß jede Untersuchung mit peinlicher Genauigkeit und gründlicher Sachkenntnis vorgenommen werden. Darum sollten auch schon die Medizin Studierenden sich mit den Forderungen vertraut machen, welche später in der Hinsicht an sie herantreten werden.

Auf die Bedeutung, welche der Lebensversicherung in unserem Gemeinschaftsleben zukommt, braucht hier wohl nicht eingehender hingewiesen zu werden. Immer mehr geht das Streben dahin, an den Vorteilen einer Lebensversicherung möglichst weite Bevölkerungskreise teilnehmen lassen zu können.

So sind in den letzten Jahren auch mehr und mehr die Anträge auf eine Versicherung solcher Personen angenommen worden, bei denen geringe, nicht direkt lebensgefährdende Abweichungen zu finden sind. Damit sieht sich aber die Lebensversicherungsmedizin vor neue, höchst gewichtige und bedeutungsvolle Fragen gestellt. Muß sie doch die Grundlage zur Beurteilung des erhöhten Risikos schaffen, welches die Lebensversicherungsgesellschaften mit der Versicherung derartiger nicht vollkommen normaler Leben eingehen.

Auf Grund dieser Erwägungen beschloß die Nationale Lebensversicherungsbank in Rotterdam gelegentlich ihres fünfzigjährigen Bestehens die Stiftung eines Fonds, welcher der Förderung des Studiums der Lebensversicherungswissenschaft auch auf medizinischem Gebiete dienen sollte.

Diesem Plan verdankt das holländische Buch sein Entstehen.

In den gebräuchlichen Hand- und Lehrbüchern wird der Lebensversicherungsmedizin kaum irgendwelche Beachtung geschenkt. Die Originalabhandlungen, welche sich mit diesem Zweige der Medizin befassen, sind zudem in vielen der Allgemeinheit kaum oder nur schwer zugänglichen Zeitschriften verstreut.

Allerdings besitzen wir schon seit Jahren Werke, welche den Ärzten beim Studium der Lebensversicherungsmedizin von Nutzen sein konnten. Um nur ein Beispiel herauszugreifen: Greene's „Medical Examination for life insurance" kann als ein vortreffliches Buch bezeichnet werden, dessen Verfasser eine große Erfahrung auf dem Gebiete der Lebensversicherungsmedizin mit viel umfassenden klinischen Kenntnissen vereinigt. Jedoch entsprach auch dieses ebensowenig wie andere derartige Werke der Absicht, welche den holländischen Verfassern vorgeschwebt hatte. So kam der Plan zur Ausführung, die Herausgabe eines neuen eigenen Werkes zu versuchen. Daß das Buch in Holland eine gute Aufnahme gefunden hat, bezeugen die drei Auflagen, die seit seinem ersten Erscheinen im Jahre 1915 notwendig wurden.

Die dritte Auflage vom Jahre 1922 liegt der Übersetzung zugrunde.

Vorwort zur deutschen Ausgabe.

Der Aufforderung Prof. Hymans v. d. Bergh in Utrecht, eines der Verfasser der „Lebensverzekeringsgeneeskunde“, die deutsche Übersetzung dieses Buches zu übernehmen, bin ich mit Freude nachgekommen. Wie ich selbst der Durcharbeitung des Werkes mancherlei Anregungen und wertvolle Hinweise verdanke, so glaube ich auch, daß es für weitere medizinische Kreise von Interesse sein dürfte.

Durch die Absperrung während der Jahre des Weltkrieges war auch die deutsche ärztliche Wissenschaft insofern in Mitleidenschaft gezogen, als die Erfahrungen und Fortschritte des Auslandes auf dem Gebiete des Heilwesens nicht mehr nach Deutschland übermittelt werden konnten. Dieser Zustand der Isolierung blieb auch nach Kriegsende noch Jahre hindurch mehr oder weniger bestehen, weil die wirtschaftlichen Verhältnisse den Bezug ausländischer Zeitschriften kaum noch gestatteten. Wenigstens waren sie weiteren Kreisen der Ärzteschaft im Vergleich zu früher nur in sehr beschränktem Maße zugänglich. Auf seinem speziellen Gebiet berücksichtigt das holländische Werk neben der deutschen auch die amerikanische, englische und französische einschlägige Literatur und vermag dadurch vielleicht manche Lücke auszufüllen. In der Hinsicht dürften besonders die Erfahrungen beachtenswert sein, welche in der Versicherung der „unterwertigen Leben“ auf amerikanischer Seite gemacht worden sind. Es ist damit das Problem angeschnitten, die Versicherung auszudehnen auf das große Gebiet der in ihrer Lebenskraft geschädigten Personen, eine Frage, vor welche sich auch unsere Lebensversicherungsgesellschaften durch die Kriegsfolgen gestellt sehen.

Begreiflicherweise berücksichtigen manche Kapitel, vor allem die statistischen, hauptsächlich die Verhältnisse des holländischen Heimatlandes der Verfasser. Ich glaube jedoch annehmen zu können, daß dies einer deutschen Ausgabe nicht Abbruch zu tun braucht, weil die deutschen statistischen Angaben häufig zum Vergleiche herangezogen sind. Ebenso haben neben den anderen ausländischen vielfach die deutschen Quellen und die Erfahrungen unserer großen Lebensversicherungsgesellschaften Erwähnung und kritische Beleuchtung gefunden.

Das Buch wendet sich, wie der Untertitel besagt, nicht nur an die Ärzte, sondern auch an die Studierenden der Medizin. Darin ist die Erklärung für die ausführliche Behandlung verschiedener dem in der Praxis stehenden Arzte geläufiger Untersuchungsmethoden und Handgriffe zu suchen. Es mag vielleicht im ersten Augenblicke etwas fremd anmuten, Studierende schon mit diesem Zweige der Medizin vertraut zu machen. Aber meines Erachtens kann es nur als ein Vorteil angesehen werden, wenn schon die Studenten in das Wesen und die Erfordernisse einer gründlichen Begutachtung eingeführt, auf deren Bedeutung hingewiesen und dadurch von vornherein zu einer sorgfältigen Untersuchung in allen Fällen erzogen werden. Das wird für die verschiedensten Zwecke, wie gerichtliche, militärische usw. Gutachten, nicht nur für die Lebensversicherungsmedizin von großem Nutzen sein können.

Bei der Übersetzung war ich bestrebt, mich möglichst genau an den Text zu halten. Umstellungen sind nur insofern erfolgt, als dies im Interesse der Flüssigkeit der Darstellung notwendig erschien. Ich hoffe, daß mir dies in voller Übereinstimmung mit dem Sinne des holländischen Textes gelungen ist.

Möge das Werk der drei namhaften holländischen Autoren, Prof. HYMANS V. D. BERGH, Prof. NOLEN und Dr. SIEGENBEEK VAN HEUKELOM, in deutschen medizinischen Kreisen viele Freunde finden und auf diese Weise mitwirken an der Festigung des geistigen Bandes zwischen den beiden Nachbarländern Deutschland und Holland.

Doorn, im Juni 1925. **Dr. Haehner.**

Inhaltsverzeichnis.

Erstes Kapitel.

Einleitung, allgemeine Betrachtungen und Statistik.

(Siegenbeek van Heukelom.)

Zweites Kapitel.

Faktoren des Widerstandsvermögens.

(Hymans van den Bergh und Siegenbeek van Heukelom.)

Drittes Kapitel.

Lebensweise und Gewohnheiten.

(Siegenbeek van Heukelom.)

Seite

Viertes Kapitel.

Die ärztliche Untersuchung.

(NOLEN — HYMANS VAN DEN BERGH — SIEGENBEEK VAN HEUKELOM.)

Fünftes Kapitel.

Die ärztliche Untersuchung (Fortsetzung).

Sechstes Kapitel.

Zusammenhänge zwischen Körpermaßen und -gewicht und der Lebensdauer.

(Siegenbeek van Heukelom.)

Siebentes Kapitel.

Einige Krankheiten von besonderer Bedeutung für die Lebensversicherung.

Achtes Kapitel.

Versicherung unterwertigen Lebens.

(Siegenbeek van Heukelom.)

Neuntes Kapitel.

Spezialistische Untersuchung. — Das Gutachtenformular. — Verzeichnis der Todesursachen. — Das Berufsgeheimnis.

(Siegenbeek van Heukelom.)

Erstes Kapitel.

Einleitung, allgemeine Betrachtungen und Statistik.

Geschichtliche Übersicht.

Der Grundgedanke der Lebensversicherung, die Versorgung der Angehörigen nach dem Tode des Ernährers, ist schon sehr alt.

Bei den Römern herrschte die Gewohnheit, daß der Mann bei der Hochzeit eine gewisse Summe einzahlte, die in seinem Todesfalle zur Bestreitung der Kosten des Haushaltes und zum Unterhalt des Gesindes diente. Bei seinem Zug durch Gallien fand Caesar unter den Landeseinwohnern einen ähnlichen Brauch. In der römischen Kaiserzeit gab es Vereinigungen unter den Angehörigen des Soldatenstandes und, wie man ihn jetzt nennen würde, des Mittelstandes, die die Beerdigungskosten trugen und manchmal auch die Hinterbliebenen unterstützten.

In späteren Zeiten waren es besonders die Gilden, die im Falle des Todes eines Mitglieds die Sorge für die Hinterbliebenen auf sich nahmen und auch noch in anderer Weise für die Mitglieder eintraten, z. B. durch Zahlungen in Krankheitsfällen, bei Brand, Diebstahl usw.[1]. Eine Gilde versicherte sogar gegen die Schadenvergütung, die ein Mitglied zahlen mußte, wenn es ein anderes Mitglied tötete[2], ein Vorgang, der in gewissem Sinne an unsere Versicherung gegen Automobilunglücke denken läßt.

Alle diese Einrichtungen aber, wie die italienischen montes pietatis, die ein Kapital zu Lebzeiten nach einer bestimmten Anzahl Jahren auszahlten, und die unter der Regierung Ludwigs XIV. errichteten berüchtigten tontines, die die Zinsen eines Kapitals und später das Kapital selbst einer bestimmten Anzahl Teilnehmer unter die zuletzt Übriggebliebenen verteilten, standen auf ganz unsicherem Boden. Denn das Verhältnis zwischen den zu zahlenden Beiträgen und dem ausgezahlten Betrag war vollkommen unbekannt.

Dies Verhältnis konnte nur dann berechnet werden, wenn man wußte, wieviel Beiträge man erwarten konnte, wieviel und wann bezahlt werden mußte, mit anderen Worten, wie hoch die zu erwartende Sterblichkeitsziffer unter den Mitgliedern war.

In noch größerem Maße war dies der Fall bei den Leibrenten. Auch diese Einrichtung war den Römern bereits bekannt. [Es wurde sogar im Hinblick hierauf von ULPIANUS im Jahre 364 v. Chr. eine Tabelle der durchschnittlichen Lebensdauer (?)[3] aufgestellt.] Aber besonders in flämischen und holländischen Landesteilen war schon im 13. Jahrhundert der Verkauf von Leibrenten ein beliebtes Mittel der Regierung, um flüssige Kapitalien zu erhalten. Ein vorteilhaftes Mittel war es sicher nicht, wenn man bedenkt, daß, auch für junge Menschen, die Leibrente manchmal das Doppelte der gewöhnlichen Zinsen betrug[4].

---

[1]) VAN SCHEVICHAVEN, MR. J.: Van Leven en Sterven.

[2]) GREENE: Examination for Live Insurance 1905, S. 10.

[3]) Vgl. VAN DORSTEN: Wat weten wij van de sterfte in de oudheid. Jaarboekje voor Levensverzekering 1906.

[4]) WESTERGAARD: Lehre der Mortalität und Morbilität. 2. Aufl. S. 29.

Besonders diese Leibrenten ließen den Wunsch nach einer Übersicht über die wahrscheinliche Anzahl der Todesfälle sehr rege werden und gaben dadurch die Veranlassung zur Zusammenstellung von sog. Sterblichkeitstabellen.

Erst durch diese Sterblichkeitstabellen konnte die Lebensversicherung auf festem Boden errichtet werden.

In der zweiten Hälfte des 17. Jahrhunderts haben vier Männer, darunter zwei Holländer, sich durch das Studium dieses Problems große Verdienste erworben.

JOHN GRAUNT war der erste, der aus regelmäßigen statistischen Angaben der Londoner Todesfälle die Wahrscheinlichkeit der Lebenszeit zu berechnen versuchte (1662—1676). Wohl waren die Angaben unvollständig und daher auch die Schlußfolgerungen weit von Richtigkeit entfernt, aber der erste Schritt auf rechtem Weg war mit der Benutzung statistischer Angaben getan worden.

Kurze Zeit nach dem Erscheinen dieses Werkes reichte der bekannte Ratspensionär JOHANN DE WITT im Jahre 1671 bei den „Generalstaaten“[1]) eine Denkschrift ein, in welcher er die Kaufsumme einer Leibrente aus statistischen Angaben errechnete, nämlich den Todesverzeichnissen der Leibrentner der „Staaten“, den sog. „Blaffaerden“. Er gab als erster an, wie die Berechnung der Kaufsumme einer Leibrente auf die wahrscheinliche Lebensdauer sich gründen mußte. Allerdings hatte er über diese wahrscheinliche Lebensdauer selbst kein richtiges Urteil, was wohl daraus zu schließen ist, daß er sie für Menschen zwischen 4 und 54 Jahren gleichstellt.

Weder GRAUNT noch DE WITT jedoch gaben die Zahlen an, auf die sie ihre Schlußfolgerungen gründeten. Dies tat zuerst auch ein Holländer, nämlich JOHANNES HUDDE, Bürgermeister von Amsterdam, mit anderen Worten: er ist der Verfertiger der ersten Sterblichkeitstabelle. Von ihm ist ein Brief an CHRISTIAN HUYGENS bekannt geworden, in dem er eine tabellarische Übersicht über die Todesfälle unter den Leibrentnern der Vereinigten Provinzen aus den Jahren 1586, 1587, 1588, 1589 und 1590 gibt. Zwar ist es noch keine Sterblichkeitstabelle in moderner Form, doch ist eine solche unschwer aus ihr abzuleiten[2]). So haben diese drei Männer ungefähr gleichzeitig die Grundsteine gelegt für die wissenschaftliche Lebensversicherung: GRAUNT durch die Berechnung der wahrscheinlichen Lebenszeit aus statistischen Angaben, DE WITT einen Schritt weiter gehend und anzeigend, wie man die wahrscheinliche Lebensdauer zur Grundlage für die finanzielle Berechnung machen müsse, und endlich JOHANNES HUDDE, indem er objektives Material lieferte, nicht nur Methoden und Schlußfolgerungen, sondern Zahlen.

Bevor die Tabelle von HUDDE bekannt war, galt allgemein die des englischen Astronomen HALLEY für die erste Sterblichkeitstabelle. HALLEY fertigte diese Tabelle im Auftrag der Königl. Akademie der Wissenschaften in London an nach den Angaben, die von NEUMANN aus den Sterbestatistiken der Stadt Breslau in den Jahren 1687—1691 zusammengestellt waren.

Auffallend ist, daß, während eine ganze Anzahl von Gelehrten im 18. Jahrhundert sich mit der Berechnung der Sterbewahrscheinlichkeit beschäftigten, die Lebensversicherung davon keinen Gebrauch machte. Die Arbeit von JOHANN DE WITT geriet bald in Vergessenheit und wurde erst im vorigen Jahrhundert gewissermaßen neu entdeckt. Auf die Tabelle von HALLEY sah man nach seinem Tode mit Verachtung herab. Andere Untersucher kamen: SIMPSON, SÜSSMILCH, DEPARCIEUX, BUFFON, in Holland KERSEBOOM, STRUYCK. Die Wahrscheinlich-

[1]) Landesvertretung (d. Übers.).

[2]) Bouwstoffen voor de geschiedenis van de Levensverzekeringen en Lijfrenten in Nederland, uitgegeven door de Algemeene Maatschappij van Levensverz. en Lijfr. Amsterdam 1897.

keitsberechnung, sowohl auf dem Gebiete der Lebensdauer wie auf jedem anderen Gebiete, kam in Mode und verleitete zu den wunderlichsten Spekulationen. Man konnte sich u. a. versichern gegen den Tod durch Trinken von Genever, gegen Ehebruch, gegen Ehrverlust[1]).

Vielleicht ist gerade diese spekulative Seite des Problems schuld, daß die Anwendung der Wahrscheinlichkeitsberechnung für eine zuverlässige Lebensversicherung so lange außer acht blieb. Die erste große Unternehmung auf diesem Gebiet, die „Amicable Society", errichtet im Jahre 1702, erhob für Personen zwischen 12 und 45 Jahren die gleiche Prämie. Erst die „Equitable Society for assurances on lives and survivorships" in London wandte einen Prämientarif an, steigend mit dem Lebensalter und zusammengestellt von Dodson (1762).

Später sind natürlich die Angaben zahlreicher und die Arbeitsmethoden richtiger geworden, aber das heutige Prinzip ist doch von der „Equitable" zuerst in Anwendung gebracht worden.

Diesem Prinzip: die Anwendung der Wahrscheinlichkeitsberechnung auf die Lebensdauer und die Berechnung der Prämie aus den Sterblichkeitstabellen verdankt die gegenwärtige Lebensversicherung ihre feste Grundlage.

Zusammenstellung von Sterblichkeitstabellen.

Eine Sterblichkeitstabelle kann auf verschiedene Art und Weise zusammengestellt werden.

Man kann z. B. den Lebenslauf einer Anzahl Menschen verfolgen und jedes Jahr festlegen, wie viele durch Tod ausgeschieden sind, solange bis der letzte gestorben ist[2]). Der Nachteil dieser Methode ist die lange Zeitdauer, die sie beansprucht, bevor man zu einem Ergebnis kommt. Außerdem wird die Feststellung durch den Wegzug der betreffenden Personen nach außerhalb sehr erschwert.

Der größte Nachteil aber besteht darin, daß das endliche Ergebnis sofort so veraltet ist, daß es unbrauchbar ist.

Eine zweite Methode berechnet die wahrscheinliche Lebensdauer eines jeden Lebensalters, mit anderen Worten, man stellt fest, wieviel Personen von einer bestimmten Anzahl Gleichaltriger durchschnittlich im Laufe eines Jahres sterben. Aus den Mitteilungen der Volkszählungen und den Standesamtsregistern ergibt sich, wieviel Personen z. B. im Alter von 20 Jahren am 1. Januar eines bestimmten Jahres leben und wieviel Gleichaltrige im Laufe dieses Jahres sterben. Aus diesem Verhältnis läßt sich (mit den erforderlichen Berichtigungen) die Sterbewahrscheinlichkeit berechnen, und man erhält, wenn man diese Methode nacheinander auf jedes Lebensjahr anwendet, eine Tabelle der Sterbewahrscheinlichkeit. Aus dieser ist wiederum die Überlebendentabelle zu berechnen. Man geht von beispielsweise 100 000 Neugeborenen aus und stellt fest, wieviel davon in jedem folgenden Jahre noch leben. So ist die gebräuchliche Form der Sterblichkeitstabelle. Für Holland hat Prof. van Pesch (s. S. 4) derartige Tabellen zusammengestellt.

Wie man sieht, ist in dieser Sterblichkeitstabelle noch ein anderer Wert errechnet: die durchschnittliche Lebensdauer. Diese wird ermittelt, indem man zusammenzählt, wieviel Jahre die Überlebenden eines bestimmten Alters noch zusammen zu leben haben und diese Summe dann durch ihre Anzahl teilt. Diese Zahl gibt also an die Anzahl Jahre, die jede Person des betreffenden bestimmten Lebensalters leben würde, wenn sie alle gleich lange lebten.

---

[1]) Greene: Examination for Life Insurance 1905, S. 18.
[2]) Auf diese Weise ist die Sterblichkeitstabelle von Hudde zusammengestellt.

Gesamte Bevölkerung (Männertabelle 1900—1909).

Lebensalter	Sterbewahrscheinlichkeit	Lebende	Tote	Durchschnittliche Lebensdauer	Lebensalter	Sterbewahrscheinlichkeit	Lebende	Tote	Durchschnittliche Lebensdauer
0	0,14046	100 000	14 046	51,0	50	0,01177	63 265	745	21,8
1	0,03555	85 954	3056	58,2	51	0,01246	62 520	779	21,0
2	0,01665	82 898	1380	59,3	52	0,01329	61 741	821	20,3
3	0,00916	81 518	747	59,3	53	0,01438	60 920	876	19,5
4	0,00654	80 771	528	58,9	54	0,01561	60 044	937	18,8
5	0,00496	80 243	398	58,3	55	0,01686	59 107	997	18,1
6	0,00396	79 845	316	57,6	56	0,01807	58 110	1050	17,4
7	0,00329	79 529	262	56,8	57	0,01944	57 060	1109	16,7
8	0,00280	79 267	222	56,0	58	0,02090	55 951	1159	16,1
9	0,00247	78 945	195	55,1	59	0,02247	54 782	1231	15,4
10	0,00226	78 850	178	54,3	60	0,02429	53 551	1301	14,7
11	0,00208	78 672	164	53,4	61	0,02593	52 250	1355	14,1
12	0,00201	78 508	158	52,5	62	0,02826	50 895	1438	13,4
13	0,00207	78 350	162	51,6	63	0,03120	49 457	1543	12,8
14	0,00228	78 188	178	50,7	64	0,03395	47 914	1627	12,2
15	0,00260	78 010	203	49,8	65	0,03720	46 287	1722	11,6
16	0,00301	77 807	234	48,9	66	0,04073	44 565	1815	11,1
17	0,00352	77 573	273	48,1	67	0,04405	42 750	1883	10,5
18	0,00416	77 300	322	47,3	68	0,04791	40 867	1958	10,0
19	0,00475	76 978	366	46,5	69	0,05251	38 909	2043	9,4
20	0,00507	76 612	388	45,7	70	0,05743	36 866	2117	8,9
21	0,00514	76 224	392	44,9	71	0,06211	34 749	2158	8,5
22	0,00511	75 832	388	44,1	72	0,06795	32 591	2215	8,0
23	0,00508	75 444	383	43,4	73	0,07497	30 367	2277	7,5
24	0,00502	75 061	377	42,6	74	0,08181	28 099	2299	7,1
25	0,00492	74 684	367	41,8	75	0,08921	25 800	2302	6,7
26	0,00481	74 317	357	41,0	76	0,09757	23 498	2292	6,3
27	0,00476	73 960	352	40,2	77	0,1061	21 206	2250	5,9
28	0,00476	73 608	350	39,4	78	0,1145	18 956	2170	5,6
29	0,00479	73 258	351	38,6	79	0,1254	16 786	2105	5,2
30	0,00475	72 907	346	37,8	80	0,1370	14 681	2011	4,9
31	0,00466	72 561	338	36,9	81	0,1481	12 670	1876	4,6
32	0,00472	72 223	341	36,1	82	0,1598	10 794	1725	4,3
33	0,00495	71 882	356	35,3	83	0,1735	9 069	1573	4,0
34	0,00518	71 526	371	34,4	84	0,1883	7 496	1411	3,7
35	0,00537	71 155	382	33,6	85	0,204	6 085	1241	3,5
36	0,00559	70 773	396	32,8	86	0,217	4 844	1051	3,3
37	0,00584	70 377	411	32,0	87	0,229	3 793	869	3,0
38	0,00611	69 966	427	31,2	88	0,244	2 924	713	2,8
39	0,00645	69 539	449	30,4	89	0,260	2 211	575	2,5
40	0,00679	69 090	469	29,5	90	0,29	1 636	474	2,2
41	0,00710	68 621	487	28,7	91	0,35	1 162	407	1,9
42	0,00742	68 134	506	27,9	92	0,41	755	310	1,6
43	0,00783	67 628	530	27,2	93	0,47	445	209	1,4
44	0,00844	67 098	566	26,4	94	0,53	236	125	1,2
45	0,00898	66 532	597	25,6	95	0,6	111	67	1,0
46	0,00940	65 935	620	24,8	96	0,7	44	31	0,9
47	0,00994	65 315	649	24,0	97	0,8	13	10	0,7
48	0,01061	64 666	686	23,3	98	0,9	3	3	0,5
49	0,01118	63 980	715	22,5	99	1,0			

Nehmen wir das Lebensalter: 91 Jahre, so sehen wir, daß von den ursprünglichen 100 000 noch 1162 Personen am Leben sind. Angenommen, daß alle Todesfälle an das Ende eines Lebensjahres fallen, dann haben

im 1. Jahr	1162	Personen	zusammen	1162	Jahre gelebt
„ 2. „	755	„	„	755	„ „
„ 3.	445	„	„	445	„ „
„ 4. „	236	„	„	236	„ „
„ 5. „	111	„	„	111	„ „
„ 6. „	44	„	„	44	„ „
„ 7. „	13	„	„	13	„ „
„ 8. „	3	„	„	3	„ „

so daß die 1162 Personen noch zusammen 2769 Jahre leben,

das bedeutet also jeder noch 2,38 Jahre. Nun fallen aber natürlich nicht alle Todesfälle an das Ende des Lebensjahres, sondern sind über das ganze Jahr verteilt, so daß man im Durchschnitt den mittelsten Tag des Lebensjahres als Todesdatum rechnen kann. Die durchschnittliche Lebensdauer ist also nicht 2,38, sondern nur 1,88 oder 1,9 Jahr.

In anderen Sterblichkeitstabellen findet man zuweilen auch noch die wahrscheinliche Lebensdauer angegeben. Hierunter versteht man die Anzahl Jahre, die man erhält, wenn man nachforscht, wann die Zahl der Überlebenden nach der Sterblichkeitstabelle auf die Hälfte verringert ist. Sind z. B. von den 100 000 Geborenen im Alter von 50 Jahren noch 63 265 Personen am Leben, so forschen wir nach, zu welcher Lebenszeit noch $\frac{63265}{2} = 31\,632$ Personen übrig sind. Wir finden dann ungefähr $72^1/_2$ Jahr (im Alter von 72 Jahren sind noch 32 591 und mit 73 Jahren noch 30 376 am Leben). Ein Fünfzigjähriger hat also wahrscheinlich noch ungefähr $22^1/_2$ Jahre zu leben.

Weder die wahrscheinliche, noch die durchschnittliche Lebensdauer sind für die Lebensversicherung von praktischem Wert, weil die Prämienberechnung usw. nicht von diesen Zahlen abhängig ist. Wohl aber sind sie von Bedeutung für die medizinische Statistik. Vor allem die durchschnittliche Lebensdauer wird hierfür gebraucht, nach Analogie mit anderen statistischen Berechnungen, die auch stets den Durchschnitt zugrunde legen. In der letzten Niederländischen Sterblichkeitstabelle (1909) wird denn auch die durchschnittliche, nicht aber die wahrscheinliche Lebensdauer angegeben.

Einflüsse allgemeiner Art auf die Lebensdauer.

Der Wert statistischer Angaben ist bedingt durch zwei Voraussetzungen: Die zugrunde gelegten Beobachtungen müssen sehr zahlreich sein und außerdem so viel wie möglich gleichartig. So auch die Sterblichkeitstabellen.

Die erste Forderung ist klar: je größer die Anzahl der Beobachtungen, desto kleiner die Rolle, die der Zufall spielt.

Auch die zweite Bedingung ist verständlich. Allerlei Umstände haben Einfluß auf die Todeswahrscheinlichkeit: Lebensalter, Geschlecht, Beruf, Wohnort usw. Wenn diese Umstände soviel wie möglich auf eine gleiche Grundlage gebracht werden, besteht die meiste Aussicht, in einem bestimmten Fall zu einem richtigen Ergebnis zu kommen.

So gibt es besondere Sterblichkeitstabellen für Männer und für Frauen, für die gesamte Bevölkerung, für die Stadtbevölkerung, für verschiedene Länder usw. Die Lebensversicherung kommt für eine bestimmte Kategorie von Menschen in Betracht. Daher werden dabei auch oft sog. Erfahrungstabellen gebraucht, zusammengestellt aus eigenen Beobachtungen einer oder mehrerer Versicherungsgesellschaften. Diese Tabellen geben ein richtigeres Bild von der Sterblichkeit, mit der solche Gesellschaften zu rechnen haben, als die mehr allgemeinen Tabellen.

Es ist natürlich unmöglich, besondere Tabellen herzustellen für „all sorts and conditions of men“, aber darum ist es von Interesse, zu erforschen, welchen Einfluß verschiedene Umstände auf die Sterblichkeit haben, damit man beim

Nachschlagen in einer allgemeinen Sterblichkeitstabelle dergleichen in Betracht ziehen kann.

In Kürze sollen hier einige dieser Umstände besprochen werden. Die Angaben stammen soviel wie möglich aus niederländischen Statistiken, zuweilen zur Vergleichung auch aus Statistiken anderer Länder, wobei dann besonders von englischen und amerikanischen Angaben Gebrauch gemacht wurde, weil dort die amtliche Statistik sehr vollständig ist, und von Deutschen, da vor allem die deutschen Lebensversicherungsgesellschaften (besonders die „Gotha“) zu diesem Gebiete wichtige Beiträge liefern.

Im Hinblick auf unsere Aufgabe ist vor allem auf die Lebensperiode geachtet, mit der vornehmlich die Lebensversicherung zu tun hat, Säuglingssterblichkeit und Todesfälle in der Jugend sind außer Besprechung geblieben. Im Anschluß hieran sind aus den verschiedenen Tabellen nur die Zahlen, die auf ein Lebensalter von 18 Jahren und mehr Bezug haben, übernommen.

Lebensalter.

Das Lebensalter übt wohl den größten Einfluß auf die Todeswahrscheinlichkeit aus, und alle Statistiken, die auf die Sterblichkeit Bezug haben, müssen den Faktor Lebensalter in Rechnung stellen. Bei der Berufssterblichkeit wird dies z. B. sehr deutlich in Erscheinung treten.

Bei der ärztlichen Beurteilung aber eines bestimmten Falles für Lebensversicherung kann man diesen Faktor meist außer acht lassen. Die Sterblichkeitstabelle selbst ist ja der eigentliche Ausdruck des Einflusses des Lebensalters auf die Mortalität, und die Berechnung der zu zahlenden Prämie beruht auf der Sterblichkeitstabelle. Ein vollkommen gesunder Fünfzigjähriger kann vom begutachtenden Arzt mit ebenso gutem Gewissen empfohlen werden wie ein Fünfundzwanzigjähriger, wenn auch seine Todesaussichten viel größer sind. Dafür bezahlt er eben eine höhere Prämie. Man muß sich bei einer Begutachtung nur fragen, ob die untersuchte Person die normalen Aussichten, alt zu werden, hat, und man darf sich dabei nicht durch Zahlen leiten lassen, die die durchschnittliche oder wahrscheinliche Lebensdauer in einem bestimmten Lebensalter angeben. Abgesehen davon, daß es unmöglich ist, zu beurteilen, ob jemand von 25 Jahren nun 67 Jahre alt werden wird oder jemand von 50 Jahren 73, muß man bedenken, daß dies Durchschnittswerte sind, und daß also denen, die früher sterben, andere gegenüberstehen müssen, die älter werden. Vorausgesetzt, es wäre möglich, jemandes Lebensaussichten so zu beurteilen, daß man mit Sicherheit sagen könnte: Dieser Mann von 25 Jahren kann ausgerechnet 67, und dieser von 50 Jahren gerade 73 alt werden, aber nicht älter, dann würde man solche Leute nicht als normal empfehlen dürfen. Denn gegenüber der Möglichkeit, der jeder unterworfen ist, daß der Tod ganz unerwartet, z. B. durch ein Unglück, eintritt, würde in diesen Fällen nicht die Möglichkeit stehen, daß die betreffenden Personen ein höheres als das angegebene Lebensalter erreichten.

Jedoch kann in manchen Fällen das Lebensalter das Urteil des begutachtenden Arztes beeinflussen. Man muß die Tatsache in Rechnung stellen, daß in höherem Lebensalter (über 50 Jahre) die Gefahr der Erkrankung an Krebs und Arteriosklerose droht, eine Gefahr, die in ihrem Beginn der ärztlichen Untersuchung so leicht entgeht. Magenkrebs z. B. und Arteriosklerose der Coronararterien können im Entstehen lediglich subjektive Beschwerden verursachen, für welche sich keine objektiven Abweichungen finden lassen. Werden diese Beschwerden verschwiegen, so können sie also unbemerkt durch die Barriere der ärztlichen Untersuchung hindurchschlüpfen. Die Gefahr ist so groß, daß man sogar die Frage aufgeworfen hat, ob über 50 Jahre alte Personen überhaupt versichert werden sollen. Auf dem Pariser Kongreß der Versicherungsärzte im Jahre 1903 ist diese Frage ausführlich behandelt worden. VAN DER HEIDE, der damalige Berichterstatter über dieses Thema, warf sich zum Fürsprecher für die Betagten auf und drang bei der Versammlung mit der Überzeugung durch, daß es unbillig wäre, von der Versicherung alle über 50 Jahre alten Leute auszuschließen. Doch wurde in der Diskussion die Gefahr eines solchen Vorgehens wohl erkannt, und es wurde darauf hingewiesen, daß die Untersuchung in diesen Fällen besonders genau stattfinden und man bei der Anamnese vor allem den subjektiven Klagen, die ein verborgenes Carcinom verursachen kann, nachgehen müsse. Auch müsse man die volle Aufmerksamkeit der Untersuchung von Herz und Blutgefäßen zuwenden, die Bestimmung des Blutdrucks bei Versicherung in höherem Lebensalter wäre sehr erwünscht.

Ebensowenig wie im allgemeinen die Versicherung des vorgeschrittenen Lebensalters erwünscht ist, ist es die des Kindesalters. Die Untersuchung des Kindes kann kein richtiges Urteil dafür liefern, wie der körperliche Zustand des Erwachsenen sein wird. Hier die Grenze zu ziehen, ist nicht leicht; in der Regel lasse man Personen unter 18 Jahren nicht untersuchen. — In manchen Fällen wird sich der Einfluß des Lebensalters besonders zur Geltung bringen. So wird man für eine Versicherung, die nach 30 Jahren abläuft, einen Zwanzigjährigen mit größerer Unbesorgtheit empfehlen können als einen Vierzigjährigen, wenn in beiden Familien auffallend viele Todesfälle von Krebs vorkommen. Dasselbe wird der Fall sein, wenn man es mit beleibten Menschen zu tun hat; dagegen wird ein Sprößling tuberkulöser Eltern in seinem 20. Lebensjahre ein größeres Risiko bedeuten als in seinem 40. Jahre.

Geschlecht.

Die durchschnittliche Lebensdauer ist bei Männern und Frauen verschieden. Die Frau kann sich im allgemeinen eines längeren Lebens erfreuen. Aus den Ergebnissen der Volkszählung von 1909 in Holland ging hervor, daß die durchschnittliche Lebensdauer ist:

im Lebensalter von	beim Manne	bei der Frau	im Lebensalter von	beim Manne	bei der Frau
15 Jahren	49,8	51,0	40 Jahren	29,5	30,8
20 „	45,7	46,9	45 „	25,6	26,9
25 „	41,8	42,8	50 „	21,8	22,9
30 „	37,8	38,8	55 „	18,1	19,1
35 „	33,6	34,8	60 „	14,7	15,5

Diese Erscheinung findet sich in fast allen Ländern.

Zivilstand.

Interessant wird das Verhältnis der Sterblichkeit der Männer zu dem der Frauen, wenn man den Faktor des Zivilstandes in Betracht zieht. Zugleich wird dann eine Eigentümlichkeit erklärt, die auffällt, wenn man der Todeswahrscheinlichkeit der männlichen Personen vom 12.—30. Lebensjahr nachgeht.

Während beim weiblichen Geschlecht die Todeswahrscheinlichkeit bis zum 11. Lebensjahre sinkt, um dann allmählich anzusteigen, sieht man beim männlichen Geschlecht erst ein Sinken bis zum 12. Jahr, dann ein Steigen bis zum 21., dann wieder ein Sinken bis zum 31., und erst dann den Beginn eines regelmäßigen Steigens bis zum Ende (vgl. Sterblichkeitstabelle S. 4).

Für diese Erscheinung hat TURKSMA[1]) eine Erklärung gegeben, indem er eine Trennung der Männer und Frauen in Unverheiratete und andere Personen vornahm (also Verheiratete, Witwer, Witwen und Geschiedene).

[1]) Huwelijk en sterfte 1898.

Aus den während der Jahre 1870—1880 beobachteten Todeswahrscheinlichkeiten berechnete er, daß

im Alter von	die Todeswahrscheinlichkeit ist bei unverheirateten Männern	übrigen Männern	unverheirateten Frauen	übrigen Frauen
$20^1/_2$ Jahren	0,00986	0,00478	0,00658	0,00957
$30^1/_2$ „	0,01085	0,00720	0,00835	0,01102
$40^1/_2$ „	0,01481	0,01059	0,01151	0,01274
$50^1/_2$ „	0,02318	0,01702	0,01773	0,01321
$60^1/_2$ „	0,03737	0,03207	0,03040	0,02597

Die Heirat übt also auf die Männer einen beschützenden Einfluß aus; auf die Frauen ist sie dagegen, was die Lebensdauer betrifft, von Nachteil bis in die vierziger Jahre. Sind sie durch diese Gefahrenperiode hindurch, dann sind die Lebensaussichten der verheirateten Frauen besser als die der unverheirateten und der Männer.

Sterblichkeit auf 10 000 Personen, nach Lebensalter und Geschlecht getrennt.

	Männer			Frauen			Männer			Frauen		
	20—39	40—59	60—	20—39	40—59	60—	20—39	40—59	60—	20—39	40—59	60—
	Deutschland						*Frankreich*					
Ledig	61	227	789	52	135	686	96	268	917	76	150	730
Verheiratet . .	45	134	553	55	101	441	60	145	606	60	105	430
Verwitwet. . .	137	284	1061	83	145	769	155	275	1116	99	144	853
	Preußen						England					
Ledig.	96	244	793	50	136	662				35	105	540
Verheiratet . .	65	139	551	54	99	430				48	108	412
Verwitwet. . .	150	300	1085	79	143	766				71	170	741
	Bayern						*Schottland*					
Ledig.	107	233	837	55	142	749	108	353	1099	113	247	975
Verheiratet . .	71	142	596	63	116	488	64	156	572	86	131	491
Verwitwet. . .	166	288	1102	92	162	838	158	329	1195	109	186	885
	Sachsen						*Luxemburg*					
Ledig.	53	235	815	49	130	640	76	213	746	65	137	662
Verheiratet . .	41	135	579	50	95	426	58	150	528	59	100	508
Verwitwet. . .	128	276	1086	96	142	748	245	267	1048	90	132	815
	Württemberg						*Norwegen*					
Ledig.	122	211	835	56	138	713	103	155	617	68	110	531
Verheiratet . .	66	132	554	56	107	482	51	97	453	64	88	353
Verwitwet. . .	156	267	1046	79	159	789	133	152	946	94	108	731
	Österreich						Niederlande					
Ledig.	83	252	890	72	165	732	52	147	681	42	108	604
Verheiratet . .	65	161	602	74	121	501	35	97	481	47	89	413
Verwitwet. . .	156	320	1139	127	186	869	82	173	918	63	123	760
	Belgien						*Serbien*					
Ledig.	62	185	758	49	114	589	163	417	1001	182	296	416
Verheiratet . .	42	118	520	51	92	416	88	197	503	133	189	479
Verwitwet. . .	177	237	972	89	135	742	136	330	899	151	292	928
	Bulgarien						*Schweden*					
Ledig.	128	332	760	152	259	586	74	166	624	56	105	536
Verheiratet . .	83	150	375	117	134	357	43	98	450	55	85	364
Verwitwet. . .	172	291	787	152	201	625	98	173	944	84	114	742
	Dänemark						Schweiz					
Ledig.	56	180	561	47	112	504	65	212	846	57	132	705
Verheiratet . .	36	106	481	45	83	377	51	145	597	59	109	494
Verwitwet. . .	109	223	967	71	121	757	130	279	1041	79	148	766

Die vorstehende Tabelle (s. S. 8)[1]) gibt für verschiedene europäische Länder die jährliche Sterbeziffer (um das Jahr 1910) berechnet auf 10 000 Personen an, für Ledige, Verheiratete, Witwen und Witwer (bei welch letzteren Kategorien die Geschiedenen mit einbegriffen sind).

Man sieht, daß die Regel, daß die Verheiratung Hand in Hand geht mit einer geringeren Todesaussicht bei den Männern und älteren Frauen, ungefähr für alle Länder von Gültigkeit ist. Nur England macht davon eine geringe Ausnahme. Dort besteht für die verheirateten Frauen zwischen 40 und 59 Jahren eine etwas höhere Sterblichkeitswahrscheinlichkeit als für die Unverheirateten. Der zweite Grundsatz, daß die Ehe einen ungünstigen Einfluß auf die Lebensdauer der jüngeren Frauen ausübt, ist lange nicht so allgemein. Für 9 der 18 Länder trifft er zu, in 8 ist das Umgekehrte der Fall, in einem sind beide Sterblichkeitsziffern gleich. Die Namen der Länder, für welche der Grundsatz nicht zutrifft, sind in der Tabelle kursiv gedruckt.

Drittens geht aus der Tabelle hervor, daß verwitwete Personen die schlechtesten Lebensaussichten haben; nur Serbien macht in dieser Hinsicht bezüglich der Männer und Schottland bezüglich der Frauen eine Ausnahme.

In der folgenden Tabelle ist noch eine weitere Teilung der dritten Gruppe vorgenommen, in Witwer, Witwen und Geschiedene. Daraus geht hervor, daß die letzte Kategorie am schlechtesten abschneidet, der Stoß, den ihr Leben bekommen hat, spiegelt sich in der Lebensdauer wieder.

Von 1000 Lebenden starben in Bayern in den Jahren 1881—1890[2]) durchschnittlich im Jahr:

Im Alter von	Männer				Frauen			
	Ledig	Verheiratet	Verwitwet	Geschieden	Ledig	Verheiratet	Verwitwet	Geschieden
30—35 Jahren	11,9	7,0	20,0	26,7	8,8	9,6	12,7	11,6
35—40 „	15,5	9,0	23,1	22,7	10,6	11,1	12,2	16,8
40—45 „	20,0	11,0	25,1	27,8	12,3	11,3	13,5	13,5
45—50 „	23,8	14,8	28,2	45,0	15,7	11,8	14,4	17,1
50—55 „	29,8	19,5	31,4	37,0	20,6	15,7	19,1	23,0
55—60 „	38,8	26,5	37,5	44,7	26,4	22,5	26,3	29,0
60—65 „	55,1	38,3	52,4	68,8	41,4	35,9	40,6	47,6
65—70 „	75,9	57,4	72,5	87,0	60,5	56,3	61,5	90,6

Man kann für den Zusammenhang zwischen Lebensdauer und Ehe leicht eine Erklärung abgeben. Bei den Männern wird wenigstens zum Teil die ruhigere solide Lebensweise der verheirateten die Aussicht auf ein längeres Leben erklären können (für diese Annahme spricht die größere Sterblichkeit der geschiedenen Männer, von denen ein Teil sich offenbar in das solide Leben nicht schicken konnte). Vor allem wird man aber berücksichtigen müssen, daß die Ehe zu einer Art Auswahl Veranlassung gibt und die Schwachen und Gebrechlichen dafür in geringerem Maße in Betracht kommen. Daß die Ehe der jüngeren Frauen mit erhöhten Todesaussichten Hand in Hand geht, kann als Folge des schwächenden Einflusses und der Gefahren der Schwangerschaft, Geburt, des Wochenbetts und des Stillens angesehen werden, Gefahren, die nach dem 40. Jahre größtenteils überstanden sind. Nachher leben im allgemeinen die verheirateten Frauen in besseren wirtschaftlichen Verhältnissen als die ledigen. Weniger verständlich ist, warum diese Erscheinung in einigen Ländern wohl, in anderen dagegen

[1]) Annuaire de Statistique internationale Bd. 2, S. 151. 1917.

[2]) Prinzing: Die Sterblichkeit der Ledigen und Verheirateten; zit. nach Westergaard: Mortalität und Morbilität. 2. Aufl. S. 231.

nicht festzustellen ist. Man kann nicht behaupten, daß in den Ländern, in denen die jungen verheirateten Frauen größere Sterbeaussicht haben als die ledigen, dies die Schuld von schlechter Hilfe bei der Geburt oder fehlerhafter Fürsorge während des Wochenbettes ist. Dann würden in der Hinsicht Holland und Deutschland noch hinter Serbien und Bulgarien stehen. Daß hier wohl noch andere Faktoren hinzutreten, wird wahrscheinlich, wenn man die Sterbeziffer der jungen ledigen Frauen in den beiden letztgenannten Ländern betrachtet. Wir finden z. B. für Serbien die Sterbeziffer 182 und für Holland, das in der Tabelle unmittelbar darüber steht, die Zahl 42. Im allgemeinen ist in den Ländern, in welchen die Sterblichkeit der jungen ledigen Frauen die der verheirateten übertrifft, die Sterblichkeit der ersten Kategorie überhaupt höher als in den Ländern, wo diese Erscheinung nicht zu bemerken ist.

Die größere Sterblichkeit der Witwer im Vergleich mit der lediger Männer kann ihren Grund haben in der Tatsache, daß der Existenzkampf der ersteren, die außer für sich selbst auch noch für jüngere Kinder zu sorgen haben, härter ist als der letzteren.

Etwas Ähnliches fand von den Velden[1]) bei der Bearbeitung der Tabellen von Riffel. Diese betreffen Familiengeschichten aus einzelnen kleinen Dörfern in Baden, in denen über eine nicht sehr große Zahl Einwohner (ungefähr 4000) sehr genaue Familienaufzeichnungen niedergelegt sind. Er fand dabei die Regel bekräftigt, daß ledige Männer eine kürzere Lebensdauer haben (was er besonders auf die Auswahl zurückführt, da in derartigen ländlichen Orten alle Gebrechen und Absonderlichkeiten der Einwohner allgemein bekannt sind). Zugleich fand er bestätigt, daß die Sterblichkeit der verheirateten Männer von der Kinderzahl abhängig ist: je größer der Hausstand, um so kleiner die Lebensdauer, so daß es Witwern mit wenig Kindern besser ging als verheirateten Männern mit vielen Kindern. Auch bei den Frauen ist offenbar die große Kinderzahl, deutlicher aber noch die schnelle Aufeinanderfolge der Geburten von Nachteil. Frauen, die spät heiraten oder früh Witwe werden, haben die besten Aussichten auf ein langes Leben.

Wohnort.

Auch der Wohnort, der natürlich von der Umgebung nicht gut zu trennen ist, hat Einfluß auf die Sterblichkeit. In den großen Städten und auf dem Lande ist die Lebensdauer nicht die gleiche. Früher war die allgemeine Mortalität auf dem flachen Lande geringer als die der Städte (in Holland in den Jahren 1875—1888 im Durchschnitt 21,57 ‰ auf dem Lande und 24,67 ‰ in den fünf größten Städten.) Jetzt ist die Sterblichkeit in den großen Städten unter der des gesamten Reiches; das war im Jahre 1894 zum ersten Male der Fall und ist seitdem fast ununterbrochen so geblieben. Im Jahre 1908 betrug die Sterblichkeit in den 5 größten Gemeinden 13,76 ‰ gegen 15,027 ‰ im ganzen Reich[2]). Wahrscheinlich ist diese Änderung zum großen Teile der Besserung der hygienischen Zustände in den Städten zuzuschreiben (man denke an die Verminderung der Säuglingssterblichkeit!), aber angesichts dessen, daß die Verteilung der Bevölkerung auf die verschiedenen Lebensalter in den Städten und auf dem platten Lande nicht die gleiche ist, darf man den genannten Zahlen nicht zu viel Gewicht beilegen. Aus den letzten Sterblichkeitstabellen geht hervor, daß die durchschnittliche Lebensdauer in Holland für die Jahre 1900—1909 war:

---

1) Zeitschr. f. Versicherungs-Medizin 1910, H. 12; Konstitution und Vererbung 1909.
2) Aus Verrijn Stuart: Inleiding tot de Statistiek 1910, S. 33.

		Lebensalter (Jahre)								
		15	20	25	30	35	40	45	50	55	60
Männer	Gesamtbevölkerung . .	49,8	45,7	41,8	37,8	33,6	29,5	25,6	21,8	18,1	14,7
Männer	Gemeinden mit mehr als 20 000 Einwohnern .	48,8	44,6	40,6	36,6	32,5	28,4	24,5	20,8	17,4	14,1
Frauen	Gesamtbevölkerung . .	51,0	46,9	42,8	38,8	34,8	30,8	26,9	22,9	19,1	15,5
Frauen	Gemeinden mit mehr als 20 000 Einwohnern .	52,0	47,7	43,5	39,9	35,2	31,2	27,1	23,2	19,4	15,8

Einen besseren Einblick gewährt die Vergleichung der Todesaussichten in einem bestimmten Lebensalter. Von 10 000 Personen starben durchschnittlich jährlich:

		Lebensalter (Jahre)								
		20	26	30	40	49	50	51	58	60
Männer	Gesamtbevölkerung . .	507	481	475	671		1177			2429
Männer	Gemeinden über 20 000 Einwohner	447	491	506	722		1397			2778
Frauen	Gesamtbevölkerung . . .	384		517	710	928	1009	1071	1709	2075
Frauen	Gemeinden über 20 000 Einwohner	338		452	612	940	1004	1081	1675	1972

Im ersten und vom 5.—26. Lebensjahre ist die Sterbewahrscheinlichkeit für das männliche Geschlecht in den Städten kleiner, vom 26. Jahre ab größer als die der männlichen Gesamtbevölkerung. Für den weiblichen Teil ist dagegen die Sterbewahrscheinlichkeit fast ständig in den Städten kleiner (mit Ausnahme des 49. und 51.—57. Lebensjahres).

In den Jahren 1880—1889 war der Vorteil auf seiten der Städte für das männliche Geschlecht vom 7.—12. und im 89. Lebensjahre, für das weibliche Geschlecht im 1., 6.—43., 57., 60. und 62.—87. Lebensjahr. Es besteht also unzweifelhaft eine Besserung der Sterblichkeit in den Städten im Hinblick auf die Gesamtbevölkerung.

In Preußen, wo seit 1890 die Gesamtmortalität in den Städten geringer ist als auf dem Lande[1]), sind (1905—1906) die Todesaussichten für das männliche Geschlecht nur im 10.—15. und 20.—25. Lebensjahre in den größeren Städten kleiner als auf dem Lande. Für das weibliche Geschlecht sind sie vom 5.—30. und vom 35.—40. Lebensjahre am geringsten in den Großstädten, vom 30.—35. und vom 40.—65. Jahre auf dem Lande[2]).

Noch günstiger als die Vergleichung mit Preußen, fällt für holländische Städte die mit England aus.

In den Jahren 1900—1902 starben gegenüber 100 männlichen Personen in Gesamtengland und Wales[3]):

	Im Alter von (Jahren)						
	15—	20—	25—	35—	45—	55—	65
in London	116	101	113	127	126	110	83
in den Industriebezirken . . .	109	102	108	120	125	126	111
in den ländlichen Bezirken .	80	95	86	70	69	73	96

1) Prinzing: Handbuch der mediz. Statistik 1906, S. 470.
2) Ballod: Grundriß der Statistik 1913.
3) Supplement to the 65th rapport of the Registrar General Part. II.

Die Sterblichkeit in London gleichwie die der Industriebezirke übertrifft also auch vom 15.—25. Lebensjahre die Sterblichkeit im gesamten Reich.

Nicht allein zwischen der Bevölkerung der Städte und des flachen Landes ist ein Unterschied in der Lebensdauer zu bemerken, auch die verschiedenen Strecken Hollands weisen in der Hinsicht ziemlich abweichende Zahlen auf, wie aus der untenstehenden Tabelle[1]) ersichtlich ist.

Auf 1000 Personen starben jährlich

in der Provinz	1917	1918	1919	1920
Nord-Holland	12,13	15,72	12,26	11,09
Süd-Holland	12,18	15,55	12,82	11,10
Friesland	12,79	16,34	12,44	11,37
Seeland	12,75	15,81	12,21	11,59
Groningen	12,94	18,50	12,36	11,65
Overijssel	12,79	18,05	13,86	11,85
Drente	13,75	21,21	12,56	12,04
Utrecht	12,74	16,76	13,03	12,11
Gelderland	13,60	17,51	13,75	12,72
Limburg	14,23	19,13	13,84	13,26
Nordbrabant	16,49	20,00	15,47	14,79

Im Jahre 1918 steht Drente am Schlusse. Diese Ausnahme ist wahrscheinlich die Folge einer Grippeepidemie, die in dieser Provinz so heftig wütete. Konstant ist dagegen die hohe Sterbeziffer in Nordbrabant und Limburg. Dabei ist merkwürdig, daß in dem Zeitraum von 1840—1849 gerade das Gegenteil der Fall war und Limburg und Nordbrabant die gesündesten Provinzen waren, während die Sterblichkeit in Nord-Süd-Holland am höchsten war. Damals war die Sterblichkeit in Nordbrabant 21,83 und in Limburg 22,40 gegen 32,11 in Südholland und 31,93 in Nordholland[2]). Seitdem ist die Sterblichkeit in den südlichen Provinzen wenig vermindert, in den anderen stark gesunken.

Erheblich größer wird der Einfluß des Wohnortes, wenn man Länder mit verschiedenen Klimaten vergleicht, z. B. wenn man die Sterblichkeit im Mutterland und den Kolonien untersucht.

Von 1000 Zivilbeamten starben durchschnittlich im Jahr:

im Alter von	in holländischen Kolonien[3]) 1899—1909	in Niederland[4]) 1891—1909
25 Jahren	7,1	4,2
35 „	8,3	4,1
45 „	17,1	7,5
55 „	36,2	16,1

In Britisch-Indien ist das Verhältnis der wirklichen Sterblichkeit (1872—1902) zu der berechneten (0^m-Tabelle 1863—1893)[5]):

	Europäer	Asiaten
unter 45 Jahren	1,60	1,16
über 45 „	1,55	1,67
insgesamt	1,57	1,43

[1]) Jaarcijfers 1918, door het Centraal Bureau voor de statistiek S. 18.
[2]) Stuart Verrijn: Inleiding tot de Statistiek I. T., S. 290.
[3]) Berkhout: Congres van Actuarissen te Amsterdam 1912.
[4]) 4. Ambtenaren-Tafel.
[5]) Winter: Congres van Actuarissen te Berlijn 1906.

Um eine Übersicht über das Extrarisiko zu erhalten, das für eine niederländische Versicherungsgesellschaft der Aufenthalt der Versicherten in den verschiedenen Weltteilen mit sich bringt, schrieb die Nationale Lebensversicherungsbank im Jahre 1913 eine Preisfrage aus. Als Antwort erhielt sie eine Abhandlung von Dr. H. Braun, die des Preises für würdig erachtet wurde. Dieser verteilt die Länder und Gegenden unserer Erdkugel, die eine höhere Sterblichkeit als Europa haben, in 5 Risikoklassen:

Klasse 1	bis 50%	Mehr-Sterblichkeit
„ 2	51—100%	„
„ 3	101—150%	„
„ 4	151—200%	„
„ 5	201—300%	„

Die Verteilung dieser Klassen ist die folgende:

Asien:

Russisch-Asien und Turkestan	1
Nordchina, Korea, Japan	2
(große Städte 1, Kiautschou normal)	
Südchina, Formosa	3
Britisch-Indien, Ceylon	3
Birma, Straits-Settlements	4
Siam, Cochinchina, Annam, Tonkin	5
Niederländisch-Indien	2
Philippinen	3
Belutschistan	3
Afghanistan und Persien	2
Arabien	3
(größere Orte 2)	
Kleinasien	normal

Afrika:

Nord- und Südafrika	normal
Westafrika, Senegambien, Gambien, Sierra Leone, Liberia, Nord- und Südnigeria	5
Kamerun, Französischer und Belgischer Kongo	5
Togo, Dahomey, Goldküste	4
Küste von Ober-Guinea	5
Angola	3
(Küstenorte 4)	
Deutsch-Südwestafrika	1
(größere Orte normal)	
Ostküste: portugiesische, deutsche und englische Kolonien	4
Küste des Roten Meeres, Somaliland, Erytrea	5
Abessinien	2
Ägyptischer Sudan (größere Orte)	2
Maskarenen-Inseln	2
Madagaskar	4

Amerika:

Nordamerika	normal
Mexiko	2
(Hochebene 1)	
Mittelamerika	3
(höhergelegene Strecken 2)	
Kuba	3
Havanna	2
Große Antillen	3
Kleine Antillen (mit Curacao)	4
Kolumbien, Venezuela	3
(Hochebene 2)	
Englisch-, Niederländisch-, Französisch-Guyana (Surinam)	3

Gebiet des Amazonenstroms, die brasilianischen Provinzen, Grao Para, Amazonas, Malto Grosso, Goyas	5[1])
Städte Mittelbrasiliens	2
Bolivien	2
Südbrasilien	1
Argentinien, Uruguay, Chile	1
Peru, Ekuador	3
Südperu	2

Australien:

Festland, Neuseeland, Tasmanien, Neukaledonien, Fidschi- und Hawai-Inseln	normal
Neu-Guinea, Bismarck-Archipel	4
Karolinen-, Maria-, Marschall- und Salomo-Inseln	3
Samoa und andere Inseln in der Stillen Südsee	1

Nationalität und Rasse.

Eine ausführliche Übersicht über das Sterblichkeitsverhältnis in verschiedenen Ländern braucht hier nicht gegeben zu werden. Man kann die Zahlen in Büchern über Statistik und Wirtschaft finden[2]); für die Lebensversicherung sind sie nur von relativem Belang.

Jedoch kann der Hinweis von Nutzen sein, daß die Anwendung unserer Sterblichkeitstabellen auf Menschen anderer Nationalität falsche Ergebnisse liefern würde, weil die Todesaussichten in den verschiedenen Ländern Europas sehr voneinander abweichen.

So starben im Zeitraum von 1908—1913 durchschnittlich im Jahr von 10 000 Menschen in:

Faröer-Inseln	97	Württemberg	172
Dänemark	132	Luxemburg	178
Norwegen	136	Frankreich	186
Niederland	139	Bayern	191
Schweden	140	Italien	200
England	141	Portugal	205
Island	148	Österreich	215
Schweiz	152	Bulgarien	224
Sachsen	155	Spanien	228
Schottland	155	Serbien	237
Übriges Deutschland	157	Ungarn	246
Belgien	157	Rumänien	247
Preußen	164	Bosnien-Herzegowina	267
Finnland	164	Rußland	289
Irland	169		

Man sieht, daß Niederland eine sehr günstige Stellung einnimmt. Es wird, was die allgemeine Sterblichkeit anbetrifft, eigentlich nur von Norwegen und Dänemark übertroffen, da wir die Faröer-Inseln außer Betracht lassen können.

Zudem ist in Niederland die durchschnittliche Lebensdauer nach dem 10. Jahre = 54,30, eine Zahl, die nur von Dänemark mit 55,10 übertroffen wird. Im kraftvollen Lebensalter zwischen 20 und 60 Jahren hat in Niederland der Mann von 20 Jahren eine mittlere Lebensdauer von 35,4; diese Zahl ist die höchste für Europa. Dann kommt England mit 35,2 und Dänemark mit 35,1. Auch hinsichtlich des Altwerdens schneidet Niederland gut ab. Die mittlere Lebensdauer

---

1) Besser ganz allgemein keine Versicherungen abschließen, mit Ausnahme von Para.
2) Ausführlichere Daten findet man auch in SALTET: Voordrachten over gezondheidsleer.

eines Sechzigjährigen ist in Niederland 14,7, darin wird es nur überflügelt von Norwegen mit 16,8, Schweden mit 15,8 und Dänemark mit Island mit 14,8.

Bei diesen Angaben[1]) sind die Zahlen für Rußland nicht mitgeteilt. Sie sind aber doch insofern von Wichtigkeit, weil aus früheren Mitteilungen hervorgeht, daß die Menschen dort sehr alt werden können, und daß also eine hohe durchschnittliche Lebensdauer in höherem Lebensalter nicht mit einer hohen durchschnittlichen Lebensdauer im allgemeinen verbunden zu sein braucht. Letztere betrug Ende des vorigen Jahrhunderts in Rußland 28 Jahre und in den Jahren 1874—1883 starben von 1000 Männern zwischen 90 und 95 jährlich 188, während gleichzeitig diese Zahl in Deutschland 308 betrug und die durchschnittliche Lebensdauer bei der Geburt 36 Jahre war.

Es ist auffallend, daß die Länder mit niedriger Sterblichkeit hauptsächlich von der germanischen Rasse, die mit höherer von der lateinischen und slawischen Rasse bewohnt werden. Daß der Unterschied in den Lebensaussichten die Folge dieser Rassenverschiedenheit sein soll, ist damit noch nicht gesagt. Die sozialen Umstände werden wohl ein noch größerer Faktor sein, vor allem durch ihren Einfluß auf die Kindersterblichkeit. Wie wichtig diese letztere aber auch für die allgemeine Sterblichkeit sein möge, allzuviel Nachdruck braucht man doch nicht darauf zu legen, denn für männliche Personen von 5 Jahren ist die mittlere Lebensdauer in[2]):

Schweden	56	Schweiz und Bayern	52
Norwegen	55	Preußen und Italien	51
Holland und Belgien	54	Spanien und Österreich	48
England und Frankreich	53		

Auch hier, wo der Einfluß der Kindersterblichkeit ausgeschlossen ist, stehen also Schweden und Norwegen wieder an der Spitze, während Österreich und Spanien am Schlusse kommen.

Auch in Schweden und Norwegen leben sehr viele alte Menschen. Von 100 Fünfjährigen erreichen in Preußen 4 ein Lebensalter von 85 Jahren, in Schweden 9 und in Norwegen 11—12. Daß aber das häufige Vorkommen von alten Menschen nicht mit einer geringen Allgemeinsterblichkeit verbunden zu sein braucht, beweist Rußland.

Von größerer Wichtigkeit als die Sterblichkeit der verschiedenen Nationalitäten ist die der verschiedenen Rassen. Besonders merkwürdig sind die für die Juden. Saltet[3]) gibt die folgenden, dem statistischen Jahrbuch von Amsterdam entnommenen Zahlen.

Auf 1000 Männer starben jährlich in Amsterdam:

	1905	1906	1907	1908
Juden	12,2	12,3	11,4	9,9
Protestanten	17,3	16,5	15,8	15,0
Katholiken	17,5	15,0	14,6	14,4

[1]) Annuaire de Statist. Internat. Bd. 2. 1917. Mouvement de la population S. 182.

[2]) Westergaard: Mortalität und Morbilität. 2. Aufl. S. 410ff. Diese Zahlen sind berechnet nach den Angaben des Bulletin de l'Instit. internationale de statistique 1897 und sind also älteren Datums als die erstgenannten, die Reihenfolge der Länder hat aber offenbar kaum eine Änderung erfahren.

[3]) Saltet: Voordrachten over gezondheidsleer 1913, S. 80.

Sanders[1]) gibt folgende Zahlen:

jährliche Sterblichkeit auf 1000 Personen in jeder Gruppe in	Juden		Nicht-Juden	
	Männer	Frauen	Männer	Frauen
Budapest (1903—1910)	14,55	12,65	23,15	19,59
Wien (1899—1903)	13,70	12,10	23,20	19,10
Preußen (1880—1900)	15,71		23,08	
Preußen (1907)	13,96		18,31	
Preußen (1906—1910)	13,80		17,40	
Bayern (1907)	12,70		21,33	
Bayern (1906—1910)	12,70		20,50	
Europäisches Rußland (1905)	18,08		32,51	
Ungarn (1900)	16,98		27,21	
Österreich (1900)	18,37		25,52	
Frankfurt a. M. (1907)	12,61		15,38	
Rumänien (1896—1902)	20,84		28,00	
Galizien (1900—1901)	19,30		27,50	
Hessen (1906—1910)	14,10		15,50	
Amsterdam (1901—1913)	12,00	10,61	14,51	13,23

Besonders besteht dieses für Juden günstige Verhalten im Alter unter 15 Jahren, aber auch später ist der Vorteil noch auf ihrer Seite.

So starben in Preußen jährlich auf 1000 Personen[2]):

	Juden		Nicht-Juden	
	unter 15 Jahren	über 15 Jahren	unter 15 Jahren	über 15 Jahren
1878—1882	7,40	10,13	11,82	13,41
1888—1892	5,06	10,65	11,09	12,17
1893—1897	3,96	10,77	10,37	11,47

Stephan sucht, ebenso wie Pinkhof[3]) und Sanders, die Ursache dieser Erscheinung hauptsächlich in dem strengen Familienleben und der mäßigen Lebensweise der Juden, bei denen Alkoholmißbrauch und Syphilis viel seltener als bei der übrigen Bevölkerung vorkommen. Bessere wirtschaftliche Verhältnisse oder ein besserer hygienischer Wohnungszustand können nicht die Ursache sein, denn auch in armseligen sehr dichtbevölkerten Stadtvierteln macht sich diese Erscheinung bemerkbar.

Besonders gegen Tuberkulose zeigt die jüdische Rasse sich sehr widerstandsfähig. Aus den Berichten der Gesundheitskommission in Rotterdam geht hervor, daß an Lungentuberkulose in der Gemeinde gestorben sind:

Im Jahre	Gesamtbevölkerung		Juden		Im Jahre	Gesamtbevölkerung		Juden	
	total	‰	total	‰		total	‰	total	‰
1901	?	1,4	?	1,18	1912	494	1,1	9	0,1
1902	?	1,3	?	0,63	1913	458	1,0	5	0,48
1903	?	1,3	?	0,5	1914	492	1,0	7	0,65
1904	477	1,6	5	0,5	1915	554	1,15	9	0,82
1905	491	1,3	12	1,2	1916	654	1,3	10	1,0
1906	532	1,36	9	0,87	1917	790	1,6	15	1,4
1907	536	1,3	8	0,76	1918	976	1,9	10	0,9
1908	452	1,09	7	0,65	1919	755	1,5	7	0,6
1909	525	1,25	9	0,83	1920	641	1,24	9	0,8
1910	511	1,19	3	0,27	1921	588	1,12	8	0,7
1911	489	1,12	9	0,83					

[1]) Ziekte en sterfte bij Joden en niet-joden. Rotterdam: van Hengel 1918.

[2]) Stephan: Nederlandsch tijdschr. v. geneesk. 1904, II, S. 1631. Dieselbe Erscheinung zeigt sich in Bayern (Wassermann: Zeitschr. f. Sozialwiss. 1909).

[3]) Eubiotik van het joodsche volk. Nederlandsch tijdschr. v. geneesk. 1908, II, S. 1170.

Es ist möglich, daß hier größerer Wohlstand eine Rolle spielt, auch sind die Zahlen klein. Aber die Erscheinung ist so konstant (sie ist auch anderswo festgestellt), daß von einem Zufall hier doch nicht die Rede sein kann.

Dagegen ist die Sterblichkeit an Diabetes groß, und ebenso werden viele Nerven- und Geisteskrankheiten bei Juden angetroffen.

In Amsterdam starben in dem Zeitraum von 1901—1916 bei den Juden auf 100000 Männer 23,50, auf 100000 Frauen 45,51 an Zuckerkrankheit. Bei den Nicht-Juden waren diese Zahlen 9,92 bzw. 9,8[1]). HEIMAN gibt an, daß im Jahre 1897 das Verhältnis der Sterblichkeit an Diabetes in Preußen zwischen Protestanten, Katholiken und Juden betrug: 1,08 : 0,68 : 6,27 [2]).

Am 31. Dezember 1909 wurden in Irrenanstalten in Niederland verpflegt auf 100 000 Personen von jeder Gruppe: 531 deutsche Juden, 563 portugiesische Juden und 342 Nicht-Juden[3]). WASSERMANN gibt an, daß in Deutschland im Jahre 1871 auf 10 000 Christen 8,6 und auf 10 000 Juden 16,1 Geisteskranke kamen.

Diese Neigung zu Nervenkrankheiten und Geistesstörungen sucht STEPHAN in der jahrhundertealten hohen Kultur der Rasse im Zusammenhang mit der ebenfalls jahrhundertealten Verfolgung und Unterdrückung sowie der Häufigkeit der Rasseheiraten. Das vielfache Vorkommen der Zuckerkrankheit soll wiederum eine Folge des häufigen Auftretens von Fettsucht sein (Rasseeigenschaft, unterstützt durch die Neigung zu vielem süßen und fetten Essen), während auch die nervöse Anlage hierzu beitragen könne.

Für Infektionskrankheiten scheinen die Juden auch weniger empfänglich zu sein. Aus dem Mittelalter ist z. B. bekannt, daß die Juden der Pest gegenüber auffallend immun waren (wohinter man damals einen Zusammenhang mit dem Satan suchte!). SALJET und VAN GELDEREN[4]) berichteten, daß im Zeitraum von 1901—1913 in Amsterdam die Sterblichkeit an Keuchhusten bei nichtjüdischen Kindern dreieinhalbmal so groß war als bei jüdischen Kindern.

In Niederland ist die semitische Rasse die einzige, die neben der kaukasischen von Bedeutung ist. In den Kolonien aber lebt noch eine andere Rasse, deren Lebensdauer zu kennen für die Lebensversicherung von Wichtigkeit ist, nämlich die mongolische. So günstig in der Hinsicht die Juden stehen, so schlecht die Chinesen. Nach den Erfahrungen der amerikanischen Gesellschaften[5]) betrug die wirkliche Sterblichkeit der Chinesen 195%, also beinahe das Doppelte der geschätzten. Die Chinesen haben die ungünstigste Sterblichkeitsziffer, wie aus beifolgender Tabelle ersichtlich ist:

	Anzahl	Verhältnis der wirklichen zur erwarteten Sterblichkeit %
Indianer	1 402	124
Chinesen	454	195
Japaner	198	99
Neger (studierte). .	4 503	137
Übrige Neger . . .	17 296	147

Bei diesen Zahlen muß man bedenken, daß sie aus den Erfahrungen der Lebensversicherungsgesellschaften stammen, und daß bei dem bekannten schlechten Risiko mit Chinesen die Auswahl sehr streng gewesen sein wird.

[1]) SANDERS, J.: a. a. O.

[2]) HEIMAN: Dtsch. med. Wochenschr. 1900, Nr. 30.

[3]) SANDERS: a. a. O.

[4]) Voorkomen en bestrijden van Kinkhoest. Nederlandsch tijdschr. v. geneesk. 1919, II, S. 1536.

[5]) Medico-actuarial mortality investigation Bd. 2. 1913.

Die wirtschaftlichen Verhältnisse werden bei den Chinesen, die eine Lebensversicherung schließen, sicher viel besser sein als bei den Juden in den armen Volksvierteln, aber wahrscheinlich ist ihr unhygienisches Leben und besonders das Opiumrauchen der Grund ihrer großen Sterblichkeit in den Vereinigten Staaten.

Ob unter den Chinesen in den holländischen Kolonien die Sterblichkeit ebenso groß ist als in Amerika, ist natürlich nicht ohne weiteres anzunehmen. Soweit uns bekannt, fehlen hier die Angaben. Wohl aber hat auch hier die Erfahrung gelehrt, daß man bei den Chinesen vorsichtig sein muß, auch weil die Gefahr des Betrugs von ihrer Seite groß ist. Ein europäisches Auge findet alle Chinesen einander ähnlich, ihre Unterschrift ist nicht zu entziffern. So kann es geschehen (und wirklich geschieht dies auch), daß ein Chinese an Stelle des anderen begutachtet wird.

Beruf.

Die Berechnung des Einflusses des Berufs auf die Mortalität gestaltet sich sehr schwierig. Angenommen z. B., verschiedene Menschen wechseln wiederholt ihren Beruf. Sterben diese nun in einem eben angetretenen Beruf, vielleicht weil schon ein anderer Beruf von schädlichem Einfluß war und sie deswegen sich genötigt sahen, ihn aufzugeben, dann wird ihr Tod dem neuen Beruf zur Last gelegt, obwohl dieser wegen der kurzen Zeit, in der sie darin tätig waren, noch keinen Einfluß hat ausüben können. Wann kann man von dem Einfluß eines Berufs sprechen? Stirbt ein Lehrer früh, z. B. in seinem 20. Lebensjahre, so kann man doch kaum an einen Einfluß seines Berufs denken. Überdies ist die Berufswahl häufig die Folge von Umständen, die von sich aus Einfluß auf die Mortalität ausüben: pekuniäre Verhältnisse, Erziehung mit den damit verbundenen hygienischen Begriffen, besonders der Gesundheitszustand an sich geben die Richtung der Berufswahl an. Die Mortalität wird dann in demselben Maße, wenn nicht in höherem, durch die Beweggründe der Berufswahl bestimmt, als durch den Beruf selber. Die Grenzen eines Berufs sind häufig sehr wenig fest umrissen und die Umstände, unter denen der Beruf ausgeübt wird, oft von größerer Wichtigkeit als der Beruf selbst. Jemand kann ein Geschäftsmann sein mit einem großen Geschäft und die Arbeit selbst durch seine Angestellten verrichten lassen, er kann aber auch selbst vom frühen Morgen bis zum späten Abend in seinem dumpfen, düsteren Laden stehen; Kaufmann jemand, der den größten Teil seines Lebens auf dem Kontorschemel sitzt, ebenso wie jemand, der immerfort von einem zum anderen Lande reist. Musiker nennt man den gesuchten Musiklehrer und den Mann, der bis zum frühen Morgen in einem kleinen Nachtcafé in einer beklemmenden Luft beim Genusse vieler Gläser Bier ein Liedchen nach dem andern auf dem Klavier hämmert; Arzt ist sowohl derjenige, welcher als Spezialist vornehmlich in sehr besuchter Sprechstunde und einigen Besuchen seinen Beruf ausübt, wie auch der Landarzt, der in Wind und Wetter, des Nachts und zu jeder unmöglichen Zeit heraus muß.

Die Berufsangabe an sich bietet schon immer große Schwierigkeiten. Sie beruht nämlich auf der Angabe bei Volkszählungen, also auf eigener Mitteilung, und diese ist meistens ziemlich ungenau. KLEIPOOL[1]) führt hierzu die folgenden Beispiele an: Aus den Volkszählungen von 1889 und 1899 geht hervor, daß die Zahl der Glasbläser in Holland um 50% abgenommen haben soll, während die Glasindustrie sich sehr ausgebreitet hat; daß die Zahl der Arbeiter in der Diamantindustrie von rund 10 000 auf 9000 gesunken ist, während auch diese Industrie zugenommen hat. Die Anzahl Schiffsmaler soll von 100 auf 600

---

[1]) Een kritische Beschouwing over beroepsziekte- en beroepssterfte-statistiek. Dissert. Amsterdam 1912. Siehe auch HUININK: Vergelijkende studie van de sterfte naar het beroep.

gestiegen sein. In der Schiffahrt soll die Zahl der Kapitäne und Steuerleute zugenommen, die der Matrosen dagegen abgenommen haben; ebenso die Zahl der Hotelbesitzer gestiegen, die der Kellner gesunken sein. Wenn man bei letzterem an die reiche Zahl großer Restaurants und Kaffeehäuser denkt, die überall entstanden sind, ist dies noch mehr verwunderlich. Er führt aus einer Schrift von Dr. MEYERS an, daß für die Rollmattenindustrie in Overijssel im Jahre 1889 165 Personen und 446 im Jahre 1899 beschäftigt waren, während es nach seiner eigenen Schätzung ungefähr 2500 sein müßten, von denen allein in Genemuiden schon rund 1000 wohnen.

Auf die Angabe des Berufs kann man also nicht allzusehr bauen.

Endlich ist die Verteilung auf das Lebensalter noch ein sehr wichtiger Faktor, der in Rechnung gestellt werden muß. Man stelle sich z. B. vor, daß von 100 Generalen jährlich ebenso viele sterben als von 100 Leutnants, dann würde man sicherlich die Berufssterblichkeit der Leutnants nicht der der Generale gleichstellen dürfen, sondern viel höher einschätzen müssen, da doch die Generale ein höheres Alter und also von sich aus eine größere Sterbewahrscheinlichkeit haben als die Leutnants. Dieses Beispiel mag phantastisch gewählt sein, ein Beweis, daß hier wirklich die Möglichkeit besteht, Fehler zu machen, ist der folgende, entnommen der Einleitung des Supplement to the 65th rapport of the registrar general Vol. II.

	Alter (Jahre) 15—	20—	25—	35—	45—	55—	65 und höher	Alle Lebensalter vom 15. Jahre an
Sterblichkeit auf 1000: alle Männer .	3,49	4,77	6,38	10,94	18,67	34,80	94,61	16,23
Sterblichkeit auf 1000: Bauern . . .	3,28	3,28	3,96	5,66	10,05	20,25	78,94	16,44
Verhältnis der Sterblichkeit der Bauern zur Gesamtsterblichkeit der Männer (letztere auf 100 berechnet)	94	69	62	52	54	58	83	101
Verhältnis der Lebenden in jedem Lebensaltersabschnitt auf 1000 männliche Personen über 15 Jahre								
alle Männer	153	141	238	185	133	87	63	1000
Bauern	99	93	188	185	168	147	118	1000

Während also die Sterblichkeit der Bauern in jedem Lebensalter günstiger ist als die der gesamten männlichen Bevölkerung, sterben doch jährlich mehr Bauern als Männer im allgemeinen; dies kommt daher, daß die Bauern alt werden.

Um diese Fehler auszumerzen, bringt man die gefundenen Zahlen auf die sog. Standardzahlen zurück. Zu dem Zwecke berechnet man die Mortalität eines bestimmten Berufs in verschiedenen (z. B. vier) Lebensaltersklassen, forscht nach, wie zu einem bestimmten Zeitpunkt die Gesamtbevölkerung oder eine andere große Gruppe, mit der man den Beruf vergleichen will, in den Lebensaltersklassen prozentual verteilt ist und berechnet dann mit Hilfe dieser Angaben, wieviel Sterbefälle eintreten würden, wenn die Lebensaltereinteilung der bestimmten Gruppe dieselbe wie bei der Gesamtbevölkerung oder der anderen großen Gruppe wäre.

Zur Erklärung diene ein Beispiel, das der letzten Berufssterblichkeitsstatistik entnommen ist:

Bei der Volkszählung von 1910 waren in Holland von 1000 Männern vom vom 18.—65. Lebensjahr:

223	. . . .	18—24 Jahre alt
277	. . . .	25—34 „ „
222	. . . .	35—44 „ „
165	. . . .	45—54 „ „
113	. . . .	55—64 „ „
1000		

Will man nun die Standardsterblichkeit z. B. der Arbeiter in den Steinfabriken berechnen, dann findet man, daß dort die Sterblichkeit im Alter von 18 bis 24 Jahren 3,94 auf 1000 beträgt. Wenn also von den 1000 in Steinfabriken tätigen Leuten 223 im Alter von 18—24 Jahren waren, dann würden davon sterben

$$3{,}94 \cdot \tfrac{223}{1000} = 0{,}88 .$$

Im Alter von 25—34 Jahren sterben in den Steinfabriken 3,13 auf 1000. Wir erhalten hier also folgende Rechnung:

$$3{,}13 \cdot \tfrac{227}{1000} = 0{,}87 .$$

Auf diese Weise erhält man für die verschiedenen Lebensaltersgruppen in den Steinfabriken folgende Zahlen:

Von	223	im	Alter	von	18—24	Jahren	starben	0,88
„	227	„	„	„	25—34	„	„	0,87
„	222	„	„	„	35—44	„	„	1,09
„	165	„	„	„	45—54	„	„	1,21
„	113	„	„	„	55—64	„	„	2,25
Von	1000						starben	6,30

In Niederland bestehen vier Statistiken über die Sterblichkeit mit Rücksicht auf den Beruf[1]). Die erste umfaßt die Jahre 1891 bis einschließlich 1895 und hat allein auf die Männer im Alter von 18—50 Jahre Bezug. Die zwei folgenden Statistiken umfassen die Zeitabschnitte von 1896 bis einschließlich 1900 und 1896 bis einschließlich 1903, so daß die zweite also als eine Ausbreitung der ersten zu betrachten ist. Diese beiden beziehen sich auf die über 12 Jahre alte männliche Bevölkerung. Die vierte Statistik[2]) umfaßt die Jahre 1908 bis 1911 und bezieht sich auf die Männer im Lebensalter von 18—65 Jahren.

Man muß zugeben, daß für eine Statistik, die den Einfluß des Berufs auf die Sterblichkeit anzeigen muß, die erste Lebensaltersgruppierung sehr unglücklich gewählt ist. Es besteht kein Grund zur Annahme, daß nach dem 50. Jahre der Einfluß des Berufs auf die Sterblichkeit aufhören soll. Umgekehrt ist bei den beiden folgenden Statistiken, die die männliche Bevölkerung vom 12. Lebensjahr bis zum Tode umfassen, die Gruppe zu groß genommen. Bei Kindern von 12 Jahren kann man doch nicht gut von einem Einfluß des Berufs auf die Sterblichkeit sprechen. In der Regel haben sie keinen Beruf, und sollte dies doch der Fall sein, sind sie erst so kurze Zeit darin tätig, daß dies keinen Einfluß ausüben kann. Die Lebensaltersgrenze von 12 Jahren ist also zu tief genommen. Auch ist es nicht richtig, als höchste Altersgrenze den Tod anzusetzen, weil im höheren Lebensalter der Einfluß des Berufes gegenüber dem des Lebensalters verschwindet. Wenn ein Pfarrer oder Arzt mit 75 oder 80 Jahren stirbt, so ist dies nicht auf den Einfluß seines Berufes zurückzuführen, sondern auf sein Alter. Die letzte Statistik ist in der Hinsicht viel besser, wenn auch die Lebensaltersgrenze von 18 Jahren noch etwas tief angesetzt ist.

Auch im Alter von 18 Jahren kann man noch kaum von dem Einfluß des Berufs sprechen. In der Hinsicht ist die englische Statistik, die das 25. bis 65. Lebensjahr umfaßt, besser.

[1]) Herausgeg. vom Centraal Bureau voor de statistiek bei Gebr. Belinfante, s'Gravenhage.
[2]) Ausgabe Nr. 247 des Centraal Bureau voor statistiek 1917.

Der zweite Unterschied, in dem die letzte Statistik sich gegenüber ihren Vorgängern auszeichnet, ist die Trennung der Personen in Betriebsleiter und Personal. Das ist zweifellos als eine große Verbesserung zu bezeichnen. Es ist ohne weiteres klar, daß in einer Fabrik das Risiko des Betriebsleiters ganz anders ist als das eines Arbeiters. Man hat darum in dieser Statistik vier Gruppen aufgestellt: A und B sind Betriebsleiter, C und D Personal.

Nun hat solche Trennung immer etwas Gezwungenes an sich und die Einleitung zu der Statistik gibt denn auch davon ein köstliches Bildchen. Der Mann, der auf der Straße Bleistifte und Streichhölzchen verkauft, ist ein Kaufmann, der ein Geschäft auf eigene Rechnung betreibt, so daß er unter die Betriebsleiter eingeteilt ist, mit anderen Worten, ein solcher Mann wird derselben Klasse wie die großen Bankiers, Schiffsmakler und Rheeder zugezählt. Auf derartige Schwierigkeiten stößt man bei solcher Klassifikation immer wieder.

Es ist hier nicht der Platz, um die ganze Berufsliste dieser Statistiken aufzuführen; sehr viele Zahlen sind wohl vom sozialökonomischen Standpunkt, für Krankheitsgesetzgebung, Schutz in ungesunden Betrieben usw. von Wichtigkeit, jedoch nicht für die Lebensversicherung; wenigstens nicht für die, bei denen eine ärztliche Untersuchung in Betracht kommt. Nur die Berufe sollen aufgeführt werden, die entweder für die ärztliche Begutachtung von Interesse und Wichtigkeit sind oder eine typische Sterblichkeit aufweisen, wobei man jedoch mit den oben erwähnten Schwierigkeiten Rechnung halten muß. Die Zahlen sind sog. Standardzahlen, also berechnet als ob die Zahl der in jeder Lebensaltersklasse bei jedem einzelnen Beruf vorhandenen Personen die gleiche wäre, als die bei allen Männern mit einem einzigen Beruf.

Von 1908—1911 starben durchschnittlich im Jahr auf 1000[1]):

Dienstboten[2])	4,86	Schneider (A—D)	8,66
Richter, Advokaten und Notare	5,43	Briefträger (A—D)	8,70
Postbeamte (A—D)	5,85	Reisende, Agenten (C—D)	8,71
Gärtner (A—D)	6,26	Diamantschleifer (A—D)	9,78
Polizeibeamte	6,50	Artisten	10,08
Lehrer	6,58	Architekten und Ingenieure (A—B)	10,11
Bauern (A—D)	7,22	Pastoren	10,14
Beamte (A—D)	7,24	Schnapsbrenner u. Bierbrauer (A—D)	10,88
Maurer usw. (A—D)	7,27	Apotheker (A—D)	11,76
Ärztliches Personal	7,42	Tapezierer (C—D)	12,10
Arbeiter im allgemeinen	7,60	Gasthof- u. Kaffeehausbesitzer (A—B)	12,43
Prediger	7,61	Militär	12,46
Zimmerleute (A—D)	7,72	Gasthof- u. Kaffeehauspersonal (C—D)	13,22
Flußschiffer (A—D)	7,75	Seeschiffer (A—D)	13,33
Schlächter (A—D)	7,99	Barbiere und Friseure (C—D)	14,04
Bäcker (A—D)	8,03	Kutscher (A—D)	14,19
Kontorpersonal (A—D)	8,41	Steinhauer (C—D)	17,49
Schmiede (A—D)	8,59	Bergarbeiter (A—D)	19,90

[1]) Wie bereits erwähnt, sind A—B Betriebsleiter, C—D Personal. Soweit möglich, ist die Gruppe gewählt, die mit dem gemeldeten Beruf übereinstimmte. So sind z. B. in der Statistik Architekten und Ingenieure in demselben Betrieb aufgeführt wie Taucher, Deicharbeiter und Baggerer. Da es mir nicht um die letzte Gruppe zu tun war, ist von diesem Betrieb nur die Sterblichkeit der Gruppe A—B aufgenommen. Gasthof- und Kaffeehauspersonal ist zu einem Betrieb zusammengefaßt, hier habe ich beide Gruppen besonders aufgeführt: A—B als Hoteliers und C—D als Kellner. Bei einigen Betrieben (z. B. Friseuren) habe ich die Gruppe genommen, die eine besonders beredte Sprache spricht. Wenn eine Gruppe nicht angeführt ist, ist dieser Betrieb in der Statistik auch nicht geteilt.

[2]) Die Ursache der geringen Sterblichkeit dieses Berufes ist wohl darin zu suchen, daß die Dienstboten gewöhnlich nicht bis zum Tode im Dienstverhältnis bleiben.

Wenn wir nun zum Vergleich die letzte englische Statistik[1]) heranziehen, so sehen wir, daß in diesem Lande (England und Wales in den Jahren 1900, 1901 und 1902) gegenüber 1000 Mann von 25—65 Jahren durchschnittlich im Jahr starben (in demselben Lebensaltersabschnitt und gemäß der Standardsterblichkeit):

Geistliche	524	Schneider	1027
Bauern und Gärtner	563	Schlächter	1148
Lehrer	665	Friseure	1196
Advokaten	750	Bierbrauer	1393
Zimmerleute	820	Kaufleute	1508
Kontorpersonal	911	Seeleute (Kauffahrtei)	1646
Dienstboten	927	Restaurateure } Hotelbesitzer }	1781
Ärztliches Personal	952		
Handelsreisende	988	Kellner	1883
Tapezierer	1018	Krämer	2007

Man sieht, daß die meisten Berufe, die in der englischen Statistik eine unterhalb der Allgemeinsterblichkeit liegende Sterblichkeit anzeigen, auch in der niederländischen Statistik eine günstige Stelle einnehmen: so Bauern, Gärtner, Lehrer, Dienstboten, Advokaten, ärztliches Personal. Dagegen haben es in Holland die Geistlichen weniger gut, was um so mehr auffällt, als in der niederländischen Statistik die protestantischen und katholischen Geistlichen getrennt aufgezählt sind und in der englischen Statistik nur von Geistlichen schlechthin gesprochen wird. Selbst dann noch, wenn man die katholischen Geistlichen für sich nimmt, haben die protestantischen in Holland eine relativ höhere Sterbeziffer als in England. Auch die Zimmerleute, Kontorpersonal und Handelsreisende haben in Holland eine über, in England eine unter dem Durchschnitt liegende Sterblichkeit.

Bezüglich der Verschiedenheit der Sterblichkeit zwischen protestantischen und katholischen Geistlichen zeigen auch die Erfahrungen der „Gotha"[2]) bei den protestantischen Geistlichen eine unter der männlichen Allgemeinsterblichkeit liegende Mortalität, dagegen ist die der katholischen Geistlichen viel höher und beträgt 138,4% von der der protestantischen, während sie in den ersten 5 Versicherungsjahren 117% und in den späteren Jahren 149% der allgemeinen männlichen Mortalität beträgt.

Worauf dieser Unterschied zurückzuführen ist, kann natürlich nicht mit Sicherheit gesagt werden. Ein Faktor von Bedeutung ist sicher das Zölibat mit seinem auf die Lebensdauer ungünstigen Einfluß.

Höhere Sterbeziffern findet man bei den sog. „Alkoholberufen": Kellnern, Schenkwirten, Bierbrauern; in der englischen Statistik auch bei den Herbergswirten und Hotelbesitzern.

Von praktischem Belang für das Urteil bei einer Begutachtung ist eigentlich nur die Kenntnis der Berufe mit einer sehr hohen Sterbeziffer. Eine Sterblichkeit über dem doppelten des normalen zeigen in Holland die Leute, die in der Fabrikation von feinem Töpferwerk und Porzellan tätig sind, die Bleigießer (usw.), Steinhauer und Bergarbeiter.

In der Praxis der Lebensversicherung hat man auch noch auf die hohen Sterbeziffern der Kellner, Seeleute, Friseure und Kutscher zu achten. Das größere Risiko bei den Seeleuten wird meist schon durch eine feste Prämienerhöhung gedeckt.

---

[1]) Diese Statistik enthält nur die vergleichenden Standardzahlen, nicht die absoluten, wie die niederländische Statistik es tut.

[2]) Karup und Gollmer: Aus der Praxis der „Gotha". 1902.

Ferner wird es noch einige Berufe geben, die außerhalb der normalen Einteilung fallen und entsprechend der Art ihrer Beschäftigung sich nicht für die Versicherung eignen. So z. B. Flieger, Akrobaten, Boxer u. dgl. Ferner die Berufe, bei denen „moral hazard“ in Betracht kommt (Bordellwirte, Prostituierte). Die verschiedenen Gesellschaften werden hierbei jede ihrer eigenen Auffassung folgen. GREENE gibt in seinem Lehrbuch ein Verzeichnis der Berufe, die bei einigen großen amerikanischen Gesellschaften nicht angenommen werden. Dazu gehören u. a. Schauspielerinnen (!), Luftschiffer, Athleten (von Beruf), Inhaber von Probierstuben (baarkeepers), Fußballspieler, Rennfahrer (beide von Beruf), Brauer, Detektive, Polizeiagenten, Destillateure, Hotelbesitzer (die selbst hinter dem Schanktisch stehen), Glasbläser, Jockeis.

Natürlich steht in enger, beinahe untrennbarer Beziehung zu dem Einfluß des Berufs auf die Lebensdauer, der der Lebensweise und Gewohnheiten. Besonders deutlich geht dies aus den Erfahrungen bei den „Alkoholberufen“ hervor. Angesichts dessen, daß diese Faktoren jedoch mehr von individueller als allgemeiner Art sind, werden sie besser an anderer Stelle besprochen (s. Kapitel „Alkoholismus“).

Vermögen und Lebenszuschnitt.

Daß ein größerer oder geringerer Wohlstand von Einfluß auf die Sterblichkeit ist, entspricht den Erwartungen und kann auch durch Zahlen belegt werden. Man kann dies am besten durch Vergleich der Sterblichkeit verschiedener Bevölkerungsgruppen, bei denen man Vermögensunterschiede erwarten kann, feststellen, z. B. auf Grund der Wohngegend. So fand VERRIJN STUART, daß die Sterblichkeit in Amsterdam in den Jahren 1887—1892 in den hauptsächlich von (nichtjüdischen) Arbeitern bewohnten Stadtvierteln 23,8‰, in den wohlhabenderen 18,73‰ betrug. BOOTH fand in dem armen Londonschen Distrikt Holborn eine Sterblichkeit von 24,7‰ und in dem reichen Kensington eine solche von 17‰; LEVASSEUR in den Jahren 1877—1886 in einem wohlhabenden Pariser Stadtviertel eine Sterblichkeit von 13,9‰, in einem Armenbezirk 29,0‰ [1]).

Auch bei der Lebensversicherung hat man den Nachweis eines Einflusses des Vermögens (auf das dann aus der Höhe der Versicherungssumme geschlossen wurde) führen zu können geglaubt, insofern als die Sterblichkeit unter den niedrig Versicherten größer wäre als bei den höher Versicherten[2]), während die höchst Versicherten, wenigstens im späteren Lebensalter, wieder eine etwas größere Mortalität aufweisen sollten[3]). Die Ergebnisse derartiger Untersuchungen sind aber doch nicht sehr überzeugend, um so mehr, als die Berufssterblichkeit hier natürlich eine große Rolle spielt und man bei den höheren Beiträgen auch mit einer Spekulationssucht Rechnung halten muß.

Bei der „Gotha“[4]) hat man die Erfahrung gemacht, daß unter den niedrig Versicherten die Sterblichkeit an Tuberkulose, Krebs und Unfällen über dem Durchschnitt lag (resp. 69, 26 und 39%), unter den höchst Versicherten war dies der Fall für Diabetes (77%), Nierenerkrankungen (54%), Gehirn- und Geisteskrankheiten (51%), Selbstmord (41%), Krankheiten der Kreislauforgane (31%) und Apoplexie (23%).

---

[1]) VERRIJN STUART: l. c. S. 334.

[2]) Sterbestatistik der „Germania“, Vereinsblatt für deutsches Versicherungswesen 1897, S. 141.

[3]) Mitteilungen aus der Geschäfts- und Sterblichkeitsstatistik der „Gotha“ 1829—1878. Gotha: Emminghaus. Auch die Spezialized Mortality Investigation der amerikanischen Gesellschaften kommt zu diesem Ergebnis.

[4]) FLORSCHÜTZ: Allg. Lebensversicherungs-Medizin 1914, S. 138.

Abnahme der Sterblichkeit im Laufe der Zeit.

Es ist eine feststehende Tatsache, daß unter normalen Verhältnissen dank den besseren hygienischen Zuständen und dem Fortschritt der medizinischen Wissenschaft die Sterblichkeit in allen Kulturländern abnimmt. Wie sehr sich die gegenwärtige Lebensdauer von der früherer Jahrhunderte unterscheidet, erhellt aus folgender Übersicht:

Lebensaltersperioden	Sterblichkeit der Leibrentner nach HUDDE (1586—1670)[1]	Sterblichkeit der männlichen Bevölkerung in Niederland (1900—1909)
	Auf 100 Personen starben durchschnittlich im Jahre	
15—20	1,6	0,38
25—30	2,2	0,48
35—40	2,1	0,6
45—50	2,7	1,02
55—60	4,7	2,02
65—70	9,1	4,58
75—80	17,3	11,03

Die allgemeine Sterblichkeit in Niederland war während der Zeitabschnitte[2])

1840—1849	26,6‰	1880—1889	21,3‰
1850—1859	25,5‰	1890—1899	18,7‰
1860—1869	24,8‰	1900—1904	16,6‰
1870—1879	24,5‰	1905—1909	14,7‰

Die mittlere Lebensdauer war in Niederland für das Alter von[3]):

im Zeitabschnitt	10	20	30	40	50	60	70	80 Jahren
				Männer				
1870—1879	48,0	40,3	33,7	26,5	19,6	13,3	8,2	4,6
1880—1889	50,4	42,3	35,1	27,6	20,5	13,9	8,5	4,7
1890—1899	51,7	43,4	35,9	28,1	20,7	14,0	8,6	4,7
1900—1909	54,3	45,7	41,8	29,5	21,8	14,7	8,9	4,9
				Frauen				
1870—1879	48,7	41,2	34,3	27,9	21,0	14,1	8,4	4,7
1880—1889	51,5	43,5	36,1	29,2	21,9	14,8	9,0	4,9
1890—1899	53,0	44,8	37,1	29,7	22,2	15,0	9,0	5,0
1900—1909	55,4	46,9	38,8	30,8	22,9	15,5	9,4	5,2

Der Unterschied der durchschnittlichen Lebensdauer ist am geringsten in den Zeitabschnitten 1880—1889 und 1890—1899, sehr deutlich dagegen zwischen dem ersten und zweiten sowie dem dritten und vierten Zeitabschnitt. Sind die Männer besonders in den letzten 10 Jahren in besonders günstiger Lage gewesen, so sahen die Frauen in den Jahren nach 1880 am stärksten ihre Aussicht auf eine längere Lebensdauer besser werden.

[1]) Diese Zahlen sind von WESTERGAARD (a. a. S. O. 271) berechnet aus den von HUDDE gesammelten Angaben über die Personen, die in den Jahren 1586—1590 von den Regierungsbehörden der Vereinigten Provinzen Leibrenten kauften. Die im Jahre 1671 mitgeteilten ursprünglichen Zahlen kann man finden in „Bouwstoffen voor de geschiedenis van de levensverzekeringen en lijfrenten in Nederland", herausgegeben von der Algemeene Maatschappij van levensverzekeringen en lijfrenten te Amsterdam, 1897. Aus Raumersparnis ist nur die Hälfte der Lebensaltersperioden angegeben.

[2]) Nach VERRIJN STUART: a. a. O. S. 285. — Nach dem Annuaire de statist. internat. Vol. II. Mouvement de la population wurde das starke Sinken der Mortalität in den Niederlanden in den Jahren 1900—1910 nur von Dänemark übertroffen.

[3]) VAN PESCH: Inleiding tot de sterftetafels voor Nederland 1900—1909.

Daß diese Besserung in den Lebensdaueraussichten aber nur für normale Zeiten Geltung hat, und daß darauf also nicht mit Sicherheit zu rechnen ist, haben leider die Geschehnisse unserer Zeit gelehrt.

Die folgende Tabelle gibt eine Übersicht über die Sterblichkeit in Niederland nach 1900:

Auf 1000 Menschen starben in Niederland in den Jahren

1900	17,9	1907	14,6	1914	12,4
1901	17,2	1908	15,0	1915	12,4
1902	16,3	1909	13,7	1916	12,9
1903	15,6	1910	13,6	1917	13,1
1904	15,9	1911	14,5	1918	17,1
1905	15,3	1912	12,3	1919	17,2
1906	14,8	1913	12,3	1920	14,0

In den ersten Jahren nach 1900 sehen wir also, abgesehen von einer kleinen Schwankung, ein dauerndes Sinken der Sterblichkeitsziffer. Nur im Jahre 1911 sieht man ein etwas deutlicheres Ansteigen. Es war dies das Jahr des anormal heißen Sommers mit seiner großen Säuglingssterblichkeit, so daß man also auch hier nicht mehr gut von ganz normalen Verhältnissen sprechen kann. Im Jahre 1912 ist der Abstieg auf seinem niedrigsten Punkte angelangt, im Jahre 1916 sieht man eine unverkennbare Neigung zum Anstieg.

Zwei außergewöhnliche Umstände haben hier ihren Einfluß geltend gemacht: die Unterernährung und die Grippe. Wie stark der Einfluß des letzten Faktors gewesen ist, ersieht man aus folgender Tabelle:

Auf 1000 Personen starben in Niederland:

im Monat	1913	1914	1915	1916	1917	1918	1919
Januar	15,06	15,07	14,99	12,90	15,72	14,05	16,45
Februar	14,99	13,91	15,77	15,24	19,01	13,60	21,71
März	14,09	13,10	15,14	16,57	16,20	14,88	17,10
April	12,87	12,79	14,33	15,14	16,25	13,98	16,19
Mai	12,26	12,15	12,31	13,00	13,73	12,56	13,02
Juni	10,73	11,14	11,23	11,98	12,44	10,89	10,83
Juli	10,58	11,14	10,22	10,57	10,94	11,38	9,65
August	10,58	11,78	9,86	10,34	10,20	12,81	9,85
September	11,12	12,46	9,87	10,23	9,81	11,19	9,87
Oktober	12,06	10,87	10,53	11,13	10,80	20,94	20,56
November	11,56	11,93	12,79	11,79	10,66	46,49	12,53
Dezember	12,33	12,81	12,95	16,34	12,58	22,04	12,24

In den ersten Monaten des Jahres 1918 ist die Sterblichkeit dauernd niedriger als im Jahre 1917, im Juli aber beginnt die Steigung, und im November erreicht die Sterblichkeit ungefähr das Vierfache des vergangenen Jahres. Im Juli trat die Grippeepidemie auf, die im Winter in bösartigerer Form wiederkehrte. Die Nachwirkung davon macht sich noch bis zum Juni 1919 bemerkbar, erst dann sinkt die Sterblichkeitsziffer wieder zum Stande von 1917 herab.

Allerdings ist es merkwürdig, daß in den ersten Monaten des Jahres 1918 (und in den letzten des Jahres 1917) die Sterblichkeit niedriger als in den entsprechenden Monaten der Jahre 1917 und 1916 war, obwohl doch im Winter 1917/18 die Nahrungsmittel in Niederland wahrlich nicht im Überfluß vorhanden waren. Es ist, als ob im Jahre 1918 die Bevölkerung sich etwas an einen gewissen Mangel gewöhnt hätte. Aber dann kommt die Grippe und verdirbt wieder alles.

Daß jedoch auch wohl die Unterernährung sich geltend gemacht hat, sieht man aus folgenden Zahlen.

In Niederland betrug die Sterblichkeit an *allen* Arten der Tuberkulose auf 10 000 Einwohner:

1903	18,86	1909	16,13	1915	14,40
1904	18,43	1910	15,53	1916	16,72
1905	17,93	1911	15,77	1917	18,15
1906	17,79	1912	14,39	1918	20,25
1907	17,27	1913	14,20	1919	17,34
1908	16,17	1914	13,93	1920	14,71

Bis 1915 stufenweises Sinken der Tuberkulosesterblichkeit, dann Anstieg, der im Jahre 1918 seinen Höhepunkt erreicht. Ein Beweis, daß auch hier die Unterernährung, die in den kriegführenden Ländern die Sterblichkeit an Tuberkulose so beängstigend ansteigen ließ, nicht ohne Wirkung blieb[1]).

Leider kann die beängstigende Erscheinung, daß die Sterblichkeit an bösartigen Neubildungen zunimmt, nicht auf anormale Zustände zurückgeführt werden. Man hat sich mit der Erklärung beruhigen zu können geglaubt, daß mehr Krebsfälle diagnostiziert würden, und daß nun, wo vor allem durch das Sinken der Tuberkulosesterblichkeit die Todesfälle im jugendlichen Lebensalter geringer werden, mehr Menschen das Alter erreichen, in dem Krebs auftritt. Die Unrichtigkeit dieser letzten Erklärung tut Verrijn Stuart[2]) durch den Hinweis dar, daß die relative Zunahme der Krebssterblichkeit viel größer ist als die Zunahme der Bevölkerung in allen Lebensaltersgruppen.

Wenn man die Durchschnittszahl der Sterbefälle an Krebs per Jahr in jeder Lebensaltersgruppe von 1875—1879 gleich 100 rechnet, dann betrug sie im Alter von:

in den Jahren	unter 20 Jahren	20—49	50—64	65—79	80 Jahren	total
1875—1879	100	100	100	100	100	100
1880—1884	90,0	118,7	121,3	126,2	164,7	123,3
1885—1889	80,0	133,9	147,7	176,7	210,0	155,5
1890—1894	120,0	146,1	166,9	233,0	319,6	188,0
1895—1899	145,0	168,3	201,7	292,6	441,2	230,7
1900—1905	165,0	187,0	226,0	350,3	623,5	268,9
1906—1910	255,0	211,1	239,5	410,7	796,1	304,6
1911—1912	315,0	246,9	262,9	446,9	890,2	336,5

Die Zunahme der Bevölkerung betrug dagegen:

im Jahre	unter 20 Jahren	20—49	50—64	65—79	80 Jahre	total
1879	100	100	100	100	100	100
1889	113,4	110,6	109,6	124,9	116,2	112,4
1899	127,4	127,7	118,7	139,3	148,3	127,2
1909	145,2	149,7	128,8	161,7	183,5	146,0

Aus diesen Zahlen geht deutlich hervor, daß die Tatsache einer größeren Anzahl älterer Menschen in Niederland die Zunahme der Krebssterblichkeit nicht erklären kann.

Der Wert des anderen Argumentes für die nur *scheinbare* Zunahme der Krebssterblichkeit, nämlich auf Grund besserer Diagnostik in der letzten Zeit, ist

[1]) Siehe hierüber bei Saljet: Nederlandsch tijdschr. v. geneesk. 1917, I, S. 1860.
[2]) Verrijn Stuart: Nederlandsch tijdschr. v. geneesk. 1914, Nr. 19, S. 1461.

weniger leicht an Zahlen zu erproben. ASTRO[1]) fand, daß die Zunahme in Utrecht durch Krebs der Verdauungsorgane bedingt sei. Da nun die Diagnose der inneren Krebserkrankungen die größten Schwierigkeiten bereitet, schloß er daraus, daß man es nur mit einer scheinbaren Sterblichkeitszunahme zu tun hat. Die Tatsache, daß der Magen-Darmkrebs den größten Anteil an der Vermehrung der Krebsfälle hat, ist auch von anderer Seite festgestellt worden. Die Schlußfolgerung aber, daß die Zunahme der Krebssterblichkeit also auf fehlerhafter Diagnose beruhe, ist hierdurch nicht genügend begründet. Wenn man sieht, daß seit 1905 die Häufigkeit von 268,9 auf 336,5 gestiegen ist, kann man dies doch nicht durch die Fortschritte in der Diagnosenstellung seit der Zeit erklären. So schwer ist die Diagnose des Eingeweidekrebses als Todesursache doch meistens nicht.

DEELMAN[2]) kommt bei seinen Untersuchungen betr. die Krebssterblichkeit in Niederland auch zu dem Schlusse, daß die Zunahme, sei es auch nur teilweise, eine wirkliche ist.

Der Ausspruch DE BOVIS' hinsichtlich der Steigung der Krebssterblichkeit: „Cet accroissement est peut-être réel, mais les alarmes exprimées sont sans doute absolument hors de proportion avec lui" ist wohl sicher zu optimistisch. Ganz anders klingt die Ansicht von F. L. HOFFMANN, einem bekannten amerikanischen Statistiker, der in seinem Werk „The mortality from cancer throughout the world" (1915) die zunehmende Krebssterblichkeit „a real menace to all civilized mankind" nennt.

Glücklicherweise gibt uns die niederländische Statistik doch einen Lichtblick. Seitens der Lebensversicherungsgesellschaften (s. S. 37) ist u. a. die Behauptung aufgestellt, daß Krebs allmählich auch in immer jüngerem Lebensalter auftritt[3]). Hierfür geben die von VERRIJN STUART angegebenen Zahlen keine Unterlage. Das Alter unter 20 Jahren ausgeschlossen (die geringe Zahl der Fälle läßt hier keine eindeutige Schlußfolgerung zu), ist die Zunahme um so größer, je höher das Lebensalter ist.

Sterblichkeit unter Versicherten.

Selbstwahl. — Sterblichkeit der Rentner.

Von gleicher Bedeutung wie die Kenntnis der allgemeinen Sterblichkeit ist sowohl für den geschäftlichen Sachverständigen des Lebensversicherungsgeschäftes wie für den begutachtenden Arzt das Sterblichkeitsverhältnis, wie es aus den

---

[1]) Nederlandsch tijdschr. v. geneesk. 1903, II, S. 140.

[2]) Nederlandsch tijdschr. v. geneesk. 1916, II, S. 2251 und 1917, II, S. 1303.

[3]) Auch WUTZDORFF (Dtsch. med. Wochenschr. 1902, S. 163) verteidigt auf Grund folgender deutscher Angaben diese Ansicht.

Von 10 000 Personen starben an Krebs:

Lebensalter	1876		1898	
	Männer	Frauen	Männer	Frauen
20—25	0,12	0,17	0,33	0,45
25—30	0,35	0,44	0,57	0,86
35—40	1,10	1,81	1,84	3,03
40—50	3,10	5,76	7,89	11,05
50—60	8,31	10,12	20,70	21,37
60—70	13,96	13,29	39,46	32,52
70—80	13,31	13,20	36,52	34,24
80	7,80	8,76	26,30	26,87

Weil nun im Alter von 25—30 und 50—60 Jahren im Jahre 1876 ungefähr ebenso viele Personen an Krebs starben wie 1898 im Alter von 20—25 und 40—50 Jahren, zieht er den Schluß, daß die Altersgrenze für Krebs sich nach den jüngeren Jahren hin verschoben hat. Man kann aber daraus nur schließen, daß auch in den jüngeren Jahren die Sterblichkeit zunimmt, jedoch ein Blick auf die Tabelle lehrt, daß die Zunahme mit wachsendem Alter ansteigt. Dies stimmt mit VERRIJN STUART überein.

eigenen Erfahrungen der Lebensversicherungsgesellschaften gefolgert werden kann. Verschiedene Einflüsse verursachen ein anderes Bild dieser Sterblichkeit als der Allgemeinsterblichkeit. Einmal werden die Inhaber einer Lebensversicherung nicht in allen Gesellschaftsklassen gefunden, sondern ihre Zahl setzt sich nur aus solchen zusammen, die über ein gewisses Einkommen verfügen. Dies ist auf die Mortalität von großem Einfluß. Zu dieser Gruppe gehören ferner noch diejenigen Personen, die einen Nutzen aus ihrem Vermögen ziehen wollen und Sinn für Sparsamkeit haben.

Zweitens wird bei der Lebensversicherung eine zwiefach in entgegengesetzter Richtung wirkende Auswahl ausgeübt. In erster Linie die Selbstauswahl seitens derer, die sich versichern wollen. Besonders früher, als beinahe allein von der Versicherung in der Form der Kapitalsauszahlung im Todesfalle Gebrauch gemacht wurde, lag es auf der Hand, daß Leute, die zu ihrer eigenen Gesundheit kein volles Vertrauen hatten, eher eine Versicherung eingingen als solche, die auf ein langes Leben hoffen zu können glaubten. Bei letzteren bestand viel eher Neigung zum Kauf einer Leibrente. Wo nun gegenwärtig die gemischte Versicherung, bei der man auch noch zu Lebzeiten die Früchte seiner Sparsamkeit genießen kann, immer mehr aufgekommen ist, wird in steigendem Maße von dieser Form der Versicherung auch von sich vollkommen gesund Fühlenden Gebrauch gemacht. Die Versicherung für den Todesfall dagegen bleibt die Wahl derjenigen, die weniger Zutrauen für ein langes Leben haben.

Der Einfluß dieser Selbstwahl geht am deutlichsten aus der langen Lebenszeit der Besitzer einer Leibrente hervor. In Niederland ist die durchschnittliche Lebensdauer der Frauen im allgemeinen (1890—1899) und der Frauen im Besitz einer Leibrente (1874—1879):

im Alter von	Frauen im allgemeinen	Frauen im Besitz einer Leibrente[1])
50 Jahren	22,2	23,6
60 „	15,0	16,4
70 „	9,0	10,2
80 „	5,0	5,8
90 „	2,4	2,9

In England war die durchschnittliche Lebensdauer von[2])

im Alter von	Männern		Frauen	
	Leibrentner (1863—1893)	Bevölkerung (1871—1880)	Leibrentner (1863—1893)	Bevölkerung (1871—1880)
50 Jahren	21,04	18,93	24,21	20,68
60 „	14,86	13,14	16,97	14,24
70 „	9,25	8,27	10,50	8,95
80 „	5,21	4,79	5,63	5,20
90 „	2,89	2,66	3,00	2,90

Der Unterschied in der Sterblichkeit zwischen den Inhabern einer gemischten Versicherung und denen einer Versicherung auf den Todesfall geht aus folgender Tabelle hervor, die nach den Erfahrungen der Nationalen Lebensversicherungsbank im Zeitraum von 1888—1902 berechnet ist.

[1]) Zweite Sammeltafel von VAN PESCH. Die mittlere Lebensdauer der Frauen ist hier angeführt, weil das Material der Männer mit Leibrente zu gering war.

[2]) WESTERGAARD: Mortalität und Morbilität, S. 496. 1901.

Sterblichkeit auf 1000

im Alter von	Versicherung auf den Todesfall	Versicherung gemischt	im Alter von	Versicherung auf den Todesfall	Versicherung gemischt
20—24 Jahren	3,04	2,08	45—49 Jahren	12,29	7,61
25—29 „	3,56	1,83	50—54 „	16,89	9,46
30—34 „	4,22	2,00	55—60 „	22,50	16,97
35—39 „	5,54	3,87	60— „	28,01	24,26
40—44 „	8,39	4,47			

In einem Bericht für den Kongreß der Versicherungsmathematiker in Amsterdam (1912) teilt Florschütz mit, daß bei der „Gotha“ die Sterblichkeit bei der gemischten Versicherung in den ersten Versicherungsjahren 67,3% und in den späteren Jahren 83,2% der Sterblichkeit bei lebenslänglicher Versicherung betrug.

Notwendigkeit der ärztlichen Begutachtung.

Diese Selbstwahl ist also gegen das Interesse der Versicherungsgesellschaften. Zur Verhütung eines zu großen Einflusses in dieser Richtung üben auch die Versicherungsgesellschaften ihrerseits eine Wahl aus, nämlich die durch die ärztliche Begutachtung. Das eine ist die notwendige Folge des anderen. Ohne den Zwang einer ärztlichen Untersuchung würden sofort alle, die Grund hätten, auf kein langes Leben hoffen zu können, schleunigst eine Lebensversicherung abschließen. Die Untersuchung wirkt also nicht nur hemmend, sondern vor allem vorbeugend. Nun ging wohl das Streben, diese vorbeugende Wirkung auf andere Weise zu erzielen, nämlich durch Festsetzung sog. Garantiejahre. In diesem Falle wurde das versicherte Kapital nicht oder nur zum Teil ausbezahlt, oder es wurden nur die eingezahlten Prämien ganz oder teilweise zurückgegeben, wenn der Tod innerhalb einer begrenzten Anzahl Jahre (es wechselt dies von 4—10 Jahren) nach dem Abschließen einer Versicherung eintritt. Für Personen, die eines baldigen Endes gewiß waren, würde also eine solche Versicherung unerwünscht sein. Auf diese Weise hoffte man, die ärztliche Untersuchung einigermaßen durch die Selbstwahl ersetzen und unnötig machen zu können. Auf dieser Grundlage wurde in Niederland im Jahre 1901 die „Erste Lebensversicherungsgesellschaft auf Gegenseitigkeit ohne ärztliche Untersuchung“ errichtet und die Garantiezeit auf 4 Jahre festgesetzt. Trotz dieser Garantiejahre war bei dieser Gesellschaft eine höhere Mortalität als bei einigen anderen zu erwarten. Das mußte natürlich eine höhere Prämienforderung zur Folge haben. Selbstredend schreckte dies die vollkommen Gesunden ab, so daß bei dieser Gesellschaft fast ausschließlich „unterwertige Leben“ versichert wurden. Dies ließ wiederum die Mortalität ansteigen usw. Unstreitig ist es ein schöner Gedanke, auf dem diese Art der Lebensversicherung beruht: die Gesunden dürfen sich mit ihrer Gesundheit keinen pekuniären Vorteil auf Kosten der Schwächeren erwerben, sondern alle zusammen müssen für alle die Kosten tragen. Solange aber der Altruismus noch nicht so weit durchgedrungen ist, daß ein gesunder Mensch für *alle* seine Mitmenschen mehr fühlt als für sich selbst *und für seine Familie*, kann man nicht erwarten, daß sich jemand freiwillig einer solchen höheren Besteuerung unterzieht. Die Praxis hat gelehrt, daß dies in der Tat der Fall ist: nach zehnjährigem kümmerlichen Bestehen ist genannte Gesellschaft wieder eingegangen.

Außerdem haben einige große Gesellschaften diese Form einer Versicherung neben der mit ärztlicher Untersuchung aufgenommen. Im allgemeinen wird jedoch davon sehr wenig Gebrauch gemacht[1]).

[1]) In Deutschland ist jedoch in der letzten Zeit (nach dem Kriege) wieder ein Streben nach Abschaffung der Begutachtung. Die hohen Kosten, eine Folge der Wertminderung

Diese Form der Versicherung hat auch deshalb um so weniger Aussicht auf Erfolg, als gegenwärtig auch sehr viele „unterwertige Leben“ von den bestehenden Versicherungen unter besonderen Bedingungen versichert werden. Je mehr dies der Fall ist und je mehr Unterlagen also auf diesem Gebiete gesammelt werden, desto richtiger können diese Bedingungen eingeschätzt werden und desto weiter kann sich auch diese Versicherungsart ausbreiten. Auf diese Weise wird wahrscheinlich einmal eine Zeit kommen, wo jedermann sich versichern kann, mit Ausnahme derer, deren Ableben dicht bevorsteht, und die infolgedessen auch keinen Nutzen von einer Versicherung ohne ärztliche Untersuchung oder mit Garantiejahren gehabt haben würden.

Nur dann würde man auf eine ärztliche Begutachtung verzichten können, wenn deren vorbeugende Wirkung infolge allgemeinen Versicherungszwanges in Fortfall käme. Bei Einführung des Versicherungs*zwanges* würden die Sterblichkeitstabellen der gesamten Bevölkerung eine gute Unterlage bilden. Das regelmäßige Sinken der Sterblichkeit würde dann wahrscheinlich für den Versicherungsunternehmer doch einen Gewinn abwerfen, genügend, um die Sicherheit des Betriebes zu verbürgen. Es ist dazu die Ausdehnung des Versicherungszwanges auf die gesamte Bevölkerung durchaus nicht erforderlich. Auch für eine begrenzte Gruppe (z. B. Ärzte) gilt dasselbe, vorausgesetzt, daß die Gruppe groß genug ist (sog. Kollektivversicherung), die Prämie müßte dann aber gegenüber einer Einzelversicherung wohl etwas höher angesetzt werden[1]).

Einfluß der ärztlichen Begutachtung.

Hat nun die ärztliche Untersuchung wirklich das Ergebnis, welches man davon erwarten muß, oder haben deren Gegner recht mit der Behauptung, daß eine einmalige Untersuchung nach Lage der Dinge so fehlerhaft sein muß, daß man auch auf diese verzichten könne? Tatsächlich ist die durchschnittliche Lebensdauer der Versicherten größer als die der Gesamtbevölkerung, jedoch ist es nicht mit Sicherheit zu sagen, ob diese Erscheinung auf Rechnung der Begutachtung gestellt werden darf oder mehr durch die anderen oben besprochenen Faktoren (Wohlstand, Sparsinn) bedingt ist. Wahrscheinlich wird beides dazu beitragen, aber es ist nicht festzustellen, wie groß der Anteil eines jeden für sich ist.

Wohl kann nachgewiesen werden, daß in den ersten Versicherungsjahren die Sterblichkeit niedriger ist als in den späteren Jahren. Dieser unmittelbare Einfluß der ärztlichen Untersuchung dauert ungefähr 5 Jahre, bei der einen Gesellschaft etwas länger, bei der anderen etwas kürzer. Daraus folgt natürlich noch nicht (was jedoch noch häufig angenommen wird), daß nach den ersten 5 Jahren die Begutachtung im allgemeinen einflußlos ist (siehe bezüglich dieses Punktes die Tabelle S. 32).

Man erhält einen Begriff von dem günstigen Einfluß auf die Lebensdauer im allgemeinen, wenn man die englischen auf den Erfahrungen der Lebensversicherungsgesellschaften beruhenden Sterblichkeitstabellen (die H^M- und H^F-Tabellen, die bis 1863, und die O^M-Tabelle, die von 1863—1893 läuft) mit den Sterblichkeitstabellen der englischen Bevölkerung vergleicht.

---

des Geldes, sind der Anlaß dazu gewesen. Die vier größten Gesellschaften stehen aber abseits dieser Bewegung. Die anderen Gesellschaften fordern größtenteils entweder eine erhöhte Prämie oder eine bestimmte Zahl (1—4) Garantiejahre, innerhalb welcher beim Todesfalle des Versicherten die Versicherungssumme nicht oder nicht ganz ausbezahlt wird, oder sie gewähren nur eine Versicherung auf kurze Zeit. Einzelne erheben die gleiche Prämie wie bei Versicherung ohne Begutachtung. Es bleibt noch abzuwarten, wie das Ergebnis dieses Versuches sein wird.

[1]) Siehe hierüber u. a. Wenckebach: Lebensversicherung ohne ärztliche Untersuchung. Mediz. Blätter Jg. 1905.

Daraus erhellt, daß die durchschnittliche Lebensdauer in Jahren war[1]):

im Alter von	Männer		Frauen	
	H^M	Bevölkerung (1838—1854)	H^F	Bevölkerung (1838—1854)
20 Jahren	42,06	39,48	40,87	40,29
30 ,,	34,68	32,76	34,55	33,81
40 ,,	27,40	26,06	28,24	27,34
50 ,,	20,31	19,54	21,60	20,75

und zu einem späteren Zeitpunkt (für Männer):

im Alter von	O^M	Bevölkerung (1871—1880)
20 Jahren	43,7	39,4
30 ,,	35,6	32,1
40 ,,	27,9	25,3
50 ,,	20,6	19,0

Auffallend ist dabei, daß die ärztliche Auswahl bei den Frauen von geringerer Wirkung ist; die Ursache davon soll später besprochen werden.

Man vergleiche auch die beiden letzten Spalten der Tabelle der „Germania“ auf S. 32.

Der besonders günstige Einfluß der ärztlichen Begutachtung in den ersten Versicherungsjahren geht deutlich aus folgenden Zahlen hervor. Sie umfassen Männer und Frauen, welche in den Jahren 1829—1878 bei der „Gotha“ (auf lebenslängliche Versicherung) versichert waren[2]). Wenn man die mittlere Sterblichkeit nach dem 11. Versicherungsjahr auf 100 stellt, war die Mortalität:

im 1. Jahre	68	im 16.—20. Jahre	106
,, 2.— 3. ,, ...	90	,, 21.—25. ,, ...	104
,, 4.— 6. ,, ...	97	,, 26.—30. ,, ...	102
,, 7.—10. ,, ...	101	,, 31.—35. ,, ...	97
,, 11.—15. ,, ...	103	,, 36.—40. ,, ...	102

Das günstige Sterbeverhältnis der letzten Versicherungsjahre ist erklärlich, wenn man bedenkt, daß die allgemeine Sterblichkeit stets abnimmt und die Langlebigen deren Einfluß erfahren werden.

Für Männer fanden Karup und Gollmer auf dieselbe Weise[3]):

1. Jahr	57,5
2.— 3. ,, ...	75,4
4.— 6. ,, ...	83,9
7.—10. ,, ...	90,9
11. und folgende Jahre	100,0

Auch hier erscheint also die Wirkung der Begutachtung bei Männern allein günstiger als die bei Männern und Frauen.

Einen richtigeren Einblick gewinnt man bei der Gruppierung der Daten, wie in der folgenden Tabelle geschehen ist. Sie umfaßt die Männer, die in den Jahren 1857—1894 bei der „Germania“ versichert waren[4]).

---

[1]) Zum Teil entnommen aus Westergaard: Mortalität und Morbilität, S. 500. 1901.

[2]) Emminghaus: Mitteilungen aus der Geschäfts- und Sterblichkeitsstatistik der „Gotha“ 1829—1878, S. 80.

[3]) Aus der Praxis der Gothaer Lebensversicherungsbank 1902, S. 134.

[4]) Vereinsblatt für deutsches Versicherungswesen 1897, S. 146.

Sterblichkeit auf 100 Männer.

Lebensalter	Versicherungsdauer in Jahren 0—1	2—3	4—5	0—5	6—10	11—15	16—	Durchschnitt	Sterblichkeit vermutet auf Grund der allgemeinen Sterblichkeitstabelle von 1883
—25	0,36	0,79	0,91	0,51	0,70			0,51	0,85
26—30	0,46	0,68	0,70	0,58	0,78	0,44		0,59	0,90
31—35	0,55	0,84	0,81	0,73	0,85	0,93		0,76	1,03
36—40	0,64	1,00	1,06	0,95	1,12	1,10	1,24	1,03	1,25
41—45	1,01	1,43	1,37	1,30	1,44	1,31	1,43	1,36	1,54
46—50	1,48	1,67	1,59	1,59	1,74	1,82	1,79	1,74	1,94
51—55	1,96	2,21	2,32	2,20	2,49	2,27	2,44	2,38	2,49
56—60	3,02	3,07	3,30	3,16	3,60	3,38	3,18	3,28	3,32
60—	3,91	4,97	5,00	4,86	4,89	5,54	6,15	5,92	6,17

Hier sieht man bei Vergleichung der Sterblichkeit in den verschiedenen Versicherungszeiträumen mit der durchschnittlichen Sterblichkeit einen deutlichen Einfluß der Begutachtung eigentlich nur im 1. Versicherungsjahr. Wohl ist aber im allgemeinen, auch in den späteren Versicherungsjahren, die Sterblichkeit geringer als die der Gesamtbevölkerung.

Bei höheren Versicherungen ist die Wirkung bei der „Germania“ etwas besser, obwohl doch ein und dieselbe Untersuchung gefordert wird[1]).

Diese Angabe, welche also nicht besonders zufriedenstellen kann, stammt jedoch, gleichwie die diesbezügliche der „Gotha“, aus einer Zeit, in der die medizinische Diagnose noch weit von ihrer jetzigen Höhe entfernt war. Welche Fortschritte die Diagnostik gemacht hat (bzw. wieviel strenger die Anforderungen für eine Zulassung allmählich gestellt worden sind), geht aus einer Übersicht hervor, die wieder FLORSCHÜTZ auf dem Kongreß von Versicherungsmathematikern in Amsterdam im Jahre 1912 über die Erfahrungen der „Gotha“ mitgeteilt hat. Wenn die durchschnittliche Sterblichkeit im Zeitraum von 1852 bis 1895 gleich 100 angesetzt wird, betrug im Verhältnis die Sterblichkeit der Männer (bei lebenslänglicher Versicherung) in den ersten 5 Jahren der Versicherung im Zeitraum

1829—1851	141,6	1867—1880	100,3
1852—1866	113,3	1881—1895	89,1

Daß aber die Zunahme der Schärfe bei der ärztlichen Auswahl nicht nur in den ersten 5 Jahren sich bemerkbar macht, ergibt die folgende Tabelle, in der nur Männer aufgenommen sind, die länger als 5 Jahre versichert waren. In der ersten Spalte ist der Zeitraum angegeben, in dem die Versicherung abgeschlossen wurde (damit also die Begutachtung stattfand), in den folgenden das Sterblichkeitsverhältnis in den Beobachtungsabschnitten 1829—1851, 1852—1866, 1867—1880 und 1881—1895.

Zeitraum der Begutachtung	1. Beobachtungsabschnitt	2. Beobachtungsabschnitt	3. Beobachtungsabschnitt	4. Beobachtungsabschnitt
1829—1851	110,1	107,9	104,5	104,4
1852—1866	101,6	102,3	103,5	
1867—1880	95,0	99,3		
1881—1895	88,9			

[1]) WESTERGAARD, der auch diese Zahlen in „Mortalität und Morbilität“ zitiert, glaubt, daß bei niedrigeren Versicherungen die Begutachtung wohl weniger scharf gehandhabt wird. Wegen des niedrigeren Honorars? In der Originalabhandlung ist darüber nichts berichtet.

In *allen* Beobachtungsabschnitten ist also die Sterblichkeit in jedem neuen Beitrittszeitraum gegenüber dem vorhergehenden gebessert.

Man könnte einwenden, daß dieses günstige Ergebnis auch in dem allgemeinen Sinken der Sterblichkeit unter der Bevölkerung seine Erklärung findet. Da die durchschnittliche Sterblichkeit während der Jahre 1852—1895 der Berechnung zugrunde gelegt ist, gestaltet sich der Beitrittszeitraum 1852—1866 ungünstiger als der von 1881—1895.

Aus der folgenden Tabelle aber ergibt sich eine Sterblichkeitsverminderung, die zu groß ist, um durch einen solchen Faktor erklärt zu werden. Es ist eine Übersicht über das Verhältnis der wirklichen zur berechneten Sterblichkeit bei der „Leipziger", als Maßstab ist die durchschnittliche Sterblichkeit aus den Jahren 1864—1899 genommen[1]). Die Zahlen geben an, wie hoch die Prozentzahl der Sterblichkeit über oder unter der erwarteten Zahl lag.

Versicherungsjahr	Abschluß der Versicherung, also Begutachtung in			
	1830—1863	1864—1874	1875—1885	1886—1898
1	+99	+49	+ 4	—28
2	+72	+62	—13	—31
3	+73	+36	— 3	—21
4	+57	+31	— 9	—21
5	+56	+10	+ 6	—15
6	+15	+19	— 1	— 4
7	+33	+15	—10	—19
8	+ 8	+10	— 4	—13
9	+40	+10	— 6	—12
10	+28	+ 8	+ 1	—16
11 und mehr	+ 6	+ 1	— 9	—26
Durchschnitt	+12	+ 6	— 7	—19

Beim Anblick dieser Zahlen ist es beinahe unbegreiflich, wie die genannten Gesellschaften die üblen Jahre der ersten Hälfte des vorigen Jahrhunderts überstanden haben!

Sterblichkeit von versicherten Frauen.

Eine besondere Stellung gegenüber der ärztlichen Untersuchung nehmen die Frauen ein. Die Sterblichkeit unter den versicherten Frauen weist dieselbe charakteristische Eigenschaft auf, die wir schon bei den verheirateten Frauen angetroffen haben; bis ungefähr zum 40. Lebensjahre übertrifft sie die der Männer, dann wird sie bedeutend niedriger. Als Beispiel diene die Übersicht über die Sterblichkeit der „Germania" (1857—1894)[2]).

Lebensalter	Sterblichkeit		Lebensalter	Sterblichkeit	
	der Männer in %	der Frauen in %		der Männer in %	der Frauen in %
21—25 Jahre	0,52	1,06	51—55 Jahre	2,38	1,56
26—30 „	0,59	1,04	56—60 „	3,28	2,25
31—35 „	0,76	1,06	61—65 „	4,55	3,54
36—40 „	1,03	1,12	66—70 „	6,51	5,02
41—45 „	1,36	1,13	71—75 „	9,05	8,29
46—50 „	1,74	1,28			

Je früher aber der Eintritt des Todes, desto größer der Schaden für den Versicherer. Infolgedessen scheuten, besonders früher, viele Gesellschaften die Versicherung der Frauen. Hinzu kommen noch, wiederum besonders in früheren

[1]) Katz, W.: Rapport Congres van actuarissen, Amsterdam 1912. [2]) A. a. O.

Jahren, die großen Schwierigkeiten einer ärztlichen Untersuchung der Frauen, weil die meisten ein Auskleiden verweigerten. Zwar ist diese Schwierigkeit jetzt sehr gemindert, teils durch großzügigere Auffassung, teils durch Anstellung weiblicher ärztlicher Gutachter. Aber es bleibt doch noch bedenklich, daß ein sehr wichtiger Teil des weiblichen Körpers, die Geschlechtsorgane, bei einer gewöhnlichen Begutachtung ununtersucht bleiben. Dies Hindernis ist nicht aus dem Wege zu räumen. Während man gegenwärtig wohl eine ebenso vollständige Untersuchung des Thorax und Abdomens wie bei Männern fordern darf und auch die meisten Frauen diese Forderung als berechtigt ansehen, ist es unmöglich, in der Regel wenigstens, eine gynäkologische Untersuchung vorzunehmen. Auf diesem sehr wichtigen Gebiete ist man also einzig auf die persönlichen Angaben angewiesen. Und daß diese gerade in dem Punkte sehr wenig glaubwürdig sind, ist bekannt.

Ob die seitens der Lebensversicherung oft geäußerte Behauptung, daß auch auf anderem Gebiet den Angaben der Frauen weniger Glauben geschenkt werden kann als den der Männer, richtig ist, kann hier unerörtert bleiben.

Sehr auffallend sind die Ergebnisse hinsichtlich der Versicherung von Frauen bei den amerikanischen Gesellschaften[1]).

Die Sterblichkeit unter den versicherten Frauen im allgemeinen stimmt auch hier mit der der verheirateten der gesamten Bevölkerung überein.

Der Verhältnis der wirklichen Sterblichkeit zur berechneten ist:

Lebensalter bei der Versicherung	
15—29 Jahre	114%
30—39 „	104%
40—49 „	98%
50—59 „	100%
60— „	89%

Hier geben also hauptsächlich die Frauen, welche sich vor dem 30. Lebensjahre versichern, ein schlechtes Risiko; bei der Versicherung in späterem Lebensalter (nach dem 40. Jahre) wird dies viel besser.

Bei Einteilung der Frauen in ledige, verheiratete und Witwen ergibt sich, daß im Gegensatz zu der Beobachtung bei der Gesamtbevölkerung die ledigen durchweg bessere Lebensaussichten haben als die verheirateten, und daß die Witwen ungefähr in der Mitte zwischen beiden stehen.

Verhältnis der wirklichen zur berechneten Sterblichkeit.

Lebensalter bei der Versicherung	Ledig	Verheiratet [2])		Verwitwet und geschieden [3])
15—24 Jahre	100%	150%	158%	210%
25—29 „	83%	147%	144%	129%
30—39 „	73%	129%	123%	109%
40—49 „	70%	109%	102%	104%
50—62 „	68%	98%	100%	103%

Dies Resultat muß seine Erklärung in dem Umstand finden, daß die ledigen, sich versichernden Frauen im allgemeinen finanziell unabhängig sind und in günstigen Berufsverhältnissen leben.

Bezüglich der Wirkung der Begutachtung ergibt sich, daß die Sterblichkeit der Frauen in den 5 ersten Versicherungsjahren 108% und im 1. Jahr 113% der berechneten beträgt.

[1]) Medico-actuarial Mortality Investigation Bd. 2. 1913.

[2]) In der ersten Spalte sind die Frauen aufgeführt, die eine Versicherung zugunsten ihres Ehemannes, in der zweiten, die sie zugunsten eines anderen abschlossen.

[3]) Wenige (unter 50) Beobachtungen.

Auch bei der „Gotha"[1]) betrug in den ersten 5 Versicherungsjahren die Sterblichkeit unter den Frauen 123,2% von der der Männer in denselben Versicherungsjahren. Der Grund hiervon ist, wie bei den amerikanischen Gesellschaften (M.-A. Mortal. Invest.), zu suchen in der hohen Sterblichkeit an Tuberkulose (Puerperium!), bösartigen Neubildungen und Krankheiten der Geschlechtsorgane[2]). Besonders mit Bezug auf die erste Krankheit muß man eine ungenügende ärztliche Untersuchung annehmen, um so mehr, weil nach 1860 mit der festen Anstellung bestimmter Ärzte als Gutachter die Ergebnisse besser als früher waren.

Aber trotz der Schwierigkeiten bei der Begutachtung und der Gefahren der Heirat und Schwangerschaft werden jetzt seitens der meisten Gesellschaften gegen die Versicherung von Frauen keine Bedenken mehr erhoben. Einige verlangen allerdings von der Frau noch eine besondere Prämie, eine Ablehnung ausschließlich auf Grund des Geschlechts findet aber nicht mehr statt. Die Gefahren, die die Versicherung der Frauen mit sich bringt, erachtet man durch die längere durchschnittliche Lebensdauer ausgeglichen.

Die Begutachtung in Beziehung zu verschiedenen Todesursachen.

Ein richtigeres Urteil über die Wirkung der ärztlichen Untersuchung erhält man, wenn man die Sterbefälle nicht nur nach der Versicherungsdauer, sondern auch nach den Todesursachen ordnet. Es gibt eine Reihe von Todesursachen, von denen man bereits im voraus weiß, daß die ärztliche Untersuchung ihnen machtlos gegenübersteht. Das sind z. B. Unfälle, Infektionskrankheiten, Blinddarmentzündung, in gewissem Sinne auch (das erste Versicherungsjahr ausgenommen) Krebs. Bei anderen Krankheiten, wie z. B. der Nieren, Leber, des Gehirns und Rückenmarks, Apoplexie, vielleicht auch Selbstmord, ist die Möglichkeit eines Einflusses der Begutachtung nicht ausgeschlossen. Bei Herzkrankheiten und Tuberkulose darf man das meiste davon erwarten.

Dieser Einfluß ist nun in der verschiedensten Weise berechnet worden. In England untersuchte Dovie[3]) die Sterblichkeit nach verschiedenen Todesursachen in den 10 ersten Versicherungsjahren bei 10 schottischen Versicherungsgesellschaften und verglich diese mit der Häufigkeit der Todesursachen bei der schottischen Bevölkerung im gleichen Zeitabschnitt (1855—1864), wobei er auf die Lebensaltersgruppierung Rücksicht nahm. Er fand, daß gegenüber 100 auf Grund der Angaben über die Gesamtbevölkerung berechneten Sterbefällen die wirkliche Zahl der Sterbefälle unter den Versicherten betrug:

Anzahl der Jahre seit der Begutachtung	Tuberkulose	Lungenkrankheiten (ohne Tuberkulose)	Herzkrankheiten	Nierenkrankheiten	Nerven- und Gehirnkrankheiten	Krankheiten der Verdauungsorgane	Infektionskrankheiten
0	9,97	31,08	21,59	27,41	41,28	70,19	99,63
1	26,72	48,96	44,49	46,04	71,14	83,47	103,00
2	52,21	62,99	62,63	45,18	94,99	98,75	117,38
3	58,27	51,98	68,16	75,13	110,17	123,38	105,42
4	56,91	73,21	82,72	95,62	126,52	103,02	109,61
5	55,94	55,21	58,02	121,56	127,75	106,85	126,15
6	67,79	76,12	89,83	89,46	135,74	109,38	113,75
7	63,20	59,95	76,38	64,85	127,92	118,95	125,85
8	58,28	59,84	93,24	92,00	148,09	113,90	103,99
9	60,93	73,12	79,03	101,62	141,93	105,24	105,67

[1]) Gollmer: Die Sterblichkeit nach Todesursachen. Aus der Praxis der „Gotha" 1920, S. 159.

[2]) Nach unveröffentlichten, von Dr. L. van t'Hoff aus den Erfahrungen der „Nationale" zusammengestellten Angaben waren von den 143 Sterbefällen der Frauen (1886—1900) nur 4 die Folge des Puerperiums und gynäkologischer Abweichungen.

[3]) Assurance Magazine 1882, S. 285.

Über ungefähr denselben Zeitabschnitt erstreckt sich die Untersuchung GOLLMERS[1]), der die Wirkung der ärztlichen Auswahl während der Jahre 1828 bis 1879 bei der „Gotha“ studierte. Dabei ging er etwas anders zu Werk. Zuerst wurde die Sterblichkeit in dieser Zeit infolge der verschiedenen Todesursachen bei den Versicherten, die mehr als 10 Jahre vorher begutachtet waren, untersucht. Damit wurde dann die Sterblichkeit in den ersten Versicherungsjahren verglichen, wobei auf die Übereinstimmung des Lebensalters (aufs Jahrfünft berechnet) in den verschiedenen Gruppen geachtet wurde. Auf diese Weise fand er, daß die wirkliche Sterblichkeit in Prozenten der errechneten (auf Grund der Erfahrungen bei einer länger als 10 Jahre währenden Versicherung) betrug:

Für eine Versicherungsdauer von	Infektionskrankheiten	Konstitutionskrankheiten	Krankheiten des Zentralnervensystems	Krankheiten der Atmungsorgane	Krankheiten des Herzens u. des Blutgefäßsystems	Krankheiten der Verdauungsorgane	Krankheiten des Uro-Genitalsystems	Typhus	Tumoren	Apoplexie	Gehirnerkrankungen	Tuberkulose	Morbus Brightii	Diabetes	Akute Lungenkrankheiten
1 Jahr	119,6	28,5	51,5	37,0	43,2	67,8	58,7	138,2	30,0	76,4	42,8	28,3	62,9	19,5	69,6
2— 5 Jahren	103,3	68,5	82,1	74,2	59,0	95,1	67,7	109,2	76,4	98,5	73,9	68,6	68,2	32,1	104,9
6—10 „	99,4	90,3	97,6	89,7	75,1	95,1	86,7	99,1	91,7	111,9	94,5	86,6	104,9	77,8	110,0

Die ersten sieben Spalten enthalten die Todesursachen nach Hauptgruppen, in den folgenden acht sind einzelne oft vorkommende Unterabteilungen der Hauptgruppen aufgeführt. (Die Tumoren sind dabei als eine Unterabteilung der Konstitutionskrankheiten betrachtet.)

Die beiden Untersuchungen stimmen gut überein in bezug auf den günstigen Einfluß der ärztlichen Begutachtung auf die Sterblichkeit infolge von Lungenkrankheiten (besonders Tuberkulose) und Herzerkrankungen. Auch die Zahlen bei den Nierenkrankheiten zeigen diesen Einfluß, wenn auch in der deutschen Tabelle deutlicher als in der englischen. Dagegen vermißt man in der englischen Tabelle eine deutliche Auswirkung auf die Sterblichkeit an Krankheiten des Nervensystems und der Verdauungsorgane, welche in der deutschen wohl enthalten ist.

Bemerkenswert sind auch die Zahlen bei den Infektionskrankheiten. Es ist geradeso, als ob die Begutachtung hier eine verkehrte Wirkung hätte. Besonders bei Typhus ist das sehr deutlich. Auch die Untersuchungen der „Germania“ führen zu dem Ergebnis, daß die Sterblichkeit an Typhus in den 5 ersten Versicherungsjahren größer war als später. Man hat geglaubt, hieraus den Schluß ziehen zu können, daß eine Erkrankung an Typhus besonders bei gesunden Menschen tödlich endigt. Diese Frage hat aber jetzt, wo die allgemeine Sterblichkeit an Typhus so gesunken ist, viel von ihrer Bedeutung verloren, so daß man mit ihr kaum noch zu rechnen braucht[2]).

Auf der Tabelle der „Gotha“ ist noch eine Rubrik, die uns auffällt, nämlich die der Tumoren Ganz gegen unsere Erwartung scheint auch hier die ärztliche Begutachtung einen starken Einfluß auszuüben. Die 30% im ersten Versicherungsjahr können wir begreifen, wenn wir an den chronischen Verlauf der meisten Neubildungen denken; die 76,4% im 2.—5. Jahre dagegen sind ein ganz

[1]) Aus der Praxis der „Gotha“. Die Mortalität nach Todesursachen, S. 134.

[2]) Bei der „Gotha“ (1828—1879) war die Anzahl Sterbefälle an Typhus 6,5% der Totalsumme der Sterbefälle, bei der „Basler“ (1865—1897) 2,3% (HESSE), bei der „Nationale“ (1886—1900) 0,4% (VAN'T HOFF).

unerwartetes Ergebnis. Später stellte sich denn auch heraus, daß dies günstige Resultat nicht bleibend war. In dem Zeitraum von 1881—1895 war die Zahl für die ersten 5 Jahre bereits auf 112,9% gestiegen, und FLORSCHÜTZ[1]) fand für 1904—1910, daß das Verhältnis der wirklichen zur berechneten Sterblichkeit für die 5 ersten Versicherungsjahre 140% betrug. Aus dieser Zunahme der Krebssterblichkeit in der ersten Versicherungsperiode zieht er dann den Schluß, daß der Krebs immer mehr im jüngeren Lebensalter aufzutreten beginnt. Uns erscheint dieser Schluß nicht richtig. Sowohl die Zahl 112,9% wie 140% ist auf der Krebssterblichkeit begründet, die aus den Angaben von 1852—1895 berechnet ist. Die Mortalität an Krebs nimmt in den letzten Jahrzehnten überall zu, und es ist deshalb nur natürlich, daß auch in den ersten 5 Versicherungsjahren die Sterblichkeit in der Zeit von 1904—1910 die von 1852—1895 mehr übertreffen wird als die von 1881—1895. Als Beweis für seine Behauptung führt FLORSCHÜTZ weiter an, daß, während GOLLMER für die Zeit von 1881—1895 18% der Todesfälle an Krebs bei Personen unter 40 Jahren und 43% vor dem 45. Lebensjahre feststellte, in der Zeit von 1904—1910 39% vor dem 40. und 61% vor dem 45. Lebensjahre eintraten. Diese letzte Behauptung, daß mehr als die Hälfte der Todesfälle an Krebs vor dem 45. Lebensjahre eintritt, steht so sehr im Widerspruch mit der täglichen Erfahrung, daß wir annehmen müssen, die Zahl der Beobachtungen (hier 36) sei zu klein gewesen, um daraus eine Schlußfolgerung ziehen zu können. Wenn man ferner auf S. 26 die Zunahme der Krebssterblichkeit in den verschiedenen Lebensaltersgruppen betrachtet, wird man sehen, daß zwar auch im jüngeren Lebensalter eine deutliche Vermehrung wahrzunehmen ist, daß aber diese Vermehrung doch stets mit Zunahme des Lebensalters steigt.

FLORSCHÜTZ fand weiterhin, daß in der Zeit von 1904—1910 für die anderen Todesursachen das Verhältnis zwischen der wirklichen und der erwarteten Sterblichkeit (auf Grund der Erfahrungen während der Jahre 1852—1895) betrug in Prozenten:

Infektionskrankheiten	69	Appendicitis	172
Tuberkulose	28	Unfälle	97
Apoplexie	86	Selbstmord	118
Progressive Paralyse	133		

Hierbei fällt auf die niedrige Ziffer für Tuberkulose (wobei man aber mit dem allgemeinen Sinken der Tuberkulosesterblichkeit Rechnung halten muß) und die hohe für progressive Paralyse und Appendicitis. Auch die Zahl für Infektionskrankheiten ist hier niedrig im Gegensatz zu der, welche wir für die Zeit von 1828—1879 bemerkten. Aber auch hier muß man bedenken, daß die Häufigkeit und die Prognose der Infektionskrankheiten seit 1852—1895 sicher einer großen Veränderung unterworfen ist.

Zwei spätere Veröffentlichungen über diese Frage, die aber nicht so ausführlich sind, müssen hier noch angeführt werden.

BLASCHKE[2]) berechnete die Sterblichkeit bei den österreichischen Lebensversicherungsgesellschaften nach den verschiedenen Todesursachen, sowohl für alle Versicherungsjahre zusammen wie auch mit Ausschluß der 5 ersten Versicherungsjahre. Eine deutliche Verschiedenheit bemerkte er nur bei der Tuberkulose. Bei den Krankheiten des Nervensystems war der Einfluß der Änderung der Mortalität in den 5 ersten Jahren auch noch festzustellen, jedoch in geringerem Maße als bei der Tuberkulose.

[1]) Blätter f. Vertrauensärzte 1919, H. 2.

[2]) Die Todesursachen bei österreichischen Versicherten (1876—1900). Versicherungswissenschaftliche Mitteilungen N. F. Bd. 9, H. 1.

Auch die Med.-Actuarial Mortality Investigation[1]) hat die Sterblichkeit nach Todesursachen in den verschiedenen Versicherungsabschnitten untersucht, hierbei aber den Einfluß des Lebensalters außer acht gelassen. Auf 10 000 Versicherte waren gestorben an:

Dauer der Versicherung	Typhus			Lungentuberkulose			Krebs		
	beim Abschluß der Versicherung in einem Alter von (Jahren)								
	15—29	30—44	45—	15—29	30—44	45—	15—29	30—44	45—
1 Jahr	10,0	6,2	3,8	4,3	3,0	2,3	0,2	0,4	3,2
2 Jahre	9,3	5,2	5,2	11,3	9,0	7,2	0,3	1,9	12,0
3—5 „	6,7	4,8	3,7	13,7	9,5	8,0	0,7	2,3	13,6
6—10 „	4,8	3,8	3,4	12,6	9,3	10,3	1,2	3,3	16,4
11—24 „	4,5	3,8	3,2	8,5	8,7	13,1	2,3	7,6	36,3

Dauer der Versicherung	Herzkrankheiten			Apoplexie			Nierenkrankheiten		
	beim Abschluß der Versicherung in einem Alter von (Jahren)								
	15—29	30—44	45—	15—29	30—44	45—	15—29	30—44	45—
1 Jahr	0,7	1,2	5,1	0,5	1,8	11,3	0,7	1,5	5,3
2 Jahre	0,4	1,3	8,6	0,3	2,0	12,9	1,4	2,0	7,2
3—5 „	0,7	3,0	14,1	0,3	2,8	14,9	1,6	3,3	14,1
6—10 „	1,5	3,7	25,4	1,0	3,9	24,4	2,3	5,1	24,0
11—24 „	3,8	9,8	45,9	2,9	9,7	44,5	3,5	11,6	36,0

Außer bei Typhus und in geringerem Maße auch bei Tuberkulose sieht man also ein Steigen der Sterblichkeit für alle Todesursachen mit zunehmender Versicherungsdauer, eine Tatsache, die, oberflächlich betrachtet, sehr für den Einfluß der ärztlichen Begutachtung sprechen würde. Bei dieser Gruppierung der Zahlen muß man aber bedenken, daß mit der Versicherungsdauer auch das Lebensalter zunimmt und damit die Sterblichkeit bei den meisten Todesursachen wächst. So zeigt sich, daß die jährliche Sterblichkeit auf 10 000 unter den Versicherten im allgemeinen betrug im Alter von (bei Abschluß der Versicherung):

	15—29 Jahren	30—44 Jahren	über 45 Jahren
bei Typhus	6,7	4,6	3,7
„ Lungentuberkulose . . .	10,6	8,2	8,4
„ Krebs	1,0	3,2	14,4
„ Apoplexie	1,0	4,1	21,2
„ Herzkrankheiten	1,4	4,0	19,9
„ Nierenkrankheiten . . .	1,9	4,9	17,9

Bei den letzten 4 Todesursachen steigt also die Mortalität stark mit dem Lebensalter. Nach den Verfassern der M.-A. Mort. Invest. muß diese Steigung in Zusammenhang mit der Versicherungsdauer gänzlich diesem Umstande zugeschrieben werden. Hinsichtlich des Krebses ist dies wohl nicht zu bezweifeln. Den Einfluß der Begutachtung bei den drei anderen so vollkommen wegzurechnen, erscheint uns aber nicht genügend begründet.

Die mit zunehmendem Lebensalter abnehmende Sterblichkeit an Typhus kann durch das parallel verlaufende Sinken der Sterblichkeit, berechnet nach den einzelnen Versicherungsjahren, erklärt werden.

Bei der Tuberkulose sehen wir erst ein Sinken, dann ein geringes Steigen der Sterblichkeit, berechnet nach dem Lebensalter. Bei den Sterblichkeitszahlen berechnet nach der Versicherungsdauer sehen wir dasselbe; in den jüngeren

[1]) Bd. 2, S. 31. 1913.

Lebensaltersgruppen sehen wir mit zunehmender Versicherungsdauer ein Sinken der Sterblichkeit, bei den älteren dagegen ein Steigen der Sterblichkeitszahl mit der Versicherungsdauer. Auch hier ist also der Einfluß der ärztlichen Auswahl nicht nachzuweisen. Wohl aber muß die sehr geringe Sterblichkeit in den ersten Versicherungsjahren ihre Ursache in der ärztlichen Begutachtung finden.

Einfluß der ärztlichen Untersuchung bez. der Sterblichkeit an Tuberkulose.

Es herrscht wohl allgemeine Übereinstimmung, daß für die ersten Versicherungsjahre die ärztliche Begutachtung einen günstigen Einfluß bezüglich der Tuberkulosesterblichkeit unter den Versicherten ausübt. Es lohnt der Mühe, diesen Einfluß noch etwas genauer zu untersuchen. Denn man kann die Tuberkulosesterblichkeit in gewissem Sinne als den Prüfstein der ärztlichen Untersuchung bezeichnen. Es ist begreiflich, daß gerade gegenüber dieser Krankheit die ärztlichen Mitarbeiter der Lebensversicherungsgesellschaften ihre ganze Kraft einsetzen werden angesichts dessen, daß keine andere Krankheit so viele Opfer fordert, und besonders, im Vergleich mit anderen Krankheiten, im jugendlichen Lebensalter. Dadurch wird der durch die Tuberkulose verursachte Schaden für die Gesellschaften noch bedeutender.

Auf der anderen Seite kann man sich durch die Feststellung einer beginnenden Lungentuberkulose ein gutes Urteil über die diagnostischen Fähigkeiten der Ärzte bilden.

In früheren Jahren war nun die Tuberkulosesterblichkeit bei den Lebensversicherungsgesellschaften keineswegs derart, daß sie Anlaß zur Zufriedenheit geben konnte. OLDENDORFF[1]) berechnet, daß von 1000 Lebenden an Lungentuberkulose starben:

im Alter von	in Bayern 1877	Frankfurt a. M. 1872	bei der „Gotha" 1829—1878	bei 18 deutschen Lebensversicherungsgesellschaften 1871
20—30 Jahren	3,3	2,8	2,41	3,5
30—40 „	3,7	5,5	2,15	3,9
40—50 „	3,7	5,3	2,41	3,3
50—60 „	4,3	3,7	2,57	3,4

Bei der „Gotha" ist die Sterblichkeit an Tuberkulose etwas geringer als die der Gesamtbevölkerung, bei anderen deutschen Gesellschaften ist dies jedoch nicht der Fall.

Während der Jahre 1829—1878 war die Tuberkulosesterblichkeit bei der „Gotha" (für Männer) 3,26‰[2]), bei der „Germania" (1857—1894) betrug sie für Männer 3,51‰ und für Frauen 3,27‰[3]), während sie 1875 in ganz Preußen 3,19‰ betrug. In Niederland betrug bei der „Algemeene"[4]) während der Jahre 1880—1905 die Sterblichkeit an Tuberkulose 1,5‰ und im ganzen Lande im Jahre 1901 für alle Formen der Tuberkulose 1,94‰, für die Lungentuberkulose 1,37‰[5]).

Diese Zahlen sehen nicht ermutigend aus und stimmen mit dem, was wir auf Grund unserer früheren Ausführungen erwarten konnten, nicht überein.

---

[1]) Grundzüge der Ärztlichen Versicherungspraxis 1873.
[2]) GOLLMER: Aus der Praxis der „Gotha" 1902. Die Mortalität nach Todesursachen.
[3]) Vereinsblatt für deutsches Versicherungswesen 1897, S. 146.
[4]) Bericht VAN GEUNS: Kongreß der Lebensversicherungsärzte in Berlin 1906.
[5]) In der Statistik der „Algemeene" sind Lungentuberkulose und andere Formen der Tuberkulose nicht getrennt, weil die letzteren bei Versicherten so selten vorkommen. Dies ist begreiflich, wenn man das Lebensalter der Versicherten ins Auge faßt. Deswegen ist auch die allgemeine Sterblichkeit an Tuberkulose bei Versicherten am besten mit der Sterblichkeit an Lungentuberkulose bei der Gesamtbevölkerung zu vergleichen.

Es würde aber auch nicht richtig sein, aus diesen einzelnen Zahlen einen Schluß ziehen zu wollen, weil dabei keine Rücksicht auf die Lebensaltergruppierung genommen wird, die naturgemäß für die Gesamtbevölkerung eine ganz andere ist als wie für die Versicherten.

Wird aber die Lebensaltergruppierung berücksichtigt, dann werden die Ergebnisse viel besser. So sehen wir z. B., daß bei der „Algemeene", deren Gesamtsterblichkeit an Tuberkulose die der Gesamtbevölkerung (Lungentuberkulose) übertraf, die Sterblichkeit in bestimmten Lebensaltergruppen geringer ist als die der Bevölkerung (in einem späteren Zeitabschnitt).

Jährliche Sterblichkeit auf 1000 an Tuberkulose.

Lebensalter	Bei der „Algemeene" (1880—1905)	Lebensalter	Bei der Bevölkerung (1903—1907)[1]
—25 Jahre	1,10	20—29	2,23
26—30 „	1,29		
31—35 „	1,41	30—39	1,76
36—40 „	1,51		
41—45 „	1,52	40—49	1,84
46—50 „	1,73		

Für die späteren Lebensjahre weichen die Lebensaltergruppierungen zu sehr voneinander ab, um eine genaue Vergleichung zu ermöglichen.

Blaschke[2]) gibt für österreichische Gesellschaften an, daß auf 100 000 Lebende an Lungentuberkulose starben:

im Alter von	Versicherte 1891—1895	Bevölkerung 1890
30—40 Jahren	271	405
40—50 „	323	391
50—60 „	391	495
60—70 „	472	527

Für diese hohen Lebensaltergruppen ist das wenigstens ein günstiges Ergebnis.

Man kann nun auch untersuchen, wie sich die Sterbefälle an Tuberkulose auf die verschiedenen Versicherungsjahre verteilen. Darüber gibt der erwähnte van Geunssche Bericht auf dem Berliner Kongreß eine gute Übersicht.

Von allen Sterbefällen an Tuberkulose fielen in Prozenten in:

Versicherungsjahr	Algemeene		Thule		Gotha		Amerikanische Gesellschaften[3])	
1	13,5		5,4		2,2		11,1	
2	11,8		10,3		4,8		12,9	
3	12,1	58,7	12,4	47,9	5,0	23,8	11,1	53,3
4	10,0		11,1		6,1[4])		9,4	
5	11,3		8,7		5,7		8,8	
6	6,7		7,3		5,4		7,9	
7	4,6		7,3		5,5[4])		7,7	
8	6,5		4,4		4,6		6,2	
9	4,6		4,6		5,4		5,3	
10	4,0		7,3		4,6		4,6	
11	2,7		4,9		4,8		3,6	
12	1,9		4,4		3,8		3,1	
13	2,7		3,2		3,2		2,5	
14	3,0		0,5		3,8		1,8	
15 und mehr	4,6		8,1		35,4[4])		4,0	
	100,0		99,9		100,0		100,0	

[1]) Lungentuberkulose. [2]) A. a. O. S. 51.

[3]) Zitiert nach Greene: Examination for life insurance 1905.

[4]) Diese Zahl ist nach den Originalangaben von Emminghaus: Mitteilungen usw., verbessert.

Diese Tabelle ergibt sehr überraschende Resultate. Bei der „Algemeene" fallen 25,3% der Sterbefälle in die zwei ersten Versicherungsjahre, bei den amerikanischen 24,0%. Nun kann die Tuberkulose ohne Frage schnell verlaufen, und es werden daher auch zweifellos Fälle vorkommen, daß jemand, der bei der Untersuchung nicht die geringsten Erscheinungen von Tuberkulose hat, innerhalb des ersten Jahres oder nach $1^1/_2$ Jahren dieser Krankheit erliegt. Aber höchst unwahrscheinlich werden dies 13,5 bzw. 25,3% der Fälle sein. Man kann also nicht umhin, anzunehmen, daß eine große Anzahl Tuberkulosekranker begutachtet wurde, bei denen die Krankheit nicht entdeckt wurde.

Bei der „Gotha" ist das Verhältnis viel besser, die Anzahl der Todesfälle in den zwei ersten Jahren beträgt nur 7% der Totalsumme. Dieser Unterschied fällt noch mehr auf, wenn man bedenkt, daß die Zahlen der deutschen Gesellschaft aus der Zeit von 1828—1879 und die der niederländischen aus der Zeit von 1880 bis 1905 sind.

Bei der „Germania"[1]) betrug die Sterblichkeit an Tuberkulose unter den Versicherten unter 30 Jahren in den 5 ersten Versicherungsjahren 2,26 ‰ und nach 5 Jahren 0,41 ‰. Bei älteren Versicherten war die Sterblichkeit in den 5 ersten Jahren etwas niedriger als im späteren Versicherungsabschnitt.

Bei der „Nationale" kamen im Zeitraum von 1888—1913 151 Sterbefälle von Tuberkulose vor, von denen 4 (2,65%) in das Jahr nach der Begutachtung und 7 (4,63%) in das zweite Jahr fielen. Dies stimmt also gut mit den Ergebnissen der „Gotha", aber in einem späteren Zeitabschnitt, überein. In den Versicherungsabschnitt der 5 ersten Jahre fielen bei dieser Gesellschaft (1886—1900) 19% aller Sterbefälle an Tuberkulose (van 't Hoff).

Nach 1879 hat die „Gotha" ihre Ergebnisse noch sehr verbessert. Gollmer berechnet, daß das Verhältnis der Tuberkulosesterblichkeit in den 5 ersten Versicherungsjahren zu der in allen Versicherungsjahren (1852—1895) betrug in den Jahren:

1829—1851	1,566
1852—1866	1,093
1867—1880	1,070
1881—1895	0,860
1904—1910	0,28 [2])

Man muß bei dieser letzten Zahl jedoch bedenken, daß seit 1852—1895 die allgemeine Sterblichkeit an Tuberkulose auch sehr stark gesunken ist. Immerhin ist der Unterschied so groß, daß man sich unwillkürlich fragt, ob nicht die Sichtung mit Hinblick auf die Tuberkulosegefahr (die bei der „Gotha" hauptsächlich auf Körpermaßen und -gewicht beruht) nicht *allzu* streng durchgeführt ist.

---

[1]) A. a. O. S. 49.

[2]) Florschütz: Die Sterblichkeit nach Todesursachen. Blätter für Vertrauensärzte 1912, H. 2.

Zweites Kapitel.

Faktoren des Widerstandsvermögens.

Konstitution — Erblichkeit.

Im vorhergehenden wurde die Notwendigkeit der ärztlichen Untersuchung vor Eingehen einer Lebensversicherung nachgewiesen. Diese Untersuchung bezweckt zweierlei:

1. Die Untersuchung erstrebt die Feststellung, ob bei dem Anwärter deutliche Krankheitsanzeichen bestehen, von welcher Art und in welcher Stärke.
2. Der untersuchende Arzt bildet sich ein Urteil, ob bei dem Anwärter, auch wenn keine Krankheitserscheinungen nachweisbar sind, Anzeichen eines geringeren Widerstandsvermögens vorliegen.

Der erste Punkt bedarf hier keiner weiteren Erläuterung. Die Untersuchung in diesem Falle unterscheidet sich nicht von der bei einer Krankenuntersuchung allgemein geübten. Die Methoden, auf welche es häufig beim Auffinden beginnender Abweichungen ganz besonders ankommt, oder welche nach unserer Erfahrung vielfach zu Schwierigkeiten Veranlassung geben, werden weiter unten ausführlich behandelt werden. Gleicherweise sollen die Krankheiten besprochen werden, die ohne jeden Zweifel das Zustandekommen einer Versicherung unmöglich machen, ferner die, welche unter gewissen Umständen den Anwärter, allerdings unter Prämienerhöhung, annehmbar erscheinen lassen: „substandard lives".

Viel schwierigere und nicht weniger wichtige Fragen wirft der zweite der oben aufgeführten Punkte auf.

Angenommen, wir könnten bei einer gewissen Anzahl Menschen durch die Begutachtungsuntersuchung feststellen, daß sie an keiner Krankheit — auch keiner versteckten — litten. Natürlich ist dies nicht möglich, dazu sind unsere Untersuchungsmethoden viel zu fehlerhaft. Wir wollen trotzdem von dieser Annahme ausgehen. Alle diese *gesunden* Personen würden dann doch nicht die gleichen Lebensaussichten haben. Im vorhergehenden sind bereits verschiedene Faktoren aufgezählt, die die Lebensaussichten beeinflussen, einige äußerer Natur (Beruf, Wohnort, Wohlstand, bürgerlicher Stand), andere untrennbar mit dem Individuum verbunden und sozusagen ein Teil seines Selbst (Lebensalter, Rasse). Aber auch bei gleichem Lebensalter und gleicher Rasse, bei gleichartigen äußeren Verhältnissen würden die verschiedenen vollkommen gesunden Menschen doch ein verschieden hohes Lebensalter erreichen — von mehr zufälligen äußeren Einwirkungen, Unfällen o. dgl. abgesehen. Wenn wir uns Rechenschaft davon ablegen, daß jedes Individuum im Laufe seines Lebens unzähligen, für ihn bedrohlichen und schädlichen Einflüssen ausgesetzt ist (Klima, Infektionen, körperliche und geistige Anspannung), zu denen selbst die durch die normalen Lebensprozesse bedingte „Abnutzung" gerechnet werden darf, dann erscheint es zweckmäßig, mit dem Ausdruck *Widerstandsvermögen* die Summe der Kräfte zu bezeichnen, die der Organismus gegenüber diesen schädlichen Einflüssen aufbietet. Wir sind weit davon entfernt, alle Faktoren des Widerstandsvermögens zu kennen und in jedem Falle beurteilen zu können, ob jemand „stark“ oder „schwach“ ist. Wohl wissen wir aber, daß einige dieser Faktoren von besonders großem Einflusse sind, und obgleich deren Studium noch ganz in den Anfangsgründen steckt, müssen wir doch in der Praxis damit bereits rechnen. Die Faktoren, die ich dabei ins Auge fasse, sind Konstitution und Erblichkeit, die beide allerdings wieder sehr eng miteinander in Verbindung stehen.

Wer sich für diese Fragen interessiert, dem sei das Studium von A. HAEGELERS verdienstvoller Arbeit: „Über die Faktoren der Widerstandskraft und die Vorhersage der Lebensdauer beim gesunden Menschen“[1]) warm empfohlen.

Einige Bemerkungen über Lebensversicherung und Konstitution.

Es nimmt wunder, daß die Bedeutung der Konstitution für das Entstehen und den Verlauf von Krankheiten während einer ganzen Reihe von Jahren sehr vernachlässigt worden ist. Merkwürdigerweise wußte die Heilkunde von HIPPOKRATES darüber besser Bescheid als eine nur wenig ältere Generation als die unsrige, d. h. vor etwa 20—30 Jahren. Inzwischen ist dies anders geworden, und eine Zeitlang hatte es sogar den Anschein, als ob das Studium der Konstitution in den Mittelpunkt des Interesses zu stehen käme.

Um jeden Irrtum auszuschließen, ist die genaue Umschreibung des Begriffs Konstitution erforderlich. Beim Studium dieser Frage hatten wir einen vortrefflichen Führer in MARTIUS[2]), dessen tief durchdachtes Werk jedem Arzte auf das wärmste empfohlen sei.

In erster Linie legen wir den Nachdruck darauf, daß wir unter konstitutionellen Abweichungen nicht *allgemeine* Krankheiten im Gegensatz zu solchen, die sich mehr oder weniger auf ein einzelnes Organ beschränken, verstanden haben möchten. Der medizinische Sprachgebrauch kann zur Verwirrung Anlaß geben. So spricht man von *konstitutioneller* Syphilis, wenn man sagen will, daß die Krankheit nicht mehr auf einen einzelnen Teil des Körpers beschränkt ist, sondern sozusagen den gesamten Organismus, die gesamte Konstitution, durchtränkt hat, in alle Organe und Gewebe eingedrungen ist. In diesem Sinne werden wir auf den folgenden Seiten nicht von Konstitution sprechen, obwohl, gleichwie wir weiter sehen werden, die Ausbreitung einer Krankheit über den ganzen Körper auf die Konstitution von Einfluß sein kann.

Der Arzt, der frei von allzu einseitigen Laboratoriumsuntersuchungen die Versorgung seiner Kranken nicht vernachlässigt, sieht täglich, wie äußerst verschiedenartig unter scheinbar gleichen äußeren Umständen eine Krankheit bei verschiedenen Menschen verläuft.

Von einer Anzahl Menschen, die der gleichen Infektionsgefahr ausgesetzt sind, werden nur einige von der Krankheit ergriffen, die anderen bleiben gesund. Bei dem einen verläuft die Krankheit äußerst gutartig, der andere stirbt daran. Von 10 Scharlachkranken werden 8 ohne ernstere Komplikationen genesen, bei zweien folgt eine Nierenentzündung, die sie an den Rand des Grabes bringt. Der eine sieht mager und schmächtig aus, trotzdem er ein starker Esser ist, der andere wird dick und schwer, und zwar so sehr, daß ihn seine Beleibtheit sehr belästigt, obwohl er sich ausgiebige Bewegung macht und übermäßige Nahrungsaufnahme vermeidet. Wie ist es möglich, daß derartige Verschiedenheiten, die sich jedem Arzte, und sei er auch ein nur mittelmäßiger Beobachter, gewissermaßen aufdrängen, so lange Zeit nicht der Mühe eines ernsthaften Studiums für wert erachtet wurden? Der Grund läßt sich unschwer vermuten. Nach der Hippo-

[1]) Basel: Benno Schwabe, Verlagsbuchhandlung, 1896.
[2]) MARTIUS, FR.: Pathogenese innerer Krankheiten. 1909, S. 158ff.

kratischen Heilkunde, die ihre Aufgabe darin erblickte, die Erscheinungen im Verlaufe einer Krankheit von möglichst vielen Seiten zu erforschen, und die in der Hauptsache eine beschreibende Wissenschaft war, folgte eine Jahrhunderte dauernde Zeit, in der die scharfsinnigsten Ärzte Zeit und Geist an das Aufstellen grundloser Theorien und an fruchtlose Betrachtungen vergeudeten. Die Heilkunde konnte kaum noch auf die Bezeichnung Wissenschaft Anspruch erheben. Dieser Verfallsperiode machten MORGAGNI, BICHAT und LAËNNEC ein Ende. Das anatomische Denken hielt seinen Einzug in die Heilkunde. Als Erklärung der zu Lebzeiten wahrgenommenen Krankheitserscheinungen fand man anatomische Abweichungen an den Organen. Kein Wunder, daß man eine Zeitlang, verführt durch die unerwarteten Entdeckungen, die man dieser Arbeitsmethode verdankte, in der Organveränderung selbst die Krankheit erblickte und sich zufrieden gab, wenn man den Sedes morbi bei der Leichenöffnung gefunden hatte. Schlimmer noch wurde es in der bakteriologischen Ära, als eine Entdeckung der anderen folgte, und man bald für jede Infektionskrankheit den zugehörigen Erreger entdeckt zu haben glaubte. Viele von uns haben diese Zeit noch miterlebt mit ihrem Glauben, daß das Bacterium alles wäre, und man den menschlichen Organismus als Faktor beim Entstehen der Krankheit vollkommen vernachlässigte. Es ist eine merkwürdige und doch begreifliche Tatsache, daß die einfachen Praktiker länger an die Bedeutung der „Natur" ihrer Patienten glaubten als die Mehrzahl der gelehrten wissenschaftlichen Pfadfinder. Fern von Krankenhäusern und fern von Laboratorien, weniger im Banne eines wissenschaftlichen Tagesdogmas, konnten sie ihre Kranken jahrelang beobachten, oft eine Anzahl Glieder ein und derselben Familie in mehr als einer Generation behandeln. In Frankreich, wo die Kliniker sich durch ihre Laboratoriumsarbeit nicht gänzlich den Krankensälen entfremden ließen — wenn es auch das Land eines CLAUDE BERNARD und eines PASTEUR ist — und wo man einer überlieferten sorgsamen Beobachtung am Krankenbette treu blieb, erkannte man zu allen Zeiten das Band, das scheinbar gänzlich verschiedene und nichts miteinander zu tun habende Krankheitserscheinungen verbindet (diathèses). Die individuell verschiedene Reaktion des Menschen gegenüber ein und demselben äußeren krankheitserregenden Einfluß hat man dort niemals aus den Augen verloren. Wir müssen gleichzeitig dabei bemerken, daß es auch in Deutschland zu allen Zeiten klar sehende Ärzte gegeben hat, die dem Begriff „Konstitution" alle gebührende Aufmerksamkeit widmeten; ich nenne nur unsere Zeitgenossen F. KRAUS und (vor allen) MARTIUS und AD. CZERNY.

Dank der Arbeit dieser Männer und der Änderung in der Denkungsart unserer Zeit beginnt das Interesse für den Faktor der Konstitution wieder in weiten ärztlichen Kreisen aufzuleben[1]). Wir glauben sogar hier und da zu bemerken, daß man über das Ziel hinausschießt, und den Fehler feststellen zu können, daß man über Konstitution redet und schreibt, ohne sich eine klare Vorstellung davon zu machen, was darunter zu verstehen ist.

Ein konkreter Fall dürfte unsere Ansicht verdeutlichen. Seit einigen Jahren hat sich, und nicht ohne Grund, die Forschung mit großer Vorliebe den Drüsen mit innerer Sekretion zugewandt. Eine Eigentümlichkeit dieser Drüsen ist ihr großer Einfluß auf den allgemeinen Körperbau, die allgemeine körperliche Entwicklung. Bildet sich z. B. bei jungen Kindern eine Geschwulst in der Glandula pinealis, dann sieht man eine auffallende und frühzeitige Entwicklung der äußeren Genitalien und der sekundären Geschlechtsmerkmale. Nun ist es aber nicht richtig, wenn man die erwähnte anormale Entwicklung in der Sexual-

[1]) Siehe L. BORCHARDT: Allgemeine klinische Konstitutionslehre. In: Ergebn. d. inn. Med. u. Kinderheilk. Bd. 21, S. 498. 1922.

sphäre als eine konstitutionelle Abweichung schildert. Sie ist eine Erscheinung, ein Ausdruck der Erkrankung der Glandula pinealis, so wie die Gelbsucht eine Erscheinung eines Leberleidens sein kann. Man gebraucht auf diese Weise das Wort Konstitution im Sinne einer *allgemeinen* Erkrankung im Gegensatz zu einem *lokalisierten* Leiden, was etwas ganz anderes ist, als unseres Erachtens unter Konstitution verstanden werden muß.

Äußere Einflüsse sind eine notwendige Vorbedingung für Entstehen einer Krankheit, seien diese Einflüsse nun ein Trauma, Ansteckung, Vergiftung, seien es physische Kräfte oder sogar auch nur der gewöhnliche *Gebrauch* der Organe, die minimalen Verrichtungen, die für die Erhaltung des Lebens notwendig sind. Die klinische Beobachtung lehrt aber, daß der eine Mensch gegenüber ein und derselben krankheiterregenden Ursache anderen Widerstand leistet als ein zweiter, daß der eine anders darauf reagiert als der andere. Selbstverständlich — darauf macht Martius mit vollem Recht aufmerksam — verschwinden gegenüber quantitativ extremen Ursachen derartige individuelle Verschiedenheiten in ein Nichts. Gegenüber der Wirkung einer Kanonenkugel bietet die Elefantenhaut ebensowenig Widerstand wie die eines Kindes. Die hundertfache letale Dosis eines Giftes tötet den Starken so gut wie den Schwächling. Aber die auf den Menschen einwirkenden Krankheitsursachen im engeren Sinn sind gewöhnlich weniger intensiv, und in diesen Fällen tritt die Bedeutung der individuellen Reaktion in den Vordergrund. Dann wird klar, wie sehr der Verlauf, der Ernst einer Krankheit, die durch ein und denselben äußeren Faktor verursacht ist, bei dem einen anders ist als bei dem anderen, d. h. die Reaktion des Menschen, seine Konstitution, ist verschiedenartig.

Unter der Konstitution eines Menschen ist zu verstehen die Summe der Eigenschaften seines Organismus, welche die Art und Weise seiner Reaktion auf äußere Einflüsse bestimmt.

Es leuchtet ein, daß die Konstitution niemals mit ein und demselben Maß gemessen werden kann. Denn der Organismus ist aus einer großen Zahl von Teilen (Organen) aufgebaut, die jede ihre spezifische Reaktion gegenüber äußeren Ursachen besitzen. Darum ist es auch unangebracht, von einer *starken* oder *schwachen* Konstitution eines Menschen zu sprechen, weil einige Organe eine größere, andere wiederum eine geringere Widerstandskraft besitzen als der Durchschnittstypus seiner Art.

Im Hinblick auf unsere Definition der Konstitution als der Summe aller Eigenschaften des Organismus müssen auf sie Bau und Funktion aller Organe, die Zusammensetzung aller Gewebe und aller Gewebsflüssigkeiten von Einfluß sein. Selbstverständlich werden diese bestimmt sowohl durch die ursprüngliche Anlage als auch durch zu Lebzeiten aufgetretene Einwirkungen, insofern diese letzteren einen so tiefen Einfluß auf den Organismus ausgeübt haben, daß dadurch seine Reaktion gegenüber krankheitserregenden Agentien verändert worden ist. Die konstitutionellen Eigenschaften sind also teils angeboren, teils erworben.

Der Unterschied zwischen Konstitution und Krankheit sei noch einmal hervorgehoben. Krankheit ist keine Konstitution, kann aber auf die Konstitution durch die Veränderungen, die sie in einzelnen Organen hervorruft, großen Einfluß ausüben. Diabetes ist keine Konstitution, wohl aber beeinflußt die Zuckerkrankheit die Konstitution sehr stark. Das geht z. B. aus der Verminderung des Widerstands hervor, den die Gewebe des Diabetikers der Einwirkung verschiedener Mikroorganismen (Tuberkelbacillus, Staphylokokken) leisten.

Die große praktische Bedeutung einer Konstitutionslehre liegt auf der Hand. Deren Wichtigkeit ist noch nicht abzuschätzen. Zweifellos wird man durch die Kenntnis der Natur seiner Patienten mit zweckentsprechenden Maßregeln in der Jugend eine Reihe von Krankheiten zu verhindern vermögen. In diesem Sinne ist es auch begreiflich und vollkommen zu billigen, daß man sich in früheren Zeiten am liebsten von dem vertrauten Hausarzt behandeln ließ, der ja die „Natur" seines Patienten und von dessen Blutsverwandten am besten kannte.

Besonders für die Lebensversicherungswissenschaft ist die Kenntnis der Konstitution von allergrößter Wichtigkeit. Schwerkranke Menschen mit deutlichen anatomischen Abweichungen begehren nur in Ausnahmefällen den Abschluß einer Versicherung. Ihr kranker Zustand ist unschwer zu erkennen. Die Kunst des begutachtenden Arztes besteht im Auffinden beginnender äußerst geringer Krankheitsanzeichen, ganz besonders aber darin, sich ein Urteil zu bilden über schwache Punkte in dem Bau einzelner Organe, die, ohne eigentlich krank zu sein, doch schädlichen Einflüssen weniger Widerstand zu leisten imstande sind, so daß der Träger solcher Organe der Gefahr zu erkranken leichter ausgesetzt ist als das Durchschnittsindividuum. Mit anderen Worten: mit die wichtigste Aufgabe eines Arztes, der einen Versicherungskandidaten zu untersuchen hat, ist die Feststellung seiner Konstitution.

Andererseits bildet das Archiv der Lebensversicherungsbanken mit seinen Tausenden von Gutachterberichten im Verein mit dem Lebenslauf der untersuchten Personen einen Schatz von Material zur Grundlage einer Konstitutionspathologie, der nur auf Hebung und Bearbeitung wartet. Und der Wert dieses Schatzes wird um so größer werden, je genauer und besser im Hinblick auf dieses Problem untersucht wird.

Leider muß zugegeben werden, daß die Mittel, die uns die Bildung eines Urteils über die Konstitution einer Person oder seiner Organe gestatten, noch vollkommen unzureichend sind. Dies Studium steht erst im Beginne seiner Entwicklung, und groß sind die Schwierigkeiten, die eine derartige Untersuchung mit sich führt.

Wie gering noch unsere Kenntnisse in dieser Hinsicht sind, wird am besten aus folgender Übersicht hervorgehen:

Schon sehr alt ist der Begriff Skrofulose. Wie bekannt, hat VIRCHOW diesen Zustand beschrieben und bezeichnet als eine Vulnerabilität der Gewebe, als hartnäckige und immer wieder aufflackernde chronische Entzündungen der Haut und Schleimhäute und in erster Linie als eine chronische, zur Verkäsung führende Erkrankung der Lymphdrüsen. Die tuberkulöse Art dieser Lymphdrüsenerkrankung steht jetzt außer Zweifel. Gegenwärtig ist es nur noch fraglich, ob eine „skrofulöse Diathese" angenommen werden kann, die als Ursache des eigenartigen abgeschwächten Verlaufs der Tuberkulose zu betrachten ist und die Vorliebe einer Lokalisation in bestimmten Geweben — Lymphdrüsen, Knochen — bedingt. Oder ist die Skrofulose nichts anderes als das Produkt einer Ansteckung mit Tuberkelbacillen in den ersten Lebensjahren, die eine beträchtliche Unempfindlichkeit hinterlassen hat? Nach STRAUBS Auffassung würde diese tuberkulöse Infektion in der frühesten Jugend einen schlummernden tuberkulösen Herd hinterlassen, der die Immunisierung noch weiter fortsetzen und unterhalten würde. Gleichzeitig würde jedoch dieser Herd den allgemeinen Gesundheitszustand beeinflussen, die Knochenbildung schwächen, den Widerstand gegen äußere schädliche Einflüsse herabsetzen und metastatische Tuberkulose hervorrufen. Die Störungen im Allgemeinbefinden würden dann dem entsprechen, was wir gewöhnlich mit Skrofulose bezeichnen.

Der Raum dieses Buches verbietet, auf diese wichtigen und interessanten Fragen näher einzugehen[1]). Aber folgendes steht fest. Wer in seiner Jugend

---

[1]) Siehe W. NOLEN: Nieuwe gegevens en inzichten betreffende tuberculose en tering. Geneesk. bladen Bd. 15, Nr. 11 u. 12. 1911. — STRAUB, M.: Nederlandsch tijdschr. v. geneesk. 1912, II, Nr. 23.

an Skrofulose erkrankt war, wer Narben von alter — (geheilter?) — Drüsentuberkulose, von Knochentuberkulose aufweist, ist in seinem späteren Leben durchaus nicht gegen Tuberkulose von allerlei anderen Organen, Lungen, Brustfell, Hirnhaut gefeit. Im Gegenteil, jeder Arzt, der bei einem Kranken mit einem unklaren Krankheitsbild, das an Tuberkulose denken läßt, derartige Narben sieht, wird diese als Beweis für die Diagnose einer auch zu diesem Zeitpunkt bestehenden Tuberkulose gelten lassen. Deswegen neigt man im allgemeinen der Überzeugung zu, daß jemand, der solche „skrofulöse" Erkrankungen durchgemacht hat, noch immer tuberkulös ist und Gefahr läuft, heute oder morgen an einer ernst verlaufenden Tuberkulose zu erkranken. Mag denn auch der tuberkulöse Herd, der zur Skrofulose führt, zugleich eine *beträchtliche* Immunität hervorrufen, sicher ist, daß diese Unempfindlichkeit lange nicht so selten vollkommen verlorengeht.

Andererseits ist nicht abzustreiten, daß man während einer zufälligen Untersuchung bei einer Anzahl Personen geschwollene Lymphdrüsen fühlt, auch wohl alte Narben sieht, während sie außer diesen keine einzigen Erscheinungen von Tuberkulose aufweisen. Das Urteil ist also wieder recht schwierig. Es bleibt darum nichts anderes übrig, als streng zu individualisieren.

Man kann ohne Prämienerhöhung Personen annehmen, bei denen man am Halse einige Lymphdrüsen findet, die vermutlich aus den Kinderjahren stammen, wenn diese Personen im übrigen vollkommen gesund (Untersuchung der Lungen!) und über 20—30 Jahre alt sind.

Sind diese Drüsen aber noch im aktiven Entzündungsstadium, schwellen sie von Zeit zu Zeit an, brechen sie durch, dann ist Vorsicht geboten, und man tut besser daran, die Versicherung längere Zeit aufzuschieben.

Sind Narben früherer Knochentuberkulose vorhanden, dann ist das gleichfalls eine Komplikation, die zur Vorsicht mahnen muß. Nur wenn die frühere Knochentuberkulose seit vielen Jahren zum Stillstand gekommen und der Anwärter im übrigen vollkommen gesund ist, wird er ohne Prämienerhöhung angenommen werden können.

Auf zwei Punkte muß noch hingewiesen werden. Erstens, daß Lymphdrüsenschwellungen in jungen Jahren nicht unbedingt sicher die Folge von Tuberkulose zu sein brauchen. Mancherlei vulgäre Entzündungen der Haut geben hierzu Veranlassung, auch wohl rezidivierende Halsentzündungen. Bei allen, auch vollkommen gesunden Säuglingen, sind nach meiner Erfahrung am Hinterhaupt zwei kleine Lymphdrüsen zu fühlen, ohne daß bei ihnen von Skrofulose gesprochen werden kann. Andererseits können Lymphdrüsenschwellungen bei Erwachsenen auch eine sehr viel ernstere Bedeutung haben, als nur skrofuloseverdächtig zu sein. Darum soll man in jedem Falle genau zu ergründen versuchen, ob sie aus der Jugend stammen oder erst vor kürzerer Zeit entstanden sind. Man denke an Metastasen von Carcinom oder Sarkom (Mundhöhle, Zunge), an Leukämie, Granulom, Lymphosarkom. Man untersuche peinlichst. Auch akute Drüsenschwellungen infolge noch bestehender Hautkrankheiten (z. B. Ekzema capitis) verwechsle man nicht mit Skrofulose.

Im Jahre 1905 veröffentlichte AD. CZERNY seine berühmte Abhandlung über exsudative Diathese. Es war ein glücklicher Wurf. In kurzer Zeit erhielt der von ihm dieser neuen Form von Konstitutionsanomalie gegebene Name Bürgerrecht, und besonders in den Kreisen der Kinder- und praktischen Ärzte fand seine Beschreibung allgemeine Anerkennung. Nicht nur die Autorität von CZERNYS Namen war die Ursache dieses Erfolges; auch nicht, daß seine Abhandlung in einem Augenblick erschien, wo in Deutschland der Umschwung begann, welcher der Konstitution aufs neue einen wichtigen Platz im medizinischen Denken einräumen sollte. Die Richtigkeit zweier seiner Beobachtungen, die jeder Arzt selber erproben und bestätigt finden kann, ließen vor allem den Begriff der exsudativen Diathese so schnell zum Gemeingut der deutschen und niederländischen Ärzte werden: in erster Linie die unverkennbare Tatsache, daß bisher nicht so eng miteinander in Zusammenhang gebrachte Erscheinungen — oberflächliche Entzündungen der Haut und Conjunctiva, Ekzema faciei, besonders in Form der Crusta lactea, Asthma bronchiale, Bronchitiden, Pseudocroup, Lingua geographica — doch miteinander zusammenhängen mußten. Denn sie kommen entweder hintereinander oder auch gleichzeitig bei ein und derselben Person oder bei verschiedenen Kindern derselben Familie vor. Und als zweites der Erfolg der von CZERNY empfohlenen Behandlungsweise, bei der eine sachgemäße Regelung der Ernährung eine Hauptrolle spielte. Auf diese Weise erwies sich also ein alimentäres Moment für die Entstehung der Konstitutionsabweichung oder besser für ihre Folgen, ihre äußeren Erscheinungen von sehr großer Bedeutung. Man hat gegen CZERNY angeführt, daß die exsudative Diathese sehr schwierig von anderen Konstitutionsabweichungen abzugrenzen sei, daß sie besonders mit der alten Skrofulose sehr viele Züge gemeinsam habe. Letzterem kann nicht zugestimmt werden: ein Kind mit Skrofulose ist sehr gut von einem mit exsudativer Diathese zu unterscheiden. Und was das wichtigste ist: die exsudative Diathese ist nicht der Ausdruck einer wenn auch selbst nur modifizierten oder abgeschwächten, tuberkulösen Infektion und prädestiniert auch nicht dazu.

Obwohl diese Art der Diathese vorläufig für die Lebensversicherung kaum von Interesse ist, weil nur in sehr seltenen Fällen Kinder für eine solche Untersuchung in Betracht kommen und die Diathese vor Erreichen der Vollwüchsigkeit verschwindet oder unsichtbar wird, hielt ich es trotzdem für wichtig, sie in diesem Zusammenhang kurz zu erwähnen.

Sehr zahlreich sind besonders in Österreich und auch in Deutschland seit einigen Jahren die Veröffentlichungen über eine dritte Konstitutionsanomalie, den Status thymico-lymphaticus, der zuerst von PALTAUF beschrieben wurde. Ihr Wesen soll in dem Ausbleiben der Involution der lymphatischen Organe bestehen. Ihre Folge ist Hyperplasie des lymphoiden Gewebes, Hypertrophie und anormales Persistieren der Thymus, Hypoplasie des Herzens und arteriellen Blutgefäßsystems und der äußeren Geschlechtsorgane. Daher findet man bei der Sektion[1]) eine größere Menge von Thymusgewebe, als dem Alter der Person entspricht, daher eine Hypertrophie der Lymphdrüsen, der Follikel an der Zungenbasis und des lymphoiden Systems in Milz und Darmschleimhaut, während das Knochenmark oft anormal rot gefunden werden soll. Häufig soll auch nach WIESEL[2]) eine Hypoplasie der Nebennieren bestehen.

Trifft alles zu, was über diese Konstitutionsanomalie veröffentlicht wird, dann würde gerade sie für die Beurteilung der Lebensaussichten scheinbar gesunder Personen und damit also für die Lebensversicherungsmedizin von äußerster Wichtigkeit sein. Denn Personen mit Status thymico-lymphaticus würden in erhöhtem Maße einer Erkrankung an Morbus Basedowii, Morbus Addisonii und Hirngliomen ausgesetzt sein. Sie liefern ein groß Teil der unerwarteten und plötzlichen Todesfälle, für die auch der Arzt, abgesehen von den oben erwähnten Anzeichen nach dem Tode, keineErklärung zu finden vermag.

---

[1]) Eine gute Beschreibung des Befundes bei der pathologisch-anatomischen Untersuchung hat KOLISKO gegeben (Handb. d. ärztl. Sachverständigen-Tätigkeit Bd. 2, S. 716ff. 1906).

[2]) Siehe die ausgezeichnete Studie von WIESEL: Der Status thymico-lymphaticus, in LEWANDOWSKY: Handb. d. Neurol. Bd. 4.

Ja, man nimmt je länger desto mehr an, daß zwischen dieser Konstitutionseigenart und Selbstmord ein enger, wenn auch noch unerklärlicher Zusammenhang bestehen muß[1]).

Selbstverständlich muß der untersuchende Arzt mit diesen Dingen aufs genaueste rechnen, wenn die Bestätigung dafür erbracht wird. Ein Mensch mit deutlichem Status thymico-lymphaticus wird schlechtere Lebensaussichten haben als der Durchschnitt von gleichem Lebensalter, und er wird nur unter erheblicher Prämienerhöhung aufgenommen werden können. Es muß denn auch von großer Wichtigkeit sein, derartige Personen nicht erst nach dem Tode — das ist für den Praktiker zu spät —, sondern schon zu Lebzeiten frühzeitig zu erkennen. Dazu sind wir aber noch nicht recht imstande, ausgenommen vielleicht einige deutlich ausgesprochene Formen.

Daß der Leichenbefund dem pathologischen Anatomen schon jetzt eine sichere Feststellung dieses Status erlaubt, wenigstens bei Erwachsenen, erscheint unzweifelhaft.

Aber klinisch liefert dieser Typus alles andere denn ein genau begrenztes und daher für den Arzt klares Bild. Die erfahrensten Kenner dieser Konstitutionsanomalie geben die Schwierigkeiten, die ihrer Erkennung zu Lebzeiten entgegenstehen, ohne weiteres zu. Ich kann nichts besseres tun, um den Leser von dem Stande dieses Problems zu unterrichten, als wortgetreu anzuführen, was Neusser, zweifellos einer der besten Kenner dieses Gebietes, darüber gesagt hat:

„Die Diagnose des Status lymphaticus ist selbst in solchen Fällen, welche der anatomischen Definition Paltaufs vollkommen entsprechen, für den Kliniker immer noch außerordentlich schwierig, denn die Vergrößerung der Tonsillen kann auch durch andere Prozesse bedingt sein, ebenso die der Zungenfollikel, deren richtige Beurteilung auf der succulenten Schleimhaut des Lebenden schwieriger ist als an der Leiche. Der perkutorische Nachweis einer vergrößerten Thymus erweist sich namentlich bei Vergrößerung der Schilddrüse (wie bei Basedow) oder bei vorhandener Dilatation der Aorta älterer Individuen schon mit Rücksicht auf die Persistenz des Waldeyerschen Fettkörpers als ganz illusorisch. Auch die Thymus betreffenden Röntgenbefunde sind bei Erwachsenen nicht verläßlich, da dieselben nach mündlicher Mitteilung von Holzknecht selbst bei Kindern nicht immer die für Säuglinge typische pelerinenartige Umhüllung des Herzgefäßschattens zeigen. In gleicher Weise ist die Beurteilung der Hyperplasie der bronchialen, noch mehr aber der mediastinalen und mesenterialen Drüsen, so leicht sie für den Anatomen ist, für den Kliniker fast unmöglich. Die Diagnose der Milzbeschaffenheit beschränkt sich bloß auf den perkutorischen und palpatorischen Nachweis der Vergrößerung und gibt über die Struktur des Organes keinen Aufschluß. Die Hyperplasie der dem Arzt zugänglichen Drüsen, wie z. B. der Hals-, Achsel- und Inguinaldrüsen, ist zwar ein wichtiger Befund, aber auch dieser läßt eine verschiedene Deutung zu. Deshalb ist der Arzt in der überwiegenden Mehrzahl der Fälle darauf angewiesen, sein Augenmerk auf die den Status lymphaticus in der Regel begleitenden Befunde zu richten. Letztere beziehen sich aber hauptsächlich auf die Hypoplasie des Gefäßsystems und der Genitalien sowie auf die Häufigkeit des Status lymphaticus bei bestimmten Krankheiten, wie z. B. Morbus Addisonii und Morbus Basedowii. Auf diese Weise gelingt es manchmal, unter Berücksichtigung der durch die pathologische Anatomie vorgezeichneten Befunde im Zusammenhang mit den Erscheinungen, die sich hauptsächlich auf den Zirkulationsapparat und die Genitalien beziehen, sowie aus der Gesamtheit der Erscheinungen und ihrer

[1]) de Josselin de Jong: Nieuwere begrippen over de beteekenis der constitutie. Geneesk. bladen 1913, Nr. 1.

Reziprozität die Diagnose auf die in Rede stehende Konstitutionsanomalie zu stellen. Aber gerade wie der Morbus Basedowii seine Formes frustes hat, so hat auch der Status lymphaticus seine verschleierten Formen, die sich klinisch unter ganz heterogenen Bildern präsentieren[1])."

Aus diesen Betrachtungen folgt, daß die Kennzeichen, die dem pathologischen Anatom die Erkennung schon geringer Grade dieses Status erlauben, den Kliniker im Stich lassen. Vermuten kann man einen Status lymphaticus bei jeder Krankheit, bei der die pathologisch-anatomische Erfahrung ihn nachgewiesen hat, wie bei Morbus Basedowii, Morbus Addisonii (welch beide Krankheiten für die Lebensversicherung in Betracht kommen), bei allerlei Formen von Infantilismus und Eunuchoidismus. Aber auch dabei kann vorläufig von einer klinischen Diagnose des Status lymphaticus noch kaum die Rede sein, höchstens von einem Vermuten.

Wir haben oben bereits klar dargelegt, daß diese Konstitutionsabweichung in Zukunft für die Lebensversicherungswissenschaft von größter Wichtigkeit werden wird, sobald die Auffindung besserer klinischer Kennzeichen glückt. Wir wiesen darauf hin, daß damit behaftete Personen oft in jugendlichem Alter sterben, mitten aus scheinbar blühender Gesundheit heraus. Hin und wieder, jedoch sehr selten[2]), findet man keine einzige direkte Todesursache; ein andermal ein unbedeutendes, für die meisten anderen Menschen ganz unschuldiges Ereignis: ein Schreck oder eine andere Gemütsbewegung, eine kurze Narkose, ein kaltes Bad. Selbstverständlich können Menschen, denen derartige Gefahren drohen, vom Risikostandpunkt aus nicht vollkommen Gesunden gleichgestellt werden. Wie man bei ihnen denn auch in anderer Hinsicht — Militärdienst, sehr anstrengende Berufe — Vorsicht walten lassen muß.

Eine wie geringe praktische Nutzanwendung wir noch aus den Ergebnissen der Erforschung des Status thymico-lymphaticus ziehen können, beweist die Abhandlung von Stoerk und Horák[3]). Diese Autoren haben versucht zu ermitteln, wieviel Prozent der Soldaten in 3 österreichisch-ungarischen Regimentern Anzeichen des genannten Status aufwiesen. Sie kamen zu dem Ergebnis, daß 12% diese Anomalie in ausgesprochenem Maße und überdies noch fast 27% sie teilweise besaßen. Man bedenke, daß sich dies Material bei jungen, für den Dienst geeignet erachteten Männern vorfand. Wenn aber beinahe 39% aller ausgesucht gesunden jungen Leute eine Eigenart aufweisen, ist es fast nicht mehr möglich, von einer Konstitutions*anomalie* zu sprechen. Hinzu kommt noch, daß all diese thymo-lymphatischen Soldaten, bis auf einen, die Beschwernisse des Dienstes ebensogut überstanden wie die 61% „gesunden".

Der *Status hypoplasticus* ist eine Erweiterung oder m. E. eine Übertreibung des Paltaufschen Status. In diese Gruppe sind wohl mehr als $^3/_4$ aller Menschen unterzubringen, und es will mir außerdem scheinen, als ob der größte Teil der gesamten Pathologie auf ihn bezogen wird. Jedenfalls befindet sich der Gedankenaustausch über den Status hypoplasticus noch in einem zu frühen Stadium, als daß mit dieser unreifen Frucht für unseren praktischen Zweck bereits etwas anzufangen wäre.

Die Beschreibung der *Vagotonie*[4]) durch Eppinger und Hess ist ein interessanter Versuch, eine eigenartige Funktionsänderung des Nervensystems als

---

[1]) Neusser, E. v.: Ausgewählte Kapitel der klinischen Symptomatologie und Diagnostik. Heft 4. Zur Diagnose des Status thymico-lymphaticus 1911, S. 201 u. 202.

[2]) Siehe Kolisko: a. a. O. S. 1462.

[3]) Stoerk u. Horák: Zur Klinik des Lymphatismus und anderer Konstitutionsanomalien. Wien: Urban & Schwarzenberg 1913.

[4]) Eppinger u. Hess: Die Vagotonie. Samml. klin. Abhandl. über Pathologie und Therapie der Stoffwechsel- und Ernährungsstörungen 1910, H. 9 u. 10.

Ursache einer Konstitutionsanomalie anzusehen. Sowohl das Talent für klinische Beobachtungen als auch der Scharfsinn, die in der Arbeit der Wiener Untersucher zum Ausdruck kommen, verdienen volle Bewunderung. Nichtsdestoweniger halten ihre Auffassungen in ihrem Gesamtumfang einer strengen, aber unparteiischen Kritik nicht stand. Zweifellos ist ein großer Kern von Wahrheit in ihren Beschreibungen. Jedoch durch zuviel Synthese und zuwenig Analyse, durch zu starke Verallgemeinerung haben diese Autoren ihrer Konstitutionsanomalie einen zu großen und zu wenig fest umrissenen Umfang gegeben. Daß bei einigen Menschen das Nervensystem eine empfindlichere Reizbarkeit besitzt als bei anderen, ist eine schon sehr alte und sicherlich auch richtige Überzeugung. Aber die allzu scharfe Gegenüberstellung der beiden Teile des sympathischen Nervensystems — Vagus und autonomes System; Vagotonie und Sympathicotonie — ist künstlich und stimmt mit der Wirklichkeit nicht überein[1]).

Im Augenblick ist es unmöglich, die Lebensaussichten einer Person mittels des von EPPINGER und HESS gegebenen Maßstabes einzuschätzen.

Ebensowenig ist dies der Fall mit der *asthenischen Konstitution* von STILLER. Sicherlich glauben wir, daß STILLER gut beobachtet hat, und daß die Ptose der Organe eine größere Bedeutung hat als eine lokale Bändererschlaffung. Zweifellos muß eine allgemeine „Asthenie" als die Ursache von GLÉNARDS Enteroptose angesehen werden, die ja auch schon von GLÉNARD selbst und anderen französischen Autoren als solche betrachtet und deutlich zum Ausdruck gebracht wurde. Für die Voraussage von Morbiditäts- und Mortalitätsaussichten scheint uns aber auch diese konstitutionelle Abweichung noch nicht von Bedeutung, um so mehr, als die eigenartige Thoraxform vollkommen dem paralytischen Thorax gleicht, worüber an anderer Stelle dieses Buches gesprochen werden soll.

Ein kurzes Wort noch über den älteren, von Frankreich zu uns herübergekommenen Begriff des Arthritismus. Es ist unbestreitbar, daß in Frankreich mit dieser Bezeichnung ein furchtbarer Mißbrauch getrieben wird und besonders wurde. So wie in früheren Jahren jedes Fieber, für das man keine Erklärung hatte, als Malaria oder Influenza bezeichnet wurde, so wie man in noch früheren Jahren von „Schärfe im Blute" sprach, so wird auch jetzt noch in Frankreich das Wort „Arthritismus" viel zu häufig gebraucht, um die Unwissenheit zu verbergen. Patient und Arzt sind dann gewöhnlich zufrieden. Jedoch abgesehen von diesem verkehrten Gebrauch behält der Arthritismus seine Bedeutung.

„Besonders" — so sagt der bekannte Pariser Kliniker DEBOVE[2]) in einem klinischen Vortrag über die Gicht — „verdankt der Begriff Arthritismus seinen Ursprung in Frankreich dem Bedürfnis, eine gewisse pathologische Verwandtschaft, gewisse feste Beziehungen zwischen verschiedenen Erkrankungen zum Ausdruck zu bringen." Es ist wohl nicht nötig, noch einmal zu wiederholen, daß der Arthritismus keine Krankheit ist. Er ist vorbestimmend für eine ganze Gruppe von Krankheiten, ist eine Diathese, eine Konstitutionsanomalie. Die Bezeichnung stammt von BAZIN, der damit einen Zusammenhang zwischen verschiedenen krankhaften Erscheinungen an Gelenken, Haut und Schleimhaut zum Ausdruck bringen wollte. Seit dieser Zeit ist diese Bezeichnung nicht mehr aus der französischen Klinik verschwunden.

Vererbung spielt eine Hauptrolle beim Entstehen des Arthritismus. Ob diese Eigenart erworben werden kann, ist zweifelhaft.

---

[1]) Siehe u. a. J. C. BLOK: Over „Vagotonie". Proefschrift. Leiden 1913. (Unter Anleitung von Prof. NOLEN.)

[2]) Nach MENDELSOHN: Zur Frage des Arthritismus in Frankreich. 28. Kongreß für innere Medizin, Wiesbaden 1911.

Die arthritische Diathese kann während des ganzen Lebens schlummern bleiben oder so wenig in Erscheinung treten, daß sie nicht bemerkt wird. Zu einem Manifestwerden scheinen äußere Gelegenheitsursachen in Wirkung treten zu müssen.

Man rechnet dazu: Unmäßigkeit, Überfütterung, unzureichende Körperbewegung, also sitzende Lebensweise, und zu starke Anspannung des Nervensystems, insbesondere geistige Überarbeitung.

Der Arthritismus wird als eine Frucht der Kultur und als eine Folge des Wohllebens bezeichnet. Man findet ihn in jedem Klima, besonders aber in kalten und feuchten Gegenden. Er tritt in jedem Lebensalter auf. Verschiedene Erscheinungen erlauben den Nachweis der schlummernden Diathese bereits im Kindesalter. Zum Vorschein kommt er aber besonders in der zweiten Lebenshälfte.

Wie interessant auch eine Reihe von Erklärungen ist, die man vom Wesen des Arthritismus gegeben hat, der hier zur Verfügung stehende Platz verbietet eine Besprechung der verschiedenen Theorien.

Die Beschreibung der Erscheinungen ist nicht leicht. Der Arthritiker befindet sich in einem dauernd schwankenden Gleichgewicht. Er pendelt fortwährend zwischen Gesundheit und Krankheit hin und her. Er ist ein kränkelndes Individuum, das immerzu an einer funktionellen Minderwertigkeit seines Organismus leidet. Sein Leben ist oft geradezu seine Krankengeschichte. — Charakteristisch für den Arthritismus ist das gleichzeitige Vorkommen verschiedener krankhafter Erscheinungen auf gemeinsamer Grundlage. Es ist eine Verwandtschaft von Krankheiten, die auf dem gemeinsamen Boden einer Stoffwechselstörung entstehen. In erster Linie sind es Gicht, Fettsucht und Zuckerkrankheit, die sich auf der Grundlage des Arthritismus entwickeln. An sie schließen sich allerhand andere krankhafte Zustände, wie verschiedene Gelenkerkrankungen, Gallensteine, Nierensteine an. Überdies werden hinzugerechnet einige Hautkrankheiten, wie Urticaria, Ekzema, Psoriasis. Bindegewebsbildung in den visceralen Organen und dem Nervensystem, wohlgemerkt vollkommen unabhängig von Arteriosklerose, soll ein Endsymptom sein.

Jahrelang werden die Krankheitserscheinungen von derartigen Menschen recht leicht ertragen. Doch mit Zunahme der Jahre wächst sich der eine zum Gichtiker, der andere zum Fettsüchtigen aus; ein dritter wird zuckerkrank, ein vierter wieder leberkrank. Bazin glaubte, daß bei dieser Diathese sich häufig Krebs entwickelte. Dagegen soll die Neigung zur Bindegewebsbildung einen gewissen Schutz gegen tuberkulöse Ansteckung bieten. Entsteht aber Tuberkulose auf arthritischem Boden, dann soll sie einen eigenartigen Verlauf nehmen, langsam und mit Neigung zur Sklerose, gutartig, obwohl oft zu Blutauswurf Veranlassung gebend. Die meisten französischen Kliniker nehmen eine Art von Antagonismus zwischen Arthritismus und Tuberkulose an: einige leugnen ihn dagegen und glauben eher an einen Zusammenhang; aber auch in dem Falle betonen sie den langsamen Verlauf mit Neigung zur Sklerose.

Verschiedene Gründe zwangen mich, etwas länger beim Arthritismus zu verweilen. Vor allem die Erwägung, daß dieser von den größten französischen Gelehrten umrissenen Konstitutionsanomalie mit Unrecht viel zuwenig Aufmerksamkeit geschenkt wird, während doch jeder Arzt, der seine Patienten jahrelang betreut und auch ihre Familienschicksale kennt, von der Richtigkeit dieser Beschreibung überzeugt werden muß. Überdies trifft man diese Bezeichnung fortwährend in der französischen Literatur und zweifellos auch mehrfach in den von französischen Ärzten ausgefüllten Begutachtungsformularen; nun, so ist es doch nötig zu wissen, was unsere französischen Kollegen darunter verstehen.

Endlich scheint es mir, als ob in der Lebensversicherung schon jetzt, wenn auch mit Vorsicht, mit dem Arthritismus gerechnet werden muß.

Bei einem Menschen, in dessen Familie (Vater, Großvater und Brüder) viele Fälle von Fettsucht, Zuckerkrankheit, Nieren- und Gallensteinerkrankungen auftreten, ist mit großer Wahrscheinlichkeit eine arthritische Konstitution anzunehmen. Ungünstige Lebensumstände — Beruf, geistige Überanstrengung, sitzende Lebensweise, Überernährung — werden den Ausbruch von Krankheiten, die sich auf arthritischem Boden entwickeln, befördern. Das Widerstandsvermögen eines solchen Menschen, abgesehen gegen Tuberkulose, seine Aussicht auf eine lange Lebensdauer werden vermutlich geringer sein als die eines vollkommen gesunden.

In gewissen Umständen wird man bei der Beurteilung einer Anfrage mit diesen Betrachtungen Rechnung halten müssen.

Fassen wir zusammen, was wir über die in letzter Zeit mit großer Vorliebe durchforschte „Konstitutions"lehre und ihre Abweichungen gesagt haben, so kommen wir zum Schlusse, daß wir bezüglich der Lebensversicherung sicher damit schon rechnen müssen, daß wir aber strenge Regeln, nach denen zu handeln ist, noch nicht aufstellen können. Auch das gehaltvolle Buch von BRUGSCH[1]), das eine Fülle von Tatsachen enthält und sich in ausführlicher Weise mit den hier behandelten Problemen beschäftigt, setzt uns meiner Meinung nach dazu nicht instand.

Im Anfang dieses Kapitels wies ich darauf hin, daß man jahrelang die Erforschung der „Konstitution" vernachlässigt hat. Indessen, wie auch schon betont wurde, haben die praktischen Ärzte diesen Begriff weniger außer acht gelassen als die bücherschreibenden Kliniker. Und der Lebensversicherungsarzt hat zu allen Zeiten auf die äußere Erscheinung der zu versichernden Personen, auf den Allgemeineindruck und auf manche Verhältnisse zwischen Maßen und Gewicht großen Wert gelegt. Das Bestehen eines phthisischen und apoplektischen Habitus (d. h. daß ein Mensch, der zur ersten Gruppe gehört, größere Aussicht hat, an Tuberkulose zu sterben, daß einer aus der zweiten Gruppe eher an Gehirnblutung stirbt) ist nicht zu leugnen, wenn auch auf solchen Endausgang in einem konkreten Falle nicht mit Sicherheit gerechnet werden kann. Außer Betracht bleibt dabei auch die Frage, ob der phthisische Habitus nicht schon die Folge einer in der Jugend erlittenen tuberkulösen Infektion ist. Tatsache ist, daß der *Habitus* (diese Bezeichnung ist auch bei den Botanikern in Gebrauch) einigermaßen zur Beurteilung eines Menschen hinsichtlich seiner Lebensaussichten beitragen kann.

Dieser Habitus wird seinerseits wieder, wenigstens zum Teil, bestimmt durch:

die Körpergröße;
das Körpergewicht und das Verhältnis zwischen beiden;
den Zustand des Fettgewebes, Magerkeit oder Fettsucht;
den Umfang des Brustkorbes und des Bauches und das Verhältnis zueinander;
die Farbe der Haut, Blutfüllung der peripheren Teile;
die Körperhaltung;
den Zustand der Muskulatur;
das Temperament.

Auf den folgenden Seiten werden diese Punkte, auf die bei der hier in Betracht kommenden Untersuchung großer Wert gelegt zu werden pflegt, näher erläutert werden müssen.

---

[1]) BRUGSCH, TH.: Allg. Prognostik oder die Lehre von der ärztlichen Beurteilung des gesunden und kranken Menschen. 1918.

Erblichkeit.

Für die Berechnung der Lebensaussichten eines Menschen ist die Erblichkeit ein Faktor, dem die Lebensversicherungsmedizin sehr großen Wert beimißt, größeren, als dies die gewöhnliche Heilkunde selbst zu tun pflegt. Kein Wunder, denn ihr Einfluß erstreckt sich weiter in die Zukunft als der derzeitige Gesundheitszustand. Wenn man auch in der allgemeinen Medizin geneigt zu sein schien, den Wert der Vererbung in Zweifel zu ziehen (wie es z. B. bei der Tuberkulose der Fall gewesen ist), so hat sich die Versicherungsmedizin gegen ein derartiges Vorgehen stets mit Händen und Füßen zur Wehr gesetzt. Sie konnte dies mit um so größerem Nachdruck tun, als ihr sehr viel statistisches Material zur Verfügung stand und sie davon ausgedehnten Gebrauch machte. Dies Material ist nun nicht vollkommen einwandfrei, die Menge mußte häufig gutmachen, was der Beschaffenheit gebrach. An erster Stelle ist ein großer Fehler dieser Angaben, daß sie meist nicht über *eine* Generation hinausreichen. Zwar wird in vielen Formularen von Versicherungsgesellschaften auch nach der Todesursache der Großeltern gefragt, wo aber schon so oft die Todesursache der Eltern als unbekannt angegeben wird, wird die der Großeltern wohl sehr selten genau bekannt sein. Darum ist es sicher richtiger, diese Frage nicht zu stellen, oder sie durch die andere zu ersetzen, ob es bekannt wäre, ob bestimmte vererbbare Krankheiten, die dann namentlich angeführt werden, in der Familie vorkommen. Indessen bleibt es stets eine Lücke, daß die Todesursachen der Großeltern nicht bekannt sind; kommt es doch zweifellos vor, daß eine vererbbare Eigenschaft eine Generation überschlägt. Diese Fälle werden also großenteils für die Beobachtung verlorengehen. Für eine rein wissenschaftliche Lösung des Erblichkeitsproblems sind die Statistiken der Lebensversicherungsgesellschaften demnach auch nicht geeignet, sondern man muß nach der Methode von O. Lorenz eine Übersichtstabelle (Ahnentafel) aufstellen, in der *alle* Voreltern einer bestimmten Person aufgezeichnet werden und das Vorkommen einer bestimmten Eigenschaft unter ihnen erforscht werden kann.

Ein zweiter Fehler der Statistiken ist, daß selbst die Angaben über die vorhergehende Generation nicht einwandfrei sind. Sie beruhen auf unkontrollierten Angaben von Personen, die ein Interesse daran haben, die Wahrheit zu verschweigen oder zu bemänteln. Besonders wird dies der Fall sein bei den Krankheiten, bei welchen die Erblichkeit eine große Rolle spielt, oder bei denen man dies wenigstens annimmt: Tuberkulose, Krebs, Alkoholismus.

An Stelle von Tuberkulose wird denn auch sehr oft ein harmloser klingender Ausdruck gebraucht und man lernt allmählich diese Redensarten, die man nach der Terminologie von Freud „Symbole“ nennen könnte, richtiger auffassen: schwache Brust, Fieber, Kräfteverfall, auch „unbekannt“ und „im Wochenbett gestorben“. Besonders von englischer Seite wird stets darauf hingewiesen, daß diese letzte Todesursache, die so auffallend häufig angetroffen wird, meist auf Tuberkulose hinweist.

Endlich muß man immer bedenken, daß sich diese Statistiken auf sog. ausgesuchte Leben beziehen. Dieser Fehler ist bei allen Resultaten unvermeidlich, die auf einer statistischen Bearbeitung von Begutachtungsmaterial beruhen. Hierauf wird später noch zu wiederholten Malen hingewiesen werden müssen. Sobald bei jemandem die nachteilige Einwirkung des einen oder anderen Umstandes als zu groß erachtet wird, wird er als für eine Versicherung ungeeignet abgewiesen und fällt also aus der Beobachtung aus.

Wenn man aber all diese Fehler berücksichtigt, so sind die Resultate doch noch sehr brauchbar. Man muß dann nur bedenken, daß sie die Bedeutung eines bestimmten ungünstigen Faktors nicht in ihrer vollen Größe erkennen lassen, sondern nur die unterste Grenze angeben. Die Gefahr wird also meist in Wirklichkeit größer sein, und dieser Unterschied wird um so augenfälliger, je mehr die Gefahr bekannt ist.

Bei der Besprechung dieses Themas an dieser Stelle halte man sich gleichzeitig gegenwärtig, daß die Erblichkeit für die Lebensversicherung von praktischer Bedeutung ist, und daher auch von einem praktischen, nicht von einem rein wissenschaftlichen Standpunkt aus betrachtet werden muß. Es kommt auf die Feststellung an, ob bei einer bestimmten Gruppe von sog. erblich belasteten Individuen die Sterblichkeit größer ist als bei nicht belasteten. Ob nun eine Beschädigung des Keimplasmas oder z. B. der Einfluß der Umgebung dessen Ursache ist, mindert den Wert der Tatsache nicht und kann auch nicht aus den Statistiken herausgelesen werden.

Zur allgemeinen Übersicht über den Einfluß der Vererbung, auch hinsichtlich der Krank-

Es starben an	Anzahl der Fälle	In der Familie der an diesen Ursachen Gestorbenen kamen Todesfälle und Erkrankungen vor an: Krebs		Tuberkulose		Krankheiten der Kreislauforgane		Apoplexie		Rheuma und Gicht		Krankheiten des Magendarmkanals		Krankheiten des Nervensystems		Selbstmord		Alkoholismus	
		Anzahl der Fälle	%	Anzahl der Fälle	%	Anzahl der Fälle	%	Anzahl der Fälle	%	Anzahl der Fälle	%	Anzahl der Fälle	%	Anzahl der Fälle	%	Anzahl der Fälle	%	Anzahl der Fälle	%
Krebs	640	56	8,75	89	13,91	46	7,19	47	7,34	12	1,88	36	5,63	15	2,34	0	0	7	1,09
Tuberkulose	1648	59	3,58	286	17,35	91	5,52	111	6,74	37	2,25	48	2,91	48	2,91	7	0,42	22	1,33
Pneumonie	463	19	4,10	59	12,74	24	5,18	40	8,64	6	1,30	27	5,83	11	2,38	4	0,86	7	1,51
Emphysem und Bronchitis	329	6	1,82	44	13,37	20	6,08	30	9,12	9	2,74	18	5,47	12	3,65	1	0,30	6	1,82
Pleuritis	86	5	5,81	15	17,44	6	6,98	10	11,63	2	2,33	4	4,65	6	6,98	0	0	1	1,16
Krankheiten der Kreislauforgane	585	18	3,08	74	12,65	70	11,97	75	12,82	13	2,22	33	5,64	18	3,08	5	0,85	7	1,20
Krankheiten des Magendarmkanals	427	14	3,28	66	15,46	35	8,20	38	8,90	7	1,64	36	8,43	13	3,04	2	0,47	1	0,23
Krankheiten des Nervensystems	381	13	3,41	53	13,91	30	7,87	31	8,14	7	1,84	19	4,99	26	6,82	3	0,79	6	1,57
Apoplexie	488	17	3,48	65	13,32	46	9,43	56	11,48	15	3,07	31	6,35	30	6,14	7	1,43	10	2,05
Nierenkrankheiten	267	9	3,37	42	15,73	26	9,74	32	11,99	6	2,25	22	8,24	7	2,62	2	0,75	3	1,12
Rheuma und Gicht	109	3	2,75	11	10,09	11	10,09	8	7,34	3	2,75	7	6,42	3	2,75	1	0,92	0	0
Diabetes	66	2	3,03	11	16,67	2	3,03	12	18,18	0	0,00	5	7,58	6	9,09	1	1,52	2	3,03
Fettsucht	148	6	4,05	25	16,89	16	10,81	1	11,49	9	6,08	15	10,14	2	1,35	0	0	1	0,68
Alkoholismus	127	4	3,15	23	18,11	5	3,94	9	7,09	4	3,15	10	7,87	2	1,57	0	0	12	9,45
Selbstmord	153	7	4,58	15	9,80	10	6,54	10	6,54	3	1,96	7	4,58	17	11,11	4	2,61	4	2,61
Summe der Todesfälle			3,99		14,46		7,15		8,95		2,19		5,51		3,83		0,59		1,48

heiten, auf die hierbei gewöhnlich wenig oder keine Rücksicht genommen wird, diene die vorstehende Tabelle (S. 55), die auf den Erfahrungen der Basler Lebensversicherungsgesellschaft beruht[1]).

Aus diesen Zahlen geht hervor, daß bei allen Gestorbenen die erbliche (familiäre) Belastung am meisten vorkommt:

1. hinsichtlich Krebs bei den an Krebs Gestorbenen;
2. hinsichtlich der Tuberkulose bei den an Alkoholismus, Pleuritis, Tuberkulose Gestorbenen;
3. hinsichtlich der Krankheiten der Kreislauforgane bei den an Krankheiten der Kreislauforgane, Rheuma, Gicht und Fettsucht Gestorbenen;
4. hinsichtlich Apoplexie bei den an Diabetes, Krankheiten der Kreislauforgane, der Nieren, Pleuritis, Fettsucht und Apoplexie Gestorbenen;
5. hinsichtlich der Krankheiten des Nervensystems bei den an Selbstmord, Diabetes, Pleuritis, Nervenkrankheiten, Apoplexie Gestorbenen;
6. hinsichtlich Selbstmord bei den an Selbstmord Gestorbenen;
7. hinsichtlich Alkoholismus bei den an Alkoholismus Gestorbenen.

Dagegen ist die hereditäre Belastung mit:

8. Rheuma und Gicht nicht häufig bei den diesen Leiden Erlegenen und kommt insgesamt nicht bei den an Zuckerkrankheit Gestorbenen vor.

Bei diesen Zahlen ist daran zu denken, daß die Todesfälle an Pleuritis und Diabetes gering an Zahl sind, so daß man auf die diesbezüglichen Angaben nicht zu viel Gewicht legen muß (z. B. das häufige Vorkommen von Apoplexie und Krankheiten des Nervensystems in der Familie der an Pleuritis Gestorbenen).

Weiter muß man auf das Vorkommen von Tuberkulose in der Familie der an Tuberkulose Gestorbenen mehr Wert legen, als dies bei oberflächlicher Betrachtung aus dieser Tabelle hervorgeht. Insgesamt sind von allen Gestorbenen nur 14,46% Fälle von Tuberkulose in der Familie angegeben, eine so geringe Zahl, daß mit Sicherheit ein Verschweigen der meisten Fälle anzunehmen ist. Und es liegt die Annahme auf der Hand, daß dies meist die Versicherten, die später der Tuberkulose erlagen, getan haben.

Eine ähnliche Betrachtung kann man auch beim Alkoholismus, vielleicht auch bei Krebs anstellen.

Es starben an	Bei familiärer Belastung mit				Von allen Gestorbenen
	Tuberkulose %	Chronische Nerven- und Geistes-krankheiten %	Herz-krankheiten %	Krebs %	%
Tuberkulose	23,7	10,3	10,0	10,5	11,63
chron. Nerven- und Geisteskrankheiten	4,0	11,3	6,4	3,4	4,15
Herzkrankheiten . .	5,0	6,2	12,9	5,1	5,81
Krebs	4,1	7,2	4,2	9,3	5,04

Die Übersicht von HESSE, sowohl des Originals wie der (einigermaßen verkürzten) Wiedergabe auf der vorhergehenden Seite, gewährt uns noch nicht den vollen Einblick in das Verhältnis zwischen erblicher Belastung und Todesursache. Sie gibt uns die Antwort auf die Frage: bei wieviel Personen, die an einer bestimmten Krankheit sterben, findet man eine bestimmte erbliche Belastung?

[1]) HESSE: 7066 Todesfälle bei der Basler L.-V.-G. — Aus den Originalangaben sind fortgelassen: unter den Todesursachen: Infektionskrankheiten, Altersschwäche und verschiedene andere; unter der Erblichkeitsrubrik: Typhus. Deswegen ist die Totalsumme der Fälle mit ein und derselben erblichen Belastung nicht angegeben; die Zahlen am Fuße der %-Spalten sind berechnet auf die gesamte Totalsumme der Todesfälle, also mit Einschluß der Todesursachen: Infektionskrankheiten, Altersschwäche und verschiedene andere.

Diese Art der Fragestellung führt zu einer Schlußfolgerung a posteriori. Von größerer direkter Bedeutung ist die umgekehrte Frage: bei wieviel Personen mit einer bestimmten erblichen Belastung findet man eine bestimmte Krankheit als Todesursache? In der Praxis haben wir es mit Lebenden, nicht mit Toten zu tun.

Florschütz[1]) gibt in seinem Lehrbuch eine derartige Übersicht über den Einfluß der Erblichkeit, die sich auf die Erfahrungen der „Gotha" während des Zeitraums von 1829 bis 1878 gründet (s. Tabelle auf S. 56).

Also die meisten Todesfälle in Familien mit erblicher tuberkulöser Belastung wurden auch durch Tuberkulose verursacht. Die gleiche Erscheinung findet man bei chronischen Nerven- und Geisteskrankheiten und bei Herzkrankheiten.

In Familien mit erblicher Krebsbelastung wird die Sterblichkeit an Krebs gerade eben durch die an Tuberkulose übertroffen.

Gleichzeitig sehen wir bei Beachtung derselben Todesursache in den verschiedenen Erblichkeitsrubriken, daß die Häufigkeit der Todesursache stets am größten in der entsprechenden Erblichkeitsrubrik ist.

Es ist möglich, auch aus den von Hesse angegebenen Zahlen eine derartige Übersicht zusammenzustellen. Zu dem Zwecke braucht man nur in jeder Erblichkeitsrubrik das Verhältnis der Zahl der Todesfälle an einer bestimmten Todesursache zur Summe der Fälle mit einer derartigen erblichen

Es starben an	Bei familiärer Belastung mit														Von allen Gestorbenen[1])	
	Krebs		Tuberkulose		Krankheiten der Kreislauforgane		Apoplexie		Rheuma und Gicht		Krankheiten des Nervensystems		Alkoholismus			
	Anzahl der Fälle	%	Anzahl der Fälle	%	Anzahl der Fälle	%	Anzahl der Fälle	%	Anzahl der Fälle	%	Anzahl der Fälle	%	Anzahl der Fälle	%	Anzahl der Fälle	%
Krebs	56	**20,74**	89	9,09	46	9,50	47	7,86	12	8,11	15	5,86	7	7,0	640	9,46
Tuberkulose	59	21,81	286	**29,21**	91	18,80	111	18,32	37	25,0	48	18,75	22	22,0	1648	23,44
Krankheiten der Kreislauforgane	18	6,67	74	7,56	70	**14,46**	75	12,38	13	8,78	18	7,03	7	7,0	585	8,64
Krankheiten d. Nervensystems	13	4,81	53	5,41	30	6,20	31	5,12	7	4,73	26	**10,16**	6	6,0	387	5,63
Apoplexie	17	6,30	65	6,64	46	9,50	56	9,24	15	10,13	30	11,72	10	10,0	488	7,21
Nierenkrankheiten	9	3,33	42	4,29	26	5,37	32	5,28	6	4,05	7	2,74	3	3,0	267	3,94
Rheuma und Gicht	3	1,11	11	1,12	11	2,27	8	1,32	3	2,03	3	1,17	0	0	109	1,61
Diabetes	2	0,74	11	1,12	2	0,41	12	1,98	0	0	6	2,34	2	2,0	66	0,97
Fettsucht	6	2,22	25	2,55	16	3,31	17	2,81	9	6,08	2	0,78	1	1,0	148	2,19
Alkoholismus	4	1,48	23	2,35	5	1,03	9	1,49	4	2,70	2	0,78	12	**12,0**	127	1,88
Selbstmord	7	2,59	15	1,63	10	2,06	10	1,65	3	2,03	17	6,64	4	4,0	153	2,26
Summe der Todesursachen[2])	270		979		484		606		148		256		100		6772	

[1]) Florschütz: Allg. Versicherungsmedizin 1914, S. 54.

[2]) Sowohl die Zahlen am Fuß der Spalten wie auch die in der letzten Spalte umfassen nicht die Summe der in dieser Übersicht angegebenen Sterbefälle, sondern von allen 6772 von Hesse bearbeiteten Sterbefällen. Darin sind also auch diejenigen einbegriffen, die durch Infektionskrankheiten und andere auf vorhergehenden Seiten genannte Ursachen verschuldet werden. Um das richtige Verhältnis zu bekommen, muß man bei der Prozentberechnung diese Zahlen zugrunde legen.

Belastung zu berechnen, und nicht, wie HESSE dies tut, zur Summe aller Sterbefälle an dieser Todesursache.

Man erhält dann die Übersicht auf S. 57 (dabei sind zwecks gedrängterer Darstellung als von weniger Wichtigkeit fortgelassen unter den Todesursachen: Typhus, Pneumonie, Emphysem und Bronchitis, Pleuritis, Krankheiten des Magendarmkanals, Altersschwäche und verschiedene andere; unter den Erblichkeitsrubriken: Krankheiten des Magendarmkanals und, wegen der geringen Zahl der Fälle, Selbstmord. In dem Verhältnis der Zahlen zueinander bedingt dies keinen Unterschied).

So treffend wie in der Übersicht von FLORSCHÜTZ sind die Ergebnisse dieser Statistik nicht. Die Tuberkulose z. B. verursacht bei jeder erblichen Belastung die meisten Todesfälle. Wenn wir aber untersuchen, wie groß die Sterblichkeit für eine bestimmte Todesursache in den verschiedenen Erblichkeitsrubriken ist, dann finden wir die höchste Sterblichkeitsziffer für Krebs bei erblicher Belastung mit Krebs, für Tuberkulose bei einer solchen mit Tuberkulose, in gleicher Weise auch bei den Erkrankungen der Kreislauforgane, des Nervensystems und bei Alkoholismus. Die Apoplexie als Todesursache finden wir am häufigsten bei einer erblichen Belastung mit Krankheiten des Nervensystems, dann mit Rheuma und Gicht, Alkoholismus, mit Krankheiten der Kreislauforgane und erst dann mit Apoplexie.

Rheuma und Gicht als Todesursache kommen am häufigsten vor bei erblicher Belastung mit Krankheiten der Kreislauforgane, dann mit Rheuma und Gicht. Wir müssen dabei im Auge behalten, daß unter Rheuma auch die Polyarthritis acuta fällt.

Betrachten wir nun die Erblichkeit etwas näher im Zusammenhang mit einigen bestimmten Abweichungen.

Arthritismus.

Im vorigen Kapitel wurde dargelegt, daß die Eigenschaften, deren Gesamtheit die Beschaffenheit, die Konstitution des Menschen bilden, teils angeboren, teils erworben sind. Die Vererbung spielt hier also eine große Rolle. Dies tritt vor allem klar zutage bei der „Arthritismus“ genannten Konstitutionsanomalie, die, wie auseinandergesetzt wurde, den Boden zu der im späteren Alter sich oft entwickelnden Gicht, Fettsucht und Zuckerkrankheit bildet.

Wenn wir nun in der Tabelle von HESSE ergründen wollen, ob die Ergebnisse dieser Statistik mit der klinischen Beobachtung übereinstimmen, dann müssen wir uns dessen wohl bewußt sein, daß in erster Linie die Zahl der Fälle, bei denen in der Familie Rheuma und Gicht angegeben werden, klein ist, und daß zweitens auch nicht alle diese Fälle auf eine arthritische Konstitution hinweisen werden, weil, wie gesagt, auch Polyarthritis acuta unter Rheuma gerechnet wird. Allzu großes Gewicht dürfen wir also auf eine Schlußfolgerung aus diesen Zahlen nicht legen. Es überrascht uns aber, daß unter den Sterbezahlen für Rheuma und Gicht in den einzelnen Erblichkeitsspalten die Sterbezahl in der Rubrik „Rheuma und Gicht“ bis auf eine nach die höchste ist und gerade eben durch die in der Rubrik „Krankheiten der Kreislauforgane“ übertroffen wird. Ziehen wir aber, wie nach den Ausführungen auf S. 52 auf der Hand liegt, die Todesursachen: Rheuma und Gicht, Diabetes und Fettsucht zusammen, so ergibt sich folgendes Sterblichkeitsverhältnis:

unter den erblich Belasteten hinsichtl. Rheuma und Gicht	8,11% [1]
„ „ „ „ „ Krebs	4,07%

[1] Dies Ergebnis überrascht um so mehr, als Diabetes unter den Todesfällen in der Erblichkeitsrubrik „Rheuma und Gicht“ durchaus nicht als Todesursache vorkommt, wahrscheinlich ein Zufall wegen der geringen Anzahl von Todesfällen an Zuckerkrankheit.

unter den erblich Belasteten hinsichtl.	Tuberkulose	4,79%
„ „ „ „ „	Krankheiten der Kreislauforgane	5,99%
„ „ „ „ „	Apoplexie	6,11%
„ „ „ „ „	Krankheiten des Nervensystems	4,29%
„ „ „ „ „	Alkoholismus	3,00%

Dürfen wir dies Ergebnis auch noch nicht als *Beweis* einer arthritischen Konstitution betrachten, so können wir es doch als eine Bestätigung dessen ansehen, was uns die klinische Beobachtung erwarten ließ.

Erblichkeit und Tuberkulose.

Die Erscheinung, daß Tuberkulose in bestimmten Familien mehr als in anderen vorkommt, wird wohl von niemandem geleugnet. Der Vollständigkeit halber sei zum Beweise eine Statistik angeführt, die diesmal aus amerikanischer Quelle stammt.

Bei der Mutual Life Insurance Company, New York, starben an Tuberkulose [von allen Gestorbenen[1])]:

	von den erblich Belasteten %	von den nicht Belasteten %
unter 30 Jahren	37,6	28,5
30—39 Jahre	20,2	13,3
40—49 „	9,2	6,8
50— „	4,9	4,6

Bei der Basler L.-V.-G. starben an Tuberkulose von den 979 erblich Belasteten 29,21%, von den nicht Belasteten (5793) 23,51%[2]).

Auf die Frage nach dem Einfluß des Grades der erblichen Belastung (d. h. Einfluß der Zahl tuberkulöser Verwandter und des Verwandtschaftsgrades) vermögen diese Statistiken uns keine Antwort zu geben. Dafür wirkt hier die ärztliche Auswahl zu störend. Nach oben genannter Statistik der Mutual z. B. sind den Fällen, wo beide Eltern tuberkulös sind, 14,3% der Todesfälle an Tuberkulose zuzuschreiben; wenn nur ein Bruder oder eine Schwester tuberkulös sind, ebenfalls 14,3%; wenn nur der Vater tuberkulös ist, 20,7%. Aber in der ersten Gruppe kommen nur 7 Todesfälle vor, in der zweiten 933, in der dritten 343. Anscheinend sind also fast alle Personen, deren beide Eltern an Tuberkulose litten, abgewiesen worden.

So weisen auch die Versicherten (Männer, gemischte Versicherung), deren beide Eltern Tuberkulose haben oder hatten, bei der Prudential Assurance Company eine viel geringere Sterblichkeit auf als diejenigen, bei denen nur der Vater oder die Mutter daran litt[3]).

Die folgende kurze Statistik von Bisbee[4]) gibt scheinbar richtigere Resultate:

Tuberkulose bei	Total	An Tuberkulose gestorben	Prozentzahl
beiden Eltern	5	3	60,00
einem der Eltern und einem oder mehreren Brüdern oder Schwestern	62	19	30,65
der Mutter allein	157	46	29,30
dem Vater allein	79	22	27,85
einem Bruder oder einer Schwester	292	53	18,15
mehreren Brüdern oder Schwestern	73	15	20,55

[1]) Marsh: Value of family history and personal condition in estimating a liability to consumption. 1895.

[2]) Hesse: a. a. O.

[3]) Rusher, E. A. u. C. W. Kenchington: Journ. of the inst. of actuaries Okt. 1913.

[4]) Zitiert nach Greene: a. a. O. S. 367.

Man muß aber zugeben, daß eine Prozentzahl nicht viel Wert hat, die nur auf 5 Fällen der Gruppe, in der beide Eltern Tuberkulose hatten, basiert ist.

Dagegen berechnet VON DEN VELDEN[1]) aus den Tabellen von RIFFEL[2]), daß von 990 Personen, wo *einer* der Eltern tuberkulös war, 158 (16%) an Tuberkulose gestorben sind, und von 133, deren beide Eltern an dieser Krankheit litten, 42, also 32,3%. Von diesen 133 erreichten nur 3 ein Alter von 60 Jahren!

DOYER[3]) hat eine ähnliche sehr genaue Untersuchung bei der Bevölkerung des Dorfes Warffum angestellt. Obwohl er sich in seiner Zusammenfassung sehr vorsichtig ausspricht, gesteht er doch, der Ansicht zuzuneigen, daß eine individuelle Verschiedenheit in der Disposition für Tuberkulose besteht, die sich in aufeinanderfolgenden Generationen erblich fortpflanzt.

In ihrem Bericht über die Pathogenese der Tuberkulose kommt die von der Nederl. Maatschappy tot bevordering der geneeskunst beauftragte Kommission zu dem Schlusse, daß der Heredität einige Bedeutung für die Erwerbung der Tuberkulose zugeschrieben werden muß.

Nach THEOD. WILLIAMS[4]) kommt die Vererbung von der Mutter auf die Tochter und vom Vater auf den Sohn am meisten vor. Von beiden Arten gibt die erste die ungünstigste Prognose.

Verschiedene Autoren (BREHMER, NAUMANN) weisen auf Fälle hin, die die auffallende Erscheinung zeigen, daß bei den Eltern und den Kindern *in dem gleichen Lebensalter* Tuberkulose auftritt oder den Tod verursacht. BREHMER beschreibt einen Fall, in dem die Mutter und alle 6 Kinder im Alter von 42 Jahren an Schwindsucht starben. DLUSKI einen, in dem 14 Kinder alle im Alter von 27—28 Jahren gestorben sind, NAUMANN endlich einen, in dem der 65jährige Vater seit seinem 26. Jahre hustet und 2 Söhne und 1 Tochter auch alle mit 26 Jahren an Tuberkulose erkrankten. Dabei wird gleichzeitig mitgeteilt, daß in derartigen Fällen eine auffallende Ähnlichkeit zwischen den Eltern und Kindern oder zwischen den Kindern untereinander besteht[5]).

Solche Fälle mögen Ausnahmen sein, sie sind aber doch zu auffallend, um nur an Zufall glauben zu lassen. Soweit mir bekannt, bestehen in dieser Hinsicht keine statistischen Untersuchungen. Es würde aber für die Lebensversicherung von außergewöhnlich großer Bedeutung sein, zu wissen, ob diese Erscheinung der Vererbung im gleichen Lebensalter sich nur auf solche Ausnahmefälle beschränkt oder ob im allgemeinen einiger Zusammenhang zwischen dem Zeitpunkt des Todes der Eltern und der Nachkommen besteht.

Von weniger Bedeutung ist die sog. Vererbung des Locus minoris resistentiae, auf die TURBAN hingewiesen hat. Sie besteht darin, daß bei Eltern und Kindern oder bei Brüdern und Schwestern ein und derselbe Teil der Lungen zuerst angegriffen wird. KUTHY[6]) fand, daß in solchen Fällen auch der *Verlauf* der Krankheit eine auffallende Gleichartigkeit aufwies.

Wenn man sich vorstellt, daß die vererbte Prädisposition für Tuberkulose durch eine vererbte Minderwertigkeit des Individuums verursacht wird, dann läßt sich denken, daß die Minderwertigkeit auch auf einem anderen Gebiete als nur gerade dem der Tuberkulose in Erscheinung treten kann, und auch in anderen schwächenden Momenten, die auf die Eltern eingewirkt haben, ihren Grund

[1]) Konstitution und Vererbung. 1905.

[2]) Siehe bezügl. dieser Tabellen S. 10. Auf Grund dieser Untersuchungen hält RIFFEL den Einfluß der Erblichkeit für Tuberkulose für vorherrschend, den der Infektion für äußerst gering.

[3]) DOYER, Dr. J. J. TH.: Tuberkulose en erfelijkheid. Groningen: Wolters 1920.

[4]) Lancet 29. März 1913.

[5]) Diese Fälle sind entnommen aus SCHLÜTER: Die Anlage zur Tuberkulose. 1905.

[6]) Zeitschr. f. Tuberkul. Bd. 20, Heft 1. 1913.

haben kann[1]). Es hat sich herausgestellt, daß dies in der Tat der Fall ist; man spricht dann von einer *vikariierenden* (HUEPPE) oder *alternierenden* (GOTTSTEIN) *Disposition* für bestimmte Krankheiten.

Diese Erscheinung wird sehr gut in einer Arbeit von RIETEMA[2]): Über das Vorkommen von Tuberkulose in der Gemeinde Uithuizermeeden (1890—1914) klargelegt. In derselben Weise wie RIFFEL hat er alles zusammengetragen, was er betr. der Familien, in denen er jahrelang als Hausarzt tätig war, in Erfahrung bringen konnte. Auch RIETEMA kommt zur Überzeugung, daß die Tuberkulose als eine Entartungserscheinung angesehen werden muß, und daß sie als eine solche zusammen mit allerlei anderen Erkrankungen, die auch auf Degeneration beruhen, in bestimmten Familien vorkommt. Besonders verweist er in einer späteren Arbeit[3]) auf das Zusammengehen von Tuberkulose und Krebs, eine Erscheinung, die auch RIFFEL nachdrücklich betont (s. hierüber S. 65).

Eine andere Art der alternierenden Heredität ist die große Sterblichkeit der Kinder aus tuberkulösen Familien in jugendlichem Alter auch an anderen Krankheiten als Tuberkulose. GOTTSTEIN fand, daß von an Tuberkulose gestorbenen Versicherten 11,2% der Brüder und Schwestern unter 10 Jahren an akuten Infektionskrankheiten gestorben waren, von den Nichttuberkulösen 6,2%. Die totale Sterblichkeit der Brüder und Schwestern unter 10 Jahren betrug bei Tuberkulösen 21,2% gegen 15,4% bei Nichttuberkulösen[4]). Große Sterblichkeit unter Brüdern und Schwestern im jugendlichen Alter muß also ein hinsichtlich der Tuberkulose erschwerender Faktor in der Familiengeschichte bezeichnet werden.

Erblichkeit und Krebs.

Über die Erblichkeit des Krebses hat man viel gestritten und auch jetzt ist man bezüglich dieses so äußerst wichtigen Problems noch nicht zu einer Einigung gekommen.

Tatsache ist, daß größere Statistiken nicht auf einen überwiegenden Einfluß der Erblichkeit hinweisen. Die Angaben darüber laufen außerordentlich auseinander. In Niederland wurden bei der von HUIZINGA, NOLEN und VEIT[5]) (1900) angestellten Untersuchung bei 18,1% von den 878 Fällen ein Auftreten von Krebs bei anderen Familienmitgliedern festgestellt. Bei der gleichzeitig in Deutschland angestellten Untersuchung waren es 17,1%. Aus der großen Zusammenstellung von J. WOLFF[6]) entnehme ich noch die folgenden Angaben:

HANS ZIEL (1892)	11%	FIESSINGER (1893)	14%
GUEILLOT (1892)	15%	DE BOVIS (1902)	16—18%

Auch in anderen Statistiken, obwohl die Ergebnisse im einzelnen besonders starke Verschiedenheiten aufweisen, findet man, nach WOLFF, im Durchschnitt eine erbliche Belastung in 14% der Fälle.

Wie sehr die Ergebnisse der verschiedenen Untersucher auf diesem Gebiet voneinander abweichen, geht aus der Tatsache hervor, daß ROTH in der Privatpraxis in mehr als 50% der Fälle erbliche Belastung vorfand und v. WINIWARTER in der BILLROTHschen Klinik in nur 1%[7]).

---

[1]) So z. B. in Alkoholismus, worüber BUNGE in Virchows Arch. f. pathol. Anat. u. Physiol. Bd. 175, Heft 2 ausführliche Mitteilungen macht.
[2]) Nederlandsch tijdschr. v. geneesk. 1904, I, S. 108.
[3]) Nederlandsch tijdschr. v. geneesk. 1906, I, S. 1483.
[4]) Kongreß der Lebensversicherungsärzte zu Berlin 1906.
[5]) Nederlandsch tijdschr. v. geneesk. 1901, II, S. 823.
[6]) Die Lehre von der Krebskrankheit von den ältesten Zeiten bis zur Gegenwart. 1914.
[7]) Nach J. WOLFF: a. a. O. II. Teil, S. 96.

Alle diese Zahlen verschaffen aber keinen richtigen Einblick in den Einfluß der Erblichkeit, weil sie keine vergleichenden Zahlen sind. Man müßte untersuchen, wie groß, auf Grund der Häufigkeit von Krebs in einer bestimmten Bevölkerungsgruppe, die Aussicht war, daß Krebs in einer Familie auftrat. Dann müßte man vergleichen, ob diese Krankheit in bestimmten Familien häufiger auftrat als in anderen. Angesichts dessen aber, daß in der Familie keine konstante Anzahl von Personen begriffen ist, kann man dies nicht untersuchen.

Jedoch kann man bei einer derartigen Vergleichung einigermaßen anders vorgehen. So fand CRONER, daß von 186 an Carcinom gestorbenen Personen 9,3% eine erbliche familiäre Belastung aufwiesen, von 252 dagegen, die nicht an Carcinom gestorben waren, nur 5,3%[1]).

DE BOVIS[2]) berechnet, daß nach der oben erwähnten niederländischen Untersuchung im Jahre 1900 die Krebssterblichkeit unter den Eltern derer, die im Jahre 1900 an Krebs erkrankt waren, größer ist als mit der allgemeinen Krebssterblichkeit in der Zeit übereinstimmt, in die durchschnittlich der Zeitpunkt des Todes der Eltern fiel. Hieraus kann man den Schluß ziehen, daß eine familiäre Disposition für Krebs besteht. DE JOSSELIN DE JONG[3]) macht aber darauf aufmerksam, daß die allgemeine Krebssterblichkeit zu dieser Zeit (1870) nicht bekannt ist, und daß die Weise, in der DE BOVIS sie errechnet, nicht ganz zu verteidigen ist.

WEINBERG und GASTPAR[4]) versuchten die Lösung der Schwierigkeiten auf andere Weise. Sie fanden, daß in Stuttgart von 1873—1902 an Krebs starben:

	Der an Carcinom Gestorbenen %	Von ihren Ehegatten %
von den Eltern	6,6	5,9
„ Brüdern und Schwestern . . .	3,9	3,1

Also ein Unterschied, wenn auch nur ein kleiner.

SÖEGAARD[5]) nahm eine gleiche Untersuchung in einem kleinen norwegischen Ort, Vikör, mit 3400 Einwohnern vor. Krebs als Todesursache war bei den Eltern der an Carcinom Gestorbenen in 9,43% und bei den Brüdern und Schwestern in 11% der Fälle vorhanden. Bei der gesamten Bevölkerung fand sich in 9,1% der Sterbefälle Krebs als Todesursache. Scheinbar ist also bei den Eltern die Krebssterblichkeit nicht erhöht. Man muß hierbei aber, was mit Recht in dem Referat in der Semaine méd. hervorgehoben wird, bedenken, daß die Eltern einer früheren Generation angehörten, und daß es unter Berücksichtigung des allgemeinen Verlaufs der Krebssterblichkeit nicht unwahrscheinlich ist, daß zur Zeit ihres Todes die Krebssterblichkeit im allgemeinen niedriger war.

Die Durcharbeitung eines kleines Ortes, wie jenes Vikör, für statistische Zwecke hat, obwohl natürlich die Anzahl der Fälle kleiner ist, doch den großen Vorteil, daß man das Material besser kennt und übersieht. Das ist auch der Vorteil der RIFFELschen Untersuchungen (S. 10), auf Grund deren er die familiäre Prädisposition für Krebs sehr stark verteidigt[6]).

Man kann aber, wo uns die Statistik nicht solche überzeugenden Beweise für die Erblichkeit liefert, sich auch ein Bild auf Grund persönlicher Beobachtungen

[1]) Nach PRINZING: Handb. d. med. Statistik 1906, S. 241.
[2]) Semaine méd. 1910, Nr. 25.
[3]) Geneesk. bladen Teil 15, S. 320.
[4]) Zeitschr. f. Krebsforsch. Bd. 2, S. 195. 1904.
[5]) Nach einem Referat in Semaine méd. 1910, Nr. 47.
[6]) Schwindsucht und Krebs im Lichte vergleichend genealogischer Forschung. 1905.

machen. Da sprechen die Tatsachen viel stärker. Allerdings muß man vorsichtig sein. Denn bei dem häufigen Vorkommen von Krebs ist es nicht zu verwundern, wenn hin und wieder in ein und derselben Familie auch mehrere Fälle vorkommen. Es sind aber so viele Fälle bekannt und veröffentlicht, in denen bei einer bestimmten Familie ein *auffallend* häufiges Auftreten von Krebs festgestellt wurde, und bei denen gerade auch Ort und Zeit des Auftretens so sehr übereinstimmten, daß man nicht an einen Zufall denken kann. De Josselin de Jong[1]) warnt davor, sich hier zu schnell beeindrucken zu lassen, und daß ein einziger derartiger Fall sich dem Gedächtnis besser einprägt als 10 andere, in denen keine familiäre Belastung nachzuweisen ist. Aber er gibt doch zu, in seiner zehnjährigen Praxis 3 Fälle von Krebskranken gesehen zu haben, wo Vater oder Mutter an derselben Krankheit (Krebs desselben Organs) gelitten hatten. Jeder praktische Arzt hat wohl dergleichen Fälle beobachtet. Und gerade weil der Krebs in zwei aufeinanderfolgenden Generationen bei ein und demselben Organ auftrat, beweist ein einziger derartiger Fall m. E. mehr als zehn andere, bei denen keine Heredität besteht.

Über „Krebsfamilien" ist in der Literatur wiederholt veröffentlicht worden. Ich will hier zwei typische Beispiele anführen. Das erste ist die klassische Krebsfamilie, die Broca[2]) beschreibt:

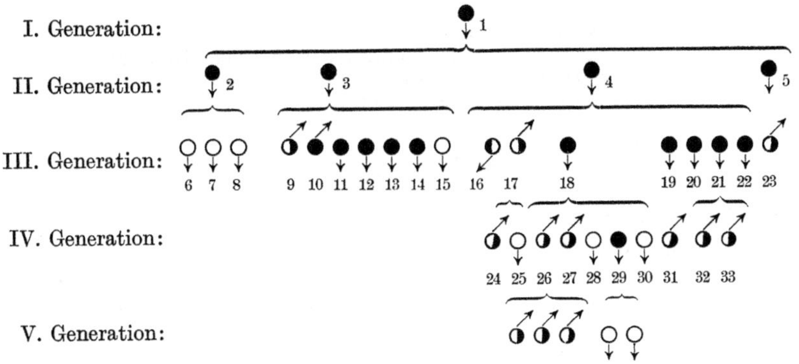

Nr. 1 starb mit 60 Jahren an Brustkrebs.
„ 2 „ „ 62 „ „ Leberkrebs.
„ 3 „ „ 43 „ „ „
„ 4 „ „ 51 „ „ Brustkrebs.
„ 5 „ „ 54 „ „ „
„ 6, 7 und 8 wurden 68, 72 und 78 Jahre alt, waren unverheiratet, hatten keinen Krebs.
„ 9 starb mit 28 Jahren, kein Krebs
„ 10 „ „ 64 „ an Magenkrebs
„ 11 „ an Brustkrebs
„ 12 „ „ „
„ 13 „ „ „
„ 14 „ „ „
„ 15 „ mit 68 Jahren kein Krebs
} durchschnittlich 45 Jahre alt geworden; alle kinderlos.
„ 16 „ als Soldat.
„ 17 war mit 72 Jahren gesund.
„ 18 starb an Brustkrebs (34 Jahre).
„ 19 „ „ „ (43 Jahre).
„ 20 „ „ Gebärmutterkrebs (47 Jahre).
„ 21 „ „ Brustkrebs (45 Jahre).
„ 22 „ „ Leberkrebs (66 Jahre).
„ 23 wurde alt, kein Krebs.
„ 24 starb an Paraplegie.

[1]) A. a. O. [2]) Broca, P.: Traité des tumeurs, S. 151. Paris 1866.

Nr. 25 war mit 24. Jahren gesund.
,, 26 ,, ,, 58 ,, ,, , hat 3 gesunde Söhne.
,, 27 starb als Soldat.
,, 28 ,, im Wochenbett.
,, 29 ,, an Brustkrebs, hat 2 gesunde Töchter.
,, 30 ,, ,, Phthisis.
,, 31, 32 und 33 gesund.

Das zweite Beispiel wird berichtet in ,,De resultaten van het onderzoek naar de frequentie van kanker in Nederland" von HUIZINGA, NOLEN und VEIT[1]) und ist VAN ITERSON mitgeteilt.

I. Generation:	**1** verheiratet mit 2	3 verheiratet mit **4**
II. ,,	Sohn (**5**) verheiratet mit Tochter (**6**),	Tochter (7) Tochter (**8**)
III. ,,	**9** **10** **11** **12**	**13** **14**

Nr. 1 starb an bösartigem Halstumor.
,, 2 ,, ,, unbekannter Ursache.
,, 3 ,, ,, ,, ,, 89 Jahre alt.
,, 4 ,, ,, einem chronischen Darmleiden.
,, 5 ,, ,, Blasen- und Darmkrebs.
,, 6 ,, ,, Leberkrebs.
,, 7 ,, ,, Herzlähmung.
,, 8 hat Brustkrebs.
,, 9 hatte einen Brusttumor, starb an einem Herzleiden.
,, 10 starb an Blasenkrebs.
,, 11 operiert wegen Brustkrebs.
,, 12 ,, ,, ,,
,, 13 starb an Oesophaguskrebs.
,, 14 hat Krebs beider Brüste.

Man kann solche Fälle als selten ansehen, aber man kann sie nicht als rein zufällig bezeichnen[2]). Man muß also den Schluß ziehen, daß es Familien gibt, deren Mitglieder eine Krebsanlage aufweisen. Mit dieser Tatsache muß die Lebensversicherung rechnen. *Also nicht, wenn ein einziger Krebsfall in einer Familie aufgetreten ist, wohl aber, wenn mehrere festgestellt sind, wird es empfehlenswert sein, die Versicherung vor dem 50.—55. Jahr endigen zu lassen.*

Die ererbte Anlage für Krebs ist ganz anders als die für Tuberkulose zu beurteilen. Die Ursache dafür liegt in der Tatsache, daß Krebs im späteren Lebensalter auftritt, die Tuberkulose dagegen mehr bei jüngeren Menschen, überdies auch darin, daß, praktisch gesprochen, der Ansteckung als solcher bei Krebs keine Bedeutung zukommt, wenigstens sicher nicht von Eltern auf Kinder. Ist der Vater oder die Mutter an Tuberkulose gestorben, so ist die Aussicht, daß bei der Geburt des Kindes die Krankheit entweder schon bestand oder zum mindesten eine gewisse Minderwertigkeit vorhanden war. Das Kind wird also unter ungünstigen Umständen geboren und man kann behaupten, daß, wenn beide Eltern an Tuberkulose sterben, diese Umstände doppelt so ungünstig sind. Hinzu tritt dann noch die zwiefache Gefahr der Ansteckung. Ein solches Kind hat also schlechte Lebensaussichten.

Anders verhält es sich, wenn beide Eltern an Krebs sterben. Meist werden sie zur Zeit der Geburt des Kindes noch nicht an diesem Leiden erkrankt sein. Auch von einer Minderwertigkeit braucht dann keine Rede zu sein. Ansteckung

[1]) A. a. O.

[2]) Man lese auch die Mitteilung von A. DE KLEYN in der Versammlung der Niederländischen hals-, nasen- und ohrenärztlichen Vereinigung zu Amsterdam 1917 (Nederlandsch tijdschr. v. geneesk. 1918, I, S. 1039) betr. einer solchen Krebsfamilie.

ist ausgeschlossen. Wenn ferner in der weiteren Familie beider Eltern Krebs nicht vorkommt (was aber mit Gewißheit zu ermitteln sehr schwierig ist) dann ist die Gefahr für das Kind nicht so groß. Dagegen kommt dem häufigen Auftreten von Krebs bei Onkeln und Tanten oder bei Brüdern und Schwestern, auch wenn die Eltern nicht (oder noch nicht) an Krebs erkrankt sind, eine ernstere Bedeutung zu als einem gleichen Verhalten bei Tuberkulose.

Bemerkenswert ist, daß in der „Krebsfamilie" von BROCA die Krankheit fast nur die Frauen befällt und auch ausschließlich durch die Frauen fortgepflanzt wird. Auch in anderen Fällen hat man die Beobachtung gemacht, daß sich die vererbte Anlage auf *ein* Geschlecht beschränkt. Gleichfalls sieht man in dem Falle, daß auch der Locus minoris resistentiae erblich ist: unter 16 Krebsfällen sind 12 Fälle von Brustkrebs.

Ferner fällt uns auch auf, daß in der vierten Generation ein Todesfall an Phthisis vorkommt und eine Frau im Wochenbett gestorben ist, was nach den Lebensversicherungserfahrungen auch häufig Tuberkulose bedeutet. Nun ist das Vorkommen von Tuberkulose in Krebsfamilien und umgekehrt ein Punkt, über den auch viel veröffentlicht worden ist. Manche Autoren sind der Ansicht, daß zwischen diesen beiden Krankheiten oder besser gesagt zwischen der Anlage zu ihnen ein enger Zusammenhang besteht.

ARONSOHN[1]) weist auf das vielfache Vorkommen von Tuberkulose unter den Kindern Krebskranker hin. BURDEL[2]) kam durch die Untersuchungen in den Familien seines Wohnortes Vierzon zu demselben Ergebnis und fand, daß von 100 Familien, in denen Krebs vorkam, 75 mit Tuberkulose erblich belastet waren. Auch RIFFEL[3]) konnte feststellen, daß Krebs und Tuberkulose in denselben Familien auftraten. SCHLÜTER[4]) behauptet verschiedene derartige Familien zu kennen, und ich glaube, daß wohl viele praktische Ärzte derartige Beobachtungen gemacht haben werden.

Dagegen bekämpft WEINBERG[5]) diese Auffassung durch eine mehr ins einzelne gehende Statistik. Er fand unter den Brüdern und Schwestern der an Krebs Gestorbenen weniger Tuberkulose als unter den ihrer Ehegatten.

Es müssen hier auch die sog. präcancerösen Erkrankungen erwähnt werden, weil diese erst bei Anwesenheit einer erblichen Belastung einige Bedeutung gewinnen. Und selbst dann noch ist diese Bedeutung nicht groß. Man versteht darunter chronische Entzündungen, z. B. der Zunge oder des Kehlkopfs, chronisches Ekzem der Brustwarze, chronische Mastitis, Cervixerosionen, hartnäckige Dyspepsie in vorgerückterem Lebensalter, Ulcus cruris, pigmentierte Warzen, Lupus usw. Das Ulcus ventriculi, an sich schon ein gefährliches Leiden, gehört auch zu dieser Gruppe von Erkrankungen und mahnt also bei einem Individuum, in dessen Familie viel Krebs vorkommt, zu doppelter Vorsicht[6]). Dasselbe kann von Gallensteinen gesagt werden.

Blutige Absonderung aus der Brustwarze ist eigentlich keine präcanceröse Erscheinung, sondern das erste Symptom eines beginnenden Brustkrebses[7]).

---

[1]) Dtsch. med. Wochenschr. 1902, Nr. 47.

[2]) Le cancer comme souche tuberculeuse. Acad. de méd. 1869 (nach J. WOLFF).

[3]) Schwindsucht und Krebs usw. 1905.

[4]) Die Anlage zur Tuberkulose. 1905.

[5]) Münch. med. Wochenschr. 1906, Nr. 30.

[6]) In der letzten Zeit wird ein Zusammenhang zwischen Magengeschwür und Magenkrebs wieder geleugnet (VAN LIER, SCHALY).

[7]) Siehe DE JOSSELIN DE JONG: Geneesk. bladen Teil 17, S. 359.

Erblichkeit und Krankheiten des Nervensystems[1]**. Degeneration.**

Im vorhergehenden ist bereits die Ansicht erwähnt worden, daß sowohl Tuberkulose wie Krebs Degenerationserscheinungen seien. Diese Ansicht wird hauptsächlich von gründlichen Bearbeitern eines kleinen Materials (Riffel, Rietema, Burdel) vertreten.

Gewöhnlich rechnet man zu den Degenerationskrankheiten solche Abweichungen, die hauptsächlich das Nervensystem betreffen, wie:

Geisteskrankheiten und Idiotie, Epilepsie und Hysterie, Alkoholismus, Kriminalität, Neigung zu Selbstmord.

Allen diesen Abweichungen ist gemein, daß sie erblich auftreten, und daß die Erblichkeit häufig alternierend ist. Man findet dann gewöhnlich, daß die Krankheit in den aufeinanderfolgenden Generationen einen stets bösartigeren Charakter annimmt, bis das Geschlecht ausstirbt. Scheinbar erben die Söhne die Anlage besonders vom Vater, die Töchter von der Mutter.

Von Bedeutung ist, daß man als Stigma dieser erblichen Belastung oft körperliche Abweichungen findet, die sog. Degenerationszeichen: anormale Schädelbildung, Gesichtsasymmetrien, Hasenscharte und Gaumenspalte, angeborene Luxationen, Polydactylie und Syndactylie, Abweichung der Zähne, angeborene Abweichungen des Auges und der Ohrmuschel, Mißbildung der äußeren Genitalien, Anormalitäten des Haarwuchses. Eine einzige dieser Anormalitäten stempelt noch niemanden zu einer degenerierten Persönlichkeit, wohl aber ist die Kombination verschiedener ein verdächtiges Zeichen.

Geisteskrankheit. Psychosen bei beiden Eltern geben dem Kinde eine schlechte Prognose. Sobald dieses auch nur geringe Abweichungen auf nervösem Gebiet aufweist, wird man gut tun, von einer Lebensversicherung abzusehen. Von Wichtigkeit ist die Kenntnis, daß die Krankheit oft eine Generation überschlägt, so daß die Tatsache der Nichterkrankung an Psychose seitens der Eltern, dem Kinde noch keine Sicherheit gewährleistet, von dem Familienübel verschont zu bleiben.

Epilepsie. Die *genuine* Epilepsie ist eine Krankheit von sehr stark vererbbarem Charakter. Die ersten Erscheinungen zeigen sich bereits in der Jugend. Es kann jedoch vorkommen, daß auch in späterem Lebensalter äußere Ursachen (Trauma, Gemütsbewegung) bei einem erblich belasteten Individuum zum Ausbruch einer Epilepsie führen.

Kriminalität ist von wesentlich geringer Bedeutung für die Lebensversicherung, weil man in den Begutachtungsberichten hierüber selten etwas angegeben finden wird.

Alkoholismus beruht ebenfalls in der Mehrzahl der Fälle auf erblicher Minderwertigkeit. Aber auch hier wird man Angaben im Begutachtungsbericht gewöhnlich vermissen. Schon aus Pietätsgefühl wird meistens als Todesursache der Eltern kein Alkoholismus angegeben, sondern ein anderer Ausdruck gewählt werden (Herzleiden, Leberkrankheit, Nervenleiden od. dgl.). Solche Angaben sind aber sehr wichtig, weil die Prognose des erblichen Alkoholismus sehr ungünstig ist.

Selbstmord. Die Neigung zu Selbstmord kann natürlich nicht als eine Krankheit sui generis betrachtet werden. Selbstmord wird hauptsächlich von Menschen mit gestörtem psychischen Gleichgewicht verübt. Muß man auch zugeben, daß in einigen seltenen Fällen ein normales Individuum zum Entschlusse, sich das

---

[1] Die chronischen Erkrankungen des Rückenmarks und die Myopathien, die auch familiär auftreten, können wir außer Besprechung lassen, weil sie meist zu der Zeit, wo man sich versichert, schon deutlich entwickelt sind.

Leben zu nehmen, kommen kann, so weist diese Erscheinung doch auf eine geistige Minderwertigkeit hin, die, möge sie eine augenblickliche Psychose oder Neurasthenie genannt werden, vielfach auf erblicher Belastung beruhen wird. Selbst wenn man ein gehäuftes Vorkommen von Selbstmord in derselben Familie als Folge einer Art faszinierenden Einflusses ansehen will, den der bloße Gedanke daran bei einem degenerierten Individuum auszuüben scheint, dann kann man immer noch aus der Tatsache des mangelnden Widerstandes gegen eine derartige Faszinierung den Schluß ziehen, daß sein Geisteszustand nicht normal ist.

Erblichkeit und Arteriosklerose.

Obwohl weiter unten, bei der Besprechung der Arteriosklerose ausführlicher auf die Bedeutung der Erblichkeit für diese Abweichung hingewiesen werden wird, muß dieser Punkt der Vollständigkeit halber doch auch hier eben berührt werden. Aus der Tabelle von HESSE (S. 55) geht die Rolle der Erblichkeit, wenn man die Apoplexie als auf Arteriosklerose hindeutend auffaßt, nicht sehr deutlich hervor. Ebenso bei einer Zusammenfassung der erblichen Belastung für Krankheiten der Kreislauforgane und für Apoplexie, angesichts dessen, daß beiden gewöhnlich Arteriosklerose zugrunde liegt, und unter Hinzufügung der Todesursachen: Krankheiten der Kreislauforgane, Apoplexie und Nierenkrankheiten, findet man als Sterblichkeit an diesen Krankheiten:

bei einer erblichen Belastung mit	Krebs	16,30 %
,, ,, ,, ,, ,,	Tuberkulose	18,49 %
,, ,, ,, ,, ,,	Krankheiten der Kreislauforgane und Apoplexie	19,06 %
,, ,, ,, ,, ,,	Krankheiten des Nervensystems	21,49 %
,, ,, ,, ,, ,,	Rheuma und Gicht	22,96 %
,, ,, ,, ,, ,,	Alkoholismus	20,00 %

Also auch dann sind diese Zahlen nicht sehr sprechend.

Hier muß man mit den Erfahrungen aus der Praxis zufrieden sein, die gelehrt haben, daß in gewissen Familien Apoplexie als Todesursache sehr häufig ist.

Erblichkeit und Lebensdauer.

Wahrscheinlich wird man auch in dem Vorhandensein oder Nichtvorhandensein einer erblichen Anlage für frühzeitige Arteriosklerose die Ursache der Erscheinung suchen müssen, daß in bestimmten Familien der Tod (infolge verschiedener Ursachen) gewöhnlich frühzeitig auftritt, oder daß umgekehrt die Mitglieder einer solchen Familie sich eines langen Lebens erfreuen, obwohl ihre Gesundheit doch nicht immer gut zu sein braucht. Daß derartige Erscheinungen für die Lebensversicherung von sehr großer Bedeutung sind, ist selbstverständlich. Statistische Angaben darüber sind aber äußerst spärlich und kasuistische Mitteilungen, auf die man hin und wieder stößt, haben nur sehr relativen Wert. WESTERGAARD[1]) hat versucht, sich auf diesem Gebiet größere Gewißheit zu verschaffen, und zu dem Zwecke die von ANSELL zusammengestellten Erfahrungen der National life assurance Company (1874) bearbeitet. Er verglich dazu die Zahl der Todesfälle, deren Vater oder Mutter älter als 70 Jahre geworden waren, mit der Zahl, die auf Grund der Angaben über das gesamte Material erwartet werden konnte. So fand er für die Kinder einer Mutter, die über 70 Jahre alt geworden war, folgende Zahlen:

---

[1]) Mortalität und Morbilität. 1901, S. 526.

Im Alter von	In Wirklichkeit	Auf Grund der Berechnung
0— 5 Jahren	520	559,0
5—15 „	108	138,7
15—35 „	474	485,4
35—65 „	551	566,1
65— „	94	90,0
	1747	1839,2

Für diejenigen, deren Vater über 70 Jahre alt wurde:

Im Alter von	In Wirklichkeit	Auf Grund der Berechnung
0— 5 Jahren	290	299,4
5—15 „	64	74,2
15—35 „	238	260,0
35—65 „	294	308,2
65— „	50	50,3
	936	992,1

In beiden Fällen blieb also die Sterblichkeit etwas hinter der erwarteten zurück.

Drittes Kapitel.

Lebensweise und Gewohnheiten.

Alkoholismus.

Keine Lebensversicherungsgesellschaft wird in ihrem Zeugnisformular die Frage unterlassen, die sich auf den Genuß des Alkohols bezieht. Und doch gibt es sicherlich keine Frage, deren Nutzen so zweifelhaft ist, keine Antwort, die mit größerem systematischen Mißtrauen betrachtet werden muß. Ebensowenig wie man in der gewöhnlichen Praxis überrascht ist, wenn bei Verdacht auf Syphilis die Frage nach einer luetischen Infektion mit Bestimmtheit verneinend beantwortet wird, ebensowenig, ja noch weniger erwartet man auf die Frage: Nehmen Sie Alkohol zu sich, und wenn ja, in welcher Menge? die Antwort: Unmäßig viel.

Aber diese Frage ist ein notwendiges Übel. Sie veranlaßt wenigstens bei uns den Versuch, in Erfahrung zu bringen, was der Versicherungskandidat unter „mäßig“ versteht. Wenn man dann diese Angabe als unterste Grenze betrachtet, kann man bisweilen einen Eindruck erhalten, der zur Vorsicht mahnt.

Wenn der Antragsteller zur Untersuchung erscheint mit einem Äußeren und besonders einer Farbe, die Alkoholgebrauch sofort diagnostizieren läßt, wird er, auch bei bestimmter Versicherung, nur ein „mäßiger“ Trinker zu sein, den Verdacht der Unmäßigkeit nicht von sich abwälzen können.

Daß Alkohol*mißbrauch* auf die Lebensdauer schädlich einwirkt, braucht nicht näher auseinandergesetzt zu werden. NELSON gibt in seinen Contributions to vital statistics folgende Tabelle:

Alter	Durchschnittliche Lebensdauer	
	von Unmäßigen	im allgemeinen
20 Jahre	15,5	44,2
30 „	13,8	36,5
40 „	11,6	28,8
50 „	10,8	21,2
60 „	8,9	14,3 [1])

Die Schwierigkeit liegt aber in der Feststellung der Grenze, wo der Gebrauch aufhört und der Mißbrauch beginnt. Das Feststellen einer bestimmten Menge Alkohols ist von wenig praktischem Nutzen. Was für den einen zweifellos zuviel ist, wird von dem anderen ohne Schaden vertragen, und überdies: wie ist eine Kontrolle möglich? Daher hilft uns die Angabe von ANSTIE nicht viel, jemand dürfe täglich $1^1/_2$ once = 40 g Alkohol im Maximum zu sich nehmen (was ungefähr $2^1/_2$ Glas Schnaps oder 3 Glas Bier oder $^1/_2$ l Wein entspricht). Nicht die Menge

[1]) SCHNAPPERT-ARNDT (Sozialstatistik S. 198) weist darauf hin, daß diesen Zahlen nicht viel Gewicht beizulegen ist, da sie auf einer kleinen Zahl (357) von Angaben bezüglich des Alters beruhen, in dem einige Trinker „ungefähr“ gestorben sind, ohne mit denen, die trotz ihres Alkoholismus noch lebten, zu rechnen.

Alkohol an sich, sondern der Einfluß des Alkohols auf den Gebraucher muß den Ausschlag geben. Deshalb können die Gesellschaften bezüglich der Frage nach der Mäßigkeit oder Unmäßigkeit einer Person häufiger besser durch ihre Agenten unterrichtet werden, die den Antragsteller in seiner Umgebung kennen, als durch die Ärzte, die den Mann nur eben in einem Augenblick sehen, wo er wohl dafür gesorgt haben wird, daß von dem Einfluß eines Getränkes sowenig wie möglich bei ihm zu spüren ist. Sie können dann nur unsicheren Symptomen nachgehen, wie rotes, gedunsenes Gesicht, Tremor, Quinquaudsches Zeichen, während in der Anamnese zuweilen Magenstörungen, selten der echte Vomitus matutinus angegeben werden.

Der Tremor ist besonders an den Händen sichtbar. Bei einem stärkeren Grad von Alkoholismus auch im Gesicht, am Kopf, der Zunge, er kann sich sogar über den ganzen Körper ausbreiten. Derartige Fälle werden natürlich selten zur Begutachtung kommen.

Das Quinquaudsche Zeichen steht wahrscheinlich mit dem Tremor in Zusammenhang. Es besteht darin, daß der Untersucher nach wenigen Sekunden kleine, aufeinanderfolgende Erschütterungen fühlt, wenn er die Spitzen der ausgestreckten Finger der zu untersuchenden Person senkrecht auf seine eigene Handfläche aufsetzen läßt. Mit dem Stethoskop kann man an den Fingergelenken feine Krapitation hören. Dieses von Quinquaud zuerst bemerkte und von Maridort beschriebene Symptom ist allerdings keineswegs ein für Alkoholismus pathognomonisches Zeichen, da man es auch bei Abstinenten und Temperenzlern findet, und es bei Alkoholikern fehlen kann. Aber es kommt bei letzteren nach H. Fürbringer[1]) doch ungefähr sechsmal so häufig vor wie bei ersteren.

Wichtig ist die Frage, ob ein wirklich mäßiger Alkoholgebrauch auf die Dauer schädlich ist, oder besser, ob er die Lebensdauer verkürzt. Die Beantwortung dieser Frage ist sehr schwierig. Wohl geht aus den Angaben der Medico-Actuarial Mortality Investigation[2]) hervor, daß die Sterblichkeit der Männer, die einen „steady, free use of alcohol“ machen (im Gegensatz zu denen, die sich eines „occasionel excess“ schuldig machen oder früher gemacht haben), 132% der gewöhnlichen Sterblichkeit beträgt. Ferner ergibt sich aus ihnen, wenn man diese Gruppe wieder in zwei Teile spaltet, und zwar in eine Hälfte der „steady, free“-Trinker gemäß der „conservative interpretation“ (solche also, die höchstens zu Ansties Grenze von $1^1/_2$ Unze Alkohol oder einigen Gläsern Bier oder einem Glas Whisky kommen) und in eine zweite der Trinker gemäß der „liberal interpretation“ (solche, die ab und zu diese Grenze überschreiten), daß man dann für die erste Hälfte 118% und für die zweite 186% der normalen Sterblichkeit findet. Aber können nun sogar die „steady, free users, conservative interpretation“ als Typus für mäßige Trinker angesehen werden? Sicherlich nicht, die Bezeichnung mit „steady“ deutet es bereits an.

Nur durch Umkehrung der Frage wird eine Lösung möglich sein können. Haben diejenigen, welche niemals Alkohol getrunken haben, eine längere Lebensdauer als solche, die ihn tranken? Die Bezeichnung absoluter „Abstinenzler“ ist der einzige Ausdruck, der uns Sicherheit verleiht. Mäßig, sehr mäßig, Konsument nur bei Festen, das sind alles relative Angaben. Nur die *vollständige* Abstinenz ist absolut und als solche für die Statistik brauchbar. Ist nun die Sterblichkeit dieser Leute geringer als die der (sit venia verbo) gewöhnlichen Menschen?

---

[1]) Fürbringer, H.: Zur Kenntnis des Quinquaudschen Zeichens in seiner Beziehung zum Alkoholmißbrauch. Dissert. Berlin 1912. Siehe auch P. Fürbringer: Dtsch. med. Wochenschr. 1910, Nr. 44; und Minor: Berlin. klin. Wochenschr. 1907, Nr. 18/21.

[2]) Bd. 4, Teil 1. 1914.

Diese Frage ist von direkt praktischer Bedeutung, weil die vollständigen Abstinenzler in der Überzeugung von den hygienischen Vorteilen der Enthaltung von diesem schädlichen Gift auch andere Vorteile für sich in Anspruch nehmen, nämlich eine niedrigere Lebensversicherungsprämie als die normale. Von einigen Gesellschaften, besonders englischen, ist ihnen denn auch wirklich dieses Vorrecht bewilligt.

Dies ist nun eine Frage, die, von wie großer Bedeutung sie auch für die medizinische Wissenschaft ist, doch nicht von den Ärzten, sondern allein von den Statistikern gelöst werden kann. Der untersuchende oder beratende Arzt darf damit nicht rechnen. Wenn ein Nichtabstinenzler einen vollkommen guten Untersuchungsbericht einreichen kann, gewährt er, wenigstens vom ärztlichen Standpunkt aus, ein ebenso normales Risiko wie der Abstinenzler, dessen Bericht gleicherweise günstig lautet. Die Abstinenz der letzteren vermag nur die eine oder andere Minderwertigkeit etwas leichter beurteilen lassen. Eine andere Frage ist aber, ob die Abstinenzler und die Konsumenten zwei verschiedene Gruppen bilden mit verschiedener Sterbewahrscheinlichkeit, wie man z. B. auch verschiedene Sterblichkeit bei Menschen in Europa und Indien findet. Das wird die Statistik nachweisen müssen. Aber nach den lebhaften Diskussionen, zu denen dieses Thema stets auf Versammlungen, Kongressen und in der Presse Veranlassung gibt, ist die Lösung keineswegs einfach. Einige Schwierigkeiten können hier eben nur angedeutet werden.

Warum ist jemand abstinent? Drei Gründe können hierzu führen: entweder ist der Alkoholgenuß von ärztlicher Seite verboten, weil der Mißbrauch zu schädlichen Folgen geführt hat oder Mißbrauch zu befürchten ist, oder jemand verbietet sich selbst den Alkoholgenuß, weil er für seine Gesundheit besorgt ist, auch bei mäßigem Genuß, oder drittens, jemand wird durch Beweggründe moralisch-ethischer Art dazu veranlaßt. Die Vorteile der vollkommenen Abstinenz gelten nur für die letzte Kategorie. Die ersten leiden bereits unter den Folgen, die der Unmäßige zu erwarten hat, die zweiten beweisen durch ihre Besorgtheit wenig Vertrauen auf ihre eigene Konstitution, und es hat sich herausgestellt, wie die eigene Einsicht in diese viel schärfer und klarer als die ärztliche Untersuchung urteilt. Durch Nachfragen kann man die erste Kategorie leicht ausschalten, die zweite nicht, und so hat man es zu tun einerseits mit starken Individuen von festen Grundsätzen, mit einem durch und durch soliden Lebenswandel, die sicher ein günstiges Risiko geben, und andererseits mit schwachen minderwertigen Individuen, die selbst nicht viel Vertrauen auf ihre Kraft haben. Außerdem trifft man unter ersteren noch Übertreiber und Fanatiker, die außer ihrem Abstinenzlertum noch Vegetarier und Naturmenschen sind, und deren Lebensweise so sehr zu der gewöhnlichen im Gegensatz steht, daß man die normalen Lebensaussichten auf sie nicht anwenden kann.

Die Gegner einer Prämienminderung für Abstinenzler legen besonderen Nachdruck auf die Kategorie derer, die sich aus Gesundheitsrücksichten des Alkohols enthalten. Darin steckt sicher Übertreibung und Unbilligkeit. Auf dem Kongreß der Versicherungsärzte in Berlin im Jahre 1906 wurde von Abstinenzlern als „drinkers-in-ruste" gesprochen, und selbst MARTIUS erklärte, daß ein gewisser Anreiz nötig wäre, und die Abstinenzler dann häufig ihre Zuflucht zu dem „leider Gottes immer mehr zunehmenden Zigarettenrauchen" nähmen. Von einer Würdigung des normal-ethischen Prinzips bemerkte man bei den deutschen Rednern beinahe nichts, nur die Engländer hatten etwas dafür übrig. In unserem Lande sind diese prinzipiellen Abstinenzler sicher sehr zahlreich.

Eine zweite Schwierigkeit ist die sehr beschwerliche Kontrolle. Jemand kann im Augenblick der Untersuchung Abstinenzler sein und später seinem Grundsatz untreu werden. Deswegen verlangen die Gesellschaften, die eine Prämienminderung bewilligen, jedes Jahr eine Erklärung, daß man noch immer Abstinenzler ist.

Trotz dieser Schwierigkeiten hat man Statistiken aufgestellt[1]), die darauf hinweisen, daß in der Tat die Sterbewahrscheinlichkeit bei Abstinenzlern geringer ist als die allgemeine Sterbewahrscheinlichkeit. Die Gegner einer Prämienerniedrigung erkennen die aus derartigen Statistiken gezogenen Schlußfolgerungen nicht an und halten zahlreichere und ausgebreitetere Statistiken für notwendig, ehe man zu einer Lösung kommen kann. Die Trinkgewohnheiten in verschiedenen Ländern weichen so sehr voneinander ab, daß man die Erfahrungen bei einem Volk nicht ohne weiteres auf das andere anwenden kann.

Die auf die Lebensdauer schädliche Wirkung des Alkohols geht auch aus den schlechten Sterbezahlen der sog. „Alkoholberufe" hervor. Weinhändler, Bierbrauer, Destillateure und ihr Personal, Wirte, Kellner, sie alle haben schlechtere Lebensaussichten als die Allgemeinbevölkerung.

In Deutschland berechnete ANDRAE[2]) aus den Angaben der „Gotha", daß, wenn die normale Sterblichkeit gleich 100 gesetzt wird, diese betrug bei

I a.	Hotelbesitzern	131	II b.	Personal in Bierbrauereien	162
I b.	Wirten	147	III.	Destillateuren	121
I c.	Schankwirten	155	IV.	Weinhändlern	104
II a.	Bierbrauern	141	V.	Personal bei Weinhändlern	144

Diese größere Sterblichkeit fällt besonders in das mittlere Lebensalter.

Die letzte amerikanische Statistik[3]) gibt an, daß das Verhältnis der wirklichen zur berechneten Sterblichkeit ist bei:

Hotelbesitzern oder -leitern, die nicht hinter dem Schanktisch stehen	135
denjenigen, die in der Regel oder hin und wieder hinter dem Schanktisch stehen	178
Besitzern oder Inhabern von Probierstuben u. dgl., die selber nicht hinter dem Schanktisch stehen	182
denjenigen, die in der Regel oder hin und wieder hinter dem Schanktisch stehen (Einfluß der ärztlichen Auswahl?)	173
Besitzern oder oberen Angestellten bei Brauereien	135
Bürobeamten in Brauereien	130
Arbeitern in Brauereien	152
Kellnern in Hotels, Restaurants und Klubs, in denen Schnaps verschänkt wird	177

Selbst der Händler in Wein und Schnaps, der Abstinenzler ist, liefert noch kein günstiges Risiko (105,3%) hinsichtlich der berechneten Sterblichkeit[4]).

Der Einfluß des Alkoholgenusses auf die hohe Berufssterblichkeit geht aus der Angabe von englischer Seite hervor, daß das Prozentverhältnis der Anzahl Todesfälle an Alkoholismus, wenn man es bei allen „arbeitenden" Männern gleich 100 setzt, beträgt bei

Wirten und Hotelinhabern	694
Kellnern	819
Brauern	294

[1]) MOORE, R. A.: Statistik der United Kingdom Temperence and General Provident Institution. Journ. of the inst. of actuaries Bd. 38. Siehe auch Sir THOMAS WHITTAKER: Alcoholic beverages and longevity. 1906. Ins Deutsche übersetzt und erschienen bei Reinhardt in München.

[2]) Kongreßbericht der Versicherungsärzte zu Berlin 1906.

[3]) Medico-Actuarial Investigation Bd. 3. 1913.

[4]) Specialized Mortality Investigation 1903. Zitiert aus GREENE: Examination for Life Insurance.

Ferner findet man noch Werte über 200, d. h. also die doppelte Sterblichkeit an Alkoholismus gegenüber der normalen u. a. bei:

Metzgern	213
Händlern	269
Krämern	369

alle drei auch Berufe mit hoher Sterblichkeit in England[1]).

Nach einer früheren englischen Statistik[2]) gehörten hierzu auch die Friseure. Diese scheinen aber im Lauf der Jahre eine mäßigere Lebensweise angenommen zu haben. Die Verhältniszahl für die Sterblichkeit durch Alkoholmißbrauch ist bei diesem Beruf für die Jahre 1900—1902 nur 125%. Jedoch ist ihre Sterblichkeitszahl schlecht geblieben, wahrscheinlich weil dieser Beruf von schwächeren Individuen gewählt wird.

In den Niederlanden kann man den Alkoholmißbrauch bei den verschiedenen Berufen auf diese Weise nicht ermitteln, sowohl die Hotelbesitzer usw. wie die Kellner weisen nach der letzten Statistik eine hohe Sterbezahl auf.

Rauchen.

Muß man das Rauchen als eine schädliche Gewohnheit betrachten, d. h. schädlich in dem Sinn, daß sie die Lebensdauer verkürzt? Die Antwort auf diese Frage ist schwer. Die Tatsache, daß in den Niederlanden, wo soviel geraucht wird, die Schädlichkeit dieser Gewohnheit sich nicht deutlich herausgestellt hat, spricht dafür, daß sie wenigstens nicht groß ist. Diese Gefahr soll im Auftreten der Arteriosklerose bestehen. Mehr aber als das Vermuten, daß starkes Rauchen eine allgemeine Blutgefäßverkalkung fördern soll, hat man nicht. Dieser Beweis ist aus der Art der Sache auch sehr schwierig zu liefern. Die Arteriosklerose tritt so häufig auf, so viele Einflüsse können hier im Spiel sein, daß man unmöglich sagen kann, ob Raucher in größerer Zahl oder frühzeitiger von dieser Erkrankung ergriffen werden als Nichtraucher[3]). Zwar ist bekannt, daß man durch Nicotin experimentell Arteriosklerose erzeugen kann, ferner daß die Dysbasia intermittens (Erb), die auf lokaler Arteriosklerose beruht, durch eine Nicotinvergiftung verursacht werden kann. Aber das Rauchen kann nicht mit Nicotineinspritzungen bei Tieren verglichen werden. Die Tatsache, daß bei einzelnen Personen die Claudicatio intermittens als Symptom einer Nicotinvergiftung auftritt, ist kein Beweis, daß Rauchen zu allgemeiner Gefäßverkalkung führt, ebensowenig wie man Blindheit als eine Folge des Rauchens betrachten darf, weil zuweilen Tabaksamblyopie auftritt.

Die schädliche Wirkung des Rauchens wird abhängig sein von dem, was man raucht, von der Menge, die man raucht, von der Art und Weise, wie man raucht, und in hohem Maße von der Empfindlichkeit des Individuums für Tabak. Alle diese Umstände sind schwer oder gar nicht zu kontrollieren; am leichtesten noch, ob Zigarren, Zigaretten oder Pfeifen geraucht werden und wie groß das tägliche Quantum ist. Uns interessieren hier nur die starken Raucher, mögen sie nun Zigarren oder Zigaretten rauchen. Der Schluß, zu dem Pel[4]) in seinem

---

1) Supplement to the 65th rapport of the registrar general Vol. II, S. CX.

2) Rates of mortality and sickness according to the experience for ten years (1878—1887) of the independ. order of Rechabites friendly soc. (Zitiert nach Westergaard: a. a. O. S. 632.)

3) Bei einer Enquete nach der Ursache der Arteriosklerose (Herz: Wien. klin. Wochenschrift 1911, Nr. 44; Ref. Nederlandsch tijdschr. v. geneesk. 1912, I, S. 1065) wurde von einem Arzt, der 30 Jahre bei einer Tabaksfabrik praktizierte, mitgeteilt, daß die Angestellten dieser Fabrik alt wurden und wenig Arteriosklerose aufwiesen.

4) Berlin. klin. Wochenschr. 1914, Nr. 11.

an Ehrlich gelegentlich dessen Jubiläum geschriebenen Briefe kommt, daß 3—4 Zigarren keinen Schaden tun, hilft uns nicht weiter. Denn kein Arzt wird bei einer Begutachtung gegen diese Menge irgendwie Beschwerde führen. Etwas anderes ist es, wenn das tägliche Rauchen von 10—20 Zigarren oder von etwa 40 Zigaretten angegeben wird. Das kann allerdings manchen etwas bedenklich machen.

Jedoch glaube ich, daß die Schwierigkeit mehr theoretisch als praktisch ist. Wo hinsichtlich der schädlichen Einwirkung des Rauchens noch so wenig feststeht, und die Prognose der Nicotinvergiftung im allgemeinen so günstig ist, wird man selbst sehr starke Raucher, wenn sie vollkommen gesund sind und keine Arteriosklerose oder Erscheinungen einer Nicotinvergiftung aufweisen, unter normalen Bedingungen zu einer Lebensversicherung zulassen müssen. Man muß dann annehmen, daß das Rauchen auf solche Menschen keinen schädlichen Einfluß ausübt.

Anders liegt die Sache, wenn Erscheinungen einer chronischen Vergiftung vorhanden oder vorhanden gewesen sind. Als solche müssen hier angeführt werden: neurasthenische Erscheinungen[1]) (Kopfschmerzen, Schwindel, Reizbarkeit), Anfälle von Angina pectoris, Auftreten von Magen-Darmstörungen (Dyspepsie, Konstipation abwechselnd mit Diarrhöe), während als objektive Anzeichen erwähnt werden müssen: Tremor (zuweilen grob, als Intentionstremor, zuweilen feinschlägig und schnell, dem Tremor bei Morbus Basedowi gleichend), Tachykardie, oft gepaart mit Irregularität des Pulses, und Amblyopie, im Beginn als doppelseitiges Zentralskotom, besonders für Rot-Grün auftretend. Diese Sehstörungen, bei denen nur geringe objektive Veränderungen wahrzunehmen sind (leichte temporale Blässe der Papille), hindern besonders tagsüber; in der Dämmerung können solche Patienten ebenso gut wie normale Personen sehen.

Ferner gibt Frankl-Hochwart[2]) an, daß er verschiedene Male bei Tabaksvergiftung ungleiche oder nicht runde, zuweilen sogar starre Pupillen beobachtete. Fuchs[3]) führt auch Lähmungen der äußeren Augenmuskeln an.

Endlich sei hier noch als weniger häufig vorkommende Erscheinung die Dysbasia oder Claudicatio intermittens erwähnt, auf die bereits hingewiesen wurde, und die wahrscheinlich mit einer neuropathischen Konstitution zusammenhängt (Oppenheim).

Wenn man bei einem Raucher diese verschiedenen Symptome antrifft, wird man ihn am besten auf die bei ihm offenkundig schädliche Wirkung des Rauchens hinweisen und die Versicherung z. B. auf ein halbes Jahr aufschieben, um festzustellen, ob bei gänzlicher Enthaltsamkeit oder Einschränken des Rauchens die Erscheinungen zurückgehen. Man ist dann wenigstens sicher, daß diese Symptome ihren Grund in einer Nicotinvergiftung haben und dann auch ein zweites Mal bei zeitweilig gänzlicher Enthaltsamkeit wieder genesen können. Daß sie weiterhin fortfallen werden, weil der Antragsteller in Zukunft sich des Rauchens enthalten wird, ist eine Illusion, die meist nicht in Erfüllung geht.

Werden bei einem starken Raucher Erscheinungen einer Herzerkrankung oder der Arteriosklerose vorgefunden, dann wird man das Rauchen zweifellos als einen erschwerenden Umstand betrachten müssen.

Ob Zigarren- oder Zigarettenrauchen von schädlicherer Wirkung ist, kann nicht mit Sicherheit behauptet werden. Die Zigaretten genießen fraglos einen schlechteren Ruf als die Zigarren. Vielleicht verdienen sie ihn auch, weil anscheinend, besonders bei ägyptischen Zigaretten, der Tabak auch mit Opium unter-

---

[1]) Sehr häufig ist das Rauchen nicht die Ursache, sondern ein Symptom der Neurasthenie.
[2]) Zeitschr. f. Nervenheilk. 1912, S. 373.
[3]) Lehrb. d. Augenheilk. 1898, S. 662.

mischt wird. Diese Frage ist für uns auch nicht von Bedeutung. Wenn jemand von seinem Zigarettenrauchen keine Beschwerden hat, ist kein Grund vorhanden, mit ihm nicht zu gewöhnlichen Bedingungen eine Versicherung abzuschließen.

Morphinismus.

Regelmäßiger Gebrauch von Morphium oder Opium[1]) gibt genügend Grund, den Abschluß einer Versicherung zu verweigern.

Ein Morphinist ist an seinem verfallenen Äußeren zu erkennen, das ihn älter erscheinen läßt, als er in Wirklichkeit ist, an den engen Pupillen und dem Tremor. Andere Erscheinungen des chronischen Morphinismus, wie Rastlosigkeit, Schlaflosigkeit, mangelnde Eßlust, neuralgiforme Schmerzen, wechselnde Gemütsstimmung, Vernachlässigung der sozialen Pflichten, entziehen sich bei einer Untersuchung gewöhnlich der Wahrnehmung. In vorgeschrittenen Fällen kann eine Ataxie des Ganges auftreten. Bei Verdacht auf Morphinismus ist es von Wichtigkeit, nach Spuren von subcutanen Einspritzungen zu forschen. Im Hinblick darauf, daß diese häufig durch die Kleidung hindurch vorgenommen werden, und die notwendige Asepsis natürlich nicht beobachtet wird, kann man wiederholt, besonders am rechten Oberschenkel und am linken Arm, Infiltrationen oder Absceßnarben sehen (s. Abb. 4).

Ebenso wie der Alkoholismus kann auch der Morphinismus geheilt werden, die Gefahr eines Rückfalls ist aber auch hier groß. Am günstigsten noch sind die Fälle zu beurteilen, wo heftige Schmerzen den Morphiumgebrauch verursacht haben.

Cocainismus.

Eine reine chronische Cocainvergiftung kommt in den Niederlanden, wenigstens in den Kreisen, die für eine Lebensversicherung in Betracht kommen, sehr selten vor. Gewöhnlich ist dort der Cocainismus eine Folge des Morphinismus. Das Cocain wird dann als Gegenmittel gegen die Depressionszustände bei einer Morphiumvergiftung angewandt. Das Mittel ist dann aber viel schlimmer als das Leiden. An Cocainismus erkrankte Individuen verraten sich durch ihr ungesundes Aussehen (in viel größerem Maße noch als die Morphinisten), ihre Unrast, Schlaflosigkeit, Halluzinationen und Wahnvorstellungen.

Die Prognose muß als schlecht bezeichnet werden, weil der Cocainmißbrauch einen äußerst verderblichen Einfluß auf die Psyche ausübt und die Kranken, auch wenn sie den Cocaingebrauch aufgeben können, doch minderwertig bleiben.

Vegetarismus.

Vegetarismus und Abstinenz gehen oft Hand in Hand. Die Vegetarier sehen diese Kombination gern. Sie weisen auf die gemeinsamen Ziele beider Richtungen hin: ideales Streben, Förderung der Gesundheit und Verlängerung des Lebens durch den Kampf gegen Stoffe, die die Menschheit vergiften, Besserung der gesellschaftlichen Zustände. Sie möchten auch gern, daß sich jedermann von dem gleichen Nutzen beider Richtungen überzeugen ließe. Dies ist nun noch nicht der Fall, und die Abstinenzler sind gar nicht so begierig nach einer Zusammenkupplung beider Lehren. Allgemein muß zugegeben werden, daß eine vollkommene Abstinenz unschädlich ist und großen Nutzen stiften kann. Vom großen Nutzen aber des Vegetarismus sind wenige überzeugt, und selbst über

[1]) Vom Opiumschnupfen wollen wir hier nicht sprechen. Dieser Mißbrauch kommt glücklicherweise in den Niederlanden sehr selten vor. Die Zustände in den Tropen werden hier nicht behandelt.

die Unschädlichkeit ist man sich keineswegs einig. ALBU[1]) gibt zu, daß man auch ohne Fleischkost sich gut ernähren kann, aber er findet, daß „von den vielen Wegen, die zu einem glücklichen und zufriedenen Leben führen, der Vegetarismus einer der beschwerlichsten, unbequemsten und unnötig anstrengendsten ist". Wohl scheint es, daß Vegetarier, was Körperkraft anbetrifft, hinter den Fleischessern nicht zurückzustehen brauchen. Besonders tritt dies zutage in ihren vielfachen Erfolgen auf sportlichem Gebiet und wohl ganz besonders beim Laufsport. Nun verleihen aber Lorbeeren auf sportlichem Gebiet noch lange keine Aussicht auf ein langes Leben: im Gegenteil. Dagegen muß man aber bei den Vegetariern bedenken, daß sie idealgesinnte Menschen sind, also sich vor schädlichen Reizen und Gewohnheiten hüten, denen ein gewöhnlicher Mensch sich nicht immer entzieht (Alkohol, Rauchen, Abusus veneris). Das ist natürlich hinsichtlich der Lebensdauer von großem Wert. Aber auf der anderen Seite sind Vegetarier oft sonderbare Menschen, die ihrer Idee zuliebe oft Dinge tun oder unterlassen werden, welche sicherlich nicht im Interesse ihrer Gesundheit liegen. Als Schlußfolgerung dieser Betrachtungen kann man die Behauptung aufstellen, daß man einen Vegetarier qualitate qua nicht als ein weniger gutes Versicherungsobjekt zu betrachten braucht, aber sicherlich auch nicht als ein ausgezeichnetes.

---

[1]) ALBU: Der Vegetarismus.

Viertes Kapitel.

Die ärztliche Untersuchung.

Die Anamnese.

Allgemeine Betrachtungen.

Zu einer vollständigen Anamnese gehören natürlich die Fragen nach Lebensweise und Gewohnheiten, nach der Gesundheit der Eltern und Familie und nach dem Vorkommen gewisser Krankheiten in der Familie. In Anbetracht dessen aber, daß diese Dinge bereits auf den vorhergehenden Seiten behandelt worden sind, werden wir uns jetzt auf die Fragen nach dem Gesundheitszustand im engeren Sinn, dem jetzigen und früheren des Antragstellers beschränken.

Die erste Frage, die an den Anwärter gestellt wird, lautet gewöhnlich: Fühlen Sie sich augenblicklich gesund? Es ist begreiflich, daß die Antwort hierauf beinahe immer bejahend lautet — aber es stellt sich bei eingehenderem Fragen und der Untersuchung oft heraus, daß diese Antwort nicht ganz richtig ist, und daß es mit diesem Gesundfühlen gehörig hapert. Die Unrichtigkeit der Angabe wird dann durch die Erläuterung beschönigt: daß das entdeckte Leiden schon so lange besteht, daß es nicht der Mühe wert ist, darüber ein Wort zu verlieren.

Hier wird also schon sofort der einschneidende Unterschied offenkundig, der zwischen der Anamnese besteht, die uns jemand erzählt, der für eine Lebensversicherung begutachtet werden muß, und einer solchen eines Patienten, der Hilfe und also auch Interesse für seine Leiden von dem Arzte erwartet. Auf der einen Seite wird die vortreffliche Gesundheit in den Vordergrund gerückt. Alle Leiden, Beschwerden usw. sind unbedeutend, von nebensächlicher Art. Auf der anderen Seite wird jedes Leiden und jede Beschwerde derart hervorgehoben, daß alle etwaigen günstigen Momente vollkommen zurücktreten.

Es ist nicht ausgeschlossen, daß auch bei einer Untersuchung für eine Lebensversicherung die Klagen übertrieben werden: nämlich in dem Falle, wo jemand unfreiwillig (z. B. für eine Geschäftsübertragung oder aus Nachgiebigkeit gegen das Drängen seiner Umgebung) sich zum Abschluß einer Versicherung entschließt. In solchen selteneren Umständen wird der Gesundheitszustand, besonders auch der der Familie, recht düster geschildert. Auf diese Weise kann zuweilen der Gegensatz zwischen zwei verschiedenen, mit einigen Jahren Zwischenraum abgegebenen Berichten erklärt werden. Aus dem ersten spricht der Optimismus eines Menschen, der eine Versicherung wünscht oder notwendig erachtet, während der zweite schwarz gemalt ist aus dem Verlangen heraus, eine Abweisung möge Befreiung von lästigen Verpflichtungen verleihen.

Derartige Fälle sind aber Ausnahmen. Deswegen wird man im allgemeinen geringen subjektiven Klagen bei einer Begutachtung mehr Wert zumessen, als man dies gewöhnlich bei der Untersuchung eines Patienten tut. So kann z. B. „ein wenig nervös“ oder „etwas überanstrengt“ eine ernste Nervenkrankheit verdecken (z. B. Dementia paralytica, Morbus Basedowi), es kann „etwas erkältet“ das Hüsteln der beginnenden Tuberculosis pulmonum bedeuten.

Wenn wirklich ein krankhafter Befund erhoben wird (das ist dann wohl immer eine leichte vorübergehende Erkrankung, z. B. Erkältung, leichte Bronchitis, Angina), so wird man am klügsten daran tun, den Anwärter nach einigen Tagen nochmals kommen zu lassen, um zu sehen, ob er dann wirklich geheilt ist. Es ist doch immer möglich, daß die anfänglich leicht beurteilte Erkrankung der Beginn einer schwereren Krankheit ist (die Erkältung z. B. von Influenza, die Angina von akutem Gelenkrheumatismus). Nur wenn die Umstände eine Verschiebung unmöglich machen, weil z. B. der Anwärter im Begriff steht, eine Reise zu machen, wird man von dieser Regel abweichen müssen. Man wird dann bisweilen ein günstiges Urteil über den Gesundheitszustand abgeben können, obwohl im Augenblick der Untersuchung die Gesundheit nicht vollkommen gut war.

Einfluß überstandener Krankheiten.

Von größerer Wichtigkeit als die Frage nach der derzeitigen Gesundheit ist die nach früheren Krankheiten.

Natürlich sind nicht alle Krankheiten in der Hinsicht wichtig, viele werden überstanden, ohne auf die ferneren Lebensaussichten einen nachteiligen Einfluß auszuüben.

So haben die *Kinderkrankheiten* nur Bedeutung, als sie einen gewissen Schutz gegen die Ansteckung in späterem Alter verleihen, und man würde mit Recht die Tatsache, daß jemand in seiner Jugend keine Masern gehabt hat, als einen erschwerenden Umstand auffassen können. Bleibende nachteilige Folgen dieser Krankheitsgruppe sind selten, mit Ausnahme der Taubheit und Albuminurie nach Scharlach. Erstere bildet kein direktes Gefahrenmoment, wohl indirekt, weil mehr Möglichkeiten zu Unglücksfällen vorliegen. Es kann aber von Interesse sein, zu wissen, daß die Taubheit auf einer Otitis media nach Scharlach beruht, weil man dann im späteren Alter weiß, daß man es mit einem abgelaufenen Prozeß zu tun hat. Anders verhält es sich mit der Albuminurie. Findet man sie bei jugendlichen Anwärtern, die bekannterweise früher Scharlach überstanden haben, oder schlimmer, im Anschluß an den Scharlach eine Nierenerkrankung durchmachten, dann ist das Auftreten auch einer kleinen Menge von Eiweiß im Urin von ernsterer Bedeutung.

Im allgemeinen ist der Wert, der in der Anamnese *akuten Infektionskrankheiten* beigemessen werden muß, nicht sonderlich groß. In den meisten Fällen kann man wohl sagen, daß nach Überstehen der Krankheit und Genesung des Patienten, so daß er wieder für eine Lebensversicherung in Betracht kommt, keine üblen Folgen in Zukunft mehr zu befürchten sind. Jedoch wird es in allen Fällen ratsam sein, nach einer ernsteren Infektionskrankheit eine gewisse Zeit, z. B. ein halbes Jahr, mit dem Abschluß einer Versicherung zu warten. Läßt man die Gefahr für Nachkrankheiten und Rezidive noch dahingestellt sein, so wird man doch erst sehen müssen, ob der Organismus imstande sein wird, den überstandenen Schock wieder ganz zu überwinden und seine frühere Kraft wieder zu gewinnen.

Wenn man diese Maßregel im Auge behält, braucht man für eine überstandene Erkrankung an *Febris typhoidea, Cholera, Pocken, Diphtherie* nicht zu fürchten.

Bei *Influenza* bedenke man die Neigung dieser Krankheit bei dem Patienten eine gewisse Anfälligkeit für eine neue Infektion zu hinterlassen. Gegenüber kräftigen Personen, die einmal eine tüchtige Influenza überstanden haben, kann dies natürlich kein Grund sein, gegen eine Versicherung Beschwerden zu erheben. Wohl aber kann dies bei älteren Menschen, die schon mehrmals an einem Anfall erkrankt waren, und deren Herz und Lungen nicht vollkommen in Ordnung sind, Grund zur Vorsicht sein. Ferner sind bekanntlich die Folgen eines Influenzaanfalls häufig schlimmer als die Krankheit selbst. Besonders machen sie sich auf nervösem Gebiet geltend. Die Patienten fühlen sich sehr lange schwach und matt. An eine Influenza können sich sogar Psychosen anschließen, die aber im allgemeinen eine günstige Prognose geben. Eine andere Folge der Influenza, die erwähnt werden muß, ist die Erkrankung des Herzens. Sehr oft sieht man, daß Monate nach der Heilung der Krankheit als solcher noch geringe Abweichungen am Herzen zu finden sind, auf die besonders geachtet werden muß, weil sie nur geringe oder gar keine subjektiven Erscheinungen hervorrufen. Vor allem lenkt unregelmäßiger Puls die Aufmerksamkeit auf sich. Die Prognose dieser Herzerkrankungen ist gut. Wenn man also eine derartige Abweichung bei einem Anwärter findet, der einige Monate zuvor eine Influenzaerkrankung überstanden hat, so muß man dies als mildernden Umstand ansehen.

Bei der *croupösen Pneumonie* muß man auf dieselbe Erscheinung wie bei der Influenza achten, daß nämlich manche Menschen eine gewisse Empfänglichkeit für diese Krankheit besitzen, so daß sie wiederholt Anfälle von Pneumonie durchzumachen haben. Besonders ist von Bedeutung, daß sich nach Pneumonie eine Tuberkulose entwickeln kann. Deshalb wird die Tatsache, daß ein Mensch mit schwachem Körperbau oder Tuberkulose in der Familie mehrmals an Pneumonie erkrankt, Grund zur Besorgnis geben können. Die Untersuchung der Medico-Actuarial Mortality Investigation ergab bei Personen, die zwei oder mehr Anfälle von Pneumonie überstanden hatten, eine Sterblichkeit von 108% der erwarteten. Die Zahl der Sterbefälle infolge von Pneumonie war dreimal so hoch wie die normale. GREENE gibt in seinem Lehrbuch den Rat, nach wiederholter Lungenentzündung, so lange sie auch zurückliegen mag, nur eine Versicherung auf kurze Dauer abzuschließen. Ich möchte dies nicht so scharf formulieren, bin aber der Ansicht, daß, wenn nach der letzten von zwei Erkrankungen geraume Zeit (z. B. 10 Jahre) verstrichen und weiterhin alles in Ordnung ist, auch eine Versicherung für längere Dauer in gewöhnlicher Weise abgeschlossen werden kann. Ist die Krankheit mehr als zweimal aufgetreten, ist die seither verstrichene Zeit kürzer oder nicht alles in der Familienanamnese oder dem gegenwärtigen Gesundheitszustand des Anwärters einwandfrei, dann wird man eine Prämienerhöhung anwenden müssen.

Eine Ausnahme von der Regel, daß dem Überstehen einer Infektionskrankheit bei der Beurteilung des gegenwärtigen Zustandes wenig Gewicht beizumessen ist, bildet die *Polyarthritis rheumatica.* Auch hier ist es wieder die Neigung zu Rückfällen, wobei dann gleichzeitig das Vitium cordis als bleibender Schade droht.

Von großer Bedeutung ist also die Kenntnis, ob jemand wirklich an akutem Gelenkrheumatismus gelitten hat. Oft wird nur von Rheumatismus gesprochen. Was hierunter nicht alles verstanden wird, kann man täglich in der Praxis erfahren. In derartigen Fällen ist es deswegen auch notwendig, zu versuchen, in Erfahrung zu bringen, ob der Rheumatismus in den Muskeln oder Gelenken saß, ob der Anwärter an fieberhafter, sehr schmerzender Krankheit gelitten hat, ob Salicylanwendung von günstigem Einfluß war usw. Es wäre unbillig, jemanden mit Lumbago oder Ischias unter den Folgen der Gefahr, die eine Polyarthritis mit sich bringt, leiden zu lassen.

Auch die symptomatischen Arthropathien (z. B. Gonorrhöe) dürfen nicht mit der echten akuten Polyarthritis verwechselt werden, ebensowenig wie die chronischen Erkrankngen und die Gicht.

Selbstverständlich muß das Herz eines Menschen, der an unzweifelhaftem akuten Gelenkrheumatismus gelitten hat, mit noch größerer Genauigkeit als gewöhnlich untersucht werden. Ein schwaches systolisches Geräusch oder unreiner erster Ton nach einem eben überstandenen Rheumatismusanfall muß ganz anders beurteilt werden, als wenn keine Krankheit vorhergegangen ist. In jedem Fall ist dann Grund zur Abweisung vorhanden.

Wenn nun aber nicht die leiseste Andeutung eines Klappenfehlers festzustellen ist, dürfen wir dann die Gefahr als überwunden betrachten? Ganz sicher nicht. Denn in erster Linie besteht die Aussicht, daß nach einem Rückfall doch noch eine Herzerkrankung auftreten wird, überdies aber ist es sehr wohl möglich, daß nicht nur das Peri- oder Endokard den schädigenden Einfluß der Infektion erfahren hat, sondern auch das Myokard. Wenn auch CHURCH bei Autopsien nach akutem Gelenkrheumatismus niemals eine Myokarditis ohne Entzündung des Endo- oder Perikards sah, so beobachtete er doch Fälle, in denen die klinischen Erscheinungen schwerlich anders gedeutet werden konnten, als daß sie durch eine Erkrankung des Herzmuskels bedingt waren, während doch die Anzeichen eines Klappenfehlers vermißt wurden. Gleiche Beobachtungen machten BARIÉ, WEIL und BARJON, BARD, MERKLEN[1]). Man kann sich auch vorstellen, daß die Endokarditis als solche heilt, daß aber eine Beschädigung des Myokards zurückbleibt, so daß dies schwächer wird, und infolgedessen die scheinbar ganz geheilten Patienten doch eines frühzeitigen Todes sterben. Also nicht nur das Auffinden eines Klappenfehlers, sondern auch die Untersuchung der Funktion des Herzmuskels sind in solchen Fällen von sehr großer Bedeutung.

Daß dies keine Hypothesen sind, geht aus folgenden Statistiken hervor:

Aus einer Analyse der „Gotha“ aus 644 Todesfällen unter 2839 Personen, die unter gewöhnlichen Bedingungen aufgenommen waren und anamnestisch Gelenkrheumatismus aufwiesen, ergab sich, daß die wirkliche Sterblichkeit an Herz- und Gefäßkrankheiten beinahe das Doppelte (198%) der erwarteten betrug[2]). Diese Fälle datierten aus den Jahren 1867—1904, einer Zeit also, in der eine Herzuntersuchung sicherlich mit der notwendigen Achtsamkeit vorgenommen wurde. Gleichzeitig stellte sich heraus, daß diejenigen, die nur einen einzigen Anfall durchgemacht hatten, eine Sterblichkeit von 9% über die erwartete aufwiesen, während solche, die zwei- oder mehrmals erkrankt waren, 25% erreichten. Das Maximum der Sterblichkeit fiel auch in ein früheres Lebensalter als bei denen, die nicht an Gelenkrheumatismus gelitten hatten.

Eine sehr ausgebreitete englische Statistik über normale Risiken[3]), 1074 Sterbefälle bei 65744 Versicherungsjahren von Personen mit Polyarthritis in der Anamnese umfassend, kommt zu denselben Ergebnissen. Bei gemischten Versicherungen beträgt das Verhältnis (in Prozenten) der wirklichen zu den berechneten Sterbefällen [O^{m}-Tabelle[4])] bei Personen mit Polyarthritis in der Anamnese ohne irgendwelche Anzeichen einer Herzerkrankung im Alter von

30—40 Jahren	61,6	50—60 Jahren	94,9
40—50 „	75,9	60—70 „	135,1

Dabei muß im Auge behalten werden, daß die normale Sterblichkeit bei der gemischten Versicherung auf 75% der O^{m}-Tabelle (die für die Versicherung für Todesfälle aufgestellt ist) berechnet werden kann.

Bei lebenslänglicher Versicherung betrugen dagegen diese Zahlen:

30—40 Jahre	125,0	50—60 Jahre	147,0
40—50 „	161,8	60—70 „	112,5

1) Siehe WEINTRAUD in KRAUS u. BRUGSCH: Liefer. 9/12, S. 155.

2) Blätter für Vertrauensärzte der Lebensversicherung 1910, S. 43. Siehe auch Zeitschr. f. d. ges. Versicherungswiss. 1909, Heft 1.

3) RUSHER and KENCHINGTON: Journ. of the inst. of actuaries Okt. 1913.

4) Siehe S. 30 u. 31.

Der Einfluß der Selbstwahl ist hier sehr deutlich festzustellen.

Daß auch bei diesen Personen, deren Gelenkrheumatismus das Herz nicht nachweisbar geschädigt hat, die Sterblichkeit an Herzkrankheiten und Rheumatismus doch unverhältnismäßig groß ist, geht aus einer Vergleichung mit den offiziellen Angaben über die gesamte Bevölkerung (England und Wales, 1910) hervor.

Von 1000 Todesfällen kamen durchschnittlich jährlich auf Rechnung von:

Im Alter von	Fieberhafter Rheumatismus		Herzkrankheiten	
	bei lebenslänglich Versicherten mit fieberhaftem Rheumatismus in der Anamnese	bei der gesamten Bevölkerung	bei lebenslänglich Versicherten mit fieberhaftem Rheumatismus in der Anamnese	bei der gesamten Bevölkerung
25—34 Jahren	—	10	167	73
35—44 ,,	86	8	171	104
45—54 ,,	85	7	313	141
55—64 ,,	21	8	260	183
65—74 ,,	15	9	299	181
75— ,,	—	6	227	113

Eine amerikanische Untersuchung[1]) ergibt einigermaßen paradox erscheinende Zahlen, die aber durch die ärztliche Auswahl erklärlich sind. Das Prozentverhältnis der wirklichen zur berechneten Sterblichkeit bei einem einzigen Anfall von Gelenkrheumatismus in den 5 Jahren vor Beginn der Versicherung beträgt hier 121%, bei mehreren Anfällen in diesen Jahren 118%. Dies weist natürlich auf eine große Schärfe bei der Beurteilung der letzten Risiken hin und ist gleichzeitig ein Beispiel, wie vorsichtig man mit den Ergebnissen solcher Statistiken sein muß, die auf der bei normalen Risiken erhobenen Erfahrung beruhen[2]).

Wie groß die Neigung zu Rezidiven an sich ist, darüber fand ich nirgends Angaben. Mit der Zahl der Rezidive nimmt die Empfänglichkeit für Endokarditis zu (Riess). Bekanntlich ist diese Empfänglichkeit besonders in der Jugend sehr groß. Bezüglich der Frage aber, ob das Überstehen einer Polyarthritis rheumatica eine für junge oder ältere Menschen größere Gefahr mit sich bringt, gehen die Ansichten auseinander. Manche Autoren (Mauriac) sind der Meinung, daß man nur junge Menschen annehmen kann: wenn diese nach ihrem Anfall keinen Herzfehler bekommen und innerhalb 2 oder 3 Jahren keinen Rückfall erlitten haben, ist nicht mehr viel Gefahr zu befürchten; bei älteren Personen ist dagegen die Prognose bei einem Rezidiv viel ernster. Die meisten Autoren aber halten einen Anfall in der Jugend für gefährlicher. Jedenfalls ist man darüber einig, daß nach einem Anfall von akutem Gelenkrheumatismus eine gewisse Spanne Zeit verstrichen sein muß, bevor eine Versicherung abgeschlossen werden darf. Meistens nimmt man hierfür nach einem einzigen Anfall einen Termin von 2—3 Jahren (einige fordern 7—8 Jahre), nach wiederholten Anfällen länger. Die Beurteilung des Zustandes des Herzens ist nach diesem Zeitverlauf auch einwandfreier.

Zu einer gerechten Beurteilung des Risikos ist der Beruf des Anwärters von Wichtigkeit. Und die Berufe, in denen man einer Durchnässung, Kälte, Tem-

[1]) Medico-Actuarial Mortality Investigation Bd. 4. 1914.

[2]) Bereits früher (S. 37 u. 38) ist darauf hingewiesen worden, wie die auf solche Weise erhaltenen Zahlen die Gefahr immer kleiner darstellen, als sie in Wirklichkeit ist. Je mehr diese Gefahr gekannt wird, desto mehr bleiben die Zahlen hinter der Wirklichkeit zurück, weil die ärztliche Begutachtung dann um so strenger ausfällt und also nur die in anderer Beziehung sehr guten durchläßt. Ein sehr sprechendes Beispiel hierfür in dieser Abhandlung ist, daß das Prozentverhältnis der wirklichen zu berechneten Sterblichkeit von Männern, die anamnestisch Syphilis aufweisen und gut behandelt sind, 188 beträgt und bei Männern, die ungenügend behandelt sind bzw. über deren Behandlung nichts bekannt ist, 174.

peraturschwankungen ausgesetzt ist, müssen in der Hinsicht als gefährlich angesehen werden, besonders der Beruf des Kutschers, Postboten, Dienstboten, Schmied, Bäcker.

Von geringerer Bedeutung ist die Heredität. Daß häufig in der Familie „Rheumatismus“ vorkommt, ist kein Wunder; in welcher Familie ist das nicht der Fall? LASÈGUE fand in 145 Fällen 22mal dieselbe Krankheit bei den Eltern wieder. Dagegen fanden GARROD und COOKE bei allen möglichen Krankheiten in 21% der Fälle Rheumatismus bei den Vorfahren oder Verwandten[1]). Die Bedeutung des familiären Auftretens, der „Arthritismus“, liegt vielmehr auf dem Gebiete der chronischen Gelenkerkrankungen.

Als Schema für die Beurteilung eines Falles mit echtem akuten Gelenkrheumatismus in der Anamnese möge also gelten:

a) Nach einem einzigen Anfall müssen bei Personen unter 30 Jahren 3 Jahre, bei solchen über 30 2 Jahre verstrichen sein. Sind dann Gesundheitszustand einerseits und die äußeren Umstände andererseits (Beruf!) günstig, kann die Versicherung in normaler Weise abgeschlossen werden. Ist dies nicht der Fall oder ein Aufschub nicht möglich, dann wende man Prämienerhöhung an.

b) Nach mehreren Anfällen lasse man einen längeren Zeitraum verstreichen (wenigstens 7 Jahre) oder wende eine größere Prämienerhöhung an. Ist ein Herzfehler nachweisbar, sind die Bedingungen natürlich davon abhängig.

Die organischen Erkrankungen des *Zentralnervensystems* sind für die Anamnese eigentlich von geringerem Interesse. In den meisten dieser Krankheitsfälle bringt der langsame progressive Verlauf es mit sich, daß der Status praesens von größerer Wichtigkeit ist als die Anamnese, die nur zur Vervollständigung einigermaßen nützlich sein kann (z. B. Dementia paralytica, Tabes dorsalis).

Eine Apoplexia cerebri wird wohl meist ihre Spuren hinterlassen haben. Sollte dies nicht der Fall sein und nur die Anamnese angeben, daß ein Schlaganfall überstanden ist, dann ist damit doch das Urteil über den Anwärter gefällt, bei älteren Personen wegen der drohenden Rezidivgefahr infolge der Arteriosklerose, bei jüngeren wegen der Nephritis, Syphilis, des Herzleidens oder der Hypertension, die man dann doch annehmen muß.

Meningitiden können als seröse Meningitis oder als Meningitis cerebrospinalis epidemica in der Jugend überstanden worden sein und keinerlei Anzeichen mehr hinterlassen haben. Dann scheue man sich nicht, derartige Anwärter anzunehmen.

Die Folgen einer Poliomyelitis anterior sind meist deutlich genug und verursachen auch, wenn die Krankheit überstanden ist, keine weitere Lebensgefahr.

Unangenehmer ist der Zustand, der nach einer Commotio cerebri entsteht. Im Anschluß daran können sich echte Psychosen entwickeln: Delirium traumaticum, manisch-depressive Zustände, Dementia. Diese schließen natürlich eine Versicherung aus, ebenso wie die Epilepsie, die als Folge eines Traumas auftreten kann. Auch die traumatische Neurose, die sich außer durch Kopfschmerzen, Schwindel, Parästhesien häufig durch auffallende Charakterveränderungen (Heftigkeit) bemerkbar macht, gibt keine gute Prognose[2]). Sind aber die neurasthenischen Klagen nicht sehr hervortretend, so daß der Leidende seine Arbeit in gewohnter Weise verrichten kann und außer zeitweiligen Kopfschmerzen und leichtem Schwindel keine schädlichen Folgen seines Unfalls mehr bemerkt, dann kann man, wenn das Trauma mehr als 1 Jahr zurückliegt, die Versicherung abschließen.

---

[1]) Zitiert nach WIDAL, TEISSIER und ROGER: Rhumatisme. Paris 1906.

[2]) v. KÖLPIN: Die psychischen Störungen nach Kopftraumen. Volkmanns Vorträge 1906, Heft 28.

Von großer Wichtigkeit sind in der Anamnese die sog. funktionellen Neurosen, besonders die Neurasthenie, die Hysterie und die Epilepsie.

Die Tatsache, daß jemand einmal eine Zeitlang überreizt gewesen ist, oder sogar nach einer Zeit sehr anstrengender Arbeit oder großer Sorge eine Ruhekur wegen Nervosität hat durchmachen müssen, kann an sich nicht als Grund angesehen werden, um Bedenken gegen eine Versicherung zu haben. Anders wird aber die Sache, wenn für den Zustand nervöser Überreizung keine deutliche Ursache zu finden ist, wenn diese Zustände sich wiederholen und die Zeit bis zu einer Genesung auffallend lang ist, oder wenn sich herausstellt, daß in der Familie Fälle von Selbstmord infolge Melancholie oder anderer Geisteskrankheiten vorgekommen sind. Es sei hier daran erinnert, daß oft das Anfangsstadium der Dementia paralytica den Eindruck von Neurasthenie macht, und daß auch die Dementia praecox lange Zeit hindurch als solche angesehen werden kann. Bei der ersten Krankheit ergibt aber die Untersuchung auf Krankheit gewöhnlich doch einige nähere Aufklärung, während im letzteren Falle bei eingehenderen Fragen sich doch auch herausstellen wird, daß der Anwärter seinen Anfall von Neurasthenie eigentlich niemals vollkommen überstanden hat.

Bei der *Hysterie* sind die Schwierigkeiten für die Diagnose groß. Nach Lage der Dinge werden die leichten Erscheinungen dieser Krankheit nicht angegeben oder wenigstens in Ausdrücken, die eine Diagnose unmöglich machen („Nervenschmerzen", nervöse „Erscheinungen" in verschiedenen Organen). Oft wird die Untersuchung dann größere Klarheit geben können. In schwereren Formen von Hysterie können Tatsachen mitgeteilt werden, die die Diagnose höchstwahrscheinlich machen (plötzlich aufgetretene und wieder verschwundene Lähmungen, Contracturen, Aphasie, Astasie - Abasie in der Jugend usw.). Die größten Schwierigkeiten aber bieten die „Anfälle", weil hier die Differentialdiagnose mit der Epilepsie in Betracht kommt. Nur in sehr vereinzelten Fällen wird man aus Mitteilungen über die Dauer oder die Art eines solchen Anfalls einige Sicherheit erlangen können. Die eigenen Mitteilungen des Antragstellers über derartige Dinge können nur mit äußerster Vorsicht gebraucht werden — eingehendere Informationen durch den Hausarzt vermögen dann manchmal Sicherheit zu verschaffen. Sicher ist dies ein sehr wichtiger Punkt. Daß ein hysterischer Anfall für jemandes Lebensaussichten eine ganz andere Bedeutung hat als ein epileptischer Insult, ist selbstverständlich. Wenn die hysterischen Erscheinungen nicht zahlreich sind und der psychische Zustand des Anwärters keine deutlichen Abweichungen aufweist, braucht man keine Bedenken zu tragen, eine Versicherung einzugehen.

Bei der *Epilepsie* ist dies natürlich wohl der Fall.

Ebenso wie bei der Hysterie beruht auch hier wieder die große Schwierigkeit bei der Beurteilung solcher Fälle in der Diagnose[1]). Wenn jemand angibt, zuweilen „Anfälle" zu bekommen, wenn aus der Beschreibung dieser Anfälle (ihr plötzliches unmotiviertes Auftreten, die Incontinentia urinae et alvi, Verwundungen infolge der Anfälle) deutlich die epileptische Art derartiger Insulte hervorgeht, kann von einer Versicherung keine Rede sein. Solche Fälle kommen auch nicht zur Begutachtung, wohl aber solche, in denen angegeben wird, daß der Anwärter vor langen Jahren ab und zu Anfälle bekam, gewöhnlich in der Jugend, im ganzen nur wenige, und daß diese Anfälle sich nicht mehr wiederholt

---

[1]) Von den allgemein zitierten Fällen von Epilepsie bei berühmten Männern ist keiner zweifellos (Alexander der Große, Caesar, Napoleon). Selbst bei einem so viel beschriebenen und beobachteten Mann wie Napoleon steht die Diagnose durchaus nicht fest. Cabanès bestreitet es in einem witzigen Artikel: „Napoléon était-il épileptique." Les indiscrétions de l'histoire, Sér. III.

haben. Die Diagnose Epilepsie ist dann fast unmöglich mit Sicherheit zu stellen. Besonders bei Kindern können infolge von allerlei Reizzuständen Krämpfe auftreten, die allerdings auf ein reizbares Nervensystem hinweisen, aber mit echter Epilepsie doch nichts zu tun haben. Auch hier kann man wieder nur aus den Mitteilungen des Arztes, der diese Krampfanfälle selbst beobachtet hat und sich der Besonderheiten gut erinnert, Sicherheit erlangen. Sind derartige Angaben nicht zu erlangen, dann kann nur die Familiengeschichte einiges Nähere vermuten lassen. Sind in der Familie Degenerationserscheinungen zu bemerken (Geisteskrankheit, Selbstmord, Epilepsie), dann sei man in solchen Fällen vorsichtig. Falls nicht, dann muß man m. E. die Diagnose Epilepsie fallen lassen. Wenn nun aber ärztliche Erklärungen hinsichtlich des wirklich epileptischen Charakters der Anfälle Sicherheit geben, wie ist dann zu handeln, wenn nur sehr wenig Insulte aufgetreten und seit dem letzten Anfall viele Jahre (z. B. 10 oder mehr) verstrichen sind? Eine Versicherung kann nur dann als möglich in Betracht kommen, wenn die Anfälle in den Kinderjahren (vor dem 15. Jahr) auftraten, sich dann *niemals* mehr wiederholten und der Anwärter schon in vorgeschritteneren Alter ist, z. B. über 35 Jahre. Dann kann man es wagen, die Epilepsie für wirklich ausgeheilt anzusehen[1]). Doch halte man sich stets vor Augen, daß dies ein Wagnis und keine Sicherheit ist. Verwundungen, Krankheiten, psychische Schocks können die Anfälle wieder aufleben lassen. Besonders Gravidität und Geburten geben bei Frauen hierzu Veranlassung, so daß man es vorziehen soll, bei ihnen stets eine Versicherung abzulehnen.

Über die Bedeutung der Klagen über *Kopfschmerzen* und *Schwindel* wird in dem von Prof. NOLEN bearbeiteten Kapitel über die Untersuchung des Nervensystems gesprochen werden.

Hinsichtlich der *Krankheiten der Atmungsorgane* sind in der Anamnese besonders wichtig das *Asthma* und die *Pleuritis*. Die erstere Abweichung wird weiter unten ausführlicher abgehandelt, über die zweite wird in dem Kapitel Tuberkulose gesprochen werden. Ebenso wird man an der Stelle besprochen finden, zu welchen Überlegungen das Vorkommen von *Hämoptöe* in der Anamnese Veranlassung gibt.

In Anbetracht dessen, daß die Diagnose der *Abweichungen der Bauchorgane* vielmehr als die der Brustorgane zu einem sehr großen Teil auf der Deutung subjektiver Klagen beruht, fällt die Besprechung der Anamnese hier wohl ziemlich mit der der eigentlichen Untersuchung zusammen. Ich kann mich also darüber hier kurz fassen und will nur die Punkte angeben, über die eingehendere Ausführungen von Wichtigkeit sind. Über die Beurteilung solcher Fälle wird später, im 7. Kapitel ausführlicher gesprochen werden.

Wenn der Antragsteller angibt, früher an seinem Magen gekränkelt zu haben, ist es von Wichtigkeit, in Erfahrung zu bringen, ob es sich um rein *nervöse Magenstörungen* oder um ein organisches Leiden gehandelt hat. In letzterem Falle ist dies dann fast immer Ulcus ventriculi gewesen. Mitunter kann die Mitteilung eines Arztes, der den Patienten seinerzeit wegen seines Leidens behandelt hat, dem ärztlichen Begutachter diesbezüglich Sicherheit verleihen. Oft ist dies aber nicht der Fall, und es werden uns dann vagere Angaben einige Aufklärung verschaffen müssen. Zuweilen sind auch diese Angaben sehr vielsagend, z. B. Blutbrechen, eine lange Liegekur mit strenger Diät. Andere Erscheinungen dagegen: Zeit des Auftretens der Schmerzen (nach dem Essen bei Ulcus ventriculi, des

[1]) „Besonders bei vielen jugendlichen Epileptikern kann die Epilepsie zu einer spontanen definitiven Ausheilung gelangen. Diese günstigen Fälle bilden immerhin die Ausnahme.“ BINSWANGER: Die Epilepsie. Siehe auch HABERMAASS: Prognose der Epilepsie. Allg. Zeitschr. f. Psychiatrie 1901.

Nachts bei Ulcus duodeni?), Schmerzen bei bestimmter Körperlage oder bestimmtem Essen, Sodbrennen, Obstipation, sind von viel geringerer Bedeutung.

Bei *Diarrhöen* ist die Auskunft erwünscht, ob eine bestimmte Behandlung oder Diätregelung von Einfluß gewesen ist.

Bezüglich der *Appendicitis* gibt die Antwort auf die Frage nach Entfernung oder Vorhandensein des Wurmfortsatzes den Ausschlag. Nicht ob eine Operation stattgefunden hat, sondern ob bei der Operation der Appendix entfernt worden ist. Hierüber muß so weit wie möglich Sicherheit beschafft werden.

Wird ein *Gallensteinkolik*anfall angegeben, so ist es wichtig, zu wissen, ob ein Stein gefunden wurde, ob dabei Ikterus bestanden hat, ob Erscheinungen von Cholecystitis (Fieber, anhaltende Schmerzen) beobachtet sind, ob und wie viele Rückfälle aufgetreten sind. Des weiteren ist zu einer richtigen Beurteilung des Falles von Nutzen, die Lebensweise und Familienanamnese zu beachten.

Bei *Nierensteinen* (im Falle, daß keine Anzeichen einer Pyelitis bestehen) gelten ähnliche Erwägungen. Auch hier gibt wieder die Gefahr der Rezidive den Ausschlag. Man muß also unbedingt fragen, wie viele Anfälle aufgetreten sind, und wie lange Zeit seit dem letzten Anfall verstrichen ist. Wenn eine Nephrotomie vorgenommen worden ist, verschlimmert dies die Prognose, in noch stärkerem Maße ist dies natürlich der Fall, wenn die Niere entfernt worden ist. Fehlerhafte Diagnosen kommen hier eher vor als bei Gallensteinen. Uns ist ein Fall bekannt, in dem wegen Nierensteinkoliken (Schmerzen rechts unten im Leib mit Chromocyten im Urin) eine beträchtliche Erhöhung der Prämie angewandt wurde. Später wurde die Diagnose Appendicitis gestellt und der kranke Appendix entfernt, die „Nierensteinkoliken" blieben seitdem verschwunden.

Weiter unten wird über Gallen- und Nierensteine ausführlicher gesprochen werden.

Von Wichtigkeit für die Beurteilung einer überstandenen *akuten Nierenentzündung* ist die Erfahrung, daß, obwohl die Albuminurie häufig lange bestehen bleibt, der Übergang in eine chronische Nierenerkrankung fast niemals vorkommt, mit Ausnahme bei Scharlach[1]).

Bei *Hämaturie* muß so genau wie möglich erforscht werden, auf welche Ursachen die Blutung in den Harnwegen zurückzuführen ist. Ob Schmerzen bei der Miktion oder ein plötzliches Aufhören des Urinstrahls auf Blasensteine hinweisen, ob Tenesmi eine Cystitis colli wahrscheinlich machen, ob Nierensteine die Blutung erklären können. Ist dies alles nicht der Fall, dann bleiben noch Blasen- oder Nierentumoren, Tuberkulose oder eine chronische hämorrhagische Nephritis übrig. Bei all diesen Krankheiten ist es möglich, daß der Kranke eine Zeitlang keine Krankheitssymptome aufweist, am wenigsten liegt eine derartige Möglichkeit bei Nierentumoren und hämorrhagischer Nephritis vor.

Die *paroxysmale Hämoglobinurie* wird in seltenen Fällen aus den Umständen, die dem „Blutharnen" voraufgingen (kalte Fußbäder, Fall ins Wasser) zu erkennen sein.

In jedem Fall wird man, wenn die Ursache der Blutung nicht erkannt oder entfernt ist (Blasenpapillome, Varicen der Blasenwand), nur dann eine Versicherung eingehen können, wenn die Blutung viele Jahre zurückliegt, sich nicht wiederholt hat, und wenn der Anwärter keine anderen Abweichungen seiner Harnorgane aufweist.

Nach einer vollkommen genesenen *akuten Cystitis* bzw. *Pyelocystitis* liegen gegen den Abschluß einer Versicherung keine Bedenken vor, vorausgesetzt, daß man der vollkommenen Genesung sicher ist.

[1]) Emberg: Nord. med. Arch. Bd. 44, 2. Ref. Semaine méd. 1912, S. 160. Rosenfeld und Schruthen: Zeitschr. f. Kinderheilk. Bd. 4, H. 4.

Würde eine einmal überstandene und geheilte *Gonorrhöe* Grund zur Ablehnung sein, so würde es mit der Lebensversicherung schlecht bestellt sein. Wenn keine Klagen mehr geäußert werden und der Urin klar ist (einzelne Fäden brauchen nicht zu beunruhigen), kann eine Gonorrhöe nicht als Grund zur Ablehnung angeführt werden, wohl aber, wenn gewisse Erscheinungen auf eine Striktur hinweisen. In diesem Falle werden spezialistische Behandlung und ein Zeugnis über die Heilung erforderlich sein, um nach einer gewissen Zeit (z. B. einem Jahre) die Versicherung abschließen zu können.

Bei der Angabe einer *syphilitischen Infektion* darf man sich mit dieser einfachen Mitteilung nicht zufrieden geben, sondern man muß weiter nachforschen nach dem Zeitpunkt der Infektion, der Behandlungsweise und den Ergebnissen einer eventuellen Wassermannschen Reaktion. Ebenso muß man auch ausdrücklich nach der Gesundheit der Kinder und Fehlgeburten der Ehefrau nachfragen.

Sehr häufig wird die Infektion nicht angegeben werden. Die goldene Regel der Praxis: „Nie davon reden, aber immer daran denken", darf hier aber nur in ihrer zweiten Hälfte angewandt werden. Lassen gewisse Anzeichen den Verdacht des Bestehens einer Syphilis als wahrscheinlich erachten, dann forsche man nachdrücklichst in dieser Richtung nach. Wird die Infektion dann doch geleugnet, so wird die Wassermannsche Reaktion den Ausschlag geben müssen. Ausführlicher wird dieser wichtige Punkt bei dem Kapitel Syphilis und Lebensversicherung behandelt werden.

Fünftes Kapitel.

Die ärztliche Untersuchung

(Fortsetzung).

Der Status praesens.

Der Allgemeinzustand. Der Geisteszustand.

Die ärztliche Untersuchung zum Zwecke des Abschlusses einer Lebensversicherung beginnt gewöhnlich mit einer Reihe Fragen nach Krankheiten und Leiden, die in der nächsten Familie des Anwärters vorgekommen oder nicht vorgekommen sind, und nach Krankheiten, welche der Anwärter selbst evtl. durchgemacht hat. Der Untersucher wird sich aber nicht auf die Fragen beschränken, die in den bei den Lebensversicherungsgesellschaften gebräuchlichen Formularen vorgedruckt sind, sondern auch über verschiedene andere Punkte sich mit dem Anwärter unterhalten. So wird es ihm gelingen, sich in unauffälliger Weise so gut wie möglich über den Geisteszustand der zu untersuchenden Person zu unterrichten, über dessen Begriffsvermögen, seine Urteilsfähigkeit, sein Gedächtnis, seine Gemütsverfassung. In der Regel wird es dann auch glücken, evtl. vorhandene psychische Abweichungen, die für das Risiko der Versicherung von großer Wichtigkeit sein können, festzustellen, sie zu deuten und auf deren Bedeutung hinzuweisen. So wird es z. B. nicht schwierig sein, schwere Neurasthenie bzw. Psychasthenie, Hypochondrie oder Melancholie zu erkennen. Zuweilen wird man vielleicht nur ernstlich vermuten, daß der Anwärter an Psychose leidet, ohne daß sofort die richtige Diagnose gestellt werden kann. Aber es wird so doch vorgebeugt werden, daß jemand, der an manisch-depressiver Psychose, Dementia praecox oder Dementia paralytica leidet, ohne Zögern für eine Lebensversicherung günstig beurteilt und angenommen wird.

Der Lebensversicherungsarzt sei also auf seiner Hut, er scheue die Mühe nicht, sich ein positives Urteil über den Geisteszustand des zu untersuchenden Antragstellers zu bilden.

Hierzu ist vor allem auch das Studium des Gesichtsausdrucks und der gesamten Haltung notwendig. Verraten doch *Gesichtsausdruck* und *Haltung* nicht selten das Bestehen einer Gemüts- bzw. Geistesanormalität. Übrigens zeichnet sich auch manches körperliche Leiden auf dem Gesicht des Patienten ab. Es kommt dabei aber sehr auf Übung und Talent in der Kunst der Beobachtung und des Wahrnehmens an. Es ist nicht möglich, auch nicht durch ausführliche Beschreibungen, eine Skizze der eigenartigen Veränderungen zu entwerfen, welche der Gesichtsausdruck unter allerlei geistigen und körperlichen Einflüssen erleidet. Wir müssen uns deshalb darauf beschränken, die Aufmerksamkeit der untersuchenden Ärzte auf die Wichtigkeit auch des Studiums des Gesichts hinzulenken.

Bezüglich der Körperhaltung und des Ganges ist dasselbe zu sagen. Ebensowenig wie es glückt, lediglich durch Beschreibungen jemandem z. B. einen mutlosen oder angeregten Gesichtsausdruck klar vor Augen zu führen, ebensowenig wird man eine gelungene Beschreibung einer energischen oder schlaffen Haltung oder eines elastischen Ganges geben können. Aber der Aufmerksamkeit eines genauen Untersuchers entgeht das Eigenartige in Haltung und Gang des zu untersuchenden Anwärters nicht.

Auch in *Stimme* und *Sprache* — es ist wohl kaum nötig, darauf hinzuweisen — findet der Untersucher nicht selten Hinweise für die Beurteilung des Geisteszustandes und des allgemeinen körperlichen Zustandes des Untersuchten.

Der allgemeine Körperzustand.

(Größe, Gewicht, Fettpolster, Schleimhäute, Haut, Puls, Temperatur.)

Von dem allgemeinen Körperzustand erhalten wir einen brauchbaren Eindruck, wenn wir unseren Blick hinlenken auf den allgemeinen Körperbau, auf die *Größe*, den *Umfang* und das *Gewicht*, ferner auf die Ausbildung der *Muskulatur*, Schwere und Form der *Knochen*, die Dicke des Panniculus adiposus, Farbe der Schleimhäute und bestimmte Eigenschaften der Haut.

Wir sprachen eben von einem „brauchbaren" Eindruck. Das ist in gewisser Hinsicht zuviel gesagt. Denn die Merkmale, die man auf die angegebene Weise bezüglich des allgemeinen Zustandes erhält, sind keineswegs genügend, um auf deren Grund ein bestimmtes Urteil über den Gesundheitszustand zu fällen. Auch hier gilt — und das möge der Lebensversicherungsarzt stets bedenken — das bekannte Wort: „Der Schein trügt."

An anderer Stelle dieses Buches wird auf die Wichtigkeit des Messens und Wiegens und auf das Verhältnis, das zwischen Größe und Gewicht des Körpers und zwischen den Maßen verschiedener Körperteile bestehen soll, eingehender hingewiesen werden. Hier deuten wir nur an, daß die Entwicklung der Muskulatur in beträchtlichem Maße abhängig ist von Beruf und Lebensweise, vor allem aber auch von der angeborenen Konstitution. Im allgemeinen kann wohl gesagt werden, daß kräftige, gesunde Menschen, auch wenn sie wenig Muskelarbeit verrichten, doch eine gut entwickelte Muskulatur und ein kräftiges Knochensystem zu besitzen pflegen, während dagegen Menschen, die die Merkmale der Asthenia universalis congenita aufweisen, schwache Muskeln haben, auch wenn sie gesund sind.

Auch die Entwicklung des *Fettpolsters* ist, außer von der angeborenen Anlage, zu einem beträchtlichen Teile von der Lebensweise abhängig. Ein allzu starkes Fettpolster ist immer als eine pathologische Erscheinung anzusehen. Wir weisen auf die Besprechung der Fettsucht an anderer Stelle dieses Buches hin.

Kein Arzt wird bei seiner Untersuchung des Allgemeinzustandes versäumen, sorgfältig auf die *Farbe der Schleimhäute*, der Lippen und der Conjunctiva der unteren Augenlider zu achten. Schon eine leichte cyanotische Verfärbung der *Lippen* wird von dem geübten Beobachter gut wahrgenommen. In der Farbe der *Conjunctivae* und besonders in dem Grade der Injektion der darin verlaufenden Blutgefäße wird er einen Anhalt finden für eine, wenn auch nur grobe Schätzung des *Hämoglobingehaltes des Blutes*. Obwohl die Färbung der Lippen und Wangen meist auch einen gewissen Eindruck von dem Hämoglobingehalt gibt, ist sie doch alles andere denn eine zuverlässige Schätzung. Überdies muß man bedenken, daß durchaus nicht selten Menschen mit bleichen oder mehr oder weniger braun gefärbten Wangen einen normalen Hämoglobingehalt des Blutes besitzen. Die Lippenfarbe kann in beträchtlichem Maße von Gemütswallungen abhängig sein. Auch die Farbe des Gaumens betrachte man nicht als einen zuverlässigen Anzeiger des Hämoglobingehaltes des Blutes. Niemals diagnostiziere man Anämie nur auf Grund bleicher Wangen, blasser Lippen oder blassen Gaumens.

Die Eigenschaften der Haut sind zum Teil abhängig vom allgemeinen Gesundheitszustand. Eine elastische, etwas glänzende Haut ist ein Zeichen von Gesundheit. Allerdings übt das Lebensalter einen großen Einfluß aus. Mit steigenden Jahren nimmt die Elastizität immer mehr ab. Die Hautfalte, die man auf dem Handrücken aufhebt, verschwindet bei einem gesunden Kinde im Augenblicke des Loslassens, beim Greise bleibt sie dagegen geraume Zeit bestehen, sie verschwindet nur langsam und allmählich. Eine welke, dürre, trockene, mehr oder weniger schilfernde Haut findet man bei schwachen, mageren, kachektischen Individuen und als Kennzeichen der exsudativen Diathese, eine leicht schwitzende Haut bei Fiebernden, Phthisikern, Nervösen und an Basedowscher Krankheit Leidenden.

Für die Beurteilung des Allgemeinzustandes kann auch das Fühlen des *Pulses* Anhaltspunkte geben. So ist bei Schwächezuständen der Puls klein, weich und meist frequent, bei Fieber voll und schnell, bei hohem Blutdruck gespannt usw. Da aber in diesem Buche der Untersuchung des Pulses ein besonderes Kapitel gewidmet ist, wollen wir uns hier mit dem Hinweis auf dies Kapitel begnügen.

Auch die *Körpertemperatur* kann wichtige Fingerzeige zur Kenntnis des Allgemeinzustandes geben. Es wird aber bei der Untersuchung für eine Lebensversicherung nur ausnahmsweise vorkommen, daß ein Thermometer eingelegt wird. Und doch ist es sicherlich empfehlenswert, bei derartigen Untersuchungen immer die Körpertemperatur festzustellen, da schon das bloße Vorhandensein einer zu hohen Temperatur genügt, den Anwärter, wenigstens vorläufig, zurückzuweisen. Sicherlich würde die Tuberkulose als Todesursache unter den Versicherten eine wesentlich geringere Rolle spielen, wenn es Gewohnheit wäre, bei jeder Untersuchung für eine Lebensversicherung die genaue Feststellung der Körpertemperatur zu fordern.

Haut.

Bei der Untersuchung des Allgemeinzustandes war auch schon die Rede von der Haut. Die sorgsame Untersuchung der Haut bringt uns in vielen Fällen durch sehr deutlich an ihr wahrnehmbare Erscheinungen auf die Spur von Abweichungen an inneren Organen, von bestimmten Krankheiten oder Konstitutionsanomalien. Man muß es deshalb als ein schweres Versäumnis des Untersuchers ansehen, wenn er auf evtl. vorhandene Hautanomalien nicht geachtet hat.

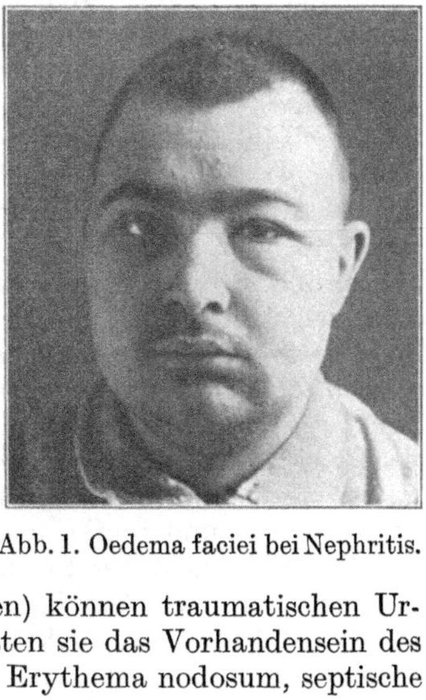

Abb. 1. Oedema faciei bei Nephritis.

Der Untersucher wird stets sein Augenmerk darauf richten müssen, ob ein *Ödem* der Haut (Gesicht, untere Extremitäten) besteht. Wir erinnern an das Oedema faciei bei Nephritis (Abb. 1), an das Oedema crurum (durch Druck auf die Tibia festzustellen) bei Stauung infolge von Herzerkrankungen, Emphysem usw. und bei Kachexie (Carcinom), ferner an das kollaterale *Ödem bei Entzündung* in der Tiefe, das schnell kommende und gehende *angioneurotische Ödem*, das Ödem bei *Elephantiasis*, das *troph. Ödem*, das *Myxödem* (Abb. 2).

Blutungen in der Haut (Petechien, Ekchymosen) können traumatischen Ursprungs sein (Fall, Stoß, Kneifen). Oft aber verraten sie das Vorhandensein des einen oder anderen ernsten Leidens wie: Purpura, Erythema nodosum, septische Endokarditis, Anämie, Leukämie, Nephritis.

Weiter erinnern wir an die *Hautexantheme,* die bei verschiedenen Infektionskrankheiten auftreten. Unter ihnen sind die Roseola syphilitica und die Corona veneris für die Lebensversicherung von großer Wichtigkeit.

Die sog. *Hautkrankheiten* können hier natürlich nicht ausführlich beschrieben und besprochen werden. Wir wollen aber nachdrücklich darauf hinweisen, daß sehr viele Hautkrankheiten infolge innerer Krankheiten entstehen oder ätiologisch mit Konstitutionsanomalien zusammenhängen. Wir nennen: Pityriasis, Herpes, Herpes zoster, Erythema nodosum, Roseola, Purpura, Ekzem, Acne, Prurigo, Urticaria, Psoriasis, Furunculosis, Fibromatosis, Sarkomatosis.

Abweichung der *Pigmentierung der Haut,* namentlich braune Verfärbung in größeren oder kleineren Flecken, können eine Folge sein einer Intoxikation (Arsenik, Argentum nitricum) oder durch unbekannte Ursachen hervorgerufen sein, wie bei Vitiligo, Albinismus, oder ein Hinweis sein auf bestimmte Krankheiten, wie z. B. Lepra, Addisonsche Krankheit. Bei Morbus Addisonii findet man bekanntlich auch an der Schleimhaut der Wangen Pigmentflecken.

Wir erinnern hier auch an die eigenartige Hautverfärbung bei „diabète bronzé“.

Abb. 2. Myxödem.

Mit einer deutlich sichtbaren *Gelbsucht* wird sich wohl niemand zum Abschluß einer Lebensversicherung melden. Aber durchaus nicht undenkbar ist es, daß dies bei einem sehr geringen Ikterus geschieht, um so mehr, da der Patient sich dabei vollkommen gesund fühlen kann. Freilich wird er dabei, besonders des Nachts, häufig durch starkes Jucken belästigt werden. Man wird deshalb beim Auffinden von Kratzeffekten, also auch bei Pruritus, immer genau nachsehen müssen, ob nicht ein leichter Ikterus vorhanden ist, und mit besonderer Sorgfalt die Leber und den Urin untersuchen müssen. In der Regel wird aber Jucken nicht als Krankheitserscheinung angesehen und daher sehr mit Unrecht diesem wichtigen Symptom (man denke u. a. auch an Diabetes und Nephritis!) kaum einige Aufmerksamkeit zugewandt. Da man bei künstlichem Licht die Gelbfärbung der Haut und Sclera nicht sehen kann, ist es schon aus diesem Grunde empfehlenswert, Untersuchungen für die Lebensversicherung nur bei gutem Tageslicht vorzunehmen. Bei nicht deutlicher Gelbfärbung der Haut muß man besonders auf eine eventuelle Gelbfärbung der Sclera achten und nicht versäumen, den Urin auf ein mögliches Vorhandensein von Gallenfarbstoffen und Urobilin zu untersuchen. Der Ungeübte läuft vor allem Gefahr, die blaßgelbe Verfärbung, die bei älteren Menschen durch Fettablagerung in der Conjunctiva verursacht wird, mit der Gelbfärbung infolge von Ikterus zu verwechseln. Die Fettablagerung in der Conjunctiva bulbi ist meistens aber lokalisiert, und zwar am stärksten dicht beim Cornealrand.

Der Ikteruskranke muß, wenigstens solange der Ikterus besteht, abgewiesen werden. Man läuft sonst sicher Gefahr, einen Kranken mit Cirrhosis hepatis oder hämolytischem Ikterus oder sogar mit perniziöser Anämie für eine Lebensversicherung als geeignet zu beurteilen. Ist die Ursache des Ikterus zu finden (z. B. Icterus catarrhalis, Gallensteine), dann kann Aufschub der Versicherung vorgeschlagen und weiterhin so gehandelt werden, wie es in diesem Buche bei der Besprechung dieses Stoffes angegeben ist.

Einen Kranken mit hämolytischem bzw. familiärem Ikterus anzunehmen, ist vor der Hand noch nicht ratsam, da die Erfahrungen hinsichtlich dieser Erkrankung noch zu gering sind, um daraufhin eine zuverlässige Prognose bezüglich der Lebensdauer zu stellen.

Trophische Störungen der Haut kommen besonders bei Nervenleiden vor (Syringomyelie, Lepra, symmetrischer Gangrän, Sklerodermie, Tabes). Man lese darüber Näheres im Kapitel über die Untersuchung des Nervensystems. Wir erwähnen hier noch die *Trommelschlägerfinger* (Schwellung der Finger- und Zehenkuppen mit Verkrümmung der Nägel („en bec d'oiseau", Abb. 3), die bei angeborenen Herzfehlern, Bronchiektasien, putrider Bronchitis und auch bei Lebercirrhose beobachtet werden. Daß Ulcera (Ulcus cruris) für die Bestimmung des Risikos einer Lebensversicherung von großer Bedeutung sind, zuweilen auch durch ihre typische Form ohne weiteres die Diagnose eines ernsteren Leidens stellen lassen, wie bei luetischen Ulcera, darauf braucht wohl kaum hingewiesen zu werden.

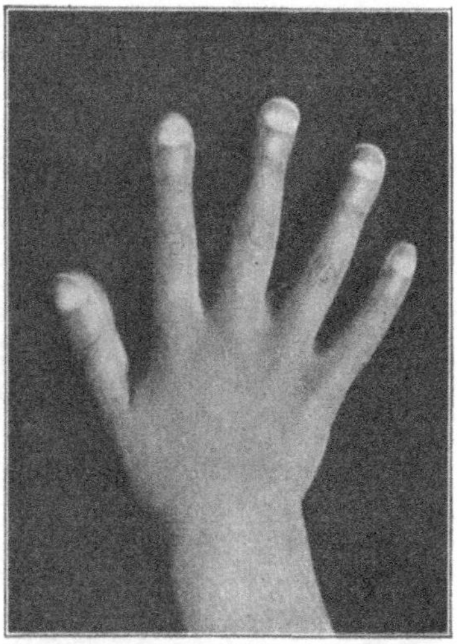

Abb. 3. Trommelschlägerfinger.

Auch Narben in der Haut geben häufig wichtige Hinweise auf frühere Entzündungen oder chirurgische Eingriffe wie: Narben nach Impfungen, von Blutegeln, Schröpfköpfen, Geschwüren (Lues), von eitrigen tuberkulösen Drüsen, nach unsachgemäß vorgenommenen subcutanen Injektionen (Morphinismus, Abb. 4).

Endlich können *Venektasien* zuweilen noch versteckte ernstere Erkrankungen offenkundig machen, so z. B. Venektasien auf der Vorderseite der Brust bei Aneurysma aortae, bei Tumoren des Mediastinums oder der Lunge, am Bauch bei Lebercirrhose (Caput medusae) oder bei Stauung in der Vena cava.

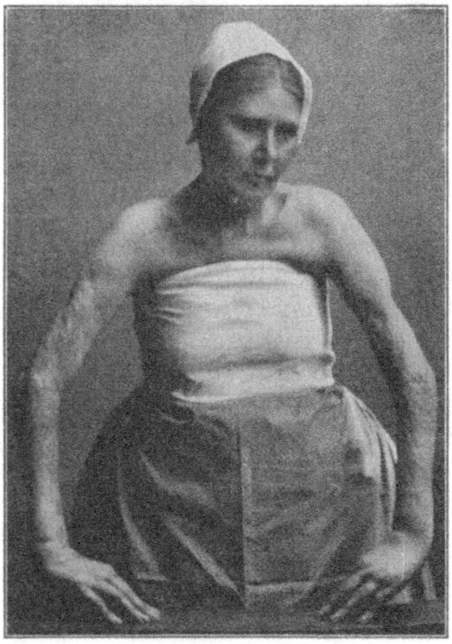

Abb. 4. Narben an den Armen einer Morphinistin.

Muskulatur.

Bei Besprechung der Untersuchung des Allgemeinzustandes erwähnten wir kurz auch die Muskulatur. An dieser Stelle wollen wir noch folgendes hinzufügen.

Unter pathologischen Verhältnissen sieht man Atrophie, selten Hypertrophie (Pseudohypertrophie) der Muskulatur entstehen. Die Krankheiten, die dazu führen, fallen ins Gebiet der Neurologie. Insoweit diese Krankheiten einigermaßen für die Lebensversicherung von Interesse sind, wird darüber im Kapitel „Nervensystem" gesprochen werden, auf das wir hier also nur hinzuweisen brauchen. Im übrigen beschränken wir uns hier darauf, das Vorkommen von Contracturen zu erwähnen wie: ischämische Contracturen und Contracturen bei verschiedenen Nervenkrankheiten, bei Entzündung der Muskeln (Myositis, Trichinose), bei Verknöcherung der Muskulatur (Myositis ossificans), bei sog. „rheumatischen" Muskelschmerzen und Muskelsteifheit (Lumbago, Torticollis rheumatica), Muskelkrämpfen und Muskellähmungen. Nur durch eine sehr sorgfältige und oft auch sehr eingehende Untersuchung wird man in jedem besonderen Falle die Ursache und die Art der jeweiligen Muskelerkrankung feststellen können. Wir warnen noch ganz besonders vor dem leichtfertigen Stellen der Diagnose: Muskelrheumatismus, da manchmal sich hinter diesem scheinbar unschuldigen Leiden die eine oder andere schwere Erkrankung versteckt. So z. B. hinter „Rheumatismus im Arm" eine Sklerose der Arteria coronaria cordis oder Aneurysma aortae, hinter „Rheumatismus" im Rücken oder der Lendenmuskulatur ein maligner Tumor.

Knochensystem.

Die am meisten vorkommenden Abweichungen des Knochensystems sind wohl durch frühere Rachitis bedingt.

Störungen des Längenwachstums können eine Folge von infantilem Myxödem (sporadischer Kretinismus, Athyreosis), von Achondroplasie oder anderen angeborenen Anomalien (Mikromelie) sein. Kurz angedeutet sei ferner, daß auch Krankheiten des Zentralnervensystems zu Störungen des Knochenwachstums Veranlassung geben können (spinale Kinderlähmung).

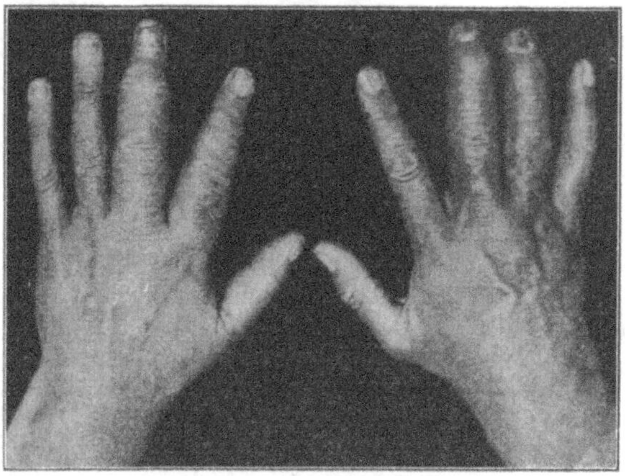

Abb. 5. Dactylitis syphilitica.

Für die Lebensversicherung sind von Bedeutung die Knochenerkrankungen, die durch Lues oder Tuberkulose verursacht werden. Wir fügen eine Abbildung der freilich seltenen, aber nichtsdestoweniger interessanten Dactylitis syphilitica (Abb. 5) an, eine Erkrankung der Finger, die an Spina ventosa erinnert.

Es bedarf keiner längeren Auseinandersetzung, daß Kranke mit luetischen oder tuberkulösen Entzündungen abgewiesen werden müssen. Nach ihrer Heilung können sie unter bestimmten Bedingungen vielleicht angenommen werden. Man lese hierüber im Kapitel Syphilis nach. Wer in der Jugend eine tuberkulöse Knochenerkrankung durchgemacht, danach aber kein einziges Rezidiv einer Tuberkulose mehr erlitten hat, wird angenommen werden können, falls er als Erwachsener untersucht und dabei gesund und kräftig befunden wird.

Wir erinnern hier an die besonders des Nachts auftretenden Dolores osteocopi (Lues).

Über „spontane Frakturen" (Tabes, Syringomyelie) siehe dies Buch, Kapitel Nervensystem.

Endlich erinnern wir noch einmal daran, daß Knochenneubildungen (Osteosarkom, Myelom [Kahlersche Krankheit: Albumosurie]) sich lange Zeit hinter sog. „rheumatischen Schmerzen" verstecken können!

Gelenke.

Es würde keinen Sinn haben, hier alle krankhaften Erscheinungen an den Gelenken aufzuzählen. Am meisten kommen wohl die verschiedenen Formen der akuten und chronischen rheumatischen Arthritiden vor. Wir verweisen auf ihre ausführliche Abhandlung bei Rheumarthritis und Gicht. Wir nennen hier nur die gonorrhoischen Gelenkerkrankungen und die tuberkulösen Gelenkentzündungen. Erstere sind häufig in den kleinen Gelenken lokalisiert, namentlich im Sterno-clavicular-Gelenk. Bisweilen sind mehrere Gelenke gleichzeitig erkrankt. Gonorrhoische Gelenkerkrankungen geben oft Anlaß zu Ankylose. Nur wenn der Krankheitsprozeß seit geraumer Zeit zum Stillstand gekommen und die Gonorrhöe geheilt ist, wird von Zulassung zu einer Lebensversicherung die Rede sein können. Letzteres gilt auch für die tuberkulösen Gelenkentzündungen. Man wird aber solche, wenn auch geheilte Personen bezüglich ihrer Lebensaussichten niemals als vollwertig betrachten können.

Schädel.

Die Schädelform kann besondere Eigentümlichkeiten aufweisen, die in einigen Fällen für das Risiko einer Lebensversicherung von Wichtigkeit sind. Wir erwähnen die *rachitische* Schädelform, die durch stark prominierende Tubera frontalia und Ossa parietalia charakterisiert ist, während das Hinterhauptsbein abgeflacht ist. Der Kopf zeigt eine etwas viereckige Form („tête carrée"), ist groß. Auch der *hydrocephalische* Schädel ist groß, er ist aber rund und stark gewölbt. Endlich sei hier noch der *Turmschädel* genannt, der häufig mit Abweichungen des Nervensystems (Nystagmus) Hand in Hand geht. Von einer Lebensversicherung kann dann nur nach Untersuchung durch einen erfahrenen Neurologen die Rede sein.

Gesicht.

Am Gesicht kann mitunter eine blaue *Verfärbung der Wangen, Ohren und Lippen* die Aufmerksamkeit auf Störungen lenken, die eine fehlerhafte Versorgung des Blutes mit Sauerstoff zur Folge haben oder Methämoglobinämie bzw. Sulfhämoglobinämie (chronische Diarrhöe) verursachen. Eine abnorm blaurote

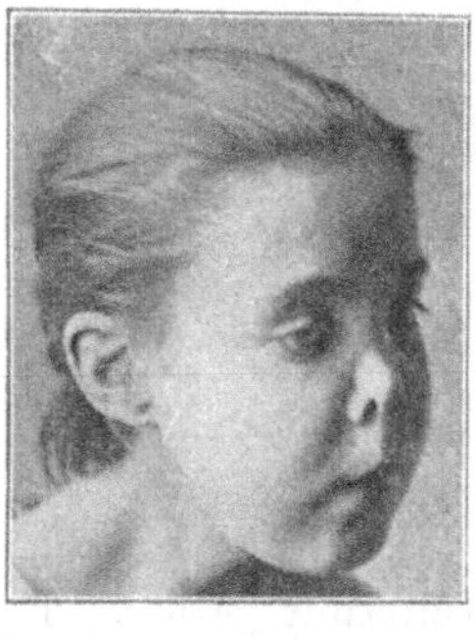

Abb. 6. Luetische Sattelnase.

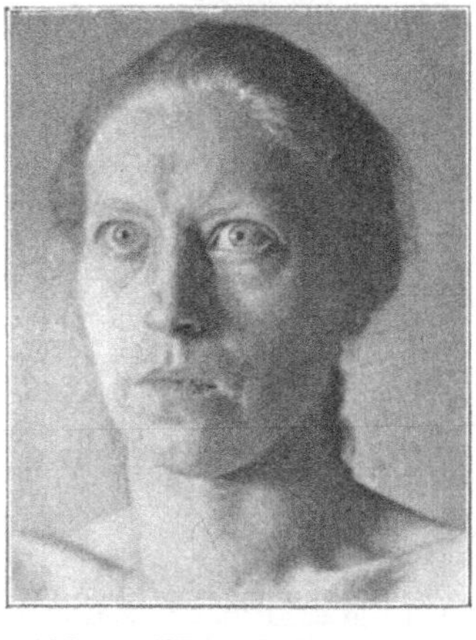

Abb. 7. Weite Lidspalte bei Morbus Basedowii.

Verfärbung sehen wir bei plethorischen Menschen (Polycythämie, Habitus apoplecticus) und bei Potatoren. Bleiche Gesichtsfarbe sagt im allgemeinen nicht viel. Sie kann einfach eine Folge von geringer Füllung der oberflächlichen Hautgefäße sein, ohne daß dabei Anämie mit in Betracht kommt.

Beim Betrachten des Gesichts achte man auch auf die Funktion der *mimischen Muskeln* (Facialisparalyse), auf die Form, Größe und Farbe der Nase

(Sattelnase) (Lues, Abb. 6), rote Nase (Acne rosacea); auf den Mund (Herpes, Rhagaden, Plaques muceuses, Hasenscharte); auf die Atmung (Mund- oder Nasenatmung); auf die Gesamtform des Gesichts und das Verhalten der ver-

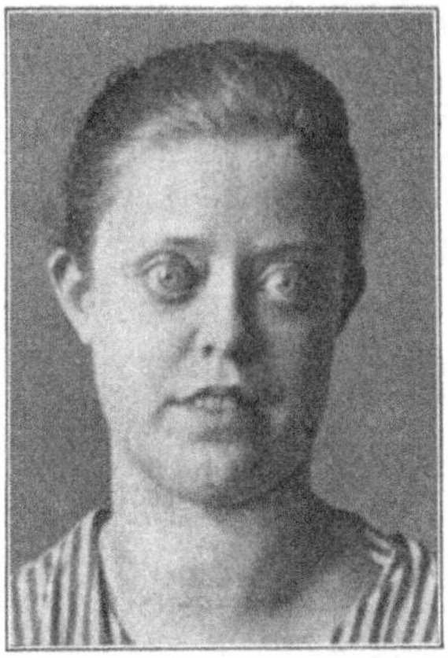

Abb. 8. Exophthalmus.

Abb. 9. Myxödem.

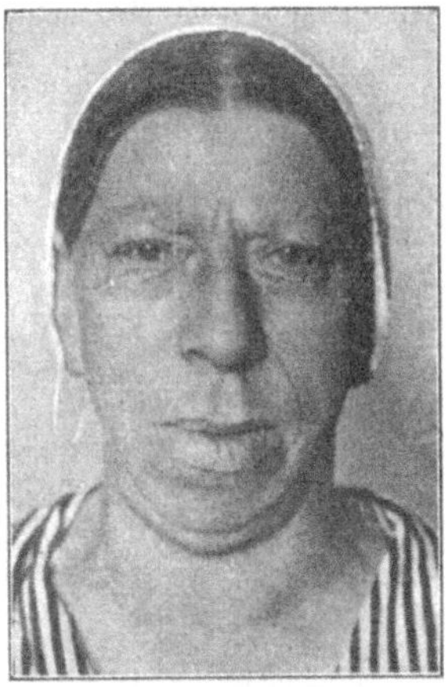

Abb. 10. Akromegalie.

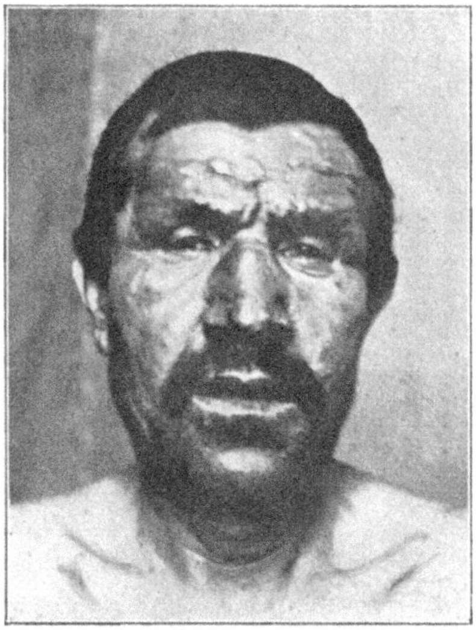

Abb. 11. Lepra.

schiedenen Teile (Morbus Basedowii, Lidspaltenerweiterung [Abb. 7], Exophthalmus [Abb. 8], Myxödem [Abb. 9], Akromegalie [Abb. 10]). Grobe Abweichungen, wie sie z. B. bei Lupus faciei und Lepra (Abb. 11) auftreten, dürften keinem Untersucher entgehen.

Augen.

Besonders die *Augen* erfordern eine sorgsame Untersuchung, wenn auch dabei von einer spezialistischen ophthalmologischen Untersuchung als Regel keine Rede zu sein braucht. Blepharitis, Conjunctivitis, Keratitis, Leukom, Arcus senilis, Iritis, Katarakt, Abweichungen in der Form und der Reaktion der Pupillen, Augenmuskellähmungen, Nystagmus, Exophthalmus: all diese krankhaften Veränderungen können mit Leichtigkeit von jedem Arzt erkannt werden. Viele von ihnen sind für die Beurteilung des Gesundheitszustandes und die Erkennung mancher Krankheiten von großem Wert. Wir verweisen hierfür auch auf das Kapitel: Untersuchung des Nervensystems.

Mundhöhle, Pharynx.

Auch *Mundhöhle* und *Pharynx* dürfen bei der Untersuchung nicht vergessen werden. Die *Zähne*, das Zahnfleisch (Pyorrhöe, rachitische Zähne, Hutchinsonsche Zähne, Caries oder Lockerung der Zähne [bei Diabetes, Tabes, Quecksilber- und Bleivergiftung]) und die *Lippen-* und *Wangenschleimhaut* (Aphthen bei indischer Mundfäule, chronischer Enteritis, perniziöser Anämie) verdienen ebensosehr die Aufmerksamkeit des Untersuchers wie die *Zunge* (Leukoplakie, Atrophia linguae, Wunde durch Zungenbiß bei Epilepsie), der Gaumen (luetische Perforation), die Tonsillen (Hyperplasie bei lymphatischer Konstitution, Angina luetica) und der *Pharynx* (chronische Pharyngitis, geschwollene Follikel).

Hals, Nacken (Lymphdrüsen).

Man achte auf Größe und Form der *Schilddrüse* (Struma chirurgica, Basedow-Struma). Ferner überzeuge man sich davon, ob geschwollene *Lymphdrüsen* Skrofulose, Tuberkulose, Carcinom, Pseudoleukämie) an Hals oder Nacken (indolente Bubonen) zu sehen oder zu fühlen sind. Auch mache man sich zur Regel, die Achselhöhlen, die Leistenbeuge, den Sulcus bicipitalis auf ein etwaiges Vorhandensein von geschwollenen Lymphdrüsen zu untersuchen.

Venenpulsationen oder *Pulsationen in jugulo* dürfen nicht übersehen werden. Wenn einigermaßen Verdacht besteht auf Vorhandensein eines Aneurysma aortae, versäume man nicht, daraufhin zu untersuchen, ob das Symptom von Oliver Cardarelli zu beobachten ist.

Brust und Brustorgane.

Messung des Brustumfangs.

Der Brustumfang wird mittels eines einfachen Bandmaßes gemessen, das horizontal um die Brust über die beiden Brustwarzen oder gerade unter die Mammae und unterhalb der Schulterblattspitzen gelegt und angezogen wird, während der Anwärter die Arme in horizontaler Richtung nach links und rechts ausgestreckt hält. Der Brustumfang wird nun gemessen, indem die zu untersuchende Person so tief wie möglich einatmet und dann in gleicher Weise wieder ausatmet. Oft muß man einige Messungen hintereinander vornehmen, da viele Menschen erst nach einiger Übung unter Leitung des untersuchenden Arztes die Kunst lernen, so tief, wie ihre Brust es erlaubt und ihre Atmungsmuskulatur es ihnen ermöglicht, ein- und auszuatmen.

Im Durchschnitt beträgt bei Erwachsenen der Unterschied des Brustumfanges bei der tiefsten Ein- und bei der tiefsten Ausatmung nicht viel weniger als $^1/_{10}$ des Brustumfangs bei der tiefst möglichen Einatmung. Dieser Unterschied ist geringer bei Verknöcherung des Rippenknorpels, bei Emphysem und bei allen Krankheitsprozessen, durch die die Atmungsoberfläche kleiner wird; deshalb also bei Lungentuberkulose, wobei aber auch mit dem Umstande Rechnung gehalten werden muß, daß eine genügende Ausdehnung des Brustkorbs auch bei vorhandener Lungentuberkulose vorkommen kann. Nur beträchtlich *verminderte* Dehnbarkeit des Brustkorbs hat gewissen positiven Wert bei der Bestimmung des Versicherungsrisikos.

Unter die angedeuteten Krankheitsprozesse, bei denen die Respirationsoberfläche kleiner wird, sind weiter zu rechnen: Anhäufung von Flüssigkeit oder Luft in der Pleurahöhle, Tumoren im Thorax, Verengung eines großen Bronchus (Bronchialstenose), Verwachsung der Pleurablätter, Abweichungen in der Stellung oder Beweglichkeit des Diaphragmas (Fettsucht, Ascites, Bauchtumoren, Enteroptose), endlich auch Kyphose und Skoliose der Wirbelsäule.

Aus dieser Aufzählung geht hervor, daß die Feststellung eines unter den normalen Durchschnitt sinkenden Unterschieds zwischen dem Brustumfang bei maximaler Inspiration und dem bei maximaler Exspiration in vielen Fällen ein wichtiger Hinweis auf das Vorhandensein von Veränderungen sein kann.

Das Maß des Brustumfangs, sei es bei tiefer Ein- oder tiefer Ausatmung, ist an sich von weniger Wert. Es steht in Verbindung mit Körperlänge und Gesamtkörperbau. Man rechnet, daß der durchschnittliche Brustumfang nicht weniger als die Hälfte der Körpergröße betragen darf. Der Brustumfang ist natürlich auch zum Teil abhängig von dem Unterhautfettpolster, welches den Brustkorb umgibt.

Nähere Einzelheiten und eingehendere Ausführungen über die Messung finden sich an anderer Stelle dieses Buches. Dort wird auch die Wichtigkeit der Messung besprochen. Mit Nachdruck sei der Leser darauf hingewiesen.

Inspektion.

Sorgfältige Inspektion des Thorax ist von großem diagnostischen Wert. Deshalb untersuche man keine Antragsteller bei ungenügendem Licht, also, wenn einigermaßen möglich, nicht bei künstlicher Beleuchtung. Zum guten Sehen gehören selbstverständlich gutes Licht und zweckentsprechende Beleuchtung. Doch wird gerade dieser hauptsächlichsten und selbstverständlichen Forderung einer sorgfältigen Inspektion noch viel zu häufig kein Genüge getan.

Der Anwärter muß gerade dem Fenster gegenüber gesetzt werden, abwechselnd mit Brust und Rücken dem Licht zugekehrt. Bei der Betrachtung der Seiten- und Hinterfläche des Thorax kann er stehen oder sitzen. Bei der Inspektion der Vorderfläche des Brustkorbes ist es empfehlenswert, den Anwärter sich auf den Rücken legen zu lassen. Dabei ist darauf zu achten, daß die zu untersuchende Person möglichst gerade ausgestreckt liegt und die linken und rechten Körperteile so symmetrisch wie möglich zueinander gelagert sind. Fast kein einziger Laie, der untersucht wird, legt sich in dieser Weise hin. Der Arzt selber muß ihn sorgsam in die geforderte Lage bringen. Das Licht, darauf sei nochmals ausdrücklich hingewiesen, muß auf beide Brusthälften vollkommen gleichmäßig fallen, im Winkel von etwa 45°. Bei solcher Lage und Beleuchtung sind selbst geringfügige Asymmetrien im Bau des Thorax oder ungleichmäßige Beweglichkeit von symmetrischen linken und rechten Teilen der Brust am besten wahrzunehmen. Der Untersucher stellt sich nicht auf die Seite des Anwärters, sondern *gerade vor* ihn mit dem Rücken und dann auch hinter ihn mit dem Gesicht dem Fenster zugewandt. Er muß weiterhin den Abstand suchen, in dem er von dem zu untersuchenden Anwärter stehen muß, um das, was er sehen will, so gut wie möglich zu sehen, den Blick nicht senkrecht, sondern eher tangential auf den Körper fallen lassen und dann symmetrische Teile der Brust methodisch miteinander vergleichen.

Wer solchermaßen die Brust inspiziert, wird sich bald davon überzeugen, daß der Wert der Inspektion kaum hoch genug zu veranschlagen ist.

Um Veränderungen an Schultergürtel und Brust wahrnehmen zu können, muß man natürlich ihre normale Form und ihren normalen Bau kennen. Der Arzt muß sich also zu allererst darauf verlegen, mit dem Auge das normale

Verhalten von Form und Bau zu studieren, so wie man dies bei körperlich in jeder Hinsicht gut entwickelten und gebauten gesunden Menschen antrifft. Hierzu kann er mit großem Nutzen bei den großen Bildhauern und Malern in die Schule gehen. Jedenfalls muß er in der Betrachtung normaler Verhältnisse so geübt sein, daß er diese sich leicht ins Gedächtnis rufen kann.

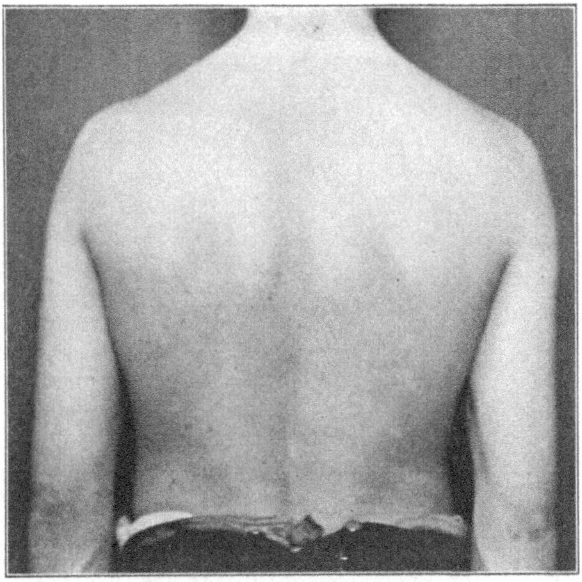

Abb. 12a. Normaler Thorax.

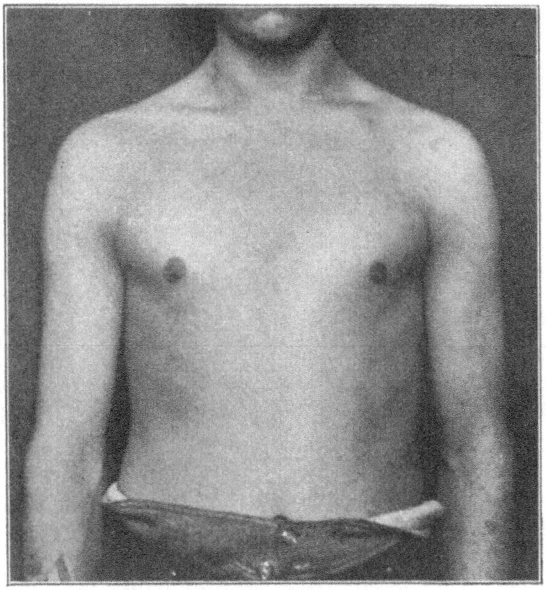

Abb. 12b. Normaler Thorax.

Der normale Brustkorb (Abb. 12a und 12b) ist symmetrisch gebaut und gleichmäßig gewölbt. Nur die untersten Zwischenrippenräume dürfen sichtbar sein. Der sterno-vertebrale Durchschnitt ist um einige Zentimeter kleiner als der transversale. Der Umfang des Brustkorbs nimmt von oben nach unten gleichmäßig zu. Das Sternum ist eine gerade Fläche, nur ist ein kleiner nach vorn springender Winkel an der Stelle des Aneinanderstoßens von Manubrium und Corpus sterni sichtbar, der Angulus Ludovici, der rechte und linke Rippenbogen bilden miteinander ungefähr einen rechten Winkel, den Angulus epigastricus. Die Brustwarzen stehen symmetrisch. Die Schlüsselbeine müssen kräftig entwickelt, doch kaum sichtbar sein, so daß auch die Fossae supra- und infraclaviculares keine tiefen Gruben bilden. Das sternale Ende der Clavicula darf nicht zu weit nach oben herausstehen, fast als wäre das Schlüsselbein aus der Articulatio sterno-clavicularis subluxiert. Die Claviculae müssen fast horizontal stehen und dürfen nur wenig von innen vorn nach hinten gerichtet sein. Wenn die Arme vom Körper herabhängen, muß die Linie, die vom Hals nach dem höchsten Schulterpunkt verläuft, fast horizontal sein, so daß die Schultern nicht steil nach abwärts herunter- oder nach vorn überhängen. Die Schulterblätter müssen gegen die Rückenfläche anliegen, und die Spitzen der Schulterblätter dürfen nicht beträchtlich nach hinten herausstehen. Die Wirbelsäule darf bei sitzender Haltung nur die normale dorsale und lumbale Krümmung aufweisen, und die Processus spinosi dürfen nicht oder kaum sich über das Niveau der Rückenfläche hinaus abzeichnen. Das darf allein bei der Vertebra prominens (7. Halswirbel) der Fall sein.

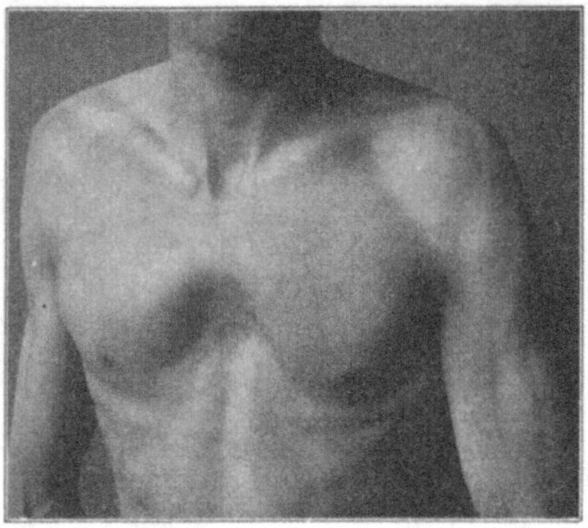

Abb. 13. Schusterbrust.

Abweichungen in der Form und dem Bau des Brustkorbes können abhängig sein von allgemeinen Konstitutionsanomalien, wie beim paralytischen Thorax (langer, schmaler, flacher Thorax, breite Intercostalräume, scharfer Angulus epigastricus), von allgemeinen Krankheiten, wie beim rachitischen Thorax (Pectus carinatum, Hühnerbrust), von Krankheiten anderer Organe, insbesondere des Zentralnervensystems, wie bei Friedreichscher Ataxie, Syringomyelie, Muskeldystrophie, Akromegalie, von Krankheiten der Wirbel (Spondylitis), von angeborenen oder erworbenen Anomalien des Brustbeins, wie bei der Schuster- und der Trichterbrust, endlich, was hauptsächlich für die Lebensversicherung von Wichtigkeit ist, von Krankheiten der Brustorgane, wie bei Emphysem, Lungentuberkulose, Pleuritis, Herzkrankheiten.

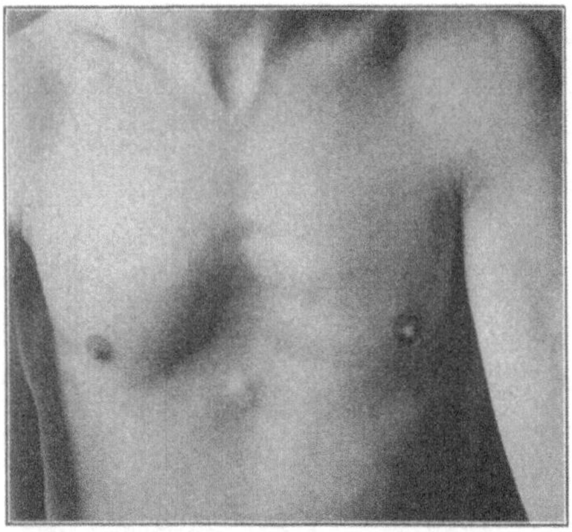

Abb. 14. Trichterbrust.

Von wenig Interesse für die ärztliche Untersuchung für eine Lebensversicherung sind die „Schuster"- und die „Trichter"-Brust.

Die Schusterbrust (Abb. 13) weist eine Einbeulung des Brustbeins in Höhe des Processus xiphoideus auf. Die Abweichung ist angeboren, vielleicht in einzelnen Fällen infolge der Berufsarbeit erworben, indem das Arbeitsgerät gegen diesen Teil des Brustbeins angedrückt wird.

Bei der Trichterbrust (Abb. 14) findet man eine einigermaßen an die Form eines Trichters erinnernde, meist ziemlich tiefe Einsenkung des untersten Sternumteiles. Diese Anomalie ist angeboren oder entwickelt sich erst deutlich im Laufe des Lebens. Sie ist zuweilen erblich und kommt wiederholt gleichzeitig mit anderen Entwicklungsanomalien und hereditären Erkrankungen des Zentralnervensystems vor.

In der Reihe der angeborenen Abweichungen der Brust muß auch eben an das Fehlen gewisser Muskeln, wie z. B. des Musc. pectoralis major (Abb. 15, 16, 17), erinnert werden. Es besteht hierbei etwas die Gefahr, daß die Asymmetrie der Brust in der Gegend unterhalb der Clavicula zu einer unrichtigen Schlußfolgerung bei der Untersuchung Veranlassung gibt, da der geringere Umfang der Brust auf der Seite des fehlenden Pectoralis den Eindruck eines Einsinkens der Brustwand infolge von Lungenretraktion machen kann.

Zu einer derartigen falschen Deutung können auch die *Mißbildungen des Thorax infolge Anomalien der Wirbelsäule* verleiten.

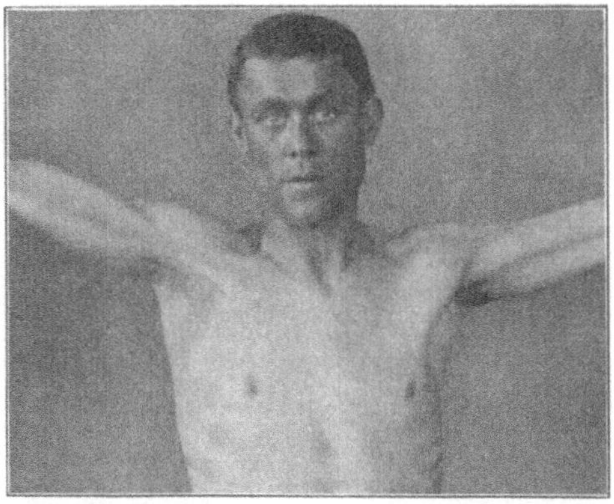

Abb. 15. Fehlen des rechten Musc. pect. mai.

Bei der *Kyphose* wird von selbst der sterno-vertebrale Durchmesser der Brust verlängert, während bei der Skoliose mehr die queren Abmessungen des Brustkorbes sich ändern. Auf der Seite, nach der die Wirbelsäule ausgebogen ist, wird die Brust kleiner, so daß die beiden Brusthälften ungleich gewölbt werden, indem dann gewöhnlich auch das Brustbein eine mehr oder weniger schiefe Stellung einnimmt.

Beim Feststellen einer Asymmetrie des Thorax erhebt sich also als gebieterische Forderung, daß der Untersucher der Ursache der Asymmetrie nachforscht. Beachten wir aber, daß, wenn auch der Asymmetrie infolge Anomalien der Wirbelsäule eine ganz andere Bedeutung zukommt als einer Einsenkung oder Vorwölbung der Brustwand infolge des einen oder anderen Prozesses innerhalb des Brustkorbes, derartige Mißbildungen nichtsdestoweniger durchaus nicht als harmlos betrachtet werden dürfen. Wird doch bei einigermaßen stärkerer Kyphose und bei Kyphoskoliose der Wirbelsäule nicht nur der Brustkorb verdreht, sondern auch die Brustorgane erfahren Veränderungen in ihrer Lage und Beschränkungen in ihrer Beweglichkeit, während gleichzeitig der Raum im Thorax oft sehr beträchtlich verkleinert wird. Überdies wird die Brustwand in ihren Atmungsexkursionen beeinträchtigt. Fraglos werden dadurch Atmung und Blutumlauf ernstlich benachteiligt. Für die Lebensaussichten des derart Mißgestalteten, ist er auch im Augenblick der Untersuchung gesund zu nennen, fallen solche Nachteile sehr ins Gewicht. Es ist natürlich nicht gut möglich, genaue Maße anzugeben oder andere objektive Regeln aufzustellen, die als Maßstab für die Beurteilung des Risikos dienen können, das ein Anwärter mit Kyphose, Skoliose oder Kyphoskoliose für eine Lebensversicherung mit sich bringt. Nur ganz allgemein kann gesagt werden, daß Menschen mit einigermaßen beträchtlichen Wirbelsäulenverkrümmungen, welcher Ursache sie auch sein mögen,

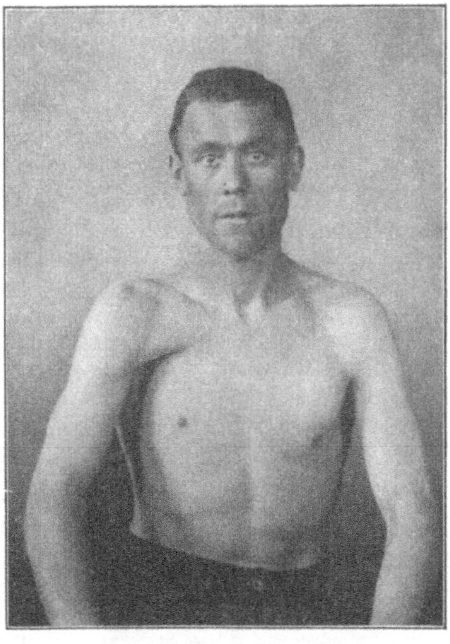

Abb. 16. Fehlen des rechten Musc. pect. mai.

nur selten ein hohes Lebensalter erreichen. Mit zunehmendem Alter nehmen in der Regel auch die Verkrümmungen zu, und dadurch entstehen oder verschlimmern sich die Störungen, die sie für die Atmung und den Blutumlauf mit sich bringen. Sogar eine einfache Erkältung kann bei Menschen mit Rückgratsverkrümmungen, viel eher als bei normal gebauten Menschen, die Ursache einer Bronchitis werden, die nie wieder ausheilt und dadurch wiederum zu einer neuen und sehr trüben Quelle für Störungen in der Atmung und dem Blutumlauf wird. Ein Anwärter mit Rückgratsverkrümmung wird dann auch per se abgewiesen werden müssen, wenn er nur eine geringe Cyanose aufweist, oder einen zu frequenten Puls (über 80 Schläge in der Minute), oder eine zu frequente Atmung (mehr als 16 Atemzüge in der Minute), oder einen erhöhten Blutdruck hat. Hustet er oder ist er „öfters erkältet", oder sind bei ihm die objektiven Erscheinungen einer Bronchitis (rauhes oder verschärftes Atemgeräusch, Rasselgeräusche wie giemende, pfeifende, schnurrende oder feuchte Ronchi, für welch letztere man besonders auf der Rückseite der untersten Lungenteile auscultiere) wahrzunehmen, dann muß dieser Anwärter unbedingt abgewiesen werden. Niemals kann ein Anwärter mit Rückgratsverkrümmung als vollwertig hinsichtlich seiner Lebensaussichten betrachtet werden. Die Dauer der abzuschließenden Lebensversicherung erstrecke sich in der Regel nicht über das 50. Lebensjahr hinaus. Im übrigen muß jeder Anwärter mit Rückgratsverkrümmung ganz besonders genau untersucht und dabei vor allem auf die oben angegebenen Punkte geachtet werden. In jedem besonderen Falle endlich wird, je nach dem Grade der Verkrümmung und der daraus für den Anwärter wahrscheinlich sich ergebenden Störungen, beurteilt werden müssen, ob, und wenn ja, für welche Zeitdauer eine Lebensversicherung abgeschlossen werden kann.

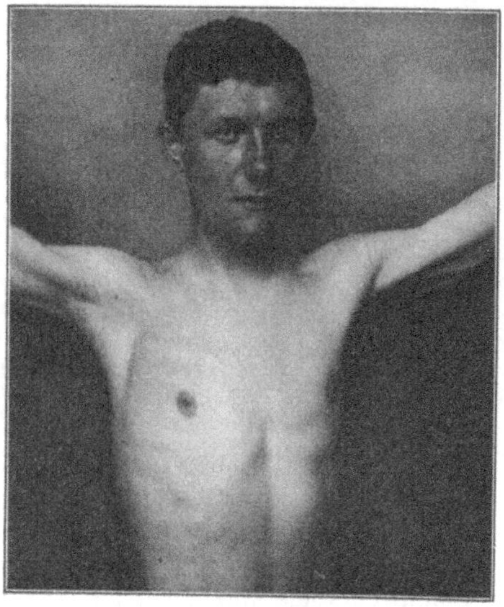

Abb. 17. Fehlen des rechten Musc. pect. maior.

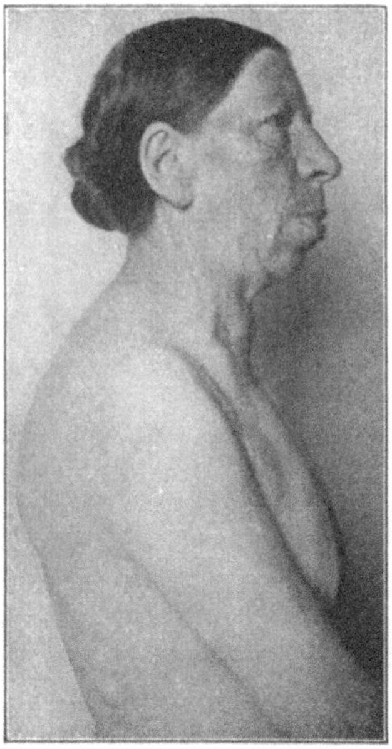

Abb. 18. Kyphose bei Akromegalie.

Die Mißbildungen bei den oben erwähnten Nervenkrankheiten sind an sich in der Regel von wenig Bedeutung, da sie nicht zu so ernsten Folgen für Atmung und Blutkreislauf führen als die, welche infolge von Spondylitis oder Rachitis entstehen können. Es ist aber von Wichtigkeit, mit den Ursachen der Mißbildungen an Wirbelsäule und Brustkorb vertraut zu sein, weil sie den kundigen Untersucher zuweilen auf die Spur ernster Krankheitsprozesse führen können.

Bei *Friedreichscher Ataxie* sieht man Kyphose oder Skoliose oder Lordose, meist Kyphoskoliose, in der Mehrzahl der Fälle im Dorsalteil der Wirbelsäule.

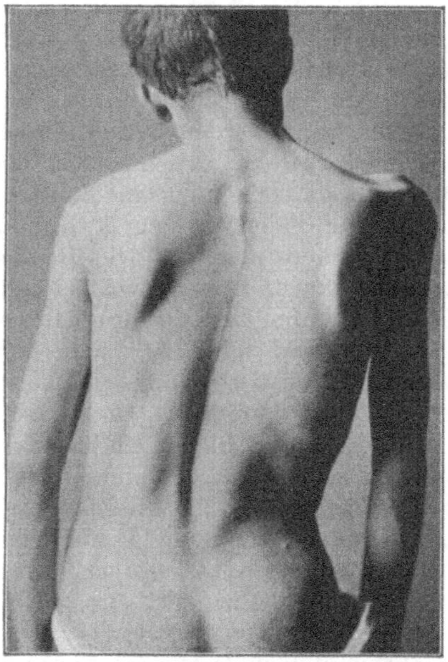

Abb. 19. Kyphoskoliose bei Syringomyelie.

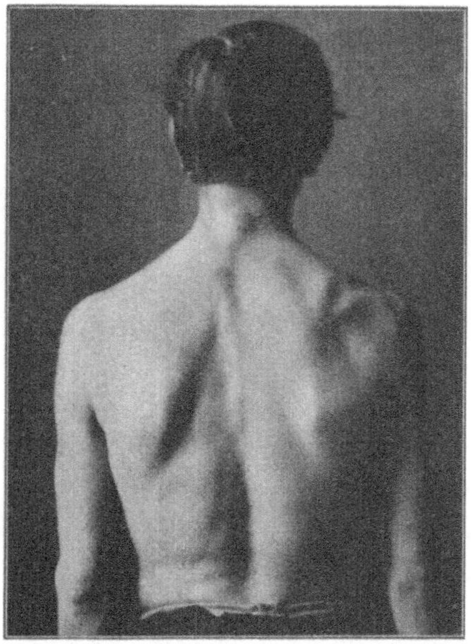

Abb. 20. Cervico-dorsale Kypho-Skoliose bei Syringomyelie.

Bei *Akromegalie* findet man eine cervico-dorsale Kyphose oder Kyphoskoliose (Abb. 18), wobei in der Regel der Kopf vornüberhängt. Dabei entwickelt sich bisweilen eine doppelte kompensatorische Lordose, nämlich eine geringe cervicale, oberhalb der Kyphose und eine stärkere dorso-lumbale unterhalb derselben. Infolgedessen wird der unterste Teil des Thorax nach vorn gedrängt, während der Brustkorb seitlich abgeflacht wird.

Bei *Syringomyelie* wird in vielen Fällen eine cervico-dorsale oder eine dorsale Kyphoskoliose (Abb. 19 u. 20) angetroffen, während mitunter der Thorax, auch an der Vorderfläche, von den Claviculae an abwärts bis ungefähr in Höhe der Brustwarzen abgeflacht oder eingesunken ist und die Schultern nach innen und vorn überhängen: „thorax en bateau" (Abb. 21).

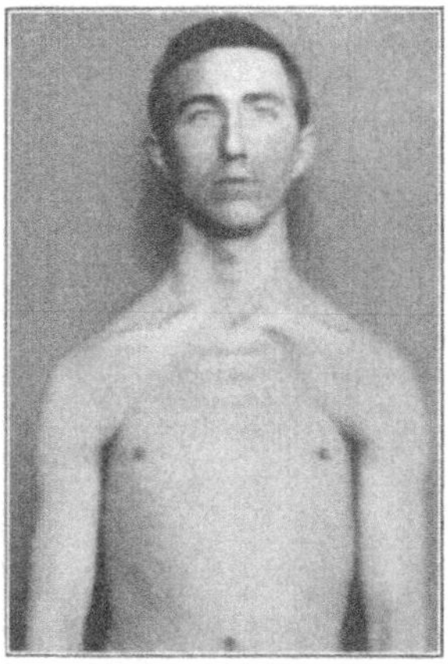

Abb. 21. Thorax „en bateau" bei Syringomyelie.

Der *rachitische Thorax* kann, besonders durch Verkrümmungen der Wirbelsäule, in verschiedenster Weise mißstaltet sein. Eine typische rachitische Brustmißbildung ist die allgemein bekannte „Hühnerbrust" (Pectus carinatum), bei der das Brustbein nach vorn vorsteht und die Seitenflächen des Thorax eingedrückt sind. Die sterno-vertebrale Abmessung ist dabei also vergrößert. Schon infolge geringfügiger Rachitis sieht man eine in horizontaler Richtung verlaufende Einbeulung des Brustkorbs in der Höhe der Ansatzstellen des Diaphragmas an die Rippen. Die Einbeulung ist links in der Regel tiefer als rechts und mitunter nur an dieser Seite deutlich sichtbar.

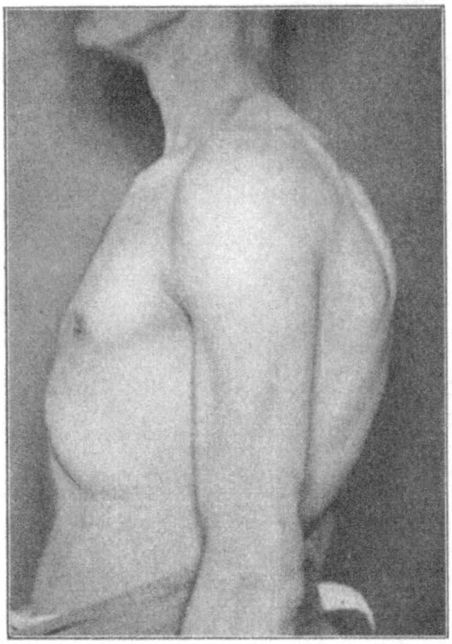

Abb. 22. Kyphose bei faßförmigem Thorax.

Die „Hühnerbrust" ist als eine ernste Mißbildung zu betrachten. In der Regel wird ein Antragsteller mit einer derartigen Brustform für eine Lebensversicherung nicht angenommen werden können. Aber hier gilt auch, wie wir es schon oben bei den Rückgratsverkrümmungen betonten, daß nicht alle Fälle über einen Kamm geschoren werden können. Die Beantwortung der Frage, ob ein Anwärter mit der genannten Mißbildung des Brustkorbes vielleicht doch noch zu einer Versicherung zugelassen werden darf, hängt von dem Grade der Mißbildung ab. Denn durch diese wird ja hauptsächlich auch das Maß der Störung bedingt, welches die Mißbildung für Atmung und Blutkreislauf verursacht. Die Beurteilung des Risikos hat sich bei der „Hühnerbrust" also nach denselben Überlegungen zu richten, welche oben von uns bei der Besprechung der Rückgratsverkrümmungen angegeben wurden. Auch hier kann vorausgeschickt werden, daß jemand mit einer „Hühnerbrust" vom Standpunkt der Lebensversicherung aus wohl niemals als vollwertig hinsichtlich seiner Lebensaussichten betrachtet werden kann.

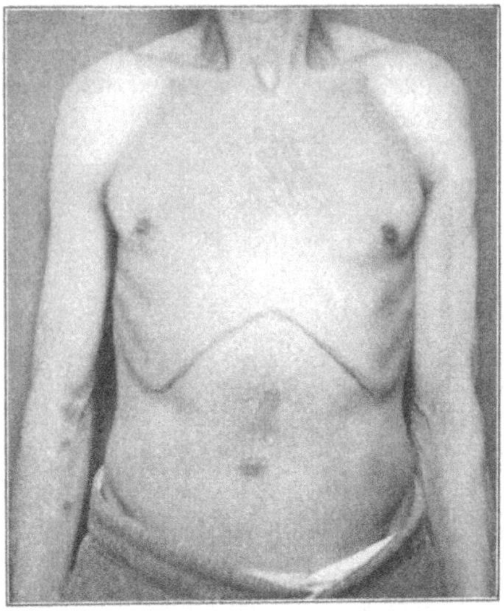

Abb. 23. Faßförmiger Thorax bei Emphysem.

Eine typische Veränderung der Brustform ist der *faßförmige Thorax*, der in vielen Fällen von Emphysema pulmonum beobachtet werden kann, eine Veränderung so eigenartigen Aussehens, daß selbst ein ungeübtes Auge sie leicht erkennt und welche überdies die Diagnose: „Emphysem der Lungen" sofort stellen läßt. Der Ausdruck „faßförmiger Thorax" charakterisiert den eigentümlichen Anblick dieser Thoraxmißbildung sehr richtig. Der Brustkorb zeigt eine dauernde Inspirationsstellung, sein Umfang hat also in allen Richtungen zugenommen. Besonders aber ist die sterno-vertebrale Abmessung vergrößert. Der Querdurchschnitt des Brustkorbes, der unter normalen Verhältnissen nach einem passenden Vergleich die Form einer Bohne aufweist, deren Hilus man sich in der Mitte des Rückens gelegen denkt, nähert sich beim faßförmigen Thorax mehr der Form einer Kreisfläche. Das Brustbein ist nach vorn gewölbt, die Wirbelsäule nach hinten ausgebogen (Abb. 22), während die Krümmung der Rippen stärker als beim normalen Thorax ist. Der Angulus epigastricus ist dabei zu einem stumpfen Winkel geworden (Abb. 23).

In den typischen Fällen ist der Thorax besonders im obersten und am meisten im mittleren Teile verbreitert. Dadurch erinnert seine Form an die eines Fasses. In vielen Fällen von Emphysema pulmonum ist aber die Faßform nicht oder nicht deutlich vorhanden und der Thorax im allgemeinen gleichmäßig erweitert.

Beim emphysematösen Thorax ist der Hals gewöhnlich kurz, die Mm. sternocleidomastoidei sind besonders deutlich sichtbar. Beim Atmen wird der Thorax als ein festes Ganzes nach oben gehoben. Die Hilfatmungsmuskeln am Halse arbeiten dabei recht kräftig mit. Die Atmungsexkursion des Thorax, die durch die in- und exspiratorische Bewegung der Rippen zustande kommt, ist gering.

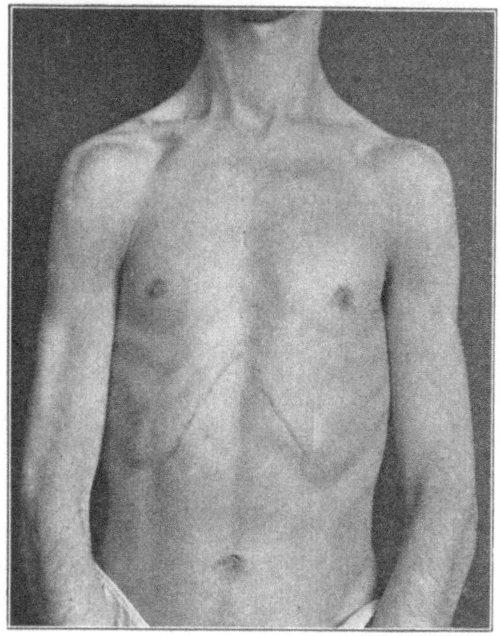

Abb. 24. Paralytischer Thorax.

Obwohl nun die typische emphysematöse Thoraxform immer sehr für das Vorhandensein von Lungenemphysem spricht, betrachte man doch diese Thoraxform, wie wir schon oben andeuteten, nicht als eine Conditio sine qua non für Lungenemphysem. Dies kann auch vorhanden sein, ohne daß eine auffallende Verbreiterung des Thorax besteht. Man hüte sich also vor dem Fehler, das Bestehen von Lungenemphysem nur auf Grund dessen auszuschließen, daß eine Erweiterung des Thorax nicht vorhanden ist. Auf der anderen Seite bedenke man aber auch, daß die Feststellung eines erweiterten Thorax an sich zur Diagnose Lungenemphysem nicht genügt, und daß es auch darauf ankommt, durch die Untersuchung möglichst genau den Grad eines evtl. bestehenden Emphysems zu bestimmen. Für die Beurteilung des Risikos bei Emphysem sei auf das hierüber handelnde Kapitel verwiesen.

In verschiedener Hinsicht das Gegenstück zum emphysematösen Thorax ist der *paralytische Thorax* (Abb. 24). Ist der erstere gewölbt, breit, kurz, der epigastrische Winkel dabei stumpf, so ist der paralytische Thorax flach, schmal, lang, der epigastrische Winkel scharf. Nähert sich der Verlauf der Rippen beim emphysematösen Thorax der Horizontale, so beim paralytischen der Vertikale. Zeigt ersterer dauernde Inspirationsstellung, so steht letzterer in Exspiration. Darin aber stimmen beide überein, daß die Atmungsexkursion des Thorax gering ist.

In der Regel sind am paralytischen Thorax die Intercostalräume gut sichtbar und sehr breit. Letzteres ist natürlich eine Folge der großen Länge des Thorax, während ersteres der geringen Entwicklung des Panniculus adiposus zuzuschreiben ist, die bei Menschen mit paralytischem Thorax fast regelmäßig besteht, besonders aber auch der geringen Entwicklung der Intercostalmuskulatur. Der Name

„paralytischer Thorax“ deutet darauf hin. Es ist, als ob infolge der Schwäche der gesamten Atmungsmuskulatur die Brust eingesunken, die Rippen nach abwärts gefallen und so die eigenartige Thoraxform zustande gekommen wäre. Auf der Rückenseite sieht man die Schulterblätter mit ihrem Innenrand vom Rumpf abstehen, so daß man von der Innenseite her die Finger unter die Schulterblätter schieben kann (Scapulae alares) (Abb. 25), eine Folge der schwachen Wirkung der Musculi serrati antici. Die Schultern mit schwach entwickelter Muskulatur hängen nach unten und vorn. Die Schlüsselbeine sind dünn und verlaufen vom Sternum aus in stark rückwärtiger Richtung. Die sternalen Enden der Claviculae stehen nach oben heraus, so daß sie wie subluxiert erscheinen. Im obersten dorsalen Teil der Wirbelsäule sieht man in deutlichen Fällen eine anormale Lordose.

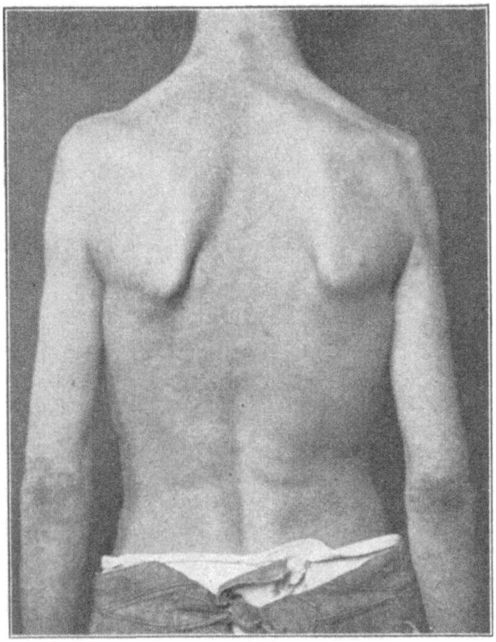

Abb. 25. Scapulae alares.

Endlich muß noch der Beweglichkeit der 10. Rippe (Costa decima fluctuans) Erwähnung getan werden, eine Anormalität, auf die besonders Stiller aufmerksam gemacht hat, und die von ihm als ein Stigma des asthenischen Körperbaus aufgefaßt wurde. Die 10. Rippe kann dabei von dem knorpeligen Rippenbogen vollkommen losgelöst sein und also, wie die falschen Rippen, gänzlich frei endigen oder nur in sehr loser Verbindung mit dem Rippenbogen stehen. Diese Erscheinung einer losen 10. Rippe trifft man tatsächlich beim paralytischen Thorax regelmäßig an, vom diagnostischen Standpunkt aus ist dies ohne besonderen Wert. Sicher kommt sie auch oft vor, ohne daß von einem paralytischen Thorax die Rede sein kann.

Der paralytische Thorax ist die Thoraxform, welche als eines der Hauptkennzeichen des als „Habitus phthisicus“ beschriebenen allgemeinen Körperbaus anzusehen ist. Damit ist bereits gesagt, daß diese Brustform seit uralter Zeit als eine deutliche Manifestation der Prädisposition für Tuberkulose aufgefaßt wird. Allerdings bleibt dabei zu beachten, daß es auch bei dieser Thoraxform viele Abstufungen gibt: typische Fälle, in denen jeder Untersucher sofort betroffen ist über das Augenfällige der beschriebenen eigenartigen Brustform, andere Fälle dagegen, bei denen man sogar im Zweifel sein kann, ob man dabei überhaupt noch von einer paralytischen Thoraxform sprechen darf. Sagten wir nun schon, daß der paralytische Thorax als eines der Hauptkennzeichen des „Habitus phthisicus“ gilt, so gehört er doch auch zu der von Stiller als „Asthenia universalis congenita“ beschriebenen Konstitutionsanomalie. Wenn mit Recht im paralytischen Thorax eine Erscheinung erblickt wird, die darauf hinweist. daß ein Mensch mit einer derartigen Brustform für die Erkrankung an Lungenschwindsucht viel empfänglicher ist als der Durchschnittsmensch, dann liegt der Grund dazu sicher viel weniger in den anatomischen Eigentümlichkeiten eines solchen Thorax als vielmehr in der allgemeinen Asthenie, von der die Thoraxform zugleich Ausdruck und Folge ist. Die allgemeine Asthenie des Körpers bedeutet: weniger Elastizität, und diese begreift in sich: weniger Widerstandskraft. Ist der Mensch mit paralytischem Thorax mehr als ein anderer für Phthisis pulmonum empfänglich, dann haben wir den Grund hierfür also nicht in irgendeiner uns vollkommen unbekannten spezifischen Prädisposition für Tuberkulose zu suchen, sondern in einer allgemeinen Eigenschaft des Körpers, in der allgemeinen Körperschwäche. Und in gleicher Weise wie beim paralytischen Thorax gibt es auch hierbei eine Reihe von Abstufungen, eine ganze Anzahl von Übergängen, von dem vollkommen klaren Bild der allgemeinen Körperschwäche bis zum idealen Typus des in jeder Hinsicht kräftig gebauten Menschen.

Es bedarf nun keines Beweises, daß der körperlich Schwache kein besonders erwünschter Anwärter für eine Lebensversicherung ist, und daß also eine äußerst peinliche Untersuchung eines derartigen Anwärters eine gebieterische Forderung ist. Je nachdem der Eindruck, den der untersuchende Arzt bezüglich des allgemeinen Baues und der Beschaffenheit des Körpers erhält, günstiger ist, wird er auch in dem Maße das Risiko günstiger schätzen dürfen, vorausgesetzt, daß keine Abweichungen zu finden sind, die auf krankhafte Störungen in dem einen oder anderen Organ schließen lassen. Auch hier gibt es wieder keinen festen Maßstab, können keine bestimmten Regeln aufgestellt werden. Auch hier sind nur einige leitende Grundsätze anzugeben, jeder Fall muß für sich beurteilt werden. Der untersuchende Arzt forsche scharf nach, er stelle mit Sorgfalt seine Ergebnisse zusammen, um dann darauf nach ruhiger Überlegung sein Urteil zu gründen.

Von überwiegendem Interesse für die ärztliche Untersuchung der Brust sind die *Formveränderungen, die infolge von Krankheitsprozessen in den Lungen und an den Pleurablättern* zustande kommen, Veränderungen allerdings, die meist sehr gering sind und also nur gefunden werden, wenn man bei der Untersuchung aufmerksam auf sie achtet.

Während wir es beim emphysematösen und beim paralytischen Thorax mit beiderseitiger Erweiterung bzw. Verengerung des Thorax zu tun haben, sind die Veränderungen in der Form des Brustkorbes, die durch Krankheiten der Brustorgane entstehen, in weitaus der Mehrzahl der Fälle einseitig und von begrenzter Ausdehnung. Sie führen also zur *Asymmetrie* des Brustkorbes und werden gerade deshalb, selbst wenn sie nur gering an Ausdehnung und Intensität sind, noch ziemlich leicht bemerkt. Ebenso, wie bei der Palpation, Perkussion und Auscultation der Brust, kommt es zur Erkennung dieser Abweichungen also hauptsächlich auf ein Vergleichen der Form beider Brusthälften und ihrer symmetrisch gelegenen Teile an.

Es kommen ferner sowohl einseitige pathologische Auftreibungen wie Einsenkungen des Thorax infolge von Krankheiten der Brustorgane vor. Auftreibungen werden verursacht durch Ausschwitzen von Flüssigkeit oder Einströmen von Luft in die Pleurahöhle, Pleuritis und Pneumothorax; durch Vergrößerung der Lunge infolge Pneumonie, Tumor, Absceß; durch Geschwülste im Mediastinum, Tumoren, Aneurysma; durch Vergrößerung des Herzens (voussure cardiaque) oder durch Anhäufung von Flüssigkeit oder Luft in der Perikardialhöhle. Erweiterungen des untersten Teiles des Thorax können verursacht werden durch Krankheiten der Bauchorgane wie: Vergrößerungen der Leber und Milz, Ascites, Tympanites, Meteorismus, subphrenischer Absceß, feste Tumoren, Cysten.

Einsinken (Retraktion) des Thorax auf einer Seite ist eine Folge von Schrumpfungsprozessen in der Lunge, wie bei chronischer Tuberkulose, fibröser Pneumonie

(Abb. 26), Atelektase (z. B. Bronchostenose, Folge von Narbenkontraktion, Druck einer Neubildung oder eines Aneurysmas).

Bei einseitiger Erweiterung des Thorax sehen wir, daß der Brustumfang auf der kranken Seite zugenommen hat. Bei *lokaler Erweiterung* wie der „voussure cardiaque" oder dem Aneurysma sehen wir an der Stelle der Vortreibung die Rippen auseinandergedrängt, die Zwischenrippenräume verstrichen oder sogar mehr oder weniger nach außen vorgewölbt.

Bei einer ausgedehnteren einseitigen Erweiterung des Thorax, wie bei Pleuritis und Pneumothorax, weist die kranke Brusthälfte eine stärkere Wölbung und in ihrer Gesamtheit einen größeren Umfang auf. Die Brustwarze der vorgetriebenen Seite steht mehr nach außen, die Zwischenrippenräume sind verstrichen, die Rippen verlaufen in mehr horizontaler Richtung als auf der gesunden Seite, die Wirbelsäule ist konvex nach der kranken Seite hin verbogen.

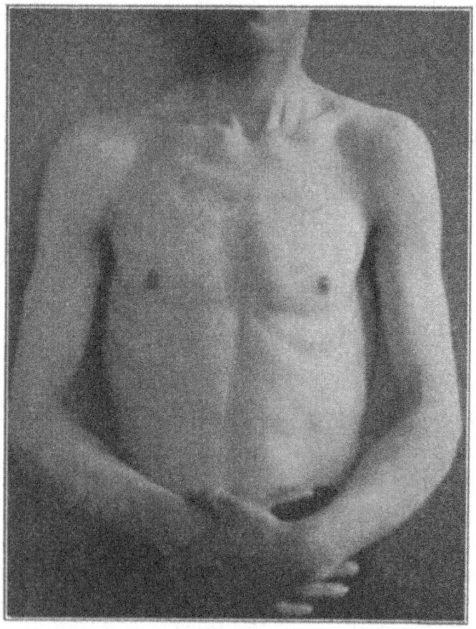

Abb. 26. Linksseitige Einsenkung des Thorax.

Bei der Diagnostizierung einer Asymmetrie des Thorax mit einseitiger Verbreiterung kann man bei Beobachtung dieser Asymmetrie allein nicht sagen, ob die am stärksten vorgetriebene Seite die kranke oder die gesunde ist. Es könnte doch auch die am wenigsten vorgetriebene Seite eingesunken, retrahiert, und also die kranke Seite sein. Dies kann man aber sogleich bestimmen, wenn man auf das Funktionieren beider Brusthälften achtet. Die Brusthälfte, die bei der Atmung am meisten bewegt wird, die am besten funktioniert, ist natürlich die gesunde Hälfte.

Überdies verursacht eine Anhäufung von Flüssigkeit oder Luft in der Pleurahöhle und im allgemeinen jede Vermehrung des Brustinhaltes eine Verdrängung der umliegenden Organe. So wird das Herz z. B. bei einer rechtsseitigen Pleuritis nach links, bei einer linksseitigen nach rechts verdrängt, und man findet den Ictus cordis nach links außerhalb der Mamillarlinie bzw. nach rechts verschoben. Daß bei einer Vermehrung des Thoraxinhaltes auf einer Seite das Zwerchfell und die darunter liegenden Organe nach unten gedrückt werden, deuten wir hier nur eben an.

Bei einer Verminderung des Thoraxinhaltes durch *Lungenschrumpfung* ist natürlich das Gegenteil der Fall: verminderte oder sogar aufgehobene Atmungsbewegung auf der kranken Seite, Verschiebung des Herzens nach dieser Seite, Hochziehen des Diaphragmas. Der Brustkorb ist an der kranken Seite weniger gewölbt, von geringerem Umfang, die Rippen stehen weniger horizontal, verlaufen schräg nach unten, sind zueinander gedrängt, die Zwischenrippenräume sind also schmäler oder sogar kaum noch vorhanden, die Brustwarze ist zur Mitte zu verschoben.

Von sehr großer Bedeutung für die Diagnose der chronischen Lungentuberkulose ist die lokale Einsenkung, die in der Infraclaviculargegend (die Gegend, die von oben durch die Clavicula, unten durch den unteren Rand des Musc.

pector. major begrenzt wird), besonders der Mohrenheimschen Grube (der oberste und äußerste Teil der Regio infraclavicularis), wahrgenommen werden kann. Zugleich bemerkt man eine verminderte Atmungsexkursion der eingesunkenen Brustgegend.

Mitunter sieht man, daß bei der Einatmung ein oder mehrere Zwischenrippenräume eingezogen werden, nämlich dann, wenn bei der inspiratorischen Erweiterung des Thorax die Luft durch die Bronchi nicht in die Lungenalveolen eindringen kann, wie bei Bronchostenose, Lungenschrumpfung, Pleuraverwachsungen. Allerdings bedenke man, daß besonders bei tiefer Einatmung und vor allem bei Menschen mit breiten Zwischenrippenräumen *im Beginn* der Einatmung die untersten und am meisten die in den Seitenflächen des Thorax gelegenen Intercostalräume auch unter physiologischen Verhältnissen eingezogen werden können. Diese Einziehung verschwindet aber in der weiteren Periode der Einatmung. Ferner sei darauf aufmerksam gemacht, daß bei gesunden Menschen die eine, meist die rechte Brusthälfte, bei der Atmung zuweilen stärker aufgeblasen wird als die andere.

Für die in vielen Fällen schwierige Feststellung der *Verwachsung der Perikardialblätter* (Pericarditis chronica adhaesiva, concretio pericardii) sind die mit dem Puls isochronen Einziehungen der der Lage des Herzens korrespondierenden Intercostalräume von großer Bedeutung. Man muß dabei aber daran denken, daß bei mageren, im übrigen aber gesunden Menschen mit breiten Zwischenrippenräumen hin und wieder schwache systolische Einziehungen in der Gegend des Herzens sichtbar sind. Bei pathologischen Vergrößerungen und Hypertrophie des Herzens, insbesondere der Herzhypertrophie infolge von Nephrosklerose oder essentieller Hypertonie, kommt dies ziemlich häufig vor, also auch ohne daß eine adhäsive Perikarditis im Spiel ist. Beim Vorhandensein derartiger systolischer Einziehungen in der Gegend des Herzens beobachtet man jedoch, wenn dies unter physiologischen Verhältnissen oder bei Herzhypertrophie ohne adhäsive Perikarditis der Fall ist, außerdem noch den Spitzenstoß des Herzens, während dies bei einer Concretio pericardii nicht der Fall ist. Weiterhin kann man, wenigstens wenn die Synechie der Perikardialblätter mit einer Verwachsung zwischen Perikard und Pleura costalis verbunden ist, die von BAUER beschriebene Erscheinung einer diastolischen Schwingung der Brustwand beobachten, eine Erscheinung, die in einem kräftigen diastolischen Rückstoß des bei der Systole eingezogenen Teiles der Thoraxwand besteht. Bei der Auscultation kann man dabei nach dem zweiten Ton noch einen eigenartigen Ton hören, wodurch man einigermaßen den Eindruck eines Galopprhythmus bekommt. In einem von mir beobachteten Fall machte das nach dem zweiten Ton zu hörende Geräusch gewissermaßen den Eindruck des Geräusches einer über eine Kegelbahn rollenden Kugel. Da der Galopprhythmus eine Erscheinung ist, die bei essentieller Hypertonie und bei chronischer Nephritis sehr häufig vorkommt, werden die diagnostischen Schwierigkeiten noch erhöht. In diesem Buche ist aber nicht der Ort, um auf spezielle Diagnostik tiefer einzugehen als es für die Untersuchung zum Zwecke einer Lebensversicherung notwendig ist.

Vielleicht wird der eine oder andere Leser schon die Beobachtung gemacht haben, daß sich Menschen mit derartigen krankhaften Veränderungen, wie sie oben beschrieben sind, wohl kaum für eine Lebensversicherung anmelden. Mir selbst ist es aber mehrmals begegnet, daß sich bei Menschen, die sich gesund glaubten, während der Untersuchung sehr ernste Krankheitszeichen vorfanden. Wer wüßte z. B. nicht, daß eine rauhe Stimme die einzige Erscheinung eines Aneurysma aortae sein kann? Man bedenke doch auch, daß sehr viele chronische Krankheiten, die sich äußerst langsam entwickeln, bei vielen Menschen erst dann Veranlassung zu Klagen geben, wenn die Krankheiten so weit fortgeschritten sind, daß sie zu starken Beschwerden beim Verrichten der täglichen Arbeiten führen. Weil die Entwicklung dieser Krankheiten so langsam stattfindet, darum geschieht sie unbemerkt, geradeso wie die Entwicklung des Säuglings zum Erwachsenen. Die ärztliche Untersuchung für die Lebensversicherung muß mit dieser Tatsache ernstlich rechnen. Indessen halte ich es für überflüssig, in diesem über die Untersuchung handelnden Kapitel immer wieder bei Erwähnung der einen oder anderen Krankheit oder organischen Veränderung darauf hinzuweisen, daß Menschen mit einer solchen Krankheit oder Veränderung für eine Lebensversicherung nicht angenommen werden können. Ein Anwärter für eine Lebensversicherung muß abgewiesen werden, wenn bei ihm ein Aneurysma aortae, ein pleuritisches Exsudat, ein Tumor mediastini, eine Lungenschrumpfung, eine Concretio pericardii, ein beträchtlicher Grad von Anämie, Leukämie usw. festgestellt wird, wenn auch diese Feststellung nicht selten eine sehr sorgfältige und scharfsinnige sachverständige Untersuchung erfordert. Das ist selbstverständlich und braucht also hier nicht des längeren auseinandergesetzt zu werden.

Hin und wieder kann man bei kräftiger Ausatmung oder beim Husten auch pathologische *Ausstülpungen an der Brust* sehen. So bei Lungenemphysem, wobei man häufig exspiratorische Vorwölbung und Ausstülpung der Supraclaviculargegend wahrnehmen kann. In einzelnen Fällen werden derartige lokale Ausstülpungen auch an Intercostalräumen beobachtet, nämlich bei heftigen Hustenstößen von Kranken mit Kavernen oder bronchiektatischen Höhlen, welche bis an die Oberfläche der Lunge reichen und mit einem großen Bronchus in offener Verbindung stehen. Kavernen können, wenn sie in den Lungenspitzen gelegen sind, beim Husten auch Ausstülpungen oberhalb der Clavicula zum Vorschein kommen lassen.

Wie wir bereits betonten, ist es sehr wichtig, bei der Inspektion genau auf die Atembewegungen des Brustkorbes zu achten und insbesondere zu untersuchen, ob symmetrisch gelegene Teile des Thorax gleichmäßig stark an den Atembewegungen teilnehmen. Wird eine Seite des Thorax oder ein Teil davon bei der Inspiration weniger ausgedehnt, dann darf man schon allein aus diesem Grunde mit Wahrscheinlichkeit annehmen, daß auf der weniger ausgedehnten Seite oder an der Stelle des weniger bewegten Brustteiles eine Veränderung der Pleura oder Lunge vorhanden ist. So sieht man bei genauer Inspektion oft schon in einem frühen Stadium der Lungentuberkulose eine geringere respiratorische Bewegung der Infraclaviculargegend der kranken Seite als derselben Gegend auf der gesunden Seite. Je nachdem der Krankheitsprozeß sich über ein größeres Gebiet der Lunge oder Pleura ausgebreitet hat, wird der Unterschied in den Atmungsexkursionen symmetrisch gelegener Teile der kranken und der gesunden Seite größer und deutlicher.

Die Atmung verdient noch weiter die besondere Aufmerksamkeit des Untersuchers. Man achte auf den *Typus, die Tiefe, den Rhythmus* und auf eventuelle *Erschwerungen der Atembewegungen.* Gleichzeitig forsche man auf möglicherweise vorhandene Besonderheiten jeder der zwei Phasen der Atmung, der Inspiration und Exspiration. Auch ist es wichtig, die Frequenz der Atmung festzustellen.

Bei der normalen, ruhigen Atmung treten, wenigstens beim Manne, nur die Intercostalmuskeln und das Zwerchfell in Tätigkeit. Bei der Frau sieht man mitunter auch die Scaleni in Funktion. Man hat es also beim Manne mit einer Abweichung zu tun, wenn man bei der Respiration auch die Hilfsatmungsmuskulatur am Halse in Tätigkeit sieht.

Bei der physiologischen Inspiration wird der Brustkorb erweitert, der Bauch wölbt sich vor. Beim Manne, dessen Diaphragma kräftiger arbeitet als die Intercostalmuskeln, sieht man, daß der Bauch stark gewölbt wird und die Ausdehnung des Thorax in horizontaler Richtung ziemlich gering ist, daß also die Atembewegung überwiegend *abdominal* geschieht. Auch bei Kindern bis ungefähr zum 8. Lebensjahre beobachtet man einen vorwiegend abdominalen Typus der Atmung. Bei der Frau dagegen eine starke Brustausdehnung und geringe Bauchbewegung, deshalb also eine vorwiegend *costale Atmung*.

Beteiligen sich Brust und Bauch gleichmäßig an den Atembewegungen, dann spricht man von einem costo-abdominalen Atmungstypus.

Der Atmungstypus kann unter bestimmten pathologischen Verhältnissen sich ändern. So sieht man bei Erkrankungen der Bauchorgane und des Diaphragmas wie: bei Ascites, Meteorismus, Peritonitis bei Männern an Stelle des abdominalen den costalen Atmungstypus, während wieder bei Frauen an Stelle des gewohnten costalen der abdominale Typus sich zeigt bei schmerzhaften Erkrankungen der Brustorgane wie akute Pleuritis sicca. Es ist ohne weiteres klar, daß eine derartige schmerzhafte Pleuritis beim Manne den abdominalen Typus noch verstärken wird, während Erkrankungen der Bauchorgane bei der Frau den costalen Typus noch mehr in den Vordergrund treten lassen werden.

Pathologische Prozesse üben auf die Intensität der Atmungsbewegungen ihren Einfluß aus. Weniger tief ist die Atmung bei Emphysem und beim paralytischen Thorax, bei schmerzhaften Veränderungen der Brust- oder Bauchorgane, bei diffuser Bronchitis, bei Pneumonie und bei all den Erkrankungen, bei denen die respiratorische Oberfläche verkleinert wird. Tiefer dagegen wird die Atmung bei der Anwesenheit von Hindernissen, die in den großen Zugangswegen zur Lunge gelegen sind, also im Pharynx, Larynx, der Trachea oder der großen Bronchi. Ist die Atmung oberflächlich, so ist sie beschleunigt, ist sie vertieft, so wird sie verlangsamt. In letzterem Falle kann entweder die Inspiration verlängert sein, wie bei Hindernissen in den großen Luftwegen, oder die Exspiration verlängert sein, wie bei der Verengerung der kleinen Bronchi (Asthma und Bronchiolitis) und bei der Verminderung der Elastizität des Lungengewebes (Emphysem). Tiefer und gleichzeitig frequenter ist die Atmung bei Stauung infolge von Herzleiden, bei Anämie und bei der sog. „großen Atmung" (KUSSMAUL), welche bei Diabetes (Acidose) und bei Urämie beobachtet wird. Es braucht hier wohl kaum erwähnt zu werden, daß bei Fieber die Atmung beschleunigt zu sein pflegt. Beiläufig möge hier auch eben an das eigentümliche Stenosegeräusch (Stridor) erinnert werden, welches bei Verengerung sowohl der großen Luftwege wie der kleineren Bronchi entstehen kann und in dem einen Falle bei der Inspiration (inspiratorischer Stridor), im anderen Falle bei der Exspiration (exspiratorischer Stridor) gehört wird.

Bei der Beurteilung der Bedeutung einer vermehrten Atmung vergesse man nicht, daß auch unter dem Einflusse von Nervosität und Hysterie die Atmung sehr beschleunigt sein kann.

Besonders bei nervösen Menschen tritt schon eine erhebliche Vermehrung der Atmungsfrequenz auf, wenn ihre Aufmerksamkeit unwillkürlich auf das Zählen der Atemzüge durch den untersuchenden Arzt hingelenkt wird. Es empfiehlt sich deshalb, die Zählung der Atmungsfrequenz vorzunehmen, während man mit der Hand nach dem Puls fühlt und die zu untersuchende Person also nicht bemerkt, daß man die Atmung beobachtet.

Infolge von Nervosität kann auch der regelmäßige Gang, der *Rhythmus der Atmung*, gestört werden. Ebenso kann dies durch Schmerzen, wie bei Pleuritis, bedingt werden. In sehr charakteristischer Weise ist der Atmungsrhythmus bei der Cheyne-Stokesschen Atmung verändert, eine Erscheinung, die bekanntlich bei Herzkrankheiten, Arteriosklerose, Urämie nicht nur während des Schlafes oder bei getrübtem Bewußtsein, sondern auch bei vollkommen klarem Bewußtsein auftritt. Zuweilen zeigt sich diese Erscheinung nur vorübergehend, zuweilen hält sie Monate hintereinander an. Schenkt der untersuchende Arzt der Atmung nicht genügende Aufmerksamkeit, dann wird es vorkommen können, daß ihm sogar ein so äußerst wichtiges Zeichen entgeht.

Palpation.

Die Palpation, für die Erkennung von Veränderungen des Zirkulationsapparates von unschätzbarem Wert, fördert, wenigstens hinsichtlich der Veränderungen an den Lungen, in der Regel keine Besonderheiten zutage, die nicht schon durch eine sorgfältige Inspektion gefunden worden sind. Und doch ist auch sie bei der Untersuchung der Atmungsorgane von großem Nutzen, wenn sie in vielen Fällen auch nicht mehr sein kann als eine stärkere Unterstützung der bei der Inspektion bereits gefundenen Ergebnisse. Besonders sind es die Verschiedenheiten in den Atmungsbewegungen symmetrischer Teile des Thorax, die durch die Palpation oft noch schärfer als durch die Inspektion zur Beobachtung gelangen können.

Bei der Palpation stelle sich der Untersucher genau gegenüber oder hinter den dabei stehenden oder sitzenden Patienten. Er lege die Volarfläche der Hände oder, was meist noch besser ist, der 4 Finger oder nur die Fingerspitzen auf symmetrisch gelegene Stellen des Brustkorbes. Auf diese Weise kann er selbst geringere *Asymmetrien* in der Beugung der Rippen, der Wölbung bestimmter Teile des Thorax und geringe Verschiedenheiten in der respiratorischen Beweglichkeit zwischen symmetrisch gelegenen Brustteilen, ja sogar zwischen einzelnen Rippen deutlich wahrnehmen. Verschiedenheiten in den respiratorischen Exkursionen der ersten Rippen kann man fühlen, wenn man, hinter der zu untersuchenden Person stehend, die Hände beiderseits des Halses über die Schultern legt mit den Fingerspitzen oberhalb der Clavicula. Auch geringfügige Verschiedenheiten in der inspiratorischen Aufwärtsbewegung der Schultern konstatiert man ohne Mühe, wenn man die Rundung der Schultern umfaßt. Immer muß jedoch bei diesen verschiedenen Anwendungen der Palpation der Patient ruhig und ohne besondere Anspannung atmen. Kleine Unterschiede in der respiratorischen Bewegung von symmetrischen Gegenden des Brustkorbes sieht und fühlt man so am besten. Es ist ein bei der Inspektion und Palpation oft begangener Fehler, daß man die zu untersuchende Person veranlaßt, sehr tief Atem zu holen.

Die Prüfung des *Stimmfremitus*, bei der die zu untersuchende Person mit tiefer Stimme laut sprechen muß, hat für die Erkennung geringer Veränderungen in den Lungen wenig Wert. Darüber hinaus besteht die Gefahr, daß man zu unrichtigen Schlußfolgerungen gelangt, wenn z. B. die zu untersuchende Person während der Prüfung des Stimmfremitus nicht immer mit der gleichen lauten und tiefen Stimme spricht. Bekanntlich ist bei Lungeninfiltration, bei der das Lumen der Bronchi offen ist, der Stimmfremitus verstärkt, während dagegen, wenn die Bronchi durch ein Exsudat oder eine Neubildung verstopft sind, der Stimmfremitus abgeschwächt ist, gleichwie bei Anwesenheit von Flüssigkeit oder Luft in der Pleurahöhle. Man denke ferner daran, daß Formveränderungen des Thorax, wie infolge Retraktion der Thoraxwand und Kyphoskoliose, den Stimmfremitus verändern.

Bei Pleuritis sicca ist zuweilen das Aneinanderreiben der rauhen Pleuraflächen mit der palpierenden Hand zu fühlen (Affrictus pleuralis). Auch bei Anwesenheit von Sekret in den Bronchi kann man bei der Atmung ein eigenartiges Vibrieren am Thorax fühlen, oft über eine große Ausdehnung, welches an das Gefühl erinnert, das man empfindet, wenn man die Hand auf eine schnurrende Katze legt.

Mit Hilfe der Palpation kann man den Verlauf der Rippen genau bestimmen und auch untersuchen, ob die Zwischenrippenräume der einen Seite ebenso breit sind als die der anderen. Von noch größerer Bedeutung aber ist die Palpation zum Zwecke der Feststellung der Ursache und des Sitzes von Schmerzen, d. h. also von Erkrankungen der Rippen, Muskelschmerzen, Neuralgien usw. Ganz besonders unentbehrlich ist die Palpation zur Bestimmung *lokaler Schwellungen oder Vorwölbungen am Thorax, Ödemen, Abscessen oder Hernien.*

Abnorme *Pulsationen* am Thorax werden bei *Aneurysma, Mediastinaltumoren* und *Lungenretraktionen* gesehen und gefühlt.

Die Pulsationen bei Aneurysma aortae sind meistens im zweiten rechten Intercostalraum zu sehen. Bei Pulsationen durch feste Tumoren, die zwischen den großen Gefäßen und der Thoraxwand gelegen sind, sieht und fühlt man, daß der Thorax vorgewölbt wird. Bei Retraktion der linken Lunge sieht man häufig Pulsationen der Art. pulmonalis im zweiten Intercostalraum links vom Sternum. Besteht eine Schrumpfung der rechten Lunge und infolge davon Verschiebung des Herzens nach rechts, so sieht man oft Pulsationen des Herzens rechts vom Sternum. Es sei an dieser Stelle noch daran erinnert, daß, wenn man an die Möglichkeit eines Aortenaneurysmas denkt, die Beobachtung des Oliver-Cardarellischen Symptoms für die Diagnose „Aneurysma" spricht. Die Untersuchung auf dieses Symptom hin wird im Kapitel „Herzkrankheiten" besprochen.

Pulsationen in großer Ausdehnung und fast immer links von der Herzgegend werden auch bei der sog. „Pleuritis pulsans" beobachtet. Wir können uns hier mit deren Erwähnung begnügen.

Nicht hoch genug zu veranschlagen ist der Wert einer peinlich genauen Untersuchung der in der Herzgegend wahrzunehmenden Pulsationen und vor allem des Herzspitzenstoßes.

Die Einziehungen, die unter verschiedenen Verhältnissen in der Herzgegend sichtbar sind, erwähnten wir bereits bei der Besprechung der Inspektion.

Der Ictus cordis ist oft schon mit dem Auge wahrzunehmen, viel besser aber mit der Hand bzw. dem Finger. Zu dem Zwecke legt man die Volarfläche der rechten Hand auf die Herzgegend. Bei der Frau ist dabei häufig ein Verschieben der Mamma nach oben und rechts notwendig. Bei mäßigem Druck mit der auf diese Weise auf die Brust gelegten rechten Hand fühlt man nun in der Regel bequem das Klopfen des Herzens gegen die Brustwand und kann die Stelle bestimmen, an der das Klopfen am stärksten ist, die Stelle des Spitzenstoßes. Mit der Spitze des rechten Zeigefingers oder mit den Spitzen des gegeneinandergelegten Zeige- und Mittelfingers bestimmt man alsdann diese Stelle noch genauer und stellt auch die Breite und Kraft des Spitzenstoßes fest. Beim Vorhandensein von Herzklappenfehlern beobachtet man häufig bei der Palpation ein eigentümliches Vibrieren, das bekannte „Katzenschnurren", das in mehr als einer Hinsicht für die Diagnose von Bedeutung ist. Wir kommen später darauf zurück.

Der Spitzenstoß wird unter physiologischen Verhältnissen beim Erwachsenen in der Regel im 5. linken Intercostalraum gefunden, etwas innerhalb der linken Mammillarlinie, und ist ungefähr mit der Spitze des Mittelfingers zu bedecken.

Unter pathologischen Verhältnissen kann er a) auf einer anormalen Stelle zu fühlen, also nach oben oder unten, nach rechts oder links verschoben sein; b) in größerer Ausdehnung zu fühlen, „verbreitert" sein; c) fehlen, nur schwach vorhanden oder verstärkt sein.

a) *Nach oben verschoben* ist der Spitzenstoß bei linksseitigem hohen Zwerchfellstand. Physiologisch ist es freilich, daß bei jungen Kindern der Spitzenstoß im 4. Intercostalraum gefunden wird, wobei er bei sehr jungen Kindern gleichzeitig etwas außerhalb der linken Mammillarlinie gelegen sein kann. Auch bei vollkommen gesunden Erwachsenen, besonders Frauen, wird der Spitzenstoß hin und wieder im 4. Intercostalraum gefunden, bei betagten Menschen dagegen zuweilen noch im 6. Zwischenrippenraum.

Verschiebung des Zwerchfells und damit natürlich Verschiebung des Spitzenstoßes nach oben wird durch Hochwölbung des Zwerchfells bei Vergrößerung des Bauchinhalts durch Tumoren, Ascites, Meteorismus bedingt. Auch bei allgemeiner Fettsucht wird das Zwerchfell nach oben verdrängt. Ferner wird ein Zug nach oben am Zwerchfell und damit auch am Spitzenstoß durch Lungenschrumpfung verursacht, wie sie in starkem Maße nach chronischer exsudativer Pleuritis, häufiger in geringerem Maße durch Tuberkulose und andere Prozesse in der Lunge zustande kommt.

Verschiebung des Spitzenstoßes nach unten kann man bei Lungenemphysem beobachten, wenn nicht allerdings dabei der Spitzenstoß infolge der Bedeckung des Herzens durch die geblähte Lunge vollkommen unfühlbar ist. Ferner bei Vergrößerung des linken Herzens infolge Insuffizienz der Aortaklappen und nicht selten auch bei Aneurysma aortae.

Verschiebung des Spitzenstoßes nach links oder rechts kommt zustande bei Verdrängung des Herzens durch einen Tumor, ein pleuritisches Exsudat oder einen Pneumothorax oder auch durch Zerrung des Herzens nach der kranken Seite infolge von Lungenschrumpfung.

Verschiebung des Spitzenstoßes nach unten oder oben ist stets mehr oder weniger gepaart mit Verschiebung nach links, also nach außen von der linken Mamillarlinie.

Bei der Lagebestimmung des Spitzenstoßes sorge man dafür, daß die untersuchte Person nicht nach einer Seite überhängt, weil das Herz bei seitlichem Überhängen oder Seitenlage des Körpers seine Lage ändert, so daß z. B. bei linker Seitenlage der Spitzenstoß bei einer gesunden Person in der linken vorderen Axillarlinie gefühlt werden kann.

Endlich sei noch kurz erwähnt, daß bei Thoraxmißbildungen natürlich auch der Spitzenstoß verschoben wird, und daß bei Situs viscerum inversus das Herz in der rechten Brusthälfte liegt, ebenso wie der Spitzenstoß, der dann rechts an der Stelle gefunden wird, die der normalen Lage des linken Spitzenstoßes entspricht.

b) *In größerer als der gewöhnlichen Ausdehnung zu fühlen, „verbreitert“*, ist der Spitzenstoß bei all den pathologischen Zuständen, bei denen die Lungenränder sich retrahiert haben und das Herz in großer Ausdehnung der Brustwand anliegt. Sind die Lungenränder in großer Ausdehnung zurückgezogen, dann ist nicht nur der Spitzenstoß, sondern es sind dann auch Pulsationen der anderen Herzabschnitte und der großen Gefäße sichtbar, wie wir oben bereits berichtet haben. Auch bei Vergrößerung des Herzens, sei es infolge von Klappenfehlern, sei es infolge krankhafter Veränderungen der Herzmuskulatur, retrahieren sich die Lungenränder. Dann liegt nicht nur das Herz mit einer größeren Oberfläche der Brustwand an, wodurch der Spitzenstoß verbreitert wird, sondern auch die Pulsation der Art. pulmonalis kann dabei sicht- und fühlbar werden. Letzteres ist vor allem der Fall bei Erkrankungen der Mitralklappen, wobei infolge der Stauung und Hypertrophie des rechten Herzens die Art. pulmonalis kräftiger pulsiert und infolge der Herzvergrößerung die Ränder der linken Lunge sich retrahieren.

Auch wenn das Zwerchfell durch Vermehrung des Bauchinhaltes (Meteorismus, Ascites, Tumoren) nach oben gedrängt ist, wird die Lunge zurückgedrängt und der Spitzenstoß verbreitert. Zugleich wird er nach oben verschoben.

Ist eine Lungenschrumpfung die Ursache, daß das Herz mit größerer denn normaler Oberfläche der Brustwand anliegt, dann sieht man bei tiefer Einatmung des Patienten keine Veränderung in der Sichtbarkeit der Pulsationen, ebenso wie auch bei der Perkussion die Herzdämpfung nicht kleiner wird. Sind dagegen Herzvergrößerung oder abnorm hoher Stand des Zwerchfells infolge Veränderungen der Bauchorgane die Ursachen der Retraktion der im übrigen vollkommen gut funktionierenden Lungenränder, dann werden bei tiefer Einatmung die Lungenränder mit Luft gefüllt, das Herz also wieder mit Lunge bedeckt: die sichtbaren Pulsationen werden geringer, auch die Ausbreitung des Spitzenstoßes wird ebenso wie die Herzdämpfung kleiner.

Schwächer fühlbar ist der Herzspitzenstoß je nach dem Grade der Bedeckung des Herzens durch die Lunge. Daher kommt es, daß er bei emphysematösen Lungen in der Regel überhaupt nicht zu sehen oder zu fühlen ist.

Auch bei Fettsucht ist der Spitzenstoß meist nicht sichtbar und gar nicht oder kaum fühlbar. Die dicke Fettlage auf dem Thorax gibt dafür eine einleuchtende Erklärung. Außerdem sind aber auch die Anhäufung von Fett auf dem Herzen und die daraus entstehenden Herzmuskelveränderungen als die Gründe für ein Nicht- oder Kaumfühlen des Spitzenstoßes anzusehen. Schwach oder überhaupt nicht fühlbar ist der Spitzenstoß ferner bei Anwesenheit einer großen Menge Flüssigkeit in der Perikardialhöhle, wie bei exsudativer Perikarditis und bei Hydroperikardium.

Wenn die Herzspitze genau gegen eine Rippe anliegt, kann der Spitzenstoß fehlen. Hieraus folgt, daß zuweilen bei gesunden Menschen der Herzspitzenstoß nicht zu fühlen ist. Oft kann man aber dann, wenn der Untersuchte, stehend oder sitzend, den Oberkörper nach vorne beugt, den Spitzenstoß fühlbar machen lassen.

Weiterhin ist der Spitzenstoß schwach oder unfühlbar bei sehr schwacher Herztätigkeit. Selbstbetrug aber würde es sein, wollte man glauben, daß bei jeder Insufficientia cordis der Spitzenstoß per se schwach sein müßte. Oft sieht man dabei sogar einen verstärkten Spitzenstoß, nicht selten gleichzeitig mit ausgebreiteten Pulsationen der Herzgegend. Man würde also sogar verleitet werden können, die paradoxe Behauptung aufzustellen, der Spitzenstoß sei bei Insufficientia cordis verstärkt. Daß aber tatsächlich diese Erscheinung nicht ganz so selten beobachtet werden kann, begreift man, wenn man bedenkt, daß die Insufficientia cordis in den meisten Fällen eine Folge der Erschöpfung des Herzens ist. Diese tritt ein, wenn das Herz lange Zeit hindurch mit übermäßiger Anspannung gearbeitet hat, um das eine oder andere Hindernis in der normalen Austreibung des Blutes zu überwinden. Dabei ist das Herz vergrößert und liegt also auch mit einer großen Oberfläche der Brustwand an. Obschon nun das große und hypertrophische Herz mit großer Kraft gegen die Brustwand klopft, gelingt es ihm trotz aller Anspannung nicht, das anormale Hindernis zu überwinden: das Herz ist insuffizient. Und oft sieht und fühlt man unter derartigen Verhältnissen eine mit Recht „tumultuös" genannte Herzarbeit, während der Puls des Kranken schwach ist und deutliche Anzeichen von Stauung vorhanden sind. Dasselbe kommt bei der sog. „Hochdruckstauung" vor, deren Besprechung aber nicht in den Rahmen dieses Buches hineingehört.

Bei allen Zuständen, unter den das Herz in großer Ausdehnung gegen die Brustwand anliegt (Lungenschrumpfung usw. s. oben) ist der Spitzenstoß verstärkt, hauptsächlich aber nur für das Auge. Beim Palpieren merkt der geübte Untersucher, daß, trotzdem der Spitzenstoß verbreitert ist und außerdem häufig auch noch ausgedehnte Pulsationen zu sehen sind, die Kraft der Zusammenziehung des Herzens nicht abnorm groß ist. Dagegen fühlt er bei Hypertrophia cordis, wie sie sich bei essentieller Hypertonie und bei chronischer Nephritis entwickelt, sehr deutlich, daß das Herz mit anormal großer Kraft gegen die Brustwand anschlägt und dies, während der Spitzenstoß dabei oft nicht besonders verbreitert ist. Am besten kann man dies beobachten, wenn man die drei aneinandergelegten mittleren Finger kräftig auf die Stelle des Spitzenstoßes im Zwischenrippenraum drückt. Man spricht dann wohl auch von einer erhöhten Resistenz des Spitzenstoßes, wie man auch bei erhöhter Pulsspannung von einem resistenten Puls spricht.

Zuweilen wird bei Hypertrophia cordis, am stärksten vielleicht bei Insuffizienz der Aortaklappen, der ganze Thorax in der Herzgegend bei jedem Herzschlag kräftig in die Höhe gehoben („hebender Herzstoß").

Endlich muß noch erwähnt werden, daß bei nervösen Menschen unter dem Einfluß von Gemütsbewegungen zeitweise eine tumultuöse Herztätigkeit, die mit Verstärkung des Spitzenstoßes einhergeht, auftreten kann. Dabei ist dann natürlich auch der Herzschlag beschleunigt. Auch bei Hyperthyreoidie, besonders also bei Basedowscher Krankheit, wird eine Beschleunigung des Herzschlags mit Verstärkung des Spitzenstoßes beobachtet.

Im Zusammenhang mit unserer Besprechung des Spitzenstoßes und der Pulsationen in der Herzgegend wollen wir an dieser Stelle noch die Pulsatio epigastrica erwähnen, die namentlich bei Tiefstand des Zwerchfells auch ohne Erkrankung des Herzens oder der Lungen oft gesehen und gefühlt werden kann. Besonders aber sieht man die Pulsatio epigastrica bei Emphysem und vor allem dann stark, wenn gleichzeitig das rechte Herz vergrößert und hypertrophisch ist.

An Stelle des Spitzenstoßes, meist aber zusammen mit ihm, nimmt man bei Klappenfehlern, besonders bei Mitralstenose, auf bestimmten Stellen der Brustwand ein eigenartiges Vibrieren, das sog. „Katzenschnurren", wahr. Dies „Schnurren" tritt in den verschiedenen Herzphasen auf, ist also systolisch bei Mitralinsuffizienz, präsystolisch oder diastolisch bei Stenose des Mitralisostiums. Bei genauer Palpation kann man in der Regel sehr leicht feststellen, in welcher Phase der Herztätigkeit das „Schnurren" auftritt. Wenn man nun bedenkt, daß bis auf eine höchst seltene Ausnahme ein derartiges „Schnurren" nur bei Klappenfehlern auftritt, im Gegensatz zu Geräuschen, die jedoch oft nur akzidenteller Art sind und vorkommen, auch ohne daß von einem Klappenfehler die Rede ist, und daß fernerhin an der Herzspitze ein deutliches „Schnurren" zu fühlen, aber bei der Auskultation kein Geräusch zu hören ist, dann begreift man den großen diagnostischen Wert des Fühlens eines „Schnurrens". In erster Linie darf man es als einen fast sicheren Beweis für das Bestehen eines Klappenfehlers betrachten und in zweiter Linie kann man die Art des Klappenfehlers diagnostizieren, wenn man die Phase der Herztätigkeit, in der man es fühlt, in Betracht zieht: ein systolisches „Schnurren" an der Herzspitze (oder rechts vom Spitzenstoß in der Richtung der Herzbasis) bei Mitralinsuffizienz, ein präsystolisches oder diastolisches „Schnurren" an der Spitze bei Mitralstenose.

Um ein „Schnurren" zu fühlen, lege man die Vola manus auf die Herzgegend, so daß man vor allem auch den Spitzenstoß fühlt. In der Regel glückt dies am besten, wenn man dabei nur einen sehr geringen Druck mit der Hand ausübt. Fühlt man ein „Schnurren", so bestimmt man, wo man es am stärksten wahrnimmt. Man kann dann weiterhin, mit den Fingerspitzen palpierend, leicht die Phase, in der das „Schnurren" wahrzunehmen ist, bestimmen.

Außer an der Spitze aber kommt ein derartiges „Schnurren" auch auf anderen Stellen an der Brust vor. So kann man mitunter ein sehr starkes systolisches

„Schnurren" im 2. Intercostalraum, rechts vom und auf dem Sternum bei Stenose des Ostiums der Aorta fühlen, während ein diastolisches „Schnurren", am stärksten am Corpus sterni, nicht selten bei Insuffizienz der Aortaklappen zu fühlen ist. Bei Fehlern am Ostium der Art. pulmonalis bemerkt man ein evtl. vorhandenes „Schnurren" am deutlichsten im 2. Intercostalraum links vom Sternum; bei den seltenen Klappenfehlern des rechten Herzens unten am Sternum. Auch bei Aneurysma der Aorta kann ein systolisches und auch diastolisches „Schnurren" beobachtet werden. Und endlich sei noch erwähnt, daß beim Fehlen oder bei unvollkommenem Schluß des Septum ventriculorum (Rogersche Krankheit) in der Regel ein starkes systolisches „Schnurren" über eine große Ausdehnung an der Vorderfläche der Brust zu fühlen ist.

Bei Entzündung des Perikardiums kann man mitunter ein eigenartiges Reiben, meist am deutlichsten am linken Sternalrand, fühlen. Dies *Perikardialreiben* ist rauher und gröber als das eben besprochene „Schnurren", es ist ungleichmäßig stark, unabhängig von Systole und Diastole des Herzens. Bei kräftigem Druck in den Intercostalraum oder, wenn man den Untersuchten tief Atem holen läßt, wird es stärker. Der erfahrene Untersucher vermag es denn auch leicht vom „Katzenschnurren" zu unterscheiden.

Unregelmäßigkeit im Rhythmus des Spitzenstoßes kann unter den verschiedensten Umständen bei der Palpation des Spitzenstoßes beobachtet werden. Sie tritt, ebenso wie die Unregelmäßigkeit des Pulses, u. a. beim Vorkommen von Extrasystolen auf und braucht also nicht immer als ein Zeichen für eine ernstere Herzerkrankung aufgefaßt zu werden. Indessen ist die Frage, ob eine unregelmäßige Herztätigkeit als Folge einer ernsten Herzerkrankung zu betrachten ist oder nicht, meist schwer zu beantworten. Wir verweisen dafür auf das Kapitel dieses Buches, in dem die Untersuchung des Pulses behandelt wird.

Perkussion.

Für die Perkussion kann man sich eines zu diesem Zwecke verfertigten Plessimeters und eines Hammers bedienen. Unserer Ansicht nach gibt es aber kein künstliches Plessimeter oder keinen künstlichen Hammer, die die Finger an Tauglichkeit und Zweckmäßigkeit übertreffen. Will man aus dem einen oder anderen Grund die Finger nicht als Plessimeter verwenden, so nehme man ein Stück mäßig harten, etwa 1 cm breiten und 4 cm langen Gummis. Zieht man die Hammerperkussion vor, so wähle man einen sehr leichten Hammer mit kräftigem geraden, also so wenig wie möglich elastischem Stiel.

Wünschenswert ist es, den Perkussionsschlag auf eine kleine Stelle einwirken zu lassen: ein kleines Plessimeter ist folglich am empfehlenswertesten. Am besten eignet sich dazu die Endphalanx des linken Zeigefingers. Der Zeigefinger wird beim Auflegen auf den zu perkutierenden Teil im 2. Interphalangealgelenk etwas hyperextendiert, so daß tatsächlich nur die Endphalanx und nicht ein größerer Teil des Zeigefingers auf den zu perkutierenden Teil gelegt wird. Bei der Perkussion oberhalb der Clavicula in der Grube zwischen den Köpfen des Sternocleidomastoideus ist es empfehlenswert, die Spitze des Zeigefingers auf die zu perkutierende Stelle zu legen, indem der Finger im 1. Interphalangealgelenk rechtwinklig gebeugt gehalten wird. Man klopft am besten mit dem Mittelfinger der rechten Hand, gleichzeitig darauf achtend, daß beim Klopfen die Endphalanx dieses Fingers senkrecht zur Fläche des zu untersuchenden Körpers gehalten wird.

Der Perkussionsschlag muß kurz und elastisch sein, die Bewegung, durch die der Schlag zustande kommt, nur aus dem Handgelenk heraus geschehen. Die Hand mit dem gebogenen Mittelfinger bildet dabei also ein festes Ganzes. Als

Regel klopfe man sehr leise und bedenke, daß kleine Verschiedenheiten in der Intensität zweier Klänge leichter gehört werden, wenn diese Klänge leise als wenn sie stark sind. Das Plessimeter oder die als solches fungierende Endphalanx des linken Zeigefingers drücke man sacht und immer mit gleicher Kraft auf die zu perkutierende Gegend und bei der Perkussion der Brustorgane nicht auf die Rippen, sondern in die Intercostalräume. Legt man das Plessimeter bzw. die Endphalanx des Zeigefingers auf die Rippen, das Sternum, oder die Clavicula, dann werden dadurch die Knochen zum Plessimeter, die Vorteile des umschriebenen Einflusses des Perkussionsschlages gehen verloren. Doch kann auch das Klopfen auf die Knochen zuweilen erwünscht und von Nutzen sein.

Bei der Stäbchenplessimeterperkussion bedient man sich mit Vorliebe eines gläsernen Plessimeters. Man klopft darauf mit dem Stielende des Perkussionshammers. Zur Not kann man dabei aber als Plessimeter auch einen anderen harten Gegenstand, z. B. eine Münze und als Hammer beispielsweise einen Bleistift gebrauchen.

Bevor man perkutiert, versäume man nicht, mit äußerster Sorgfalt den zu perkutierenden Patienten in die dazu erforderliche Haltung zu bringen. In allererster Linie muß er, möge er nun auf dem Rücken liegen, stehen oder sitzen, in vollkommen gerade Haltung gebracht werden, auf daß die beiden Körperhälften so symmetrisch wie möglich zueinander gelegen sind. Ferner dürfen weder die Arm- noch Hals-, noch Schulter-, noch Rücken-, noch bei der Perkussion des Bauches die Bauchmuskeln gespannt sein. Die Muskulatur muß soviel wie möglich entspannt sein.

Mit Hilfe der *topographischen* Perkussion versucht man die Lage und Größe der Brust- und Bauchorgane zu bestimmen.

Die hier beigefügten Abbildungen werden vielleicht eine willkommene Illustration der Lage der Lungen und des Herzens, der Leber, der Milz sein, sowohl bezüglich der Lage zueinander, wie auch zur Brustwand, den Rippen und Wirbeln. Es sind darauf auch die Grenzen der Lungenlappen angegeben, ebenso die der Pleura und Pleurasinus. Auf den Abbildungen sind die Lungen im Exspirationszustand wiedergegeben.

Durch die *vergleichende* Perkussion untersucht man, ob pathologische Veränderungen in der Beschaffenheit der Organe oder serösen Höhlen zu finden sind. Auch hinsichtlich der Funktion bestimmter Lungenabschnitte kann die vergleichende Perkussion einige Aufklärungen verschaffen.

Man gibt die Grenzen der Brustorgane an, indem man ihre Lage in bezug auf verschiedene Teile des Knochenskeletts bestimmt. Mit Rücksicht darauf sei an dieser Stelle daran erinnert, daß die 2. Rippe durch den Angulus Ludovici angegeben wird.

Die 7. Rippe ist gewöhnlich die unterste, die am Sternum ansetzt. Die unterste Spitze des Schulterblatts bei abwärts hängenden Armen liegt in Höhe der 7. Rippe, bei etwas vornüber gebogenem Kopf steht der Processus spinosus des 7. Halswirbels nach hinten heraus. Wenn zwei Processus spinosi in der Höhe vorstehen, ist der unterste, wenn drei, der mittelste der 7. Halswirbel.

Zur näheren Bezeichnung bestimmter Teile am Thorax bedient man sich ferner einer Anzahl vertikaler Linien, die man sich über den Thorax gezogen denkt, wie: vordere und hintere Medianlinie, die über die Seitenkanten des Sternums verlaufende rechte und linke Sternallinie, die über die Mamilla verlaufende rechte und linke Mamillarlinie, die in der Mitte zwischen Sternal- und Mamillarlinie gedachte rechte und linke Parasternallinie, die durch die Mitte, den vorderen und den hinteren Rand der Achselhöhle gezogene mittlere, vordere und hintere Axillarlinie, die durch die Spitze des Schulterblatts verlaufende rechte und linke Scapularlinie. Da besonders bei der Frau die Mamillae keine festen Punkte bedeuten, wird an Stelle der Mamillarlinie oft von einer Linie Gebrauch gemacht, die man sich vertikal durch die Mitte des Schlüsselbeins gezogen denkt, die Medioclavicularlinie.

Perkussion der Lungen. Die unteren Grenzen der Lungen werden vorn in liegender, hinten in sitzender oder stehender Haltung des zu Untersuchenden bestimmt. Wichtig ist dabei nicht nur den mittleren Stand dieser Lungenränder, so wie er bei ruhiger, oberflächlicher Atmung gefunden wird, zu bestimmen, sondern auch den bei tiefstmöglicher Ein- und Ausatmung.

Man findet dann gewöhnlich die untere Grenze der rechten Lunge bei mittlerem Stand in der Mamillarlinie am oberen Rand der 6. Rippe, in der Axillarlinie an der 8. oder 9. Rippe, auf dem Rücken in der Medianlinie in Höhe des 11. Brustwirbels. An der linken und rechten Seite stehen die Lungengrenzen ungefähr gleich hoch. Während aber an der rechten Seite die untere Grenze der Lunge leicht festzustellen ist, weil dort der laute Perkussionsschall der Lungen in den dumpfen der Leber übergeht, ist die Grenze

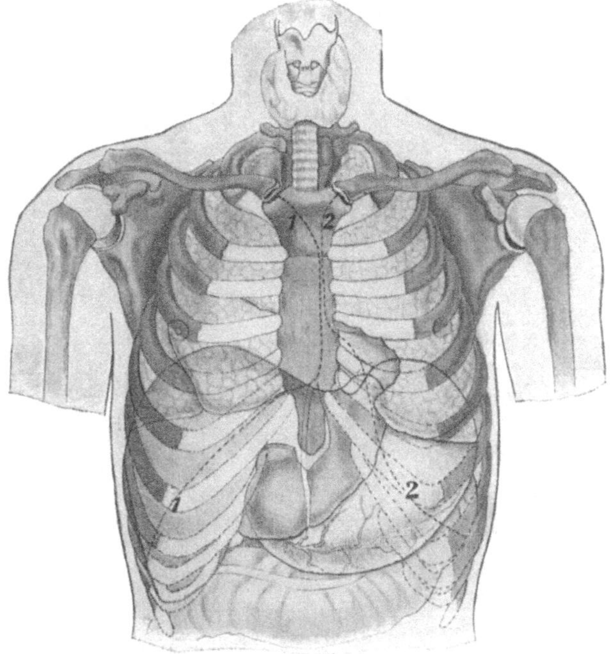

Abb. 27. Lage der Lungen, des Herzens, der Leber, des Magens in Beziehung zueinander. Grenzen der Lungenlappen, der Pleura und des komplementären Pleurasinus. Die punktierten Linien *1* und *2* deuten die Grenzen der l. und r. Pleura an. Die Lungen sind im Stande der Exspiration gezeichnet [Nach LUSCHKA[1]).]

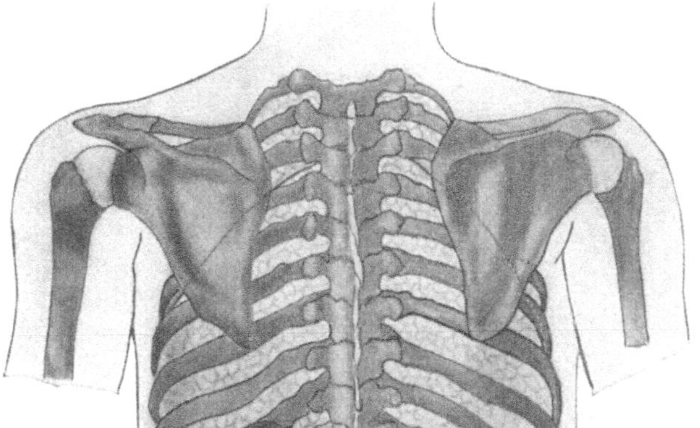

Abb. 28. Topographie der Lungen, der Lungenlappen und der Milz. Die Lungen im Zustande der Exspiration. (Nach v. LUSCHKA.)

[1]) LUSCHKA, H. v.: Die Lage der Bauchorgane des Menschen. Karlsruhe: Verlag der Chr. Fr. Müllerschen Hofbuchhandlung 1873.

auf der linken Seite viel schwieriger zu finden, weil der Unterschied zwischen dem Lungenschall und dem tympanitischen Magenschall nicht so leicht zu hören ist.

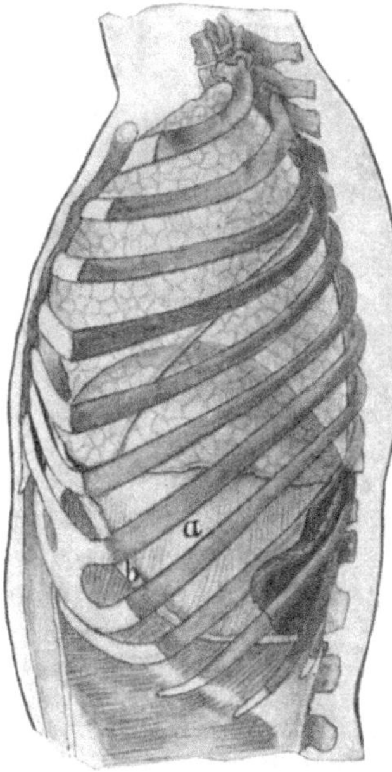

Abb. 29. Topographie der l. Lunge, der Lungenlappen, der Milz und Pleurasinus. Die Lunge in Exspiration. a) Pleura diaphragmatica; b) abgeschnittene Pleura costalis. (Nach v. LUSCHKA.)

Während die Lungen überall gegen die Brustwand anliegen, ist dies bei einem kleinen Teil der Brust in der Herzgegend nicht der Fall, nämlich dort, wo das Herz unbedeckt von der Lunge unter der Brustwand liegt. Dies ist die Stelle der absoluten Herzdämpfung, deren obere Grenze durch Perkussion, die von oben dicht neben dem linken Sternalrand nach unten geht, gefunden wird. Die obere Grenze liegt gewöhnlich in Höhe der 4. Rippe und verläuft horizontal nach links bis an die Parasternallinie, von wo die Grenze der Herzdämpfung weiter zur 6. Rippe schräg nach unten und links bis zum Herzspitzenstoß verläuft. Die rechte Grenze der absoluten Herzdämpfung ist unter normalen Verhältnissen nicht genau zu bestimmen. Denn beim Klopfen des Herzens gegen das Sternum gerät dies als ein Ganzes in Schwingung und wirkt wie ein großes Plessimeter, so daß der Perkussionsstoß nicht, wie es zur Bestimmung einer Dämpfungsgrenze nötig ist, umschrieben werden kann. Gewöhnlich findet man die rechte Grenze der absoluten Herzdämpfung mit dem linken Sternalrand zusammenfallend.

Die oberen Grenzen der Lungen sind in den verschiedenen Richtungen nicht mit Sicherheit zu bestimmen, da die Lungenspitzen nur ein geringes Volumen haben und teilweise von Muskeln und Knochen bedeckt sind. Jedoch hat man viele Jahre hindurch, im Glauben, damit die Grenzen der Lungenspitzen anzugeben, am Halse mit Hilfe der Perkussion Linien gezogen, die ein tiefer gelegenes Gebiet von lautem Lungenschall abschieden von einem höher am Halse gelegenen Gebiet mit dumpfem Ton. Diese Linien verlaufen zu beiden Seiten des Halses von vorn und innen von der Articulatio sternoclavicularis in schräger Richtung nach oben und hinten, schneiden den Außenrand des Musc. cucullaris 3—5 cm oberhalb der Clavicula und erstrecken sich weiter schräg nach hinten unten bis an den Processus spinosus des 2. Brustwirbels.

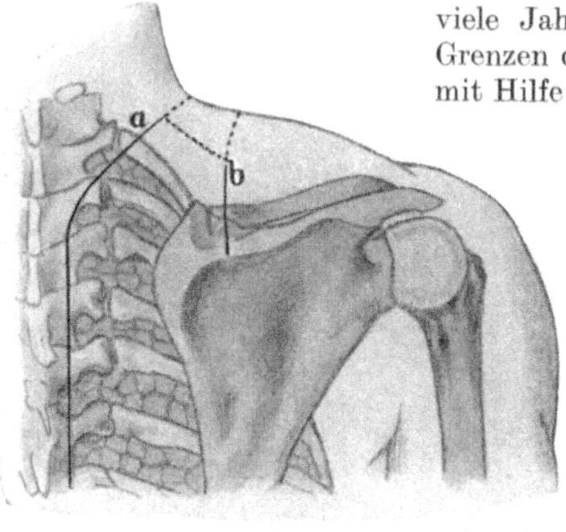

Abb. 30. a) Hintere mediane Lungengrenze; b) hintere laterale Lungengrenze. Die punktierten Linien deuten die Grenzen an, innerhalb derer bei leiser Perkussion der Schall oft gedämpft ist. [Nach KRÖNIG[1]).]

KRÖNIG empfahl außer einer inneren oberen Lungengrenze noch eine Außengrenze zu perkutieren. Er wies

[1]) KRÖNIG, G.: Zur Topographie der Lungenspitzen und ihrer Perkussion. Berlin. klin. Wochenschr. 1889, Nr. 37.

dabei nachdrücklich auf die Notwendigkeit einer sehr leisen Perkussion hin. Bei einer derartigen Perkussion gelingt nach KRÖNIG die Bestimmung der hinteren lateralen Grenze (Abb. 30 b) leicht, besonders bei mageren Individuen. Jedoch stößt sie bei kräftig gebauten, sehr muskulösen oder dicken Personen oft auf Schwierigkeiten, so daß diese Grenzlinie nur unter bestimmten Bedingungen als einwandfrei gelten kann. Dagegen ist die vordere laterale Grenzlinie vollkommen einwandfrei und wohl beinahe immer leicht zu ziehen. Sie verläuft ungefähr von der Mitte des Vorderrandes des Musc. cucullaris in einem Bogen nach unten, schneidet die Clavicula ungefähr auf der Grenze zwischen mittlerem und äußerem Drittel und verläuft dann schräg nach außen zur Achsel. Die ganze laterale Grenze entspricht also einer Linie, die von vorn von der Achsel nach oben und weiterhin über die Schulter nach hinten verläuft und das Gebiet an der medialen Seite mit lautem Perkussionsschall von dem der lateralen Seite mit dumpfem Ton trennt.

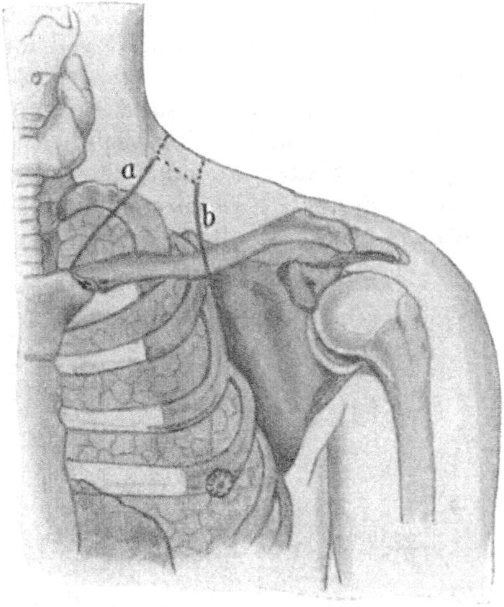

Abb. 31. a) Vordere mediale Lungengrenze; b) vordere laterale Lungengrenze. Die punktierten Linien geben die Grenze an, innerhalb derer bei leiser Perkussion der Schall oft gedämpft ist. [Nach KRÖNIG[1]).]

Das Gebiet zwischen der inneren, medialen und der äußeren, lateralen Grenze, welches man mit dem Namen „Krönigsches Schallfeld" bezeichnet, muß zu beiden Seiten des Halses gleich breit sein. Bei Veränderungen in den Lungenspitzen, meist also infolge von beginnender oder bereits chronischer Lungentuberkulose, ist das betreffende Feld der kranken Seite kleiner als das der gesunden.

Mit Recht hat aber GOLDSCHEIDER darauf hingewiesen, daß die angeführten Krönigschen Grenzlinien die wirkliche Lage der Lungenspitzen nicht angeben. An Hand genauer anatomischer Angaben (s. Abb. S. 33) bestimmte er deshalb eine Perkussionsmethode, mit Hilfe derer man imstande ist, die

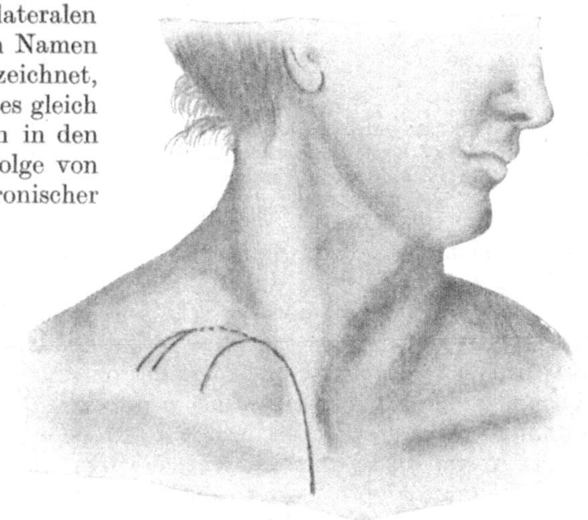

Abb. 32. Projektion der Lungenspitzengrenzen auf der vorderen Thoraxwand bei leiser Perkussion in sagittaler Richtung. Das Dämpfungsgebiet der ersten Rippe ist angegeben. Die kleine punktierte Linie ist konstruiert. [Nach GOLDSCHEIDER[2]).]

[1]) Berlin. klin. Wochenschr. 1889, Nr. 37.
[2]) GOLDSCHEIDER: Die Perkussion der Lungenspitzen. Berlin. klin. Wochenschr. 1907, Nr. 40.

richtige Höhe der Lungenspitzen oberhalb der Clavicula und auch ihre Grenzen auf dem Rücken festzustellen.

GOLDSCHEIDER unterscheidet an dem *in der Fossa supraclavicularis* gelegenen Teil der Lunge 1. den eigentlichen apicalen Teil, 2. den Teil, der von der 1. Rippe bedeckt wird, den subapicalen Teil und 3. den schmalen Streifen des 1. Intercostalraumes.

Es kommt nun vor allem darauf an, den apicalen Teil genau zu untersuchen. Am besten geschieht dies zwischen den Köpfen des Sternocleidomastoideus, wo man nach oben zu auch die äußerste Spitze der Lunge findet.

Man untersucht am besten den Patienten sitzend. Man perkutiert leise in sagittaler und, da die Fläche der Thoraxapertur abschüssig ist, in etwas Abwärtsrichtung, den Perkussionsschall links mit dem rechts vergleichend. Wenn die Höhe des oberen Randes bestimmt ist, sucht man den medialen Rand, wobei man den Kopf nach der anderen Seite drehen läßt, stets jedoch unter Vermeidung einer zu starken Spannung des Sternocleidomastoideus. Man kann auf diese Weise den medialen Lungenrand von der Spitze bis an das Sternoclaviculargelenk scharf abgrenzen. Oft kann man in Fällen, in denen der mediale Lungenrand retrahiert ist, durch das Beklopfen der Clavicula nahe beim Sternoclaviculargelenk eine Dämpfung finden.

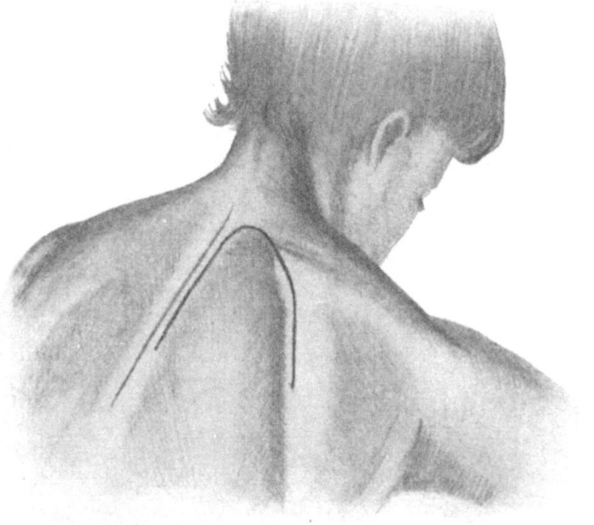

Abb. 33. Perkussion der oberen Lungengrenzen auf der hinteren Thoraxwand bei leiser Perkussion in sagittaler Richtung. Die gerade Linie verbindet die Processus spinosi. (Nach GOLDSCHEIDER.)

Nach der Perkussion des apikalen Teils geht man zur Untersuchung des subapikalen über. Zu dem Zwecke legt man die als Plessimeter gebrauchte Fingerspitze auf die 1. Rippe und perkutiert darauf Stück für Stück nach oben fortschreitend. Dabei ist besonders der oberste noch erreichbare Teil der Rippe vom Tuberculum bis zum am meisten medial gelegenen Punkt von Bedeutung. Mitunter ergibt die Perkussion der 1. Rippe ein noch deutlicheres Resultat als die des Apex. Übrigens ist bei sehr leiser Perkussion der Schall über der 1. Rippe etwas mehr gedämpft als der, welchen man bei der Perkussion des Apex hört. Lateral der 1. Rippe, in dem schmalen dem 1. Intercostalraum entsprechenden Streifen ist der Schall wieder etwas lauter (s. Abb. 32).

Bei der Perkussion der Lungenspitzen auf der Rückenseite läßt man die Arme nach vorn nehmen, um die Schulterblätter soviel wie möglich voneinander zu entfernen.

Man findet hinten den höchsten Punkt der Lungenspitze in der Höhe des Proc. spinosus des 1. Brustwirbels. Die medialen Ränder der beiden Lungenspitzen konvergieren, wie schon KRÖNIG angab, nach dem 2. Brustwirbel zu und verlaufen dann dicht längs der Wirbelkörper nach unten.

Die laterale Lungengrenze verläuft entsprechend der Kontur des Thorax (s. Abb. 33). GOLDSCHEIDER legt auf deren Bestimmung wenig Gewicht. Veränderungen, die man bei der Perkussion der Lungenspitzen an der Rückenseite findet, bestehen hauptsächlich in einem Tieferstehen der oberen und einer Einziehung der medianen Grenze. Im übrigen findet man bei Anfangsfällen von Phthisis oft ein Verstreichen der Lungenspitzengrenzen.

Zweifellos muß GOLDSCHEIDER das Verdienst zuerkannt werden, der erste gewesen zu sein, der uns eine gute Perkussion der Lungenspitzengrenzen gelehrt hat. Und aus eigner Erfahrung kann ich erklären, daß die Goldscheidersche Perkussionsmethode für die Erkennung auch geringer Veränderungen der Lungenspitzen von großem Werte ist. Jedoch ist die Methode subtil, sie erfordert nicht allein große Hingabe, sondern auch große technische Übung und ein scharfes und gutes Gehör.

Indessen darf auch KRÖNIGS Methode nicht jeder Wert abgesprochen werden, wenn auch dadurch, wie wir GOLDSCHEIDER beipflichten müssen, die Grenzen der Lungenspitzen nicht angegeben werden. Von großem Werte war in jedem Falle KRÖNIGS Drängen auf leise Perkussion, ein Rat, der freilich immer noch zu wenig befolgt wird.

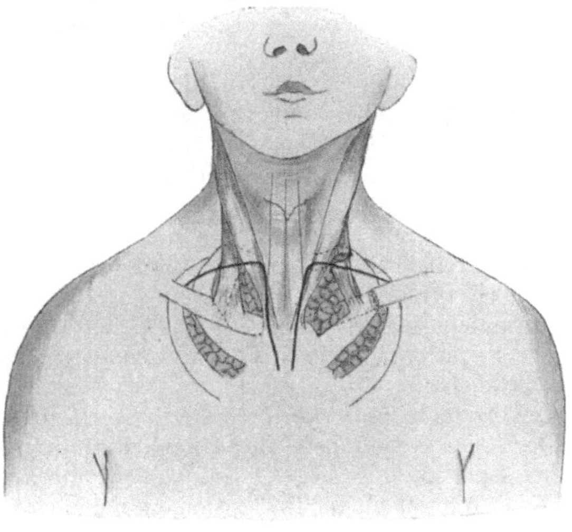

Abb. 34. Topographie der Lungenspitzen. —— Obere und innere Lungengrenze; ········ Ränder der ersten Rippe und des entfernten Stückes des linken Schlüsselbeins. Links ist der claviculare Kopf des Musc. sternocleidomastoideus entfernt, so daß der Musc. scalenus antic. und sein Ansatz an der ersten Rippe (rechts durch punktierte Linien angegeben) sichtbar wird. (Nach GOLDSCHEIDER.)

Sehr wichtig bei der Lungenperkussion ist die Feststellung der respiratorischen Beweglichkeit der unteren Lungengrenzen. Zu dem Zwecke läßt man den Antragsteller abwechselnd tief ein- und ausatmen, während man dabei jedesmal durch Perkussion die unterste Lungengrenze bestimmt. Unter physiologischen Verhältnissen beträgt, wenn man ihn in Rückenlage untersucht, der Unterschied im Stande der Lungen bei tiefer Ein- und Ausatmung durchschnittlich 7 cm in der Mamillarlinie. Läßt man ihn aus der Rückenlage in die Seitenlage übergehen, dann verschiebt sich der Lungenrand an der oben liegenden Seite 3—4 cm nach unten (passive Beweglichkeit der Lunge).

Selbstverständlich sind die angegebenen Maße bei verschiedenen Menschen voneinander verschieden, auch wenn deren Lungen gesund sind. Man schließe deswegen also nicht zu voreilig auf eine Abweichung, durch welche die aktive (respiratorische) und passive (Lageverschiedenheit) Beweglichkeit der Lungenränder gehindert wird. Notwendigerweise muß man daher die Beweglichkeit beider Lungen untersuchen. Bei Verschiedenheit in der Beweglichkeit einer der beiden Lungen darf man auf das Vorhandensein einer Veränderung an der weniger beweglichen Lunge schließen. Indessen kann auch bei beiden Lungen die Beweglichkeit geringer sein als dies mit normalen Verhältnissen übereinstimmt.

So z. B. beim Lungenemphysem. Dabei findet man dann gleichzeitig einen Tiefstand der unteren Lungengrenze und eine sehr geringe, zuweilen sogar überhaupt keine absolute Herzdämpfung. Bei dem sog. Volumen pulmonum auctum ist die untere Lungengrenze nach abwärts verschoben, jedoch die aktive und passive Beweglichkeit der Lungenränder nicht verringert. Bei dem Thorax paralyticus findet man die Lungengrenzen freilich sehr tiefstehend, jedoch ist dabei, wie wir bereits oben bei der Beschreibung dieser Thoraxform anführten, der ganze Thorax gestreckt, der Abstand der Rippen voneinander ist sehr groß. Liest man also den Stand der unteren Lungengrenzen an den Rippen ab, so findet man, daß die Lungengrenzen mit Bezug auf die Rippen nicht tiefer gelegen sind als beim normalen Thorax. In der Regel ist aber die Beweglichkeit der Lungengrenzen beim paralytischen Thorax geringer als unter normalen Verhältnissen.

Nur beiläufig braucht in diesem Buche erwähnt zu werden, daß auch bei diffuser Bronchitis und Bronchiolitis, bei Stenose in den großen Luftwegen (Larynx und Trachea) und beim Asthmaanfall ein Tiefstand der unteren Lungengrenzen mit geringer Beweglichkeit gefunden wird.

Hochstand der unteren Lungengrenzen findet sich bei allen Zuständen, in denen der Bauchinhalt zugenommen hat, wie bei Vergrößerung der Bauchorgane, Bauchtumoren, Ascites, Meteorismus. Ferner bei allgemeiner Fettsucht. Die respiratorische Beweglichkeit der Lungenränder ist in den pathologischen Zuständen, wenigstens wenn nicht gleichzeitig Krankheitsprozesse in den Lungen sich abspielen, in vielen Fällen, wenn auch vermindert, so doch noch deutlich nachweisbar.

Verschiebung der unteren Grenze der Lunge nach oben, zugleich sehr geringe oder sogar aufgehobene Beweglichkeit findet sich bei Schrumpfungsprozessen in den Lungen, wie sie sich infolge chronischer Lungentuberkulose entwickeln. Ferner wenn nach der Resorption eines pleuritischen Exsudates die beiden Pleurablätter miteinander verwachsen sind.

Beschränkung der respiratorischen Beweglichkeit der Lungenränder an einer oder beiden Seiten, wobei die Lungengrenzen nicht nach oben, jedoch oft etwas nach unten verschoben gefunden werden, kommt bei Vorhandensein von Pleuraadhäsionen ohne Lungenschrumpfung vor. In den Lehrbüchern wird dieser so häufig beobachteten und wichtigen Abweichung kaum eine geringe, meist aber überhaupt keine Aufmerksamkeit gewidmet. Unzweifelhaft aber ist es, daß ausgebreitete Pleuraadhäsionen zu sehr beträchtlichen Atmungs- und Kreislaufstörungen führen. In derartigen Fällen, in denen beiderseits ausgebreitete Pleuraadhäsionen bestehen, wird in der Regel einfach die Diagnose auf Lungenemphysem gestellt. Sind diese Pleuraadhäsionen nur auf einer Seite vorhanden, so wird, wenn nicht gleichzeitig Lungenveränderungen bestehen, bei der Perkussion keine Dämpfung gefunden, zuweilen eher ein lauter Ton von dem Charakter des Schachteltones, aber: verminderte respiratorische Beweglichkeit des Lungenrandes auf dieser Seite.

An den Lungenspitzen ist durch Perkussion keine respiratorische Verschiebung der Grenze nachzuweisen. Man kann aber, wenn man bei leiser Perkussion den Perkussionsschall der tiefen Inspiration mit dem der Exspiration vergleicht, einen deutlichen Schallunterschied in diesen zwei Phasen wahrnehmen („Respiratory percussion“ Da Costa). Fehlt dieser Schallunterschied oder ist er sehr gering, so kann man daraus schließen, daß das Volumen dieser Lungenspitze bzw. der Luftgehalt der Lunge oder die Spannung des Lungengewebes bei tiefer Inspiration und Exspiration die gleiche ist, und daß infolgedessen eine Veränderung in dieser Lungenspitze vorhanden ist. Indessen wird man gut tun, nicht auf eine derartige Veränderung zu schließen, wenn man das gleiche Verhalten auch bei der anderen Lungenspitze vorfindet.

Von großem Wert für die frühzeitige Erkennung von chronischen tuberkulösen Lungenveränderungen ist die *vergleichende* Perkussion. Dabei ist die Untersuchung natürlich besonders auf die Lungenspitzen und die Oberlappen der Lungen gerichtet. Durch das Vergleichen des Schalls abwechselnd perkutierter symmetrisch gebogener Teile ergeben sich evtl. vorhandene Abweichungen. Hört man doch beim methodischen Beklopfen symmetrisch gelegener Teile beiderseits gleichen Perkussionsschall. Wo sich eine Verschiedenheit zeigt, besteht eine pathologische Veränderung. Ehe man jedoch beim Auffinden einer derartigen Verschiedenheit auf das Vorhandensein einer krankhaften Abweichung schließen kann, überzeuge man sich davon, ob die untersuchte Person über einen vollkommen symmetrischen Brustkorb verfügt, und ob nicht Abweichungen im Bau der Wirbelsäule bestehen. Vor allem bedenke man, daß sehr geringe Asymmetrien, z. B. eine sehr geringe Skoliose, schon beträchtliche Unterschiede bei der vergleichenden Perkussion verursachen können. Wir wiederholen auch hier nochmals, worauf wir schon nachdrücklich hinwiesen, daß man sich einer großen Versäumnis schuldig macht, wenn man nicht vor der Perkussion die zu perkutierende Person in die erforderliche Stellung bringt.

Man muß aber — und es erscheint fast überflüssig, das zu betonen — bei der vergleichenden Perkussion darauf achten, daß man beim abwechselnden Perkutieren der linken und rechten Brusthälfte beide Seiten genau gleichmäßig kräftig in derselben Richtung und mit gleichmäßig stark aufgedrücktem Plessimeter perkutiert.

Die Fingerfingerperkussion ist hier bei weitem der Hammerplessimeterperkussion vorzuziehen. Man beklopfe mit der Spitze des rechten Mittelfingers den Rücken der als Plessimeter dienenden Endphalanx des linken Zeigefingers direkt hinter dem Nagel. Mitunter, besonders in der Grube zwischen den Köpfen des Sternocleidomastoideus, ist es empfehlenswert, die Spitze des linken Zeigefingers auf den Hals des zu Untersuchenden zu legen, indem man diesen Finger im 1. Interphalangealgelenk rechtwinklig gebogen und im 2. gestreckt hält (Fingerhaltung nach PLESCH). Man klopft dann auf das distale Ende der ersten Phalanx des genannten Zeigefingers. Man verschafft sich auf diese Weise den Vorteil eines sehr kleinen Plessimeters, wodurch der Perkussionsstoß so scharf wie möglich begrenzt wird. Zu dem gleichen Zwecke kann man als Plessimeter auch ein kleines gläsernes Stäbchen gebrauchen, wie es von GOLDSCHEIDER angegeben wird, das an dem einen Ende mit einer Gummikappe überzogen und entweder gerade oder am Ende umgebogen ist.

Bei der vergleichenden Perkussion beklopfe man die zu untersuchenden Stellen abwechselnd mit verschiedener Stärke. Dicht an der Oberfläche gelegene Infiltrate werden ja besonders bei sehr leisem Klopfen am besten gefunden. Das Vorhandensein tiefergelegener Infiltrate, Höhlen usw. wird erst bei etwas stärkerem Klopfen festgestellt werden. Man muß also durch abwechselndes leises und wieder kräftigeres Klopfen bzw. Perkutieren derselben Stelle nachforschen, mit welcher Kraft man perkutieren muß, um sich von dem Bestehen einer Abweichung so gut wie irgend möglich zu überzeugen.

Veränderungen in den Lungenspitzen erkennt man am besten bei leiser, aber doch so kräftiger Perkussion, daß ein deutlicher Schall zu Gehör gebracht wird. Ferner perkutiere man in sagittaler Richtung und, wie oben bei der Beschreibung der topographischen Perkussionsmethode von GOLDSCHEIDER bereits angegeben wurde, am besten in der Grube zwischen den Köpfen des Sternocleidomastoideus und auf der Rückenfläche dicht bei der Wirbelsäule in Höhe des 1. und 2. Brustwirbels. Wie bereits vorhin erwähnt, ist es anzuraten, auch die Breite des rechten und linken „Krönigschen Schallfeldes“ zu bestimmen und die gefundenen Breiten miteinander zu vergleichen. Des weiteren perkutiert man an der Vorderfläche der Brust in den Intercostalräumen, wobei zu bedenken ist, daß bei etwas stärkerer Perkussion auf der linken Seite der Schall bereits vom 2. Intercostalraum ab durch das in der Nähe gelegene Herz und seine großen Gefäße gedämpft sein kann. Beim Perkutieren der Rückenfläche des Thorax lasse man den Kopf etwas vornübergebeugt halten. Man lasse die Arme nach vorn nehmen und lege sie übereinander, um auf diese Weise die Schulterblätter so weit wie möglich voneinander zu entfernen. Man perkutiert dann auf der Fläche, die zwischen dem Innenrand des Schulterblatts und der Wirbelsäule gelegen ist. Auch versäume man nicht, bei hoch erhobenen Armen tief in die Achselhöhle hineinzuperkutieren.

Dämpfung des Perkussionsschalles findet man, wenn infolge des einen oder anderen Krankheitsprozesses das Lungengewebe weniger lufthaltig, infiltriert, geschrumpft oder atelektatisch geworden ist, oder wenn sich in der Lunge ein Infarkt, Absceß oder ein Tumor entwickelt hat. Tympanitischen Beiklang bei der Perkussion hört man, wenn das Lungengewebe an Spannung verloren hat, wie bei Entzündung, vermehrter Blutszufuhr, Exsudat, Gangrän, Hypostase, Ödem und bei Retraktion und Kompression der Lunge. Dumpfen Schall findet man, wenn ausgedehnte Teile der Lunge fest geworden sind, wie z. B. bei Pneumonie oder zusammengedrückt z. B. durch einen Tumor, oder atelektatisch geworden sind infolge von Bronchostenose. Ferner beobachtet man bei der Perkussion gedämpften oder dumpfen Schall bei Vorhandensein von Flüssigkeit in der Pleurahöhle.

Rein tympanitischen Klang hört man beim Bestehen einer oder mehrerer Höhlen in der Lunge, bei Kompression der Lunge durch ein pleuritisches Exsudat und bei Pneumothorax, wenn die Spannung der Wände nicht groß ist. Rein tympanitischen Klang beim Vorhandensein eines pleuritischen Exsudats findet man bei der Perkussion der Vorderfläche der Brust unterhalb der Clavicula („Bruit Skodique“). Übrigens kann man auch auf der Rückseite sehr häufig an der oberen Grenze eines pleuritischen Exsudats tympanitischen Beiklang wahrnehmen.

Lauten tympanitischen Schall mit Schallwechsel beim Öffnen und Schließen des Mundes — höherer Schall beim Öffnen, tieferer beim Schließen des Mundes (Wintrichscher Schallwechsel) — kann man weiterhin auch bei Infiltration oder bei Kompression der Lungen durch einen Tumor und ebenso beim Bestehen eines sehr großen pleuritischen Exsudats finden. Diese Erscheinung wird insbesondere unterhalb der linken Clavicula wahrgenommen, wenn der Perkussionsstoß durch das feste Lungengewebe hindurch die Luft im Hauptbronchus in Schwingung versetzt (Williams Trachealton). Wintrichschen Schallwechsel hört man übrigens am meisten über Kavernen, die mit einem Bronchus in offener Verbindung stehen. In den verschiedenen Phasen der Respiration kann der tympanitische Schall über einer Kaverne wechseln, weil die Spannung des Lungengewebes bzw. der Wandungen der Kavernen in den einzelnen Phasen verschieden ist. Man muß daher, will man vom Wintrichschen Schallwechsel sprechen, den Schallwechsel in derselben Atmungsphase hören. Die Erscheinung, daß während der In- und Exspiration eine Verschiedenheit in der Höhe eines deutlich tympanitischen Schalls wahrgenommen wird, nennt man Friedreichschen oder respiratorischen Schallwechsel.

Endlich sei noch an die Änderung des Perkussionsschalls der Lungen bei Lungenemphysem erinnert, wobei ein Schall gehört wird, den man am besten mit dem beim Beklopfen einer Schachtel entstehenden vergleicht („Schachtelton“).

Auch beim asthmatischen Anfall und bei Lungenblähung kann bei der Perkussion ein Schachtelton gehört werden.

Bei der *Herzperkussion* bestimmt man gewöhnlich nur die absolute Herzdämpfung, d. h. also den Teil des Herzens, der der Brustwand unmittelbar anliegt. In der Regel kann man sich auf die Weise ein hinreichend genaues Bild von der Größe des Herzens machen, wenigstens wenn man nicht versäumt, die Verschieblichkeit und evtl. den Grad der Verschieblichkeit der um das Herz gelegenen Lungenränder zu untersuchen und den Stand des Zwerchfells in Betracht zu ziehen. Bei Zwerchfellhochstand liegt das Herz in beträchtlich großer Ausdehnung der Thoraxwand unmittelbar an. Bei Tiefstand des Diaphragmas wie beim paralytischen Thorax (Tropfenherz) und in vorgeschrittenerem Lebensalter liegt das Herz in geringerer Ausdehnung der Brustwand an. Bei gleicher Herzgröße haben wir also bei Hochstand des Zwerchfells eine größere, bei Tiefstand eine kleinere absolute Herzdämpfung. Bei geringer oder fehlender respiratorischer Verschieblichkeit der Lungenränder kann die Größe der in der Herzgegend gefundenen Dämpfung kein zuverlässiger Maßstab zur Schätzung der Größe des Herzens sein. Ist der an das Herz grenzende Teil der Lunge infiltriert, geschrumpft, wenig oder gar nicht lufthaltig, dann ist es vollkommen unmöglich, durch Perkussion die Herzgröße zu bestimmen, also auch nicht durch das Perkutieren der relativen Herzdämpfung oder mit Hilfe der von GOLDSCHEIDER angegebenen „Schwellenwertperkussion“. Nur dann, wenn das Herz ganz oder beinahe ganz von Lunge bedeckt wird, wie es bei Lungenemphysem der Fall sein kann, ist die Bestimmung der relativen Herzdämpfung bzw. der wirklichen Größe des Herzens nach der Goldscheiderschen Methode von Bedeutung.

Bei Emphysem ist ja das rechte Herz oft vergrößert, und sicher ist es für die Beurteilung des Einflusses, den das Emphysem auf den Kreislauf ausübt, von Wert, unter anderem auch zu wissen, ob das rechte Herz vergrößert ist oder nicht, und wenn ja, in welchem Grade. Die Vergrößerung des rechten Herzens durch Bestimmung der absoluten Herzdämpfung ist in der Regel leicht nachzuweisen, weil der rechte Lungenrand dabei nach rechts retrahiert und also die absolute Herzdämpfung nach rechts vergrößert wird. Dagegen retrahiert sich bei Emphysem der Lungenrand nicht oder wenig, und wenn auch das rechte Herz dilatiert ist, so ist demnach also die Vergrößerung des Herzens nicht durch das Bestimmen der absoluten Herzdämpfung festzustellen. Wenn man nun auch mit Hilfe verschiedener Tatsachen, wie Grad der Kurzatmigkeit, der Verschieblichkeit der unteren Lungengrenzen, Pulsatio epigastrica, Stauungserscheinungen usw., sich über die Stärke des Emphysems bzw. über die Intensität der dadurch verursachten Störungen meist ein richtiges Urteil bilden kann, so würde es doch in derartigen Fällen von Wert sein, die wirkliche Herzgröße durch Perkussion bestimmen zu können. Freilich ist nun aber gerade bei Lungenemphysem auch die richtige Bestimmung dieser Größe mittels der Perkussion der relativen Herzdämpfung oder mittels der Goldscheiderschen „Schwellenwertperkussion“ nicht gut möglich. Durch die Bedeckung des Herzens mit einem großen Volumen von Lungengewebe lassen bei Lungenemphysem auch diese Perkussionsmethoden im Stich. Wir sind denn auch der Ansicht, daß die Perkussionsmethoden, welche die Bestimmung der wirklichen Größe des Herzens zum Zweck haben, für denjenigen nur von sehr geringem Wert sind, der nicht nur die Perkussion, sondern die gesamte klinische Untersuchung gut beherrscht. Wir sprechen dabei nicht allein von der großen technischen Schwierigkeit der Bestimmung der relativen Herzdämpfung und der noch größere technische Geschicklichkeit und Übung erfordernden „Schwellenwertperkussion“. Wir wollen nur noch darauf hinweisen, daß selbst dann, wenn man durch diese schwer zu lernenden Perkussionsmethoden die richtige Größe des Herzens anzugeben vermag, doch nicht einmal, wenn man ein großes Herz findet, sagen kann, ob das rechte oder das linke Herz vergrößert ist. Bei der Bestimmung der absoluten Herzdämpfung kann man dies, abgesehen von dem eben besprochenen Emphysem, in der Regel wohl, da ja bei der Vergrößerung des rechten Herzens die rechte Grenze der absoluten Herzdämpfung nach rechts verschoben ist. Man halte aber hierbei im Auge, daß bei Vergrößerung des rechten Herzens sich dieses auch nach links in großer Ausdehnung der Thoraxwand anlegt. Dabei wird das linke Herz nach hinten, also von der Thoraxwand abgedreht, so stark sogar, daß zuweilen das linke Herz überhaupt nicht mehr die Thoraxwand berührt und der Herzspitzenstoß vom rechten Herzen ausgeübt wird. Infolgedessen kann auch, wenn die rechte Grenze der absoluten Herzdämpfung nur wenig nach rechts verschoben ist, das rechte Herz doch sehr vergrößert sein. Überwiegt bei Vergrößerung der beiden Ventrikel die Vergrößerung des rechten, dann ist die absolute Herzdämpfung abnorm breit. Überwiegt dagegen die des linken Ventrikels, dann ist die Breitenzunahme weniger auffallend, meist aber Verschiebung nach links und unten nachzuweisen.

Eine sehr beträchtliche und dabei eigenartige Vergrößerung der absoluten Herzdämpfung findet man bei Anwesenheit einer einigermaßen bedeutenden Menge Flüssigkeit in der Perikardialhöhle, also bei Hydroperikardium, und vor allem bei exsudativer Perikarditis. Die absolute Herzdämpfung ist dann nach allen Richtungen hin beträchtlich vergrößert und weist die Form eines Dreiecks auf, dessen Spitze abgestumpft ist. Dabei ist die rechte Herzgrenze stark nach rechts verschoben und der sog. Herz-Leberwinkel stumpf, weil die rechte Grenzlinie der Herzdämpfung von oben vom Sternum schräg nach unten und rechts verläuft und also mit der Linie der absoluten Leberdämpfung einen stumpfen nach rechts offenen Winkel bildet. Man findet ferner bei der exsudativen Perikarditis mit noch nicht umfangreichem Exsudat schon frühzeitig eine deutliche Dämpfung in Höhe des Corpus sterni, wenn man den Patienten in etwas aufrechter Haltung perkutiert. Weiterhin kann man bei Anwesenheit von Flüssigkeit im Perikardium zuweilen auch einmal eine Verschiebung der oberen Grenze der absoluten Herzdämpfung nach unten wahrnehmen, wenn man den Patienten zuerst im Liegen und dann im Stehen perkutiert. Man überschätze aber den Wert dieser Erscheinung nicht, da sie wohl auch einmal unter normalen Verhältnissen beobachtet werden kann.

Wenn das Herz von seiner Stelle verdrängt oder abgezogen ist, wird die Herzdämpfung natürlich nicht an gewöhnlicher Stelle gefunden. Unter derartigen anormalen Verhältnissen ist aber die Bestimmung der absoluten Herzdämpfung nur von geringem Wert. Sie ist dann übrigens meist unmöglich infolge von Pleuraverwachsungen und Verdichtungen der an das Herz grenzenden Lungenteile.

Auskultation.

Bei der Auskultation der Brustorgane muß man in erster Linie daran denken, daß man die meist nur schwachen Geräusche allein in einer stillen Umgebung gut hören kann. Freilich auch für eine genaue Perkussion ist Ruhe ein Haupterfordernis. Die Untersuchung der Lungen ist so außerordentlich schwierig und erfordert außer großer Übung eine so scharfe Aufmerksamkeit und darum auch so große Anspannung des Untersuchers, daß jedes Geräusch in der Umgebung, jede Ablenkung der Aufmerksamkeit störend ist.

Bei der Auskultation macht man meist ausschließlich von der sog. „mittelbaren“ Auskultation Gebrauch, bei der man sich eines Stethoskops bedient. Nur für die Auskultation an der Rückenfläche kann zuweilen die „unmittelbare“ Auskultation, bei der der Untersucher sein Ohr an die Rückenfläche des Untersuchten anlegt, nützlich sein. Auf diese Weise kann man mitunter bronchiales Atemgeräusch hören, wenn dies mit Hilfe eines Stethoskops nicht möglich ist. Auch für das Wahrnehmen der Bronchophonie ist die unmittelbare Auskultation oft der mittelbaren vorzuziehen. Gleichzeitig kann man dabei mit dem auf die Brust sacht angedrückten Kopf den Stimmfremitus fühlen. Um nicht mit dem Kopf bzw. einem Teil des Gesichts in direkte Berührung mit der Haut des Untersuchten zu kommen, legt man ein auseinandergefaltenes Handtuch auf die Stelle, die man auskultieren will.

Bezüglich des Instruments, das man am besten als Stethoskop benutzen soll, weisen wir darauf hin, daß es als ein Nachteil anzusehen ist, wenn die gehörten Geräusche durch die Resonanz des Stethoskops beträchtlich verstärkt werden. Bei Verstärkung der Geräusche wird gleichzeitig deren Charakter geändert. So kann z. B. das reinste Vesiculäratmen einen scharfen Charakter bekommen und infolgedessen eine unrichtige Diagnose gestellt werden. Ganz besonders muß deswegen vor dem Gebrauch des „Phonendoskops" gewarnt werden. Auch die zu einem großen Teil aus Metall gearbeiteten „binauralen" Stethoskops ändern den Charakter der Atemgeräusche. Soweit es wenigstens darauf ankommt, die Bedeutung von Geräuschen mit Bezug auf den Zustand des untersuchten Lungenabschnittes zu beurteilen — und das ist doch in der Tat die Frage, um die es sich handelt — ist dies ein Nachteil. Indessen muß zugegeben werden, daß dieser Nachteil in ausreichender Weise ausgeglichen wird, wenn der Untersucher immer nur das gleiche Instrument gebraucht. Dann lernt er durch Übung und Erfahrung beurteilen, ob das Geräusch, das er mit *seinem* Instrument hört, einen pathologischen Charakter hat oder nicht. Der stets mit einem stark resonierenden Stethoskop auskultierende Untersucher sei aber eingedenk, daß er damit niemals die Geräusche in ihrem reinen wirklichen Charakter, also z. B. niemals echtes reines Vesiculäratmen hören kann. Schließlich ist es Geschmacks- und Gefühlssache, ob man sich darum kümmern will oder nicht. Es ist aber nicht zu leugnen, daß sehr schwache Geräusche leichter zur Perception kommen, wenn man sich eines binauralen Stethoskops und besonders eines solchen mit festen Röhren bedient, als wenn man das im übrigen so vortreffliche gute alte hölzerne Stethoskop mit einer einzigen Hörmuschel gebraucht. Für weniger gut Hörende ist dies ein so großer Vorteil, daß kein anderes Stethoskop für sie in Betracht kommt. Als ein Nachteil des genannten binauralen Stethoskops ist es dagegen zu betrachten, daß Nebengeräusche, die man natürlich am liebsten nicht hört, ebenso wie die Lungengeräusche verstärkt werden und infolgedessen auch um so störender sind.

Summa summarum muß das eben genannte hölzerne Stethoskop vorgezogen werden, wenn wenigstens der Untersucher über ein scharfes Gehör und die nötige Übung verfügt. Dies gilt aber nur für die *Auskultation der Lungen* und nicht für die des Kreislaufapparates. Für die scharfe Aufnahme von kaum hörbaren Herz- und Gefäßtönen und besonders der Phase der Herzgeräusche ist das binaurale Stethoskop einfach unentbehrlich. Auf diese Weise kommen viele von selbst dazu, nur ein binaurales Stethoskop bei sich zu führen und dies ausschließlich zu gebrauchen.

Zur Auskultation der Lungen muß man den zu Untersuchenden erst gewöhnlich atmen lassen, dann ihn auffordern, tief zu atmen. Mitunter ist es wünschenswert, daß die zu untersuchende Person schnell und gleichzeitig tief einatmet. Bei tiefer und schneller Einatmung gelingt es zuweilen, Rasselgeräusche wahrzunehmen, die man bei der gewöhnlichen ruhigen Atmung nicht hören kann. Viele Menschen können nicht willkürlich tief atmen. Man erreicht dann sein Ziel, wenn man sie auffordert, plötzlich wie beim Schluchzen einzuatmen. Auch kann man den Untersuchten zwingen, tief einzuatmen, wenn man ihn den Atem solange wie möglich anhalten läßt. Er beginnt dann schließlich wieder mit einem tiefen Atemzuge einzuatmen. Weiter ist es empfehlenswert, die zu untersuchende Person husten zu lassen, am besten mit einigen aufeinander folgenden Hustenstößen. Auch auf diese erfolgt dann von selbst eine tiefe Einatmung. Ferner wird nach dem Husten das Atemgeräusch zuweilen deutlicher, nämlich dann, wenn Bronchi durch darin vorhandenen Schleim verstopft waren und durch Hustenstöße der Schleim entfernt worden ist.

Auch kann man den Untersuchten flüsternd und dann auch laut sprechen oder zählen lassen, um festzustellen, wie das Stimmgeräusch nach der auskultierten Stelle des Thorax fortgeleitet wird. Gleichzeitig kann man dabei sehr gut den Stimmfremitus mit dem Kopfe fühlen.

Gleich wie bei der Perkussion muß man auch bei der Auskultation symmetrisch gelegene Stellen miteinander vergleichen. Selbstverständlich muß bei dieser vergleichenden Auskultation der Untersuchte, wenn man ihn rechts und links behorcht, jedesmal in derselben Weise gleich tief und gleich schnell Atem holen. Ratsam ist es dabei, zuerst nur auf die Einatmung und dann nur auf die Ausatmung zu achten; also den Charakter der Einatmung der einen Seite mit dem der anderen zu vergleichen und ebenso die Ausatmung beider Seiten.

Nicht selten kommt es vor, daß Nebengeräusche, die an der Thoraxwand entstehen, zu Schwierigkeiten Veranlassung geben, und es ist mitunter mühsam, festzustellen, ob es sich um derartige Nebengeräusche oder um Lungen- oder Pleurageräusche handelt. Im Hinblick auf die groben Fehler, denen der Untersucher durch die Nebengeräusche ausgesetzt ist und der beträchtlichen Nachteile, die dadurch für den zu Untersuchenden in erster Linie die Folge sein können, ist es sicher zweckmäßig, einige bekannte Ursachen derartiger Nebengeräusche sowie die Mittel zu ihrer Erkennung ins Gedächtnis zurückzurufen.

Stellt man das Stethoskop auf einen behaarten Thorax, so entsteht dabei ein eigentümliches Knistern, welches das Auskultieren stört. Man braucht dieses nur zu wissen, um in einem solchen Falle sofort die Ursache dieses Knisterns richtig zu deuten. Dies genügt aber natürlich nicht, der Nachteil muß auch beseitigt werden. Zu diesem Zwecke mache man die behaarten und abzuhorchenden Stellen gehörig naß, wenn nötig schmiere man sie mit Vaseline ein.

Zuweilen verursacht eine geringe Verschiebung des Stethoskops ein krachendes Nebengeräusch, welches meistens daran erkannt wird, daß man es auch hört, wenn der Untersuchte nicht atmet.

Schwieriger ist das eigenartige knackende Geräusch zu erkennen, das von deutscher Seite mit dem Ausdruck „Schulterknarren" bezeichnet wird und wahrscheinlich durch Gelenkreibung vor allem bei tiefer Atmung zustande kommt. Vielleicht kann dieses knackende Geräusch auch durch die Bewegung des Schulterblattes oder durch Muskelkontraktionen verursacht werden. Es verschwindet gewöhnlich, wenn man den Untersuchten eine etwas andere Haltung einnehmen läßt bzw. den Stand der Arme oder Schultern etwas ändert. Das gleiche ist der Fall, wenn der Untersuchte weniger tief atmet. Man hört es besonders bei Menschen, die die Kunst tiefen Atmens nicht kennen.

Es braucht hier wohl kaum daran erinnert zu werden, daß die Brust der zu untersuchenden Person entblößt sein muß, damit nicht infolge des Reibens der Kleider längs der Haut Nebengeräusche auftreten können.

Wenn man neben vollkommen normalem Atemgeräusch verdächtige Geräusche wahrnimmt, kann man wohl mit Sicherheit diese Geräusche als zufällige betrachten. Außerdem hört man bei scharfem Zuhorchen in der Regel, ob die gehörten Geräusche mit dem Atemgeräusch fest verbunden sind, und daher als eine Folge von Lungenveränderungen oder als zufällige Nebengeräusche aufzufassen sind.

Unter physiologischen Verhältnissen hört man bei Auskultation der Lungen während des Inspiriums ein leises unterbrochenes Geräusch, das man am besten nachahmen kann, wenn man bei eben geöffnetem Mund langsam einatmet. Der Charakter ist nicht immer derselbe: es kann leiser aber auch schärfer sein. Man ahmt die verschiedenen Änderungen des vesiculären Atemgeräusches am besten nach, wenn man abwechselnd den Mund bzw. die Lippen so stellt wie beim Aussprechen der Buchstaben b, w, v und f und dann langsam einatmet. Beim Exspirium hört man nichts oder höchstens im Beginn ein sehr kurzes Geräusch von etwas geändertem vesiculären Charakter.

Im Hinblick auf die Lungentuberkulose ist natürlich das vergleichende Auskultieren der Lungenspitzen von großer Wichtigkeit. Man denke dabei aber daran, daß das inspiratorische vesiculäre Atemgeräusch über der linken Lungenspitze oft bei vollkommen gesunden Lungen ein wenig schärfer ist als das über der rechten. Dagegen kann das Exspirationsgeräusch über der rechten Lungenspitze und besonders rechts hinten oben sehr verlängert und im Charakter dem bronchialen Atemgeräusch sehr ähnlich sein.

Weiterhin ist es von großer Bedeutung, zu wissen, daß auch unter physiologischen Lungenverhältnissen auf verschiedenen Stellen des Thorax bronchiales Atemgeräusch gehört werden kann.

Bekanntlich kann man den Charakter des bronchialen Atemgeräusches am besten darstellen, wenn man den Mund wie bei der Aussprache von h, ch und g geöffnet hält und bei dieser Mundstellung kräftig atmet. Beim Atmen in einer Mundstellung, wie bei h, hat das nachgeahmte bronchiale Atemgeräusch einen leisen, und beim Aussprechen von g einen scharfen Charakter. Des weiteren kann das bronchiale Atemgeräusch auch verschiedene Höhen haben. Diese verschiedenartigen Höhen kann man bei der Nachahmung des beabsichtigten Geräusches erzeugen, wenn man den Mund eine Stellung wie bei der Aussprache der Buchstaben h, ch und g mit angehängten Vokalen einnehmen läßt, also bei der Aussprache von ha, he, hi, ho, hu usw.

Unter physiologischen Verhältnissen kann man Bronchialatmen an und nahe bei dem obersten Teil des Sternums hören, besonders rechts und im Interscapularraum in Höhe des 7. Hals- bis 5. Brustwirbel. Verstärkt wird es, wenn der Untersuchte mit geöffnetem Munde oder tief atmet. Bei physiologischem Bronchialatmen ist aber meist nur das Exspirium bronchial, das Inspirium vesiculär. Im allgemeinen ist das bronchiale Atemgeräusch beim Exspirium stärker und länger als beim Inspirium.

Unter pathologischen Verhältnissen kann das vesiculäre Atemgeräusch scharf und laut, rauh oder abgeschwächt sein. Verschärftes Vesiculäratmen hört man bei Katarrh der kleinen Bronchi, bei Erschlaffung der Lunge, bei multiplen kleinen Infiltraten. Von Bedeutung ist ein verschärftes Vesiculäratmen also besonders dann, wenn es an der Lungenspitze wahrgenommen wird, und von um so größerer, als es bereits im Beginn einer Spitzenerkrankung zu einer Zeit gehört werden kann, in der deutliche Perkussionsabweichungen oder Rhonchi noch fehlen. Bei diesem verschärften Vesiculäratmen, das beim Inspirium gehört wird, beobachtet man auf derselben Stelle oft auch verlängertes Exspirium.

Abgeschwächt wird das Vesiculäratmen, wenn das atmende Lungengewebe verringert ist, also bei Kompression, bei Schrumpfung der Lunge und beim Vorhandensein von Infiltraten. Ferner auch dann, wenn die Entfaltung der Lunge erschwert oder verhindert wird, wie bei Bronchostenose und Pleuraverwachsungen (Adhäsionen). Eine derartige Abschwächung des Vesiculäratmens kommt oft schon frühzeitig bei Lungenspitzentuberkulose lokal vor und ist daher für eine frühe Diagnose auch von großem Wert. Abgeschwächtes Inspirium über beiden Lungen hört man bei Emphysem. Besteht beim Emphysem, wie so oft, gleichzeitig ein Bronchialkatarrh, dann ist das Inspirium infolgedessen verschärft und dabei lauter. Das Exspirium ist bei Emphysem, gleichwie im asthmatischen Anfall, sehr verlängert.

Das vesiculäre Atemgeräusch wird von rauhem Charakter, wenn sich auf den Wänden der Bronchi und Bronchioli Schleim befindet. Es weist also auf das Bestehen einer Bronchitis oder Bronchiolitis mit vermehrter Schleimsekretion hin. Es ist daher ein äußerst wichtiges Zeichen, wenn es an der Lungenspitze wahrgenommen wird.

Hin und wieder hört man bei gesunden Menschen ein *systolisches Vesiculäratmen* über den Lungenrändern in der Nähe des Herzens. Bei jeder Systole wird dann das inspiratorische, vesiculäre Atemgeräusch verstärkt und bei der Diastole schwächer oder sogar unhörbar.

Unterbrochenes, sakkadiertes Vesiculäratmen kommt dadurch zustande, daß die Luft bei der Inspiration nicht gleichmäßig, sondern stoßweise in die Lunge eindringt. Es tritt also auf, wenn infolge von Bronchitis Schleim in den kleinen Bronchien vorhanden ist, der ein regelmäßiges Durchströmen der Luft hindert. Dabei ist in der Regel das Atemgeräusch auch verschärft. Sakkadiertes Atmen weist also auf das Bestehen eines Katarrhs der kleineren Bronchien hin, aber nur dann, wenn es bei regelmäßigem Atmen über einem der Oberlappen der Lungen, also örtlich sehr begrenzt, gehört wird.

Bronchialatmen hört man bei Kompression der Lunge, solange nämlich die Bronchien noch nicht vollkommen zusammengedrückt sind. So hört man oft Bronchialatmen bei exsudativer Pleuritis. Ferner bei einem Infiltrat in der Lunge, wenn dies eine gewisse Größe hat, wie bei Pneumonie. Zuweilen kann es auch bei multiplen Verdichtungsherden beobachtet werden, auch wenn diese noch klein sind und ihr Vorhandensein noch nicht mittels Perkussion nachzuweisen ist. Bei tiefer Atmung wird es oft deutlicher hörbar.

Auch bei Kavernen in der Lunge tritt Bronchialatmen auf. Bei großen Kavernen vielfach mit einem eigenartigen Beiklang: man nennt es dann *amphorisch*. Bei offenem und auch bei Ventilpneumothorax kann bronchiales bzw. amphorisches Atmen zu hören sein.

Mitunter hat das Atemgeräusch weder einen deutlichen vesiculären, noch einen deutlichen bronchialen Charakter. Man spricht dann von einem *unbestimmten* Atmen. Es ist immer leise und undeutlich, weil es nur bei oberflächlicher Atmung auftritt und dann, wenn sich eine tiefe Flüssigkeits- oder Luftschicht oder eine dicke Lage von festem Geweben zwischen Lunge und Thoraxwand befindet, wie bei Pleuritis exsudativa, Pneumothorax, Tumor pleurae. Es hat dann auch keine bestimmte diagnostische Bedeutung. Läßt man den Untersuchten tief Atem holen, dann ändert sich das unbestimmte Atmen zuweilen in vesiculäres oder bronchiales Atmen.

Bei dem *metamorphosierenden* Atemgeräusch ändert die Atmung während ein und derselben Inspiration ihren Charakter. Das erst leise bronchiale Atmen wird scharf, bisweilen amphorisch, oder es wechselt auch die Höhe des Atemgeräusches. Es kann zwar auch beobachtet werden, wenn ein Bronchus durch den darin befindlichen Schleim zeitweilig undurchgängig wird, doch ist es in der Mehrzahl der Fälle ein Kavernensymptom.

Die oben beschriebenen Änderungen im Charakter des Atmungsgeräusches wiesen, wie wir sahen, auf das Bestehen von Abweichungen hin. Aber daraus folgt noch nicht, daß diese Abweichungen von bestehenden Krankheitsprozessen abhängig sind. Besonders im Hinblick auf die Tuberkulose muß man sich oft fragen, ob die gefundenen Veränderungen vielleicht als die Reste eines alten, zur Ruhe gekommenen Prozesses aufgefaßt werden müssen. Man wird diese Frage bejahen können, wenn der Untersuchte sich vollkommen gesund fühlt und keine einzige allgemeine Reaktionserscheinung von progredienter Tuberkulose zeigt, wenn überdies an den Lungen keine Veränderungen gefunden werden können, die auf das Bestehen einer umschriebenen Bronchitis, besonders in den obersten Lungenabschnitten, hinweisen würden. Dagegen sei man vorsichtig mit seinem Urteil und schiebe daher jedenfalls die definitive Entscheidung auf, wenn eine lokalisierte Bronchitis oder Bronchiolitis nachgewiesen werden kann. Ja, es darf sogar als Regel angesehen werden, daß eine lokalisierte begrenzte Bronchitis im Oberlappen der Lunge in der Mehrzahl der Fälle von einem tuberkulösen Prozeß an dieser Stelle abhängig ist, der dann nur selten bereits ausgeheilt oder zur Ruhe gekommen ist. Zwar können wahrscheinlich sekundäre Infektionen aus sich in der Umgebung eines tuberkulösen Herdes zur Entwicklung einer Bronchitis bzw. Bronchiolitis führen, jedoch ist eine derartige Bronchitis durch sekundäre Infektion nur allzu häufig die Ursache eines Wiederaufflammens eines alten, zeitweilig zur Ruhe gekommenen tuberkulösen Prozesses. Im Hinblick auf dies alles, ist es zur Beurteilung etwa gefundener Veränderungen in den Oberlappen der Lungen von großer Bedeutung, wenn dabei unverkennbare objektive Erscheinungen einer auf die genannte Stelle beschränkten Bronchitis bzw. Bronchiolitis gefunden werden. Von den oben besprochenen Änderungen des Atemgeräusches ist nun das rauhe Vesiculäratmen als ein frühzeitiges und zuverlässiges Symptom der Bronchitis zu betrachten. Damit wird der große Wert dieser Erscheinung klar. Gleichzeitig wird dadurch aber auch nachgewiesen, daß dem Hören von Rhonchi in begrenzter Ausdehnung und auf den mehrmals erwähnten Stellen für die Beurteilung der Art von etwa schon gefundenen Lungenabweichungen eine fast bestimmende Bedeutung zukommt.

Beiläufig sei hier daran erinnert, daß man trockene und feuchte Rhonchi voneinander unterscheidet, obwohl für beide Arten die Anwesenheit von Schleim in den Bronchien die conditio sine qua non ist. Die trockenen Rhonchi, die in der Regel über eine große Ausdehnung des Thorax gehört werden, gleichen schnarchenden, schnurrenden, knackenden, pfeifenden oder piependen Geräuschen: rhonchi sonori, grobe trockene Rhonchi und rhonchi sibilantes, feine trockene Rhonchi. Die feuchten Rhonchi kann man sich als durch das Platzen kleinerer oder größerer Luftblasen bedingt vorstellen, wie dies auch LAENNEC annahm. Es hat dies dazu geführt, die feuchten Rhonchi in klein- und großblasige zu unterscheiden. Einfacher und sprachlich besser klingt es, wenn man von kleinen und großen Rhonchi spricht.

Kleine Rhonchi entstehen in den kleinen Bronchien und in den Alveolen. In letzterem Fall spricht man von crepitierenden, zuweilen wohl auch von subcrepitierenden Rhonchi. Diese hört man vor allem bei Pneumonie, sowohl bei Bronchopneumonie wie bei der croupösen Pneumonie: meist nur bei der Inspiration. Ferner können crepitierende Rhonchi auch unter physiologischen Verhältnissen vorkommen, nämlich an den Lungenrändern. Dieses physiologische Crepitieren tritt auf, wenn jemand geraume Zeit hindurch nur oberflächlich geatmet hat und dann bei der Untersuchung auf einmal tief Atem holt. Bei der oberflächlichen Atmung kommen nämlich an den Lungenrändern die Alveolen oft nicht zur Entfaltung, die Wandungen der Alveolen liegen aufeinander. Werden dann bei einem tiefen Atemzuge die Alveolen mit Luft gefüllt, so springen die verklebten Alveolenwandungen plötzlich mit einem eigentümlichen Geräusch voneinander. Meist wird dieses „Randcrepitieren“ an beiden Seiten auf symmetrisch gelegenen Stellen an den Lungenrändern gehört. Es verschwindet, wenn der Untersuchte mehrmals hintereinander tief Atem holt. Auch über den Lungenspitzen kann das erwähnte Crepitieren vorkommen.

Die Anwesenheit kleiner Rhonchi weist auf das Bestehen einer Bronchiolitis hin, bei der in der Regel schon kleine Verdichtungsherde vorhanden sind oder aber bald zur Entwicklung kommen (Bronchopneumonie). Die größeren Rhonchi entstehen bei Katarrh der größeren Bronchien oder in Höhlen der Lunge. Rhonchi, die in Kavernen entstehen, können einen klingenden Charakter haben. Dasselbe ist der Fall, wenn sie in weiten Bronchien, die in infiltriertem Gewebe liegen, entstehen. Eine besondere Bedeutung haben die großen Rhonchi, wenn man sie über den Lungenspitzen hört und sie dort auch entstehen. Das letztere kann man annehmen, wenn sie nur über den Lungenspitzen zu hören und also nicht von anderen Stellen her fortgeleitet sind. Da sich in den Lungenspitzen keine großen Bronchien befinden, weisen große nur über den Lungenspitzen hörbare Rhonchi auf das Bestehen von Bronchiektasien oder Kavernen in den Spitzen hin. Da aber Bronchiektasien nur äußerst selten im Oberlappen, sondern meist im Unterlappen vorkommen, während bei Kavernen das umgekehrte der Fall ist, wird man in der Regel auf Grund des Befundes in der Lungenspitze lokalisierter großer Rhonchi auf das Bestehen von Kavernen schließen dürfen.

Ebenso wie durch die Herztätigkeit ein systolisches vesiculäres Atemgeräusch erzeugt werden kann, worauf wir oben schon hinwiesen, können dadurch auch systolische Rasselgeräusche verschiedener Größe, feine bzw. kleine und grobe bzw. große Rhonchi hervorgerufen werden. Dies tritt besonders dann ein, wenn die Lunge ausgedehnte Veränderungen, Infiltrate und Kavernen enthält, und sie in der Nähe des Herzens mit der Pleura verwachsen ist. Im Hinblick auf ihr Entstehen durch die Volumveränderungen des Herzens nennt man die Rhonchi „kardiale Rhonchi".

Unter denselben pathologischen Verhältnissen, nämlich beim Vorhandensein etwas ausgedehnterer Verdichtungsherde, bei Höhlen, Schrumpfung oder Kompression der Lunge mit noch durchgängigen Bronchien, wobei man bronchiales Atmen hören kann, vermag man oft Bronchophonie wahrzunehmen. Bekanntlich hört man, wenn die zu untersuchende Person während der Auskultation flüstert oder laut spricht, unter normalen Verhältnissen höchstens ein eigentümliches leiseres oder lauteres Gesumme. Bei den soeben oben genannten Veränderungen hört man jedoch mehr oder weniger deutlich das Sprachgeräusch, zuweilen die Worte und sogar die artikuliert ausgesprochenen Silben. Gleichwie man an bestimmten möglichst dicht am Hilus pulmonis gelegenen Stellen des Thorax, oben am Sternum und in dem Interscapularraum an den obersten Brustwirbeln physiologisch Bronchialatmen hören kann, ist dies auch hinsichtlich der Bronchophonie der Fall. Die physiologische Bronchophonie ist jedoch nur schwach und am deutlichsten, wenn der Untersuchte flüstert. Laënnec glaubte, daß die starke Bronchophonie, die er mit der Bezeichnung „Pectoriloquie" belegte, als ein unfehlbares Symptom für Kavernen zu betrachten wäre. Es ist aber unzweifelhaft, daß auch bei ausgedehnten Infiltraten starke Bronchophonie, also Pectoriloquie, gehört werden kann. Nicht ganz recht behalten hat auch die Ansicht dieses eben genannten großen Entdeckers der mittelbaren Auskultation bezüglich einer eigenartigen Modifikation der Bronchophonie, der er den sehr treffenden Namen „Aegophonie" gab, weil dabei die Stimme wie das Meckern einer Ziege zittrig und blechern zum Ohr des Untersuchers dringt. Laënnec war nämlich der Meinung, daß die Aegophonie nur bei Pleuritis exsudativa vorkäme, und zwar über dem obersten Teil des Exsudates, wo die Flüssigkeitsschicht zwischen Lunge und Pleura costalis ziemlich dünn ist. Wenn auch bestimmt zugegeben werden muß, daß die Aegophonie tatsächlich für die Bronchophonie bei Pleuraexsudat charakteristisch ist, so kommt sie doch auch unzweifelhaft bei Infiltraten in der Lunge vor.

Wie bereits oben erwähnt wurde, kann die Bronchophonie bei denselben Veränderungen wahrgenommen werden, bei denen auch Bronchialatmen gehört werden kann. Dies Symptom wird also in den meisten Fällen nur das, was schon durch andere Untersuchungsmethoden herausgefunden ist, bestätigen. Jedoch kann zuweilen Bronchophonie mehr oder weniger deutlich zu hören sein, während Bronchialatmen fehlt, z. B. dann, wenn der Patient nicht tief genug atmen kann. So ist es allerdings auch hinsichtlich der meisten anderen Untersuchungsmethoden: Das Ergebnis der einen Methode liefert oft nicht viel mehr als eine Bestätigung dessen, was man mit einer anderen schon gefunden hat. Diese auf verschiedenen Wegen erhaltenen gleichlautenden Ergebnisse verbürgen aber eine richtigere Diagnose. Außerdem findet man nicht selten mit Hilfe der einen Methode das eine oder andere, was man mit der anderen Methode nicht entdecken konnte. Man muß es darum als einen unverzeihlichen Fehler bezeichnen, wenn der Untersucher, wie es doch noch so häufig geschieht, einige Untersuchungsmethoden nicht oder nur flüchtig anwendet, und eine oder mehrere der anderen Methoden mit Vorliebe pflegend nur diese genau anwendet. So ist denn auch, wie wir leider schon oft beobachten konnten, in der letzten Zeit mit der Röntgenologie eine große und ernste Gefahr erwachsen. Es sei dankbarst anerkannt, daß bei einzelnen Fällen von Veränderungen an den Brustorganen ihr Wert kaum hoch genug geschätzt werden kann. Aber sie gibt in den meisten Fällen nichts mehr als eine wenig bedeutende weitere Bestätigung dessen, was durch eine altmodische, aber genaue klinische Untersuchung bereits festgestellt worden ist. Und deswegen muß denn auch ein Arzt, der eine Untersuchung für eine Lebensversicherung vornimmt, fest davon durchdrungen sein, daß eine möglichst eingehende und vollständige Untersuchung erforderlich ist, und dies um so mehr, weil er das neue, aber zu teure und umständliche Hilfsmittel der Röntgenologie nur in Ausnahmefällen zu seiner Verfügung haben wird.

Bei Entzündung der Pleurablätter kann man meist ein Reibegeräusch wahrnehmen, das durch die respiratorische Verschiebung der entzündeten und infolgedessen rauhen Pleurablätter verursacht wird. Dieses pleuritische Reiben, das man nicht selten auch mit der Hand zu fühlen vermag, kann das eine Mal ein feines knisterndes Geräusch, ein anderes Mal einen groben knackenden Laut hervorbringen. In einigen Fällen ist es nicht oder nur sehr schwer von dem durch Rhonchi verursachten Geräusch zu unterscheiden. Am leichtesten ist es als pleuritisches Reiben an den unteren Teilen des Thorax zu erkennen, weil dort die Atmungsexkursionen der Lungen am größten und daher die gegenseitige Verschiebung der Pleurablätter am ausgedehntesten ist. Es ist meist nur in geringer Ausbreitung am Thorax wahrzunehmen, am häufigsten an den Vorder- und Seitenflächen. In der Regel sind die pleuritischen Reibegeräusche sowohl während der Inspiration wie während der Exspiration zu hören. Zur Unterscheidung von den Rhonchi kann dienen, daß jene meist mehr oder weniger unregelmäßig, hin und wieder unterbrochen sind und durch Husten nicht verschwinden oder sich ändern. Mitunter kann man sie durch Druck der Hand auf den Thorax verstärken. Die größten diagnostischen Schwierigkeiten bieten sie, wenn sie an den oberen Brustabschnitten entstehen. Dann vor allem sind sie oft nicht von Rhonchi zu unterscheiden und können also zu großen Irrtümern Veranlassung geben. Die Dauer des pleuritischen Reibens ist in den verschiedenen Fällen sehr verschieden. Nicht selten ist es sehr hartnäckig und bleibt jahrelang unverändert hörbar. Pleuritisches Reiben der Herzgegend kann mit Perikardialreiben verwechselt werden, wenn es unter dem Einfluß der Herztätigkeit stärker und schwächer wird. Man nennt es pleuro-kardiales Reiben. Es ist meistens an der linken Lungenherzgrenze zu hören. Beim Einhalten des Atems wird es schwächer und unterscheidet sich dadurch und hinsichtlich der Stelle, wo es am deutlichsten zu hören ist, vom Perikardialreiben. Das Perikardialreiben ist in der Regel am stärksten über dem Sternum.

Die *Auskultation des Herzens* ist zweifellos für die verschiedenen Herzerkrankungen von großem Wert, besonders für die Klappenfehler des Herzens. In der Praxis wird dieser Wert jedoch zu häufig überschätzt. Viele Ärzte holen, wenn sie mit der Herzuntersuchung beginnen, sofort ihr Stethoskop hervor, als wenn die Auskultation die einzige Methode zur Untersuchung dieses so wichtigen Blutkreislaufzentrums wäre, und als wenn für die Diagnostizierung von Herzveränderungen die Inspektion, Palpation und Perkussion kaum in Betracht kommen würden. Und doch ist in der Tat das Umgekehrte der Fall. Mit der Inspektion und Palpation kann man beinahe in allen Fällen die richtige Diagnose einer etwa vorhandenen Herzerkrankung stellen, besonders wenn man auch sorgfältig auf die Abweichungen achtet, die am peripheren Gefäßsystem, namentlich dem Puls, wahrgenommen werden können. Die Bestimmung der Phase der Herztätigkeit, in der ein eventuelles Herzgeräusch auftritt, erfordert besonders bei etwas beschleunigtem Herzschlag eine sehr große Übung — um von der Notwendigkeit eines scharfen Gehörs nicht einmal zu sprechen. Wenn man dies außerdem bedenkt, dann begreift man, daß viele Ärzte es in der Herzdiagnostik nicht viel weiter bringen als zur Feststellung des Bestehens eines Herzfehlers. Und auch das wird oft nicht einmal erreicht, oder, lediglich auf Grund eines zu hörenden Geräusches, die Diagnose auf das Vorhandensein eines Herzfehlers gestellt, während in Wirklichkeit kein Vitium cordis vorhanden ist.

Bei der Herzuntersuchung ist daher eine erschöpfende Untersuchung, d. h. Inspektion, Palpation, Perkussion und Auskultation immer notwendig und dabei eine gründliche Überlegung über die Bedeutung der verschiedenen Befunde, die man bei dieser Untersuchung erhält. Macht man es sich zur Regel, die Herzuntersuchung stets in dieser Weise vorzunehmen, dann wird man sich immer wieder davon überzeugen können, daß die Auskultation gewöhnlich nicht viel mehr als eine Bestätigung der Diagnose ergibt, die man bereits vor der Auskultation zu stellen vermochte. Es sei hier nochmals an den diagnostischen Wert der Palpation, namentlich des Fühlens eines „Schnurrens" erinnert, auf das bereits bei Besprechung der Palpation die Aufmerksamkeit nachdrücklichst gelenkt wurde.

Man horcht nach den im Herzen und an den großen Schlagadern entstehenden „Tönen" an der Stelle des Spitzenstoßes (Mitralis), unten über dem Sternum (Tricuspidalis) im zweiten Zwischenrippenraum links (Pulmonalis) und rechts (Aorta) vom Sternum, dicht beim Sternalrand. Unter normalen Verhältnissen ist der erste Ton an der Herzspitze und unten über dem Sternum stärker als der zweite, dagegen der zweite Ton im zweiten Intercostalraum stärker als der erste. Diese Erscheinung erklärt sich dadurch, daß der Ton am stärksten an der Stelle gehört wird, die seinem Entstehungsort am nächsten liegt.

Auch wenn man mit der Stärke der Töne Rechnung hält, ist es doch nicht immer leicht, zu unterscheiden, welcher der beiden der erste, systolische, welcher der zweite, diastolische ist, da der Unterschied in der Stärke der beiden Töne oft sehr gering ist oder sogar beide Töne gleich stark sein können. Deswegen erinnere man sich daran, daß unter normalen Verhältnissen der zweite Ton beinahe unmittelbar auf den ersten folgt, während nach dem zweiten Ton eine Pause beobachtet werden kann. Indessen ist auch dies nicht immer der Fall, nämlich bei dem sog. Schleuderrhythmus, ein Rhythmus, wie man ihn beim Ticken einer Uhr wahrnimmt. Man bezeichnet diese Erscheinung, die bei Tachykardie und vor allem bei Schwächezuständen des Herzens auftreten kann, mit dem gutgewählten Namen der „Embryokardie". Beim Bestehen einer Embryokardie achte man während der Auskultation gleichzeitig auf den Spitzenstoß, oder man fühle nach der Carotis und bestimme auf diese Weise die Phase der Töne. Dabei bedenke man, daß der Carotispuls etwas später als die Systole des Herzens kommt.

Auch bei jeder beschleunigten Herztätigkeit ist es bei gleichzeitiger Anwesenheit eines Herzfehlers oft sehr schwer zu bestimmen, in welcher Phase der Herztätigkeit ein evtl. zu hörendes Geräusch auftritt. Dann kann ebenfalls das Fühlen des Spitzenstoßes oder des Carotispulses während der Auskultation für den Untersucher dienlich sein.

Die Herztöne können anormal schwach und anormal stark sein. Abgeschwächt sind sie beim Vorhandensein einer sehr dicken Fettauflagerung auf dem Thorax, oder wenn das Herz von der Thoraxwand abgedrängt ist, wie bei Anwesenheit einer beträchtlichen Flüssigkeitsmenge im Perikardium. Abgeschwächt sind sie auch bei Emphysem. Ferner sind die Herztöne schwach bei schwacher Herztätigkeit, wie z. B. infolge Schwäche der Herzmuskulatur, bei gestörter Kompensation, bei Klappenfehlern, bei Kollaps. Verstärkt sind sie dagegen bei dünner Thoraxwand oder wenn infolge Retraktion der Lunge das Herz oder die großen Schlagadern in größerer als der gewöhnlichen Ausdehnung gegen die Brustwand anliegen. Jedoch auch durch Veränderungen, die im Herzen oder den großen Schlagadern liegen, können die Töne abgeschwächt oder verstärkt sein. Die Abschwächung oder Verstärkung beschränkt sich dann aber in der Regel auf einen der beiden Töne. So ist bei Insuffizienz der Aortaklappen der erste Ton an der Herzspitze abgeschwächt, oft sogar nur äußerst schwach zu hören (Traubesches Symptom). Bei Stenose des Ostium venosum sinistrum dagegen ist der erste Ton an der Spitze verstärkt, oft sogar *sehr* laut. Weiter ist der zweite Aortenton abgeschwächt bei Stenose des Ostium arteriosum und auch wohl bei Stenose des Ostium venosum sinistrum. Ebenso ist der zweite Pulmonalton abgeschwächt bei Stenose des Ostium der Arteria pulmonalis oder der Tricuspidalklappen. Vor allem für die Diagnose der Mitralstenose, bei der nicht so sehr selten ein Geräusch fehlt, ist die Verstärkung des ersten Tones an der Herzspitze von großem Wert.

Von sehr großer Bedeutung ist auch die Verstärkung des zweiten Aortentones. Diese kommt vor bei Druckerhöhung im Aortensystem, wie bei essentieller Hypertonie, bei chronischer Nephritis und bei Arteriosklerose. Bei dieser Verstärkung wird der zweite Aortenton oft von eigenartig *klingendem* Charakter, der noch mehr als die einfache Verstärkung des Tones, das Pathologische des Zustandes beweist. Der Arzt übe sich also ein und verlege sich ganz besonders auf das Erkennen dieser Veränderung im Klang des zweiten Aortentones. Es ist kaum nötig, zu sagen, von wie großem Wert gerade die Verstärkung des zweiten Aortentones mit seinem eigenartig klingenden Charakter für den Arzt ist, welcher eine Untersuchung für eine Lebensversicherung vornimmt. Denn sowohl die Hypertonie wie die chronische Nephritis, die beträchtlich wenig deutliche Symptome aufweisen können, schließen die Annahme einer Versicherung aus oder erlauben höchstens den Abschluß einer Versicherung gegen erhöhte Prämie oder auf begrenzte Zeit.

Der weniger geübte Untersucher kann zur Feststellung der Verstärkung des zweiten Aortentones sich mit Vorteil der Vergleichung dieses Tones mit dem zweiten Pulmonalton bedienen. Unter normalen Verhältnissen pflegt der zweite Aortenton etwas stärker als der zweite Pulmonalton zu sein.

Verstärkung des zweiten Pulmonaltones tritt bei Hypertrophie des rechten Ventrikels auf, die sich infolge Stauung im Lungenkreislauf meist auf Grund einer Insuffizienz oder Stenose der Mitralis entwickelt. Ferner hört man nicht selten einen etwas verstärkten zweiten Pulmonalton bei chlorotischen oder anämischen jungen Frauen und bei Menschen mit asthenischem Körperbau. Endlich ist der zweite Pulmonalton auch abnorm laut hörbar bei Retraktion des linken Lungenrandes.

Obwohl, wie erwähnt, die Verstärkung des zweiten Aortentones ein für die Diagnose der chronischen Nephritis sehr bedeutungsvolles Zeichen ist, bedenke man doch, daß sie nur so lange deutlich vorhanden ist, als der linke Ventrikel dem erhöhten Druck im Aortensystem gut gewachsen ist. Läßt der Ventrikel in seiner Kraft nach, so wird die Verstärkung des Aortentones geringer.

Auch die Verstärkung des zweiten Pulmonaltones bei Hypertrophie des rechten Ventrikels nimmt ab oder verschwindet sogar, sobald der rechte Ventrikel insuffizient wird.

Die Töne können „gespalten" oder „verdoppelt" sein. Beim „verdoppelten" Ton ist eine kleine Pause zwischen den beiden Teilen des Tones wahrzunehmen, beim „gespaltenen" Ton dagegen nicht oder kaum. Die Spaltung oder Verdoppelung der Töne kann unter normalen Verhältnissen vorkommen, z. B. bei verstärkter Herztätigkeit infolge körperlicher Anstrengungen (Spaltung des zweiten Tones) oder unter dem Einfluß der Inspiration (gespaltener zweiter Ton) oder der Exspiration (gespaltener erster Ton). Bei der Mitralstenose und der Mitralinsuffizienz schließen die Pulmonalklappen wahrscheinlich infolge des erhöhten Druckes in der Arteria pulmonalis oft etwas früher als die Aortenklappen. Dann kommt eine Verdoppelung des zweiten Tones zustande. Bei der Mitralstenose hört man in der Regel eine Verdoppelung des zweiten Tones an der Herzspitze, eine Folge der Kontraktion des linken Herzens.

Mitunter ruft die Verdoppelung eines der Töne die Erscheinung des sog. „Galopprhythmus" hervor. Es sind dann drei Töne zu hören mit ungefähr gleichen Zwischenpausen. Der Galopprhythmus ist gewöhnlich über das ganze Herz zu hören. Er kommt vor allem bei Hypertonie vor (Potainsches Symptom).

Die Geräusche, die neben oder zuweilen an Stelle der Herztöne gehört werden können, unterscheiden sich hauptsächlich von dem, was wir bei der Herzauskultation Töne nannten, durch ihre Dauer. Sie sind länger als die Töne, die plötzlich entstehen und verschwinden. Bekanntlich unterscheidet man nach der Phase der Herztätigkeit, in der sie wahrgenommen werden, systolische, diastolische und präsystolische Geräusche. Nach dem eigenartigen Charakter, den sie besitzen, d. h. nach dem Eindruck, den sie auf das Gehör machen, spricht man von blasenden, schabenden, rauhen und musikalischen Geräuschen.

Diese Herzgeräusche entstehen bei Klappenveränderungen, also bei Herzfehlern, aber auch ohne daß anatomische Verletzungen der Klappen vorhanden sind. Im ersten Falle spricht man von *organischen*, im zweiten von *anorganischen* oder *akzidentellen* oder c. q. von *relativen Insuffizienz*geräuschen. Letztere, die relativen Insuffizienzgeräusche, entstehen bei der sog. *relativen* Insuffizienz der venösen und arteriellen Ostien, welche durch Erweiterung der Ventrikel entweder der Arteria aorta oder Pulmonalis zustande kommt. Es ist äußerst schwierig, man kann wohl sagen in der Regel unmöglich, festzustellen, ob ein Geräusch die Folge einer relativen oder einer durch Endokarditis hervorgerufenen Insuffizienz ist. Erst wenn nach Besserung des Zustandes des Herzens resp. des Kreislaufes das früher gehörte Geräusch verschwindet, ist die Diagnose a posteriori zu stellen.

Nicht leicht ist es, akzidentelle anorganische Geräusche von organischen zu unterscheiden. Für die Lebensversicherung insbesondere aber ist die Unterscheidung von allergrößtem Gewicht. Kommen doch akzidentelle Geräusche nicht selten bei gesunden Menschen vor. Wenn sie bei nicht gesunden Menschen wahrgenommen werden, sind sie ein Zeichen für körperliche Störungen, die entweder von geringer Bedeutung hinsichtlich des Abschließens oder Nichtabschließens einer beantragten Lebensversicherung sind, weil sie die Lebensaussichten kaum beeinflussen, oder deren Genesung möglich ist, wie z. B. Anämie. Die akzidentellen Geräusche kommen vor allem in den Pubertätsjahren, am meisten bei Mädchen, vor, durchaus nicht so selten aber auch bei jungen Männern. Mit Unrecht nennt man sie *anämische* Geräusche.

Die akzidentellen systolischen Geräusche haben meistens einen leise blasenden Charakter. Obgleich nicht abzustreiten ist, daß sie auch pfeifend, schabend, selbst mehr oder weniger musikalisch und auch stark sein können, mißtraue man doch solchen Geräuschen a priori stets. Man kann nur dann die Zulassung zu einer Versicherung anraten, wenn sie bei Menschen gehört werden, die im übrigen auch bei peinlichst ausgeführter Untersuchung keine einzige Veränderung am Herzen oder Kreislauf aufweisen, und bei denen man auch keine allzu große Pulsbeschleunigung oder rasch auftretende Kurzatmigkeit wahrnimmt, wenn man sie einige Zeit schnell hat laufen lassen oder sie irgendeiner anderen starken körperlichen Anstrengung unterworfen hat. In derartigen Fällen muß auch die infolge der körperlichen Anstrengung aufgetretene Pulsbeschleunigung innerhalb weniger Minuten der normalen Pulsfrequenz gewichen sein. Auch muß die Anamnese (akuter Gelenkrheumatismus, Scharlach, Chorea minor) die Vermutung einer überstandenen Endokarditis ausschließen.

Akzidentelle Geräusche sind entweder ausschließlich oder am stärksten an der Pulmonalis zu hören. Man sehe sich also vor bei Geräuschen, die an der Herzspitze stärker als an der Pulmonalis zu hören sind. Systolische Geräusche, die an *allen* Ostien, am stärksten aber an der Pulmonalis hörbar sind, sind fast immer akzidenteller Art.

Akzidentelle Geräusche verschwinden oft bei körperlichen Anstrengungen. Organische Geräusche werden dagegen in der Regel dadurch verstärkt und sind leichter in ihrer Art: blasend, schabend oder pfeifend usw. zu erkennen.

Akzidentelle Geräusche können mit Dilatation des Herzens oder Verstärkung des zweiten Pulmonaltones einhergehen. In Fällen, bei denen derartige Komplikationen gefunden werden, wird man aber nicht leicht zum Abschluß der beantragten Versicherung raten, sondern lieber eine nochmalige Untersuchung nach Ablauf einiger Monate vorschlagen. Findet man außer Verstärkung des zweiten Pulmonaltones mit oder ohne Herzvergrößerung noch andere Erscheinungen, z. B. Stauungsleber, die auf eine beträchtliche Störung des Blutkreislaufs hinweisen, so wird selbst von einer Versicherung auf kurze Zeit oder gegen erhöhte Prämie keine Rede sein können.

Systolische Geräusche, die ausschließlich oder am stärksten an der Aorta oder der Tricuspidalis gehört werden, sind niemals akzidenteller Art.

Man versäume niemals, die Auskultation des Herzens sowohl in liegender wie in stehender Haltung der zu untersuchenden Person vorzunehmen. Geschieht es doch mitunter, daß ein Geräusch nur in einer dieser Stellungen zu hören ist. Das diastolische Geräusch bei Insuffizienz der Aortaklappen ist in der Mehrzahl in stehender Haltung, das systolische Geräusch bei Mitralinsuffizienz nur oder am lautesten in liegender Stellung zu hören.

Außer den oben besprochenen Geräuschen, die im Herzen entstehen und darum als *endokardiale* Geräusche bezeichnet werden, müssen wir noch die außerhalb des Herzens entstehenden, exokardialen Geräusche erwähnen, die gleichfalls in der Herzgegend gehört und durch die Bewegungen des Herzens verursacht werden.

Bei der Besprechung der Auskultation der Lungen führten wir schon das systolische Vesiculargeräusch (S. 130) und die kardialen Rhonchi an (S. 132). Man bezeichnet diese exokardialen Geräusche am besten mit dem Namen der *pneumo-kardialen* Geräusche. Unter *pleuro-kardialen* Geräuschen hat man dagegen diejenigen zu verstehen, welche in der Gegend des linken Lungenrandes gehört werden können, wenn bei Entzündung der Pleura durch die Herzbewegungen ein Reiben der rauhen Pleurablätter gegeneinander zustande gebracht wird.

Die genannten pleuro-kardialen Geräusche können mit *perikardialen Geräuschen* verwechselt werden, die infolge einer Entzündung des Perikards auftreten können. Diese haben einen leise-reibenden, zischenden, schabenden oder knarrenden Charakter. Für den erfahrenen Untersucher sind sie in der Regel schon durch ihren eigenartigen Charakter leicht von endokardialen Geräuschen zu unterscheiden. Sie sind am lautesten innerhalb der Grenzen der absoluten Herzdämpfung, besonders über dem Sternum, zu hören. Die pleuro-kardialen (pseudo-perikardialen) Geräusche dagegen hört man am stärksten am linken Lungenrand, während die endokardialen Geräusche über den bekannten Auskultationsstellen der Herz- und Gefäßtöne am lautesten wahrzunehmen sind. Im übrigen sind die perikardialen Geräusche in bei weitem der größten Anzahl der Fälle leicht von endokardialen Geräuschen dadurch zu unterscheiden, daß sie nicht, wie die endokardialen, an die verschiedenen Phasen der Herztätigkeit, Systole und Diastole, gebunden sind. Sie sind also auch nicht selten zwischen den Herztönen in wenn auch wechselnder Stärke dauernd zu hören. Ferner kann man sie oft durch Druck auf die Brust verstärken. Auch bei tiefer Inspiration wird das perikardiale Geräusch meist stärker, das endokardiale schwächer.

Endlich mögen bei dieser Besprechung der exokardialen Geräusche auch noch die *perikardialen Plätschergeräusche* erwähnt werden, die bei gleichzeitiger Anwesenheit von Flüssigkeit und Luft im Perikardialsack entstehen. Man hört dabei synchron mit dem Herzschlag ein oft wie Metall klingendes Geräusch, ähnlich dem, welches man bei Sero- oder Pyopneumothorax beim Schütteln des Patienten wahrnehmen kann. Obwohl es kaum denkbar ist, daß jemand mit einem perikardialen Plätschergeräusch sich jemals für eine Lebensversicherung untersuchen lassen wird, glauben wir doch auch dieses Geräusches hier Erwähnung tun zu müssen. Denn ein derartiges, durch die Herztätigkeit verursachtes Geräusch kann außer bei großen Lungenkavernen in der Herzgegend und bei Pneumothorax auch bei einem aufgeblasenen Magen vorkommen. Man lasse sich also nicht verleiten, ein derartiges Magenplätschergeräusch für ein perikardiales Plätschergeräusch zu halten!

Der Puls.

Es gibt sicher wohl keine Gesellschaft, die in ihrem Gutachtenformular nicht die Frage nach der Art des Pulses stellt. Jedoch lehrt die Erfahrung, daß diesem Punkte nicht immer die genügende Aufmerksamkeit gewidmet wird. Auf der anderen Seite wird der begutachtende Arzt, nach seinen Eintragungen zu schließen, sich oft nicht der Bedeutung klar, die manchen von ihm gefundenen Abweichungen zuzusprechen ist. Deswegen schien es uns erwünscht, hier auf einige wichtige Punkte, die in der Praxis häufig zu Schwierigkeiten Veranlassung geben, die Aufmerksamkeit hinzulenken. Eine umfassendere Abhandlung der Lehre vom Puls fällt außerhalb des Rahmens dieses Buches. Ein jeder wird aber mit Gewinn das Kapitel lesen, das SAHLI[1]) in seinem bekannten Lehrbuche dieser Frage widmet.

Beim Fühlen nach dem Pulse halte man folgende Regeln im Auge:

1. *Man fühle nach beiden Arteriae radiales.* Es kommt gar nicht so selten vor, daß an der Stelle dieser Schlagader nur ein kleiner Ast verläuft, während der Hauptstamm einem anormalen Weg nach dem Handrücken folgt. Dies ist eine anatomische Abweichung ohne Bedeutung. Man würde hieraus aber verkehrterweise schließen können, daß eine ungenügende Zirkulation bestünde. Gewöhnlich ist die Abweichung einseitig, so daß das Fühlen nach beiden Pulsen diesen Falschschluß fast immer ausschließt. Ich kenne Patienten, welche diese Anormalität kennen und immer von selbst ihren „guten" Puls entgegenstrecken.

In anderen Fällen wiederum verläuft die Art. radialis schon proximal vom Processus styloideus um den Radius herum nach außen und handrückenwärts. Man muß dann höher (mehr proximal) als gewöhnlich nach dem Pulse fühlen. Diese Abweichung ist oftmals beidseitig. Mitunter auch ist die Art. radialis sehr eng und klein, die Blutabfuhr aus der Art. brachialis findet dann in der Hauptsache längs der Art. ulnaris statt. Endlich kommt es vor, daß die Armschlagadern durch krankhafte Prozesse innerhalb oder außerhalb der Arterie verengt oder sogar verstopft sind. Selbstverständlich gibt das Fühlen eines solchen Pulses keinen Aufschluß bezüglich des Zustandes des arteriellen Kreislaufs im allgemeinen, indem diese örtlichen Krankheitsprozesse (Thrombose, Sklerose) eher einseitig als doppelseitig vorkommen werden. Bei Aneurysma der Aorta wird ein Größenunterschied zwischen der Schlagader, die oberhalb und der, welche unterhalb des Aneurysmas entspringt, vorhanden sein können.

2. *Man lege drei Finger auf das Gefäß.* Der distale Finger drückt das Gefäß am unteren Teile zusammen, so daß keine zurückströmende Blutwelle in das Gefäß einlaufen kann. Der mittelste Finger „fühlt", und der proximale bestimmt den Druck, der erforderlich ist, um den Puls verschwinden zu machen.

3. *Die zu untersuchende Person muß bequem und frei sitzen, beide Arme in symmetrischer Haltung, und zwar derart, daß weder durch Beugung im Gelenk noch Muskelkontraktionen ein Druck auf die Gefäße ausgeübt wird.*

Das Fühlen des Pulses schließt stets zwei Untersuchungen in sich: In erster Linie muß man sich ein Urteil bilden über das Blutgefäß selbst, seine Weite und die Beschaffenheit seiner Wandung. Dabei ist es zuweilen von Vorteil, den Puls zu unterdrücken, um nicht durch die Bewegungen der Blutwelle in seinen Beobachtungen gestört zu werden. Erst wenn man sich von dem Zustand des Gefäßes überzeugt hat, geht man zu dem *dynamischen Fühlen* des Pulses über, d. h. man versucht sich über die Erscheinungen, die durch die Bewegung des strömenden Blutes zustande kommen, Klarheit zu verschaffen.

Beim Befühlen des Gefäßes achte man also auf seine Weite. Man achte auf die Dicke der Gefäßwand und auf ihre Elastizität oder Rigidität. Man versäume niemals zu untersuchen, ob das Gefäß geschlängelt ist. Zur Untersuchung all dieser Dinge genügt es nicht, den Finger auf die Art. radialis zu legen, man muß das Gefäß sowohl in seiner Längsrichtung verfolgen als auch in der Quere unter seinem Finger hin und her rollen lassen. In letzterem Falle ist es nach WERTHEIM SALOMONSON vorteilhaft, nicht mit der Volarfläche des Fingers zu fühlen, sondern mit dem Nagel über das Gefäß hin zu gleiten[2]).

---

[1]) SAHLI: Lehrb. d. klin. Untersuchungsmethoden. 6. Aufl. Teil 1, S. 104ff. Fr. Deuticke. Siehe auch den Artikel: The radial pulse, in C. L. GREENE: Medical diagnosis, S. 469ff.

[2]) SALOMONSON, WERTHEIM: Nederlandsch tijdschr. v. geneesk. 1910, Nr. 7 und Dtsch. Arch. f. klin. Med. Bd. 98.

Während die Gefäßwand sich bei jungen gesunden Menschen dünn und elastisch anfühlt, findet man eine Verdickung und Verhärtung der Gefäßwand bei Arteriosklerose und in allen Fällen, in denen eine fortwährende beträchtliche Blutdruckerhöhung besteht, wie bei chronischer Nephritis, Bleivergiftung, echter Plethora.

Oft ist es möglich, durch das Fühlen des Pulses die arteriosklerotischen Veränderungen, von den bei chronischer Nephritis bestehenden zu unterscheiden. In letzterem Falle fühlt sich die Schlagader gleichmäßig verdickt an, eine Folge der Hypertrophie des Muskelschlauches. Bei der Arteriosklerose ist hingegen die Verdickung und Verhärtung der Wand viel ungleichmäßiger. Zuweilen fühlt man in sehr fortgeschrittenen Fällen sogar hier und da verkalkte Flächen in der Wand.

Auf zwei Punkte möchte ich noch die Aufmerksamkeit hinlenken. In erster Linie auf die Bedeutung, die einer geschlängelten Temporalarterie zukommt. Ich erinnere mich sehr genau, wie vor einigen Jahren ein damals etwa 40jähriger, ziemlich nervöser Herr — ein Großkaufmann — in sehr erregtem Zustande mich aufsuchte. Als er wegen einer unbedeutenden Unpäßlichkeit, die hier weiter nichts zur Sache tut, seinen Hausarzt konsultierte, hatte dieser zufällig eine starke Schlängelung der Schläfenschlagader bemerkt. Zugleich hatte er dem Patienten mitgeteilt, daß diese Erscheinung auf Arteriosklerose hindeutete, und ihm eine sehr strenge Lebensweise vorgeschrieben. Von diesem Augenblick an war es mit der Gemütsruhe des Patienten vorbei. Das Schreckgespenst der Aderverkalkung, mit all den traurigen Folgen, die daraus entstehen können, verfolgte ihn Tag und Nacht. Es kostete mich viel Zeit und Mühe, besagtem Herrn die Überzeugung beizubringen, daß Schlängelung der Art. temporalis durchaus nicht auf eine ausgebreitete, sich über das ganze arterielle System entwickelnde Sklerose hinzudeuten brauchte. Ich teilte ihm meine Erfahrung mit, die vollkommen mit der anderer Ärzte[1]) übereinstimmt, wonach bei jungen gesunden Männern geschlängelte Schlagadern in der Schläfengegend wiederholt beobachtet wurden, ohne daß man irgendein weiteres Zeichen von frühzeitiger Arteriosklerose wahrnimmt. Wenn ich mich nicht irre, war mein Patient aber erst dann ganz überzeugt, als ich ihn in TILLAUX' Handbuch[2]) lesen lassen konnte, daß (gemeint ist unter normalen Verhältnissen) „la temporale superficielle présente à un haut degré ce caractère propre à la plupart des artères du crâne, d'être flexueuse".

Aus dem Vorhandensein einer geschlängelten Schläfenschlagader schließe man also nicht ohne weiteres auf das Bestehen einer allgemeinen Arteriosklerose. Sie *kann*, aber *muß* nicht ein Zeichen der Sklerose sein.

Die zweite Bemerkung enthält ungefähr das Gegenteil von dem, was soeben mitgeteilt wurde. Wiederholt kommt es vor, daß eine ausgesprochene Sklerose, ja selbst Verkalkung der Coronararterien des Herzens besteht, während nichtsdestoweniger an den peripheren Gefäßen kaum oder überhaupt keine Veränderungen zu beobachten sind. Wer in der Hinsicht keine Erfahrungen besitzt, kommt leicht in Versuchung, Empfindungen, die als Folge einer echten Angina pectoris anzusehen sind, unrichtigerweise als die Erscheinungen einer Herzneurose aufzufassen. Vermutlich ist in folgendem Falle dieser Fehler gemacht worden. Ein etwa 50jähriger Kaufmann gibt bei der Untersuchung an, niemals ernstlich krank gewesen zu sein, außer nervösen Magenbeschwerden und zeitweise sich einstellender eigentümlicher Gefühle in der Brust, die — nach seiner

---

[1]) Siehe SAHLI: loc. cit. — SCHMIDT und LÜTHJE: Klinische Diagnostik und Propädeutik innerer Krankheiten. 1910, S. 255.

[2]) TILLAUX: Traité d'anatomie topographique. 6. Aufl. S. 8.

Aussage — von seinem Hausarzt ebenfalls als nervöse Erscheinungen angesehen wurden. Im Hinblick darauf, daß der *begutachtende Arzt* keine Abweichungen an der Art. radialis, ebensowenig wie am Herzen finden konnte, unterstellte er diese Erklärung als richtig und glaubte, den Antragsteller für vollkommen gesund halten zu können. Der Antrag auf Versicherung gegen ein beträchtliches Kapital wurde von der Gesellschaft angenommen. Rund 1 Jahr später starb der Versicherte plötzlich, das Kapital wurde ausbezahlt. In das Formular, in welchem nach der Todesursache gefragt wurde, schrieb der *behandelnde* Arzt ein: „Herr X. litt an Vitium cordis. Ich behandelte ihn bereits seit Jahren wegen Anfällen von Stenokardie.“

Die Diagnose der Arteriosklerose ist durchaus nicht immer so leicht, wie manche annehmen. Eine genaue und allseitige Untersuchung des Anwärters ist in vielen Fällen dazu erforderlich, will man nicht Gefahr laufen, eine bereits fortgeschrittene Sklerose zu übersehen. Man lasse die falsche Auffassung fahren, als sei die Arteriosklerose ein Krankheitsprozeß, der gewöhnlich absolut gleichmäßig über alle Arterien des Körpers verbreitet angetroffen wird. Nichts ist falscher. Die Sklerose ist oft nur auf einige Stellen beschränkt. Es ist deshalb gewöhnlich notwendig, nicht nur die Art. radialis, sondern vor allem auch die Art. brachialis, evtl. auch noch andere Gefäße nachzufühlen. Allerdings ist es sehr wohl möglich, daß man an keiner der peripheren Schlagadern Veränderungen feststellen kann, während doch die tieferliegenden Gefäße (Gehirnarterien, Aorta, Coronararterien) sklerotisch sind. Andererseits kann aber auch nicht genug davor gewarnt werden, allerlei Erscheinungen, für die man keine Erklärung zu geben vermag, und wie sie sich bei Männern über 40 Jahren einstellen, auf die Rechnung der „Aderverkalkung“ zu setzen, was leider allzu oft geschieht.

Wir wollen nun zur Besprechung der am Puls zu beobachtenden dynamischen Erscheinungen übergehen und nennen in erster Linie die *Schnelligkeit des Pulses*. Ebenso wie bei der Untersuchung am Krankenbett, erinnere sich auch der Arzt, der einen Anwärter für eine Lebensversicherung begutachtet, der alten Regel von CELSUS, den Puls erst dann zu zählen, wenn man einige Zeit mit der zu untersuchenden Person gesprochen hat und diese sich etwas behaglicher zu fühlen beginnt. Man tut gut daran, die objektive Untersuchung mit dem Fühlen des Pulses zu beginnen, weil seine Schnelligkeit durch das Entkleiden, durch das Vornehmen der Perkussion, Palpation und derartiger Verrichtungen zu steigen pflegt.

Unnötig ist es, den Lesern dieses Buches ins Gedächtnis zurückzurufen, welche physiologischen Einflüsse die Schnelligkeit des Pulses steigen lassen und welche ein Überschreiten der normalen Frequenz verursachen, die bei gesunden erwachsenen Männern nach GUY[1]) in liegender Stellung 66, im Sitzen 71 und im Stehen 81 betragen soll, während man annimmt, daß die Schnelligkeit des Pulses bei Frauen unter gleichen Verhältnissen 7—8 Schläge mehr in der Minute beträgt. Oft fand ich, wenn die Pulsfrequenz schnell war, die Bemerkung des begutachtenden Arztes: „Ich mache darauf aufmerksam, daß Untersuchter vor der Untersuchung eine ziemlich lange Reise zu machen hatte.“ Es ist nicht zu bestreiten, daß eine Ermüdung von ziemlicher Stärke einige Zeit lang nachwirkt. Dennoch aber gebe ich ernstlicher Erwägung anheim, bei einem Patienten, dessen Puls während der ganzen Untersuchung und auch dann noch, wenn er Gelegenheit hatte, auszuruhen, mehr wie 85 Schläge beträgt, sorgfältig nachzuforschen, ob nicht als Ursache dieser hohen Pulsfrequenz eine krankhafte Abweichung zu finden ist. In erster Linie ist es unter solchen Verhältnissen wünschenswert, festzustellen,

[1]) Nach SAHLI: loc. cit. S. 107.

ob der Untersuchte nicht fiebert. Dieser Rat klingt naiv. Er ist jedoch nicht unnötig. Kein Arzt wird versäumen, bei einem zu Bett liegenden Patienten die Temperatur selber aufzunehmen oder dies tun zu lassen. Aber wie oft kann man feststellen, daß in der Sprechstunde ein Patient zwar sorgfältig untersucht wird, daß aber eine nicht unbeträchtliche Temperaturerhöhung der Aufmerksamkeit entgeht. Zu einem Teil wird dies wohl darauf zurückzuführen sein, daß in unserer Zeit infolge des Gebrauchs eines Thermometers die fühlende Hand die Feinheit der Beobachtung von Temperaturunterschieden in geringerem Maße besitzt als dies bei den früheren Ärztegenerationen der Fall war.

Für unsere Zwecke ist es unnötig, ausführlich die Krankheiten zu besprechen, die die Ursache einer Vermehrung der Pulsfrequenz sein können. Wir müssen nur die Zustände unserer Betrachtung unterwerfen, wo bei scheinbarer Gesundheit des Anwärters die große Pulsschnelligkeit ein Ansporn sein muß, achtzugeben und nochmals doppelt sorgfältig nachzuforschen, ob nicht ein verborgenes Leiden besteht. Dabei habe ich natürlich in erster Linie mein Augenmerk auf die Tuberkulose gerichtet. Wenn ein Patient fortdauernd einen Puls von 100 oder mehr Schlägen aufweist, wenn er zart gebaut ist und eine hereditäre Belastung für Tuberkulose besteht, dann würde ich, selbst wenn sich an der Lunge keinerlei Erscheinungen nachweisen ließen, doch sicher nicht zögern, die Vermutung einer verborgenen Tuberkulose in Rechnung zu ziehen.

Nicht genügend Beachtung wird nach unserer Erfahrung den weniger ausgesprochenen Fällen von Basedowscher Krankheit geschenkt. Je mehr man darauf achtet, desto mehr Personen begegnen einem, bei denen eine zwar wenig in die Augen fallende, jedoch unverkennbare Vergrößerung der Schilddrüse besteht. Daß auch derartige leichte Krankheitsprozesse — mag man nun sprechen von Formes frustes der Basedowschen Krankheit oder von Basedowied (Stern), das tut hier wenig zur Sache — früher oder später ihren Einfluß auf das Herz geltendmachen, wird gegenwärtig wohl allgemein angenommen. Ich selber sah mehrmals jüngere Leute, meist Mädchen, die über Müdigkeit klagten, und bei denen regelmäßig eine sehr lang dauernde, leichte Temperaturerhöhung angetroffen wurde, z. B. bis 38° oder eben darüber, daneben eine mäßige Pulsbeschleunigung und eine geringe Vergrößerung der Schilddrüse. In solchen Fällen denkt man zunächst an eine verborgene Tuberkulose. Es war aber nicht möglich, bei den Patienten, die ich im Auge habe, irgendein Zeichen von Tuberkulose zu finden. Natürlich wandte ich alle Hilfsmittel an, die uns dazu gegenwärtig zur Verfügung stehen, u. a. die röntgenologische Untersuchung und die v. Pirquetsche Reaktion, jedoch mit negativem Resultat. Ich kann nicht umhin, bei derartigen Personen einen Zusammenhang zwischen der leicht geschwollenen Glandula thyreoidea und der Temperaturerhöhung anzunehmen. Die Tatsache, daß bei ausgesprochenem Morbus Basedowii die Temperatur in der Regel nicht erhöht ist, ist für mich kein Grund, von meiner Überzeugung abzugehen. Denn die zahlreichen Fälle, in denen eine Schwellung der Schilddrüse angetroffen wird, brauchen durchaus nicht nur quantitativ sich voneinander zu unterscheiden.

Jedenfalls achte der begutachtende Arzt, der bei dem von ihm untersuchten Anwärter einen beschleunigten Puls vorfindet, darauf, ob nicht ein leichteres oder ernsteres Schilddrüsenleiden besteht.

Daß endlich alle Zustände, in denen der Herzmuskel gelitten hat, mit erhöhter Pulsbeschleunigung einhergehen können, ist allgemein bekannt. Dadurch ist die große Bedeutung dieser Erscheinung ohne weiteres hervorgehoben. Wichtig ist es, zu betonen, daß bei Herzmuskelschwäche, aber auch bei psychasthenischen und neurasthenischen Personen geringe Anstrengungen zu einer beträchtlichen und länger als normal anhaltenden Steigerung der Pulsfrequenz Veranlassung geben.

Man ist deshalb auch schon lange gewohnt, aus der Zählung der Pulsschnelligkeit unter verschiedenen Umständen Schlüsse auf die funktionelle Tauglichkeit des Herzmuskels zu ziehen. Diese Methode gründet sich auf die Beobachtung, daß bei einer Person mit gesundem Herzen die Pulsschnelligkeit nach einer physischen Anstrengung allerdings zunimmt, aber nach kurzer Zeit, z. B. etwa 3 Minuten, wieder zur anfänglichen Höhe zurückkehrt. Im Gegensatz dazu ist unter krankhaften Verhältnissen einerseits die Zunahme der Pulsschnelligkeit beträchtlicher als bei einer gesunden Person nach ein und derselben Anstrengung, und überdies wird nach dem Ende der Probe die ursprüngliche Pulsschnelligkeit erst nach einer viel längeren Zeit erreicht. Selbstverständlich muß man, um brauchbare Resultate zu erhalten, diese Untersuchung systematisch und stets gleichartig vornehmen. Empfehlenswert dünkt mir, die Prüfung in der Weise vorzunehmen, wie sie z. B. C. Lian[1]) angibt.

Der Arzt zählt den Puls mehrere Male, jedesmal eine Viertelminute lang, während die zu untersuchende Person aufrecht steht. Sobald der Puls zur Ruhe gekommen ist, zeichnet man die Schnelligkeit auf. Dann läßt man „Laufschritt auf der Stelle“ machen, so daß jedesmal 2 Schritte auf eine Sekunde kommen. Nach einer Minute läßt man aufhören und zählt die Schnelligkeit des Pulses einige Male, um die Minute und jedesmal eine Viertelminute lang. Während dieser Zeit bleibt die zu untersuchende Person in gerader aufrechter Haltung stehen, unbeweglich und ohne zu sprechen. Es ergibt sich nun, daß bei gesunden Personen bei dieser Prüfung der Puls nicht schneller wird als 100 oder höchstens 120 Schläge. Zu seiner ursprünglichen Schnelligkeit (oder nach einem Gleichgewichtszustand in etwaiger Höhe des ursprünglichen Wertes) kehrt er im Beginn der 2. oder 3. Minute nach Beendigung des Laufschritts zurück. Dauert es länger, bis daß die ursprüngliche Schnelligkeit wieder erreicht ist, dann kann man daraus den Schluß ziehen, daß das Anpassungsvermögen des Herzens gelitten hat. Lian betrachtet das Anpassungsvermögen als schlecht, wenn die Pulsschnelligkeit am Ende der Prüfung 160 Schläge erreicht oder überschreitet, oder wenn die Rückkehr zur ursprünglichen Schnelligkeit länger als 6 Minuten auf sich warten läßt.

An Stelle des „Laufschritts auf der Stelle“ kann man natürlich ebenso gut 12 tiefe Kniebeugen machen lassen (Rhythmus: 60 in der Minute). Auch dann erhöht sich bei normaler Beschaffenheit des Herzens und der Gefäße die Pulszahl nicht über 100 Schläge und kehrt innerhalb 3 Minuten wieder zur früheren Frequenz zurück.

Wichtig ist, daß jeder Untersucher sich in einer bestimmten Methode übt. Man achte darauf, derartige Prüfungen nicht kurze Zeit nach der Nahrungsaufnahme vorzunehmen.

Auch die Verschiedenheit in der Pulsfrequenz, die man bei der Untersuchung in sitzender und liegender Haltung des Patienten antrifft, wird zur Bestimmung der Funktion des Herzmuskels gebraucht. Denn sowohl bei organischen Erkrankungen des Herzmuskels wie bei funktionellen Störungen (insbesondere bei Neurasthenie) wird nach der Prüfung eine verzögerte Rückkehr zum normalen Wert und eine abnorm hohe Beschleunigung angetroffen.

Nach M. Leichtentritt[2]) verlangen die meisten deutschen Versicherungsgesellschaften eine Angabe der Frequenz in sitzender und stehender Haltung. Mackenzie teilt mit, daß der Puls dann, wenn eine gesunde Person aus der

---

[1]) Lian, Camille: Epreuve d'aptitude cardiaque à l'effort. Presse méd. 1916, Nr. 68 und Traité de Pathologie médicale et de Thérapeutique appliquée Bd. 4, S. 41.

[2]) Leichtentritt, Max: Statistischer Beitrag zur Pulsfrequenz des Versicherungsnehmers. Blätter f. Vertrauensärzte 1916, Heft 3/4. Siehe dort auch Literatur.

liegenden in die aufrechte Haltung übergeht, während seine Beine lang herunterhängen, 2—5 Schläge in der Minute schneller wird und wiederum 4—8 Schläge schneller, wenn die betreffende Person sich aufrecht stellt. LEICHTENTRITT selbst hat eine große Anzahl Menschen sowohl im Sitzen wie im Stehen untersucht. Er fand dabei im letzteren Falle eine Zunahme der Schnelligkeit von 8—9 Schlägen in der Minute. Größere Unterschiede sollen den Schluß auf eine krankhafte Erscheinung ziehen lassen. Dieselben Resultate erhielt MARTINET[1]). Indessen kann eine Unterscheidung zwischen einer auf organischer Veränderung beruhenden und einer rein funktionellen Erkrankung auf diese Weise nicht erhalten werden.

Bis zu einer gewissen Höhe erlaubt die Bestimmung des Blutdrucks vor und nach einer körperlichen Anstrengung den Unterschied einer organischen von einer funktionellen Erkrankung des Herzens festzustellen. Anscheinend gelten allerdings sehr allgemein und unter dem nötigen Vorbehalt die folgenden Regeln:

1. Bei normalen Personen steigt nach einer körperlichen Anstrengung die Pulsfrequenz mäßig (16—20 Schläge). Der systolische Blutdruck steigt nicht unbeträchtlich (ungefähr 40 mm).

In weniger als 3 Minuten sind Pulsfrequenz und Blutdruck wieder zu ihren ursprünglichen Werten zurückgekehrt.

2. Bei Kranken mit einer organischen Herzerkrankung steigt die Pulsfrequenz beträchtlich, der systolische Blutdruck jedoch nicht oder kaum.

Es dauert lange Zeit (5—10 Minuten), bevor die ursprüngliche Pulsfrequenz wieder zurückgekehrt ist.

3. Bei Kranken mit Herzneurose steigen nach körperlicher Anstrengung sowohl die Pulsfrequenz als auch der Blutdruck sehr beträchtlich. Letzterer kehrt bald zu seinem ursprünglichen Werte zurück.

Die Methode von KATZENSTEIN, die den Blutdruck bestimmt und den Puls zählt, nachdem die Arter. iliacae $2^1/_2$—5 Minuten lang zusammengedrückt worden sind, dünkt mir für die Lebensversicherungs-Begutachtung nicht geeignet. Ich lasse sie deswegen hier unbesprochen.

Im übrigen sei nachdrücklich darauf hingewiesen, daß die verschiedenen hier genannten Prüfungen zur Feststellung des funktionellen Wertes des Herzens ebenso wie alle hierzu vorgeschlagenen Methoden nur einen relativen Wert besitzen. Wer hierüber nähere Ausführungen zu erhalten und die Literatur darüber kennenzulernen wünscht, der sei auf das von KÜLBS[2]) verfaßte Kapitel in MOHR und STAEHELINS Handbuch oder auf A. HOFFMANNS Lehrbuch[3]) verwiesen.

Abgesehen von den Erkrankungen des N. vagus und des Herzmuskels kommt ein abnorm langsamer Puls bei zahlreichen ernsteren Krankheiten vor. Als Beispiel nenne ich: kachektische Zustände, Myxödem, Ikterus, Gehirnerkrankungen, die mit erhöhtem Hirndruck einhergehen; auch einige Vergiftungen, wie die durch Digitalis, gehören dazu. Da jedoch solche Patienten sich wohl nicht für den Abschluß einer Versicherung begutachten lassen werden, ist es unnötig, hier weiter darüber zu sprechen. Eine vorübergehende Verlangsamung des Pulses findet man mitunter nach Ablauf von akuten Infektionskrankheiten, bei Koliken, bei Schock. Vor allem auf diesen Punkt muß besonders geachtet werden: Darf ein sehr langsamer Puls bei jemand, der im übrigen gesund zu sein scheint, als normal angesehen werden? Diese Frage ist für einen konkreten Fall keineswegs leicht zu beantworten. Jeder hat wohl schon Menschen getroffen,

---

[1]) MARTINET: Épreuve fonctionelle circulatoire. Presse méd. 1916, Nr. 4.

[2]) KÜLBS in MOHR und STAEHELIN: Handb. d. inn. Med. Bd. 2, S. 932. 1914.

[3]) HOFFMANN, A.: Lehrb. d. funktion. Diagnostik u. Therapie d. Erkrank. d. Herzens u. d. Gefäße. 2. Aufl. 1920, S. 242ff.

deren Puls 50—56 Schläge nicht überschritt, ohne daß bei ihnen irgend etwas Anormales zu entdecken war. Eine durch Jahre hindurch fortgesetzte Beobachtung jedoch brachte eine Erkrankung von Herz und Gefäßen ans Licht. Nach einigen Autoren soll diese Eigenart von Jugend auf bestehen können, folglich angeboren sein, ja sogar familiär vorkommen. Das berühmteste Beispiel wird von niemand geringerem als dem großen Napoleon gegeben, der nach Corvisart nur 40 Pulsschläge in der Minute hatte. Man sei aber vorsichtig, sich allzu sehr auf ein derartiges Beispiel zu verlassen. Was insbesondere Napoleon I. betrifft, so ist vor allem aus den Beobachtungen von O'Meara[1]) bekannt, daß er an epileptiformen Anfällen litt, deren Art, wie es scheint, niemals ganz klar geworden ist. Jedenfalls scheint es wohl, daß Napoleon nicht als vollkommen normal angesehen werden darf.

Der untersuchende Arzt wird gut tun, einen fortdauernd bestehenden langsamen Puls (unter 56 Schlägen), wofür er keine Ursache finden kann, an sich als etwas Anormales zu betrachten und die Aufmerksamkeit des beratenden Versicherungsarztes darauf hinzulenken. Diese anormale Verlangsamung, in einigen Fällen bedeutungslos, kann in anderen Fällen das erste Zeichen einer ernsten Krankheit sein. Außer auf obengenannte Krankheiten kann sie auf eine organische Erkrankung des Herzmuskels von größerer oder geringerer Ausdehnung hinweisen, die in den meisten Fällen durch die Hervorrufung einer Leitungsstörung im Hisschen Bündel zu einem vollkommenen oder teilweisen Herzblock Veranlassung gibt. Die Art dieser Herzerkrankungen kann verschieden sein. Einmal sind es myokarditische Herde, die Folgen von akuten Infektionskrankheiten, unter denen der Gelenkrheumatismus einen wichtigen Platz einnimmt. Ein anderes Mal findet man ein Gumma; in weiteren Fällen eigenartige chronische Entzündungsprozesse, Bindegewebsinseln, oder auch fettige Degeneration oder Verkalkungsherde mit oder ohne gleichzeitiger Sklerose der Coronararterien.

Schlägt das Herz regelmäßig, mit einer fortdauernden Frequenz zwischen 40 und 50, und ist keine andere Ursache dafür zu finden, dann ist die Annahme eines teilweisen Herzblocks in jeder Hinsicht gerechtfertigt. Ist unter denselben Bedingungen die Frequenz dauernd geringer als 35, dann besteht wahrscheinlich ein vollkommener Herzblock. In letzterem Falle kann sich der Adams-Stokessche Symptomenkomplex entwickeln. Alle diese Betrachtungen gelten ebensogut für junge wie für alte Menschen.

Leitungsstörungen im Hisschen Bündel von bleibender Art (die vorübergehenden Zeiten akuter Fieberzustände gehören nicht zu unserem Thema) sind prognostisch von ernster Bedeutung. Sie weisen auf eine organische Erkrankung des Herzmuskels hin, die gewöhnlich nicht auf das genannte Bündel begrenzt ist, sondern in der Regel in größerer Ausdehnung im Herzmuskel vorkommt.

In jedem Falle von langsamen Puls vergleiche man diesen mit dem Herzschlag. Manchmal wird man dann finden, daß die Herztätigkeit schneller ist, als der Puls anzudeuten scheint, eine Folge davon, daß einzelne Kontraktionen die Peripherie nicht erreichen.

Ein großer Teil der medizinischen Literatur der letzten Jahre ist dem Studium des Blutdrucks und des unregelmäßigen Pulses gewidmet. Mit großer Genugtuung kann festgestellt werden, daß dank der großen diesen Untersuchungen gewidmeten Arbeit für die Klinik bereits wertvolle Resultate erreicht sind.

Der Blutdruck. In vielen Fällen kann man sich schon durch das einfache „Fühlen" des Pulses ein Bild von der Größe des systolischen Blutdrucks machen.

[1]) O'Meara: Napoléon en exil ou l'Echo de Saint Héléne. (Nach Bouchard und Brissaud: Traité de Médecine. 2. Aufl. Teil VIII, S. 406. Paris 1902.)

Wer aber gewohnt ist, diesen Druck mit dem fühlenden Finger zu schätzen und dann unmittelbar anschließend sich mit Hilfe eines der zu dem Zwecke konstruierten Apparate sich selbst zu kontrollieren, weiß, daß er sich manches Mal irrt. Insbesondere kommt es vor, daß man einen zu geringen Druck annimmt, wenn der Puls klein ist. Je geübter man ist, desto besser wird die Schätzung ausfallen, das ist selbstverständlich. Aber auf Grund eigener großer Erfahrung glaube ich doch behaupten zu dürfen, daß auch derjenige, welcher eine große Übung in der Beziehung hat, zahllosen Irrtümern unterworfen ist. Die Feststellung eines erhöhten Blutdrucks muß in vielen Fällen als von großer Bedeutung für die Beurteilung des Zustandes eines Anwärters angesehen werden. Ich halte deshalb den Besitz eines Apparates zu einer derartigen Feststellung für einen notwendigen ärztlichen Ausrüstungsgegenstand, besonders für diejenigen Ärzte, die Untersuchungen für Lebensversicherungen vorzunehmen haben. Die Messung der Energie der Pulswelle [Sphygmobolometrie, Sahli; Energometrie, Christen[1])] scheint mir vorläufig für die Praxis, jedenfalls für den in diesem Buche in Betracht kommenden Zweck, unnötig. Man muß allerdings Sahli darin beipflichten, daß die Messung des Blutdrucks an sich uns niemals über die Tätigkeit des Herzens Aufklärung verschaffen kann, ebensowenig wie man aus Messungen des Manometerdrucks im Dampfkessel einer Lokomotive etwas von der Arbeit dieser Maschine lernen kann. Dem steht aber gegenüber, daß es, soweit ich unterrichtet bin, bisher nicht geglückt oder selbst nicht einmal versucht worden ist, aus der Messung der Energie der Pulswelle in einer Arteria radialis Schlüsse auf den Gesundheitszustand der Person zu ziehen, der diese Arteria radialis gehört. Abgesehen von der komplizierten Methode und Berechnung, abgesehen sogar von den vielen Fehlerquellen, lehrt die Sphygmobolometrie im günstigsten Falle das Arbeitsvermögen beurteilen, welches das Herz der Blutwelle einer Arterie, an der man die Messung vornimmt, mitteilt. Aber man lernt daraus nichts bezüglich der Arbeit, zu deren Verrichtung das Herz imstande sein wird, wenn mehr als normale Anstrengungen notwendig werden. Ebensowenig lernt man daraus, ob sich im Herzen oder den Gefäßen ein Krankheitsprozeß abspielt. Andererseits lehrt die Erfahrung, d. h. die klinische Beobachtung einer großen Anzahl von Menschen während einer geraumen Zeit, daß eine dauernde Blutdruckserhöhung nur bei einer kleinen Zahl von Krankheitszuständen vorkommt. Oft sogar zu einer Zeit, wo sich diese noch durch keine einzige andere Erscheinung verraten, Krankheitszustände, die auf die Lebensdauer von beträchtlichem Einfluß sind.

In der 2. Auflage dieses Lehrbuches habe ich mich auf eine kurze Besprechung des systolischen Blutdrucks beschränkt. Auch jetzt bin ich noch der Überzeugung, daß dieser für die ärztliche Begutachtung meist genügende Aufklärung verschafft. Es gibt jedoch auch Umstände, in denen die Kenntnis auch des diastolischen Blutdrucks von Nutzen ist. Jedenfalls steht es fest, daß viele Untersucher einer gleichzeitigen Bestimmung des systolischen und diastolischen Blutdrucks und dem Unterschied zwischen beiden, dem Pulsdruck, große Bedeutung zumessen. Deshalb möge auch der letztere kurz besprochen werden.

Zur Bestimmung des systolischen Blutdrucks empfehle ich den einfachen und praktischen Apparat von Riva-Rocci mit breiter Armmanschette (ungefähr 12 cm breit). Man tut am besten, die Manschette unter so hohem Druck aufzublasen, daß der Puls an der Art. radialis nicht mehr fühlbar ist. Dann läßt man ein klein wenig Luft heraus und notiert als systolischen Druck die Höhe der Quecksilbersäule im Manometer in dem Augenblick, wo der Puls gerade

[1]) Siehe Sahli: Lehrbuch Teil I, S. 217 und 232 und Dtsch. Arch. f. klin. Med. Bd. 112, S. 125. 1913.

wieder erstmals fühlbar ist. Die zu untersuchende Person muß so sitzen oder liegen, daß der Arm sich ungefähr in gleicher Höhe mit dem Herzen befindet. Die Manschette muß genau um den Oberarm umgelegt werden, so daß sie so gut wie möglich anschließt. Vor allem sorge man dafür, daß die Gummiröhren des Apparates nicht undicht sind, ein Fehler, der öfters gemacht wird und wodurch genaue Ablesungen vollständig unmöglich werden. Die Röhrchen müssen also so oft als nötig erneuert werden. Dasselbe gilt natürlich für die Manschette.

Man kommt ganz von selbst dazu, wenn man sich beim Ablesen ungefähr auf der Höhe des gesuchten Wertes befindet, mit der linken Hand den zweiten Ballon des Doppelgebläses eben zu drücken und wieder loszulassen. Hierdurch kann man sehr bequem und genau den Druck steigen und sinken lassen.

Ich will hier nicht auf die Fehler, die dieser Methode anhaften, eingehen. Wer sich über die zahlreichen Probleme der Blutdruckmessung genau unterrichten will, arbeite die ausführlichen Werke über diese wichtige Untersuchungsmethode durch. Ich nenne nur das Lehrbuch von SAHLI[1]), die Monographie unseres zu früh gestorbenen Landsmannes DE VRIES REILINGH[2]), das viele originale Gedanken enthält, und die zweite Auflage des Werkes von GALLAVARDIN[3]). Obschon der Widerstand der Weichteile, der beim Aufblasen der Manschette überwunden werden muß, der stärkere oder geringere Kontraktionszustand der Armschlagader und die Beschaffenheit ihrer Wand einen gewissen Einfluß auf die erhaltenen Zahlen ausübt, ist es doch jetzt mit Sicherheit bewiesen, daß die mit Hilfe dieser Methode festgestellten Werte für klinische Zwecke in jeder Hinsicht genau genug sind.

Die mehr oder weniger komplizierten Apparate, bei denen das Verschwinden des Pulses in der Art. radialis auf andere Weise als durch Fühlen festgestellt wird, sind in der Klinik unnötig, für die Sprechstunde zu ungefügig — es sei denn, daß bestimmte Probleme erforscht werden müssen.

Handlicher für den praktischen Arzt, besonders für den Gebrauch außerhalb des Hauses, ist an Stelle des Quecksilbermanometers eines der vielen Anaeroidinstrumente, die gegenwärtig im Handel sind. Die Skala muß aber von Zeit zu Zeit durch Vergleichen mit einem Quecksilbermanometer geaicht werden.

Wir werden sogleich sehen, daß der systolische Druck gewöhnlich auch sehr schnell und sicher durch Auscultation bestimmt werden kann.

Noch eine Bemerkung, die für jede Blutdruckmessung gilt: Bei hohem Blutdruck, wobei also auch in der Manschette ein hoher Druck erzeugt werden muß, klagen die Patienten nicht selten über ziemlich starke Schmerzen. Zuweilen kommt es dabei, infolge der venösen Stauung zu zahlreichen kleinen Hautblutungen.

In vielen Fällen ist der diastolische (oder minimale) Druck weniger leicht oder zum mindesten weniger scharf zu bestimmen als der systolische. Man stelle sich gut vor, was unter dem diastolischen Blutdruck zu verstehen ist. Bei der Kammersystole wirft der linke Ventrikel eine gewisse Menge Blut in das arterielle Gefäßsystem. Dieses Blut stößt auf den Widerstand der Capillaren und dehnt die Schlagaderwand ein wenig aus. Infolge ihrer Elastizität ist die Wand bestrebt, sich wieder zusammenzuziehen und übt also auf den Blutzylinder einen gewissen Druck aus. Wenn die linke Kammer erschlafft ist und die Aortaklappen geschlossen sind, steht also das Blut in den Schlagadern doch noch unter einem gewissen Druck, der aber durch das Abströmen des Blutes längs der Capillaren

[1]) SAHLI: Lehrb. d. klin. Untersuchungsmethoden. 6. Aufl. Teil I.

[2]) DE VRIES REILINGH: Techniek en Kliniek der bloeddrukmeting. Groningen: J. B. Wolters U. M. 1916.

[3]) GALLAVARDIN: La tension artérielle en clinique. 2. Aufl. Masson 1920.

allmählich sinkt. Er sinkt aber nicht auf den Nullpunkt. Denn vor dieser Zeit tritt eine neue Zusammenziehung der linken Kammer ein, die eine neue Menge Blut in die Schlagadern wirft und den Druck, der langsam absank, wieder in die Höhe treibt. Während der systolische Blutdruck, der Druck unter welchem das Blut am Ende der Systole steht, der höchst erreichte ist, bleibt am Ende der Diastole noch ein Rest Blutdruck übrig. Diesen nennt man den diastolischen Druck. Begreiflicherweise ist es der niedrigste Druck, der erreicht wird, und er wird sofort durch eine Kammersystole wieder in die Höhe getrieben, um nach der Zusammenziehung, während der Erschlaffung dieser Kammer, sogleich wieder zu sinken.

Zur Bestimmung des diastolischen Druckes wendet man die Methode der Oszillation oder der Auscultation an.

Die Grundlage, auf der die Methode der Oszillation beruht, ist leicht zu begreifen. Sie wurde zuerst von MAREY studiert. Wie oben bereits gesagt wurde, steht das Blut im arteriellen System auch am Ende der Diastole unter einem gewissen Druck, dem Druck, den wir bestimmen wollen. Dieser Druck auf die Innenwand des Gefäßes steht im Einklang mit einer geringen Ausdehnung der Arterienwand, die infolge ihrer Elastizität einen Gegendruck ausübt. Angenommen, der diastolische Blutdruck beträgt 70 mm Hg, dann wird während der

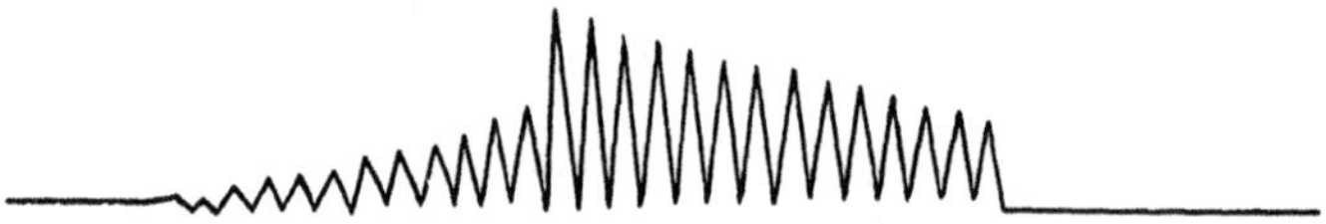

Abb. 35 (nach GALLAVARDIN).

Diastole die Arterienwand so weit ausgedehnt sein, daß sie einen Gegendruck von 70 mm Hg ausübt. Wird nun durch eine Kammerzusammenziehung der Druck auf 120 mm erhöht, dann muß der Druck der hinzukommenden 50 mm die bereits etwas gedehnte und infolge ihrer Elastizität sich wieder kontrahierende Gefäßwand noch etwas mehr ausdehnen, bis daß der Gegendruck dem Innendruck wieder gleich ist, d. h. 120 mm beträgt. Die durch die systolische Welle verursachte Ausdehnung des Gefäßes ist also gering und in Wirklichkeit so klein, daß der auf die Art. radialis gelegte Finger, wenn er keinen Druck auf das Gefäß ausübt, kaum etwas von einer Ausdehnung bemerkt. Ganz anders verhält es sich aber, wenn von außen auf die Arterie ein Druck ausgeübt wird, der gerade so groß oder ein wenig größer ist als der diastolische Druck. Innen- und Außenwand des Gefäßes sind nun am Ende der Diastole demselben Druck unterworfen. Die Gefäßwand wird nicht ausgedehnt, ihre Elastizität macht sich nicht geltend. Sie ist wie eine schlaffe Membran. Kommt nun die systolische Welle, so wird sie diese schlaffe „flottierende“ Wand, wie MAREY sie bezeichnete, viel stärker ausdehnen. Der auf die Art. radialis aufgelegte und gleichzeitig einen Druck ausübende Finger wird dann auch viel größere Ausschläge fühlen als ein eben auf dem Gefäß ohne besonderen Druck ruhender Finger.

Wir wollen nun einem Patienten die Manschette um den Oberarm legen und die Bewegungen der von der Manschette umschlossenen Wand der Art. brachialis auf die eine oder andere Weise aufzeichnen. Wenn wir den Luftdruck in der Manschette langsam verstärken, dann werden die Ausschläge sich so darstellen, wie sie das folgende Schema zeigt (Abb. 35). Bei geringem Druck in der Manschette sind die Ausschläge klein. Bei langsam steigendem Druck werden sie allmählich größer, *um in dem Augenblick, wo der Druck der Manschette mit dem diastolischen Druck übereinstimmt, sehr plötzlich viel größer zu werden.* Erhöht man den Druck in der Manschette noch mehr, z. B. auf 110 mm, dann werden die Ausschläge der Arterienwand wieder kleiner. Der Grund dieser Erscheinung ist ohne weiteres klar. Nehmen wir einmal an, der Außendruck betrüge 110 mm. Nun ist während der Diastole das Gefäß vollkommen zusammengefallen, die systolische Welle muß erst den auf das Gefäß wirkenden Druck überwinden, um es sozusagen zu öffnen, und nur der restierende Teil des systolischen Druckes — in unserem angenommenen Fall 10 mm — bleibt übrig, um die Ausdehnung des Gefäßes zu bewerkstelligen. Diese Ausdehnung wird also nur gering sein können.

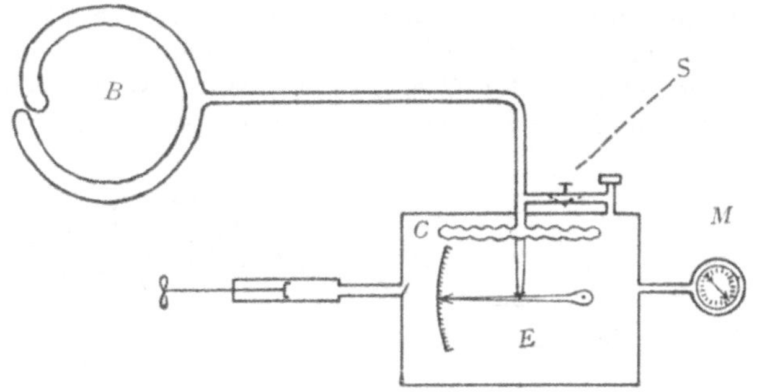

Abb. 36. Oszillometer von PACHON (schematisch).

Wird der Druck in der Manschette noch stärker (etwas mehr als 120 mm), dann wird die systolische Welle das Gefäß überhaupt nicht mehr öffnen können, alle Ausschläge von seiten der Arterienwand unterbleiben.

Nichts ist nun leichter, als die Ausschläge der Art. brachialis, und zwar auch noch vergrößert, sichtbar zu machen. Bringen doch die Ausdehnungen der Arterie in der Luftschicht der Manschette Druckveränderungen hervor, die auf ein Manometer übertragen werden können. Man braucht nur den Bewegungen des Quecksilbers in dem Manometer (oder der Nadel im Falle eines Metallmanometers) zu folgen, um die Ausschläge der Arterien kennenzulernen.

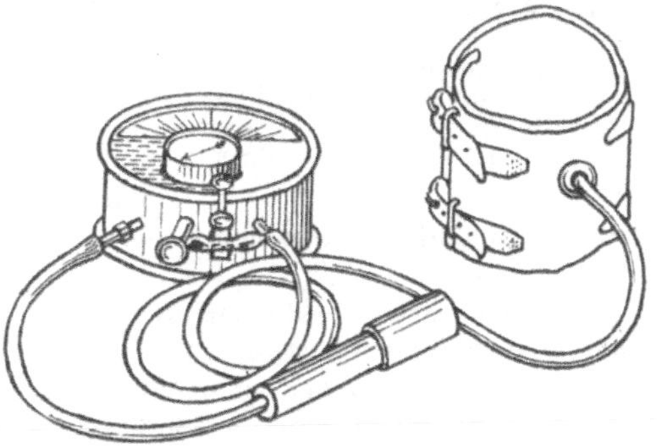
Abb. 37. Oszillometer von PACHON.

Theoretisch ergibt sich also für die Bestimmung des diastolischen Druckes das Folgende: Die Manschette, die einerseits mit einem Doppelgebläse, andererseits mit einem Manometer verbunden ist, wird um den Oberarm gelegt. Der Druck in der Manschette wird allmählich vermehrt, nach jeder Druckvermehrung werden die Bewegungen des Quecksilbers abgelesen. Im Augenblick des größten Ausschlages der Quecksilbersäule ist der Druck in der Manschette dem diastolischen Drucke gleich.

In der Praxis gestaltet es sich jedoch viel schwieriger.

Einmal ist für unseren Zweck ein Quecksilbermanometer nicht zu gebrauchen. Infolge der Schwerbeweglichkeit des Quecksilbers vermag es den Druckschwankungen nicht zu folgen. Ersetzt man das Quecksilbermanometer durch ein empfindliches und gut geaichtes Metallmanometer, so arbeitet man schon mit einem viel geeigneteren Instrument. Die meisten Untersucher bevorzugen aber ein auf einem anderen Prinzip beruhendes Instrumentarium. In diesem werden der Druck in der Manschette und die Druckschwankungen mittels zweier getrennter Manometer registriert. Das kleine, die Schwankungen registrierende Manometer ist so angebracht, daß es von dem absoluten Druck in der Manschette vollkommen unabhängig ist. Es sind zahlreiche Apparate konstruiert worden, die auf diesem Prinzip beruhen. Eins der bekanntesten und sehr viel (besonders in Frankreich) gebrauchten ist das Oszillometer von PACHON. In der schematischen Abb. 36 bedeutet E ein Luftreservoir, das mit der Manschette in Verbindung steht. Das Manometer M gibt den Druck in diesem Reservoir und also auch den in der Manschette B an. In dem Reservoir E befindet sich ein zweiter Manometerbehälter C eingebaut, dessen Außenfläche also stets unter dem in der Manschette herrschenden Druck steht. Auch das Innere dieses Behälters

Abb. 38. Darstellung des allmählichen Übergangs der kleinen in die großen Ausschläge. (Nach GALLAVARDIN.)

steht mit der Manschette in Verbindung, eine Verbindung, die jedoch durch den Knopf S abgeschlossen werden kann. Wenn man bei offener Verbindung Luft in die Manschette hineinpreßt, so stehen Innen- und Außenfläche des empfindlichen Manometerbehälters unter demselben Druck. In dem Augenblick, wo man die Schwankungen ablesen will, unterbricht man durch einen Druck auf den Knopf S die Verbindung. Der Behälter, dessen Wände infolge des auf Innen- und Außenfläche gleich stark wirkenden Druckes bis zu dem Augenblick nicht gespannt sind, wird nun als ein äußerst empfindliches Manometer die Druckschwankungen in der Manschette wiedergeben.

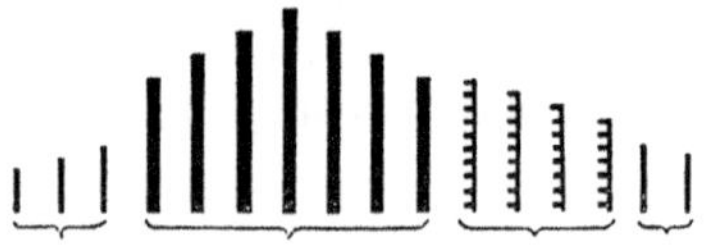

Abb. 39. Schema der Wahrnehmung der Geräusche bei der auscultatorischen Blutdruckbestimmung (nach GALLAVARDIN). 1., 2., 3., 4. Phase.

Zweifellos sind das Instrument von PACHON und die ihm ähnlichen Apparate sehr empfindlich und setzen uns *theoretisch* instand, den systolischen und diastolischen Druck abzulesen. In Wirklichkeit verhält es sich jedoch anders.

Der Übergang der kleinen Ausschläge in die großen geschieht nur selten plötzlich, gewöhnlich allmählich.

Diese Erfahrung macht man vor allem bei der Feststellung des Ausschlages, der — bei sinkendem Manschettendruck — als der erste große angesehen werden muß, also bei der Bestimmung des systolischen oder maximalen Druckes. Gewöhnlich ist der Übergang der kleinen Ausschläge in die großen ein so allmählicher, daß auch die meisten französischen Autoren die oszillatorische Methode zur Bestimmung des *systolischen* Druckes verwerfen. Deutlicher dagegen ist gewöhnlich der Übergang der großen Schwankungen in den ersten kleinen Ausschlag: der diastolische Druck kann dann auch in der Mehrzahl der Fälle mit Hilfe dieser Methode bestimmt werden. Es bleiben aber immer noch genug Fälle übrig, in denen auch dies nicht möglich erscheint. Jedenfalls ist nach unserer Erfahrung eine große Übung erforderlich, um einigermaßen richtige Werte zu erhalten.

Die hier angedeuteten Schwierigkeiten haben sicher viel dazu beigetragen, der auscultatorischen Methode, die sowohl für die Bestimmung des systolischen als auch des diastolischen Druckes gebraucht werden kann, schnell Eingang zu verschaffen. Im Jahre 1905 teilte KOROTKOW[1]) mit, daß bei der Auscultation der Armschlagader oberhalb der Manschette verschiedene Geräusche zu hören seien, die man gewöhnlich in 4 Gruppen oder Phasen einteilt. Diese Phasen sind:

1. Phase: schwache arterielle Töne;
2. Phase: eine Reihe von Geräuschen, die auf die eben genannten Töne folgen;
3. Phase: laute, gut begrenzte, zuweilen paukende Töne, erst an Stärke zunehmend, dann abnehmend;
4. Phase: sehr leise und undeutliche Geräusche, die bei weiterer Druckverminderung verschwinden.

Auf die Erklärungen für die Entstehung dieser Geräusche soll hier nicht weiter eingegangen werden. Es genügt, darüber das Folgende mitzuteilen. Man nimmt allgemein an, daß die ersten Töne in dem Augenblick hörbar sind, wenn der systolische Druck erreicht ist. Der diastolische Druck fällt mit dem Übergang der 3. in die 4. Phase zusammen, tritt also dann auf, wenn die kräftigen, klingenden Töne in die schwächeren, tieferen und gedämpften Geräusche übergehen. Es besteht kein Zweifel, daß der diastolische Druck in den meisten Fällen nach der Methode von KOROTKOW am schnellsten, einfachsten, genauesten und sichersten zu bestimmen ist. Ich empfehle sie den praktischen Ärzten als die Methode der Wahl. Wer sich einmal darin geübt hat, wird sie nicht mehr verlassen. Natürlich muß man beim Abhorchen für Ruhe in der Umgebung sorgen, das Instrumentarium muß gut instand sein. Auch muß man sich in einigen Fällen auf Schwierigkeiten gefaßt machen. Bei Aortainsuffizienz, bei Morbus Basedowii hört man zuweilen Töne über der Art. brachialis, auch ohne daß auf den zentralen Teil der Arterie irgendein Druck ausgeübt wird. Dasselbe konnte ich verschiedentlich bei, soweit mir bekannt, gesunden Personen beobachten. In derartigen Fällen ist selbstverständlich diese Methode zur Bestimmung des minimalen Drucks ungeeignet. Vereinzelt waren die Töne so schwach, daß es mir unmöglich war, die verschiedenen Phasen voneinander zu unterscheiden.

Die instrumentelle Bestimmung des arteriellen Blutdrucks kann nach meiner Überzeugung sowohl für die Behandlung von Kranken als auch für Begutachtungen nicht mehr entbehrt werden. Wer sich aber ihrer bedient, sei stets der Schwierigkeiten der Anwendung und der Unvollkommenheiten der Methode eingedenk. Man vergesse niemals, daß verschiedene Instrumente auch sehr beträchtliche Verschiedenheiten in den gefundenen Werten aufweisen können. So wird der systolische Druck mit dem Oszillometer von PACHON stets höher gefunden als nach den Angaben von RIVA-ROCCI oder KOROTKOW. Bestimmt man nacheinander bei ein und derselben Person in kurzen aufeinanderfolgenden Zwischenzeiten vier- oder fünfmal den systolischen Blutdruck, dann findet man stets kleiner werdende Werte, bis man z. B. beim vierten Male einen anscheinend konstant bleibenden Wert erhält.

Auf kleine Abweichungen von dem als normal angesehenen Werte braucht man nicht zuviel Gewicht zu legen. Man vergegenwärtige sich, daß eine Gemütsbewegung, eine physische Anstrengung den systolischen Druck vorübergehend beträchtlich erhöhen kann (bis beispielweise 40 mm), während der diastolische Druck für gewöhnlich unbeeinflußt bleibt.

Der *systolische Blutdruck* beträgt bei normalen, erwachsenen Männern und Frauen nach SAHLI[2]) 150 mm Hg, nach GALLAVARDIN ungefähr 120 mm Hg. Nach meiner Erfahrung, die sich auf die Beobachtungen mit dem Apparat von RIVA-ROCCI (palpatorische Methode) gründet, ist der von SAHLI angegebene

---

[1]) Siehe L. KAISER: Nederlandsch tijdschr. v. geneesk. 1919, II, S. 233; und GALLAVARDIN: loc. cit. S. 179.

[2]) SAHLI: Lehrb. d. klin. Untersuchungsmethoden 6. Aufl., Teil I, S. 208.

Wert zu hoch. Bei Frauen muß ein solcher von 110—120, bei Männern von 120—130 als Normalwert angesehen werden. Bei älteren Menschen mit einem gesunden Gefäßsystem — soweit dies überhaupt mit Sicherheit jemals festzustellen ist — findet man etwas höhere Werte, bis zu 145. Diese Zahlen stimmen mit allen Angaben aus der letzten Zeit überein.

Ein systolischer Druck, dauernd höher als 130 mm, muß bei jungen Menschen Anlaß zu ganz besonders sorgfältiger Untersuchung von Herz, Gefäßen und Nieren geben. Eine bleibende Erhöhung über 150 mm muß auch bei älteren Personen als pathologisch betrachtet werden. Sehr bekannt ist eine Statistik von J. W. Fischer, welcher eine große Anzahl Beobachtungen der Northwestern Life Insurance Company zugrunde liegt. Nach Ansicht dieses Spezialisten betrug der systolische Blutdruck bei gesunden Menschen, auch zwischen 50 und 60 Jahren, immer noch weniger als 135 mm. Von 525 Anwärtern, die in früheren Jahren angenommen worden waren, mit einem systolischen Blutdruck von durchschnittlich 152,58 mm war die Sterblichkeit 30% höher, als nach den Sterbetabellen dieser Gesellschaft für Gesunde erwartet werden durfte. Bei einer anderen Gruppe von 1970 abgewiesenen Anwärtern mit einem systolischen Druck von durchschnittlich 161,44 mm war die Sterblichkeit $2^1/_2$ mal größer als normal. Nichtsdestoweniger wiesen 1082 Personen dieser Gruppe bei der gutachtlichen Untersuchung keine andere krankhafte Erscheinung auf als diesen hohen Druck. Man sieht aus dieser Statistik, wie wichtig die Bestimmung des Blutdrucks für die Lebensversicherung ist. Diese Wichtigkeit wird auch nicht herabgemindert durch unsere Unkenntnis über die Ursache der Hypertension. Die bereits sehr alten, aber jedesmal wiederkehrenden, teilweise recht ausführlichen Diskussionen über dieses Thema haben zur Folge gehabt, daß wohl jeder Arzt mit den beiden Theorien der Ursache dieser essentiellen Hypertension bekannt ist. Nach der Annahme einiger — vielleicht der Mehrheit — soll sie in jedem Falle auf einem chronischen Nierenleiden beruhen. Andere wiederum, die ihrerseits nicht daran denken, die Entstehungsmöglichkeit der Hypertension durch Nierenleiden zu leugnen, sind jedoch der Ansicht, daß Fälle von sehr hohem Blutdruck vorkommen — von ihnen essentielle Hypertension genannt —, die als ein selbständiges Gefäßleiden betrachtet werden müssen und also nicht auf einem Nierenleiden beruhen. Und wenn man bei Kranken mit essentieller Hypertension klinisch oder bei der Autopsie Veränderungen an den Nieren findet, so sind diese — nach Ansicht der Anhänger der letzteren Theorie — nicht Ursache, sondern vielmehr Folge des hohen Blutdruckes. Es ist hier nicht der Platz, um die Vor- und Nachteile beider Theorien gegeneinander abzuwägen. Ebensowenig ist es von praktischem Interesse, hier zu erforschen, durch welche Veränderungen der Gefäße, organische oder funktionelle, die Blutdruckerhöhung zustande gebracht werden könnte.

Ich selbst bin davon überzeugt, daß neben der Blutdruckerhöhung der echten Arteriosklerose und neben der der Schrumpfniere eine arterielle Hypertension als anscheinend selbständiges Leiden vorkommt, die nicht als eine Erscheinung der Nephritis aufgefaßt werden muß, sondern vielmehr — oft nach Jahren — zu einer Albuminurie Veranlassung gibt. Es ist hier nicht der Ort, um Beweise für diese Anschauung anzuführen, wohl aber um nachdrücklich auf die praktische Bedeutung dieser so äußerst häufig vorkommenden Hypertension hinzuweisen, möge ihre Pathogenese sein, welche sie wolle. Man muß Mackenzie[1]) darin beipflichten, daß wir bezüglich der Hypertension noch wenig wissen, und daß unsere Erfahrung hinsichtlich deren Prognose noch kurz und gering ist. Möglicherweise wird von manchen die prognostische Bedeutung der Bestimmung

[1]) Mackenzie, James: Diseases of the heart 3. Aufl., 1914, S. 141. — Derselbe in: Principles of diagnosis and treatment in heart affections. London 1916, Kap. XII.

des Blutdrucks überschätzt, wie dies eben bei jeder neuen klinischen Methode der Fall gewesen ist. Der gewissenhafte Kliniker wird erkennen, daß noch manche Zeit darüber vergehen wird, bevor diese Frage gelöst ist. Vor einigen Jahren konsultierte mich eine Dame in vorgeschrittenerem Lebensalter mit Klagen über Kopfschmerzen und Schwindel, die ich einem sehr hohen Blutdruck — mehr als 220 mm — zuschreiben zu müssen glaubte. Die Patientin lebt noch und erfreut sich, von einigen Beschwerden abgesehen, einer guten Gesundheit. Wenn man sich solcher Beispiele erinnert, wird man dem berühmten englischen Arzt zustimmen, daß die Prognose des hohen Blutdrucks noch nicht in jedem Falle festgestellt werden kann, es sei denn, daß die übrige Untersuchung, Beschaffenheit der Gefäße, des Herzens und der Nieren den Weg weisen. Dennoch scheinen die günstig verlaufenen Fälle von sehr hohem Blutdruck, für die ich eben ein Beispiel anführte, eine Ausnahme zu bilden, und im allgemeinen glaube ich annehmen zu sollen, daß Menschen mit bleibendem, stark erhöhtem Blutdruck großen Gefahren ausgesetzt sind. Daraus ergibt sich, daß ein sehr stark erhöhter Blutdruck (z. B. 200 mm und höher) jede Person, die den Abschluß einer Lebensversicherung beantragt, von der Liste der normalen Risiken streicht, gleichgültig, ob man im Urin Eiweiß findet oder nicht. Oft findet man eine Spur, andere Male wiederum überhaupt nichts. Der Verlauf ist gewöhnlich so, daß Albuminurie lange Zeit hindurch besteht, dann intermittierend auftritt und zum Schlusse erst konstant wird. Die Blutdruckerhöhung geht also oft dem Auftreten der bleibenden Albuminurie geraume Zeit voraus.

Ich habe den Eindruck gewonnen, daß in vielen Fällen die Neurasthenie männlicher Personen von mittlerem Lebensalter eine Maske ist, hinter der sich die arterielle Hypertension oder die Schrumpfniere verbirgt. Man versäume daher niemals, bei einem Manne, der über Erscheinungen klagt, die man für Neurasthenie zu halten gewohnt ist, den Urin auf Eiweiß zu untersuchen und auch bei negativem Ausfall dieser Untersuchung den Blutdruck zu bestimmen.

Verschiedene Jahre hindurch habe ich einen Herrn in mittlerem Lebensalter behandelt, der von den verschiedensten Ärzten als ein klassisches Beispiel für Neurasthenie angesehen wurde. Daß seine Klagen vollkommen mit dem übereinstimmten, was in den Lehrbüchern unter dem Kapitel Neurasthenie aufgeführt ist, steht fest. Während der ersten 4—5 Jahre meiner Bekanntschaft mit ihm fand ich niemals Eiweiß in seinem Urin, aber schon damals zeigte er einen gespannten Puls. Eines Tages fand ich eine Spur Eiweiß; bei einer nochmaligen Untersuchung wenige Tage später war es verschwunden. Von der Zeit an untersuchte ich den Urin in regelmäßigen Zwischenpausen und fand zuzeiten Eiweiß, zu anderen wieder nicht. Je länger, um so kleiner wurde die Anzahl der Untersuchungen, bei denen der Urin eiweißfrei war. Der Patient ist schließlich mit ungefähr 55 Jahren an Urämie gestorben. Ein zweites Beispiel aus jüngerer Zeit: Herr B., etwa 54 Jahre alt, ist seit 5—6 Jahren wegen allerlei unbestimmten Klagen, Müdigkeit, Reizbarkeit u. dgl., in Behandlung. Die von ihm konsultierten Ärzte stellten die Diagnose: Neurasthenie. Ungefähr vor 2 Jahren[1]) wurde Patient von einer plötzlichen ernstlichen Darmblutung überrascht. Aufs genaueste wurde der Ursache dieses Blutverlustes nachgeforscht, es ergaben sich jedoch keine Anhaltspunkte. Im November 1912 — der Patient hatte seine Darmblutung bereits vergessen — kam er in meine Behandlung, weil er sich wegen kleiner Purpuraflecken an den Unterschenkeln Sorge machte. Auf Bettruhe verschwanden diese Flecken in ein paar Wochen. Der Puls fühlte sich sehr gespannt an, der Blutdruck betrug mehr als 240 mm, der Herzspitzen-

[1]) Diese Angabe stammt aus der Zeit vor der 1. Auflage dieses Buches.

stoß war verbreitert, der zweite Aortenton laut klingend, im Urin eine Spur Eiweiß, keine Zylinder. Die Diagnose mußte lauten: starke Hypertension verbunden mit Schrumpfniere. Dieser Patient ist 1 Jahr später gestorben, nachdem sich Stauungen in den Lungen und starke Ödeme entwickelt hatten. Für mich steht es außer Zweifel, daß die sog. neurasthenischen Erscheinungen der letzten Jahre bereits durch übermäßige Blutdruckerhöhung verursacht waren.

Bevor ich die Besprechung über den zu hohen Blutdruck schließe, möchte ich noch zwei Bemerkungen machen. Die erste lautet: Es ist nicht richtig, zu glauben, daß bei der Arteriosklerose der Blutdruck in der Regel erhöht sein soll. Oft findet man bei ausgesprochener Sklerose der peripheren Gefäße einen vollkommen normalen Druck, sowohl systolisch wie diastolisch. Die zweite Bemerkung ist formeller Art: Um Mißverständnissen vorzubeugen, ist es ratsam, den Ausdruck „*harter*" Puls fallen zu lassen. Man muß doch in jedem Falle untersuchen, ob sich der Puls hart anfühlt, weil die Gefäßwand dick und rigide oder ob ein erhöhter Blutdruck die Ursache ist. In letzterem Falle spreche man von einem *gespannten Puls* oder erhöhtem Blutdruck, in ersterem von einer harten *Gefäßwand*.

Im Hinblick auf die Begutachtung für Lebensversicherungen ist die Beurteilung der *Unregelmäßigkeiten* des Pulses viel schwieriger als die der bisher genannten Eigenschaften. Seitdem GASKELL, ENGELMANN, EINTHOVEN, WENCKEBACH, MACKENZIE den Weg gewiesen haben, gibt es wenige Kapitel in der Pathologie, die mit solcher Vorliebe studiert werden, und in welche man infolge des Scharfsinns besonders der hier genannten Untersucher in ziemlich wenig Jahren einen so klaren Einblick gewonnen hat. Es ist aber in diesem Buche nicht möglich, die Analyse des unregelmäßigen Pulses ausführlich abzuhandeln. Wer sich in diese interessante Materie zu vertiefen wünscht, studiere die Werke von WENCKEBACH, MACKENZIE, LEWIS[1]). Wir können nur einige Anweisungen geben, wie der begutachtende Arzt beurteilen soll, ob eine bei einem Patienten wahrgenommene Pulsunregelmäßigkeit als gleichgültig oder gefährlich im Hinblick auf das Abschließen einer Lebensversicherung anzusehen ist. Bleibt er im Zweifel, dann wird die Untersuchung von einem anderen vorgenommen werden müssen, der über eine größere Erfahrung auf diesem Gebiete und über genügende Geschicklichkeit in der Aufnahme von Pulskurven und Elektrokardiogrammen verfügt.

Die Pulsunregelmäßigkeiten, die in diesem Buche einer besonderen Besprechung bedürfen, sind folgende:

1. Die Atmungsunregelmäßigkeit (MACKENZIES infantile Type der Herztätigkeit).

Besonders bei Kindern, aber oft auch bei älteren Personen, beobachtet man eine Unregelmäßigkeit, welche den darin unerfahrenen Arzt sehr besorgt machen kann, während ihr im Hinblick auf die Prognose nicht die geringste Bedeutung beigemessen zu werden braucht. So wurde ich einst von einem Kollegen um Rat gefragt, der auf Grund einer derartigen Pulsirregularität seines Kindes die Diagnose auf tuberkulöse Meningitis gestellt hatte. Glücklicherweise ergaben sich keinerlei weitere Anhaltspunkte für diese schreckliche Krankheit (der unregelmäßige Puls wies allerdings in mehr als gewohnter Stärke die respiratorische Type auf), und ich konnte daher alle Besorgnisse zerstreuen. Es ist

---

[1]) Wir verweisen im besonderen auf: WENCKEBACH, K. F.: Die unregelmäßige Herztätigkeit und ihre klinische Bedeutung. Verl. Wilhelm Engelmann 1914. — MACKENZIE, J.: The study of the pulse. Edinburgh and London 1902. — MACKENZIE, J.: Diseases of the heart 3. Aufl. London 1913. — LEWIS, TH.: Mechanism of the heart beat. London 1911. — LEWIS, TH.: Clinical disorders of the heart beat. London 1912.

nun schon einige Jahre her, daß ich das Kind aufsuchte. Seit dieser Zeit vermag es sich einer dauernden vortrefflichen Gesundheit zu erfreuen.

Einem etwa 19jährigen jungen Menschen mit derselben ausgesprochenen Arhythmie war jegliche körperliche Anstrengung untersagt worden. Spazierengehen, Radfahren, Tennisspielen u. dgl. war ihm verboten, weil man zu Unrecht einen Herzfehler angenommen hatte.

Es besteht wohl kein Zweifel, daß zeitweise eine vollkommen gesunde Person aus denselben Gründen für ein Amt oder eine Versicherung untauglich erklärt oder bei letzterer nur gegen erhöhte Prämienzahlung angenommen wird.

Bei dieser Form der Arhythmie, die gewöhnlich nur durch das Fühlen des Pulses und ohne Aufnahme von Kurven oder Elektrokardiogrammen leicht diagnostiziert werden kann, ist *der Puls während der Einatmung beschleunigt, während der Ausatmung verlangsamt.* Das Eigenartige dieser Arhythmie ist ihr Verschwinden, sobald aus irgendwelchen Gründen der Puls schneller wird. Mag nun die Erhöhung der Frequenz durch körperliche Anstrengung oder psychische Erregung, durch Temperatursteigerung oder eine Atropineinspritzung verursacht sein, stets ist die Folge die gleiche: die Unregelmäßigkeit verschwindet.

Es ist ein großes Verdienst Mackenzies, auf die Arhythmie, die auch von Winkler schon beobachtet wurde, die Aufmerksamkeit hingelenkt und deren klinische Bedeutung hervorgehoben zu haben. Da sie hauptsächlich bei Kindern und jungen Menschen auftritt, gab Mackenzie ihr den Namen juvenile Arhythmie. Indessen hat Wenckebach vollkommen recht mit seinem Vorschlag, diese Bezeichnung fallen zu lassen und statt dessen nur von respiratorischer Arhythmie zu sprechen. In der Tat kann man diese Unregelmäßigkeit in mehr oder weniger ausgesprochener Stärke in jedem Lebensalter antreffen. Hat man sie doch sogar bei Personen von 71 und 84 Jahren beobachtet.

Wichtiger als die Bezeichnung ist aber die prognostische Bedeutung dieser Arhythmie. Unzweifelhaft hat Mackenzie mit seiner Auffassung in dieser Hinsicht vollkommen recht. Die respiratorische Arhythmie ist durchaus kein Zeichen einer schlechten Herztätigkeit; sie ist eine absolut unschuldige Erscheinung. Ja, man könnte vielleicht meiner Meinung nach mit Mackenzie und Fr. Müller darin übereinstimmen, daß sie insofern ein einigermaßen prognostisch günstiges Anzeichen ist, als sie bei fortgeschrittenen organischen Herzerkrankungen niemals angetroffen wird. Es mag wahr sein, daß sie nicht mit absoluter Sicherheit ein organisches Herzleiden (Klappenfehler, Hypertrophie durch chronische Nephritis) ausschließt, das eine ist jedoch sicher, daß niemals eine respiratorische Unregelmäßigkeit bei einer ungenügenden Herztätigkeit beobachtet wird[1]).

Wie vorhin erwähnt, verschwindet die Unregelmäßigkeit, sobald die Schnelligkeit des Pulses zunimmt. Doch wird diese Arhythmie auch noch in anderer Weise derart beeinflußt, daß sie verschwindet, eine Beobachtung, deren Kenntnis wir meinem Kollegen Wiersma[2]) verdanken. In einer ausgezeichneten, eine große Zahl von Beobachtungen umfassenden Untersuchung hat er nachgewiesen, daß die respiratorische Unregelmäßigkeit sowohl bei vollkommen Gesunden wie psychisch gestörten Menschen auftritt, wenn sie keine geistige Arbeit verrichten, daß sie verschwindet, sobald die Aufmerksamkeit angespannt wird. Die psychische Tätigkeit spiegelt sich also dergestalt im Puls wider. Jedoch nicht allein der Rhythmus, auch die Schnelligkeit steht mit der Geistesarbeit in engem Zusammenhang. Sobald die Gedanken abschweifen, die Aufmerksamkeit und die Klarheit des Bewußtseins nachlassen, wird der Puls langsamer und unregelmäßig.

---

[1]) Siehe Wenckebach: loc. cit. S. 185.

[2]) Wiersma: Psychiatr. en neurol. bladen 1911; und Zeitschr. f. d. ges. Neurol. u. Psychiatrie Bd. 19. 1913.

Wird dagegen die Aufmerksamkeit angespannt, das eine oder andere Thema in Bearbeitung genommen, konzentrieren sich die Gedanken, wird das Bewußtsein klarer, so verschwindet die Arhythmie unter gleichzeitiger Zunahme der Schnelligkeit des Pulses. Auch hier sehen wir wieder einen festen Zusammenhang zwischen Pulsschnelligkeit und respiratorischem Rhythmus. Wir würden aber zu sehr von unserem Thema abschweifen, wenn wir auf die tüchtige Arbeit WIERSMAS und auf die Betrachtungen, zu denen sie Anleitung geben kann, noch weiter eingingen. Ebenso müssen wir selbstverständlich an dieser Stelle davon absehen, nach einer Erklärung dieser interessanten Erscheinung zu suchen. Für uns ist nur die Tatsache von Interesse, daß wir in dem Versuch des Fixierens der Aufmerksamkeit, im Verrichtenlassen sowohl geistiger wie körperlicher Arbeit ein sicheres Mittel besitzen, die unschuldige respiratorische Arhythmie von jeder anderen zu unterscheiden. Hinzu kommt noch, daß man im Sphygmogramm sowohl als auch im Elektrokardiogramm alle Erhebungen vorfindet, wie sie in den Kurven normaler Personen anzutreffen sind.

Nochmals sei wiederholt, daß diese Arhythmie klinisch und besonders auch prognostisch ohne irgendeine Bedeutung ist. Personen, bei denen sie beobachtet wird, weisen gewöhnlich auch schnell vorübergehende Veränderungen in der Pulsfrequenz bei Änderung der Haltung (Stehen, Liegen usw.) und bei geringer Anstrengung auf.

Fest steht, daß diese Arhythmie auf den N. vagus zurückzuführen ist.

2. *Die Arhythmie durch Extrasystolen.* Sie bildet wohl zweifellos die in der Praxis am häufigsten vorkommende Unregelmäßigkeit. Die Kammer-Extrasystolen sind in vielen Fällen schon beim Fühlen des Pulses zu erkennen, weil auf den vorzeitig kommenden Pulsschlag die sogenannte kompensatorische Pause folgt. Zuweilen ist die vorzeitige Zusammenziehung ebenso kräftig wie die normale. Andere Male ist sie weniger kräftig, doch dringt der Pulsschlag noch bis zur Peripherie durch. In noch anderen Fällen ist die Kontraktion so schwach, daß die Blutwelle nicht bis zur Art. radialis hingelangt. Der Puls scheint also „überzuschlagen". Dann wird man durch Auscultation der Herztöne die Extrasystolen feststellen müssen.

Aus alledem geht hervor, daß die Extrasystole einmal zu nur einem systolischen Ton, ein andermal zu zwei Tönen Veranlassung gibt. Es bestehen daher folgende Möglichkeiten:

(Nach WENCKEBACH: Die unregelmäßige Herztätigkeit usw., S. 33.)

Der vorzeitige Reiz, der die Extrasystole verursacht, kann in der Kammer, der Vorkammer, im atrioventrikulären Bündel und sogar im Sinusknoten entstehen.

Die Diagnose dieser verschiedenen Formen ist nur mittels instrumenteller Untersuchung möglich und vermag nur der Arzt zu stellen, der sich in der Analyse des unregelmäßigen Pulses geübt hat.

Es würde keinen Zweck haben, auf die Unterscheidung dieser Arhythmien hier tiefer einzugehen.

Obschon der folgende Rat weder mir selbst noch dem Leser Befriedigung geben kann, wüßte ich doch keinen besseren zu geben als den: der untersuchende Arzt, der einen unregelmäßigen Puls antrifft und selber nicht imstande ist, diesen zu analysieren, überweise die zu untersuchende Person an einen Spezialisten auf diesem Gebiet. Dem will ich sogleich hinzufügen, daß auch der beste Kenner des unregelmäßigen Pulses sich nur zu oft in großer Verlegenheit befinden wird, wenn er sich über die Bedeutung einer extrasystolischen Arhythmie aussprechen muß. Sicherlich wird er durch eine sorgfältige Analyse der Jugularis- und Radialiskurve, durch das Studium des Elektrokardiogramms in der Regel die Art — Ursprungsstelle — der Extrakontraktionen feststellen können. Aber soweit mir bekannt, gibt es kein einziges Merkmal für die Beurteilung der prognostischen Bedeutung. Vollkommen mit Recht weisen MACKENZIE und WENCKEBACH darauf hin, daß eine extrasystolische Arhythmie durchaus nicht immer eine ernste Prognose bedeutet. Sie verfügen über zahlreiche Beobachtungen bei Patienten, die jahrelang trotz eines sehr unregelmäßigen Pulses einen schweren Beruf ausüben, in einem unebenen Terrain ermüdende Spaziergänge unternehmen oder weite Radeltouren ausführen konnten, und die — der Arhythmie zum Trotz — sehr alt wurden. Wir wollen uns selbst also und erst recht nicht den Patienten, bei dem wir eine Extrasystole feststellen, beunruhigen und ihm dadurch, daß wir ihm von einem Herzfehler oder einer Pulsirregularität berichten, sein Fortkommen verhindern und seine Lebensfreude nehmen. Es ist leider nur zu wahr, daß hin und wieder in der Praxis dieser Fehler gemacht wird und der Patient ein Opfer zu großer Ängstlichkeit seines Arztes wird. Andererseits finden wir sehr häufig Extrasystolen bei den verschiedensten Krankheiten, besonders denen des Herzens und der großen Gefäße. Was die Beurteilung so schwierig macht, ist die Tatsache, daß kein einziges Merkmal die bei ernsten Herzerkrankungen auftretenden Extrakontraktionen von den als vollständig harmlos anzusehenden unterscheiden läßt. Deshalb kann nicht die Analyse der extrasystolischen Arhythmie, sondern nur eine vollständige und spezialistische Untersuchung des ganzen Patienten, oft sogar nur eine längere Beobachtung uns zu einer begründeten Beurteilung des Zustandes in die Lage bringen.

Über die Ursache des Entstehens der Extrasystolen ist nichts bekannt. Warum entstehen sie bei Kranken mit Herzfehlern, besonders bei Insuffizienz der Aorta und bei Mitralstenose? Warum bei Menschen mit Sklerose der Coronararterien oder des Anfangsteils der Aorta? Wie kommen sie in den Fällen zustande, in denen keine oder kaum nennenswerte Abweichungen gefunden werden und in denen der Patient, oft im Gegensatz zu einer vom Arzt allzu düster gestellten Prognose, ein hohes Alter erreicht? Warum kommen sie so gut wie ausschließlich bei langsamem Puls vor, so daß sie bei einer Frequenz von 100 Schlägen nicht oft, und bei einer solchen von 120 und mehr nur äußerst selten angetroffen werden? Auf alle diese Fragen müssen wir die Antwort schuldig bleiben. Ich kann nicht mit den zahlreichen Klinikern übereinstimmen, die in vielen Fällen dieser Art die Extrasystolen als eine „nervöse“ Erscheinung ansehen. Sie werden durch einen krankhaften Zustand hervorgerufen, der in den Geweben des Herzens[1]) sitzt, vielleicht im nervösen Herzapparat. Aber auch in letzterem Falle spreche man nicht von „nervösen“ Extrasystolen. Die Schmerzen bei einer Neuritis nennt man doch auch nicht „nervöse“ Schmerzen! Bei organischen Erkrankungen des Zentralnervensystems sind Extrasystolen keineswegs eine häufig vorkommende Erscheinung, wie dies auch WENCKEBACH, der ausgezeichnete Kenner der Herzpathologie, hervorhebt. Aber auch psychische Störungen, Gemütsbewegungen, geistige Anstrengungen führen, soweit ich das beurteilen kann, ebensowenig auffallend häufig dazu. Es ist so bequem, aber auch so gefährlich, eine Erscheinung als „nervös“ zu erklären. Nur allzu leicht legt man sich auf diese Bezeichnung fest und wird davon abgehalten, dauernd und immer wieder nach einer weniger vagen, greifbaren Erkrankung als Ursache zu forschen. Wieder-

[1]) Siehe TH. LEWIS: Clinical disorders usw., S. 52.

holt habe ich Patienten in Behandlung bekommen, deren Erscheinungen am Herzen von guten Ärzten als „nervöse" angesehen worden waren, und bei denen ich fast sofort beträchtliche Abweichungen an Herz und Gefäßen nachweisen konnte. Nicht weil ich besser untersucht hätte als sie, welche diese Patienten vor mir in Behandlung gehabt hatten, sondern weil die anfänglich versteckte Erkrankung sich langsam weiter entwickelt hatte und endlich manifest geworden war.

Daß jemand mit der einen oder anderen Abweichung alt werden und dabei zu jeder geistigen und körperlichen Anstrengung fähig bleiben kann, beweist noch keineswegs den nervösen Charakter dieser Abweichung. Wie erstaunt man nicht selten, wenn man bei einer Sektion Organveränderungen in großer Ausdehnung sieht, während der Kliniker bezeugen kann, daß der Patient bis vor kurzer Zeit scheinbar vollkommen gesund und zu jeder von ihm verlangten Arbeit fähig war. Ein Beispiel zur Erläuterung meiner Absicht. Ich kannte einen Kollegen, der, wenn ich mich gut erinnere, mit 75 Jahren infolge einer erheblichen und ausgedehnten Arteriosklerose starb. Gegen Ende seines Lebens wurde er von heftigen Anfällen von Angina pectoris gequält. Etwa ein paar Jahre lang stand er in meiner Behandlung; der Urin enthielt Eiweiß und eine kleine Menge Zucker. Bis ungefähr ein Jahr vor seinem Tode war dieser Arzt für die Öffentlichkeit der Typus eines rüstigen alten Herrn, scheinbar gesund und den Rest seiner Praxis mit Frische und Hingebung versehend. Er scheute sogar nicht davor zurück, hohe, steile Treppen zu steigen. Und doch hat mein Patient ohne jeden Zweifel schon jahrelang an Arteriosklerose gelitten. Der Grund ist darin zu sehen, daß der Organismus in vielen Fällen beträchtliche Organveränderungen ohne Funktionsstörungen vertragen kann. Man bedenke doch nur, mit welch wunderbarer Gleichgültigkeit der Organismus eines Kranken die Anlage eines Pneumothorax verträgt, d. i. die Lahmlegung mindestens der Hälfte seiner Atmungsoberfläche.

Was den Fall der extrasystolischen Pulsunregelmäßigkeit in hohem Grade schwierig macht, ist das Unvermögen, die sicher organischen, prognostisch ungünstigen Extrasystolen von den harmlosen zu unterscheiden. Man behauptet allerdings, daß vor allem die sog. funktionellen (harmlosen, nervösen) Extrakontraktionen in besonderem Maße zu unangenehmen subjektiven Empfindungen Veranlassung geben sollen, während der Herzkranke seine Extrasystolen nicht fühlen soll. Es will mir aber scheinen, als ob diese Auslegung, die vielleicht einen wahren Kern einschließt, in ihrer Allgemeinheit sicher unrichtig, und daß infolgedessen dieses Kennzeichen in einem bestimmten Falle von wenig Wert ist. Ob die Vorkammer-Extrasystolen von ungünstigerer Bedeutung sind als die viel häufiger vorkommenden Kammer-Extrasystolen, wie wohl auch behauptet wird, vermag ich nicht zu beurteilen.

Meine Ansicht über die extrasystolische Arhythmie möchte ich unter Berücksichtigung des oben Gesagten darin zusammenfassen:

1. Extrasystolen können bei allerlei Krankheiten von Herz und Gefäßen vorkommen. Sie können eine ernste Bedeutung haben.

2. Extrasystolen können auch bei verschiedenen Erkrankungen anderer Organe mit Ausnahme des Herzens, bei Vergiftungen (Digitalis, Tabak) vorkommen, ja sogar auch ohne daß irgendeine Abweichung zu finden ist. Sie können prognostisch ohne jede Bedeutung sein.

3. Es gibt kein Mittel, um nur aus den Pulskurven die harmlosen von den bedenklichen Extrasystolen zu unterscheiden.

Im Hinblick auf die diesem Buche zugrunde gelegte Aufgabe wird man also bei Feststellung einer extrasystolischen Arhythmie, sei es nun selber oder mit

Unterstützung eines auf diesem Gebiet erfahrenen Kollegen, eine sorgfältige und erschöpfende Untersuchung vernehmen müssen. Findet man an Herz und Gefäßen und den anderen Organen nicht die geringsten Veränderungen, enthält der Urin kein Eiweiß, ist die Person jung (unter 40 Jahren), dann würde ich zur Annahme für die Versicherung mit normaler Prämienzahlung raten. Kommen ältere Personen in Betracht, dann erscheint mir das Aufstellen einer allgemein giltigen Regel unmöglich. In jedem besonderen Fall würde ich meinen Entschluß von den hinzutretenden Umständen (Beruf, Lebensweise, frühere Krankheiten u. dgl.) abhängig machen, in einigen Fällen durch eine erhöhte Prämienzahlung das größere Risiko ausgleichen, in anderen Fällen eine Versicherung gegen normale Prämie aber bis zu einem nicht zu hohen Alter (z. B. 60 Jahren) eingehen.

Endlich sei gestattet, nochmals darauf hinzuweisen, daß man mit der Erwähnung seines Befundes eines unregelmäßigen Pulses dem Patienten selbst gegenüber äußerst vorsichtig sein soll. Bekanntlich ist für viele Menschen ein Zweifel gerade an dem normalen Zustand von Herz und Blutgefäßen unerträglich. Durch die überdies noch oft genug unrichtige Diagnose einer „Herzvergrößerung“ oder „Aderverkalkung“ kann unsagbar großer Schaden angerichtet werden. Mancher junge Mensch sieht sich von dem Beruf seiner Wahl zurückgehalten, mancher Mann in reiferem Lebensalter seine Laufbahn beendet, manche junge Frau von einer Verheiratung abgehalten, und dies alles durch eine verkehrte Diagnose oder eine unrichtige prognostische Einschätzung einiger vom Normalen abweichenden Erscheinungen. Wie vielen älteren Menschen wird nicht jede Lebensfreude verdorben, wenn man ohne besonderen Grund beim Fühlen des Pulses oder Auscultieren des Herzens die Augenbrauen runzelt! Wer hat nicht ein oder gar mehrere Beispiele vor Augen, wo unbrauchbare, immer über ihre Gesundheit besorgte Menschen aus Angst vor einem plötzlichen und frühzeitigen Tod sich tagsüber fortwährend den Puls fühlen und wie Treibhauspflanzen leben! Schon viele haben ihre warnende Stimme erhoben, auf daß derartige verhängnisvolle Folgen vermieden werden: Bäumler, Sahli, Mackenzie, Wenckebach. Und besonders an dieser Stelle muß diese Warnung eindringlichst wiederholt werden. Wenn sich jemand für eine Lebensversicherung begutachten läßt und bei ihm eine harmlose Extrasystole gefunden wird, dann darf es nicht vorkommen, daß er aus der Sprechstunde als ein gebrochener Mann zurückkehrt, der an einem unheilbaren Leiden erkrankt zu sein glaubt.

Vieles von dem, was über die Bedeutung der Extrasystolie gesagt wurde, gilt auch für die *paroxysmale Tachykardie.* Dieser Zustand kommt durchaus nicht selten vor und ist in jeder Hinsicht der Beachtung des Praktikers wert.

In allen Fällen ist die paroxysmale Tachykardie durch einige feststehende und deutliche Eigenschaften gekennzeichnet.

Immer tritt sie anfallsweise auf. Der Beginn ist gewöhnlich sehr plötzlich. Und ebenso plötzlich hört auch der Anfall wieder auf, sehr selten nur langsam. Während des kurzdauernden Übergangs vom anormal schnellen zum normalen Tempo nimmt man gewöhnlich einige unregelmäßige Herzschläge wahr. Die Dauer eines solchen Anfalles ist sehr wechselnd. Gewöhnlich beträgt er einige Stunden, zuweilen ist er kürzer, sogar nur wenige Minuten lang. In anderen Fällen wieder dauert ein Anfall verschiedene Tage oder Wochen, ja sogar Monate. Das wichtigste Kennzeichen ist die außergewöhnliche Beschleunigung des Pulses, die denn auch neben dem plötzlichen Beginn und Ende dieses Krankheitsbild besonders von dem „frequenten Puls“, wie er bei Insuffizienz des Herzens, bei Gemütserregungen, Basedowscher Krankheit u. dgl. auftritt, unterscheiden läßt[1]). Bei letztgenannten Zuständen muß eine Frequenz von 130—140 Schlägen schon als etwas Außergewöhnliches angesehen werden. Bei der paroxysmalen Tachykardie dagegen beträgt sie 180—200, 250, ja bis 300 Schläge in der Minute.

Atemnot besteht während des Anfalls nicht, wohl ein Gefühl von Druck auf der Brust, Beengung oder Beklemmung. Einige Patienten fühlen das Herz in den Hals hinauf oder in der Brust klopfen und fühlen auch genau den Augenblick, in dem das normale Tempo wieder einsetzt.

Die meisten Menschen fühlen sich während und noch einige Zeit nach dem Anfall schwach und „angegriffen". Dies beobachtete ich noch kürzlich bei einer, was ihr Herz anbetrifft im übrigen gesunden Krankenschwester, die bisher nur zwei Anfälle mit einer Zwischenpause von 5 Jahren überstanden hatte. Andere bemerken so gut wie nichts von ihrem Anfall und würden nicht wissen, daß sie an Tachykardie litten, wenn sie nicht selber nach ihrem Puls fühlten. Dies ist besonders dann der Fall, wenn ein solcher Anfall nur kurze Zeit dauert. Dauert er länger, so wird der Allgemeinzustand wohl immer mehr oder weniger gestört, und es kommt, wenn die Dauer verschiedene Tage beträgt, zu einem Zustand mehr oder weniger ernster Herzschwäche. Bei der Perkussion erscheint das Herz dann nicht unwesentlich vergrößert. Die Leber ist geschwollen, die Atmung dyspnoisch. Das Gesicht nimmt die eigenartige Verfärbung an, die durch Mischung der leicht ikterischen mit der cyanotischen Farbe entsteht. Es entwickeln sich Ödeme und über den Lungen hört man als Zeichen des Lungenödems feuchte Rasselgeräusche.

Vor etwa einem Jahre lag in der Klinik ein Patient, der bereits 6 Tage lang an einem heftigen Anfall litt. Bereits hatte der berüchtigte, stark eiweißhaltende, schaumige und leicht rot gefärbte Auswurf eingesetzt, über beiden Lungen hörte man feuchte Rasselgeräusche. Unter diesen Umständen glaubt man an den bevorstehenden Tod des Patienten. Mit einem Male klagt der Patient, daß er schwindelig wird und sich elend fühlt, und in demselben Augenblick kehrt der Puls nach einigen unregelmäßigen Schlägen zum normalen langsamen Tempo zurück. Alle Stauungserscheinungen verschwanden darauf überraschend schnell.

So geht es gewöhnlich, aber nicht immer. Es sind Fälle beschrieben worden (und ich selber habe derartige gesehen), meist bei gleichzeitiger Herzkrankheit, in denen der tachykardische Anfall als Ursache des schnell eintretenden Todes angesehen werden mußte. Vermutlich ist dies auch in folgendem Falle so gewesen:

Ein Patient von etwa 52 Jahren litt an Anfällen von Herzjagen. Ich hatte einmal Gelegenheit, bei einem derartigen Anfall zugegen zu sein, konnte den Patienten jedoch nicht untersuchen, da ich nicht sein Arzt war. Es lag aller Grund vor, an eine nervöse Störung zu denken. Denn außer den zahlreichen Gemütserregungen, der geistigen Anspannung und körperlichen Ermüdung, die eine anstrengende Berufstätigkeit mit sich bringen, lagen seit geraumer Zeit Umstände vor, die als ein gleichzeitig wirkendes, stark psychisches Trauma angesehen werden mußten. Ein paar Jahre, nachdem ich den erwähnten Anfall beobachtet und mich davon überzeugt hatte, wie der schnelle Puls (ich glaube 160 Schläge) auf einmal mit ein paar Unregelmäßigkeiten in die normale Schlagfolge übergegangen war, starb der Patient plötzlich. Von einem Geschäft in einer benachbarten Stadt nach Hause zurückkehrend, hatte er sich beeilt, den Zug zu erreichen. Er wurde tot im Abteil aufgefunden.

---

[1]) Eine Besprechung der sog. Vorkammer-Tachysystolie („auricular flutter") unterlasse ich hier. Wer sich für diesen Zustand interessiert, sei außer auf die bereits genannten Werke von Wenckebach, Mackenzie und Lewis auf E. W. Goteling Vinnis: Geneesk. bladen 1914, Nr. 1 verwiesen.

Das Studium des Sphygmogramms der Art. radialis und der Vena jugularis, in höherem Grade jedoch das des Elektrokardiogramms hat uns in den letzten Jahren sehr gute Aufklärung bezüglich des Mechanismus der paroxysmalen Tachykardie verschafft. Ich muß der Versuchung widerstehen, die Resultate dieser höchst interessanten Untersuchungen mitzuteilen[1]). Hier sei nur so viel gesagt, daß pathogenetisch die anfallsweise auftretende Tachykardie keine Einheit bildet, sondern auf verschiedene Weise entstehen kann. Die schnell aufeinanderfolgenden Reize, welche die überaus schnellen Zusammenziehungen verursachen, können an den verschiedensten Stellen gebildet werden: in der Wand der Vorkammer, aber auch in der des Ventrikels, sogar im atrioventrikulären Bündel.

Nach LEWIS ist der Sinusknoten, der Entstehungsort des Reizes zur Kontraktion unter normalen Verhältnissen — „pacemaker" des Herzens — niemals oder nur äußerst selten der Ausgangspunkt anormaler Reize, eine Ansicht, die von WENCKEBACH nicht geteilt wird.

Woher es kommt, daß an einem der genannten Punkte zuweilen plötzlich eine so außergewöhnlich schnelle Reizbildung zustande kommt, ist nicht bekannt.

Wie die klinische Beobachtung und Erfahrung lehrt, können die Umstände, unter denen die paroxysmale Tachykardie auftritt, in jedem Lebensalter vorkommen, mehr bei Männern als bei Frauen, manchmal bei Kranken mit allerlei Herzleiden (besonders bei Herzmuskeldegeneration und Mitralstenose), andere Male wieder bei vollkommen gesund erscheinenden Menschen. Einen gewissen Einfluß hat man psychischen Aufregungen, körperlichen Anstrengungen, sexuellen Ausschweifungen, allerlei den Körper schwächenden Krankheiten, dem Tabak und Alkohol zugeschrieben. WENCKEBACH sah einen Fall von paroxysmaler Tachykardie in der Schwangerschaft; nach der Geburt kehrten die Anfälle jedoch nicht wieder. Alle diese Einflüsse mögen für einzelne Fälle Geltung haben, allgemeine Bedeutung darf ihnen jedoch nicht zuerkannt werden, weil keiner von ihnen einigermaßen feststehend als eine Veranlassung zum Entstehen des „Herzjagens" angetroffen wird.

Aus alledem ist zu entnehmen, daß man in vielen Fällen gar keine Ursache für die Tachykardie findet, während in anderen anatomische Abweichungen an Herz und Gefäßen vorliegen (Myokarditis, Sklerose der Aorta oder der Coronararterien, Herzmuskelhypertrophie infolge von chronischer Nephritis, Mitralstenose).

Wir befinden uns also bei der Begutachtung von Personen, die an paroxysmaler Tachykardie zu leiden angeben, in derselben unangenehmen Lage wie bei den an extrasystolischer Arhythmie Leidenden. Die Erscheinung kann sowohl harmlos sein als auch auf das Bestehen eines ernsten Leidens hinweisen, ohne daß es möglich ist, durch das Studium des Symptomenkomplexes an sich seine klinische Bedeutung festzustellen. Auch hier bleibt also nichts anderes übrig, als den Patienten so sorgfältig und gründlich wie nur möglich zu untersuchen und alle Umstände in Rechnung zu ziehen. Wie überall sei man auch hier sehr zurückhaltend mit der Bezeichnung „nervös".

Junge Menschen, *bei denen keine einzige organische Erkrankung nachgewiesen werden kann,* und bei welchen nur einer oder sehr wenige Anfälle aufgetreten sind, mit einer mäßigen Pulsbeschleunigung und von kurzer Dauer, können meiner Meinung nach unter Prämienerhöhung angenommen werden. Ältere

[1]) Wer sich dafür interessiert, sei verwiesen auf: WENCKEBACH: loc. cit. S. 131ff. — A. HOFFMANN: Die paroxysmale Tachykardie. Wiesbaden 1900. — A. HOFFMANN: Jahreskurse für ärztl. Fortbildung 1913, Nr. 2. — TH. LEWIS: Mechanism of the heart beat, S. 188ff.

Personen — über 40 oder 45 Jahre — würde ich auch unter sonst günstigen Verhältnissen nicht zum Abschluß einer Versicherung vorschlagen.

3. *Die Arhythmie durch Leitungsstörungen.* Der Reiz zur Zusammenziehung des Herzens beginnt, wie jetzt wohl allgemein bekannt ist, an einer Stelle, wo die Vena cava superior in die rechte Vorkammer übergeht, den Resten des Sinus cavernosus. Dort ist der Platz, wo sich der Pacemaker des Herzens, wie Lewis sich ausdrückt, befindet. Von dort wird der Reiz über die Wand, vielleicht auch längs des Septums der Vorkammer zum Tawaraschen Knoten hin fortgeleitet, längs des atrioventrikulären Bündels zu den Kammern.

Sobald nun eine Störung in dieser Leitung eintritt, sei es durch eine organische Erkrankung, welche die Leitungsbahn an dem einen oder anderen Punkt unterbricht, sei es durch ein Gift, welches das Leitungsvermögen herabsetzt, treten Änderungen im Rhythmus oder der Schnelligkeit des Pulsschlages auf. Einmal wird es zu einer verlangsamten Fortleitung zwischen Vorkammer und Kammer kommen, ein anderes Mal zu einer vollkommenen Dissoziation in der Tätigkeit beider. In letzterem Falle, in dem man sehr charakteristisch von einem Herz-„Block" spricht, schlägt die Kammer ihren eigenen Rhythmus, gewöhnlich viel langsamer als normal.

Nur ausnahmsweise ist es möglich, diese Arhythmien ohne Aufnahme von Venen- und Arterienpuls oder ohne Elektrokardiogramm zu studieren. Nur wer dieses Gebiet vollkommen beherrscht und also dieser Fingerzeige nicht bedarf, wird derartige Pulse analysieren und ihre Bedeutung beurteilen können. Als Regel möchte ich aufstellen, daß der untersuchende Arzt, der eine Arhythmie vorfindet und sie nicht lediglich als eine Extrasystole zu registrieren vermag, die Beurteilung dieses Falles einem mehr spezialistisch ausgebildeten überläßt.

Gelingt es, eine vollständige, bleibende Dissoziation von Vorkammer und Kammer festzustellen, die auf einer organischen Abweichung beruht, dann ist damit gleichzeitig das Urteil gefällt: Patienten mit komplettem Herzblock kommen für eine Versicherung nicht in Betracht.

Es kommen auch vorübergehende funktionelle Leitungsstörungen vor, die prognostisch nicht ungünstig sind. Man hat sie nach Influenza und anderen akuten Krankheiten beobachtet, ferner besonders nach dem Gebrauch von Digitalis, vereinzelt auch nach Salicyl. In manchen Fällen muß ein Vagusreiz als Ursache angenommen werden, weil Atropineinspritzungen wieder eine normale Leitung herbeiführen. Wie schon verschiedentlich betont wurde, gehören indessen derartige Zustände zur Beurteilung durch einen auf diesem besonderen Gebiet erfahrenen Spezialisten. Der untersuchende Arzt muß nur berichten, daß die untersuchte Person eine Arhythmie aufweist, die er nicht näher zu diagnostizieren vermag. Es ist dann Aufgabe des Vertrauensarztes der Versicherung, eine eingehendere Untersuchung vorzuschlagen.

4. Die *Arhythmia perpetua.* Der vollkommen unregelmäßige Puls, délire du cœur, Asystolie, ist derjenige Puls, bei welchem nicht der geringste Grundrhythmus zu erkennen ist. Lange Zeit hat man nach einer Erklärung für diese Unregelmäßigkeit gesucht. Endlich haben Th. Lewis und Rothberger und Winterberger auf Grund der hervorragenden Methode Einthovens beweisen können, daß sie durch das Fibrillieren (Zittern) der Vorkammer („auricular fibrillation") zustande kommt. Wie es den Anschein hat, kommen vereinzelte Fälle vor, bei denen Vorkammerzittern und also Arhythmia perpetua beobachtet wird, ohne daß am Herzen Veränderungen zu finden sind, und dies bei Menschen, die noch jahrelang von Beschwerden oder Krankheitserscheinungen frei bleiben. Indessen tritt in weitaus der Mehrzahl der Fälle diese Arhythmie bei sehr ernsten Erkrankungen des Herzmuskels auf, besonders bei Mitralstenose, jedoch auch

bei Mitralinsuffizienz, bei Krankheiten der Aorta, chronischer Nephritis, Myodegeneration auf der verschiedensten Grundlage, perikarditischen Verwachsungen, besonders auch bei Sklerose der Coronararterien. Fast immer geht diese Irregularität mit Inäqualität einher. Umgekehrt kommt ein ausgesprochen inäqualer Puls beinahe niemals ohne Irregularität vor, ausgenommen den Pulsus alternans.

Wichtig zu wissen ist, daß fast stets das Vorkammerzittern bei einem schnellen Puls gefunden wird. Besteht bei jemandem mit langsamem Puls keine oder nur eine geringfügige Irregularität, wird diese stärker bei Zunahme der Pulsfrequenz, dann spricht dies für Vorkammerfibrillieren, im Gegensatz zu dem, was über die respiratorische Arhythmie und über die Extrasystolen gesagt werden konnte.

Obwohl also in einzelnen sehr seltenen Fällen diese Arhythmie bei scheinbar gesunden Menschen vorkommt, an deren Herz, Gefäßen und anderen Organen nichts Anormales zu finden ist, wird man doch mit der Prognose vorsichtig sein müssen. Nur mit großer Ausnahme und nach einer wiederholten und genauen Untersuchung wird der Träger dieser Arhythmie für den Abschluß einer Versicherung in Betracht kommen können. Auf einzelne sehr seltene Ausnahmen nach ist sie ein Zeichen für eine ernste Herzerkrankung.

5. Der Pulsus alternans (Traube). Hierunter versteht man einen Puls, dessen Rhythmus zwar regelmäßig ist, bei dem aber wechselweise eine kleinere und eine größere Welle beobachtet wird.

Diese Pulsform findet man vor: 1. bei der paroxysmalen Tachykardie, 2. bei sehr schwerem Herzleiden.

Bei der paroxysmalen Tachykardie hat der Pulsus alternans keine besondere prognostische Bedeutung, so daß sich im Hinblick darauf seine Besprechung hier erübrigt.

Nach Lewis deutet ein Alternieren des Pulses darauf hin, daß ein leidlich gesunder Herzmuskel überbelastet ist, oder daß ein kranker oder vergifteter Muskel sich zu einer Arbeit anspannt, deren er kaum Herr zu werden vermag. Besonders wird der Pulsus alternans angetroffen bei älteren Menschen mit Angina pectoris, hohem Blutdruck, Nierenleiden, fibröser Myokarditis, vereinzelt auch im präkritischen Stadium der Pneumonie und bei Patienten, die unter dem Einfluß großer Digitalisdosen stehen.

Man ist sich darüber einig[1]), daß für Herzerkrankungen ein dauernd anhaltender Pulsus alternans die Prognose äußerst verschlechtert. Mackenzies Patienten mit Pulsus alternans sind alle innerhalb eines oder weniger Jahre gestorben.

Da wir indessen nur das Grenzgebiet zwischen Gesund- und Kranksein zu besprechen haben, dürfte es nicht am Platze sein, sich über eine Pulsform weiter auszulassen, die — abgesehen von der paroxysmalen Tachykardie — nur bei Schwerkranken vorkommt. Überdies ist die Feststellung eines Pulsus alternans durchaus nicht immer leicht. Durch das Fühlen des Pulses an der Art. radialis allein gelingt es beinahe niemals. Früher konnte man denn auch diese Pulsform nur konstatieren, wenn man den Puls registrierte. Seit einigen Jahren bringt man aber einen ganz glücklichen Kunstgriff in Anwendung. Man komprimiert die Art. brachialis durch die Manschette gerade wie bei der Blutdruckmessung und steigert den Druck bis dicht an den maximalen. Sowohl durch das Fühlen des Pulses als auch durch Auscultation gelingt es dann gewöhnlich leicht, die abwechselnde Größe der Schläge des Pulsus alternans wahrzunehmen.

6. Der *Pulsus paradoxus*. Hierunter versteht man einen Puls, der bei jeder Einatmung kleiner wird, ja sogar bei tiefer Inspiration vollkommen fortbleibt

[1]) Siehe indessen Wenckebachs Anschauung, loc. cit. S. 213.

(Pulsus inspiratione intermittens). Schon lange ist bekannt, daß bei einzelnen vollkommen gesunden Menschen der Radialpuls bei der Einatmung kleiner wird oder verschwindet, weil die Art. subclavia zwischen Schlüsselbein und 1. Rippe zusammengedrückt wird. Man verabsäume daher niemals, dort, wo man einen Pulsus paradoxus zu beobachten glaubt, die Schulter der untersuchten Person in die Höhe zu heben. Lag die eben genannte Ursache für das Verschwinden des Pulses bei der Einatmung vor, dann wird jetzt von einem Abknicken der Art. subclavia keine Rede mehr sein können und die Erscheinung eines Pulsus alternans nicht mehr wahrgenommen werden.

Von diesem Mechanismus abgesehen, gibt es noch einen Faktor, der bei jedem gesunden Individuum ein Kleinerwerden des Pulses bei der Einatmung fördert, d. i. die Saugwirkung des Thorax. Die Saugwirkung des Brustkorbes verursacht ein leichteres Abfließen des venösen Blutes während des Stadiums der Atmung aus den Adern nach dem Herzen. Gleichzeitig aber auch, daß das zentrifugal strömende Blut weniger leicht das im Thorax liegende Herz verläßt, also weniger leicht in die Schlagadern abfließt. Es wird aus diesen physiologischen Gründen bei jedem Menschen während der Einatmung das Blut weniger leicht zu den peripheren Arterien abströmen als bei der Ausatmung oder in der Atempause. Indessen lehrt die Erfahrung, daß bei normalen Menschen der Einfluß der Atmung auf die Pulsgröße gering ist und kaum wahrgenommen wird. Deutlicher wird diese Erscheinung jedoch hervortreten bei schlechter Füllung des arteriellen Systems (Herzschwäche, Herzerweiterung, starker Anämie), bei Verengung der oberen Lüftwege oder Verkleinerung der Atmungsoberfläche infolge Lungenentzündung oder Pleuritis (wodurch eine schnelle Auswechselung des intrathorakalen und athmosphärischen Druckes verhindert wird und deshalb die Saugwirkung des Thorax beträchtlich steigt).

Besonders aber bei Verwachsungen des Herzens mit dem Herzbeutel und des Perikards mit der mediastinalen Bindegewebsmasse (Mediastino-Perikarditis) kommt der Pulsus paradoxus zustande. Sei es nun, daß dabei die großen Gefäße während der Einatmung durch die Bindegewebsstränge zusammengedrückt oder zusammengezogen werden (Kussmaul), sei es, weil das Herz, an dem unter diesen Verhältnissen von allen Seiten gezogen wird, nicht soviel Blut fortzupumpen vermag wie in der Atmungspause oder während der Einatmung.

Bei dieser Form des Pulsus paradoxus sieht man aus eben erwähnten Gründen die Vena jugularis während der Einatmung anschwellen[1]).

Es ist kaum denkbar, daß der untersuchende Arzt die ernsten Veränderungen, die hier als Ursache des Pulsus paradoxus genannt wurden, übersehen wird. Die einzige Bemerkung, die ich deshalb hier für nötig erachte, ist folgende:

Beobachtet man einen Pulsus paradoxus, dann untersuche man, ob durch Hochheben der Schulter diese Erscheinung verschwindet. Ist dies der Fall, dann beruht das Verschwinden des Pulses bei der Einatmung nur auf dem Zusammendrücken der Art. subclavia zwischen Schlüsselbein und 1. Rippe. Es ist also ohne Bedeutung. Bleibt die Erscheinung bestehen, dann untersuche man genau, ob Abweichungen in den Brustorganen zu finden sind, wie dies vorhin erwähnt wurde. Findet man diese nicht und bestehen keine Anzeichen einer schweren Anämie oder ungenügender Zirkulation (Herzschwäche, Herzerweite-

[1]) Wenckebach glaubt auch aus der Vergleichung der Atmungs- und Pulskurven den von ihm „dynamisch" genannten Pulsus paradoxus (nur durch die Saugwirkung des Thorax hervorgerufen) von dem mechanischen „Pulsus Kußmaul" (auf dem Zug an Herz und Gefäßen beruhend) unterscheiden zu können. Eine kürzlich von Dr. de Vries Reilingh bei einem Patienten meiner Klinik gemachte Beobachtung unterstützt Wenckebachs Ansicht (de Vries Reilingh: Zeitschr. f. klin. Med. 1915, S. 450).

rung), so braucht man diese Erscheinung nicht weiter zu berücksichtigen. Ob anormaler Tiefstand des Zwerchfells zu einem Pulsus paradoxus Veranlassung geben kann, wie WENCKEBACH dies glaubt, muß erst näher untersucht werden. Ich selber habe dies niemals beobachtet.

Nachdem die Schnelligkeit, der Rhythmus und die Äqualität (Inäqualität) des Pulses untersucht worden ist, überzeuge man sich weiter davon, ob er *celer* oder *tardus* ist.

Beim Pulsus *celer* erreicht die Ausdehnung des Gefäßes in einem kurzen Augenblick ihren Höhepunkt, der Puls kehrt auch wieder schnell in den (gefäß-) systolischen Zustand zurück. Beim Pulsus tardus ist das Gegenteil der Fall. Die Celerität eines Pulses ist um so größer, je schneller jede Herzkontraktion erfolgt, je weniger Widerstand das Blut beim Einströmen in die kleinen Gefäße findet und je mehr die Schlagader sich aktiv, d. h. mit Hilfe ihrer Gefäßmuskulatur, zusammenziehen kann. Deswegen findet man den Pulsus celer (gleichzeitig gewöhnlich einen großen Puls) am deutlichsten ausgesprochen bei der Aorteninsuffizienz (Puls von CORRIGAN), wo während der Kammerdiastole das Blut ungewöhnlich schnell — jedoch nach beiden Seiten — aus den Arterien fortströmt. Dabei sieht und fühlt man gleichzeitig oft die kleineren Schlagadern pulsieren und beobachtet vielfach Capillarpuls. Das Pulsieren der kleinen Arterien und Capillaren verursacht in Fällen beträchtlicher Insuffizienz der Aortenklappen zuweilen ein sichtbares Pulsieren der Gefäße im Netz, oft auch in einem umschriebenen anatomischen Gebiet, z. B. des Gaumens. Ja man kann sogar den ganzen Kopf kurze rhythmische Bewegungen synchron mit dem Puls ausführen sehen (signe de MUSSET).

Wenn ein starker Pulsus celer besteht, sieht man oft schon in einer gewissen Entfernung einige Schlagadern, besonders am Halse, rhythmisch sich vorwölben.

Pulsus celer findet man außer bei Insuffizienz der Aortenklappen auch dort, wo die Gefäßwand entspannt ist, z. B. bei Fieber. Zuweilen auch bei Morbus Basedowii.

Den typischen *Pulsus tardus* trifft man in vielen Fällen von Aortastenose an. Der Puls ist dabei gleichzeitig klein.

Auch bei Arteriosklerose findet man häufig einen Pulsus tardus.

Die Einblicke, die die Art des Sphygmogramms uns gibt, sind nicht von derartiger diagnostischer Bedeutung, daß es sich lohnte, bei der Untersuchung für eine Lebensversicherung graphische Aufnahmen zu machen. Deshalb möchte ich mich hier nicht des weiteren darüber auslassen.

Die *Größe des Pulses: Pulsus magnus, Pulsus parvus.* Früher definierte man die Größe des Pulses als den Weg oder den Ausschlag, den die Arterienwand bei der (gefäß-)diastolischen Erweiterung zurücklegt. Diese Bestimmung ist jedoch nicht richtig. Denn wenn man eine pulsierende Schlagader betrachtet oder den Finger ohne Druck auf sie auflegt, bemerkt man, daß diese Exkursion äußerst gering, beinahe gleich Null ist. Erst wenn man mit dem Finger einen bestimmten Druck auszuüben beginnt, fühlt man, daß er durch die pulsierende Arterie hochgehoben wird. Mit zunehmendem Druck vermehrt sich diese Exkursion bis zu einem gewissen Maximum. Verstärkt man den Druck noch weiter, so nimmt die „Größe" wieder ab, und schließlich hat man die Arterie vollständig zusammengedrückt (s. a. S. 148). Die Größe des Pulses läßt sich also nur dann beurteilen, wenn man als Druck den Maximalwert zu erreichen sucht. Die Größe eines Pulses ist die Resultante einer ganzen Anzahl von Faktoren. Um einige davon anzuführen: von dem Schlagvolumen des Herzens, der Elastizität der Gefäßwand, den Widerstand, der sich dem arteriellen Blut entgegenstellt, der Weite der Arterie. Es ist deshalb sehr schwierig, aus der „Größe" des Pulses Schlüsse auf die vom Herzen verrichtete Arbeit zu ziehen. Da die Verhältnisse sehr verwickelt sind, halte ich mich für verpflichtet, in diesem Punkte auf ausführlichere Werke zu verweisen[1]).

Es muß noch der *Pulsus inaequalis* erwähnt werden. Man versteht darunter einen Puls, dessen aufeinanderfolgende Wellen von ungleicher Größe sind. Fast immer ist dieser Puls gleichzeitig unregelmäßig und vor allem oft von einer Irregularitas perpetua (s. S. 162).

Die *Füllung* des Pulses. Sie wird nach EICHHORST[2]) beurteilt nach der Oberfläche des Durchschnitts der Arterie, d. h. also nach der Weite des Gefäßes. SAHLI[3]) versteht unter einem Pulsus plenus den Puls, der zugleich „groß und mittelhart" ist. Es will mir scheinen, als ob man keine ganz klare Vorstellung hätte über die beim Fühlen des Pulses gemachte Beobachtung, die man bisher als „Füllung" bezeichnete. Die Forderungen von SAHLI und CHRISTEN, diese Begriffe durch ihre dynamischen und energetischen Erforschungen besser zu umgrenzen und ihnen eine wissenschaftliche Grundlage zu geben, versprechen interessante Aufschlüsse. Was man früher „Füllung" nannte, hängt in jedem Fall ab von der Zusammenziehung des Herzens (also der Arbeit des Herzmuskels), vom Schlagvolumen, dem Widerstand, den der arterielle Blutstrom erfährt, und der Elastizität der Gefäßwand. Vorläufig ist meiner Ansicht nach praktisch noch nicht viel damit anzufangen. Man kommt, so dünkt mir, vorläufig noch gut mit den oben ausführlicher beschriebenen, besser erkennbaren Eigenschaften des Pulses aus.

Nur sehr allgemein kann man sagen, daß bei mittlerem Druck und mittlerer Elastizität der Gefäßwand die Größe und Füllung des Pulses einen Aufschluß über die Menge der vom Herzen in die Arterie geworfenen Blutmenge geben können.

Ein kurzes Wort noch über den *Capillarpuls*. Man kann ihn am besten an dem roten Streifen erkennen, den man durch Streichen oder Reiben mit dem einen oder anderen Gegenstand über die Stirnhaut erzeugt. Oder auch am Nagelbett; jedoch ist es hier zuweilen zur Darstellung des Capillarpulses erforderlich, auf den Nagel einen vorsichtigen, leisen und gleichmäßigen Druck auszuüben. Man sieht, wie die Grenze von Rot und Weiß des Nagelbettes oder des Stirnhautstreifens sich rhythmisch verschiebt. Wenn man mit dem Finger auf den Nagel drückt, beachte man, daß nicht der eigene Pulsschlag rhythmische Druckveränderungen ausübt.

Niemand wird bezweifeln, daß ein ausgesprochener Capillarpuls ein für Aortainsuffizienz wichtiges Zeichen ist. Aber es ist durchaus kein pathognomisches Zeichen für sie. Man sieht unzweifelhafte Fälle dieser Klappenerkrankung ohne Capillarpuls. Und besonders das Umgekehrte ist der Fall: unter verschiedenen Umständen, wenn nur die Pulswelle groß und der Puls gleichzeitig celer ist, kommt es zu einem Capillarpuls: bei lokalen Entzündungen, bei Basedowscher Krankheit, bei Fieber. Was aber für unser Thema besonders wichtig ist: auch bei vollkommen gesunden Personen kann man ab und zu einen deutlichen Capillarpuls beobachten. Ich erinnere mich, daß einer meiner früheren Assistenten, der vollkommen gesund und sehr kräftig war — ein eifriger Sportsmann — einen ausgesprochenen Capillarpuls aufwies. Der untersuchende Arzt hüte sich also, aus einem Capillarpuls auf eine Aortainsuffizienz zu schließen, wenn keine anderen

---

[1]) SAHLI: Lehrb. usw. 6. Aufl. Teil I, S. 118 u. 148.

[2]) EICHHORST: Lehrb. d. physikal. Untersuchungsmethoden innerer Krankheiten. 3. Aufl. 1. Teil, S. 86. Berlin 1889.

[3]) SAHLI: Lehrb. usw., S. 120. — Siehe auch ROMBERG: Krankheiten des Herzens usw. 2. Aufl. S. 31.

Anzeichen für diesen Klappenfehler nachgewiesen werden. Im Falle, daß keinerlei Abweichungen gefunden werden, ist das Bestehen eines Capillarpulses ohne jede Bedeutung.

Die Untersuchung des Bauches und der Bauchorgane.

Bevor wir zur Besprechung der Untersuchung des Bauches und der Bauchorgane übergehen, seien uns folgende Bemerkungen gestattet. Wie allgemein bekannt, sind Erkrankungen der Bauchorgane mit tödlichem Ausgange durchaus nicht selten. Man glaube nun nicht, daß, wenn jemand an einer dieser Krankheiten leidet, er das auch immer weiß. Überdies wird der Anfrager einer Lebensversicherung nicht immer dem untersuchenden Arzt davon Mitteilung machen, daß er an einer Erkrankung des Bauches leidet, wenn ihm dies auch bekannt ist. Es gibt also Gründe genug, die Untersuchung des Bauches und der Bauchorgane nicht minder sorgfältig vorzunehmen als die der Brustorgane. In dieser Überzeugung werden wir denn auch in den folgenden Abschnitten die Untersuchungsmethoden so ausführlich und vollzählig, als wir es für notwendig erachten, darstellen. Wir ließen uns dabei überdies von der Ansicht leiten, daß auch nicht vollkommen gesunde Menschen für eine Lebensversicherung in Betracht kommen sollen und in der Tat auch immer mehr kommen. Beim Bestehen einer Abweichung kommt es zudem auf deren Art an, d. h. die Diagnose muß so richtig wie irgend möglich gestellt werden, damit das Risiko, welches die Versicherungsgesellschaften durch das Eingehen einer solchen Versicherung laufen, so genau wie möglich bestimmt werden kann. Nur die Erscheinungen akuter, lebensgefährlicher Erkrankungen, wie Ileus, akute Peritonitis usw. und die Methoden ihrer Diagnose haben wir aus leicht begreiflichen Gründen außer Besprechung gelassen.

Messen des Bauchumfangs.

Der Umfang des Bauches wird mittels eines Bandmaßes in Nabelhöhe oder über der Stelle des größten Umfangs gemessen.

Man rechnet gewöhnlich, daß der Bauchumfang nur wenige Zentimeter mehr betragen darf als der Brustumfang. Ist der Umfang größer, dann ist ein pathologischer Zustand vorhanden, der je nach seiner Art bei der Untersuchung für eine Lebensversicherung berücksichtigt werden muß: Adipositas, Meteorismus, Ascites, Tumor abdominis.

Einen sehr geringen Bauchumfang findet man beim Habitus asthenicus und bei sehr mageren Menschen. Auch hierbei kann von einem pathologischen Zustand die Rede sein, den der Untersucher, welcher über die Annahme oder Ablehnung einer beantragten Lebensversicherung sich gutachtlich äußern soll, zu beurteilen hat. Er wird also bestrebt sein müssen, die Ursache der evtl. Abmagerung zu ermitteln.

Inspektion.

Die Inspektion des Bauches geschieht am besten in Rückenlage der zu untersuchenden Person.

In erster Linie sieht man nach dem Umfang des Bauches. Wenn man dabei gleichzeitig darauf achtet, ob der Nabel eingesunken, verstrichen oder ausgestülpt ist, kann man schon mit einiger Wahrscheinlichkeit feststellen, ob ein evtl. vorhandener zu großer Umfang durch *Fettsucht* (eingezogener Nabel, Meteorismus (glatter oder verstrichener Nabel) oder durch Flüssigkeitsansammlung (ausgestülpter Nabel) bedingt ist.

Ödem der Bauchwand kann man in der Regel leicht durch Fingerdruck nachweisen. Es kommt natürlich in der Hauptsache an den untersten Teilen und den Seitenflächen des Bauches vor.

Bei Tumoren der Bauchorgane ist der Bauch in der Gegend, die der Lage des Tumors entspricht, vorgewölbt. Also bei Uterus- (Gravidität) und Ovarialtumoren in der Mitte, bei Tumor lienis, wie er z. B. bei myeloider Leukämie vorkommt, in der linken Bauchhälfte, bei Tumor hepatis in der rechten Bauchhälfte usw.

Bei Fettsucht und Meteorismus ist die Zunahme des Bauchumfangs nach allen Richtungen hin gleichmäßig, bei Ascites (besonders im Liegen) vor allem in den Seitenflächen. Nur wenn der Ascites sehr stark ist, ist auch die Ausdehnung des Bauches nach allen Seiten hin gleichmäßig stark. Bei Meteorismus kann man bei nicht zu dicken Bauchdecken oft an ihnen die Umrisse des aufgeblasenen Magens oder der Eingeweide wahrnehmen.

Beim Vorhandensein einer Darmstenose sieht man an der Bauchwand peristaltische Bewegungen des oberhalb der Stenose gelegenen Darmabschnitts, so z. B. bei Pylorusstenose in der Magengegend.

Bei der Inspektion des Bauches achte man ferner auf evtl. vorhandene Hernien (Hernia umbilicalis, epigastrica, inguinalis, cruralis). Zwar hat sich herausgestellt, daß die Hernien an sich keinen besonders beträchtlichen Einfluß auf die Lebensaussichten von Versicherten ausüben (s. FLORSCHÜTZ: Allg. Lebensversicherungsmedizin, S. 17. Berlin 1914). Dennoch ist das Feststellen eines Bruches für den untersuchenden Arzt von Interesse. Denn manchmal gibt ein Bruch die sehr einleuchtende Erklärung für Beschwerden, die den Bruchleidenden quälen. Wehgefühl, Übelkeit, Erbrechen, Schmerzen, Beschwerden, die vielleicht dem einen oder anderen Magen- oder Darmleiden zugeschrieben werden und deshalb auch zu einer ganz unbegründeten Abweisung eines Versicherungsantrages führen können. Ferner kann eine Hernie als Erscheinung einer Konstitutionsanomalie (Status lymphaticus bzw. thymico-lymphaticus) von einiger Bedeutung sein.

Die Diastase der Recti, wie sie bei mageren Frauen, die geboren haben, oft anzutreffen ist, spielt an sich für die Lebensversicherung keine Rolle.

Ebensowenig sind die Striae bei geboren habenden Frauen und bei Fettleibigen für uns von Interesse.

Dagegen sind an der Bauchwand sichtbare erweiterte Venen von Wichtigkeit. Bei Stauung im Gebiet der Vena portae (Laënnecsche Cirrhose) sieht man oft erweiterte Adern, die vom Nabel entspringen (Caput medusae). Bei Stauung in der Vena cava inferior kann man sie zu beiden Seiten des Bauches von unten nach oben verlaufend beobachten. Übt man auf die zuletzt erwähnten Venen einen Druck aus, so kann man feststellen, daß das Blut in ihnen von unten nach oben fließt und daß das unterste Stück der Vene anschwillt.

Besonders bei nervösen Menschen kann man zuweilen links von der Mittellinie Pulsationen der Aorta abdominalis wahrnehmen. Man glaube nicht, daß man es bei der Beobachtung solcher Pulsationen mit einem Aneurysma der Bauchaorta zu tun hat, es sei denn, daß man hierzu durch sehr besondere und triftige Gründe veranlaßt werde. Jedoch kommt ein Aneurysma der Bauchaorta nur sehr selten vor. Über die Pulsatio epigastrica sprachen wir bereits weiter oben (S. 114).

Wichtig ist es, auf das Vorhandensein oder Fehlen von Narben zu achten. Sie machen auf frühere Erkrankungen oder Operationen aufmerksam, die zur Beurteilung des Risikos einer Versicherung oft von Gewicht sind.

Palpation.

Zur Erkennung der Veränderungen in den Bauchorganen ist die Palpation die beste Untersuchungsmethode, und dies in ganz besonderer Weise für die ärztliche Untersuchung zum Zwecke der Lebensversicherung. Ist doch bei letzterer die Untersuchung mit der Magensonde, die chemische und mikroskopische Untersuchung des Mageninhaltes und der Faeces sowie die röntgenologische und die Untersuchung mit Specula, Kathetern, Endoskopen usw. in der Regel ausgeschlossen. Die Ergebnisse der Inspektion, Perkussion und Auscultation des Bauches sind zudem, verglichen mit denen der Palpation, von so geringem Wert, daß sie nur hin und wieder zur Ergänzung der durch die Palpation erhaltenen Ergebnisse dienen können.

Die Palpation muß also sehr sorgfältig und nach allen Regeln der Kunst vorgenommen werden. Sie ist zweifellos die Untersuchungsmethode, die die meiste Übung erfordert. Es ist also nach dem Gesagten um so auffallender, daß die Technik der Palpation am wenigsten systematisch geübt, und daß sie vielfach in sehr mangelhafter Weise angewandt wird. Spricht man von dem Unterricht in klinischen Untersuchungsmethoden, so nennt man in der Regel nur die Perkussion und Auscultation. Inspektion und Palpation werden anscheinend nicht der Erwähnung für wert gehalten. Gerade als glaube man, daß jeder die Inspektion und Palpation aus sich, ohne Kenntnis der Art und Weise ihrer Anwendung und ohne eifrige Übung, gut lernt! Nein, Perkussion und Auscultation sind zweifellos viel leichter zu erlernen als die Inspektion und Palpation, wenn auch, und leider nicht nur dem Anfänger, gerade das Gegenteil der Fall zu sein scheint. Die Hauptgründe der noch immer so allgemein verbreiteten falschen Auffassung sind wohl in der Überschätzung des Wertes der Perkussion und Auscultation als neuere Methoden zu suchen und in der weitgehenden Unterschätzung des Wertes der beiden anderen alten, aber darum noch lange nicht veralteten klinischen Untersuchungsmethoden.

Für die Palpation des Bauches kommt es in erster Linie darauf an zu sorgen, daß die zu untersuchende Person die dazu geeignetste liegende Haltung einnimmt. Nur hin und wieder erscheint es wünschenswert, den Anwärter im Stehen oder Sitzen zu palpieren.

Man lasse den Untersuchten die horizontale Rückenlage einnehmen, der Kopf wird durch ein dünnes und gleichzeitig hartes Kissen unterstützt. Die Atmung muß ruhig sein, damit die Bauchmuskeln so wenig wie möglich angespannt werden. Zuweilen kann es von Vorteil sein, die Beine in Hüft- und Kniegelenk gebeugt gegen den Körper anziehen zu lassen. Dabei lasse man gleichzeitig die Knie soweit wie möglich auseinanderspreizen, während die Füße aneinander gestellt werden. Auf diese Weise werden die Bauchmuskeln am stärksten entspannt.

Wenn nötig, erwärme der Untersucher seine Hände, bevor er zur Palpation übergeht. Denn alles, was die Bauchwand unnötig reizt, also auch *kalte* Hände, muß sorgfältigst vermieden werden.

Der Untersucher setze sich dann auf die rechte Seite des zu Untersuchenden und lege die ganze Hand bzw. beide Hände, also nicht die Fingerspitzen allein, bald hier, bald dort leise auf den Bauch. Spannt der Patient die Bauchmuskeln, auch trotzdem er in eine gute Lage gebracht ist, dann bestrebe man sich, seine Aufmerksamkeit vom Bauche abzulenken, indem man das eine oder andere Thema mit ihm bespricht oder ihm einige Fragen vorlegt.

Äußert der Untersuchte hier oder dort spontan oder bei Druck Schmerzen im Leibe, so verschiebe man die Palpation der schmerzhaften Stelle bis zuletzt.

Zuerst lege man sich Rechenschaft über das Maß der Spannung des Bauches ab: bei Meteorismus elastisch gespannt wie ein Ballon, bei Fettsucht leicht eindrückbar.

Von der Anwesenheit freibeweglicher Flüssigkeit im Leibe überzeugt man sich dergestalt, daß man die eine Hand flach auf die eine Seitenfläche des Bauches legt und dann einen kurzen Schlag mit dem Perkussionshammer gegen die andere Seitenfläche ausübt. Oder indem man mit der Rückfläche der Endphalanx des Mittelfingers, dessen Spitze man gegen die Spitze des gebogenen Daumens legt, kräftig gegen die andere Seitenfläche knipst. Beim Vorhandensein von Ascites fühlt man dann gegen die auf die Seitenfläche gelegte Vola manus, die durch den Schlag an der anderen Bauchseite verursachte Flüssigkeitswelle anschlagen.

Durch etwas stärkeren Druck versuche man nun den unteren Rand des rechten Leberlappens zu palpieren. Man fühlt ihn am besten mit der Radialseite des Zeigefingers der wieder ganz auf den Bauch gelegten rechten Hand. Bei der Palpation drücke man die Hand in dem Augenblick tiefer, in dem die Exspiration beginnt, und weiterhin während der ganzen Exspiration. Bei der darauffolgenden Inspiration geht man ein wenig mit dem sich wölbenden Bauch mit, indem man die Hand etwas nach oben bewegt. Diese trifft dann sozusagen die bei der Inspiration sich nach unten bewegende Leber bzw. den Leberrand. Fühlt man den Leberrand rechts, wo er gewöhnlich am leichtesten zu fühlen ist, dann versuche man weiterhin auch nach links die Incisur der Leber und den Rand des linken Leberlappens zu palpieren. Dann lege man sich Rechenschaft über die Konsistenz ab, die unter normalen Verhältnissen weich ist, härter u. a. bei Stauungsleber, Lebercirrhose, Neubildungen in der Leber, Leukämie. Weiterhin versuche man auch festzustellen, ob die Oberfläche der Leber glatt oder uneben oder höckerig ist.

Eine durch Steine vergrößerte Gallenblase oder ein Empyem der Gallenblase tastet man unter dem Leberrand als einen birnförmigen prominierenden Tumor gleich rechts von der Leberincisur.

Bei Schnürleber ist der abgeschnürte Teil der Leber oft als solcher zu erkennen. Zu dem Zweck ist aber in erster Linie erforderlich, daß man bei der Untersuchung auch an die Möglichkeit einer Schnürleber denkt.

Eine vergrößerte Milz kann man am besten fühlen, wenn man die rechte Hand, die Fingerspitzen nach dem linken Rippenbogen zu gerichtet, unter diesen Rippenbogen auf die linke Bauchseite legt, dann langsam und vorsichtig tiefer eindrückt und den Untersuchten dabei tief einatmen läßt. Ist die Milz sehr groß, wie z. B. bei Leukämie, Malaria, hypertrophischer Lebercirrhose, so kann man am Vorderrand des Organs meist leicht zwei Incisuren fühlen, an denen man es mit Sicherheit als solches erkennt.

Durch Gas erweiterte Därme fühlt man, wenigstens wenn die Bauchwand nicht zu dick ist, als wurstförmige Gebilde und erkennt sie daran als aufgeblasene Därme. Ist das Colon transversum oder die Flexura sigmoidea leer und kontrahiert, dann kann man diese Darmteile oft als fingerdicke Stränge fühlen. Man halte also einen derartigen links unten im Bauche oder an der Stelle des Colon transversum zu fühlenden Strang nicht für ein Anzeichen von pathologischer Bedeutung.

Die Konturen eines dilatierten aufgeblasenen Magens kann man oft deutlich fühlen.

Beim Palpieren der Därme hüte man sich davor, Skybala im Kolon oder der Flexur für bösartige Tumoren anzusprechen. Skybala sind in der Regel von teigartiger Konsistenz, eindrückbar, beweglich, an genannten Stellen in den Darmabschnitten gelegen. Man bedenke weiter, daß echte Tumoren meistens zu mehr oder weniger deutlichen Stenoseerscheinungen Veranlassung geben.

Nicht immer so leicht, wie es wohl den Anschein hat, sind kontrahierte Muskeln, namentlich Teile der Mm. recti abdom. oder ein Absceß der Bauchwand von intraabdominalen Tumoren zu unterscheiden. In solchen Fällen ist es dienlich, durch die untersuchte Person die Muskeln anspannen, also pressen oder husten zu lassen. Dabei verschwinden dann natürlich intraabdominale

Tumoren, während Muskelnoten bzw. ein in der Bauchwand liegender Absceß fühlbar bleiben oder sogar deutlicher hervortreten.

Sehr wichtig sind übrigens umschriebene Muskelspannungen, die bekannte „défense musculaire", welche bei umschriebenen Entzündungen im Leibe angetroffen werden. Auch Hyperästhesie in der Bauchwand, die namentlich bei Ulcus ventriculi häufig beobachtet wird, ebenso Druckschmerzen im Epigastrium oder der Gallenblasengegend betrachte man als Erscheinungen von pathologischer Bedeutung. Dagegen ist die gegenwärtig in weiten Kreisen herrschende Furcht vor „Blinddarmentzündung" oft der einzige Grund für Klagen über Schmerzen in der Appendixgegend und für Druckschmerzen in dieser Gegend. Fehlt dabei jegliche Spur von „défense musculaire", so spricht dies sehr stark gegen das Bestehen einer Appendicitis. Bei Forschen nach etwaiger Druckschmerzhaftigkeit am MacBurneyschen Punkt (Mitte einer Linie, die man sich von der rechten Spina superior anterior ossis ilei zum Nabel gezogen denkt) achte man genau auf die Lagebestimmung.

Unter normalen Verhältnissen kann man die *Nieren* nicht fühlen, höchstens bei tiefer Atmung den unteren Pol der rechten Niere. Zum Zwecke der Palpation der Niere stelle man sich, das Gesicht des Untersuchers dem des Untersuchten zugewandt, auf dessen Seite, drücke die rechte Hand (bei der Palpation der rechten Niere) in die rechte Bauchhälfte, während man mit der linken in die Lendengegend gelegten Hand in der Richtung zur rechten Hand zu nach oben drückt. Um die rechte Hand nun so tief und gleichzeitig so leicht wie möglich eindrücken zu können, lasse man den Untersuchten tief ausatmen. Dann fordere man ihn auf, tief einzuatmen, während man die Hände in der gleichen Lage hält. Man fühlt dann die ptotische Niere in der Regel leicht und casu quo auch einen eventuellen Nierentumor. Die sog. Wanderniere, ein sehr beweglich im Bauche liegendes Organ, erkennt man an ihrer Bohnenform und glatten Oberfläche.

Fühlt man einen Tumor im Bauche, so versuche man ausfindig zu machen, welchem Organ er angehört. Lebertumoren weisen meist eine starke respiratorische Beweglichkeit auf, ihr Zusammenhang mit der Leber ist in der Regel direkt zu fühlen. Man achte zu diesem Zweck besonders auf den Leberrand.

Magentumoren sind weniger beweglich und meist auch bei tiefer Ausatmung in der nach unten verschobenen Lage, die sie bei einer tiefen Inspiration eingenommen haben, mit der Hand fixiert zu halten.

Tumoren der Nieren sind bei der bimanuellen Palpation, wie sie oben beschrieben wurde, zwischen den Händen zu ballotieren. Sie drücken, wenn sie sich nach oben vergrößern, die über ihnen liegenden Därme in die Breite. Oft ist es möglich, das über dem Nierentumor liegende Darmstück zu sehen oder zu fühlen und durch Perkussion (tympanitischer Klang) nachzuweisen.

Tuberculosis omenti et peritonei führen durch Verdickung und Schrumpfung des Netzes zu „Pseudotumoren", die zuweilen oberhalb des Nabels als eine höckerige breite Resistenz zu fühlen sind.

Geschwollene retroperitoneale und mesenteriale Drüsen können bei sehr tiefem Eindrücken manchmal wahrgenommen werden.

Pankreascysten liegen gewöhnlich zwischen Magen und Kolon der Bauchwand an. Für die Diagnose ist vor allem auch die Anamnese, namentlich überstandene Kolikschmerzen und Anfälle von Wichtigkeit.

Eine gefüllte Blase kann für einen Tumor gehalten werden. Man vermeidet diesen Fehler, wenn man nur an die Möglichkeit denkt.

So kann auch ein Uterus gravidus für einen Ovarialtumor gehalten werden. Man achte auf die evtl. Verfärbung der Linea alba und die Absonderung aus den Brüsten sowie Kindsteile usw.

Bei Zweifel am Bestehen eines Rectumcarcinoms ist Konstipation suspekt, wenn sie bei einer Person in mittleren Jahren aufgetreten ist, die vorher eine geregelte Defäkation hatte. Werden bei dem Stuhlgang Schleim- und Blutabgänge wahrgenommen, dann darf die Vornahme einer Digitaluntersuchung nicht verabsäumt werden. Man glaube vor allem nicht, daß ein Krebskranker per se kachektisch oder anämisch aussieht.

Perkussion.

Bei der Untersuchung der Bauchorgane kann uns die Perkussion dienlich sein für die Bestimmung der Lage und Ausdehnung dieser Organe und für die nähere Feststellung der Art der Veränderungen, die von Auge und Hand wahrgenommen sind. Sie füllt also oft Lücken aus, die nach der Inspektion und Palpation übriggeblieben sind. So kann z. B. der Unterrand der Leber in Fällen, wo diese nicht gefühlt werden kann, in der Regel mit Hilfe der Perkussion angegeben, so auch der Magen von den Därmen abgegrenzt, die Größe der Milz bestimmt, die freie Beweglichkeit von Flüssigkeit in der Bauchhöhle nachgewiesen und das Vorhandensein eines gasenthaltenden Abscesses festgestellt werden.

Für die mittels der Perkussion zu bestimmende Ausdehnung der Leber nach unten, perkutiere man *sehr leise*, zuerst in der nach unten verlängerten rechten Mamillarlinie, und zwar von unten nach oben fortschreitend. Sobald der tympanitische Ton, der durch die Perkussion der gashaltenden Därme verursacht wird, nur ein wenig gedämpfteren Klang annimmt, ist man über der Leber. Es ist dann leicht, genau deren untere Grenze zu bestimmen. Denn die gefundene Dämpfung kann, abgesehen von anormalen Verhältnissen, durch nichts anderes als durch die feste Leber verursacht werden. Wünschenswert ist hierbei, die Finger-Finger-Perkussion zu gebrauchen. Der geübte Untersucher fühlt dann bei der Perkussion gleichzeitig eine vermehrte Resistenz, sobald er über der Leber perkutiert. Er macht sich also auf diese Weise auch noch die Vorteile der palpatorischen Perkussion zunutze.

Während man in der angegebenen Weise in der verlängerten Parasternallinie, in der Medianlinie usw. nach links zu perkutiert, kann man die ganze untere Grenze der Leber und also auch die Ausbreitung dieses Organs links von der Medianlinie finden. Der Herzspitzenton unterstützt dabei die Auffindung der oberen Lebergrenze.

Bei der Milzperkussion bringt man den Untersuchten in Diagonallage und perkutiert dann in einer Linie, die man sich von der linken Axilla nach der Spina posterior superior ossis ilei gezogen denkt. Auf diese Weise findet man in der Regel leicht die obere Grenze der Milz. In einem darunterliegenden Zwischenrippenraum sucht man dann weiter die vordere obere Grenze, indem man, an der Bauchseite beginnend, von dort in der Richtung nach hinten perkutiert, ferner in derselben Weise etwas tiefer die vordere untere Grenze. Endlich perkutiert man vom Darmbeinkamm aus von unten nach oben gehend, um so die untere Grenze der Milz zu finden. Nach hinten reicht die Milz bis zur linken Niere und kann dort also nicht durch Perkussion abgegrenzt werden.

Die Höhe der normalen Milzdämpfung beträgt nicht mehr als 7 cm.

Läßt man den Untersuchten tief Atem holen, so kann man bei gut beweglicher linker Lunge sich durch die Perkussion davon überzeugen, daß die obere Grenze der Milzdämpfung dabei um einige Zentimeter nach unten verschoben wird.

Die Perkussion kann auch zur Bestimmung der linken und unteren Magengrenzen dienen. Ist doch der durch die Perkussion des Magens zustande kommende tympanitische Ton tiefer an Klang als der der Därme. Man kann also auf diese Weise Magen und Darm voneinander abgrenzen. Indessen ist dieser

Unterschied im Ton durchaus nicht immer deutlich, z. B. dann nicht, wenn die Därme viel Gas enthalten.

Besser als durch die gewöhnliche Art der Perkussion kann man den Unterschied im Ton von Magen und Darm zu Gehör bringen, wenn man mit der Volarfläche der Endphalangen der drei gegeneinander gelegten mittleren Finger der rechten Hand direkt auf den Bauch schlägt. Die Hand darf dabei nur im Handgelenk bewegt, der Arm muß stillgehalten werden.

Ferner kann man die untere Grenze des Magens sehr gut durch die Ausführung der Clapotage bestimmen. Zu dem Zwecke drückt man die Spitzen der vorhin genannten Finger mit kurzen Stößen in den Bauch, indem man von unten nach oben fortschreitet. Sobald man in dieser Weise auf den Magen stößt, vernimmt man ein eigenartiges Plätschergeräusch (Clapotage). Wir können nach einer diesbezüglichen sorgfältigen Untersuchung mit Bestimmtheit angeben, daß eine Füllung des Magens mit einer größeren Menge Flüssigkeit zur Vornahme der Clapotage durchaus nicht nötig ist. Dagegen halte ich dies zur Erregung des Sukkussionsgeräusches im Magen für erforderlich. Letztere Erscheinung — das sei hier nebenbei erwähnt — läßt an Atonie bzw. Ektasie des Magens denken.

Die Perkussion der Därme ergibt in der Regel keine Aufschlüsse von irgendwelcher Bedeutung. Unter normalen Verhältnissen ist der Ton in der Gegend der Flexura sigmoidea gedämpft tympanitisch, dagegen in der Ileocöcalgegend laut tympanitisch. Dämpfung in der Ileocöcalgegend findet man, abgesehen von Febris typhoidea, bei periappendikulären bzw. perityphlitischen Abscessen.

Einen gasenthaltenden Absceß kann man oft in der Weise nachweisen, daß man den Patienten verschiedene Stellungen einnehmen läßt und dann bei der Perkussion jedesmal im höchst gelegenen Abschnitt einen tympanitischen Ton zu Gehör bringt, so daß auf derselben Stelle abwechselnd Dämpfung und Tympanie gefunden wird.

In analoger Weise untersucht man, ob Flüssigkeit in der Bauchhöhle vorhanden ist. Zu dem Zwecke lasse man bei der Perkussion den Patienten sich abwechselnd auf die linke und rechte Seite legen. Der oben liegende Bauchteil gibt dann einen tympanitisch, der unten liegende einen gedämpften Ton. Auf diese Art kann man die Anwesenheit auch nur kleiner Flüssigkeitsmengen zuerst nachweisen. Gleichzeitig kann man dabei erkennen, ob die Flüssigkeit in der Bauchhöhle frei beweglich ist.

Oft kann man durch Perkussion näher bestimmen, von welchem Organ ein etwa vorhandener Tumor ausgeht. Oben wiesen wir bereits darauf hin, daß man durch den Nachweis etwa einem Tumor aufliegender Darmschlingen die Differentialdiagnose zwischen einem Milz- und einem Nierentumor stellen kann. Ebenso kann man durch Perkussion zur Diagnostizierung einer Pankreascyste beitragen, die im Oberbauch zwischen Magen und Colon transversum, also zwischen tympanitischen Feldern gelegen ist.

Auscultation.

Die Auscultation wird bei der Untersuchung der Bauchorgane nur im Zusammenhang mit der Perkussion, und zwar der Stäbchenplessimeterperkussion, angewandt. Ohne diese kommt sie nur für die Untersuchung des Oesophagus (Schluckgeräusch) beim Verdacht auf Bestehen einer Stenose des Oesophagus in Betracht, einer Abweichung, die hier unbesprochen bleiben kann. Die Auscultationsmethode im allgemeinen ergibt aber nach unserer Erfahrung keine zuverlässigen Aufschlüsse. Wir sehen deswegen keine Veranlassung, hier näher auf sie einzugehen.

Die Untersuchung des Nervensystems.

Geradeso wie in der täglichen ärztlichen Praxis nur selten eine *vollständige* neurologische Untersuchung vorgenommen zu werden braucht, während im Gegensatz dazu bei jedem Patienten eine genaue Untersuchung der inneren Organe, Brust und Bauch, gefordert werden muß, ist dies auch bei der ärztlichen Praxis im Dienste der Lebensversicherung der Fall. Jedoch muß sowohl der gewöhnliche praktische Arzt wie auch der Arzt einer Lebensversicherungsgesellschaft mit den Erscheinungen vertraut sein, die bei funktionellen und organischen Nervenleiden zutage treten. Ja, auch eine gewisse Kenntnis der Psychiatrie darf keinem fehlen. Beide müssen vor allem gut wissen, daß oft hinter scheinbar unbedeutenden Erscheinungen ernste Erkrankungen des Nervensystems versteckt sein können. Sie müssen mit den Erscheinungen so gut vertraut sein, daß sie nicht nur nicht achtlos an ihnen vorübergehen, sondern auch ihre Bedeutung zu würdigen wissen, so daß sie wie von selbst zur Entdeckung eines evtl. vorhandenen, aber noch versteckten, vielleicht ernsten Nervenleidens hingeführt werden.

Daraus ergibt sich von selbst, daß jede derartige ärztliche Untersuchung so vorgenommen werden muß, daß keine einzige der Erscheinungen, die ein evtl. bestehendes Nervenleiden verraten können, der Aufmerksamkeit des Untersuchers entgehen kann.

Wir erachten es deshalb auch als unsere Aufgabe, in diesem Buche auf derartige Erscheinungen nachdrücklichst aufmerksam zu machen und die Regeln anzugeben, denen der ärztliche Untersucher folgen muß, will er nicht Gefahr laufen, Anzeichen zu übersehen, die für das Risiko einer Lebensversicherung von überragender Bedeutung sein können. Wir werden dann gleichzeitig die krankhaften Veränderungen und Störungen anführen, bei welchen die gedachten Erscheinungen vorkommen können. Endlich werden wir auch einige Fingerzeige zur Beurteilung der möglichen Bedeutung geben, welche die evtl. gefundenen Symptome in einem besonderen Fall haben können.

Der im Dienste einer Lebensversicherung stehende Arzt befindet sich — nachdrücklichst möchten wir hierauf nochmals hinweisen — hinsichtlich der Untersuchung des Nervensystems in einer besonders schwierigen Lage. Wird es doch nur selten vorkommen, daß ein Kranker mit einer *deutlichen* organischen Störung des Zentralnervensystems sich zum Abschlusse einer Lebensversicherung anmeldet. Es wird sich also ausschließlich um solche Fälle handeln, in denen der Nervenkranke sich kaum im Anfangsstadium seiner Krankheit befindet und die Krankheitserscheinungen, die evtl. vorhandenen Abweichungen sorgfältig gesucht werden müssen, soll der Arzt Aussicht haben, sie aufzufinden. Einerseits ruht also auf dem Arzte im Dienst der Lebensversicherung die Pflicht, das Bestehen der einen oder anderen Nervenkrankheit schon im Anfangsstadium mit Sicherheit zu entdecken. Andererseits darf er zur Abweisung eines Antrags nicht leichtfertig raten, d. h. dann nicht, wenn er bei seiner Untersuchung nur einen Verdacht aufbringen kann.

Im folgenden wollen wir versuchen, dem Lebensversicherungsarzt diese Schwierigkeiten soweit als möglich aus dem Wege zu räumen und besonders auf die Erscheinungen aufmerksam zu machen, welche dem Arzt einen zuverlässigen Anhalt für die Diagnose geben.

Im Hinblick auf die Möglichkeit des Bestehens von Veränderungen des Nervensystems oder einer vorliegenden Prädisposition müssen schon bei Aufnahme der *Anamnese* bestimmte Fragen gestellt werden[1]). So in erster Linie

[1]) Man lese auch nach, was im Kapitel „Objektive Untersuchung" in diesem Buche über den Geisteszustand gesagt worden ist.

Fragen, die sich auf den allgemein bekannten Einfluß beziehen, den die *Heredität* auf das Entstehen von Nervenkrankheiten ausübt. Man wird also stets bemüht sein müssen, ausfindig zu machen, ob bei den Eltern, Großeltern, Brüdern, Schwestern, Onkeln und Tanten Nerven- oder Geisteskrankheiten, und wenn ja, welcher Art, vorgekommen sind. Vor allem Epilepsie, Alkoholismus, verschiedene Formen von Geisteskrankheiten, wie Melancholie, manisch-depressive Psychose, ferner Idiotie, Hysterie, Basedowsche Krankheit, Neurastenie und Psychasthenie sind für die Lebensversicherung von Wichtigkeit. Die sog. „familiären" Krankheiten, wie z. B. die Muskeldystrophien sind dagegen im allgemeinen von geringerer Bedeutung.

Als ätiologisches Moment spielt für Nerven- und Geisteskrankheiten, wie z. B. Tabes und progressive Paralyse, die *Syphilis* eine große Rolle. Auf allerlei Art und Weise, besonders aber mit einer in dieser delikaten Sache so überaus notwendigen Geschicklichkeit und Takt wird man also auch bei der Aufnahme der Anamnese Angaben zu erhalten versuchen, die zu einer Beantwortung der wichtigen Frage führen, ob der Antragsteller syphilitisch infiziert ist bzw. an Syphilis gelitten hat.

Daß *Alkoholismus* auch als ein wichtiger Faktor in der Ätiologie der hier besprochenen Krankheiten anzusehen ist, bedarf keiner eingehenderen Auseinandersetzung. Es bestehen also Gründe genug, um bei der Aufnahme der Anamnese des Alkoholismus nicht zu vergessen. Es kommt aber auch hier darauf an, derartige Fragen mit dem nötigen Taktgefühl zu stellen.

Man unterlasse nie, dem Antragsteller die Frage vorzulegen, ob er an *Kopfschmerzen* leidet, da sie ein Symptom für viele ernste Krankheiten sind. Es ist deswegen auch von Bedeutung, in jedem besonderen Falle die Ursache der Kopfschmerzen ausfindig zu machen.

Wir haben hier natürlich nicht die vorübergehenden Kopfschmerzen im Sinn, die bei leichten Unpäßlichkeiten und allerlei Infektionen vorkommen und an denen eine große Zahl im übrigen gesunder Menschen hin und wieder einmal leidet. Wir sprechen hier von heftigen, langanhaltenden oder immer wieder anfallsweise auftretenden Kopfschmerzen. Von der letzten Form von Kopfschmerzen kommt am häufigsten die *Migräne* vor. Sie ist erblich, so daß in der Regel angegeben wird, daß der Vater oder die Mutter oder ein anderes nahes Familienmitglied auch daran leidet oder daran gelitten hat. Die Migräne tritt anfallsweise auf, in kürzeren oder längeren Zwischenpausen von einigen Tagen bis zu Wochen oder Monaten. Der erste Anfall setzt gewöhnlich im Alter von 10—14 Jahren ein. Der Kopfschmerz ist vielfach, aber durchaus nicht immer, auf einer Seite lokalisiert, und dann in den verschiedenen Anfällen meist auf derselben Seite oberhalb des Auges und in der Schläfengegend. Hin und wieder beginnt der Anfall oder geht er einher mit Flimmern vor dem Auge (Flimmerskotom). Der Kopfschmerz ist heftig, der Patient kann seine Arbeit nicht mehr oder kaum verrichten. Nicht selten muß er sich zu Bett legen, ist lichtscheu, oftmals wird er sogar durch Erbrechen gequält.

Die Migräne ist als Erscheinung einer neuropathischen Disposition anzusehen. Deutlich nachweisbar ist in fast allen Fällen der Einfluß von Gemütserregungen, geistiger Anspannung (Versammlungen, Konzerten usw.) oder körperlicher Ermüdung für das Eintreten eines Anfalls. Nicht selten wird er durch Genuß einer bestimmten Speise oder eines bestimmten Trankes hervorgerufen.

In den meisten Fällen wird also die Diagnose der Migräne sehr leicht zu stellen sein. Doch gehe man hierbei nicht allzu oberflächlich zu Werke. Man denke daran, daß Tumor cerebri, chronische Tuberkulose oder syphilitische

Meningitis unter dem Bild der Migräne, besonders einer doppelseitigen Migräne verlaufen können. Hat man Grund zum Schwanken bei Stellung der Diagnose, so versäume man nicht eine Untersuchung des Augenhintergrundes, auch wenn der Patient eine gute Sehschärfe hat, oder erbitte Untersuchung durch einen Spezialisten.

Eine gewisse Ähnlichkeit mit der Migräne zeigt der *Tic douloureux*, eine im Ramus supra- und infraorbitalis des Trigeminus lokalisierte Neuralgie: einseitig anfallsweise auftretender Schmerz, oft mit Tränen des Auges einhergehend. Dabei ist in der Regel ein schmerzhafter Druckpunkt am Foramen supra- oder infraorbitale zu finden.

Die *infolge von Nephritis chronica vorkommenden Kopfschmerzen* sitzen entweder in der Stirn, auch oft einseitig, oder im Hinterkopf. Sie gehen oft mit Erbrechen einher, jedoch nicht mit Flimmern vor dem Auge wie bei Migräne oder Tränen des Auges wie bei Tic douloureux. Sie sind Anzeichen für eine Nephritis.

Heftiger, anfallsweise auftretender oder exacerbierender Kopfschmerz, meist im ganzen Kopfe, häufig von quälendem Erbrechen begleitet, findet sich, wie oben schon beiläufig erwähnt, bei *Tumor cerebri* und auch bei *Hirnabsceß*. Oft ist während der Kopfschmerzen die Pulsfrequenz kleiner als normal. Man erkundige sich auch nach Sehstörungen und untersuche, wenn Grund zur Annahme eines derartigen Leidens vorliegt, immer, ob eine Stauungspapille vorhanden ist. Man bedenke stets, daß ein Tumor cerebri lange Zeit bestehen kann, ohne daß außer Kopfschmerzen Erscheinungen vorhanden sind, die ein derartiges Leiden unverkennbar offenkundig machen. Auch ein Hirnabsceß kann lange Zeit latent bleiben. Fieber kann dabei fehlen.

Heftige *Kopfschmerzen* kommen ferner vor bei *Gumma* der Schädelknochen und bei der *chronischen syphilitischen* und der *chronischen tuberkulösen Meningitis*. In der Regel sind Kopfschmerzen infolge syphilitischer Erkrankungen der Schädelknochen anhaltend, jedoch des Nachts stärker als am Tage.

Rheumatische Kopfschmerzen haben ihren Sitz in der Bedeckung des Schädels. Bei Reibung der Bedeckungen oder bei Zug an den Haaren (Haarschmerz) wird der Schmerz stärker.

Heftiger Kopfschmerz in der Mitte der Stirn kann auf ein Empyem des Sinus frontalis hindeuten. Die Diagnose wird meist nur durch Ausschließen anderer Möglichkeiten oder durch Durchleuchtung zu stellen sein.

Auch *adenoide Vegetationen* in der Nasenrachenhöhle und Erkrankungen, welche die Nasenatmung behindern, können die Ursache von Kopfschmerzen sein.

Nicht selten sind *Augenstörungen*, besonders Akkomodationsstörungen, aber auch Entzündungen der Conjunctiva, Cornea, Iris die Ursache immer wiederkehrender Kopfschmerzen. Nur beiläufig sei hier des Glaukoms Erwähnung getan.

Sehr häufig sind die Klagen über *Kopfschmerzen* bei *neurasthenischen Kranken*. Diese Kopfschmerzen scheinen aber meist bei genauerem Nachfragen keine eigentlichen Schmerzen zu sein, sondern mehr eine höchst quälende Empfindung von Druck auf den Kopf, „als ob eine Hand auf dem Kopfe liegt", oder ein Gefühl von „Leerheit im Kopf" oder ein Gefühl, „als ob Watte im Kopfe wäre". Oft haben die Patienten auch über Sausen, Brummen, Flöten oder Klopfen im Kopfe zu klagen.

Der *Kopfschmerz bei Hysterie* ist oft heftig. Die Patienten haben manchmal das Gefühl, als ob ein Nagel oben in den Kopf eingeschlagen ist, und heftigen Schmerz bei Druck auf die Mitte des Kopfes (Clavus).

Die *Kopfschmerzen bei Anämie* sind meist heftig und von stoßendem Charakter. Die Diagnose ist bei gleichzeitig bestehender Anämie leicht zu stellen.

Endlich sei noch daran erinnert, daß *venöse Stauung* und auch *Arteriosklerose* der Gehirngefäße zu heftigen Kopfschmerzen Veranlassung geben können.

Bei Klagen über anhaltende oder häufig wiederkehrende Kopfschmerzen ist es also Aufgabe des Arztes der Lebensversicherungsgeselschaft, sorgfältig zu untersuchen, welches die Ursache der Kopfschmerzen ist. Wir wiederholen, daß insbesondere die Untersuchung des Augenhintergrundes (Stauungspapille, Neuritis optica) dabei oft unentbehrlich ist.

Bei Klagen über Schmerzen im Verlauf eines bestimmten Nerven (Neuralgie), Neuritis, wird man stets genau nach der Art der Schmerzen, der Stärke und der Ausdehnung, der Dauer und der Zeit ihres Auftretens forschen und sich davon überzeugen müssen, ob und wo Druckschmerzhaftigkeit besteht. Man wird ferner die Frage zu beantworten haben, was die Ursache der Schmerzen ist: Intoxikation, Infektion, Trauma, Druck, Tumor? Vor allem entschließe man sich nicht leichtfertig zur Diagnose Neuralgie, noch sei man allzu schnell zufrieden, z. B. mit der Diagnose: Ischias. So bedenke man, daß hinter dem Bilde einer *Ischias* eine bösartige Geschwulst des Beckens sich verstecken kann, daß Ischias vielfach bei Diabetes vorkommt, daß das Leiden in den meisten Fällen nicht durch eine ziemlich harmlose Neuralgie, sondern eine hartnäckige Neuritis bedingt ist.

Besonders bei Menschen in mittlerem Lebensalter bedenke man immer, daß hinter einer scheinbar harmlosen Neuralgie oder sogar hinter sog. „rheumatischen" Schmerzen oft ein ernstes Leiden verborgen ist. Erinnert sei hier noch an die „ziehenden" Schmerzen bei Tabes, die sich schon im Beginn der Krankheit einstellen.

Erbrechen ist ein Zeichen, das bei allerlei Intoxikationen vorkommt. Erwähnt sei hier nur das urämische Erbrechen. Ferner besprachen wir schon das Erbrechen bei verschiedenen Formen von Kopfschmerzen, u. a. auch als Erscheinung des *erhöhten Hirndrucks.* Man hüte sich denn auch, Erbrechen allzu schnell als die Folge einer Indigestion oder einer Magenerkrankung zu erklären. Im besonderen lenken wir die Aufmerksamkeit darauf, daß ein anfallsweise wiederkehrendes Erbrechen stets an Tabes dorsalis denken lassen muß. Dabei sei noch bemerkt, daß die „crises gastriques" allerdings meist mit heftigen Magenschmerzen und einem überaus elenden Gefühl von Erschöpftsein einhergehen, daß aber Schmerzen auch vollkommen fehlen können. Ferner, daß „crises gastriques" durchaus nicht so selten sind, wie man meist annimmt, und daß, was für die Lebensversicherung von äußerster Wichtigkeit ist, die Erscheinung bereits in der ersten Periode der Tabes, also als Initialerscheinung, auftritt. Der Patellarreflex kann dann noch vorhanden sein.

Bei der Aufnahme der Anamnese wird man in vielen Fällen die Frage nicht unterlassen dürfen, ob der Antragsteller wohl hin und wieder über Beschwerden von *Taumeligkeit* oder *Schwindel* (*Vertigo*) zu klagen gehabt hat.

Taumeligkeit und Schwindel können auftreten bei Intoxikationen (Nicotin, Alkohol), bei Ohrerkrankungen (Menières Symptomenkomplex); bei organischen Erkrankungen des Cerebellum (Tumor, multiple Sklerose), bei Epilepsie (Petit mal), bei Zirkulationsstörungen im Gehirn (Anämie, Herzkrankheiten, Arteriosklerose), bei Augenerkrankungen (Augenmuskellähmungen, Doppelsehen). Endlich kann Schwindelgefühl auch psychogen entstehen (bei Neurasthenie). Bei letzterer spielt Angst eine Hauptrolle in der Entstehung des Schwindelgefühls.

Aus all diesem geht hervor, daß man es hier mit einer Erscheinung zu tun hat, der oft eine ernste Bedeutung zukommt. Sie kann indessen auch nur vorübergehender Art sein. In jedem besonderen Falle wird man also auch wieder die Ursache des Taumelns oder Schwindels zu ergründen versuchen müssen, indem man auch andere vorhandene Erscheinungen berücksichtigt. Wir können nur warnen, daß man nicht allzu leichtfertig die Ursache des Schwindels auf eine evtl. vorhandene Magenstörung (Vertigo a stomacho laeso) oder einer Konstipation zurückführt. Die Diagnose der Ursache einer solchen Erscheinung wird in jedem besonderen Falle von selbst zum Schlusse führen, ob sie für den Abschluß einer Versicherung von Bedeutung ist und, wenn ja, von wie großer. Oft wird bei Klagen über Schwindel eine Untersuchung durch einen Spezialisten, Otologen bzw. Neurologen, zum Stellen einer gut begründeten Diagnose nötig sein.

Leidet der Antragsteller an *Krampfanfällen*, dann liegt der Gedanke an Epilepsie auf der Hand. Wenn Anfälle von Bewußtlosigkeit mit oder ohne Krämpfe aufgetreten sind, wird es kaum nötig sein, nach deren eigentlicher Ursache zu suchen. Mag man es mit epileptiformen Anfällen, wie sie bei den verschiedensten Nervenkrankheiten, z. B. allgemeiner Paralyse oder bei Herzkrankheiten (Stokes-Adamsscher Symptomenkomplex) vorkommen können, zu tun haben, mag symptomatische Epilepsie (Jacksons Epilepsie) oder genuine Epilepsie in Betracht kommen, in allen Fällen wird der Antrag zum Abschluß einer Lebensversicherung abgewiesen werden müssen. Nur dann wird eine Lebensversicherung möglich sein, wenn seit dem letzten Anfall eine Reihe von Jahren verstrichen und bei einer sorgfältigen neurologischen Untersuchung keine Anzeichen für ein Nervenleiden mehr gefunden worden sind.

Sind die Krampfanfälle hysterischen Ursprungs (Hystero-Epilepsie), so kann ein Aufschub der Versicherung vorgeschlagen werden. Indessen ist die Differentialdiagnose zwischen wahrer Epilepsie und Hystero-Epilepsie in vielen Fällen sehr schwer zu stellen. Hat man Gelegenheit, einen Anfall zu beobachten, so wird die Diagnose in der Regel leicht sein. Bei Epilepsie: plötzliches Einsetzen des Krampfanfalls, vollständige Bewußtlosigkeit, Fehlen der Pupillenreaktion auf Lichteinfall, typische klonische Krämpfe, oft Zungenbisse, Incontinentia urinae und, verglichen mit dem hystero-epileptischen Anfall, kurze Dauer der Bewußtlosigkeit. Bei Hysteroepilepsie: oft irgendein erregendes Vorkommnis vor dem Auftreten des Anfalls oder ein Stimmungsumschlag, der sozusagen den Anfall ankündigt, Pupillenreflexe meist nicht erloschen, keine typischen klonischen Krämpfe, jedoch „grands mouvements", delirierendes Brüllen, Schreien, Schwätzen.

Bei „petit mal": nur Bewußtseinsstörung von kurzer Dauer.

Eine Erscheinung, die für die Beurteilung des Risikos einer Lebensversicherung von großer Bedeutung sein kann, ist das *Zittern*[1]). Es kann immerhin ziemlich harmloser Natur sein, jedoch auch als Symptom einer schweren Krankheit des Nervensystems sich herausstellen.

Tremor tritt nicht selten schon in jugendlichem Lebensalter, in den Pubertätsjahren oder bei neuropathischen Individuen, oft als erbliches Leiden (hereditärer Tremor) auf. Dieses Zittern zeigt in der Regel nur kleine regelmäßige Ausschläge der zitternden Hände und Finger (feiner Tremor), zuweilen aber auch größere und unregelmäßigere. Die Ausführung zusammenhängender Bewegungen wird dadurch meistens nicht gestört, so daß z. B. die Schrift kein Zittern aufweist. Außer an den Händen sieht man wohl auch noch Zittern des Kopfes. Es kann dann zu Verwechslung mit dem *Tremor bei Paralysis agitans* oder mit dem *senilen Tremor* Veranlassung geben.

Der Tremor bei Paralysis agitans zeigt sehr große Ausschläge, unter denen häufig die eigenartige Bewegung des Daumens wie beim Geldzählen wahrgenommen

---

[1]) Zwecks näherer Information sei u. a. verwiesen auf den Bericht von Prof. J. K. A. Wertheim Salomonson: Des Tremblements, Deux. Congrès des médecins de compagnies d'assurances. Bruxelles: Bruylant-Christophe 1901.

werden kann. Ferner findet man bekanntlich bei Paralysis agitans Parese und Steifheit der Extremitäten. Die Krankheit tritt kaum in späterem Lebensalter, selten vor dem 40. Jahre auf. Für die Lebensdauer spielt der habituelle oder hereditäre Tremor keine besondere Rolle.

Auch der *hysterische Tremor*, der fein oder grob sein kann und unter dem Einfluß von Gemütserregungen auftritt oder stärker wird, hat nur Bedeutung als Erscheinung der Hysterie, eine Krankheit, die, wenigstens in der Regel, das Leben nicht ernstlich gefährdet.

Von größerer Bedeutung aber ist der Tremor, wenn er als ein Symptom der Basedowschen Krankheit zu betrachten ist. Wir haben es dann mit einem sehr schnellen, feinen Tremor zu tun. Man achte also bei einem derartigen Tremor auf die eventuelle Anwesenheit von Tachykardie, Struma und Exophthalmus. Indessen bedenke man auch, daß bei der sog. „Forme fruste" der Basedowschen Krankheit der Exophthalmus zu fehlen pflegt, und die Schilddrüse nur mäßig oder kaum vergrößert ist. Besonders der Zustand des Herzens und die Schnelligkeit des Pulses sind für die Diagnose von Belang. Andererseits bedenke man aber auch, daß bei jungen Frauen die Glandula thyreoidea deutlich sicht- und fühlbar und zudem beträchtlich größer als beim Manne zu sein pflegt. In späterem Lebensalter wird die Glandula thyreoidea unter normalen Verhältnissen kleiner, eine Vergrößerung der Schilddrüse, die beim Manne stets mit Argwohn betrachtet werden muß, hat mit Zunahme der Jahre auch für die Frau mehr Bedeutung als lediglich eine pathologische Erscheinung. Patienten mit Basedowscher Krankheit oder mit einer unverkennbaren „Forme fruste" dieser Krankheit (Tachykardie, geschwollene Schilddrüse, Tremor) können für eine Lebensversicherung nicht in Betracht kommen.

Tremor wird weiterhin als ein Symptom verschiedener *Intoxikationen* beobachtet, wie Vergiftung durch Blei, Quecksilber, Nicotin und Alkohol. Bei Vorhandensein eines Tremors muß also an derartige Vergiftungen gedacht werden. Ist der Gedanke an die eine oder andere dieser Vergiftungen begründet, so wird man in der Regel durch eine genaue Untersuchung die Diagnose stellen können auf Grund noch anderer vorhandener Erscheinungen dieser Intoxikation und auf Grund einer sorgfältigen Anamnese.

Der sog. *Intensionstremor* bei der multiplen Sklerose wird wohl kaum zu diagnostischen Schwierigkeiten Veranlassung geben können. Wir haben es dabei auch eigentlich nicht mit dem, was man für gewöhnlich „Zittern" nennt, zu tun, sondern mit koordinatorischen Bewegungsstörungen. Gleichzeitig sind dabei noch andere Symptome der Krankheit vorhanden, wie Spasmus, erhöhte Sehnenreflexe, Babinskisches Symptom usw., die uns in die Lage versetzen, die Krankheit zu erkennen.

Auch bei den *choreatischen* und *athetotischen Bewegungen* kann von Zittern im wahren Sinne des Wortes keine Rede sein. Überdies werden Patienten mit einem derartigen Leiden wohl niemals den Abschluß einer Lebensversicherung beantragen. Wohl ist dies der Fall bei Menschen, die die eigenartigen koordinierten Bewegungen zeigen, welche von den Franzosen mit der Bezeichnung der „Tics" belegt werden, und die nicht so sehr selten noch mit choreatischen Bewegungen verwechselt werden. In den leichten Fällen von „Tic", von Weir Mitchell seinerzeit unrichtig als „Habit chorea", von Gowers richtiger und sehr klar als „Habit spasm" bezeichnet, hat man es mit mehr oder weniger hereditär neuropathisch belasteten Menschen zu tun, die aber nur deswegen, weil sie den ein oder anderen Tic aufweisen, nicht von einer Lebensversicherung zurückgewiesen werden brauchen. Etwas bedenklicher hinsichtlich des Risikos, das sie für eine Lebensversicherung bilden, sind die Kranken mit „Tic général" oder mit „Maladie des tics“. Sind in der nächsten Familie derartiger Kranker Fälle von Psychose oder Psychoneurose vorgekommen, dann dürfen sie sicher nicht bedingungslos angenommen werden.

Von großer Bedeutung für die Lebensversicherung ist die Erkennung der *allgemeinen Paralyse*, die sich sehr oft hinter sog. neurasthenischen Erscheinungen, Stimmungswechseln wie Gedrücktheit oder Aufgeregtheit versteckt, sich aber nicht selten auch durch Größenwahnsideen offenbart. Auch bei dieser Krankheit kommt sehr häufig Tremor in den Händen, besonders aber an den Lippen und der Zunge vor. Dieses Zittern der Lippen und Zunge ist oft schon im Anfangsstadium der *Dementia paralytica* vorhanden und also von großer diagnostischer Bedeutung. Selbst wenn alle anderen Erscheinungen der Dementia paralytica fehlen, wird man niemals einen Antragsteller sogleich annehmen dürfen, der diese Erscheinung des Zitterns von Lippen und Zunge aufweist (WERTHEIM SALOMONSON). Gleichzeitig werden bei der progressiven Paralyse eigenartige artikulatorische Sprachstörungen beobachtet, bei denen die Patienten die Silben besonders ziemlich schwierig auszusprechender Worte nicht gut artikuliert hervorbringen können, sondern sich sozusagen darin verwirren. Der Tremor in den Händen kommt vor allem in der Schrift der Patienten zum Ausdruck. Die verschiedenen Buchstaben sind ungleich, die Striche an den Buchstaben einmal viel zu lang oder zu dick, dann wieder zu kurz: die Schrift ist also sehr unregelmäßig. Überdies werden Buchstaben oder sogar Silben ausgelassen.

Versäumt man niemals, die Pupillenreaktion auf Lichteinfall vorzunehmen, die Sehnenreflexe zu untersuchen und beim Sprechen mit dem Antragsteller nicht nur auf die Sprache, sondern auch auf das, was er sagt und auf sein psychisches Verhalten zu achten, dann wird man nicht leicht das Leiden übersehen. Besonders die reflektorische Pupillenstarre betrachte man immer als ein ernstes Symptom. Auch Ungleichheit der Pupillen und Augenmuskellähmungen sind zur Erkennung der allgemeinen Paralyse von großer Bedeutung.

Man hat zuweilen Veranlassung, auf Grund des Gesichtsausdruckes, der Mitteilungen, des Benehmens oder der Stimmung des Antragstellers (sowohl einer allzu vergnügten aufgeregten als auch einer gedrückten Stimmung mißtraue man) an die Möglichkeit einer Psychose zu denken. Durch nochmalige, besonders genaue Nachforschungen nach Krankheiten in der Familie, und durch die Anknüpfung einer Unterhaltung mit dem Untersuchten über die verschiedensten Themata wird man dann versuchen müssen, sich so gut wie möglich über die gewünschten anamnestischen Angaben zu unterrichten, und sich über den augenblicklichen Geisteszustand des Antragstellers zu vergewissern. Bei Zweifeln wird eine eingehendere Untersuchung durch einen Spezialisten notwendig sein. Man wird also auch nicht bei einem nur geringen Verdacht auf das Bestehen einer Psychose zum Abschluß der beantragten Lebensversicherung raten dürfen.

Wir kommen somit von selbst zur Besprechung der objektiven Untersuchung, die zur Erkennung mehr oder weniger versteckter Nervenleiden erforderlich ist.

Vor allem anderen ist die Untersuchung der *Augen* von Wichtigkeit. Man achte dabei auf *die Weite der Lidspalte* (erweitert bei Basedowscher Krankheit, Ptosis bei Oculomotoriuslähmung, Unvermögen des Augenschlusses bei peripherer Facialislähmung) und auf den *Stand der Bulbi* (Exophthalmus bei Basedowscher Krankheit, nicht selten einseitig oder auf dem einen Auge deutlicher als auf dem anderen, Strabismus). Geht der Strabismus mit Doppeltsehen einher, und ist er nicht angeboren, dann ist er natürlich als ein ernstes Symptom eines Gehirnleidens anzusehen. Augenmuskellähmungen betrachte man stets als ernste Erscheinungen, deren Ursache ergründet werden muß, bevor man ein Urteil über ihre Bedeutung abgibt.

Besteht ein Nystagmus, dann muß in erster Linie untersucht werden, ob dieses Symptom nur bei seitlicher Blickrichtung auftritt, oder ob es auch wahrgenommen werden kann, wenn der Untersuchte geradeaus sieht. Beobachtet man es allein bei seitlicher Blickrichtung, dann hat es meist keine pathologische Bedeutung. Man wird aber, wenn diese Erscheinung deutlich vorhanden ist, doch in einem derartigen Fall gut daran tun, auch den Fundus oculi zu untersuchen und eine sorgfältige neurologische Untersuchung vorzunehmen. In den meisten Fällen wird man dazu wohl die Hilfe eines Spezialisten in Anspruch nehmen müssen.

Obwohl die asthenische Bulbärparalyse (Myasthenia gravis pseudoparalytica, JOLLY) sicherlich nur selten vorkommt, wollen wir ihrer hier doch Erwähnung tun. Vielleicht werden die dabei geäußerten Klagen über frühzeitig eintretende Ermüdung besonders in den Augenmuskeln (Ptosis) und den Kau-

Abb. 40 und 41. Asthenische Bulbärparalyse.

muskeln, zuweilen auch in den Muskeln der Extremitäten nur als von geringerer Bedeutung angesehen, während doch das Leiden bekanntlich sehr schwerer Natur ist. Die hier beigefügten Abbildungen einer derartigen Patientin geben ein deutliches Bild von der frühzeitigen Ermüdung des Levator palpebrae superioris. Das zweite Bild ist ungefähr eine Minute nach dem ersten aufgenommen, während die Patientin die Augen andauernd so weit wie möglich offen zu halten versuchte (Abb. 40 u. 41). Die Patientin ist einige Wochen später plötzlich gestorben.

Die Untersuchung der Cornea kann ebenso wie die der Conjunctivae und der Iris für die Beurteilung des Individuums (Skrofulose, Anämie, Syphilis) von Wert sein. Für die Erkennung von Nervenleiden, worüber wir hier sprechen, ist sie von geringem oder gar keinem Belang. Dagegen sind, wie wir schon erwähnten, Veränderungen der *Pupillen* in vielen Fällen von großem Wert. *Man achte auf die Form, die Größe und die Reaktion der Pupillen.*

Nicht rund sind die Pupillen oft bei Tabes und bei Syphilis (nach Iritis). *Eng* sind die Pupillen außer in hohem Alter bei Tabes. *Ungleichheit* in der Größe der rechten und linken Pupille sieht man außer bei Augenkrankheiten (Synechien der Iris) oft bei Tabes, jedoch u. a. auch bei einseitiger Reizung oder Lähmung des Halssympathicus durch geschwollene Drüsen oder Tumoren. Vereinzelt kommt Ungleichheit der Pupillen vor, ohne daß dafür eine greifbare Ursache zu finden ist. Eine derartige Ausnahme ändert aber nichts an der großen

Bedeutung, die dem Symptom der Ungleichheit der Pupillen für die Lebensversicherung zugeschrieben werden muß[1]). Weit ist die Pupille bei Oculomotoriuslähmung und bei Sympathicusreizung. Bei Lähmung des Oculomotorius *fehlt die Akkomodationsreaktion. Fehlen der Lichtreaktion* weist auf Tabes oder allgemeine Paralyse hin.

In Zweifelsfällen bezüglich des Bestehens einer Erkrankung des Zentralnervensystems wird die Untersuchung mit dem Augenspiegel durch einen Ophthalmologen nicht entbehrt werden können. Außer in einzelnen Fällen von Tabes ist die Untersuchung des Fundus oculi noch besonders für die Diagnose eines Tumor cerebri, der chronischen Meningitis, auch der serösen Meningitis und nicht weniger für die der multiplen Sklerose unentbehrlich. Indessen bedenke man stets, daß das Fehlen einer Stauungspapille durchaus nicht gegen Tumor cerebri, Gehirnabsceß oder chronische Meningitis spricht, und daß ebenso das Fehlen der temporalen Abblassung der Papille nicht zum Ausschließen einer multiplen Sklerose berechtigt. Wie in den meisten Fällen ist auch hier nur ein positives Ergebnis der Untersuchung von positivem Wert.

Außer artikulatorischen Sprachstörungen (allgemeine Paralyse, Apoplexie, multiple Sklerose, Bulbärparalyse) sind auch Änderungen des *Stimmklangs* oft von großer Bedeutung für die Erkennung schwerer Nervenkrankheiten. Wir sind der Ansicht, daß dem Stimmklang bei der ärztlichen Untersuchung im allgemeinen viel zu wenig Aufmerksamkeit geschenkt wird. Bedauerlicherweise wird der laryngologischen Untersuchung von seiten der Ärzte noch nicht die Würdigung zuteil, auf die sie Anspruch erheben darf. Sogar eine große Zahl der Ärzte, welche von dem großen Wert der ophthalmologischen Untersuchung für die klinische Diagnostik vollkommen überzeugt sind und deshalb auch regelmäßig den Augenspiegel anwenden, vernachlässigen die technisch doch nicht allzu schwierige Untersuchung mit dem Kehlkopfspiegel. Daher schenkt man denn auch dem Stimmklang wenig Beachtung. Und doch sind Erkrankungen der Stimmbänder in sehr vielen Fällen deutliche und überzeugende Erscheinungen verborgener ernster Krankheiten, wie Tuberkulose, Carcinom, Aneurysma, Tumoren, Syringomyelie usw. Jedermann weiß, daß die Recurrensparalyse in vielen Fällen die erste und einzige Erscheinung ernster Krankheiten ist. Muß man es dann nicht als einen unverzeihlichen Fehler ansehen, wenn ein Arzt bei seiner Untersuchung nicht einmal auf die Veränderungen des Stimmklangs achtet?

Auch das *Gehörorgan* darf bei der Untersuchung nicht vergessen werden. Wir erinnern nur an die Gefahren der Otorrhöe. Für die neurologische Untersuchung ist aber dies Organ von nicht so großer Bedeutung wie die Augen. Indessen soll damit keineswegs gesagt sein, daß der Zustand des Gehörs nicht durch Veränderungen im Zentralnervensystem seinerseits geändert werden kann. Wir erwähnen hier nur die nicht so sehr seltenen Acusticustumoren, die sich in ihrer Entwicklung oft zuerst durch Gehörstörungen, wie Ohrensausen und Schwerhörigkeit und durch Schwindeligkeit verraten. Man wird bei Gehörsänderungen also auch daran denken und dann besonders nach eventuellen Trigeminusabweichungen (Areflexie der Cornea u. a. bei Acusticustumoren) und nach Störungen in der Facialisinnervation suchen. Zugleich wird man untersuchen müssen, ob die Leitung des Klanges durch die Schädelknochen hindurch aufgehoben oder vermindert ist. Letzteres ist der Fall bei Erkrankungen des Labyrinths oder des Nervus acusticus bzw. der Acusticusbahnen und Zentra.

Über den „Vertigo ab aure laesa“ (maladie de Menière) sprachen wir bereits weiter oben.

[1]) Vgl. Procés-verbaux des séances, S. 79. Deux. Congr. international des Médecins de comp. d'assur. Bruxelles 1901.

Änderungen des *Geruchs* und *Geschmacks* können auch zentralen Ursprungs sein. Ist dies der Fall, dann werden in der Regel auch noch andere Störungen vorhanden sein, die auf das Bestehen eines Hirnleidens hinweisen.

Man vernachlässige vor allem nicht, auf eventuelle Funktionsänderungen in den vom Nervus facialis innervierten Muskeln zu achten. Man läuft sonst, wenn man die Tätigkeit der Gesichtsmuskeln nicht aufmerksam untersucht, Gefahr, eine leichte, nichtsdestoweniger aber bedeutungsvolle Facialisparese zu übersehen.

Will man sich nicht einer vermeidbaren Unterlassungssünde bei der neurologischen Untersuchung schuldig machen, dann gehe man vor allem methodisch zu Werke. Es ist deshalb empfehlenswert, die Funktionen aller 12 Hirnnerven nacheinander zu untersuchen, zu beginnen also mit dem Geruch (Nervus olfactorius) und zu endigen mit den Zungenbewegungen (Nervus hypoglossus). Selbstverständlich wird man bei dieser Untersuchung nur in vereinzelten Fällen die feinsten Prüfungen vorzunehmen haben.

Bei der Untersuchung der Extremitäten ist vor allem die sorgfältige Prüfung der *Sehnenreflexe* von Wichtigkeit. Besonders muß der Kniesehnenreflex immer untersucht werden. Ein fehlender Patellarreflex muß ernstlich an Tabes, zuweilen auch an progressive Paralyse denken lassen, obwohl bei letztgenannter Krankheit die Patellarreflexe oft verstärkt sind. Verstärkung der Patellarreflexe weist auf eine Erkrankung der Pyramidenbahnen hin. In der Regel findet man dabei auch Schenkelklonus, das Fußphänomen und das Babinskische Symptom. Ferner ist dabei meist auch ein bestehender Spasmus festzustellen, zuerst und am deutlichsten in den Adductoren der Oberschenkel. Versucht man eine Abduction der Oberschenkel, so bemerkt man die Steifheit der Adductoren daran, daß das ganze Becken, zuweilen auch das andere Bein, mitgezogen wird.

Lebhaften Patellarreflex findet man bei Neurasthenie. Dabei fehlt aber der Unterschenkelklonus, oder er ist, wie man es gewöhnlich nennt, ermüdbar, d. h. nach einigen Bewegungen hört die Erscheinung auf, wenn man auch in bekannter Weise weiterhin einen Druck auf die Patella ausübt. Beim lebhaften Patellarreflex infolge Neurasthenie ist aber kein Babinskireflex auszulösen.

Ist kein Patellarreflex auszulösen, so betrachte man dies stets als eine pathologische Erscheinung. Zuweilen muß man sich zur Erzeugung des Patellarreflexes des bekannten Jendrassikschen Kunstgriffs bedienen oder die Aufmerksamkeit des Untersuchten in anderer Weise ablenken, indem man ihn z. B. tief einatmen oder laut zählen läßt. Außer bei Tabes und progressiver Paralyse gelingt die Auslösung des Patellarreflexes nicht bei peripherer Neuritis und bei Erkrankung der Vorderhörner des Rückenmarks (Poliomyelitis anterior).

Stets untersuche man den Kniesehnenreflex an beiden Beinen. Weist doch Verschiedenheit in der Stärke des linken und rechten Patellarreflexes mit Bestimmtheit auf die Anwesenheit einer Veränderung im Zentralnervensystem hin und kann dann, bei Zweifel über die Frage, ob ein funktionelles (z. B. hysterisches) Leiden oder eine organische Veränderung angenommen werden muß, den Ausschlag geben.

Von großem Werte ist auch das Babinskische Symptom. Bei positivem Ausfall kann man ein organisches Leiden annehmen. Bei Hysterie kommt es nach meiner Erfahrung nicht vor. Es wird dies aber von verschiedenen Autoren behauptet. Meiner Meinung nach weist das Vorhandensein des Babinskischen Symptoms bei Erwachsenen immer auf das Bestehen einer Erkrankung der Pyramidenbahnen hin[1]). Findet man das Babinskische Symptom nur auf der einen Seite,

[1]) Siehe auch J. Crocq: Les réflexes en matière d'assurances sur la vie. Deux. Congrès international des médecins de compagnies d'assurances. Bruxelles: Impr. Bruylant-Christophe 1901.

auf der anderen aber nicht, so hat man es sicher mit einem ausgesprochenen Nervenleiden zu tun.

Bei der Inspektion achte man vor allem auf die eventuelle Anwesenheit von *trophischen Störungen.* Können diese u. a. doch bei Syringomyelie und Tabes bestehen, ohne daß der Patient sich ihrer ernsten Bedeutung bewußt ist. Bei beiden Krankheiten kommen bekanntlich im Frühstadium der Krankheit eigenartige Gelenk- und Hauterkrankungen vor, wenn z. B. noch keine Bewegungsstörungen die Aufmerksamkeit auf ein Leiden des Zentralnervensystems hinlenken. Das Eigenartige dieser Gelenkerkrankungen, was den Erfahrenen sofort ihren Ursprung vermuten läßt, ist, daß selbst bei Entwicklung beträchtlicher Veränderungen an einem oder mehreren Gelenken der Patient im ganzen *keine* oder nur geringe *Schmerzen* empfindet. Bei der Syringomyelie kommen die Gelenkerkrankungen an den oberen, bei Tabes an den unteren Extremitäten vor.

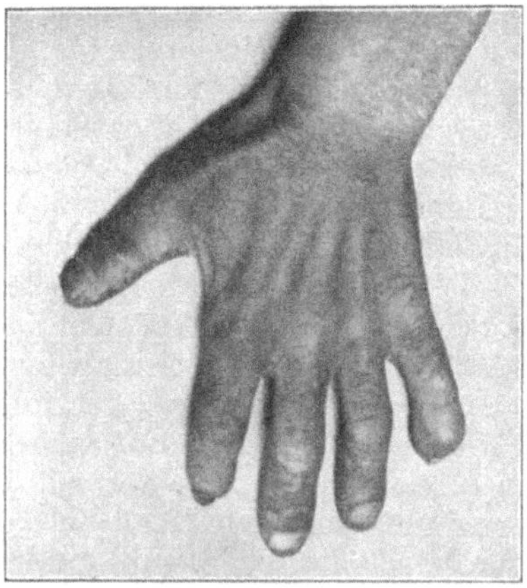

Abb. 42. Hand bei Syringomyelie.

Bei Tabeskranken und auch an Syringomyelie Leidenden kommen schon im ersten Stadium der Krankheit sehr häufig Knochenfrakturen (sog. „spontane Frakturen") vor, die gleicherweise im allgemeinen keine oder nur geringe Schmerzen verursachen.

Bei Syringomyelie findet man häufig typische trophische Störungen an den Händen und Fingern. Die Patienten verwunden sich oft und leiden wiederholt an Panaritium (Abb. 42). Sie selber wundern sich oft darüber, daß die Verwundungen und Entzündungen vollkommen schmerzlos sind. Sie verbrennen sich oft die Hände, auch ohne daß sie dabei ein Schmerzgefühl empfinden. Untersucht man derartige Patienten genauer, so findet man meist, daß die Abweichungen an der einen Seite stärker sind als an der anderen, daß auch Atrophie der Hand- und Armmuskulatur, oft mit fibrillären Zuckungen einhergehend, besteht, daß dissoziierte Sensibilitätsstörungen vorhanden sind (Schmerz- und Temperatursinn erloschen bei vorhandenem Tastsinn), daß eine Deviation der Wirbelsäule im oberen Brustteil festzustellen ist, endlich daß die Patellarreflexe beiderseits oder nur einseitig erhöht sind.

Daß bei Lepra (Lepra mutilans) ein *schmerzloses* Abstoßen von Fingern und Zehen vorkommt, sei hier nur beiläufig erwähnt.

Nicht so sehr selten findet man bei Tabes, auch schon im ersten Stadium der Krankheit, das „Mal perforant du pied". Es ist ein grober Fehler, dieses Leiden nur als ein örtliches anzusehen und eine genaue Untersuchung des Patienten zu unterlassen (Tabes, Diabetes), wenn man dieses merkwürdige Geschwür an der Fußsohle vorfindet. In gleicher Weise müssen wir es als eine grobe Nachlässigkeit ansehen, wenn man bei der Untersuchung nicht genau auf die Wirbelsäule achtet und bei Feststellung einer Deviation versäumt, die Ursache dieser Abweichung zu eruieren (Syringomyelie, Akromegalie, Friedreichsche Krankheit).

Bei der Untersuchung der *Hände* (und der Füße) muß man also vor allem auf eventuelle trophische Störungen achten. Wir erinnern in diesem Zusammenhange auch noch an die trophischen Veränderungen, welche durch die *Raynaudsche Krankheit* (symmetrisches Gangrän) hervorgerufen werden können. Dabei wird oft nur die Spitze eines oder mehrerer Finger abgestoßen. Die Wunde verheilt wieder. Wenn nun der Patient selbst dem untersuchenden Arzt nichts von der überstandenen Krankheit (die mit heftigen Schmerzen einhergeht) mitteilt, dann entgeht die geringfügige Verstümmelung einer oder mehrerer Finger einer allzu oberflächlichen Untersuchung leicht. Obwohl das Leiden an sich das Leben nicht unmittelbar gefährdet, gleichwie dies auch mit anderen der genannten Krankheiten, Syringomyelie und Akromegalie der Fall ist, so wird man doch derartige Kranke vielleicht nur für eine Lebensversicherung auf kurze Zeit annehmen oder erst nach sorgfältiger Erwägung des augenblicklichen Zustandes des Kranken in jedem besonderen Falle.

Wir erwähnen hier, da wir gerade über trophische Störungen sprechen, auch die Sklerodermie, obwohl sie durch ihre Seltenheit für die Lebensversicherung von geringer Bedeutung ist. Indessen wird diese Krankheit oft erst erkannt, wenn die eigenartige Straffheit und Verhärtung der Haut sich schon in starkem Maße entwickelt hat. Die Klagen der an Sklerodermie Erkrankten über sonderbare Gefühlsempfinden (Parästhesien) und Schmerzen werden, sogar nicht nur im Beginn des Leidens, oft als hysterische und neurasthenische Klagen aufgefaßt oder auch wohl auf Rheumatismus geschoben.

Die Prognose der Sklerodermie ist ernst.

Zu den trophischen Störungen, die für die Erkennung schwerer Nervenleiden von großem Belang sind, gehören auch die *Muskelatrophien.* Wir erwähnten oben bereits die Muskelatrophien bei Syringomyelie. Es ist kaum erforderlich, in diesem Buche über die primären Muskeldystrophien, die spinale Muskelatrophie und die neurotische Form der spinalen Muskelatrophie (peroneale Type der progressiven Muskelatrophie) zu sprechen, da diese Krankheiten nur ziemlich selten vorkommen. Jedoch sind sie auch für die Lebensversicherung von einiger Bedeutung, da sie auf die Dauer den Tod herbeiführen. Bezüglich ihrer Diagnose müssen wir aber auf die neurologischen Lehrbücher verweisen, weil wir uns hier darauf beschränken zu müssen glauben, die Aufmerksamkeit auf die mit Muskelatrophien einhergehenden und der Atrophie gleichwertigen Paresen und Paralysen hinzulenken. Nachdrücklichst wollen wir aber hier daran erinnern, daß besonders die kleinen Handmuskeln, die Mm. interossei und die Muskeln der Handmaus mit Genauigkeit untersucht werden müssen. Es ist wünschenswert, bei der Untersuchung das Volumen gleichartiger Muskeln der rechten und linken Extremität miteinander zu vergleichen. Oft wird man gut daran tun, den Umfang der linken und rechten Extremität mittels eines Bandmaßes in verschiedener Höhe zu messen und die gefundenen Maße miteinander zu vergleichen. Findet man nur kleine Unterschiede, dann bedenke man, daß in der Regel der Umfang der rechten Extremität etwas größer ist als der der linken.

Zu intensiven Abweichungen und besonders zu beträchtlichen Muskelatrophien gibt die ziemlich häufig vorkommende epidemische Kinderlähmung, in jüngster Zeit von vielen Seiten als „Heine-Medinsche Krankheit“ bezeichnet, Veranlassung. Sie führt zu bleibenden Muskelatrophien und Lähmung mit Erlöschen der Sehnenreflexe im Gebiet der Lähmungen. Die Lähmungen sind jedoch nicht von progressivem Charakter, sie bedeuten nach Ablauf der eigentlichen Krankheit keine Gefahr für das Leben. Sind die Lähmungen nur über ein beschränktes Gebiet verbreitet, z. B. auf einen Teil einer Extremität beschränkt, und hindern sie den Kranken nicht zu sehr in seinen Bewegungen, so besteht kein zwingender Grund, den Antrag auf eine Lebensversicherung auf Grund der nach Überstehen der Krankheit zurückgebliebenen Lähmung abzuweisen. Dagegen wird man Menschen mit Überbleibseln der Littleschen Krankheit (Paraplegia spastica infantilis) oder von Hemiplegia spastica infantilis (Spasmen, Contracturen, erhöhte Sehnenreflexe, vasomotorische und trophische Störungen) als sehr minderwertige Leben ansehen müssen.

Lokale Muskelatrophien können sich infolge von Neuritis entwickeln, z. B. infolge einer traumatischen Neuritis, bei Druck eines Tumors auf Nerven, bei Ischias, bei Plexuslähmung. In jedem besonderen Falle muß der Ursache der Neuritis, die zur Parese, Lähmung oder Atrophie Veranlassung gab, nachgeforscht werden, um das eventuelle Risiko beurteilen zu können.

Bekanntlich kommen Störungen in der Funktion der *Blase* und des *Rectums* häufig bei Gehirn- und Rückenmarkserkrankungen vor. Hat der Beantrager einer Lebensversicherung Schwierigkeiten beim Urinieren, dann wird man nicht nur an eine Strictura urethrae, Prostataerkrankung oder andere Veränderungen in den Harnwegen denken müssen, sondern auch an weitere Ursachen, besonders Rückenmarksleiden, wie Tabes, Myelitis, Rückenmarkskompression oder Syringomyelie. Die Störung im Urinlassen kann dabei ziemlich gering sein, z. B. nur darin bestehen, daß der Patient beim Versuch, zu urinieren, erst einige Zeit warten muß, bevor er Urin lassen kann. Eine Untersuchung der Reflexe, der Sensibilität, der Pupillen usw. wird in derartigen Fällen bald das gewünschte Resultat zur Erkennung einer evtl. vorhandenen aber noch versteckten Rückenmarkserkrankung ergeben.

Schließlich wollen wir noch kurz das Rombergsche Symptom und die Veränderungen im Gang in Erinnerung bringen. Läßt man die zu untersuchende Person mit zusammengestellten Füßen die Augen schließen, so muß sie ruhig stehen bleiben können. Schwankt der Betreffende stark oder würde er sogar, wenn der Untersucher ihn nicht noch zur rechten Zeit festhielte, fallen, dann betrachte man dies als ein ernstes Symptom. Tritt das Schwanken bereits auf, wenn fragliche Person die Augen noch offen hat, so hat man Grund, an eine Erkrankung des Kleinhirns zu denken. Schwankt der Untersuchte erst, wenn er die Augen geschlossen hat, so liegt das Rombergsche Symptom vor. Dieses weist auf Tabes hin.

Von den Veränderungen des Ganges ist der *ataktische Gang*, wie wir ihn bei Tabes finden, sehr auffallend. Der Patient muß seine Bewegungen fortwährend unter Kontrolle der Augen halten. Es ist schwieriger für ihn, eine Treppe herunterzugehen, als sie zu steigen. Im Dunkeln fällt ihm das Gehen sehr schwer.

Beim *paretischen Gang* werden die Füße nicht gut aufgehoben, sondern über den Boden geschleppt.

Beim *spastischen Gang* läuft der Patient mit steifen Beinen, die Füße werden nur mit Mühe längs des Bodens fortgeschoben.

Beim *spastisch-paretischen Gang* geht der Patient mit kleinen Schritten mühsam weiter, während die Füße längs des Bodens schleifen.

Der „*Betrunkenengang*“, der bei Erkrankungen des Cerebellums vorkommt, bedarf keiner näheren Beschreibung.

Der „*Entengang*“ kommt bei Muskelatrophie und doppelseitiger Hüftluxation vor; der „*Hahnentritt*“ bei doppelseitiger Peroneuslähmung. Dabei wird das Bein im Knie stark gebogen, um den gelähmten Fuß, der mit den Zehen nach unten hängt, beim Gehen genügend hochzuheben.

Die Untersuchung des Urins.

Es ist noch nicht lange Zeit her, daß die Versicherungsgesellschaften bei jeder gutachtlichen Untersuchung auch die Untersuchung des Urins zur Pflicht machten. Anfangs überließen sie es dem begutachtenden Arzt, ob er eine solche für notwendig erachtete. Wo kleinere Versicherungsbeträge in Betracht kamen, bestand diese Gewohnheit selbst noch bei vielen Gesellschaften bis vor etwa 10 Jahren.

Die „Gotha“ machte seit dem Jahre 1896 die Urinuntersuchung zur Pflicht. Nach einer Angabe der genannten Bank starben in den Jahren 1890—1895 von den weniger als 5 Jahre Versicherten 29 Personen an Nephritis und Diabetes zusammen. Obschon diese Zahl gegenüber der Gesamtsterblichkeit von 536 Versicherten in den Jahren klein genannt werden kann, wäre es doch von großer Bedeutung gewesen, diese Kranken bei der Untersuchung zu erkennen.

Bei der Untersuchung des Urins achte man in allererster Linie darauf, daß die übergebene Flüssigkeit in der Tat auch von dem zu versichernden Antragsteller stammt. Ist es doch Prof. NOLEN, der damals noch praktischer Arzt in Rotterdam war, vorgekommen, daß ein Kollege, der sich für eine Lebensversicherung begutachten ließ, ihm den normalen Urin seiner Frau zur Untersuchung übergab an Stelle seines eigenen, stark zuckerhaltigen Urins. Bei der mikroskopischen Untersuchung wurden Vaginalepithelien im Urin gefunden! Derartige Fälle kommen sicher hin und wieder vor. Der Arzt weiche deshalb niemals von der Regel ab, daß der Urin in seiner Gegenwart gelassen wird, d. h. in dem Zimmer, in dem er sich befindet. Ein praktischer Rat ist es, sich davon zu überzeugen, daß der Urin, den man von dem Antragsteller erhält, ungefähr Körpertemperatur besitzt.

Solange nur männliche Antragsteller in Frage kommen, die von einem männlichen Arzt begutachtet werden, werden sich wohl niemals Schwierigkeiten (Streit mit den Regeln des Schicklichen) ergeben. In den ziemlich seltenen Fällen der Begutachtungen von weiblichen Antragstellern durch einen männlichen Arzt, noch seltener werdend, je mehr die Zahl der weiblichen Ärzte zunimmt, wird man sich genötigt sehen können, in Gegenwart einer weiblichen vertrauenswerten Persönlichkeit urinieren zu lassen.

Obschon man verpflichtet ist, derartige Vorsorge zu beobachten, hüte man sich doch, den Antragsteller hierdurch zu kränken. Man richte alles so ein, daß dieser nicht den Eindruck bekommt, als mißtraue man ihm. Hat es den Anschein, als ob der Untersuchte diese Art der Untersuchung unangenehm findet, so weise der Arzt auf die unzweideutigen gedruckten Vorschriften des Begutachtungsformulars hin.

Die holländischen Formulare fragen gewöhnlich nicht nach der Menge des innerhalb 24 Stunden gelassenen Urins. So bedeutungsvoll für die Lösung klinischer Fragen, von so verhältnismäßig geringem Interesse ist die Urinmenge in der Praxis der Begutachtung. Lediglich die Angabe des fortwährenden Urinlassens besonders großer Mengen wird im Hinblick auf die Möglichkeit des Diabetes mellitus oder insipidus, der Schrumpfniere oder des Amyloids erwähnt werden müssen. Eine anormal geringe Menge Urin wird wohl nur sehr selten von einem Patienten bemerkt werden, es sei denn, daß ein deutliches Nierenleiden oder eine ernste Zirkulationsstörung besteht, abgesehen von Krankheiten, die mit Fieber, starken Schweißen oder Diarrhöe einhergehen.

Wir nehmen jedoch an, daß so schwer kranke Menschen sich keiner Begutachtung unterziehen werden, oder wenn doch, daß die Veränderungen bei der Untersuchung bald genug ans Licht kommen werden.

Eine eigenartige und nicht unwichtige Erscheinung ist die Nykturie. Diese besteht darin, daß die des Nachts abgesonderte Menge Urin (berechnet auf die Zeiteinheit) die während des Tages sezernierte Menge übertrifft. Man findet diese Erscheinung bei Herz- und Nierenleiden vor. Bei normalen Menschen wird in der Zeiteinheit tagsüber mehr Urin gelassen als des Nachts. Einige Male teilten mir die Patienten ungefragt mit, daß sie diese Erscheinung bei sich selber bemerkt haben.

Ein auffallender Wechsel in der Urinmenge erweckt bekanntlich den Verdacht auf eine intermittierende Hydronephrose.

Wichtiger ist die Frage nach der Häufigkeit des Urinlassens, insbesondere ob die betreffende Person in der Nacht aufstehen muß, um Urin zu lassen (chronische Nephritis, Prostataerkrankung, Diabetes). Bei Männern muß man wissen, ob der Strahl normal ist, ob keine Anzeichen einer Verengerung der Urethra oder Vergrößerung der Prostata bestehen. Letzteres natürlich besonders dann, wenn Personen in höherem Lebensalter in Frage kommen.

Dieses Buch will kein Leitfaden für die klinische Untersuchung im allgemeinen sein. Wir wollen nur auf die Schwierigkeiten aufmerksam machen, die sich in besonderem Maße bei der Begutachtung von Versicherungsnachsuchenden einstellen. Darum beschränken wir uns bei der Abhandlung über den Urin auf die folgenden Punkte.

Bei der Untersuchung des Urins achte man in erster Linie auf:

Das spezifische Gewicht. Daß ein hohes spezifisches Gewicht den Verdacht auf Zucker bestärken muß, ist richtig, aber eigentlich nicht wichtig. Denn in jedem Begutachtungsfalle muß die Reaktion auf Glykose angestellt werden. Dabei kommt diese Substanz, wenn sie im Urin vorhanden ist, mit Sicherheit zum Vorschein. Von Bedeutung ist vor allen Dingen ein niedriges spezifisches Gewicht. An sich sagt dies natürlich auch bitter wenig. Wenn der Antragsteller kurze Zeit vorher viel getrunken hat, wenn er nervös ist, wenn er bei seinem Gang zur Wohnung des Arztes ein Stück durch die Kälte gegangen ist, dann wird dadurch ein niedriges spezifisches Gewicht des Urins vollkommen erklärt. Zieht man diese Umstände in Betracht, so ist es nichtsdestoweniger ratsam, den Verdacht auf Schrumpfniere bei einem Patienten unter 50 Jahren mit einem sehr niedrigen spezifischen Gewicht, z. B. 1005—1008, auch dann nicht aufzugeben, wenn kein Eiweiß nachgewiesen werden kann. Wiederholung der Urinuntersuchung, eine besonders sorgfältige Untersuchung des Zustandes von Herz und Gefäßen, das Messen des systolischen und diastolischen Blutdruckes, werden in derartigen Verhältnissen gewöhnlich Klarheit geben können.

Die Reaktion des Urins. Wenn der frisch gelassene Urin alkalisch reagiert, ist es von Bedeutung, zu untersuchen, ob diese Reaktion auf der Anwesenheit von Ammoniak oder von festem Alkali beruht. Einige Stunden nach der Mahlzeit reagiert auch der Urin normaler Menschen oft alkalisch, weil während der Nahrungsaufnahme viele Säureionen dem Blut zur Bildung von Salzsäure im Magen entzogen werden. Beim Gebrauch einer überwiegenden Pflanzennahrung reagiert der Urin gewöhnlich alkalisch infolge der Ausscheidung einer großen Menge Carbonate. Diese erkennt man leicht an der Gasentwicklung (CO_2) bei Zusatz von Säure.

Die Einflüsse, welche in krankhaften Zuständen oder durch Einnehmen von Arzneimitteln eine alkalische Reaktion durch feste Alkalien hervorrufen, bleiben unbesprochen.

Wir wollen absehen von den Fällen, in denen der Urin seine alkalische Reaktion der Anwesenheit fester Alkalien verdankt.

Es ist zur Genüge bekannt, daß der normale Urin, der einige Zeit an der Luft gestanden hat, infolge des Ammoniaks, das durch Bakterientätigkeit aus dem Ureum entsteht, alkalisch reagiert. Wenn eine derartige bakterielle Ureumzerlegung schon im frisch gelassenen Urin eingetreten ist, dann muß dies notwendigerweise die Folge einer Infektion der Harnwege, und zwar in der Regel einer Cystitis sein. Alkalische Reaktion durch Ammoniak im frisch gelassenen Urin weist daher mit Wahrscheinlichkeit auf eine Entzündung der Blase hin.

Da also die alkalische Reaktion durch festes Alkali eine ganz andere Bedeutung hat als die durch Ammoniak, ist es wichtig, zu untersuchen, mit welchen von beiden Zuständen man es in einem bestimmten Falle zu tun hat.

Sehr einfach geschieht diese Unterscheidung mit Hilfe eines feucht gemachten Lackmuspapieres, das man über den Urin hält, wenn erforderlich nach Zufügung einer geringen Menge Lauge. Der entweichende Ammoniak färbt das Lackmuspapier blau. Weniger empfehlenswert ist es, das Lackmuspapier mit dem Urin zu tränken und dann nachzusehen, ob die Blaufärbung bei Eintrocknung an der Luft verschwindet. Allerdings wird, wenn die alkalische Reaktion von NH_3 abhängig war, das flüchtige Ammoniak beim Liegen an der Luft verdampfen und also das blaue Lackmuspapier seine Farbe verlieren. Die Möglichkeit besteht aber, daß neben NH_3 auch festes Alkali im Urin vorhanden ist, und in diesem Falle wird die Anwesenheit des Ammoniaks unserer Aufmerksamkeit entgehen.

Die Untersuchung auf Eiweiß. Es wird vielen unnütz und vielleicht schulmeisterlich erscheinen, wenn in einem solchen für Ärzte bestimmten Buche die Aufmerksamkeit auf die Eiweißreaktion im Urin hingelenkt wird. Wer aber längere Zeit als beratender Arzt einer Lebensversicherungsgesellschaft tätig gewesen ist, weiß, welch große Schwierigkeiten diese scheinbar so einfache Untersuchung unter besonderen Umständen verursachen kann.

Manche Versicherungsleitung hat erwogen, ob sie für die Untersuchung auf Eiweiß — das gleiche gilt auch für Zucker — bestimmte Reaktionen vorschreiben soll, die von ihr als die schärfsten und zuverlässigsten angesehen werden. Meist ließ man diesen Vorschlag aber wieder fallen, einmal, weil man die wissenschaftliche Freiheit der begutachtenden Ärzte nicht beschränken wollte, zum anderen Mal, weil jeder mit der Methode die sichersten Resultate erzielen wird, mit der er am meisten vertraut ist.

Auf den folgenden Seiten besprechen wir ein paar der gebräuchlichsten Eiweißreaktionen.

Vorausgeschickt sei die Bemerkung, daß unserer Ansicht nach in jedem zweifelhaften und in jedem Falle mit einem positiven Resultat noch eine zweite Probe erforderlich ist. Wir selbst führen gewöhnlich zwei oder drei Reaktionen aus, davon je eine in der Wärme und eine in der Kälte.

Diese letzte Vorsicht — eine der Proben in der Kälte auszuführen — wenden wir an, um die Anwesenheit des Bence-Jonesschen Eiweißkörpers auszuschließen. Bekanntlich fällt dieser Körper bei allen gewöhnlichen, in der Kälte vorgenommenen Eiweißreaktionen aus. Bei der Erwärmung eines solchen Urins gerinnt diese Substanz bei ungefähr 60°, löst sich jedoch bei Kochhitze wieder auf. Besteht Verdacht auf Bence-Jones, so wird eine genauere Untersuchung notwendig sein. Wer das schwere Krankheitsbild kennt, welches die Ausscheidung des Bence-Jonesschen Eiweißkörpers in der Regel begleitet, wird sehr daran zweifeln, daß solche Personen sich jemals für eine Versicherung untersuchen lassen werden. Ich bin dessen jedoch nicht so ganz sicher. Im Beginn dieser Krankheit verursachen die Myelome gewöhnlich schon mehr oder weniger starke Schmerzen, doch brauchen Schwellungen an den Knochen und Difformitäten dann noch nicht sichtbar zu sein. Der Patient, dessen Beobachtung ich inzwischen veröffentlichte, war monatelang vorher für einen Simulanten oder Hysteriker gehalten worden[1]).

Verschweigt jemand seine Schmerzen, dann ist es also sehr wohl möglich, daß diese schwere Krankheit übersehen werden wird, wenn die Untersuchung des Urins nicht vorgenommen wird.

Es kommt sogar vereinzelt vor, daß bei Patienten mit einer sehr reichlichen Ausscheidung von Bence-Jones keine einzige Veränderung wahrgenommen

[1]) Hymans v. d. Bergh: Albumosurie (Bence-Jones), Herinneringsbundel voor Rosenstein, S. 197. Leiden 1902.

wird, außer einer mehr oder weniger ausgesprochenen Anämie. Bekannt ist der Fall von ASKANAZY, in dem Albumosurie ohne Myelome, jedoch mit lymphoider Leukämie bestand.

Im März 1914 kam in die Groninger Klinik eine Frau aus Borger, welche eine reichliche Ausscheidung des Bence-Jonesschen Eiweißkörpers aufwies, bei der jedoch auch durch die sorgfältigste Untersuchung keine Veränderung in den Knochen gefunden werden konnte. Es wurde zwar über vage Schmerzen, die bald hier, bald dort auftraten, geklagt, doch waren sie niemals auf einer oder mehreren umschriebenen Stellen lokalisiert. Das einzige, was außer dem Urin bei der Untersuchung der Patientin auffiel, waren ihre Klagen über Ermüdung und die bleiche Farbe ihrer Haut und Schleimhäute. Bei der Blutuntersuchung wurden gefunden: 50% Hämoglobin (SAHLI), 2 996 000 rote und 5916 weiße Blutkörperchen. Unter diesen letzteren waren nur rund 37% polynucleäre, während beinahe 44% Lymphocyten sich fanden. Also eine Verschiebung zum Nachteile der Gelapptkernigen. Würde diese Frau ihre Klagen über Ermüdung weniger stark betont haben und die Urinuntersuchung unterblieben sein, so würde man bei einer Begutachtung vielleicht von einer mäßigen Anämie gesprochen haben, und es hätte Aussicht bestanden, daß ein eventueller Antrag auf Lebensversicherung angenommen worden wäre. Am 13. April 1915 kam die Frau jedoch mit einer Spontanfraktur des rechten Oberarmes, des linken Hüftbeines und des linken Oberarmknochens zurück. Am rechten Oberkiefer fand sich eine starke Schwellung.

Am 29. April ist die Frau gestorben. Außer an den genannten Stellen wurden noch Myelome in Rippen und Wirbeln gefunden.

Derartige Beobachtungen lassen es notwendig erscheinen, den begutachtenden Arzt auf das Vorkommen dieser Krankheit aufmerksam zu machen, um so mehr, da sie sicher nicht so selten ist, als man gewöhnlich annimmt. Vielfach wird sie zu Unrecht für Nephritis gehalten. Meist wird eine Röntgenaufnahme die Tumormassen schon zu Lebzeiten zur Darstellung bringen können. Ich selber erinnere mich, mindestens 6 Fälle beobachtet zu haben.

Bevor wir die von uns angewandten Eiweißreaktionen beschreiben, muß noch eine allgemeine Bemerkung vorausgeschickt werden. Wenn man äußerst empfindliche Reaktionen ausführt (z. B. die von SPIEGLER), kann man in weitaus den meisten normalen Urinen Spuren von Eiweiß (0,022—0,078 g per Liter) nachweisen. Für die Praxis können diese Reaktionen also nicht in Frage kommen. Man ist gezwungen, sich weniger feiner Reaktionen zu bedienen, obwohl dadurch natürlich die Grenze zwischen physiologischer und pathologischer Albuminurie eine willkürliche wird. Es ist ein stillschweigendes Übereinkommen, von einer pathologischen Albuminurie zu sprechen, wenn durch die gebräuchlichen Reaktionen (die von HELLER und die mit ihr an Empfindlichkeit übereinstimmenden) Eiweiß nachgewiesen werden kann[1]).

Wir selber führen zumeist folgende Reaktionen aus:

A. Die Probe mit Essigsäure und Ferrocyankalium.

Prinzip der Methode. Sie beruht darauf, daß die Verbindung von Ferrocyanwasserstoffsäure mit Eiweiß unlöslich ist.

Ausführung. Man säuert Urin mit Essigsäure stark an (auf 5 ccm Urin 0,5 ccm starke Essigsäure). Dann fügt man einige Tropfen einer 10 proz. Ferrocyankaliumlösung hinzu.

---

[1]) Siehe C. NEUBERG: Der Harn sowie die übrigen Ausscheidungen und Körperflüssigkeiten. Teil I, S. 761. Berlin: Julius Springer 1911.

Bei Anwesenheit von Eiweiß entsteht eine Trübung, bei größerer Menge ein flockiger Niederschlag. Enthält der Urin nur Spuren von Eiweiß, dann kommt es nur zu einer Opalescenz, die man am besten gegen einen schwarzen Hintergrund beobachtet, während man ein Gläschen mit dem heller filtrierten, aber nicht geprüften Urin zum Vergleich daneben hält.

Bemerkungen. Die Menge der hinzuzufügenden Essigsäure muß so groß sein, daß die Reaktion des Urins deutlich sauer wird. Muß doch aus dem Ferrocyankalium die Ferrocyanwasserstoffsäure abgespalten werden.

Wenn schon nach Hinzugabe der Essigsäure allein eine Trübung eintritt, so kann sie durch Harnsäure, Oxalate, mucinartige Körper, den acetopräcipitablen Körper bedingt sein, auch durch Harnsäuren (von Medikamenten herrührend, wie Oleum terebinthinae u. dgl.). Diese Trübung muß vor weiterer Prüfung der Reaktion abfiltriert werden.

Die Menge der hinzuzufügenden Ferrocyankaliumlösung darf nicht größer sein, als oben angegeben wurde, weil in einem Überschuß dieser Lösung die Eiweißverbindung wieder lösbar ist.

Die Feststellung der Anwesenheit geringer Spuren von Eiweiß bei dieser Probe wird von mancher Seite als noch leichter befunden, wenn man sie als sog. Ringprobe ausführt. Zu dem Zwecke stellt man ein Gemisch von einigen Kubikzentimetern Essigsäure mit 3 Tropfen Ferrocyankaliumlösung her und gießt dieses Gemisch vorsichtig auf den filtrierten Urin. Bei einer derartigen Vornahme der Probe muß man sich zuvor davon überzeugen, daß Essigsäure allein keine Trübung hervorruft.

B. Die Salpetersäure-Ringprobe. Hellersche Probe.

Prinzip. Eiweißauflösungen werden durch überschüssige konzentrierte Salpetersäure niedergeschlagen.

Man bringt 5 ccm konzentrierte Salpetersäure in ein Reagensglas und läßt darauf vorsichtig durch einen mit Filtrierpapier versehenen Trichter den Urin fließen. Enthält letzterer Eiweiß, so bildet sich an der Grenze der beiden Flüssigkeiten eine nach unten und oben scharf abgegrenzte Scheibe von geronnenem Eiweiß. Diese Scheibe ist weiß, kommt sofort zum Vorschein bei Anwesenheit von reichlich Eiweiß, erst nach einigen Augenblicken (ein paar Minuten) bei Anwesenheit von wenig Eiweiß. Geringe Trübungen sieht man wieder am besten gegen einen dunklen Hintergrund.

Bemerkungen. In sehr konzentrierten, uratreichen Urinen kann bei dieser Reaktion gleichfalls ein weißer Ring entstehen, der von Harnsäure gebildet wird. Im Gegensatz zur Eiweißscheibe ist dieser Ring jedoch nicht scharf begrenzt, sondern mehr diffus. Er liegt ferner nicht an der Grenze zwischen Urin und Salpetersäure, sondern oberhalb der Grenzschicht, also in der Urin-Flüssigkeitssäule. Endlich verschwindet er bei leichter Erwärmung. In eiweißhaltigem, konzentrierten Urin sieht man zuweilen beide Ringe übereinander.

In Zweifelsfällen wiederhole man die Reaktion, nachdem man den Urin mit dem doppelten Volumen Wasser verdünnt hat. Unter diesen Verhältnissen fallen die Urate nicht mehr aus.

In einem sehr konzentrierten Urin kann bei der Hellerschen Probe auch ein Niederschlag von salpetersaurem Ureum entstehen. Diesen Niederschlag erkennt man deutlich an seinem rein krystallinischen Charakter. Verdünnung des Urins mit Wasser vor Anstellung der Probe läßt jeden Zweifel schwinden im Hinblick darauf, daß in dem verdünnten Urin kein Ureumnitrat niederschlägt.

Nach dem Gebrauch verschiedener Arzneimittel (Copaivbalsam, Terpentin u. dgl.) kann bei der Hellerschen Probe ein aus Harzsäuren bestehender weißer Ring sich bilden. Dieser löst sich in Alkohol wieder auf, was bei dem Eiweißring natürlich nicht der Fall ist. In Zweifelsfällen geben die anderen Eiweißproben den Ausschlag.

Daß bei der Hellerschen Probe, ebenso wie übrigens bei der Essigsäure-Ferrocyankaliprobe, auch der Bence-Jonessche Körper eine positive Reaktion ergibt, wurde oben bereits erwähnt. Um klarzustellen, womit man es zu tun hat, sind dann noch andere Reaktionen, namentlich die gleich zu besprechende Kochprobe, erforderlich.

Bei Anwesenheit von Mucin entsteht ein oberhalb der Grenzschicht gelegener, nicht scharf begrenzter opalescierender Ring, der sich beim Schütteln auflöst.

Zuweilen tritt im unverdünnten Urin ein leichter Ring auf, während bei Wiederholung der Reaktion mit stark verdünntem Urin ein viel stärkerer Ring sich bildet. Dann kann man auf Vorhandensein des „acetopräcipitablen“ Körpers schließen.

Obschon die Beschreibung der Hellerschen Proben mit allen zu beobachtenden Vorsichtsmaßregeln auf dem Papier einen ziemlichen Raum in Anspruch nimmt, erfordert ihre Ausführung in der Praxis nur wenige Minuten; Fehler lassen sich dabei leicht vermeiden.

C. Die Kochprobe.

Prinzip. In geeignet sauer reagierenden Lösungen koaguliert Eiweiß bei einer bestimmten Temperatur. Die Probe kann mit Salpetersäure oder Essigsäure ausgeführt werden.

a) Kochprobe mit Salpetersäure. Man kocht 5—10 ccm Urin, wenn er sauer reagiert, ohne weiteren Zusatz. Alkalisch oder neutral reagierenden Urin kocht man erst, nachdem man durch Zufügung eines Tropfens Salpetersäure die Reaktion *gerade eben* sauer gemacht hat. Ist der Urin sehr wenig konzentriert (salzarm), dann fügt man zuvor 2 ccm einer gesättigten Kochsalzauflösung hinzu. Entsteht nun beim Kochen ein Niederschlag, so kann dieser entweder aus Eiweiß oder aus Erdphosphaten bestehen. Dann fügt man 0,5—1 ccm Salpetersäure (Konzentration: 20%) hinzu. Phosphate lösen sich hierin auf, während ein Eiweißniederschlag bestehen bleibt.

Nach Hinzufügen der Salpetersäure braucht man nicht mehr zu kochen. Das ist sogar nicht einmal erwünscht, weil dadurch ein Teil des geronnenen Eiweiß wieder in Lösung gehen kann.

Um auf diese Weise auch Spuren von Eiweiß festzustellen, vergleiche man das Röhrchen mit einem anderen mit filtriertem, aber nicht gekochtem Urin gefüllten, während man es bei auffallendem Licht gegen einen dunklen Hintergrund betrachtet.

Anmerkungen. Man sei darauf bedacht, nach dem Kochen vor allem nicht zu wenig Salpetersäure hinzuzufügen. Tatsächlich bringt eine *geringe* Menge Salpetersäure das durch den Kochprozeß gewonnene Eiweiß wieder zur Lösung. Erst die Hinzugabe einer größeren Menge präcipitiert es wieder.

Wenn der Urin sehr salzarm ist, kann es sich ereignen, daß das Eiweiß beim Kochen und bei Säurezugabe doch in Lösung bleibt. Deswegen ist es unter solchen Umständen erforderlich, eine kozentrierte NaCl-Auflösung hinzuzufügen.

Nucleoalbumin und der „acetopräcipitable“ Körper können beim Kochen niederschlagen, werden aber durch Salpetersäure wieder aufgelöst. Die Kochprobe ermöglicht also ihre Unterscheidung von echtem Eiweiß.

Nach Gebrauch einiger Arzneimittel (Copaiva, Perubalsam, Terpentin usw.) kann bei der Kochprobe ein Niederschlag entstehen. Fügt man nach dem Abkühlen Alkohol hinzu, so löst sich diese Trübung wieder auf.

Vereinzelt kann in dem gekochten Urin nach der Abkühlung ein Niederschlag von Harnsäure entstehen. Für Eiweiß ist deshalb nur der *flockige, während des Kochens entstehende Niederschlag* beweisend. Den Harnsäureniederschlag unterscheidet man übrigens leicht, wenn nötig mikroskopisch, vom Eiweißpräcipitat.

b) Kochprobe mit Essigsäure. Man beginnt wiederum damit, den Urin *gerade eben* anzusäuren, wie dies unter a) beschrieben wurde. Zu dem Zwecke darf Essigsäure nur dann benutzt werden, wenn man mittels Lackmuspapier eine Kontrolle ausübt. Bei einem geringen Überschuß von Essigsäure würde Acidalbumin entstehen können, das beim Kochen in Lösung bleiben kann. Bildet sich beim Kochen ein Niederschlag, dann wird dieser wiederum entweder durch Eiweiß oder Erdphosphate gebildet. Man fügt 2—3 Tropfen 10 proz. Essigsäure zu 10 ccm Urin hinzu. Ein Niederschlag von Erdphosphaten löst sich auf, der des Eiweiß wird kompakter.

Anmerkung. Sehr wichtig ist es, nicht zuviel Essigsäure hinzuzufügen im Hinblick darauf, daß ein Übermaß der Säure das Eiweißpräcipitat wieder in Lösung gehen läßt.

Eine durch Mucin bedingte Trübung wird durch Essigsäure nicht aufgelöst, so daß die Essigsäure-Kochprobe die Unterscheidung des echten Eiweiß von Mucin auf einfache Weise nicht ermöglicht.

Aus diesem Grunde ziehen viele Untersucher bei der Kochprobe den Gebrauch der Salpetersäure vor.

Ein sehr merkwürdiges Verhalten zeigt der Bence-Jonessche Körper. Er beginnt bei sehr schwach saurer Reaktion (evtl. eine Spur verdünnter Essigsäure dem Urin hinzufügen) bereits bei einer Temperatur von ungefähr 50° auszufällen. Erwärmt man noch weiter, dann geht er bei Siedehitze wieder in Lösung, um bei Abkühlung wieder niederzuschlagen usw. Zeigt ein Urin diese sonderbare Reaktion, so muß durch weitere Untersuchung der Bence-Jonessche Körper mit Sicherheit identifiziert werden. Hierauf kann aber an dieser Stelle nicht näher eingegangen werden[1]).

Zum Schlusse noch folgende Bemerkung: Wenn man eine oder mehrere dieser Reaktionen nur mit Spuren positiv findet oder, wenn diese atypisch verlaufen und man sich selbst in der klinisch-chemischen Untersuchung nicht genügend sicher fühlt, dann muß man die Untersuchung des Urins durch einen erfahreneren Untersucher vornehmen lassen. Auf der einen Seite darf doch die Gesellschaft, die dem begutachtenden Arzt ihr Vertrauen schenkt, infolge etwaiger Fehler nicht benachteiligt werden. Auf der anderen Seite darf aber auch der Antragsteller, für den das Abschließen der Versicherung oft eine viel größere Bedeutung hat, als der Arzt glaubt, nicht durch vermeidbare Fehler von den Vorteilen einer Versicherung ausgeschlossen werden. Das ist aber, wenn man die erforderliche Sorgfalt außer acht läßt, hin und wieder möglich. HUISMANS[2]) veröffentlicht den Fall eines 52jährigen Mannes, der jahrelang von den verschiedensten Gesellschaften abgewiesen, von anderen nur gegen beträchtliche Prämienerhöhung angenommen worden war. Bei der Untersuchung durch HUISMANS stellte es sich heraus, daß die geringe Trübung, die bei einigen Reaktionen auftrat, nicht durch Eiweiß, sondern durch Salze bedingt war. So entstand kurze Zeit nach Hinzufügen von Esbachschem Reagens eine sehr geringe Opalescenz, die aber nicht aus Eiweiß bestand, sondern aus Krystallen von Kaliumkreatininepikrat und von Harnsäure. Freilich wird auf diese Fehlerquelle, die durch Verdünnung des Urins auf ein spezifisches Gewicht von ungefähr 1008 ausgeschaltet werden kann, in einigen Lehrbüchern hingewiesen. Aber ich glaube, daß nichtsdestoweniger manchen Medizinern diese Besonderheit unbekannt ist.

Vor einigen Jahren erhielt ich (STEENSMA hat den Fall veröffentlicht) ein Fläschchen Salpetersäure, das durch Spuren von Silber verunreinigt war. Natürlich entstand bei Anstellen der Hellerschen Probe vermittelst dieser Salpetersäure in jedem Urin ein grauweißer Ring von Chlorsilber. Glücklicherweise gelang die frühzeitige Entdeckung dieser Verunreinigung.

Wenn der untersuchende Arzt Eiweiß im Urin eines Antragstellers nachgewiesen hat, sei es auch nur in Spuren, dann genügt es nicht, einer derartigen Befund ohne weiteres in seinem Bericht niederzuschreiben. Mit der Mitteilung: Albuminurie ohne Zusatz kann der Vertrauensarzt einer Lebensversicherungsgesellschaft nichts anfangen. Der untersuchende Arzt darf sich nicht anders verhalten, als wenn er einem Patienten gegenüberstände. Er muß zu ermitteln versuchen, ob die Albuminurie auf eine Erkrankung der Nieren hinweist oder ob sie extrarenalen Ursprungs ist.

Auf diese extrarenale Albuminurie wird in den Begutachtungsberichten — persönliche Erfahrung hat uns dies gelehrt — viel zuwenig geachtet.

Es ist allgemein bekannt, daß man im Urin zahlloser gesunder Frauen Spuren von Eiweiß vorfindet, die die Folge eines leichten Vaginalkatarrhs sind. In der Klinik verschafft man sich in derartigen Fällen Gewißheit, indem man

[1]) Über die Chemie des Bence-Jonesschen Eiweißkörpers siehe MAGNUS-LEVY: Zeitschr. f. physiol. Chem. Bd. 30, und GRUTTERINK und DE GRAAFF: ibid. Bd. 34 u. 46, S. 200. 1900.

[2]) HUISMANS, L.: Blätter für Vertrauensärzte der Lebensversicherung 3. Jg., Nr. 1, S. 2. 1912.

Katheterurin untersucht oder urinieren läßt nach vorangegangener Vaginalspülung. Selbstverständlich wird man bei den Untersuchungen, die das Thema unseres Buches bilden, derartig einschneidende Maßregeln nicht treffen können. Findet man also im Urin einer Frau eine Spur Eiweiß und enthält das Sediment offensichtlich beträchtlich viel Vaginalepithelien und einzelne Leukocyten, dann hat man das Recht, diese Albuminurie als Folge eines Vaginalkatarrhs und somit als harmlos anzusehen.

Aber auch bei Männern sind derartige Erwägungen am Platze. Wir sind davon überzeugt, daß von Zeit zu Zeit männliche Antragsteller zurückgewiesen werden wegen einer von unserem Standpunkte aus als harmlos anzusehenden Beimengung von extrarenalem Eiweiß. Umgekehrt sind uns Fälle begegnet, in denen auf das Vorhandensein von Eiweißspuren kein besonderes Gewicht gelegt wurde, während eine eingehendere Untersuchung, auch des Sediments, klar ergab, daß ein schweres Nierenleiden bestand.

Bei Anwesenheit von Eiweiß, und wären es auch nur die kleinsten Spuren, ist denn auch die Untersuchung des Harnsediments ohne Ausnahme unbedingt notwendig. Hin und wieder wird man finden, daß das Albumen von der Beimischung des Prostatasekrets (Prostatazellen, Spermatozoiden) herrührt. In anderen Fällen wird man auf diese Weise einer Urethritis oder auch einer Cystitis oder Pyelitis auf die Spur kommen, deren Charakter dann noch näher untersucht werden muß. Selbstverständlich ist dazu die gesamte klinische Untersuchung gemäß den in den Lehrbüchern der Diagnostik beschriebenen Methoden erforderlich. Der untersuchende Arzt befindet sich aber in der ungünstigen Lage, daß er die eingreifenderen oder zu zeitraubenden Methoden, z. B. Untersuchung durch Röntgenstrahlen, Cystoskopie u. dgl. nur schwer anzuwenden vermag. Vielfach wird unter solchen Umständen eine Besprechung mit dem Hausarzt nach der vom Antragsteller gegebenen Erlaubnis wünschenswert sein. Die Art der Untersuchung, ob jemand an nichtspezifischer oder einer tuberkulösen Pyelitis erkrankt ist, ob er Nieren- oder Blasensteine hat, die Besprechung alles dessen fällt nicht in den Rahmen dieses Buches. Hier soll nur darauf aufmerksam gemacht werden, daß die Anwesenheit von weißen und vor allem von roten Blutkörperchen im Urinsediment dringende Veranlassung sein muß, die Ursache einer solchen Erscheinung zu erforschen.

Die Untersuchung des Urins auf Zucker.

Die Untersuchung des Urins auf Zucker gestaltet sich erfahrungsgemäß schwieriger als die auf Eiweiß. Jeder Vertrauensarzt einer Lebensversicherungsgesellschaft wird schon Berichte in Händen gehabt haben, in denen die Reaktion auf Zucker zweifelhaft bezeichnet wurde. Oder es werden ihm Fälle begegnen, bei denen der untersuchende Arzt Zucker gefunden zu haben glaubt, während der Antragsteller, der sich vollkommen gesund fühlt, eine nochmalige Untersuchung beantragt. Oft wird dann in solchen Fällen der Urin zuckerfrei erscheinen. Die Schwierigkeiten, die in der Praxis eine Untersuchung auf Zucker verursacht, sind leicht zu erklären. Weitaus die meisten Ärzte beschränken sich auf die Vornahme einer oder zweier Reduktionsproben. Im Hinblick darauf, daß im Urin außer Glykose — dem Stoff, auf den es bei der Diagnose Diabetes mellitus ankommt — noch eine Anzahl anderer Bestandteile vorhanden sind, die reduzierend wirken, müssen aber hin und wieder Zweifel auftreten. Wer auf diesem Gebiete genügende Erfahrung besitzt, wird aus den Besonderheiten der Reaktion, der Schnelligkeit ihres Eintretens, ihrer Intensität, oft schon mit großer Wahrscheinlichkeit auf die Art des reduzierenden Körpers schließen können. Sicherheit wird aber auch er erst bekommen, wenn er die Identität des aufgefundenen Urinbestandteiles auch noch auf andere Weise feststellen kann.

Es darf nicht vorkommen, daß ein Arzt, der eine Begutachtung übernimmt, bei der Untersuchung des Urins auf Zucker vermeidbare Irrtümer begeht. Es ist allerdings begreiflich, daß er in einem Einzelfalle zweifelt. ob eine von ihm festgestellte Reduktion auf Glykose beruht. In diesem Falle muß er aber dem Vertrauensarzt davon Mitteilung machen, damit dieser die zur Klärung des Zustandes erforderlichen Maßnahmen ergreifen kann. Freilich werden solche Zweifelsfälle zu den Ausnahmen gehören.

Reaktionen auf Glykose.

Was wir bezüglich der Untersuchung auf Eiweiß bemerkt haben, gilt auch hier. Ein jeder erhält die besten Resultate mit den Reaktionen, mit denen er persönlich am besten vertraut ist und die er sozusagen täglich ausführt. Aus diesem Grunde, und weil zudem dies Werk kein Lehrbuch der klinischen Untersuchungsmethoden im allgemeinen ist, werden hier nicht alle Reaktion beschrieben werden, sondern nur diejenigen, welche von uns selbst dauernd angewandt werden.

Wie vorhin bereits gesagt, lassen die einfachsten und am schnellsten auszuführenden Reaktionen — nämlich die auf der Reduktion beruhenden — zuweilen im Stich. Deswegen ist trotz unseres Strebens nach Beschränkung die Besprechung der 4 Gruppen der Untersuchung auf Zucker notwendig.

Die Reduktionsmittel.

Glykose ist eine Aldose und als solche imstande, in alkalischen Lösungen Metalloxyde in der Wärme zu reduzieren. Dabei wird dem Metalloxyd ein O-Atom genommen und es auf diese Weise zu einem Oxydul reduziert.

Bevor man einen Urin auf Zucker untersucht, muß festgestellt werden, ob Eiweiß in ihm enthalten ist. Ist dies der Fall, so muß das Eiweiß entfernt werden. Dies geschieht am einfachsten in der Weise, daß man den Urin nach Hinzufügen einiger Tropfen verdünnter Essigsäure kocht und den Eiweißniederschlag abfiltriert.

Enthält der Urin (wie dies bei Cystitis der Fall sein kann) Schwefelwasserstoff, so muß dieser durch Bleiacetat (5 ccm einer 10 proz. von neutralem Bleiacetat auf 50 ccm Urin) entfernt werden. Das Schwefelblei wird abfiltriert. Aus dem klaren Filtrat kann man das Blei durch Hinzufügen einer gesättigten Natriumphosphatlösung ausfällen.

a) Trommersche Probe (älteste Probe 1841).

Prinzip. Glykose reduziert in der Wärme eine alkalische Auflösung von Kupferoxyd zu Kupferoxydul, welches als ein gelber oder rotgelber Niederschlag ausgeschieden wird, während der Zucker oxydiert wird.

Chemischer Vorgang bei der Reaktion. Einwirkung von Kalium- oder Natriumlauge auf Kupfersulfat läßt Kupferhydroxyd entstehen. Dies bildet mit Glykose eine in Lauge lösliche, tief dunkelblau gefärbte Verbindung

$$CuSO_4 + 2\,NaOH = Na_2SO_4 + Cu(OH)_2\,.$$

Erwärmt man diese Lösung, so wird das $Cu(OH)_2$ durch den Traubenzucker zum Hydrat des Kupferoxyduls reduziert

$$2\,Cu(OH)_2 = 2\,CuOH + H_2O + O\,.$$

Das Hydrat des Kupferoxyduls fällt zu Kupferoxydul und Wasser auseinander:

$$2\,CuOH = Cu_2O + H_2O\,.$$

Es sind bei dieser Reaktion also zwei Phasen zu unterscheiden:

1. in der Kälte die Bildung der blaugefärbten und in einem alkalischen Mittel lösbaren Doppelverbindung von Kupferhydroxyd mit Traubenzucker;

2. in der Wärme die Reduktion der Cupriverbindung zu Kupferoxydul, welch letzteres ausfällt.

Ausführung. Man fügt zu 10 ccm eiweißfreien Urin ungefähr $^1/_2$ Vol. einer 10 proz. Natron- oder Kalilaugenlösung hinzu. Oft wird dann ein Niederschlag von Erdphosphaten sich bilden. Dann fügt man tropfenweise ein etwa 5 proz. Kupfersulfatlösung hinzu. Bei der Anwesenheit von Zucker geht beim Umschütteln das anfänglich sich bildende $Cu(OH)_2$ mit tiefblauer Farbe in Lösung. Man fügt weiter tropfenweise die Kupfersulfatlösung hinzu, so lange, bis das $Cu(OH)_2$ beim Umschütteln noch in Lösung geht. Dann ist die erste Phase der Reaktion abgelaufen. Man geht nunmehr dazu über, die Lösung im obersten Teile der Flüssigkeitssäule zu erwärmen, *höchstens* bis die Flüssigkeit an der erwärmten Stelle zu kochen beginnt. Sobald dies der Fall ist, hört man mit der Erwärmung auf. Enthält der Urin Zucker, dann wird man schon vor dem Kochen der Flüssigkeit auf der erwärmten Stelle gelbe (CuOH) oder orangerote (Cu_2O) Streifen oder auch ebenso gefärbte trübe Wölkchen bemerken. Ohne weitere Erwärmung zieht diese gelbe Wolke, wenn man das Röhrchen im Reagensglasständer stehen läßt, von oben nach unten durch die ganze Flüssigkeitssäule hindurch. Der orangerote Niederschlag von Cu_2O bleibt gewöhnlich in Suspension, in einzelnen Fällen sinkt er auf den Boden des Röhrchens.

Anmerkungen. Erste Phase. 1. Man hüte sich, eine zu große Menge Kupfersulfat hinzuzufügen. Wenn nämlich ein Überschuß von $CuSO_4$ in der Flüssigkeit vorhanden ist, wird bei der Erwärmung das schwarzgefärbte Kupferoxyd ausfallen können.

Es darf auch nicht zuwenig Kupfersulfat hinzugefügt werden. Sonst können bei der Erwärmung durch die Lauge infolge ihrer Einwirkung auf die Glykose dunkelbraune Produkte gebildet werden, die das gelbgefärbte Kupferoxydul bedecken.

2. Die Beurteilung der Reaktion wird etwas leichter, wenn man den Niederschlag von Erdphosphaten, der bei Zuführung der Lauge zuweilen entsteht, abfiltriert und weiterhin mit dem Filtrat arbeitet.

3. Wenn man einem normalen Urin Lauge und dann eine sehr kleine Menge (1—2 Tropfen) Kupfersulfat zufügt, findet zuweilen eine, wenn auch nicht ganz vollständige Lösung des $Cu(OH)_2$ mit blaugrüner Farbe statt. Diese Lösung kann durch die Anwesenheit von Glycerin oder auch von Harnsäure, Kreatinin und Ammoniaksalzen bedingt sein. Bei der darauffolgenden Erhitzung wird nun infolge der Anwesenheit verschiedener reduzierender Stoffe (Harnsäure, Kreatinin, Glykuronsäure, Nucleoalbumin, Gallenfarbstoffe) eine schmutziggelbe, graue oder rotgelbe Verfärbung eintreten können. Gewöhnlich kommt unter besagten Verhältnissen die Gelbfärbung erst nach längerem Kochen zum Vorschein oder wenn die Flüssigkeit nach dem Kochen längere Zeit abgekühlt ist. Daher die Vorschrift, daß die Flüssigkeit nur eben bis zur Siedehitze erwärmt werden darf, und daß eine Gelbfärbung, die nach längerer Abkühlung zum Vorschein kommt, nicht beweisend ist.

Andererseits tritt auch in einem Urin, der nur wenig Zucker enthält (z. B. weniger als 0,5%), die Reaktion häufig in der hier beschriebenen atypischen Weise auf. Daraus folgt, daß man bei Beurteilung der Trommerschen Reaktion nicht selten zweifelhaft sein wird, ob kleine Mengen Glykose vorhanden sind oder nicht. Dann müssen weitere Reaktionen angestellt und der Urin vorläufig als „verdächtig“ betrachtet werden.

Beweisend ist nur der in typischer Weise zustande gekommene gelbe oder gelbrote Niederschlag, der bald nach dem Beginn der Erwärmung und vor dem Kochen der Flüssigkeit auftritt.

Welcher von beiden Niederschlägen entsteht, der gelbe oder gelbrote (Kupferoxydul oder Kupferoxydulhydrat), hängt besonders von der Reaktion, also vor allem der Menge der zugefügten Lauge ab.

4. Wir bemerkten bereits, daß man vor Beginn der Reaktion erst das eventuell vorhandene Eiweiß entfernen muß. Tatsächlich wird auch Eiweiß bei Hinzufügen von Kupfersulfat zu einer löslichen Kupferverbindung Veranlassung geben und bei Erwärmen die blauviolette Biuretreaktion zustande bringen.

5. In einem sehr konzentrierten Urin und bei Anwesenheit von nur geringsten Zuckerspuren wird das gebildete Kupferoxydul durch Harnsäure, Kreatinin, Ammoniak in Lösung

gehalten werden können. Bei der Erwärmung wird die Flüssigkeit dann wohl gelb, doch schlägt das Kupferoxydul nicht nieder.

Alles zusammengefaßt ist die Trommersche Reaktion nur beweisend, wenn sie typisch verläuft. Gewöhnlich zeigt sie mit Sicherheit nur Zuckermengen an, die größer als 0,3—0,5% sind. Sobald die geringsten Zweifel auftauchen, sehe man sie höchstens als eine orientierende Probe an.

b) Fehlingsche Probe.

Das *Prinzip* dieser Probe stimmt mit dem der Trommerschen Reaktion vollkommen überein. An Stelle der Zugabe von Alkali und Kupfersulfat wendet man die sog. Fehlingsche Lösung an. Diese muß jedesmal unmittelbar vor der Anwendung durch Mischung gleicher Teile der folgenden Lösungen frisch bereitet werden:

Fehling I: 34,639 g Kupfersulfat ($CuSO_4 + 5\,H_2O$), aufgelöst in 500 ccm Wasser.

Fehling II: 173 g Kaliumnatriumtartrat (Seignettesalz) und 100 ccm Natronlauge von einem spezifischen Gewicht von 1,34, aufgefüllt mit Wasser auf 500 ccm.

Auch die Lösung des Seignettesalzes allein kann auf die Dauer unter dem Einfluß des Lichtes verderben. Deswegen ist es wünschenswert — wenn die Lösungen nicht ganz frisch sind —, ein Gemenge der beiden Lösungen aufzukochen, noch bevor man Urin hinzugefügt hat, und sich davon zu überzeugen, daß die dunkelblaue Farbe vollkommen die gleiche bleibt wie vor dem Kochen.

Ausführung. Gleiche Mengen (z. B. 2 ccm) der Lösung I und II werden gemischt und die Mischung ein paar Minuten gekocht. Man überzeugt sich, daß die dunkelblaue Farbe bleibt und sich kein Niederschlag bildet. Dann wird eine bestimmte Menge (z. B. 2—3 ccm) Urin hinzugefügt und wiederum gekocht. Ist Zucker im Urin, so bildet sich eine Gelbfärbung oder ein gelbroter Niederschlag.

Die Fehlingsche Reaktion ist viel empfindlicher als die Trommersche. Im übrigen gelten für beide dieselben

Bemerkungen. Die Fehlerquellen sind die gleichen.

Worm-Müllersche Abänderung: 5 ccm frisch bereiteter Fehlingscher Lösung (Gemisch gleicher Teile Lösung I und Lösung II) und eine gleiche Menge filtrierten, eiweißfreien Urins werden jede für sich zum Kochen erhitzt. Nach 25 Sekunden, also noch warm, werden beide Flüssigkeiten miteinander vermengt. Bei Anwesenheit von Zucker wird innerhalb einiger Minuten die Abscheidung von CuO_2 stattfinden. Dagegen sollen andere Harnbestandteile bei dieser Temperatur keine Reduktion verursachen.

c) Benedictsche Probe.

Zu dieser Probe braucht man folgende Lösung:

Kupfersulfat (rein, krystallisiert)	17 g
Natriumcitrat	170 g
Natriumcarbonat (krystallisiert, wenn man das wasserfreie Salz gebraucht, dann nur die Hälfte von)	200 g
Destilliertes Wasser	bis auf 1000 ccm

Citrat und Carbonat werden zu gleicher Zeit unter Erwärmen in ungefähr 700 ccm gelöst. Die Lösung wird filtriert und in ein großes Becherglas gebracht. Das Kupfersulfat, gelöst in ungefähr 100 ccm Wasser, wird der ersten Lösung langsam unter fortwährendem Umrühren hinzugefügt. Das Gemisch wird abgekühlt und auf 1 l aufgefüllt. Diese Lösung ist unbegrenzt haltbar.

Ausführung. Man bringt 5 ccm Benedictscher Lösung in ein Reagensglas und fügt 8—10 Tropfen Urin hinzu (*nicht mehr!*). Man erhitze, bis daß die Flüssigkeit ordentlich kocht, und lasse an der Luft abkühlen.

Bei Anwesenheit von Glykose bildet sich in der ganzen Flüssigkeitssäule ein Niederschlag, der je nach der Menge Zucker grünlich, gelb oder rot gefärbt ist. Bei Anwesenheit sehr kleiner Mengen Zucker (unter 0,3%) bildet sich der Niederschlag erst bei Abkühlung. Ist keine Glykose vorhanden, dann bleibt die Lösung entweder vollkommen klar, oder sie zeigt eine geringe blaugefärbte Trübung auf, die aus einem Niederschlag von Uraten besteht.

Anmerkungen. 1. Die Benedictsche Probe wird seit einigen Jahren in Amerika und England viel angewandt und beginnt auch in Holland Einzug zu halten. Sie ist empfindlicher und verläßlicher als die eben beschriebenen Kupferproben. Letzteres, weil sie in geringerem Maße durch Kreatinin reduziert wird.

2. Bei Anwendung dieser Probe fasse man folgende Punkte ins Auge: 1. Man füge der Kupferlösung nur eine kleine Menge Urin zu (nicht mehr als 8—10 Tropfen); 2. man lasse die Lösung nach Hinzufügen des Urins tüchtig kochen und spontan (an der Luft) abkühlen; 3. wenn Zucker vorhanden ist, wird das ganze Röhrchen (sei es vor oder nach der Abkühlung der Flüssigkeit) von oben bis unten mit einem Niederschlag angefüllt sein, so daß die Mischung undurchsichtig wird[1]).

d) Die Böttger-Alménsche Probe,

modifiziert von NYLANDER, gewöhnlich Nylandersche Probe genannt.

Prinzip. Glykose reduziert bei Siedehitze Bismutoxyd in alkalischer Lösung zu Bismutoxydul oder metallischem Bismut.

Nylandersches Reagens: 2 g basisches Bismutnitrat und 4 g Seignettesalz werden unter mäßiger Erwärmung in 100 ccm 10proz. Natronlauge aufgelöst. Die Lösung wird filtriert und in einer dunklen Flasche aufbewahrt. Sie bleibt dann sehr lange Zeit in gutem Zustande. Das Kaliumnatriumtartrat soll das Bismuthydroxyd, das bei dem Hinzufügen der Natronlauge zu dem Bismutsalz entsteht, in Lösung halten.

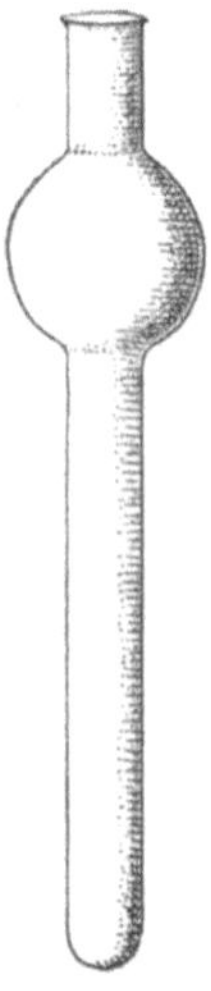

Abb. 43.

Ausführung. 10 ccm *eiweißfreiem* Urin fügt man 1 ccm ($^1/_{10}$ Vol.) Nylanders Reagens hinzu und kocht 3 Minuten lang.

Bei Anwesenheit von Zucker wird die Flüssigkeit bald braun, sogar schwarz. Ebenso wird der Niederschlag von Erdphosphaten, der sich bei der Hinzugabe des Reagens bildete, schwarz. Läßt man die Flüssigkeit nach dem Kochen stehen, dann sinkt der schwarze Niederschlag bald auf den Boden des Röhrchens, während die darüberstehende Flüssigkeit gelb oder braungelb bleibt.

Anmerkungen. 1. Wenn man dem Reagens mißtraut, ist es wünschenswert, eine sog. blinde Probe vorzunehmen, d. h. man kocht 1 Vol. des Reagens mit 9 Vol. Wasser oder normalem Urin. Natürlich darf dabei keine schwarze Farbe entstehen.

2. Eine unangenehme Eigenschaft dieser Reaktion ist es, daß die Flüssigkeit beim Kochen oft heftig stößt, so daß sie aus dem Röhrchen herausgeschleudert wird. Man vermeidet dies soweit als möglich durch vorsichtiges Erhitzen. Sobald man dem Siedepunkt nahe ist, halte man das Gläschen nicht mehr in, sondern in die Nähe der Flamme oder gegen sie an. Empfehlenswert sind Kochgläschen mit kugelförmiger Erweiterung (Abb. 43).

3. Bei Vorhandensein von Eiweiß wird Schwefelbismut entstehen können, der braunschwarz ist und daher also unrichtigerweise eine Zuckerreaktion annehmen läßt. *Darum, falls nötig, vorher das Eiweiß aus dem Urin entfernen.*

4. Auch bei Anwesenheit von Chrysophansäure (nach Gebrauch von Rhabarber, Senna, Cascara) entsteht eine scheinbar positive Reaktion. Diese hat schon in einer ganzen Anzahl von Fällen zu Irrtümern Veranlassung gegeben. Man versäume also nicht, den Antragsteller nach dem Gebrauch dieser Medikamente zu fragen und eventuell darnach die Untersuchung anzustellen.

5. Noch eine Reihe anderer Stoffe können in stärkerem oder geringerem Maße Bismutoxyd reduzieren. Besonders ist dies der Fall mit Glykuronsäure, die häufig zu einer etwas atypischen Reaktion Veranlassung gibt und hin und wieder mit Glykose verwechselt wird. Auch nach Gebrauch verschiedener Arzneimittel (Antipyrin, Terpentinöl u. a.) hat man in zuckerfreiem Urin eine positive Reaktion erhalten. Es scheint zuweilen sogar ein normaler Urin positiv zu reagieren.

---

[1]) MATHEWS, ALBERT P.: Physiological Chemistry. 3. Aufl., S. 873. 1921.

6. Bei Anwesenheit von Zucker tritt die Schwarzfärbung schon während des Kochens ein. Eine dunkle Verfärbung, die erst bei der Abkühlung entsteht, beweist nicht, daß Zucker vorhanden ist.

Beurteilung der Reaktion. Die Nylandersche Probe ist sehr empfindlich. Sie zeigt 0,1% Glykose an. Im Hinblick jedoch darauf, daß auch ohne Anwesenheit von Zucker mehr oder weniger typische Reaktionen vorkommen können, *liegt der Wert dieser Probe vielfach in einem negativen Resultat.* Wenn nämlich die Probe unzweifelhaft negativ ausfällt, darf man das Fehlen von Zucker annehmen. Ist sie positiv, so muß man untersuchen, ob dies auf andere Substanzen als auf Glykose zurückzuführen ist, und jedenfalls noch andere Reaktionen auf Glykose anstellen.

e) Die Hefeprobe.

Prinzip. Von Nebenreaktionen abgesehen, wird Glykose in neutraler oder schwach saurer Lösung durch Hefe (Saccharomyces cerevisiae) unter Bildung von Alkohol und Kohlendioxyd zerlegt:

$$C_6H_{12}O_6 = 2\,C_2H_5 \cdot OH + 2\,CO_2\,.$$

Letztere wird in einem dazu angefertigten Apparat aufgefangen und evtl. gemessen. Auf diese Weise kann dann gleichzeitig die Menge Zucker bestimmt werden, die im Urin vorhanden war.

Ausführung. Man stellt zuerst die Reaktion des Urins fest. Ist er sauer oder neutral, so ist keine weitere Vorbereitung notwendig. Reagiert der Urin alkalisch, so füge man einige Tropfen einer Weinsteinsäurelösung hinzu, bis eben eine saure Reaktion eintritt. Mit einer bestimmten Menge dieses Urins wird ein wenig Bierhefe (ungefähr 1 g Hefe auf 10 ccm Urin) gemischt, sei es durch vorsichtiges Schütteln im Reagensglas oder durch Zerreiben in einem kleinen Mörser. Die Aufschwemmung wird in ein Heferöhrchen gebracht (Abb. 44) und dies einige Stunden lang sich selbst überlassen, am besten an einem mäßig warmen Orte (24—28°).

Gleichzeitig setzt man zwei Kontrollproben an. Die erste besteht in einem Hefe und Traubenzuckerlösung enthaltenden Röhrchen. Die zweite: Hefe mit destilliertem Wasser. Das erste Kontrollröhrchen soll ermitteln, ob die Hefe noch brauchbar ist und also Glykose zu zerlegen vermag. Das zweite bezweckt die Untersuchung, ob die Hefe nicht schon an sich Kohlensäure entwickelt (Eigengärung der Hefe).

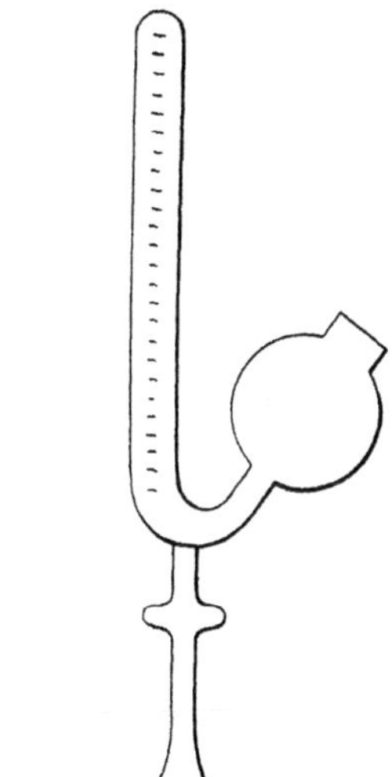

Abb. 44. Heferöhrchen.

Bei Anwesenheit von Zucker im Urin findet man, bei Zimmertemperatur nach 24 Stunden, bei etwas höheren Temperaturen nach 5—6—10 Stunden im langen Schenkel des Röhrchens eine bestimmte Menge Gas, welches die Flüssigkeit nach unten gedrängt hat. Man überzeugt sich davon, daß dieses Gas Kohlendioxyd ist, indem man konzentrierte Natronlaugenlösung zufügt. Ist dies der Fall, dann steigt die Flüssigkeit in dem langen Schenkel wiederum in die Höhe.

Anmerkungen. 1. Obwohl gegen diese Probe allerlei Einwände angeführt werden können[1]), wird sie doch im allgemeinen als eine zuverlässige und empfindliche Reaktion angesehen. Für jeden Zweifelsfall rate ich die Hefeprobe vorzunehmen. Gebraucht man den Apparat von *Lohnstein* oder — noch bequemer — den von *Wagner*[2]), dann bestimmt man auf sehr einfache Weise und mit einer für die Praxis vollkommen ausreichenden Genauigkeit zugleich die *Menge* des vorhandenen Zuckers. Ich möchte den Wagnerschen Apparat (Abb. 45) in der Ausrüstung eines jeden praktizierenden Arztes sehen.

---

[1]) Siehe z. B. bei C. NEUBERG: Der Harn usw. Teil I, S. 362.

[2]) Gebrauchsanweisung bei jedem Apparat.

2. Wie oben bereits gesagt, muß der durch festes Alkali alkalisch reagierende Urin erst angesäuert werden. Ein Urin, welcher sich in ammoniakalischer Gärung befindet, ist für diese Probe unbrauchbar. Auch wenn man das NH_3 durch Kochen entfernt, den Urin stark sauer macht und abkühlt, bleibt die Gefahr, daß die ammoniakalische Gärung die Glykose ganz oder teilweise zum Schwinden gebracht haben kann.

3. Befürchtet man, daß im Urin anwesende Bakterien aus normalen Urinbestandteilen (Ureum) Kohlendioxyd abspalten werden, dann kann man diese Fehlerquelle vermeiden, indem man den Urin durch starkes Kochen vorher sterilisiert.

4. Wenn man bei der Ausführung dieser Probe die Hefe mit dem Urin vermengt, gebe man acht, daß man nicht zu stark schüttelt, weil sonst der Urin viel atmosphärische Luft absorbiert, welche sich dann im langen Schenkel des Röhrchens ansammelt.

5. Das Füllen der Röhrchen mit der Flüssigkeit erfordert einige Übung. Durch vorsichtiges Drehen des Röhrchens, leises Dagegenschlagen usw. gelingt eine vollständige Füllung in allen Fällen. Man vermeide, daß Schaum in dem langen Schenkel nach oben steigt.

6. Bei Anwesenheit von nur sehr kleinen Mengen Zucker ist es wünschenswert, den kurzen und den langen Schenkel durch Quecksilber voneinander abzuschließen.

7. Man bekommt schon bei einem Zuckergehalt von 0,5 bis 1% eine deutliche Kohlensäureentwicklung, die mit dem kleinen Luftbläschen, welches in dem Kontrollröhrchen zuweilen zu sehen ist, nicht verwechselt werden kann.

Will man die Eigengärung der Hefe vollkommen ausschalten, dann muß diese zuvor mit Wasser ausgewaschen werden.

8. Die Probe muß innerhalb von 20 Stunden abgelaufen sein. In einer längeren Zeitperiode kann unter mancherlei Umständen auch Milchzucker vergären.

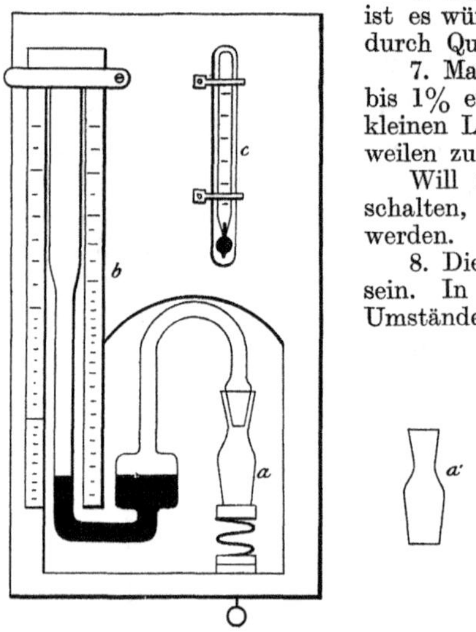

Abb. 45. Saccharometer von *Wagner*. *a* und *a'* Hefegläschen, *b* Quecksilbermanometer, *c* Thermometer.

f) Die Polarisation.

Prinzip. Im Urin kommen nur zwei Bestandteile vor, welche das polarisierte Licht nach rechts drehen: Traubenzucker und Milchzucker. Dreht ein Urin nach rechts, dann enthält er also entweder Glykose oder Lactose. Welcher von beiden Stoffen vorhanden ist, wird in einer gleich zu besprechenden Weise untersucht werden müssen.

Die hier in Betracht kommende Untersuchung wird mittels eines Polarimeters vorgenommen. Wer bezüglich der Theorie, Einrichtung und des Gebrauches dieser Apparate Näheres zu wissen wünscht, schlage in einem der ausführlicheren Lehrbücher nach.

Anmerkungen. 1. Wenn der Urin Eiweiß enthält, so muß dies, zumal es nach links dreht, zuvor durch Kochen bei leicht saurer Reaktion und Abfiltrieren des Niederschlages entfernt werden. Dann wird wieder mit Wasser bis zu dem ursprünglichen Volumen aufgefüllt.

2. Der Urin muß vollkommen klar und, soweit wie möglich, farblos sein.

Für die Entfärbung wird eine große Anzahl von Methoden angegeben. Sie haben alle den Nachteil, daß die Stoffe, die zur Entfärbung dienen, in mehr oder weniger starkem Maße Glykose absorbieren und also dem Filtrat entziehen.

Am häufigsten wird eins der beiden folgenden Mittel angewandt:

a) In einem Maßzylinder fügt man zu 80 ccm Urin 20 ccm einer 10proz. Lösung von neutralem Bleiacetat und mischt dies miteinander. Durch ein dichtes und trockenes Faltenfilter filtriert man den sich bildenden dickflockigen und weißen Bodensatz von Bleiphosphat ab. Die ersten Mengen des Filtrates laufen gewöhnlich trübe durch. Deshalb muß man die durchgelaufene Flüssigkeit so oft aufs neue wieder auf das Filter gießen, bis das Filtrat nahezu ganz ungefärbt und vor allem *vollkommen klar* durchgelaufen ist. Tatsächlich stört die geringste Trübung oder Opalescenz das Ablesen im Polarisationsapparat.

Selbstverständlich muß man wegen der Verdünnung von 4 Teilen Urin mit 1 Teil Bleiacetat den gefundenen Prozentgehalt um ein Viertel vergrößern, damit man den Zuckergehalt des unverdünnten Urins erhält.

b) Man mischt eine willkürliche Menge Urin mit Knochenasche und filtriert. Die Knochenasche absorbiert die Farbstoffe vollkommen. Diese Methode ist sehr einfach, hat jedoch den Nachteil, daß dabei auch eine größere Menge Zucker absorbiert wird.

Bei allen Entfärbungsmethoden wird übrigens, worauf wir bereits hinwiesen, eine kleinere oder größere Menge Glykose mit absorbiert, die infolgedessen der Analyse entgeht. Bei der unter a) genannten Methode ist sie aber so gering, daß sie für unsere Zwecke außer acht gelassen werden kann.

3. Normaler Urin dreht etwas nach links. Auch dieser Fehler ist so klein, daß er bei einer gewöhnlichen Untersuchung nicht in Rechnung gestellt zu werden braucht.

4. Enthält der Urin Lävulose, Glykuronsäure oder β-Oxybuttersäure, so ist die von diesen Stoffen verursachte Linksdrehung so beträchtlich, daß man mit ihr rechnen muß. Zu dem Zwecke bestimmt man das Drehungsvermögen vor und nach der Gärung. Der letzte Wert ergibt die durch die erwähnten Stoffe verursachte Linksdrehung. Sie muß natürlich zu der gefundenen Rechtsdrehung hinzugezählt werden.

5. Die Polarisationsmethode ist empfindlich und sehr genau. Sie gestattet bequem einen Gehalt von 0,1% Glycose genau zu bestimmen. Ein guter Apparat, einige Übung und die Kenntnis der Fehlerquellen sind erforderlich.

Für eine Anzahl von Untersuchungen, besonders zur Unterscheidung der verschiedenen Kohlehydrate, ist die Methode unentbehrlich.

Wer nicht über einen Polarisationsapparat verfügt, wird bezüglich der die Glykosurie betreffenden Fragen häufig auf fremde Hilfe angewiesen sein.

g) Die Phenylhydrazinprobe.

Prinzip. Wenn bei Siedehitze Glykose und Phenylhydrazin zusammen gelöst sind, verbindet sich ein Molekül Zucker mit 2 Molekülen Phenylhydrazin. Unter Austritt von Wasser und Wasserstoff bildet sich dann ein in kaltem Wasser wenig lösliches Osazon, z. B. nach folgender Formel:

$$CH_2 \cdot OH - (CH \cdot OH)_3 - CH \cdot OH - COH + 2\,NH_2 - NH \cdot C_6H_5 =$$

$$= CH_2 \cdot OH - (CH \cdot OH)_3 - \underset{\underset{\displaystyle N - NH \cdot C_6H_5}{\|}}{C} - CH = N - NH \cdot C_6H_5 + H_2O + H_2$$

Die Bildung derartiger Osazone findet nicht nur mit Glykose statt, sondern mit allen Zuckerarten und mit *freier* Glykuronsäure. Nicht mit gebundenen Glykuronsäuren. Alle diese Osazone sind Körper, die aus einer warmen, wäßrigen Lösung in der Kälte auskrystallisieren.

Ausführung. 1. Zu 50 ccm eiweißfreiem Urin, der sauer reagieren muß, fügt man, wenn nötig, nach Beigabe von etwas Essigsäure, 2 g reines salzsaures Phenylhydrazin (weiße Krystalle) und 4 g essigsaures Natrium. Die Flüssigkeit wird $^1/_2$—1 Stunde im Becherglas in ein kochendes Wasserbad gestellt. Dann läßt man abkühlen. Bei Anwesenheit von Zucker scheiden sich gelbe oder gelblichgrüne Krystalle ab, die bei mikroskopischer Untersuchung als aus feinen, langen, oft leicht gebogenen Nadeln bestehend sich herausstellen und in Sternen oder Garben beieinanderliegen. Dazwischen liegen zuweilen gelbe Kugeln und Maulbeerformen, die als nicht ganz beweisend für die Anwesenheit von Glykose angesehen werden müssen (Abb. 46).

Abb. 46. Phenylglycosazonkrystalle.

2. Man kann die Reaktion auch in folgender Weise vornehmen[1]):

[1]) Cipollina: Über den Nachweis von Zucker im Harn. Dtsch. med. Wochenschr. 1901, S. 334.

Man gießt in einem Reagensgläschen zusammen: 5 ccm eiweißfreien Urin, 5 Tropfen reines Phenylhydrazin und 10 Tropfen Eisessig. Dieses Gemisch wird $^1/_2$—1 Stunde lang in ein kochendes Wasserbad gestellt, oder es wird während einer Minute über einer kleinen Flamme gekocht. Um Stoßen zu vermeiden, muß das Glas fortwährend vorsichtig geschüttelt werden. Dann fügt man 4 bis 5 Tropfen Natronlauge (spezifisches Gewicht 1,16) hinzu, wonach die Flüssigkeit noch schwach sauer reagieren muß. Man kocht eben nochmals auf und läßt abkühlen.

Beurteilung des Ergebnisses wie bei der unter 1. geschilderten Ausführungsweise.

Anmerkungen. 1. Alle Zuckerarten und auch die freie Glykuronsäure bilden bei dieser Probe Osazone. Die verschiedenen Osazone unterscheiden sich voneinander durch eine Reihe von Eigenschaften, von denen hier nur angeführt seien: 1. Löslichkeit in verschiedenen Lösungsmitteln, 2. Verhalten gegenüber polarisiertem Licht, 3. Schmelzpunkt, 4. Krystallform, 5. Ergebnis der Elementaranalyse. Gewöhnlich wird die Feststellung der Löslichkeit genügen. Zu diesem Zwecke wäscht man die Krystalle mit Wasser aus und untersucht, ob sie sich auflösen in: a) Methylalkohol, b) Gemisch von gleichen Teilen Aceton und Wasser. Glykosazonkrystalle sind im Gegensatz zu den Osazonen des Milchzuckers und der Maltose in diesen Flüssigkeiten unlöslich.

2. Gebundene Glykuronsäuren zeigen die Reaktion nicht. Jedoch kann die Glykuronsäure durch Kochen mit Mineralsäuren leicht aus ihren Verbindungen freigemacht werden. Dann entsteht eine positive Reaktion.

3. Auch in einer Anzahl normaler Urine erhält man bei Vornahme der Phenylhydrazinprobe einige spärliche, aber dem Glykosazon ähnliche Krystalle.

4. Undeutliche krystallinische Massen, kleinere oder größere, gelbe oder rotbraune, runde Tropfen beweisen nichts.

5. Der praktische Arzt wird aus obenstehenden Gründen und ohne genaue Identifizierung der Krystalle aus einer positiven Reaktion strenggenommen nur das schließen können, daß die eine oder andere Zuckerart oder freie Glykuronsäure im Urin ist.

Wenn aber reichlich gelbe, typische Krystalle bei der mikroskopischen Untersuchung gefunden werden, die vollkommen den in Abb. 46 abgebildeten gleichen, dann kann das Vorhandensein von Glykose angenommen werden.

6. Aus Obenstehendem folgt, daß diese Probe, obschon sie sehr empfindlich ist, doch mit Vorsicht beurteilt werden muß.

h) Probe von RUBNER[1]).

Zu 10 ccm Urin fügt man eine gleiche Menge konzentrierter neutraler Bleiacetatlösung (1 Teil Bleizucker auf 10 Teile destilliertes Wasser). Das Gemisch wird filtriert und dem Filtrat tropfenweise Ammoniak hinzugefügt, bis ein bleibendes käseartiges Präcipitat sich gebildet hat. Man vermeide ein Übermaß von Ammoniak. Dann wird im Wasserbad (bei 80°) erwärmt, falls nötig, in der freien Flamme, doch höre man mit der Erwärmung auf, bevor die Flüssigkeit kocht. Bei Anwesenheit von Traubenzucker wird der Niederschlag lachsfarben.

Bemerkungen. 1. Diese ziemlich wenig bekannte Probe ist sehr empfindlich und zuverlässig.

2. Man darf nicht bis zu einer zu hohen Temperatur erwärmen, sonst entsteht eine braune, nichts beweisende Verfärbung.

3. Das chemische Prinzip der Reaktion ist noch nicht ganz bekannt.

Schon manchmal haben wir darauf hingewiesen, daß bei der Reaktion auf Glykose verschiedene Substanzen zu Irrtümern Veranlassung geben können. Von diesen Substanzen sollen diejenigen, welche für den begutachtenden Arzt von Wichtigkeit sind, hier einer kurzen Besprechung gewürdigt werden.

Pentose. Die Pentosen sind fünfwertige Zucker mit der Formel $C_5H_{10}O_5$. Im Urin kommt, bis auf einzelne Ausnahmen, nur die optisch inaktive (racemische) *Arabinose* vor.

---

[1]) Siehe NEUBAUER-HUPPERT: Analyse des Harns. 11. Aufl. 1. Hälfte, S. 266. Wiesbaden 1910.

Pentose enthaltende Urine weisen folgende Eigenschaften auf:

1. Sie reduzieren die Nylandersche Lösung unter Bildung eines braunschwarzen bis schwarzen Niederschlags.

Sie reduzieren die Trommersche und Fehlingsche Lösung gewöhnlich in einer eigenartigen Weise, nämlich in der Art, daß die Bildung des gelben Kupferoxyduls erst nach längerem Kochen stattfindet, oder auch erst beim Abkühlen, aber dann plötzlich und sogleich durch das ganze Gläschen hindurch.

Indessen ist diese Eigenart bei der Reduktionsprobe nicht in allen Fällen zu beobachten. Oft wird man bei der Reduktionsprobe von Pentose enthaltendem Urin kaum einen Unterschied gegenüber Urinen, die kleine Mengen (z. B. unter 0,5%) Glykose enthalten, wahrnehmen können.

2. Pentose enthaltende Urine gären nicht.

3. Sie sind optisch inaktiv.

4. Sie bilden ein durch seinen Schmelzpunkt und andere chemische Eigenschaften charakteristisches Osazon.

5. Sie kennzeichnen sich durch die sog. Orcinprobe von TOLLENS, die auf verschiedene Weise ausgeführt werden kann. Hier sollen nur die beiden folgenden Ausführungsarten beschrieben werden:

a) nach SALKOWSKI[1]. 3 ccm Urin werden mit 5 ccm Salzsäure (von einem spezifischen Gewicht von 1,19) und einer Messerspitze Orcin zum Sieden erhitzt. Sobald die Flüssigkeit zu kochen anfängt, wird sie dunkelgrün. Es bildet sich ein grünblauer Niederschlag, der, nach BLUMENTHAL, für Pentose beweisend ist. Frische Glykuronsäure enthaltende und diabetische Urine geben diese Verfärbung nicht.

Dann fügt man Amylalkohol hinzu und schüttelt aus. Der grüne Stoff geht in den Amylalkohol über und zeigt nun im Spektrum einen Streifen zwischen C und D (d. h. zwischen Rot und Gelb), oft außerdem noch einen zweiten Streifen im Beginn des Rot. Ein zuweilen außerdem noch vorhandener Streifen im Grün beruht nach ROSIN und LABAND auf dem Vorhandensein von reichlich Orcin.

Bemerkungen. 1. Die Reaktion ist noch schöner, wenn der Urin vorher durch Knochenasche entfärbt ist.

2. Es muß eine genügende Menge Salzsäure hinzugefügt werden, sonst fällt die Reaktion, auch bei Anwesenheit von Pentose, oft negativ aus.

3. Bei Anwesenheit von Glykose bildet sich keine grüne oder blaugrüne, sondern eine gelbe oder braune Farbe.

4. Die Reaktion tritt bei gebundenen Glykuronsäuren nicht ein, dagegen bei freier Glykuronsäure. Hat sich also durch Spaltung in einem Urin freie Glykuronsäure gebildet, so wird auch die Orcinprobe positiv ausfallen. Die Art der anwesenden Substanz muß dann auf andere Weise festgestellt werden. Man beachte dabei, daß Glykuronsäure nicht typisch reduziert, und daß (freie) Säure nach rechts dreht.

Auf die weitere Identifizierung glaube ich verzichten zu können.

b) Modifikation von BIAL. Man erwärmt 3—5 ccm Urin mit dem doppelten Volumen des folgenden Reagens:

1 g Orcin, 20—30 Tropfen einer 10 proz. Eisenchloridlösung, 500 ccm konzentrierte Salzsäure. Sobald bei Erwärmung die Flüssigkeit zu kochen beginnt, wird sie grünblau.

Bemerkungen. 1. Diese abgeänderte Methode ist noch empfindlicher als die erstbeschriebene.

2. Das Reagens verdirbt schnell und muß daher evtl. frisch zubereitet werden.

3. Im Hinblick darauf, daß, wie unter a) bereits ausgeführt, auch freie Glykuronsäure die Reaktion zeigt und diese aus gebundenen Glykuronsäuren durch Kochen mit Säuren

---

[1] Nach F. BLUMENTHAL: Über nichtdiabetische Glykosurien. ALBUS Samml. zwangloser Abhandlungen aus dem Gebiete der Verdauungs- und Stoffwechselkrankheiten Bd. 2, Heft 2.

abgespalten wird, darf die Erwärmung bei beiden Ausführungsarten der Probe nur gerade bis zum Beginn des Kochens vorgenommen werden.

Wenn an dieser Stelle auf die Untersuchung des Urins auf Pentose etwas ausführlicher eingegangen wurde, so hat dies seinen guten Grund. In der Tat ist die Kenntnis der Pentosurie für den Arzt, der eine Untersuchung für eine Lebensversicherung vornimmt, nicht ohne Wichtigkeit.

Dieser Stoff wurde im Jahre 1892 von SALKOWSKI im Urin eines Morphinisten entdeckt, nachdem JASTROWITZ beobachtet hatte, daß der betreffende Urin stark reduzierte, aber nicht gärte. Seit dieser Zeit ist nur eine ziemlich kleine Anzahl Fälle von chronischer Pentosurie bekanntgeworden. UMBER[1]) zählt 37 über 4 Familien verteilte auf. Diesen mögen noch einige Fälle aus Niederland hinzugesellt werden, nämlich einer von Dr. VAN VOORTHUYSEN[2]) und einer von Dr. DE BRUIN[3]). Ich erinnere mich zudem, vor Jahren in der „Klinische Genootschap" zu Rotterdam eine Mitteilung von Dr. H. KLINKERT über einen von ihm beobachteten Fall gehört zu haben. Es scheint mir jedoch außer allem Zweifel, daß diese Stoffwechselanomalie häufiger vorkommt, als sie aus naheliegenden Gründen mitgeteilt wird, daß sie von einem Arzte, der nicht darauf aufmerksam gemacht worden ist, vielfach übersehen und der Patient zu Unrecht und zu seinem Schaden als Diabeteskranker angesehen wird. Fast alle Fälle, die in der Literatur beschrieben sind, waren anfänglich für Diabetes gehalten worden, erst bei näherer Untersuchung wurde der Pentosecharakter des ausgeschiedenen Kohlenhydrats festgestellt. So auch, wenn ich mich recht erinnere, in dem Falle von Dr. KLINEKRT, der den Urin seitens der Direktion einer Lebensversicherungsgesellschaft zugeschickt erhielt. Der untersuchende Arzt hatte angeraten, einen Antragsteller, den er für einen Diabeteskranken gehalten hatte, abzuweisen. Die betreffende Person, die sich mit Recht für vollkommen gesund hielt, beantragte eine nochmalige Begutachtung, auf diese Weise wurde die Pentosurie entdeckt. Übrigens sind begreiflicherweise die meisten Fälle von Pentosurie gerade bei der Untersuchung für eine Lebensversicherung zutage gekommen.

Ein denkwürdiges Beispiel für die Folgen, die ein Irrtum in der Hinsicht zustande bringen kann, liefert der Fall von ROSENBERG[4]). Ein junger Mann, der auf Grund des Verdachts auf Diabetes von einer Lebensversicherungsgesellschaft abgewiesen worden war, beging Selbstmord. Die Untersuchung des Urins, der noch aufbewahrt worden war, durch ROSENBERG ergab, daß er keine Spur von Glykose, sondern nur Pentose enthielt.

Zwischen Diabetes und Pentosurie besteht nicht der geringste Zusammenhang. Die einzige Übereinstimmung zwischen beiden Urinen ist, daß sowohl der eine wie der andere die Trommersche (Fehlingsche) und Nylandersche Lösung reduzierte. Der Gebrauch von Glykose bringt keine Vermehrung der Pentose mit sich, ebensowenig vermindert aber auch eine antidiabetische Diät die Pentoseausscheidung. Den Glykosegehalt des Blutes fanden BLUMENTHAL und BIAL in einem Falle von Pentosurie normal. Zuführung von Phlorizin hat keine Vermehrung der Pentosurie, wohl aber eine der Glykosurie zur Folge.

Man hat früher, der Meinung KÜLZS und VOGELS folgend, angenommen, daß bei jedem Falle von Diabetes eine geringe Ausscheidung von Pentose im Urin

[1]) UMBER, F.: Ernährung und Stoffwechselkrankheiten. 2. Aufl., S. 302ff. Berlin-Wien: Urban & Schwarzenberg 1914.

[2]) VOORTHUYSEN, A. VAN: Een geval van chronische Pentosurie. Nederlandsch tijdschr. v. geneesk. 1909, I, S. 1183.

[3]) BRUIN, J. DE: Pentosuria chronica familiaris. Nederl. Vereeniging vor Paediatrie, Nov. 1910, in Nederlandsch tijdschr. v. geneesk. 1911, II, S. 96.

[4]) Nach BLUMENTHAL: loc. cit.

stattfände. Nach Blumenthal ist diese Ansicht vollkommen unrichtig und beruht auf einem Irrtum. Man hat allerdings in einzelnen Fällen gleichzeitige Ausscheidung von Glykose und Pentose beobachtet.

Im Gegensatz zur Prognose des Diabetes muß die der chronischen Pentosurie als absolut günstig angesehen werden. Man ist sich darüber einig, daß auf Grund der bisher angestellten Beobachtungen die Pentosurie als eine vollkommen harmlose Stoffwechselanomalie angesehen werden kann. Im Hinblick auf die noch ziemlich geringe Anzahl der Beobachtungen muß abgewartet werden, was die Zukunft in dieser Hinsicht noch lehren kann. *Vorläufig muß der Arzt einer Lebensversicherungsgesellschaft noch absolut den Standpunkt einnehmen, daß ein Antragsteller mit chronischer Pentosurie ohne Prämienerhöhung angenommen und in jeder Hinsicht als ein normaler Risikofall betrachtet werden muß.*

Hier ist nicht der Raum zur Besprechung der Theorien, die das Zustandekommen der chronischen Pentosurie zu erklären versuchen. Es sei nur darauf hingewiesen, daß besagte Stoffwechselstörung nach der Ansicht aller Autoren und besonders auf Grund der Untersuchung von C. Neuberg nichts mit den Kohlehydraten in der Nahrung zu tun hat.

Die sehr geringfügige Pentosurie, die nach Ansicht vieler Untersucher bei jedem normalen Menschen nach Genuß verschiedener Früchte und Fruchtsäfte zu beobachten ist, ist eine von der chronischen spontanen Pentosurie vollkommen verschiedene, vorübergehende Erscheinung. Dabei wird nicht die racemisch (optisch inaktive) Pentose abgeschieden, sondern ein rechtsdrehendes, 5 Kohlenstoffe enthaltendes Kohlenhydrat.

Lactose. Milchzucker (Lactose) ist ein Disaccharid aus Glykose und Galaktose mit folgenden Eigenschaften:

1. Sie reduziert die Lösungen von Trommer, Fehling und Nylander;
2. sie dreht nach rechts;
3. *sie vergärt mit gewöhnlicher Bierhefe nicht.* Allerdings darf man die Gärungsprobe nicht allzu lange fortsetzen, weil nach 20 Stunden auch Milchzucker in Gärung übergehen kann;
4. mit Phenylhydrazin bildet sich ein durch seine chronischen Eigenschaften gut charakterisiertes Osazon.

Bemerkungen. 1. Bei normalen Menschen wird unter gewöhnlichen Umständen kein Milchzucker im Urin gefunden. Die Assimilationsgrenze für dieses Kohlenhydrat liegt jedoch sehr niedrig, so daß bereits nach Genuß von 100 g Milchzucker bei normalen Menschen Lactosurie beobachtet wird. Bei Kranken, die lange Zeit ausschließlich mit Milch ernährt wurden, fand Mehu oft Lactose im Urin. Ebenso kann bei Säuglingen mit Erkrankung der Eingeweide und bei reichlicher Zufuhr von Milchzucker alimentäre Lactosurie auftreten. Für unsere Zwecke ist dies natürlich ohne Bedeutung.

Lactose wird auch dann jedesmal in den Urin übergehen, wenn Milchzucker direkt, d. h. unter Umgehung des Darmkanals, in die Blutbahn aufgenommen wird. Dies zeigt sich bei Wöchnerinnen und auch bei Schwangeren in den letzten Monaten mit übermäßiger Milchabsonderung. Fast regelmäßig kommt es zur Lactosurie, wenn in der ersten Zeit nach der Geburt das Kind nicht von der Mutter genährt wird; ebenso wenn durch Entwöhnung des Kindes Milchstauung eintritt. Die Lactosurie bei Schwangeren, von Blumenthal bezweifelt, kann auf Grund zahlreicher Untersuchungen und auch nach meiner persönlichen Erfahrung als feststehend betrachtet werden.

Bei Wöchnerinnen beobachtet man die Lactosurie schon in den ersten Tagen nach der Geburt, jedoch selten vor dem dritten Tage. Gewöhnlich verschwindet sie nach 8 oder 10 Tagen wieder. Doch kann sie auch noch 6 Monate nach der Geburt des Kindes beobachtet werden. Am reichlichsten wird die Milchzuckerausscheidung im Urin am 4. oder 5. Tage des Puerperiums sein.

Die Menge beträgt selten mehr als 0,7%, Naunyn sah einmal 3%.

2. Selbstverständlich ist die Lactosurie für die Praxis der Versicherungen noch von ziemlich geringer Bedeutung, weil die Zahl der Frauen, die sich versichern lassen, bis jetzt nur klein ist. Dies kann aber anders werden.

3. Ich glaube, daß in der Praxis Lactosurie und Glykosurie nicht selten verwechselt werden. Ich beobachtete wenigstens diesen Fehler einige Male. An dieser Stelle sei daran erinnert, daß in einem späten Zeitabschnitt der Schwangerschaft wiederholt Glykose im Urin beobachtet wurde (abgesehen natürlich vom echten Diabetes: kann doch eine Diabetica schwanger werden). Nach der Geburt pflegt diese Glykosurie bald zu verschwinden. Man ist zur Zeit geneigt, sie für eine „renale" zu halten. Jedenfalls ist sie absolut harmlos.

4. Würde sich eine Schwangere mit Glykosurie für eine Versicherung anmelden, dann ist die einfachste Lösung, sie nach der Geburt wiederzubestellen. Die harmlose Glykosurie wird dann verschwunden, die diabetische aber geblieben sein oder gefunden werden können. Um während der Gravidität klarzustellen, ob es sich um eine harmlose, renale oder diabetische Glykosurie handelt, würde eine ausführlichere Untersuchung notwendig sein, als sie bei einem Antrage für eine Lebensversicherung in Betracht kommt.

5. Daß vereinzelt Personen durch Beimengung von Milch oder Milchzucker zu ihrem Urin den Arzt auf einen falschen Weg zu bringen versuchen, ist wohl für andere Untersuchungen (Militärdienst) von Wichtigkeit, nicht aber für die Lebensversicherung.

Lävulosurie. Lävulose, Fructose, Fruchtzucker ist eine Hexose mit Ketoncharakter $CH_2 \cdot OH - (CH \cdot OH)_3 - CO - CH_2OH$. Lävulose hat folgende Eigenschaften: Sie reduziert und vergärt wie Glykose, dreht aber nach links. Mit Phenylhydrazin bildet sie ein Osazon, das von dem Glykosazon nicht zu unterscheiden ist.

Mit Kalk verbindet sie sich zu einem krystallisierbaren Calciumfructosat, das für weitere chemische Untersuchung sehr geeignet ist. Mit Methylphenylhydrazin bildet sie ein nach NEUBERG charakteristisches Osazon.

Bei der Untersuchung auf Fruchtzucker im Urin unterscheide man zwei Fälle: entweder kommt Lävulose neben Dextrose vor, oder die Lävulose kommt allein im Urin vor.

In letzterem Falle ist der Nachweis der Fructose ziemlich leicht. Der Urin wird nach links drehen und reduzieren. Reduktion und Linksdrehung verschwinden aber nach Vergärung. Im Gegensatz hierzu wird eine von β-Oxybuttersäure oder gebundenen Glykuronsäuren abhängige Linksdrehung auch nach Vergärung bestehen bleiben.

Kommen Glykose und Lävulose nebeneinander in einem Urin vor, so werden Reduktion und Vergärung eine größere Menge Zucker nachweisen als das Polarimeter. Durch Untersuchung nach der Gärung muß klargestellt werden, ob nicht andere Substanzen deren Ursache waren.

Erwünscht ist auch der Nachweis der Lävulose auf direktem Wege. Zu dem Zweck wird gewöhnlich die Reaktion von SELIWANOFF empfohlen.

Prinzip. Urin, mit Salzsäure gesäuert und mit etwas Resorcin erwärmt, zeigt bei Anwesenheit von Fructose eine rote Verfärbung.

Ausführung. Frischer saurer Urin wird mit einem gleichen Volumen 25 proz. Salzsäure gemischt. Man fügt einzelne Körnchen Resorcin hinzu und kocht eben auf. Bei Anwesenheit von Lävulose entsteht eine schöne rote Farbe oder ein roter Niederschlag.

Bemerkungen. 1. Man hat verschiedene Modifikationen dieser Probe vorgeschlagen, die hier aber unbesprochen bleiben können.

2. Zu starke Erhitzung oder zu lange Vermengung mit starker Säure kann fälschlicherweise auf die Anwesenheit von Lävulose schließen lassen, während nur Glykose im Urin vorhanden ist. Durch Kochen mit Mineralsäuren wird nämlich ein Teil der Glykose in Fructose umgesetzt.

3. Alkalisch reagierender Urin ist für diese Probe unbrauchbar im Hinblick darauf, daß schon bei einem geringen Alkaligehalt in kurzer Zeit Glykose teilweise in Fructose umgesetzt werden kann.

4. In jedem Urin, der einige Zeit an der Luft steht, bilden sich Nitrite. Diese können die Seliwanoffsche Reaktion zeigen und müssen daher ausgeschlossen werden. Nur frisch gelassener, sauer reagierender Urin kann deshalb für diese Probe gebraucht werden.

5. Aus alledem folgt, *daß die Seliwanoffsche Reaktion keineswegs mit Sicherheit für die Anwesenheit von Lävulose beweisend ist. Nur wenn die Reaktion nach kurzdauernder Erwär-*

mung (einige Sekunden kochen) stark positiv ausfällt und auch die Drehung des Urins im Zusammenhang mit Reduktion und Gärung auf Lävulose hinweist, kann dem einige Bedeutung beigemessen werden[1]).

Man kann 3 Formen von Lävulosurie unterscheiden:

1. Ziemlich häufig findet man bei echtem Diabetes, besonders in schweren Fällen, neben der Glykose auch Lävulose im Urin. Gewöhnlich erklärt man diese Lävulose als alimentäre infolge einer schlechten Leberfunktion.

2. Es gibt eine spontane Lävulosurie. Die Zahl der bisher beobachteten Fälle ist so gering, daß sie für die Lehre der Versicherungsmedizin noch keine Bedeutung erlangt haben. Das ist auch der Grund, warum in diesem Buche nicht weiter darauf eingegangen wird[2]).

3. Die alimentäre Lävulosurie. Sie wurde von STRAUSS entdeckt und äußert sich darin, daß bei Personen mit gestörter Leberfunktion der Genuß von 100 g Lävulose, in nüchternem Zustand eingenommen, Ausscheidung von Lävulose in der Regel innerhalb der ersten beiden Stunden zur Folge hat. Bei normalen Menschen geschieht dies nicht.

Auch nach dem Genuß von Zucker (Saccharose) sieht man bei gestörter Leberfunktion zuweilen neben Glykose auch Lävulose im Urin auftreten.

Glykuronsäure. Wiederholt ist im vorhergehenden von der Glykuronsäure gesprochen worden. Diese Säure $CH \cdot O - (CH \cdot OH)_4 - CO_2H$ wird niemals in freiem Zustand im Harn gefunden, sondern nur entweder gebunden an die im Darmkanal bei der Eiweißfäulnis entstehenden aromatischen Substanzen oder auch gekuppelt an verschiedene Heilmittel oder Gifte. Die Glykuronsäure hat also eine ähnliche Aufgabe zu erfüllen wie die Schwefelsäure, d. h. die giftigen aromatischen Körper zu ungiftigen zu binden und auf diese Weise unschädlich zu machen. Unter pathologischen Verhältnissen, bei starker Darmfäulnis, einigen Vergiftungen, nach dem Gebrauch einer Reihe von Arzneimitteln, besonders von Phenol und phenolartigen Körpern, Campher, Chloralhydrat und noch vielen anderen, findet man denn auch die Menge Glykuronsäure im Harn vermehrt.

Für den untersuchenden Arzt ist es wichtig, die Verbindungen der Glykuronsäure zu kennen, weil sie bei der Nylanderschen Probe eine zweifelhafte Reduktion geben können, falls sie in größerer Menge im Urin vorkommen. Die Fehlingsche Lösung wird von gebundenen Glykuronsäuren nicht reduziert. Sie drehen die Polarisationsfläche nach links.

Vollkommen andere Eigenschaften weist die freie Glykuronsäure auf. Sie wird durch Kochen mit einer Mineralsäure aus ihren Verbindungen abgespalten. Die alsdann entstehende freie Glykuronsäure reduziert die Fehlingsche Lösung bereits in der Kälte, stärker bei Erwärmung und dreht das polarisierte Licht nach *rechts*.

Spaltet man also die gebundenen Glykuronsäuren in einem Urin durch Erwärmung mit Säure, dann wird die vorherige Linksdrehung in eine Rechtsdrehung verändert werden. Glykuronsäure enthaltender Harn gärt nicht.

Die übrigen Eigenschaften und Reaktionen lasse ich hier unbesprochen. Die bisherigen Ausführungen werden genügen, den untersuchenden Arzt bei einer atypischen Reaktion an die Glykuronsäure denken zu lassen und eine Verwechslung mit Glykose zu verhindern.

Alkaptonurie. Ein kurzes Wort muß noch über diese eigentümliche Stoffwechselanomalie gesagt werden, weil der Alkaptonurin zuweilen mit einem zucker-

---

[1]) Siehe Dr. J. RITZEMA: Academ. Proefschr. Groningen 1905.

[2]) Wer sich für dies Thema interessiert, sei verwiesen auf UMBER: Ernährung und Stoffwechselkrankheiten. 2. Aufl., S. 310.

haltigen verwechselt werden kann, wenn man diese Anomalie nicht kennt. Die Alkaptonurie beruht auf der Ausscheidung einer aromatischen Säure, der Homogentisinsäure. Sie ist eine angeborene, ausgesprochen familiäre Stoffwechselkrankheit, die nichts mit Diabetes zu tun hat und vollkommen harmlos ist.

Der praktische Arzt kann mittels folgender Reaktionen mit großer Wahrscheinlichkeit die Homogentisinsäure nachweisen:

1. Wenn man einem Alkaptonharn Alkali (Kalium- oder Natronlauge, Ammoniak) hinzufügt, entsteht eine dunkle, braunschwarze Farbe, die an der freien Oberfläche der Flüssigkeit ihren Anfang nimmt. Schütteln (Aufnahme von Sauerstoff aus der Luft) beschleunigt den Prozeß. Die schwarze Verfärbung beruht auf der Oxydation der Homogentisinsäure unter Alkaliaufnahme.

2. Derselbe Vorgang (Schwarzfärbung von oben her beginnend) findet statt, jedoch langsamer, wenn der Urin einige Zeit an der Luft steht.

3. Der Harn reduziert Fehlingsche Lösung bei der Erwärmung. Die rote Farbe des Kupferoxyduls wird aber etwas bedeckt durch die braunschwarze Farbe, die von dem in der Fehlingschen Lösung vorhandenen Alkali hervorgerufen wird.

Gerade diese etwas atypische Fehlingsche Reaktion führt von Zeit zu Zeit zu einer Verwechslung mit Glykose. In einigen von mir beobachteten Fällen war anfänglich an eine Glykosurie gedacht worden. Das Atypische der Reaktion hatte jedoch die Aufmerksamkeit erregt und Zweifel entstehen lassen[1]).

4. Das Nylandersche Reagens wird durch Alkaptonharn nicht reduziert.

5. Alkaptonurin reduziert eine ammoniakalische Silbernitratlösung in der Kälte, unter Bildung eines schwarzen Niederschlags von metallischem Silber.

6. Alkapton ist optisch inaktiv und gärt nicht.

7. Bei Hinzufügung einer sehr verdünnten Eisenchloridlösung bildet sich eine schmutzig blaue oder grüne Farbe, die bald verschwindet, um der gewöhnlichen Trübung der Eisenphosphate Platz zu machen.

8. Hinzufügung von Millons Reagens ergibt eine gelbe oder orange Farbe, die bei Erwärmung ziegelrot wird.

9. Durch Bleisalze wird Homogentisinsäure ausgefällt.

10. Homogentisinsäure ist optisch inaktiv, gärt nicht und bildet mit Phenylhydrazin keine Osazonkrystalle.

Bemerkungen. 1. Die Alkaptonurie besteht gewöhnlich von der Geburt ab und ist familiär. Oft wissen die Leute zu berichten, daß ihr Harn in der Wäsche Flecken macht, die an der Luft braun oder schwarz werden.

2. Bei lange bestehender Alkaptonurie wird zuweilen ein brauner Farbstoff im Knorpel niedergeschlagen, den man dann hie und da bläulich durchschimmern sieht, z. B. am Ohrknorpel (Ochronose). Das Cerumen ist oft dunkelbraun verfärbt.

3. Höchst vereinzelt scheint es vorzukommen, daß in etwas höherem Lebensalter durch den Niederschlag des Farbstoffes im Gelenkknorpel eine Arthritis deformans zustande kommt.

Von dem unter Punkt 3 der „Bemerkungen" Gesagten abgesehen, ist die Alkaptonurie eine vollkommen harmlose Stoffwechselanomalie. *Personen mit Alkaptonurie können bei Beantragung einer Lebensversicherung, wenn sie im übrigen gesund sind, gegen durchaus normale Prämie angenommen werden.*

Die verschiedenen Substanzen, die bei den gebräuchlichen Zuckerreaktionen zu Irrtümern Veranlassung geben können, haben wir in vorstehendem einigermaßen ausführlich behandelt. Es möge nun noch zwecks bequemer Übersicht die folgende Tabelle nach F. Blumenthal[2]) Aufnahme finden.

---

[1]) Grutterink und Hymans v. d. Bergh: Nederlandsch tijdschr. v. geneesk. 1907, II, Nr. 17.

[2]) loc. cit. S. 33.

Hervorstechende Eigenschaften einiger zur Gruppe der Kohlehydrate gehörenden Substanzen.

	Reduktion	Gärung	Polarisation	Besondere Reaktionen
Glykose	+	+	nach rechts	
Lactose	+	— (erst + nach 20 Stunden)	„ „	
Lävulose	+	+	„ links	Resorcinprobe
Pedtose	+	—	inaktiv	Orcinprobe
Glykuronsäure gebunden	—	—	nach links	Orcinprobe nach Spaltung der gebundenen Säure
Glykuronsäure frei	+	—	„ rechts	

Zum Schlusse unserer Besprechung der Untersuchung des Harns im Hinblick auf Glykosurie noch folgende Bemerkung: Es kann vorkommen, daß ein Diabeteskranker, der sich für eine Lebensversicherung untersuchen läßt, durch Anwendung einer kohlehydratarmen Diät seinen Urin zuckerfrei macht. Das ist für den untersuchenden Arzt zuweilen ein recht unangenehmer Fall. Selbstverständlich wird ein solcher Kranker sich wohl davor hüten, subjektive Wahrnehmungen, falls diese vorhanden sind — Durst, übermäßig starke Eßlust, Jucken, schnelle Ermüdbarkeit u. dgl. — zu berichten. Nur wenn durch den einen oder anderen Umstand der Verdacht auf Zuckerkrankheit rege wird, wird man derartige Personen überführen können. Wenn z. B. jemand an Furunculose oder Ekzem leidet, oder wenn Kratzeffekte auf der Haut sichtbar sind, wenn Star besteht, wird man sich bei einer negativen Zuckerreaktion des Urins nicht sogleich festlegen. In einigen Fällen wird man, um den Einfluß der Diät mit Sicherheit festzustellen, auf eine kurzfristige Aufnahme in eine Krankenanstalt dringen können.

Personen, die auf solch erfinderische Art versuchen, eine günstige Beurteilung zu erlangen, obwohl ihnen das Bestehen einer ernsteren krankhaften Veränderung bekannt ist, kommen auf einen derartigen Versuch gewöhnlich dadurch, daß sie einige Zeit zuvor von einer anderen Gesellschaft abgewiesen worden sind.

Untersuchung des Urinsediments.

Der begutachtende Arzt wird das Urinsediment in folgenden Fällen untersuchen müssen:

1. wenn der Urin, und sei es auch nur eine Spur, Eiweiß enthält;
2. wenn der frisch gelassene Urin trübe ist;
3. wenn die augenblicklichen Klagen des Antragstellers, die Mitteilung früherer Beschwerden oder Krankheiten oder endlich die bei der Untersuchung vorgefundenen krankhaften Veränderungen den Verdacht auf eine Erkrankung der Nieren oder Harnwege oder der Organe in deren Nachbarschaft erwecken.

Bevor man den Urin mikroskopisch untersucht, betrachte man ihn in einem gut durchscheinenden Glas mit unbewaffnetem Auge. Man achte auf Konkremente, Tripperfäden, kleine Pfröpfe und Häutchen, wie sie bei Tuberkulose dann und wann einmal vorkommen. Erst dann gehe man zum Sedimentieren über.

Früher untersuchte man das Sediment, welches sich nach 24stündigem Stehen in einem Spitzglas bildete. Das hat den Nachteil, daß der Urin in dieser Zeit manchmal verdirbt. Man gewöhne sich daran, den Urin zu zentrifugieren, wenn man ein Sediment erhalten will. Eine Handzentrifuge genügt dazu vollkommen.

Der Preis eines solchen Apparates ist so niedrig, daß er kein Hinderungsgrund für die Anschaffung ist.

Eine ausführliche Besprechung der Urinsedimente kann hier nicht stattfinden. Ebensowenig können wir uns hier auf die Differentialdiagnostik der Krankheiten der Nieren und Harnwege einlassen. Nur einige Besonderheiten, die nach unserer Erfahrung nicht selten zu Mißdeutungen Veranlassung geben, seien hervorgehoben.

1. Zufällige Bestandteile.

Oft findet man in einem Urinsediment wollene Fäden oder Fäden von anderen Geweben, die von den Kleidern des Patienten herrühren.

Oft verwirren auch Stärkemehlkörnchen (Amylum solani, oryzae usw.), wenn der Patient sich gepudert hatte. Die Form und die Reaktion mit Jodjodkali erlauben leicht die Deutung derartiger Körner.

Bei sehr unsauberen Personen, besonders Frauen, kann man zuweilen Faecesbestandteile im Urin finden, namentlich auch Eier von Darmparasiten.

2. Rote Blutkörperchen.

Sie können in größerer oder geringerer Zahl im Urin vorhanden sein. Im ersteren Fall wird man auf chemischem Wege (Hellersche Reaktion: rote Farbe des Niederschlags von Erdphosphaten, der gebildet wird, wenn man den Urin nach Hinzufügung von Lauge einige Augenblicke kocht; Reaktion mit Guajactinktur und Terpentin) oder spektroskopisch den Blutfarbstoff nachweisen können. Sind nur wenige im Urin enthalten, so werden sie erst durch die mikroskopische Untersuchung gefunden werden können[1]).

Findet man rote Blutkörperchen, dann muß man zuerst untersuchen, ob das Blut in der Tat aus den Harnwegen oder von irgendwo anders stammt (Vulva, Vagina, Hämorrhoiden). Weiter, aus welchem Teil der Harnwege es kommt, Nieren, Nierenbecken, Blase, Urethra.

In manchen Fällen gelingt diese Differenzierung auf einfache Weise. Die Zweigläserprobe von Thompson kann schon manche Aufklärung geben: ist der in das erste Glas gelassene Urin intensiv rot, der in das zweite Glas gelassene nicht oder viel weniger gefärbt, so spricht dies sehr für eine Blutung aus der Urethra posterior oder der Prostata. Ist das zweite Glas sehr stark verfärbt, das erste wenig, so hat man es wahrscheinlich mit einer Blasenblutung zu tun, weil die Flüssigkeit in der Blase Neigung zum Sedimentieren besitzt. Bei Blutungen der Nieren sind beide Mengen gleich stark und gleichmäßig gefärbt.

Es ist ohne weiteres begreiflich, daß der Zweigläserprobe nur dann Bedeutung zukommt, wenn sie sehr typisch ausfällt, und auch dann noch ist sie nur von relativem Wert.

In früheren Jahren, als man noch des Cystoskops ermangelte, war man ausschließlich auf derartige „kleine“ klinische Hilfsmittel angewiesen, wenn ich sie so nennen darf. Man erwarb in deren Beurteilung eine große Fertigkeit[2]) und wußte aus ihnen sicher viel mehr zu erkennen als heutzutage, wo die Unter-

---

[1]) Man lasse nie außer acht, daß zuweilen aufgelöster Blutfarbstoff im Urin vorkommt, ohne daß im Sediment unverletzte rote Blutkörperchen zu finden sind. Wohl findet man dann gewöhnlich eine braunrote Masse, die aus zerfallenen Körperchen besteht. Dies ist der Fall: a) in einzelnen seltenen Umständen bei hämorrhagischer Nephritis, wenn nämlich bei Anwesenheit von Blut der Urin hypotonisch ist; b) bei paroxysmaler Hämoglobinurie; c) bei Schwarzwasserfieber (Chinin!); d) bei einer Reihe von Vergiftungen; e) bei Verbrennungen und Erfrierungen; f) nach Bluttransfusionen; g) in seltenen Fällen von schweren Infektionskrankheiten.

[2]) Man lese z. B. Guyon: Leçons cliniques sur les maladies des voies urinaires. S. 301ff. und S. 392ff. Paris: Baillière et fils 1885.

suchung mit dem Cystoskop fast immer mit Sicherheit den Sitz der Erkrankung festzustellen vermag. Für die Praxis der ärztlichen Begutachtung jedoch sind Hilfsmittel, wie die oben genannten, die keine instrumentellen Untersuchung erfordern, von großem Wert, wenn sie auch nur eine orientierende Bedeutung haben.

Auch weiter hinzukommende Erscheinungen können bis zu einem gewissen Grade Aufklärung verschaffen. Die Frequenz der Miktion, Klagen über Schmerzen beim Wasserlassen und die Art dieser Schmerzen, Anwesenheit kleiner zylindrischer Gerinnsel im Urin, Abgüsse der Urethra, die auf eine Nieren- oder Nierenbeckenblutung hinweisen. Gleichzeitige Beimengung von Zylindern beweist, daß jedenfalls die Nieren mit ergriffen sind. Sieht man bei der mikroskopischen Untersuchung die roten Blutkörperchen als „Schatten", so ist ihr Ursprung aus den Nieren wahrscheinlich.

In vielen Fällen aber wird es nicht gelingen, den Ort der Blutung festzustellen, ohne eine instrumentelle Untersuchung vorzunehmen. Selbstverständlich ist eine derartige Untersuchung nicht Aufgabe des begutachtenden Arztes.

Dies alles betrifft den Ort der Blutung.

Was nun den Krankheitsprozeß anbetrifft, welcher der Blutung zugrunde liegt, so sind (abgesehen von Traumata) als die wichtigsten Ursachen für das Vorhandensein von Blut im Urin anzusehen[1]): hämorrhagische Nephritis, Tuberkulose der Nieren, Blase und Prostata, Nieren- und Blasensteine, bösartige Geschwülste der Nieren, Blase und Prostata, vereinzelt ein Polyp in der Blase oder dem Nierenbecken, endlich Hypertrophie der Prostata und in seltenen Fällen eine Urethritis posterior.

In vielen Fällen wird die Diagnose bereits während der Begutachtungsuntersuchung möglich sein.

Die Anwesenheit einer großen Menge Eiweiß im Urin, mehr als mit dem Blut in Einklang zu bringen ist, von Zylindern im Sediment, von Erscheinungen an Herz und Gefäßen, von ernsten Komplikationen ganz zu schweigen, lassen die Diagnose einer Nephritis zu.

Das Aussehen der zu begutachtenden Person, ihre Vorgeschichte und Familienkrankheiten, eventuelle Abweichungen an Lungen oder anderen Organen, Narben, die auf frühere tuberkulöse Lymphome hindeuten, Haut- und Knochenerkrankungen, Fieber, die Anwesenheit von vielen weißen Blutkörperchen neben den roten bei saurer Reaktion des Urins, von dem Nachweis von Tuberkelbacillen im Sediment ganz zu schweigen, berechtigen zur Diagnose der Tuberkulose.

Die Art der Beschwerden und die Palpation werden es oft ermöglichen, auf eine Geschwulst der Nieren oder Prostata oder auf Prostatahypertrophie zu schließen.

Endlich werden die Angabe früherer Koliken, der Abgang von kleinen Steinen, die Anwesenheit vieler Krystalle im Sediment vielfach auf Nierensteine hinweisen oder beim Bestehen sehr typischer Klagen den Verdacht auf Blasensteine erwecken können.

So wird also der begutachtende Arzt selbst schon in einer Reihe von Fällen mit Wahrscheinlichkeit die Ursache der von ihm gefundenen Blutung angeben können. Die Direktion der Gesellschaft wird dann, beraten durch ihren Vertrauensarzt, einen Entschluß fassen müssen. Es bleiben aber nicht wenig Fälle übrig, wo eine länger dauernde Beobachtung, eine Untersuchung mittels einer Reihe von Hilfsmitteln erforderlich sind, um zu einer Diagnose zu gelangen. Wird diese verweigert, so muß der Antrag auf Versicherung abgewiesen werden.

[1]) Im Hinblick auf die aus den Tropen kommenden Personen muß noch erwähnt werden: die Hämaturie bei Blutparasiten (z. B. Bilharzia und Filaria).

Was wir bisher über die Hämaturie mitteilten, waren einige allgemein bekannte und elementare Bemerkungen. Wir wollen noch eine schwierige Frage besprechen: Wenn im Sediment eines gut zentrifugierten Urins sehr vereinzelt rote Blutkörperchen gefunden werden, weist dies dann mit Sicherheit auf die eine oder andere Erkrankung der Nieren oder Harnwege hin? Bis vor kurzer Zeit würde ich nicht gezögert haben, diese Frage bejahend zu beantworten. Tatsächlich brauchen die verschiedenen vorher genannten Krankheiten, die mit Hämaturie einhergehen, durchaus nicht immer zum Austritt einer großen Menge Blut oder zahlreicher roter Blutkörperchen in den Urin Veranlassung zu geben. So findet man besonders bei Nierensteinen oft nur eine ziemlich kleine Zahl von Erythrocyten im Urinsediment. Vollkommen mit Recht betrachtet man es daher auch als ein wichtiges diagnostisches Zeichen, wenn bei jemandem, der über kolikartige Schmerzen klagt, im Urinsediment und seien es auch nur sehr wenige, rote Blutkörperchen gefunden werden. Man ist leicht geneigt, nun noch einen Schritt weiterzugehen und zu behaupten, daß die Anwesenheit von vereinzelten roten Blutkörperchen im Urin *stets* etwas Pathologisches bedeutet. Fast alle Lehrbücher drücken sich denn auch in diesem Sinne aus. So sagt DE QUERVAIN[1]): „Der Befund von Blut im Urin hat stets eine ernste Bedeutung, gleichviel ob man nur mit dem Mikroskop vereinzelte Blutkörperchen findet oder ob es sich um profuse Blutungen handelt." SPAETH[2]) sagt: „Das Vorkommen der Blutkörperchen im Harne ist immer ein pathologisches Symptom." Und C. NEUBERG[3]) schreibt: „Wenn Leukocyten in ganz geringer Zahl mit der Normalität eines Urins verträglich sind, so muß man aus der Anwesenheit roter Blutkörperchen fast immer auf einen pathologischen Zustand schließen", und über Nierensteine sprechend: „Charakteristisch ist das konstante Vorkommen einiger Erythrocyten in jedem Sediment. Auf den Befund ist besonders großes Gewicht zu legen."

Auf Grund einer Beobachtung in der Klinik waren bei mir Zweifel entstanden, ob diese Behauptungen wohl als ganz richtig angesehen werden durften. Darum ersuchte ich die Herren SCHULTE und WOLTERING (damals Koassistenten an der Groninger Klinik), bei einer Anzahl gesunder Personen das Sediment auf rote Blutkörperchen zu untersuchen. Inzwischen suchten wir in der Literatur nochmals nach und fanden bei PEL[4]): „er zijn tal van bekende clinici, die het voorkomen af en toe van enkele roode bloedlichaampjes in de urine volstrekt niet voor pathologisch houden[5])." Verschiedene Untersucher hatten bereits nach intensiven physischen Anstrengungen in dem sog. Sporturin Erythrocyten gefunden, obwohl J. MÜLLER bei Radfahrern keine roten Zellen im Urin vorfand. CHRISTENSEN fand bei Sportsleuten sowohl vor wie nach dem Sport in 20% der Fälle Erythrocyten. Ebenso fanden KLIENEBERGER und OXENIUS unter Rekonvaleszenten nach allerlei afebrilen Krankheiten bei 26,92% der Männer und bei 41,79% der Frauen vereinzelt rote Blutkörperchen. SCHULTE und WOLTERING[6]) haben das Urinsediment von 50 gesunden jungen Männern unter 30 Jahren (meistens Studenten) und von 20 älteren über 35 Jahren (meistens Laboratoriumspersonal) untersucht. Sie fanden unter ersteren in 84% der Fälle rote Blutkörperchen, unter letzteren in 90% der Fälle.

---

[1]) DE QUERVAIN: Spezielle chirurgische Diagnostik. S. 398. 1911.

[2]) SPAETH: Untersuchung des Harns. S. 566. 1908.

[3]) NEUBERG, C.: Der Harn usw. Teil I, S. 861. 1911.

[4]) PEL, P. K.: De ziekten van nieren en nierbekken. S. 466. Haarlem: de Erven F. Bohn 1912.

[5]) „Es gibt eine ganze Reihe von Klinikern, die das zeitweise Vorkommen von vereinzelten roten Blutkörperchen im Urin durchaus nicht für pathologisch halten."

[6]) SCHULTE und WOLTERING: Nederlandsch tijdschr. v. geneesk. 1914, II, Nr. 10.

Hieraus folgt also, daß wir dem Vorhandensein von sehr vereinzelten roten Blutkörperchen in dem durch tüchtiges Zentrifugieren erhaltenen Sediment keine absolut pathognomonische Bedeutung beilegen dürfen. Eine quantitative Regel, welche Menge roter Blutkörperchen als pathologisch angesehen werden muß, ist natürlich nicht zu geben. Wenn man indessen in jedem Gesichtsfeld verschiedene Erythrocyten findet, kann man mit Sicherheit einen pathologischen Zustand annehmen.

Mit Absicht haben wir von den „essentiellen Nierenblutungen“, der „renalen Hämophilie“ geschwiegen. Wenn tatsächlich Blutungen aus gesunden Nieren vorkommen, so ist dieser Zustand jedenfalls äußerst selten. Die Diagnose kann nur gestellt werden, wenn mit allen — man möchte sagen raffinierten — Hilfsmitteln der heutigen Untersuchungstechnik organische Erkrankungen der Nieren ausgeschlossen worden sind. Und auch dann noch bleiben dem Skeptiker Zweifel übrig. Von einer derartigen vollständigen Untersuchung kann bei der Begutachtung für eine Lebensversicherung keine Rede sein, so daß man bei dem Antragsteller auf eine Lebensversicherung wohl niemals diese Diagnose stellen wird.

Zum Schlusse sei noch die folgende Beobachtung mitgeteilt, die uns nicht unwichtig zu sein scheint.

Ein etwa 40jähriger Kaufmann beantragt die Versicherung zu einem ansehnlichen Kapital. Er teilt mit, daß sein Vater infolge von Nierensteinen gestorben ist und er selbst in den letzten Jahren an einigen Kolikanfällen in der rechten Bauchhälfte gelitten hat, die sein Hausarzt als Nierensteinkoliken angesehen hätte. In dem nach einem solchen Anfall gelassenen Urin wurden bei der mikroskopischen Untersuchung rote Blutkörperchen gefunden. Der begutachtende Arzt fand keinerlei Abweichungen und hielt das Vorhandensein eines kleinen Nierensteins für vorliegend. Dem Antragsteller wurde eine Versicherung unter besonderen Bedingungen vorgeschlagen, die aber von ihm abgelehnt wurde.

Ungefähr ein Jahr später tritt wiederum ein Kolikanfall auf, jedoch heftiger als früher. Ein zur Konsultation hinzugezogener Chirurg glaubt die Diagnose auf Appendicitis stellen zu sollen. Bei der Operation fand sich ein gangränöser Appendix vor, der entfernt wurde. Nach der Operation hat der Patient niemals wieder über Schmerzen geklagt. Diese Beobachtung macht es wahrscheinlich, daß Anfälle von Appendicitis zu Hämaturie Veranlassung geben können. Einige Zeit nach Beobachtung dieses Falles erschien eine Mitteilung von FRISCH[1]), die sich mit unserer Wahrnehmung vollkommen deckte. Der Verfasser konnte aus der Literatur 13 Fälle von Hämaturie bei Appendicitis zusammenstellen und fügt noch einzelne eigene Beobachtungen hinzu, wo, gleichwie in unserem Falle, die Hämaturie mit gleichzeitigen heftigen appendikulären Koliken auf einen Irrweg geführt hatte.

3. Weiße Blutkörperchen.

Vieles von dem, was über die Erythrocyten gesagt worden ist, kann auch auf die Leukocyten übertragen werden. Sehr vereinzelte weiße Blutkörperchen im Urinsediment sind völlig bedeutungslos. In der „Nubecula“, die sich in jedem normalen Urin nach einiger Zeit bildet, findet man mitten im Schleim stets vereinzelte weiße Blutkörperchen. Von großer Bedeutung dagegen ist eine starke Vermehrung der Leukocyten. Bei Frauen wird es oft schwierig sein, ohne Katheterisierung herauszufinden, ob die Leukocyten nicht aus der Vagina stammen, besonders dann, wenn Fluor albus besteht. Zuweilen genügt es, den

[1]) v. FRISCH: Wien. klin. Wochenschr. 1912, Nr. 1; nach einem Referat in Semaine méd. 1912, S. 340.

Urin nach gründlichem Waschen der Genitalien oder Ausspülen der Vagina auffangen zu lassen.

Hat man die Anwesenheit einer abnorm großen Zahl von Leukocyten im Urin festgestellt, so muß wieder untersucht werden, woher sie stammen, ob aus den Nieren, dem Nierenbecken, der Blase oder Urethra (oder auch aus einem in die Harnwege durchgebrochenen Absceß), und welcher Prozeß zugrunde liegt.

Es sei daran erinnert, daß bei Tuberkulose der Blase und Nieren der Urin sauer reagiert, solange keine Sekundärinfektion eingetreten ist. Dasselbe gilt für die durch Bacterium coli verursachte Pyelitis und Cystitis.

Wenn der Urin bei Anwesenheit von Eiter alkalisch reagiert, so bildet sich eine eigenartige schleimige Masse, die durch den Zerfall der Leukocyten entsteht. Dies kann so weit gehen, daß im Sediment beinahe kein mikroskopisch erkennbarer Leukocyt mehr zu finden ist. Durch die blaue Reaktion, die nach Hinzufügen von Guajactinktur auftritt, kann man jedoch den Eiter als solchen erkennen.

Es ist wohl unnötig, darauf hinzuweisen, daß in allen derartigen Fällen eine Beurteilung des Risikos sich vollkommen nach der zu stellenden Diagnose zu richten hat.

Sechstes Kapitel.

Zusammenhänge zwischen Körpermaßen und -gewicht und der Lebensdauer.

Wiederholt schon ist darauf hingewiesen worden, daß der schwache Punkt bei der ärztlichen Untersuchung für die Lebensversicherung die unvermeidbare Oberflächlichkeit ist. Oberflächlich ist das Urteil des begutachtenden Arztes, der nach einer kurzen Untersuchung ein festes Urteil über eine ihm meist vollkommen fremde Persönlichkeit haben muß und sich zu dem Zwecke nur der elementarsten Untersuchungsmittel bedienen kann. Oberflächlich ist auch das Urteil des Vertrauensarztes, der aus der Antwort auf einige schematische Fragen sich nicht nur ein Urteil über den Gesundheitszustand, sondern auch über die wahrscheinlichen Lebensaussichten dieser Person in den nächsten 10 Jahren bilden muß. Und gerade dies ist etwas, das ein gewissenhafter Arzt selbst nach länger dauernder und sorgfältiger Beobachtung nur mit einer peinlichen Empfindung der Unsicherheit und einer gewissen Hemmung auf sich nimmt. Wieviel besser würde dies alles sein, wenn es möglich wäre, an die Stelle der subjektiven Ansichten rein den Tatsachen entsprechende Daten zu stellen. Aber was ist an Objektivität in Urteilen enthalten wie: gesund oder schwach, schlank, schmale Brust, reines Atemgeräusch, leise Herztöne oder Herzgeräusch, harter oder weicher Puls? Alle derartigen Angaben sind relativ. Absolut sind nur einige chemische Reaktionen und die Zahlen, die das Körpergewicht und die Körpermaße betreffen. Dies sind die Angaben, die dem ärztlichen Berater der Gesellschaft eine feste und sichere Handhabe bieten, wenigstens bieten müssen. Dieser letztere Vorbehalt muß gemacht werden, weil die Zahlen natürlich nur dann Wert haben, wenn sie richtig aufgenommen sind. Jedoch ist es geradezu auffallend, wie wenig Wert im allgemeinen der begutachtende Arzt diesen Angaben beimißt. Zuweilen sind die Zahlen überhaupt nicht eingetragen, zuweilen nur mit $\pm$, oft unter dem Zusatz „nach Schätzung". Wenn man nun den Angaben aus verschiedenen aufeinanderfolgenden Berichten bei ergänzenden Versicherungen nachgeht, so stellt sich zuweilen dabei heraus, daß ein und dieselbe Person in einer Zwischenzeit von einigen Jahren derartigen wunderbaren Schwankungen in Länge und Gewicht unterworfen ist, daß man kaum glauben kann, es mit dem gleichen Menschen zu tun zu haben. Die Gründe dieser Mißachtung für die Angaben von Länge und Gewicht liegen auf der Hand. Außer bei deutlicher Fettsucht ist es für den Arzt meist von wenig Interesse, wie groß sein Patient ist, und wieviel er wiegt. Für den behandelnden Arzt wird eine Gewichtsveränderung oft von großer Bedeutung sein zur Beurteilung des Verlaufs eines Krankheitsprozesses. Der begutachtende Arzt dagegen hat nichts mit Krankheitsprozessen zu tun und sieht den betreffenden Antragsteller nur einmal und dann oft nie wieder. Gewichtsänderungen kann er infolgedessen nicht feststellen, darum interessiert ihn das absolute Gewicht auch wenig (mit Ausnahme der, wie bereits hervorgehoben, exzessiven Fälle). Sieht er jemanden mit einer breitgewölbten Brust, so wird er dies berichten und erachtet dann die

Angabe des Umfangs in Zentimetern wohl als einen etwas überflüssigen Luxus. Ebenso steht es mit dem Bauchumfang, und dies besonders immer wieder dann, wenn kein „Bäuchlein“ vorhanden ist. Der zu untersuchende Antragsteller steht leiblich vor ihm und der erhaltene Eindruck ist so lebendig, daß die Maße für ihn weniger stark sprechen als der sichtbare Eindruck.

Ganz anders steht der Vertrauensarzt diesen Fällen gegenüber. Sein Eindruck von dem Antragsteller beruht allein auf den subjektiven Mitteilungen des begutachtenden Arztes und den Zahlen. Auf diese letzteren legt er großes Gewicht, da sie rein objektiver Natur sind. Der untersuchende Arzt wird beinahe niemals einen Krankheitsprozeß bei dem Antragsteller zu verfolgen haben. Anders verhält sich dies zuweilen in gewissem Sinne bei dem Vertrauensarzt. Dieser verfügt nämlich häufig auch über andere Angaben und kann dadurch Vergleiche anstellen, wie sich der Zustand des Untersuchten im Laufe der Zeit ändert. Wenn ein ziemlich schmächtiges Individuum aus tuberkulöser Familie trotz günstiger Lebensverhältnisse immer magerer wird, so bekommen die absoluten Gewichtszahlen eine ganz andere Bedeutung, als sie es für die 2 oder 3 verschiedenen Ärzte, die nacheinander ihr Gutachten abgaben, sein konnten.

Endlich bieten die Zahlen der Maße und Gewichte das einwandfreieste Material für eine statistische Bearbeitung. Durch Zusammenstellung einer großen Anzahl derartiger Angaben kann man zweifellos zu überraschenden Ergebnissen gelangen. Wie wir später sehen werden, ist in der Hinsicht schon vieles erreicht.

Die genaue Angabe ist also von Wichtigkeit. Wichtig natürlich nicht in dem Sinn, daß es auf einen Millimeter ankommt, aber doch so, daß man bei deren Bestimmung mit Sorgfalt zu Werke gehen muß.

Das Gewicht kann mit oder ohne Kleider bestimmt werden, wünschenswert ist es jedoch, dies jedesmal ausdrücklich anzugeben. Die Listen der normalen Gewichte, herausgegeben von den amerikanischen (Medico-Actuarial Mortality Investigation) und den niederländischen Gesellschaften geben die mit Kleidung erhaltenen Zahlen an.

Eine gute Basculewage verdient natürlich den Vorzug. Man kann sich jedoch auch mit den bekannten kleinen Wiegeapparaten begnügen in Form eines Bänkchens, auf das man tritt, wobei dann das Gewicht in einem kleinen Spiegel abgelesen werden kann.

In Städten kann man vielfach Stuhlwagen bei Instrumentenmachern anwenden, wobei das Resultat auf einem mit Datum versehenen Kärtchen verzeichnet wird. Vollkommen zuverlässig ist diese Methode natürlich nicht. Aber es ist doch ein Zeichen eines absichtlich groben Betrugs, wenn man hierbei falsche Angaben sich verschafft. Die Aussicht der Überführung durch eine Kontrollwiegung wird hemmend genug wirken. Man begnüge sich am besten nicht mit der Angabe des Antragstellers, die auch meist „so ungefähr“ lautet.

Das Längenmaß ist sehr leicht und zuverlässig zu bestimmen. Ein in Zentimeter eingeteilter Papierstreifen, 50 cm lang und $1^1/_2$ m oberhalb des Fußbodens an einem Türpfosten befestigt, ist praktisch für Versicherungszwecke ausreichend. Man gebe dabei an, ob die Messung mit oder ohne Schuhe erfolgt ist.

Nach dem Umfang des Halses wird hauptsächlich im Zusammenhang mit dem sog. Habitus apoplecticus oder im Hinblick auf eine bestehende oder beginnende Struma gefragt. Aus diesem Grunde und zur Vermeidung falscher Maße infolge eines stark vorspringendem Adamsapfels nehme man das Maß unterhalb des Kehlkopfs.

Schwieriger ist das richtige Maß des Brustkorbs zu bekommen. Erwünscht ist bei Männern der Umfang in Höhe der Brustwarzen. Bei Frauen messe man längs des oberen Randes der Brustdrüsen, um den Einfluß der mehr oder weniger voluminösen Mammae auszuschalten. Die Schwierigkeit besteht in der Bestimmung der Ausdehnung des Brustkorbes bei der Einatmung. Es erfordert, besonders bei nervösen und weniger gebildeten Personen, oft sehr viel Mühe, ihnen den Begriff der maximalen In- und Exspiration klarzumachen, und sogar kluge Leute verstehen die Kunst des tiefen Atmens oft sehr wenig. Durch Geduld, das eigene Beispiel und den Durchschnitt aus mehreren gefundenen Werten erreicht man schließlich doch das gewünschte Ziel.

Ob man die Maße bei horizontal ausgestreckten oder herabhängenden Armen aufnimmt, spielt keine große Rolle. Letzteres ist wohl am einfachsten und geschieht auch bei der Untersuchung für den Militärdienst in Holland[1]).

Den Umfang des Bauches messe man bei oberflächlicher Atmung in Nabelhöhe, man muß dabei darauf achten, daß der Bauch nicht eingezogen wird.

Natürlich müssen die Maße über dem nackten Körper genommen werden.

Körperlänge und Lebensdauer.

Im allgemeinen mißt man der Körperlänge wenig Einfluß auf die Lebensdauer bei, mit Ausnahme der Fälle, in denen sehr starke Abweichungen von der Norm bestehen, nämlich bei Zwergen und Riesen. Besonders letztere werden gewöhnlich nicht alt. Der Riesenwuchs muß als eine krankhafte Anomalität aufgefaßt werden, die auf Störungen der inneren Sekretion der Geschlechtsdrüsen oder der Hypophysis cerebri beruht. Meist ist die Kraft und Gesundheit dieser Individuen nicht in Übereinstimmung mit ihrer Länge.

Jedoch ist auch in weniger extremen Fällen ein Zusammenhang zwischen Körperlänge und Lebensdauer zu finden. Die schon öfters erwähnte, von einer großen Anzahl amerikanischer Gesellschaften[2]) angestellte Untersuchung ergibt für diesen Zusammenhang recht deutliche Zahlen.

Das Verhältnis der wirklichen zur erwarteten Sterblichkeit beträgt:

Lebensalter bei Abschluß der Versicherung	Länge 1,60—1,68	1,69—1,77	1,78—1,86
20—29 Jahre	96%	110%	122%
30—39 „	107%	109%	113%
40—49 „	110%	109%	120%
50—59 „	108%	109%	101%

Diese Zahlen sind das Ergebnis von 221 819 Beobachtungen.

Hieraus geht hervor, daß besonders bei jüngeren Menschen eine große Länge schlechtere Lebensaussichten gibt. Ein statistischer Beweis also für die Auffassung, daß lange, aufgeschossene, häufig dann auch magere Menschen nicht zu den stärksten gerechnet werden. Besonders fürchtet man für sie die Gefahr der Tuberkulose. Nach Hägler (in Übereinstimmung mit Benedict) soll das Zurückbleiben des Wachstums von Herz und Aorta die Ursache der Erkrankung der Lungen sein.

[1]) Nach Poëls (Mitteilung auf dem Kongreß der Lebensversicherungsärzte zu Paris) ist der Brustumfang am besten zu bestimmen, wenn man die Arme über den Kopf heben läßt, so daß die Handflächen einander berühren. Diese Methode (die auch von Bertillon angewandt wird) hat den Vorteil, daß die Muskeln gespannt und dadurch weniger leicht durch das Bandmaß einzudrücken sind. Doch ist diese Methode zur Bestimmung der maximalen In- und Exspiration nicht geeignet.

Bei der „Gotha“ (Florschütz: Aus der Praxis der „Gotha“, S. 290) ist es gebräuchlich, die Maße bei horizontal ausgestreckten Armen zu nehmen. Dies ist in Deutschland auch die Methode bei der militärischen Untersuchung.

Nach Fröhlich (Brustmessung im Dienste der Medizin, 1894) erhält man bei der deutschen Methode eine tiefere Ausatmung, bei der niederländischen eine tiefere Einatmung.

[2]) Medico-Actuarial Mortality Investigation Bd. 2, S. 22. 1913.

Körpergewicht und Körperlänge.

Vor allem anderen ist das Verhältnis der Länge zum Gewicht das wichtigste. Selbstverständlich hat ein bestimmtes Körpergewicht eine ganz andere Bedeutung bei einem großen als bei einem kleinen Individuum.

Zur Untersuchung des Zusammenhangs zwischen diesen beiden Funktionen kann man Formeln zugrunde legen, die dem Verhältnis bei einem normalen Menschen nahe zu kommen versuchen. Solche Formeln sind in großer Zahl vorhanden. Es mögen hier einige angeführt werden, ohne daß aber auf Vollständigkeit Anspruch gemacht werden kann.

1. Die bekannteste Formel ist die von BROCA. Das Gewicht, ausgedrückt in kg, muß der Körperlänge in cm — 100 gleich sein. Angesichts dessen, daß dies die leichteste Art der Berechnung ist, lohnt es wohl der Mühe, ihre Richtigkeit näher zu prüfen, was denn auch später (S. 220) geschehen soll.

2. OEDER[1]) nimmt zu dieser Berechnung an Stelle der wirklichen die „proportionale" Länge, d. h. das Doppelte des Abstandes vom Scheitel bis zur Symphyse, wodurch also der Einfluß der Beinlänge außer Betracht bleibt. Diese proportionale Länge ist etwas größer als die wirkliche. Die Feststellung dieses Maßes ist aber viel schwieriger als die der gewöhnlichen Länge.

3. Nach MAHILLON[2]) darf die Anzahl Kilogramm des Körpergewichts die Anzahl Zentimeter der halben Körperlänge nicht übertreffen. Ist dies der Fall, dann spricht er von Korpulenz.

4. v. NOORDEN[3]) multipliziert die Länge in Zentimetern mit 430 und 480 g und findet auf diese Weise das Minimum und Maximum des normalen Gewichtes, das der betreffenden Länge entspricht.

Komplizierter sind die folgenden Formeln:

5. BORNHARDT spricht von mittlerer Konstitution als $P = \frac{HC}{240}$, wobei P das Körpergewicht, H die Körpergröße und C der Brustumfang ist. Ist P größer, so handelt es sich um eine kräftige Konstitution, ist P kleiner, dann gehört die betreffende Person zu den Schwächlichen[4]).

6. PIGNET[5]) bezeichnet als Coëfficient de robusticité $H - (P + C)$, wobei H die Körpergröße, P das Gewicht und C der Brustumfang ist. Diese Zahl muß kleiner als 20 sein. 21—25 ist mittelmäßig, mehr als 25 ist schwach.

Von FLACHS ist auf dem Congres des médecins des compagnies d'assurances in Paris (1903) vorgeschlagen worden, in diese Formel auch den Bauchumfang einzustellen, und zwar dergestalt, daß, wenn dieser Umfang kleiner als der Brustumfang ist, man sich an die ursprüngliche Formel von PIGNET halten kann, und daß, wenn er dagegen größer ist, die Zahl, die das Gewicht ausdrückt (P), mit einem Bruch multipliziert werden muß, dessen Zähler der Brustumfang, dessen Nenner der Bauchumfang ist.

7. ENKLAAR[7]) kommt auf Grund theoretischer Erwägungen zu der Formel G/L^2 (G = Gewicht, L = Länge) und findet, daß dieser Wert bei Rekruten mindestens = 20 sein muß[8]).

---

[1]) OEDER: Über die Brauchbarkeit der proportionalen Körperlänge usw. Med. Klinik 1909.

[2]) Kongreß von Lebensversicherungsärzten zu Paris 1903.

[3]) v. NOORDEN: Die Fettsucht. 2. Aufl., S. 4.

[4]) Nach VIERORDT: Daten und Tabellen. Fischer 1888.

[5]) PIGNET: Bull. méd. de Paris, April 1901.

[7]) De lichaamsgesteldheid van den loteling by verschil in welstand. Diss. Utrecht 1912.

[8]) Vollständigkeitshalber, obwohl keine Funktion des Körpergewichts, sei hier noch der Lenhoffsche Index angeführt: $\frac{\text{distantia jugulo-pubica}}{\text{kleinster Bauchumfang}} \times 100$ muß ungefähr 75 sein; 80—90 weist auf eine schwache Konstitution hin.

Sowohl diese Formel wie die von PIGNET ist zum Zwecke der militärischen Begutachtung aufgestellt und gilt also für das Alter von 20 Jahren. Dies macht sie für die Begutachtung für eine Lebensversicherung nicht geeignet. Jedoch zeigen auch die übrigen Formeln denselben prinzipiellen Fehler, daß sie das Lebensalter nicht berücksichtigen. Es ist absolut physiologisch, daß mit zunehmendem Alter das Körpergewicht zunimmt. Man würde also unbillig verfahren, wollte man an einen Mann von 40 Jahren denselben Maßstab anlegen wie an einen Jüngling von 18 Jahren.

Mit dem gleichen Übel sind auch die älteren Tabellen behaftet, die eine aus statistischen Untersuchungen über das Verhältnis von Länge und Gewicht zusammengestellte Übersicht gaben, aber dabei das Lebensalter nicht berücksichtigen. Dies ist der Fall bei den Tabellen von QUETELET (1836), HUTCHINSON (1846) und FOSTER (1885).

Körpergewicht im Zusammenhang mit Körperlänge und Lebenszeit.

Die späteren Angaben, die alle auf Material fußen, das von den Lebensversicherungsgesellschaften geliefert wurde, sind besser zu gebrauchen. Es sind dies die sog. Shepherdsche Tabelle (1897, basierend auf 74 162 männlichen Versicherten), die Tabelle des National Fraternal Congres (1900, 133 940 Personen), die Tabelle der Assicurazione generale (Österreich 1908), eine kombinierte deutsche Tabelle, die Tabelle von KARUP [zusammengestellt aus den Erfahrungen der ,,Gotha“[1])] und die der Medico-Actuarial Mortality Investigation (Amerika 1913, 221 819 Personen).

In Holland ist jetzt Dr. H. J. COERT, Vertrauensarzt der ,,Eerste Nederlandsche“, mit einer Untersuchung der Maße und Gewichte der Niederländer beschäftigt. Er war so freundlich, mir vor Drucklegung dieses Buches das vorläufige Resultat dieser Untersuchung, das sich auf die Angaben über 3000 versicherter Männer (gewogen mit Kleidung, gemessen mit Schuhen) stützt, zur Publikation zu überlassen. Ich spreche ihm dafür hier meinen herzlichen Dank aus.

Wie nötig es ist, über Daten aus dem eigenen Land verfügen zu können, lehrt uns die Vergleichung der amerikanischen Zahlen (Medico-Actuarial Mortality Investigation 1913), der deutschen Zahlen (KARUP, von der ,,Gotha“) und der vorläufigen Zahlen der ,,Eerste Nederlandsche“ miteinander.

Das durchschnittliche Körpergewicht in kg der Männer ist:

Bei einer Größe von	Im Alter von								
	20—24 Jahren			30—34 Jahren			40 Jahren		
	Med. Act.	Eerste Nederl.	Gotha	Med. Act.	Eerste Nederl.	Gotha	Med. Act.	Eerste Nederl.	Gotha
1,57½ m[2])	56	58	61	59	61	65	62	65	69,5
1,67½ ,,	63	63	67,5	65,5	67,5	72	68,5	69,5	76,5
1,77½ ,,	70	69	76,5	74	75,5	80,5	77	79,5	86,5
1,87½ ,,	78	77,5	86	84,5	85	91,5	89	90,5	97,5

Man sieht, daß die niederländischen Daten viel mehr Übereinstimmung mit den amerikanischen als mit den deutschen Zahlen aufweisen.

Vergleicht man hiermit die Gewichte, die QUÉTELET für die belgische Bevölkerung (lateinische Rasse?) angibt, so erhält man bei Ausgehen von der durchschnittlichen Länge nach QUÉTELET:

[1]) Veröffentlicht in FLORSCHÜTZ, Allgemeine Versicherungsmedizin S. 65.

[2]) Diese Zahlen sind so gewählt, weil die englischen Maßangaben auf das metrische System gebracht sind.

Lebensalter	Länge	Durchschnittsgewicht in kg von Männern nach			
		Quételet[1]	M. A.	E. N.	Gotha
20 Jahre	1,67½ m	60	63	63	67,5
30 „	1,68½ „	63,6	66,3	68,5	72,8
40 „	1,68½ „	63,6	69,3	70,5	77,5

Aus dieser Übersicht geht wiederum hervor, daß das „normale Gewicht" bei Völkern verschiedener Rasse nicht unerhebliche Unterschiede aufweist. Am schwersten erscheint die germanische Rasse [Sensu strictiori[2])].

Wenn wir nun die einfache Regel von Broca (das Gewicht muß bei Erwachsenen gleich sein der Anzahl Zentimeter, die die Körpergröße über 1 m hinaus hat) bei den Zahlen von Coert erproben, dann finden wir, daß die Regel *ungefähr* (mit einem Spielraum von 2 kg) für junge kleine Männer (im Alter von 20 bis 24 Jahren bis zu 1,61 m, von 25—29 Jahren bis zu 1,69 m) zutrifft, ferner bei fast allen Männern zwischen 30 und 40 Jahren und bei mittelgroßen Männern über 40 Jahren. *Unter* die Zahl, die die Brocasche Regel angibt, fällt das Gewicht von Männern unter 35 Jahren von normaler Größe. Nur die kleineren Männer dieses Alters haben ein mit der Brocaschen Zahl übereinstimmendes oder sie übertreffendes Gewicht. Bei älteren Männern ist dies ungefähr für alle Körpergrößen der Fall (mit Ausnahme der von 35—39 Jahren bei einer Länge von 1,76—1,81 m).

Körpergewicht und Beruf.

Außer dem Lebensalter hat auch der Beruf Einfluß auf das Gewicht.

So ist bekannt, daß für verschiedene Berufe ein bestimmter Körperbau typisch ist. Man denke sich als Kontraste einen Metzger und einen Schneider.

Macaulay[3]) fand (für Versicherte in Kanada), daß das durchschnittliche Körpergewicht betrug bei:

Metzgern	76,72	Schmieden	70,27
Hotelbesitzern	75,57	Kaufleuten	69,64
Geistlichen	74,15	Lehrern	68,66
Bauern	72,91	Apothekern	67,11
Ärzten	72,76	Schuhmachern	67,06
Advokaten	72,55	Büreoangstellten	66,65
Handelsreisenden	71,74	Schneidern	65,65

Körpergewicht und Lebensdauer.

Auf die Frage, welcher Zusammenhang zwischen Gewicht, Lebensalter und Lebensdauer besteht, gibt uns die Medico-Actuarial Mortality Investigation eine treffliche Antwort. Aus der beträchtlichen Zahl von 221 819 Beobachtungen geht hervor, daß das prozentuale Verhältnis der wirklich zu erwartenden Sterblichkeit betrug[4]):

[1]) Eine merkwürdige Erscheinung ist, daß sowohl von Quételet für das belgische Volk, wie von Müller und Seifert für das deutsche (beide Tabellen sind aus v. Noorden: Die Fettsucht, entnommen) das Maximalgewicht auf das 40. bzw. 30. Lebensjahr angegeben wird, während bei den Lebensversicherungsgesellschaften das Maximum nach dem 40. Jahre fällt.

[2]) Aus unveröffentlichten Zahlen der Japanischen Gesellschaften ersah die Comm. for Med.-Act. Mort. Inv., daß das Durchschnittsgewicht dieser Rasse wiederum niedriger war als das der amerikanischen.

[3]) Assurance magazine Bd. 23, S. 63.

[4]) Bd. 2, S. 23.

Lebensalter bei Abschluß der Versicherung	Abweichung von dem Durchschnittsgewicht in kg												
	− 15 bis − 21	− 10 bis − 15	− 6 bis − 10	− 3 bis − 6	− 1 bis − 3	+ 1 bis − 1	+ 1 bis + 3	+ 3 bis + 6	+ 6 bis + 10	+ 10 bis + 15	+ 15 bis + 21	+ 21 bis + 28	+ 28 bis + 41
20—24 Jahre	135	127	115,5	107	105,5	104	102	99	97	102	104	110	125
25—29 ,,	122	116	108,5	102	101	100	99	97,5	96,5	104	108	116	132
30—34 ,,	112,5	108	102,5	98	97,5	97	96,5	96	97	109	118,5	131	149
35—39 ,,	105	101	97,5	94,5	95	95	96	96,5	101	112,5	133	151	172
40—44 ,,	99	95,5	93	91,5	93	94	96,5	97	108	115	141	157	181
45—49 ,,	93,5	91	89,5	89,5	91,5	93,5	97,5	100	112	116,5	139	155	178
50—53 ,,	88,5	88	87	88,5	90,5	94,5	99	102	112,5	116,5	132	150,5	172
54—56 ,,	86	86	86	88	90,5	95,5	99,5	102,5	112	116	122	142	162
57—59 ,,	86	86	86	88	90,5	95,5	99,5	102	111,5	114,5	117,5	134	153
60—62 ,,	86	86	86	88	90	95	98,5	101	110,5	112,5	114	130	148

Aus diesen Angaben geht hervor:

1. daß Magerkeit eine um so ungünstigere Bedeutung hat, je jünger das Individuum ist;

2. daß Dickleibigkeit gefährlicher ist im späteren Alter und bezüglich der erheblichen Grade von Fettsucht vor allem in mittlerem Alter, während der schädigende Einfluß nach dem 45. Jahre wieder nachläßt.

Die schlechten Lebensaussichten, die das Alter von 20—24 Jahren für die Mageren hat, werden erst aufgehoben bei einem Gewicht von 4,5 kg über dem normalen.

Im übrigen ist die von seiten der Dickleibigkeit drohende Gefahr größer als die von seiten der Magerkeit.

Später sind diese Zahlen noch mehr ins Detail ausgearbeitet worden. Man hat die Sterblichkeit kleiner Männer, solcher von durchschnittlicher und besonderer Größe untersucht[1]). Die Ergebnisse entsprachen den Erwartungen, die Vereinigung erheblicher Größe und eines niedrigen Körpergewichts war ungünstig. Es stellte sich aber auch heraus, daß die großen schweren Männer eine höhere Sterbeziffer aufwiesen als die kleinen. Das letztere steht im Gegensatz zu den Erwartungen, da doch ein kurzer, gedrungener Bau für ungünstig gehalten wird. Das Resultat wird denn auch als Folge des Einflusses der ärztlichen Auswahl angesehen.

Magerkeit.

Die Ursache der Tatsache, daß gerade im jüngeren Lebensalter die Mageren solche schlechten Lebensaussichten haben, muß, was auf der Hand liegt, in der Tuberkulose gesucht werden. Wenn diese Krankheit ihre Opfer unter den jungen Menschen gefordert hat, so bleiben diejenigen übrig, die durch sehr günstige Umstände dem Anfall des Tuberkelbazillus haben Widerstand leisten können, oder deren Magerkeit nicht als Zeichen der Unterwertigkeit betrachtet werden muß (z. B. diejenigen, in deren Familie ein langes Leben bei magerer Gestalt häufig vorkommt). In späterem Lebensalter befinden sich derartige Personen gerade in einer günstigen Lage, weil sie vor den von der Fettsucht drohenden Gefahren behütet sind.

Über die Bedeutung des Körpergewichts und auch der anderen Maße (Länge, Brust- und Bauchumfang) mit Bezug auf die Tuberkulose teilte Florschütz auf dem Kongreß in Berlin (1906) noch wichtige auf dem Material der „Gotha“ fußende Statistiken mit.

[1]) Standard mortality ratios incident to variationen in height and weight among men. Report of the joint committee of the Actuarial Society of America and the Association of Life Insurance medical directors 1918.

Wenn er die Angaben über an Tuberkulose gestorbener Männer (a) mit den über Nichttuberkulöse (b) verglich, so fand er im Durchschnitt:

Lebensalter bei Abschluß der Versicherung	Länge		Brust				Bauch		Gewicht	
			Inspiration		Exspiration					
	a	b	a	b	a	b	a	b	a	b
15—19 Jahre	167,3	163,6	86,3	86,7	80,2	79,7	73,6	72,0	60,5	58,1
20—24 „	171,2	169,4	91,1	91,5	84,5	84,0	77,1	78,4	68,4	69,9
25—29 „	170,3	170,7	92,5	95,1	86,3	88,0	80,1	82,7	70,2	72,8
30—39 „	170,1	169,9	93,8	96,3	88,1	90,5	82,7	86,6	72,2	75,3
40— „	169,6	169,5	94,2	97,8	88,8	92,1	84,8	91,6	73,5	79,4

Nach dem 25. Jahre ein deutlicher Unterschied bezüglich der Brustmaße zuungunsten der an Tuberkulose Gestorbenen, nach dem 20. Jahre schon (und später noch viel deutlicher) bezüglich des Bauchumfangs und des Gewichts.

Die Abweichung für die jungen Jahre (15—19) wird begreiflich, wenn man auf die Körperlänge achtet, die bei jungen Tuberkulosekandidaten die der gesunden Männer stark übertrifft. (Es gibt dies eine Erklärung für das, was uns schon bei den amerikanischen Zahlen auffiel.) Körpergewicht und die Maße von Brust und Bauch sind letzten Endes abhängig von der Körpergröße. Vergleicht man nun die Zahlen für Brust, Bauch und Gewicht der an Tuberkulose gestorbenen Männer mit den Zahlen, welche nach Karup (also bei demselben Material gefunden) zu der gegebenen Körperlänge gehören, so sieht man auch hier wieder ein Minus auftreten.

Zu einer Länge von 1,67 m gehört im Alter von 15—19 Jahren ein Brustumfang von 89—82 cm, ein Bauchumfang von 76 cm und ein Gewicht von 62 kg. Bei Gruppe a findet man 86,3—80,2 cm, 73,6 cm und 58,1 kg.

Von Interesse ist vor allem, daß diese Unterwertigkeit auch für diejenigen Personen zutrifft, die erst lange Jahre nach Abschluß der Versicherung an Tuberkulose starben, die also damals sicher noch nicht an aktiver Tuberkulose litten. Es ist dies ein Beweis dafür, daß der anormale Körperbau nicht die Folge der Tuberkulose als solcher, zum mindesten nicht der aperten Tuberkulose ist, wohl aber zweifellos als ein Zeichen der Prädisposition angesehen werden muß.

Auffallend ist auch, daß der Unterschied beim Bauchumfang noch deutlicher ist als beim Brustumfang. Während letzterer mit der sog. paralytischen Thoraxform zusammenhängt, müssen wir in ersterem den Ausdruck einer allgemeinen Unterernährung, einer allgemeinen Unterwertigkeit erblicken, die vor allem in späteren Jahren in Erscheinung tritt. Der Körper bringt es sozusagen nicht zur vollen „Reife", den vollen Formen des mittleren Lebensalters. Florschütz faßt diese Erscheinung als ein Anzeichen dafür auf, daß die Prädispostion für Tuberkulose nicht so sehr eine spezifische Vorherbestimmtheit ist, sondern mehr durch eine allgemeine Unterwertigkeit, sei sie ererbter oder erworbener Natur, verursacht wird.

Brustmaße.

Doch auch die Brustmaße, auf die früher mehr Wert gelegt wurde, haben zweifellos ihre Bedeutung.

a) Brustumfang.

Vor allem bei der Untersuchung für den Militärdienst hat man in dem Verhältnis zwischen Brustumfang und Körperlänge sich einen guten Index für die Tauglichkeit des angehenden Soldaten zu verschaffen gesucht. Es hat sich aber herausgestellt, daß man hierauf doch nicht allzu großen Wert legen kann. Man hat nur in verschiedenen Ländern ein Minimummaß eingeführt, ein Sinken

Gewicht und Maße von Brust und Bauch bei Niederländern (Untersuchung Eerste Nederlandsche).

Länge	Lebensalter																			
	20—24				25—29				30—34				35—39				40 usw.			
	Gewicht	Brust		Bauch	Gewicht	Brust		Bauch	Gewicht	Brust		Bauch	Gewicht	Brust		Bauch	Gewicht	Brust		Bauch
		Insp.	Exsp.			Insp.	Exsp.			Insp.	Exsp.			Insp.	Exsp.			Insp.	Exsp.	
158	58	86	80	71	60	88	81	75	61	89	83	77	63	90	84	79	65	91	85	80
159	58	86	80	72	61	88	81		62	89	83	78	64	90	84		65	91	85	81
160	59	87	81		61	88	82		63	90	83		64	91	85	80	66	92	85	
1	59	87	81		62	89	82		63	90	83		65	91	85		66	92	85	82
2	59	87	81		62	89	82	76	64	90	84		65	91	85		67	93	86	
3	60	87	81	73	63	89	82		65	91	84	79	66	92	86		67	93	86	
4	60	88	82		63	90	83		65	91	84		66	92	86	81	68	93	86	83
165	61	88	82		64	90	83		66	91	85		67	92	86		68	94	87	
6	62	88	82	74	65	90	83	77	66	91	85	80	67	93	86		69	94	87	84
7	63	88	82		65	90	83		67	92	85		68	93	87	82	69	94	87	
8	63	89	82		66	91	84		68	92	85		68	93	87		70	95	88	85
9	64	89	83		67	91	84		69	92	86	81	69	94	87		71	95	88	
170	65	89	83		67	91	84	78	70	93	86		70	94	87	83	72	95	88	86
1	65	89	83	75	68	91	84		70	93	86		71	94	88		73	96	89	
2	66	90	83		69	92	85		71	93	87		72	95	88		74	96	89	87
3	67	90	83		69	92	85		72	94	87	82	73	95	88		75	96	89	
4	67	90	84		70	92	85	79	73	94	87		74	95	88	84	76	97	90	88
175	68	90	84	76	71	92	85		74	94	87		75	96	89		77	97	90	
6	69	91	84		71	93	86		74	95	88		75	96	89		78	97	90	89
7	69	91	84		72	93	86		75	95	88	83	76	96	89	85	79	98	91	
8	70	91	84		73	93	86	80	76	95	88		77	97	89		80	98	91	90
9	70	91	85	77	73	93	86		77	95	88		78	97	90		81	98	91	
180	71	92	85		74	94	86		77	96	89	84	79	97	90	86	82	99	92	91
1	72	92	85		75	94	87		78	96	89		81	97	90		83	99	92	
2	73	92	85		76	94	87	81	79	96	89		82	98	91		84	99	92	92
3	73	92	85	78	76	94	87		80	97	90	85	83	98	91	87	85	100	93	
4	74	93	85		77	95	87		81	97	90		84	98	91		86	100	93	93
185	75	93	86		78	95	88		82	97	90		85	99	91		88	100	93	
6	76	93	86		79	95	88	82	83	97	90		86	99	92	88	89	101	94	
7	77	93	86	79	80	95	88		84	98	91	86	88	99	92		90	101	94	94
8	78	94	86		81	96	88		86	98	91		89	100	92		91	101	94	
9	80	94	87		83	96	89		87	98	91		90	100	92		92	102	95	95
190	81	94	87	79	84	96	89	83	88	99	92	86	91	100	93	89	93	102	95	95

des Brustumfangs unter dieses Maß ist an sich ein Grund zur Zurückweisung (Schweden 78 cm, Frankreich 77 cm, Niederland 80 cm [1]). Hierbei hat man natürlich etwas ganz anderes im Sinn, als was uns hier interessiert. Man muß die augenblickliche Eignung für den Militärdienst beachten, während es sich in unserem Falle darum handelt, eine Anweisung für die Zukunft zu geben. Diese Bestimmungen gelten zudem nur für das Rekrutierungsalter. Im allgemeinen ist die Brust schmaler, je nachdem das betreffende Individuum jünger und größer ist. Nach SCHWIENING[2]) ist der Brustumfang bei kleineren Personen (bis 1,70 m) im Alter von 20 Jahren größer als die halbe Körperlänge, bei zunehmender Größe bleibt er immer mehr darunter. Es klingt also wohl einigermaßen verwunderlich, daß GOTTSTEIN, der auch bei Männern, die an Tuberkulose gestorben waren, für jedes Alter einen durchschnittlich hinter dem bei normalen Personen vorhandenen Brustumfang fand[3]), auf dem Kongreß in Berlin vortrug, daß man besonders bei großen Menschen fordern müsse, daß der Brustumfang gleich sei der oder mehr betragen müsse als die halbe Körpergröße, während es bei kleineren Menschen weniger darauf ankäme. Verwunderlich deswegen, weil es eine normale Erscheinung ist, daß bei jungen großen Menschen der Brustumfang unter der halben Körperlänge bleibt. Wohl scheinen gerade die jungen großen Menschen eine erhöhte Empfänglichkeit für Tuberkulose zu besitzen, aber GOTTSTEINS Rat will also eigentlich nur sagen, daß man diese Leute als ein schlechtes Risiko betrachten muß, es sei denn, daß sie eine außergewöhnlich breite Brust haben.

Betrachtet man die Tabelle von COERT, so sieht man, daß man für Männer über 20 Jahre bis zu einer Länge von 1,86 m die Forderung aufstellen kann, der mittlere Brustumfang müsse die Hälfte der Körpergröße betragen. Nur für größere Männer unter 24 Jahren (die wohl eine Ausnahme sein werden) darf er weniger betragen. Wir sehen aber auch (in der Tabelle S. 222), daß der Durchschnitt der Brustmaße eines Tuberkulosekandidaten über 20 Jahre größer als die Hälfte der Körperlänge ist.

Die Regel, daß der Brustumfang wenigstens die Hälfte der Körperlänge betragen müsse, liegt auch der „Indice de vitalité“ und der „Vigneur de constitution“ von SNELLEN zugrunde. Erstere wird ausgedrückt durch die Formel $\frac{C \times 100}{T}$ (C = Brustumfang, T = Körperlänge) und muß mindestens 50 betragen, also

$$\frac{C \times 100}{T} \geqq 50 \quad \text{oder} \quad C \geqq \frac{1}{2} T.$$

Die „Vigneur de constitution“ ist $C - \frac{1}{2} T$, welche Differenz größer als Null sein muß, also $C > \frac{1}{2} T$.

b) Ausdehnung des Brustkorbes.

Von großer Bedeutung ist der Unterschied im Brustumfang bei tiefer Aus- und Einatmung. Es ist aber dabei zu beachten, daß vielen Menschen die Kunst des tiefen Aus- und Einatmens fremd ist.

Zur Beurteilung der Empfänglichkeit für Tuberkulose ist jedoch der Unterschied im Umfang bei Ein- und Ausatmung von keinem großen Wert. Man findet diesen Unterschied auch beim schmalen paralytischen Thorax zuweilen

---

[1]) QUANJER: Wenken voor het Geneeskundig Onderzoek 1912.

[2]) SCHWIENING: Militärsanitätswesen. Eulenburgs Realenzyklopädie, 4. Aufl.

[3]) GOTTSTEIN, A.: Med. Reform 1905, Nr. 12; zitiert nach FLORSCHÜTZ: Kongreß zu Berlin 1906.

größer als beim normalen[1]). Von mehr Bedeutung ist dies bei älteren Menschen, vor allem bei Fettleibigen, um einen Schluß auf ein evtl. bestehendes Emphysem ziehen zu können. Nach der Tabelle von COERT ist ein Unterschied von 6 cm das Minimum, welches wir bei einem normalen Menschen jeden Alters und jeder Größe antreffen. Findet man einen niedrigeren Wert, so ist Vorsicht anzuraten. GREENE, der ein Ausdehnungsvermögen bei tiefer Einatmung von weniger als einem Zehntel des Brustumfangs eine „Poor expansion" nennt, gibt den Rat, bei einem Unterschied von weniger als 5 cm den Antrag abzuweisen, eine Maßnahme, die vielleicht bei den Amerikanern durchgeführt werden kann, aber bei uns sicher eine große Bestürzung unter den Antragstellern für eine Lebensversicherung hervorrufen würde. Nach den Maßen der „Gotha" ist die Ausdehnung durchschnittlich immer weniger als $10^0/_0$ des Brustumfangs bei tiefer Einatmung. Gerechter ist die Regel, die von HIETZ auf dem Kongreß in Paris vorgeschlagen und die auch angenommen wurde: bei Emphysem eine Ausdehnung von 5 und 4 cm als bedenklich anzusehen und eine von 3 cm oder weniger als Grund zur Abweisung gelten zu lassen. Bei Fettsucht wird man einer derartigen Auffassung beipflichten können. Jedoch muß man stets im Auge behalten, daß die Fehler beim Aufnehmen der Brustmaße groß sein können und man also nicht klug daran tut, sein Urteil nur auf solche Tatsache zu gründen.

Bauchumfang.

Bei der Besprechung des Bauchumfangs kommen wir von selbst aus dem Gebiet der Magerkeit in das der Beleibtheit. Obwohl FLORSCHÜTZ nachdrücklich darauf hinweist, daß ein zu geringer Bauchumfang bei der Prädisposition für Tuberkulose vorkommt, tritt diese Abweichung bei der Beurteilung des Risikos derartiger Fälle doch in den Hintergrund, während dagegen der Bauchumfang unsere volle Aufmerksamkeit verdient, wenn wir es mit beleibten Personen zu tun haben.

Im allgemeinen kann man die Regel aufstellen, daß der Bauchumfang den Umfang der Brust in Inspirationsstellung nicht übertreffen darf (NORTON)[2]). Ist dies doch der Fall, dann hat man es mit einem starken Fettansatz in der Bauchwand zu tun und kann also die Diagnose: Korpulenz stellen, wenigstens wenn andere Abweichungen, die das Volumen des Bauches vergrößern können, nicht vorliegen. Von diesen ist die wichtigste wohl ein starker Meteorismus. Andere, wie Gravidität, Tumoren, Ascites, Milz- oder Lebervergrößerung, sind an sich schon Grund genug, die Versicherung zu verschieben oder abzulehnen.

FLORSCHÜTZ[3]) nimmt an, daß der Quotient der Körperlänge, geteilt durch den doppelten Bauchumfang weniger die Länge $\left(\frac{L}{2B - L}\right)$ größer als 4 sein muß, was aber nach POËLS[4]) auf 2,75 zurückgeschraubt werden muß.

Körpergewicht und Todesursachen.

Welche Bedeutung die Länge und das Gewicht des Menschen als Kennzeichen seiner Konstitution haben, mit anderen Worten, in welchem Maße sie auf eine bestimmte Empfänglichkeit für Krankheiten oder Krankheitsgruppen hinweisen, geht aus der folgenden Tabelle hervor (gekürzt übernommen aus der Medico-Actuarial Mortality Investigation)[4]) (s. S. 226).

[1]) SCHWIENING: loc. cit. — GREENE: Examination for Life Insurance, S. 367.
[2]) Kongreß der Lebensversicherungsärzte zu Paris 1903.
[3]) Kongreß der Versicherungsärzte zu Berlin 1906.
[4]) Bd. 2, S. 34.

Bei den Beleibten sind es vor allem die Apoplexie, Herzkrankheiten, Leber- und Nierenkrankheiten, die als Todesursachen auftreten, während die Tuberkulose, die unter den Mageren ihre Opfer findet, ihre Macht gegenüber den Korpulenten größtenteils verloren hat. Die Häufigkeit der malignen Tumoren und der Pneumonie ist ungefähr dieselbe. Dies gilt auch für Appendicitis, Typhus, Selbstmord und Unfälle (hier nicht aufgenommen)[1]).

In diese Tabelle sind die Männer mit mehr als 22,5 kg Übergewicht, also *sehr* korpulente Personen aufgenommen. Eine Übersicht von Dr. Moses aus den Erfahrungen der Viktoria[2]) ergibt die gleichen Resultate auch für geringere Grade von Beleibtheit.

Lebensalter bei Abschluß der Versicherung		Jährliche Sterblichkeit pro 10 000		
		Männer mit einem Gewicht von 22,5 kg und mehr über das normale	Männer mit normalem Gewicht	Männer mit einem Gewicht von 11,3 kg unterhalb des normalen
Tuberkulose	15—29 Jahre	2,3	10,6	21,5
	30—44 „	1,8	8,2	16,5
	45— „	2,3	8,4	19,5
Krebs	15—29 Jahre	0,9	1,0	0,8
	30—44 „	3,7	3,2	2,4
	45— „	15,6	14,4	12,0
Diabetes	15—29 Jahre	1,5	0,6	0,7
	30—44 „	5,9	1,2	0,5
	45— „	13,6	2,8	0,6
Apoplexie	15—29 Jahre	2,6	1,0	0,7
	30—44 „	11,4	4,1	2,3
	45— „	39,7	21,2	11,2
Herzkrankheiten	15—29 Jahre	4,9	1,4	1,5
	30—44 „	11,8	4,0	2,9
	45— „	38,4	19,9	12,8
Pneumonie	15—29 Jahre	4,5	3,6	4,3
	30—44 „	8,4	6,3	8,5
	45— „	15,1	15,8	20,1
Lebercirrhose	15—29 Jahre	1,3	0,3	0,1
	30—44 „	3,8	1,0	0,3
	45— „	6,7	3,3	1,2
Nierenkrankheiten	15—29 Jahre	6,3	1,9	1,6
	30—44 „	16,2	4,9	3,0
	45— „	37,4	17,9	9,7

[1]) Kongreß von Versicherungsärzten zu Berlin 1906.

[2]) Man beachte hierbei, daß dies alles Männer sind, die nach einer ärztlichen Untersuchung für gut befunden wurden, sog. Standard Lives.

Siebentes Kapitel.

Einige Krankheiten von besonderer Bedeutung für die Lebensversicherung.

Tuberkulose.

Die Besprechung der Tuberkulose als Krankheitsprozeß ist für die Lebensversicherung von wenig Nutzen.. Wenn die Krankheit als solche nachgewiesen ist, so ist eine Versicherung unmöglich. Dagegen sind im Zusammenhang mit der Tuberkulose zwei Fragen für unser Thema von größter Bedeutung:

1. Können wir ermitteln, ob einige Personen der Gefahr an Tuberkulose zu erkranken, mehr ausgesetzt sind als andere?
2. Wann können wir die Tuberkulose als ausgeheilt ansehen?

Vererbung, Konstitution und Infektion.

Die erste Frage ist an anderen Stellen bereits wiederholt besprochen worden. Wir haben gesehen, daß bei der Tuberkulose die Heredität einen großen Einfluß ausübt. Wir haben aber davon Abstand genommen, eine Erklärung der Heredität bzw. des familiären Auftretens zu geben.

Ferner haben wir bei der Besprechung der Magerkeit darauf hingewiesen, wie häufig ein schlechter Ernährungszustand mit dem Auftreten der Tuberkulose Hand in Hand geht, mit anderen Worten: die Bedeutung der Konstitution für das Entstehen der Krankheit hervorgehoben.

Hier müssen wir nun noch etwas näher auf die Bedeutung dieser Faktoren im Zusammenhang mit einem dritten Faktor: der Infektion, eingehen.

Der Streit zwischen den Anhängern der Infektionstheorie, den echten Bakteriologen und denen, welche der Infektion keinen oder nur sehr geringen Wert beimessen, sondern vor allem auf die Konstitution achten (zu welcher Gruppe auch die Lebensversicherungsärzte gehören), ist nun dank der Arbeiten von Hueppe, Gottstein und vor allem Martius in dem Sinne geschlichtet worden, daß man wohl allgemein annimmt, es sei zum Entstehen der Tuberkulose sowohl die Anwesenheit von Tuberkelbacillen als auch ein geeignetes Milieu, in welchem sich diese Bacillen entwickeln können, erforderlich. Es wird zwar immer noch die Ansicht verteidigt, daß die Infektion allein genügt (Cornet), wie auch die, daß sie von keiner Bedeutung sei (Riffel), aber diese Extreme finden nur wenig Anhänger.

Vor allem gewährten die Untersuchungen von Naegeli einen neuen Einblick in das Verhältnis zwischen Infektion und Entstehen der Tuberkulose. Er fand unter seinem Sektionsmaterial bei Personen über 18 Jahren in mehr als 96% der Fälle tuberkulöse Abweichungen. Noch klareren Aufschluß ergaben die Untersuchungen v. Pirquets u. a., die mit Hilfe der Methode der intracutanen Tuberkulinprobe die außerordentliche Mannigfaltigkeit der tuberkulösen Infektion beweisen konnten. Man hat zwar behauptet, daß das Material, welches Naegeli in den Krankenhäusern von Zürich zur Verfügung stand, und die Bevölkerungsschicht, welche die Polikliniken und sonstigen Einrichtungen besuchte, in denen Hamburger, v. Pirquet, Engel und Bauer, Ganghofner, Scheltema ihre systematischen Untersuchungen an Kindern vornahmen, derart waren, daß die Tuberkulose unter ihnen sehr viel häufiger auftrat als unter der gesamten Bevölkerung. Später aber stellte es sich heraus, daß es durchaus nicht nur die ärmeren Bevölkerungsklassen sind, in denen die Tuberkulose weit und breit verbreitet ist. Das geht u. a. auch aus der Untersuchung Nolens[1]) hervor, der unter 140 Studenten in 92% der Fälle eine positive Pirquetsche Reaktion fand. Kruse kam zum gleichen Resultat, er fand bei seinen Studenten in 84% der Fälle eine positive Reaktion[2]).

Man kann also wohl behaupten, daß fast jeder Erwachsene eine tuberkulöse Infektion überstanden hat, und daß eine derartige Infektion nur ausnahmsweise Tuberkulose zur Folge hatte.

Ob dies der Fall ist, wird von der Widerstandskraft abhängen, die der Organismus gegen die Invasion der Tuberkelbacillen zur Verfügung hat. Diese Widerstandskräfte bilden nicht eine konstante oder angeborene Eigenschaft des Körpers. In den ersten Lebensjahren sind sie sehr gering, so daß, falls ein Säugling sich eine Infektion zuzieht, die Tuberkelbacillen sich fast stets entwickeln können und eine schnell verlaufende Tuberkulose entsteht[3]).

In den späteren Kindheitsjahren ist der Organismus bereits besser imstande, auf die Infektion mit der Bildung von Stoffen zu reagieren, welche der Wirkung und dem weiteren Wachstum der Tuberkelbacillen entgegenarbeiten und eine gewisse Immunität erwecken. Je später die Infektion eintritt, und je gesunder das Kind ist, desto stärker wird die Widerstandskraft sein, die der Körper der Infektion entgegenstellt. Ist sie nicht vollkommen ausreichend, dann wird zwar keine Tuberkulose entstehen, wohl aber können die Bacillen einen allgemein schädigenden Einfluß ausüben, der sich in Schwäche, Blässe, wenig Eßlust und hin und wieder auftretenden Fiebererscheinungen äußert, Symptome, die wir unter der Bezeichnung Prätuberkulose zusammenfassen.

Unterliegen die Widerstandskräfte des Organismus in späterem Lebensalter, so wird meist die chronische Tuberkulose die Folge sein. Dies kann sich in der Weise abspielen, daß entweder die Widerstandskraft selbst geringer wird, oder eine neue starke Invasion von Bacillen von außen her einsetzt. Für den ersteren Fall muß man sich vorstellen, daß sich im Körper noch einige Bacillen befinden, die bei abnehmender Immunität sich weiterverbreiten und eine neue „Autoinfektion" hervorrufen können.

Diese Verminderung der Immunität kann bei kräftigen Personen durch stark einwirkende Einflüsse zustande kommen, z. B. Diabetes, Syphilis, Alkoholismus, Puerperium, Entbehrungen oder sehr schlechte hygienische Verhältnisse (Gefängnisse!). Bei schwächeren Individuen ist solch ausgesprochene Ursache oft nicht einmal nötig, um die Wagschale zugunsten der Tuberkelbacillen sinken zu lassen.

Ist es nun möglich, die Individuen, die ein derartig geringes Widerstandsvermögen gegen die tuberkulöse Infektion besitzen, zu erkennen?

Diese Frage kann bejahend beantwortet werden. Wir haben im sog. Habitus phthisicus ein Zeichen, das uns auf die Empfänglichkeit für Tuberkulose hinweist.

Unter dem Begriff des Habitus phthisicus versteht man gewöhnlich einen Körperbau, der durch ein feingebautes Skelett, wenig entwickeltes Muskel-

---

[1]) Geneesk. bladen 1911, XI. u. XII. Lief. [2]) Dtsch. med. Wochenschr. 1913, S. 141.

[3]) Die neuesten Untersuchungen (Pollak, Combe, Gorter) haben nachgewiesen, daß die Prognose bei einer Infektion im ersten Lebensjahr nicht so absolut schlecht ist, als früher wohl angenommen wurde. Jedoch ist in den weitaus meisten Fällen der Säugling nicht imstande, der Ansteckung Herr zu werden.

system, blasse Haut und vor allem einen langen, schmalen, flachen Brustkorb mit enger, oberster Apertur[1]) gekennzeichnet ist. Dieser Begriff muß nach FLORSCHÜTZ noch weiter gefaßt werden und mit dem Begriff „Magerkeit" zusammenfallen, wobei man dann unter Magerkeit nicht nur ein zu geringes Körpergewicht, sondern auch einen relativ zu kleinen Brust- und Bauchumfang verstehen muß. In dem Kapitel über „Einfluß von Maßen und Gewicht auf die Lebensdauer" ist dargelegt worden, daß die Tuberkulose vor allem ihre Opfer unter den Mageren fordert, und daß dicke Menschen gegen diese Krankheit ein auffallendes Maß von Immunität besitzen. Es kommt auch vereinzelt vor, daß korpulente Personen an Tuberkulose sterben, aber im Vergleich mit der Sterblichkeit unter den Mageren ist diese Zahl doch sehr gering.

Ob nun dieser schlechte Ernährungszustand, der seinen Ausdruck in der Magerkeit findet, eine erworbene Eigenschaft oder erblich ist, das ist bezüglich der Gefahr einer Erkrankung an Tuberkulose von geringerer Bedeutung. Man darf wohl annehmen, daß die Magerkeit sehr oft auf einer erblichen Konstitutionsanomalie beruht, wenn auch die Möglichkeit nicht ausgeschlossen werden kann, daß eine frühe, latent gebliebene Infektion die Ursache des schlechten Ernährungszustandes sein kann. So ist BACMEISTER[2]) der Ansicht, daß durch den schädlichen Einfluß einer frühen Infektion Veränderungen im Körperbau eintreten können, wobei dann auch die oberste Thoraxapertur betroffen ist, und wodurch also ein vermindertes Widerstandsvermögen der Lungenspitzen gegenüber den Tuberkelbacillen sich herleiten würde.

Wie dem auch sei, die Tatsache steht fest, daß vor allem die mageren Menschen am meisten die Tuberkulose zu fürchten haben.

Aus alledem folgt, daß ein Individuum aus einer tuberkulösen Familie, das jedoch des Stigmas der Disposition für Tuberkulose, der Magerkeit, entbehrt, weniger Aussicht hat, an Tuberkulose zu erkranken als ein mageres Individuum aus einer nichttuberkulösen Familie. Dies ist auch in der Tat der Fall. MARSH[3]) gibt an, daß der Prozentsatz der Sterbefälle infolge von Tuberkulose in bezug auf alle Sterbefälle betrug:

	Bei Menschen mit einem Gewicht über dem normalen aus tuberkulöser Familie	Bei Menschen mit einem Gewicht unter dem normalen aus nicht tuberkulöser Familie
unter 10 Jahren	25,0	41,1
30—39 „	11,3	19,1
40—49 „	6,7	10,7
50— „	3,5	9,3

Auf etwas andere Weise beweist FLORSCHÜTZ[4]) aus dem Material der „Gotha" diese These. Er fand, daß die durchschnittliche Abweichung von Maßen und Gewicht hinsichtlich der Normalen betrug:

	Brust Inspiration	Brust Exspiration	Bauch	Gewicht
Bei den an Tuberkulose Gestorbenen	—2,4	—2,2	—4,0	—3,5
Bei hereditär Belasteten, die nicht an Tuberkulose gestorben waren	—0,03	—0,1	—0,4	—0,5

[1]) Siehe Näheres hierüber S. 101 u. 102.

[2]) Die Entstehung der menschlichen Lungenphthise. Berlin 1914.

[3]) Zitiert nach GREENES Lehrbuch S. 150 u. 151.

[4]) Über die frühzeitige Feststellung einer Anlage zur Tuberkulose. Bericht auf dem Kongreß von Lebensversicherungsärzten zu Berlin 1906.

Die hereditär Belasteten, die nicht an Tuberkulose gestorben sind, weisen also einen geringeren Grad von Magerkeit auf, haben somit eine stärkere Konstitution gegenüber der Tuberkulose als diejenigen, welche trotz fehlender hereditärer Belastung an Tuberkulose gestorben sind. Dieser stärkeren Konstitution haben die hereditär Belasteten es zu danken, daß sie nicht an Tuberkulose starben.

Eine größere Empfänglichkeit für Tuberkulose scheint auch bei den Nachgeborenen einer großen Familie vorzuliegen. Nach BREHMER[1]) beginnt diese erhöhte Empfänglichkeit ungefähr beim 6. Kind. KORÖSI[2]) hat den Einfluß des Lebensalters der Eltern untersucht und gefunden, daß die Kinder am gesundesten waren, bei deren Geburt der Vater 25—40 Jahre und die Mutter 20—35 Jahre alt waren. Die Kinder sehr junger Mütter (unter 19 Jahren) und älterer Mütter sind der Gefahr einer Erkrankung an Tuberkulose am stärksten ausgesetzt.

Diese beiden Angaben stimmen überein mit dem, was wir hinsichtlich der allgemeinen Sterblichkeit bei Säuglingen[3]) und Kindern[4]) wissen. Auch hier finden wir die größte Sterblichkeit in den kinderreichsten Familien (wobei vor allem auch, wie WESTERGAARD bei seiner Untersuchung der Daten der National Life Insurance-Society und der dänischen Stammtabellen fand, die schnelle Aufeinanderfolge der Geburten von großer Bedeutung ist). Das gleiche gilt für Kinder junger Mütter.

Die von der Nederlandsche Maatschappy tot bevordering der Geneeskunst zwecks Untersuchung der Pathogenese der Tuberkulose ins Leben gerufene Kommission kommt in ihrem Bericht[5]) auch zu dem Schluß, daß relativ viele Kranke aus großen Familien stammen, und daß besonders das älteste und das jüngste Kind in der Hinsicht sehr gefährdet sind.

Dagegen fand GOTTSTEIN[6]), daß gerade die Kinder aus Ehen mit ein oder zwei Kindern die größte Sterblichkeit an Tuberkulose aufwiesen.

Der Alkoholismus der Eltern muß nach BUNGE[7]) auch zu den Faktoren gerechnet werden, die eine angeborene Empfänglichkeit für Tuberkulose verursachen.

Die Frage, ob eine frühe, latent gebliebene Infektion vielleicht direkt die Ursache einer späteren Tuberkulose sein kann (mit anderen Worten, ob man mit der Annahme einer sehr langen Inkubationszeit nach einer einmaligen Infektion etwas anfangen kann), bekommt eine praktische Bedeutung in den Fällen, wo einer der Eltern des Antragstellers (Versicherten) innerhalb eines Jahres nach dessen Geburt an Tuberkulose gestorben ist und weiterhin keine Tuberkulosefälle der näheren oder weiteren Familie mehr vorgekommen sind. Da nun bekanntlich eine Infektion im ersten Lebensjahre beinahe immer den Tod zur Folge hat, wird man in einem solchen Falle annehmen können, daß der tuberkulöse Vater oder die tuberkulöse Mutter das Kind nicht infiziert hat. Wenn man nicht die erbliche Konstitution, wohl aber den Aufenthalt in der ansteckenden Umgebung als die Ursache des familiären Auftretens der Tuberkulose ansieht, würde also in diesem Falle die Tuberkulose der Eltern von keiner Bedeutung sein[8]).

---

[1]) Die Ätiologie der chronischen Lungenschwindsucht.
[2]) Wien. med. Wochenschr. 1885, Nr. 43.
[3]) Kindersterfte in verband met foedingswijze en sociale omstandigheden. s'Gravenhage 1913.
[4]) WESTERGAARD: loc. cit. S. 367ff.
[5]) Nederlandsch tijdschr. v. geneesk. 1916, I, S. 636.
[6]) Kongreß der Versicherungsärzte in Berlin 1906.
[7]) Virchows Arch. f. pathol. Anat. u. Physiol. Bd. 175, H. 2.
[8]) Man beachte die Fußnote 3 auf Seite 228. Die Tatsache, daß auch ein Kind unter einem Jahr die Infektion überstehen kann, spricht gegen diese Beweisführung.

WEINBERG[1]), der bei Kindern tuberkulöser Eltern den Zusammenhang zwischen der Sterblichkeit und Ansteckungsgefahr untersucht hat, gibt Zahlen, die uns über diese Frage einige Aufklärung verschaffen können. Er ging von der Annahme aus, daß die Tuberkulosekranken im letzten Jahre ihrer Krankheit die gefährlichste Ansteckungsquelle bilden, und hat nun auch nachgewiesen, daß die Sterblichkeit der Kinder um so größer ist, je näher ihre Geburt dem Zeitpunkt des Todes des tuberkulösen Vaters oder der tuberkulösen Mutter liegt. Dies ist aber auch dann der Fall, wenn die Kinder schon 16—20 Jahre alt sind. Es starben in den Jahren 1873—1902 in Stuttgart von den Kindern in einem solchen Alter und von einem tuberkulösen Vater oder einer tuberkulösen Mutter stammend, deren Geburt fiel:

0—3/4 Jahr nach dem Tod des Vaters	1,2%
0—1 „ vor „ „ eines der Eltern	0,6%
1—2 Jahre „ „ „ „ „ „	0,1%
2—3 „ „ „ „ „ „ „	1,0%
3—4 „ „ „ „ „ „ „	0,8%
4—5 „ „ „ „ „ „ „	0,2%

Daraus geht hervor, daß die Sterblichkeit der Kinder, die nach dem Tode des tuberkulösen Vaters geboren werden, sogar höher ist als die der anderen, und daß auch die Sterblichkeit derjenigen, welche nur kurze Zeit der Gefahr einer Ansteckung ausgesetzt waren, durchaus nicht auffallend niedrig ist. Man würde vielleicht die erste Tatsache durch den Einwurf erklären können, daß die von einem schwerkranken Mann gezeugten Kinder schon dadurch minderwertig sind. Man muß auch berücksichtigen, daß hier die allgemeine und nicht die Tuberkulosesterblichkeit angegeben ist, und daß nicht berichtet wird, ob noch andere Infektionsquellen in Betracht kommen. Jedenfalls aber kann man nicht behaupten, daß eine kurze Zeit des Zusammenlebens mit einem tuberkulösen Vater oder einer tuberkulösen Mutter die Gefahr für einen frühzeitigen Tod herabsetzt.

Man muß natürlich nicht dieses Problem mit dem der tuberkulösen Infektion junger Kinder als direkte Todesursache verwechseln. Es sind verschiedene Fälle bekannt, daß ein Zwilling, der sofort von der tuberkulösen Mutter entfernt wurde, nicht an Tuberkulose erkrankte, während es bei dem anderen bei der Mutter gebliebenen der Fall war. Es würde für das uns hier beschäftigende Problem von Wichtigkeit sein, in Erfahrung zu bringen, ob der gesund gebliebene Säugling im späteren Alter der Gefahr einer Infektion mit Tuberkulose in stärkerem Maße ausgesetzt war als ein Kind nichttuberkulöser Eltern.

Es erübrigt nun noch die Behandlung der dritten Möglichkeit, die wir auf S. 228 anführten, nämlich, daß ein kräftiger Organismus durch so vieles und virulentes Infektionsmaterial infiziert wird, daß es zur Entwicklung einer Tuberkulose kommt.

Die Frage nach der Größe der auf diese Weise drohenden Gefahr ist natürlich für die Lebensversicherung von sehr großer Bedeutung.

In erster Linie sei hier auf das seltene Vorkommen von Tuberkulose beim Pflegepersonal der Sanatorien und Krankenhäuser hingewiesen[2]). Dies deutet schon darauf hin, daß die Gefahr nicht sehr groß ist.

Auch DOYER[3]) teilt diese Ansicht und sagt: „Für eine alles beherrschende Bedeutung des Exponiertseins spricht nach meinen Beobachtungen nichts. Im Gegenteil kann bei vielen Kranken mit Sicherheit ein besonderes Exponiertsein ausgeschlossen werden. Hingegen bleiben viele, die lange Zeit hindurch und intensiv der Ansteckung ausgesetzt waren, frei von Tuberkulose."

[1]) WEINBERG: Die Kinder der Tuberkulösen, S. 82. Leipzig 1913.
[2]) Siehe u. a. SCHLÜTER: Die Anlage zur Tuberkulose, S. 256. 1905.
[3]) Tuberkulose en Erfelykheid, S. 214.

Besser geeignet zur Beantwortung dieser Frage ist die Untersuchung nach der Häufigkeit der Infektion in der Ehe. Zu diesem Thema sind denn auch verschiedene Beiträge geliefert worden, in Holland von SCHUCKING KOOL[1]). Er verglich die Sterblichkeit von Witwen und Witwern, deren Ehegatten an Tuberkulose gestorben waren, mit der Sterblichkeit derjenigen, deren Ehegatten an anderen Krankheiten gestorben waren, und fand, daß in der ersten Gruppe von 183 Personen von 20—50 Jahren in einem Zeitraum von 26 Jahren 35, in der zweiten Gruppe von 184 Personen in der gleichen Zeit 36 gestorben waren. Die Sterblichkeit an Tuberkulose war unter den Witwen der ersten Gruppe größer als die der zweiten Gruppe (51 : 30), bei den Männern war hiervon nichts zu beobachten (23 : 23).

WEINBERG[2]) fand dagegen, daß die Sterblichkeit der zurückbleibenden Ehegatten an Tuberkulose doppelt so groß ist als die der gesamten Bevölkerung. Er sucht die Ursache aber nicht nur in direkter Ansteckung, sondern besonders auch in den sozialen Verhältnissen. Er kam zu dem Ergebnis, daß das Verhältnis zwischen der wirklichen und der berechneten Sterblichkeit war bei den Überlebenden:

in der obersten Bevölkerungsschicht	69%
„ „ mittleren „	184%
„ „ untersten „	235%

In den Vierteljahrsberichten von DOYER fand ich 132 Ehen, in denen der eine Ehegatte tuberkulös war, der andere nicht, gegen 6, in denen beide tuberkulös waren. In 108 von den 132 Ehen waren schon Enkel vorhanden. Man kann also von diesen Ehen nicht mehr behaupten, daß, wenn Mann oder Frau noch nicht an Tuberkulose erkrankt waren, sie noch später davon ergriffen werden konnten. Von den 6 Ehen mit Tuberkulose beider Ehegatten sind in 4 Fällen die Aszendenten nicht von beiden Seiten bekannt. In einem Falle kommen Mann und Frau aus einer tuberkulösen Familie, in einem weiteren Falle nur der Mann, nicht die Frau. In letzterem Falle würde man also den Einfluß des Exponiertseins gelten lassen müssen. Groß ist die Gefahr offensichtlich nicht.

VAN DANTZICH[3]) berechnete aus den Angaben von 3 großen Gemeinden, daß in Ehen, in denen der überlebende Ehegatte an Tuberkulose starb, der erstgestorbene Ehegatte in 34% der Fälle auch an Tuberkulose gestorben war, während diese Zahl nach der allgemeinen Tuberkulosesterblichkeit nur 17—18% sein darf.

Derartige Statistiken leiden aber an dem Fehler, daß die Konstitution der Eheleute nicht bekannt ist, daß die Ehe also zu einer Zeit geschlossen sein kann, in welcher der oder die Überlebende schon tuberkulös oder dafür prädisponiert war. Dem versucht SCHUCKING KOOL in etwa dadurch zu entgehen, daß er das Alter festzustellen sucht, in welchem die Eltern der Witwen und Witwer gestorben waren. Er fand auch in der Tat, daß das durchschnittliche Alter der Eltern derjenigen Personen, deren Ehegatte an Tuberkulose gestorben war, etwas kürzer war als das der Eltern der anderen Gruppe, daß es also mit anderen Worten möglich war, daß diejenigen, die sich mit einem tuberkulös Belasteten verheirateten, selbst auch häufig in der Hinsicht nicht ganz vollwertig sind.

Besser kommt dieser Faktor in der Gollmerschen[4]) Untersuchung an Hand der Statistiken der „Gotha“ zu seinem Recht. Er fand 36 Fälle, in denen mit Wahrscheinlichkeit eine tuberkulöse Infektion durch den Ehegatten angenommen

---

1) Nederlandsch tijdschr. v. geneesk. 1908, I, S. 593.

2) Lungenschwindsucht bei Ehegatten. Stuttgart 1873—1902. Beitr. z. Klin. d. Tuberkul. 1907.

3) Is de tuberculose besmettelijk? Uitgave van Hengel. Rotterdam 1906.

4) Aus der Praxis der „Gotha“ S. 353.

werden konnte. Unter diesen 36 Fällen waren aber nur zwei, bei denen von einer Disposition für Tuberkulose bei dem Überlebenden zur Zeit der Begutachtung nichts zu merken gewesen war. Bei allen anderen stellte es sich heraus daß sie, sei es durch familiäre Belastung, sei es durch ihren Körperbau der Erkrankung an Tuberkulose mehr oder weniger zugänglich waren.

Von sehr großer Bedeutung sind auch die Fälle, in denen ein Mann oder eine Frau lange Zeit der Infektion seitens der anderen Ehehälfte ausgesetzt war, oder mehrere Ehegatten (-innen) an Tuberkulose verloren hat, und doch selbst vollkommen frei davon geblieben ist. Derartige Fälle kommen häufig vor und machen es wahrscheinlich, daß es Menschen gibt, die nicht oder nur in sehr geringem Maße für Tuberkulose empfänglich sind[1]).

Der sicherste Schluß, den man aus dieser Betrachtung für die Lebensversicherung ziehen kann, ist, daß für einen vollkommen gesunden und kräftigen Menschen das Zusammenleben mit einem (r) tuberkulösen Ehegatten (-in) keine große Gefahr bedeutet, daß man aber bei Menschen, wo man eine Empfänglichkeit für Tuberkulose annehmen kann, in einem solchen Falle vorsichtig sein muß.

Prognose der Tuberkulose.

Wenn wir uns die Frage vorlegen: wann können wir eine Tuberkulose als geheilt betrachten? müssen wir bedenken, daß es einen großen Unterschied macht, wann und wie sich die Tuberkulose manifestiert. Wir müssen dann unterscheiden zwischen der Tuberkulose im Kindesalter, die in der Mehrzahl der Fälle als sog. chirurgische Tuberkulose auftritt und im allgemeinen sich durch einen gutartigen Verlauf mit Neigung zu Lokalisation kennzeichnet, und der Tuberkulose in späterem Alter, die vor allem die Lungen ergreift und eine weniger günstige Prognose hat.

Die chirurgische Tuberkulose können wir wieder einteilen in die Erkrankungen des Lymphdrüsensystems und die der Knochen und Gelenke.

Über den Zusammenhang zwischen Skrofulose und Tuberkulose ist man sich noch nicht ganz einig. Czerny und die französischen Pädiater betrachten die Skrofulose als einen Teil der exsudativen Diathese und der Diathèse arthritique, also als eine angeborene Konstitutionsanomalie. Escherich denkt dagegen an eine Wirkung latenter Tuberkelbacillen, die durch Hervorrufen einer chronischen Tuberkulinvergiftung der Anlaß zur Neigung zu Haut- und Schleimhautentzündungen und zur Schwellung verschiedener Lymphdrüsen sein soll. Eine ähnliche Auffassung vertritt Straub[2]).

Dies ist auch die Auffassung der von der Nederlandschen Maatschappy tot bevordering der Geneeskunst zur Untersuchung der Pathogenese der Tuberkulose ins Leben gerufenen Kommission, welche die skrofulose Diathese als „keine gleichgültige" Angelegenheit in der Pathogenie der Tuberkulose betrachtet.

Wenn man daher nicht als sicher annehmen kann, daß die sich immer wiederholenden Katarrhe und Lymphdrüsenschwellungen ein Beweis für eine tuberkulöse Infektion sind, so kann man doch behaupten, daß dieser Symptomenkomplex sehr häufig mit Tuberkulose einher- oder ihr vorangeht.

Wenn die geschwollenen Lymphdrüsen große Pakete bilden und in Erweichung übergehen, kann man wohl mit Sicherheit Tuberkulose annehmen.

---

[1]) Siehe u. a. Reddingius: Besmettelijkheid of Erfelijkheid der Tuberculose. Nederlandsch tijdschr. v. geneesk. 1902, I, S. 807. — Fishberg (Americ. journ. of the med. sciences Bd. 153, Nr. 3; ref. Nederlandsch tijdschr. v. geneesk. 1917, II, S. 246) fand, daß bei 170 Ehepaaren in sehr schlechten sozialen Verhältnissen nur in 5 Fällen tuberkulöse Ansteckung nachzuweisen war.

[2]) Geneesk. bladen 1906, Lief. 1. — Nähere Betrachtungen hierüber sind in dem Aufsatz von Gorter in den Geneesk. bladen 1911, Lief. 5 zu finden.

Man braucht also nicht viel Gewicht darauf zu legen, wenn man von einem kräftigen Menschen hört, daß er als Kind an „Drüsen" gelitten habe. Anders dagegen verhält es sich, wenn man in Narben oder Fistelbildung den Beweis dafür findet, daß eine Vereiterung von Lymphdrüsen bestanden hat. Besonders bedenklich ist dies, wenn der Antragsteller auch noch an anderen Organen eine Disposition für Tuberkulose aufweist.

Die tuberkulösen Erkrankungen der Knochen und Gelenke, ebenso wie die der Sehnenscheiden und der Haut können im allgemeinen als ziemlich gutartig angesehen werden. Das schließt jedoch nicht aus, daß die Tuberkelbacillen, die sich an der erkrankten Stelle lokalisiert haben, durch hinzutretende Umstände (Trauma, schwächende Krankheiten) wieder mobil gemacht werden und zu einer allgemeinen Tuberkulose führen können.

Findet man bei einem Antragsteller derartige Prozesse, die noch nicht vollkommen ausgeheilt sind, so wird man ihn nicht für eine Versicherung annehmen können. Ist der Krankheitsprozeß als solcher abgelaufen, und hat man es nur noch mit den Folgezuständen zu tun, so kann eine Versicherung unter leichter Prämienerhöhung geschlossen werden, vorausgesetzt, daß der Antragsteller keine anderen Anzeichen aufweist, die auf eine Anlage für Tuberkulose oder gar deren Bestehen hindeuten. Ist dies der Fall, so sind natürlich die Reste der tuberkulösen Erkrankung Grund genug, doppelt vorsichtig zu sein und keine Versicherung abzuschließen, es sei denn gegen erheblich erhöhte Prämie. Die Untersuchungen der Medico Actuarial Mortality Investigation vermitteln uns folgende Daten[1]).

Von 216 Personen, bei denen weniger als 10 Jahre vor Abschluß der Versicherung das Auftreten von Drüsentuberkulose und „skrofulösen" Halslymphomen konstatiert worden war, betrug die Sterblichkeit 178% der erwarteten. Von 370, bei welchen die Drüsenschwellung längere Zeit vorher bemerkt worden war, 113%. Die Sterblichkeit an Tuberkulose war nicht größer als die normale. Dagegen war unter den Versicherten, die an Knochen- oder Gelenktuberkulose gelitten hatten, die Sterblichkeit an Lungentuberkulose auch nicht höher als die normale, wohl aber die an anderen Formen der Tuberkulose viel höher als die normale. Die totale Sterblichkeit in diesen Fällen betrug, wenn die Erkrankung weniger als 10 Jahre vor der Versicherung aufgetreten war 190%, bei mehr als 10 Jahre zuvor 120% der erwarteten Sterblichkeit.

Aus einer Vergleichung dieser Zahlen wird man also schließen dürfen, daß die Tuberkulose der Knochen und Gelenke eine schlechtere Prognose gibt als die skrofulöse und tuberkulöse Lymphdrüsenentzündung. Dies war auch zu erwarten.

Bei einer älteren amerikanischen Untersuchung wurde die Sterblichkeit der früher an Coxitis Erkrankten gleich 110,6% der erwarteten gefunden[2]).

In dem Bericht der vorhin genannten Kommission über die Pathogenese der Tuberkulose heißt es: „Auffallend ist die geringe Anzahl Patienten, die in ihrer Jugend an Tuberkulose anderer Organe (Knochen, Drüsen usw.) gelitten haben. Dies weist auf das Zustandekommen einer gewissen Immunität nach dem Überstehen dieser Krankheiten hin[3]).

So ziemlich auf die gleiche Stufe wie die chirurgische Tuberkulose dürfen wir den Lupus stellen. Ein nicht geheilter Lupus ist ein Grund, um die Versicherung wenigstens vorläufig abzulehnen. Ist die Erkrankung vollkommen genesen und hält die Genesung bereits einige Jahre an, dann wird auch, wiederum bei einem kräftigen Individuum, kein Hinderungsgrund bestehen, die Versicherung unter normalen Bedingungen oder gegen eine geringe Prämienerhöhung abschließen

[1]) Bd. 4, S. 11. [2]) Spezialized Mortal. Investigation 1903.
[3]) Nederlandsch tijdschr. v. geneesk. 1916, I, S. 635.

zu lassen. Bestehen dagegen noch andere tuberkulöse Abweichungen, oder ist die allgemeine Konstitution nicht besonders kräftig, so wird man sich zu einer sehr beträchtlichen Prämienerhöhung entschließen müssen.

Eine andere auch gutartige Form der Tuberkulose ist die Pleuritis. Doch muß man hier, mehr noch als bei den vorhin genannten Abweichungen, sich vor einer später auftretenden Lungentuberkulose hüten. ALLARD und KÖSTER[1]) fanden, daß in 245 von 541 Fällen von primärer exsudativer Pleuritis später Lungentuberkulose auftrat, also in beinahe 50% der Fälle. Die Gefahr nimmt mit dem Alter zu, bei Kindern ist sie kleiner als bei Erwachsenen (34,8% unter 15 Jahre, 52,7% über 15 Jahre). In 72% der Fälle wurde die Lungentuberkulose apert innerhalb 5 Jahren, die übrigen Fälle verteilen sich ungefähr gleichmäßig über die folgenden Lebensjahre. Man verlange also den Ablauf eines Zeitraums von 5 Jahren nach Auftreten der Pleuritis. Dann gilt auch hier wieder der Grundsatz: bei kräftigen Personen normale Versicherung oder leichte Prämienerhöhung, bei schwachen beträchtliche Erhöhung oder Ablehnung.

Endlich kann man noch vor die sehr schwere Entscheidung gestellt werden, wie man in dem Falle handeln muß, daß jemand früher an Lungentuberkulose erkrankt war, sich jetzt aber vollkommen gesund erachtet. Sofort erhebt sich da die Frage: hat wirklich eine Lungentuberkulose bestanden? Seit man die Wichtigkeit einer frühzeitigen Behandlung der Lungentuberkulose eingesehen hat und nicht mehr wartet, bis sich sehr deutliche ausgebreitete Abweichungen in den Lungen gebildet haben, sondern schon vorher ein energisches Eingreifen mit Ruhekuren, Sanatoriumsbehandlung usw. für wünschenswert erachtet, trifft zweifellos viele das Los infolge einer derartigen Behandlung zu Unrecht zu Tuberkulosekranken gestempelt zu werden. Nähere Aufklärungen von seiten des Arztes, der die Kur geleitet hat, können dann die nötige Klarheit verschaffen.

Wenn nun aber feststeht, daß früher eine zwar geringe, aber doch deutliche Veränderung tuberkulöser Art in der Lunge bestanden hat, wie müssen wir dann die Prognose beurteilen? Ich spreche hier nur von geringen Veränderungen, weil ein ausgedehnterer Prozeß wohl selten so vollkommen ausheilt, daß eine Versicherung in Frage käme.

Es ist nicht meine Absicht, hier über die Genesungsaussichten der Lungentuberkulose zu sprechen, oder ein Urteil über den Wert der verschiedenen Behandlungsmethoden zu fällen. Wir haben uns hier nicht die Frage vorzulegen: wie viele Fälle von Lungentuberkulose genesen, sondern: wie groß ist die Gefahr eines Rezidivs bei einem klinisch vollkommen geheilten Fall? Wir dürfen die Möglichkeit einer Versicherung nur in den Fällen in Betracht ziehen, in denen bei der Untersuchung keine Spur eines aktiven Prozesses mehr zu finden ist, sondern höchstens nur noch geringe Veränderungen vorhanden sind, die auf Narbenbildung hindeuten können (Abflachung, verminderte Beweglichkeit einer Brusthälfte, leichte Dämpfung, etwas abgeschwächtes Atemgeräusch), und wo Jahre hindurch (als Minimum würde ich 3 Jahre bezeichnen) keine einzige Krankheitserscheinung mehr aufgetreten ist, sondern der Patient seine Arbeit ganz hat verrichten können.

Man hat geglaubt, daß die hereditäre Belastung auch für solche Fälle eine schlechte Prognose gibt. Nach unseren früheren Darlegungen würde es nicht wahrscheinlich sein, daß die Heredität an sich hier von Einfluß ist. In Übereinstimmung damit fanden TURBAN und RUMPF[2]), daß eine bleibende Genesung

---

[1]) Med. Klinik 1912, Nr. 1; ref. Semaine méd. 1912, Nr. 10.

[2]) Die Anstaltsbehandlung im Hochgebirge. Wiesbaden: Bergmann 1899. Siehe auch RUMPF, E.: Prognose der Phthise im Handbuch der Therapie der chronischen Lungenschwindsucht von SCHRÖDER-BLUMENFELD, S. 480.

nicht seltener, ja sogar etwas häufiger bei den hereditärbelasteten Davoser Patienten als bei den nichtbelasteten angetroffen wird. MEISSEN[1]), REICHE[2]), WEICKER[3]) kamen zu demselben Ergebnis. REIBMAYER[4]) vertritt sogar die Anschauung, daß sich in tuberkulösen Familien oft auf die Dauer eine Art von Immunität entwickelt.

Dagegen gibt die schwache Konstitution, die in dem Habitus phthisicus ihren Ausdruck findet, eine schlechtere Prognose, wie die oben zitierten Autoren konstatiert haben (TURBAN und RUMPF fanden eine bleibende Genesung in 63,2% bei kräftigem Körperbau, und in 32,4% bei Habitus phthisicus). Auch ist die Pulsfrequenz in solchen Fällen von großer Bedeutung. Wenn der Puls zu frequent bleibt, muß die Prognose äußerst zweifelhaft gestellt werden. Wir werden also bei unserem Urteil hierauf vor allem, aber nicht allein zu achten haben. Als beeinflussende Momente müssen noch in Betracht gezogen werden:

1. Der Beruf. Ein Schneider, ein kleiner Kaufmann, ein Kellner müssen strenger beurteilt werden als ein Bauer oder Gärtner.

2. Die Lebensweise. Die geringste Neigung zum Alkoholismus wird genügen, die Versicherung abzulehnen.

3. Das Vermögen. Der Umstand, ob jemand alles, was irgend nötig ist, für seine Gesundheit tun kann, oder ob er sich weiter plagen muß, auch wenn seine Kräfte schwinden, ist natürlich von großer Bedeutung.

4. Die Infektionsgefahr. Wenn nachgewiesen werden kann, daß ein an Tuberkulose erkrankt gewesener Mensch Gefahr läuft, aufs neue stark infiziert zu werden, z. B. durch die (den) kranke (n) Ehegattin (-en), so wird dies auch ein Grund sein, die Versicherung abzulehnen.

Eine bestimmte Form der leichten Lungentuberkulose kommt bei der Versicherung oft vor: Der Blutauswurf, ohne daß von Kranksein oder Husten die Rede ist, meist auch, ohne daß der Patient vorher in Behandlung gewesen ist. BISBEE[5]) fand nun, daß die Sterblichkeit an Tuberkulose in solchen Fällen betrug:

Zeitdauer zwischen Blutauswurf und Abschluß der Versicherung	Anzahl der Sterbefälle	Sterbefälle von Tuberkulose	Prozentsatz
1 Jahr	4	3	54,76%
2 Jahre	5	4	
3— 5 „	19	9	
6—10 „	14	7	14,81%
11—20 „	15	2	
21—30 „	12	2	

Die Zahl der Beobachtungen ist aber gering und, was noch mehr ins Gewicht fällt, der Körperbau der Versicherten ist nicht berücksichtigt worden.

Viele Angaben über dies Thema sind weiterhin nicht zu finden. Die oft zitierte Medico Actuarial Mortality Investigation läßt uns hier im Stich, denn die Zahl derartiger Fälle, die zu ihrer Beobachtung kam, war zu klein, um daraus irgendwelche Schlußfolgerungen ziehen zu können. Es ist dies wohl ein Beweis dafür, daß die amerikanischen Gesellschaften sich sehr scheuen, derartige Personen anzunehmen.

Wenn anamnestisch Blutspucken vorkommt, müssen mindestens 5 Jahre vergangen sein, bevor jemand für eine Versicherung in Betracht kommen kann.

---

1) Dtsch. Medizinal-Zeitschr. 1885, H. 59.
2) Dtsch. med. Wochenschr. 1899, Nr. 31, 32, 34.
3) Beiträge zur Frage der Volksheilstätten. Leipzig: Leineweber.
4) Die Immunisierung der Familien usw. Leipzig: Deuticke 1899.
5) Zitiert nach GREENE, S. 273.

Auch dann wird diese nur geschlossen werden können, wenn die untersuchte Person nach der Hämoptoë immer vollkommen gesund geblieben ist und keine Anlage für Tuberkulose aufweist. Meist wird man sogar in diesem Falle doch noch eine Erhöhung der Prämie fordern.

Es ist immer noch hinderlich, daß wir eines einigermaßen zuverlässigen Kriteriums dafür, daß die Tuberkulose als geheilt anzusehen ist, entbehren. Wie würde man hier eine Reaktion wie die Wassermannsche begrüßen! Aber weder die Pirquetsche Reaktion noch die Tuberkulinprobe haben für uns Wert, und die Agglutinationsreaktionen sind zu unzuverlässig und zu kompliziert, als daß man sie anwenden könnten.

So werden wir denn in sehr speziellen, besonders günstig scheinenden Fällen die Wahrscheinlichkeitsdiagnose einer Genesung wagen dürfen, doch wird es stets ein Wagnis bleiben.

Tuberkulose und Lebensalter.

Auch dem Lebensalter mißt man für die Entstehungsmöglichkeit der Tuberkulose große Bedeutung bei. Es wird vielfach die Auffassung vertreten, daß die Tuberkulose ihre Opfer vor allem unter der Jugend fordert. In Wirklichkeit steht diese Tatsache nicht so fest, als man gewöhnlich annimmt. Diese Ansicht findet ihren Grund wahrscheinlich darin, daß im jugendlichen Alter die Tuberkulose die weitaus am häufigsten vorkommende Todesursache ist. Dies darf jedoch nicht so sehr mit einer Prädilektion dieser Krankheit für die jüngeren Jahre erklärt werden als mit der Tatsache, daß die meisten anderen Todesursachen ihren Einfluß am stärksten in späteren Lebensaltern zur Geltung bringen. Nur wenn man die Zahl der Sterbefälle an Tuberkulose in bezug auf eine bestimmte Anzahl Lebender untersucht, kann man ein klares Urteil über die Erkrankungsmöglichkeit eines jeden Lebensalters an Tuberkulose erhalten.

Wir sehen dann, daß in Holland in der Tat die Sterblichkeit an Tuberkulose im jugendlichen und mittleren Lebensalter am größten ist.

Es starben an Lungentuberkulose von 1903 bis einschließlich 1907 durchschnittlich im Jahre in Niederland auf 100 000 Personen[1]):

Lebensalter	15—19	20—29	30—39	40—49	50—64	65—79	80—
Männer . . .	114,3 (151,8)	223,0 (268,9)	176,3 (209,6)	183,9 (212,4)	199,9 (231,1)	154,4 (179,8)	54,3 (70,3)
Frauen . . .	155,5 (199,9)	206,3 (245,9)	206,9 (240,3)	175,4 (202,0)	143,9 (167,5)	124,2 (145,4)	42,0 (50,2)

Bei den Männern ist die Maximumsterblichkeit also im Alter von 20—29 Jahren, bei den Frauen von 20—39 Jahren, dann kommt für die Männer ein plötzliches Sinken, dem wieder ein langsames Steigen bis zum 65. Jahre folgt, während für die Frauen das Sinken nach dem 40. Jahre anhaltend bleibt.

Der Bericht der auf S. 230 genannten Kommission über die Pathogenese der Tuberkulose gibt an, daß für Tuberkulosekranke und auch für den Ausbruch der Krankheit das Alter von 14—40 Jahren das gefährlichste ist[2]).

In Preußen sehen wir dagegen einen ganz anderen Verlauf [1896—1900[3])]: Auf 100 000 Personen starben jährlich an Tuberkulose:

---

[1]) Bureau van Statistiek te Amsterdam, übernommen aus Saltet: Voordrachten over Gezondheidsleer, S. 62, 63. Die eingeklammerten Zahlen geben die Fälle von sämtlichen Formen der Tuberkulose an.

[2]) Nederlandsch tijdschr. v. geneesk. 1916, I, S. 635.

[3]) Prinzing: Handbuch der med. Statistik S. 346 u. 347.

Lebensalter	15—20	20—25	25—30	30—40	40—50	50—60	60—70	70—80
Männer . . .	147	264	254	290	395	479	589	351
Frauen . . .	160	221	246	261	250	282	384	248

Es ist also bei den Männern die Sterblichkeit im Alter von 20—25 Jahren etwas größer als in dem von 25—30. Im übrigen aber steigt sie allmählich an bis zum 70. Jahre. Die Sterblichkeit im Alter von 60—70 Jahren ist mehr als doppelt so groß wie die im Alter von 20—25 Jahren.

Bei den Frauen sehen wir im Alter von 40—50 Jahren ein geringes Sinken der Sterblichkeit, jedoch im übrigen auch wieder ein allmähliches Steigen, obwohl weniger stark als bei den Männern. Die Tatsache, daß in der preußischen Statistik *alle* Tuberkulosen eingeschlossen sind, in der niederländischen dagegen nur die Lungentuberkulose, kann den Unterschied nicht erklären, wie dies aus den eingeklammerten Zahlen der letzterwähnten Statistik hervorgeht, die ebenfalls *alle* Formen von Tuberkulose enthält.

Wahrscheinlich weist die hohe Sterblichkeit im späteren Alter auf weniger gute hygienische und soziale Verhältnisse hin. Wenigstens ist späterhin in Preußen besonders für dieses Lebensalter ein starkes Sinken der Tuberkulosesterblichkeit eingetreten.

Die jährliche Sterblichkeit auf 100 000 Personen betrug für das Alter von:

	1876	1912
15—30 Jahren	269,1	174,8
30—60 „	486,2	194,9
mehr als 60 „	776,2	198,1[1])

Die Sterblichkeit an Tuberkulose während der Jahre 1901—1910 in Amsterdam[2]) zeigt bezüglich der Männer eine große Übereinstimmung mit der preußischen Statistik. Die Zahlen sind dort (auf 100 000):

Lebensalter	15—19	20—29	30—39	40—49	50—64	65—79	80—
Männer . . .	98,55	197,66	193,34	252,03	302,60	240,08	157,05
Frauen . . .	134,82	160,05	165,10	171,99	180,88	87,69	130,27

Also auch hier ein geringes Sinken nach dem 30. Jahre (in Preußen nach dem 25.) und darauf folgend eine starke Zunahme bis zum 65. Jahre.

In Rotterdam[3]) zeigte die Kurve der Tuberkulosesterblichkeit in den Jahren 1902—1914 bei den Männern (ebenso wie in Amsterdam) eine Spitze in der Pubertätsperiode (20. bis 25. Jahr) und eine zweite in vorgerückterem Alter (55. bis 60. Jahr). Für die Frauen ist der Verlauf unregelmäßiger. Bei dieser Untersuchung wurden jedesmal Altersgruppen von 5 Jahren genommen. Nehmen wir aber die Gruppen größer (in Übereinstimmung mit denen von Amsterdam), so finden wir: Von 10 000 Personen starben an Tuberkulose:

Lebensalter	15—19	20—29	30—39	40—49	50—64	65—79	80—
Männer . . .	134,8	201,1	170,1	205,9	306,0	260,3	78,1
Frauen . . .	163,6	170,1	180,4	106,4	143,7	137,1	50,2

1) Behla: Berlin. klin. Wochenschr. 1913, Nr. 42.
2) Sanders: Nederlandsch tijdschr. v. geneesk. 1912, I, S. 150.
3) Sanders: Nederlandsch tijdschr. v. geneesk. 1916, I, S. 2032.

Bei den Männern stimmt also der Verlauf der Sterbelinie mit der von Amsterdam überein, bei den Frauen ist dagegen die Sterblichkeit nach dem 40. Jahr geringer als im Alter von 30—39 Jahren, ja selbst im gefährlichen Alter von 50—64 Jahren.

Es ist von Bedeutung, daß das Sinken der Tuberkulosesterblichkeit im Laufe der Zeit, sowohl bei den Männern als bei den Frauen, in das Alter von 20—49 Jahren fällt, jedoch bei den ersteren in stärkerem Maße. Sprechende Zahlen bezüglich des Steigens der Tuberkulosesterblichkeit mit dem Lebensalter finden wir bei GREENE[1]) für die Stadt New York und die Vereinigten Staaten:

Lebensalter	Jährliche Sterblichkeit an Tuberkulose auf 10 000					
	21—30	31—40	41—50	51—60	61—70	71—
Stadt New York	70	71	66	84	110	150
Vereinigte Staaten 1870 .	23	27	27	31	40	79
Mutual Life New York . .	24	20	17	14	18	30
Mutual Benefit New Jersey .	22	20	14	14	27	37

Der Zeitraum, in welchem diese enorme Tuberkulosesterblichkeit in New York fiel, steht nicht angegeben. Mit Rücksicht auf die vergleichenden Zahlen für die Vereinigten Staaten wird es wohl auch ungefähr das Jahr 1870 gewesen sein. Wir sehen also, daß für die Gesamtbevölkerung, sowohl New Yorks als der Vereinigten Staaten, die Tuberkulosesterblichkeit im späteren Lebensalter sehr stark zunimmt, daß dagegen für die beiden Lebensversicherungsgesellschaften die Sterblichkeit im allgemeinen niedriger ist, und daß im übrigen die Zunahme für die späteren Lebensaltersgruppen viel weniger stark ist.

Die Tuberkulosesterblichkeit unter den Versicherten ist schließlich für uns das Interessanteste, und darum zitieren wir hier nochmals den Bericht von VAN GEUNS auf dem Berliner Kongreß für Versicherungsärzte im Jahre 1906.

Die jährliche Sterblichkeit an Tuberkulose auf 10 000 betrug:

<table>
<tr><th>Im Alter von</th><th>Gotha
(1829—1887)</th><th>Germania
(1857—1894)</th><th>Algemeene
(1880—1905)</th></tr>
<tr><td>15—25 Jahren</td><td>27,9</td><td>23,5</td><td>11,0[2])</td></tr>
<tr><td>26—30 „</td><td>26,6</td><td>23,7</td><td>12,9</td></tr>
<tr><td>31—35 „</td><td>24,3</td><td>26,3</td><td>14,1</td></tr>
<tr><td>36—40 „</td><td>28,1</td><td>30,0</td><td>15,1</td></tr>
<tr><td>41—45 „</td><td>29,4</td><td>35,1</td><td>15,2</td></tr>
<tr><td>46—50 „</td><td>33,7</td><td>37,0</td><td>17,3</td></tr>
<tr><td>51—55 „</td><td>35,6</td><td>43,8</td><td>17,5</td></tr>
<tr><td>56—60 „</td><td>40,5</td><td>50,7</td><td>16,6</td></tr>
<tr><td>61—65 „</td><td>48,0</td><td>54,9</td><td rowspan="4">22,8</td></tr>
<tr><td>66—70 „</td><td>40,6</td><td>52,8</td></tr>
<tr><td>71—75 „</td><td>20,7</td><td rowspan="2">50,7</td></tr>
<tr><td>76—85 „</td><td>12,2</td></tr>
</table>

Eine Erhöhung der Sterbelinie gegen das 20. Jahr finden wir also weder bei der Germania noch bei der Algemeene, wohl aber bei der Gotha ausgedrückt. Bei den beiden erstgenannten Gesellschaften steigt die Sterblichkeit ununterbrochen bis zum 66. bzw. 56. Jahre.

[1]) GREENE: l. c. S. 363.

[2]) Die viel niedrigeren Zahlen der „Algemeene“ gegenüber denen der „Gotha“ und „Germania“ können erklärt werden nicht nur durch die spätere Beobachtungszeit, sondern auch mit der Tatsache, daß bei der „Gotha“ und „Germania“ nur mit Versicherten für Auszahlung beim Todesfall gerechnet ist, während dies bei der „Algemeene“ nicht berichtet ist, so daß die gemischten Versicherungen mit ihrer viel besseren Sterbezahl unter diesen Zahlen wohl einbegriffen sind.

Hieraus erhellt, daß man mit dem Argument, jemand hätte nach dem 30. oder 40. Jahre das für Tuberkulose gefährliche Lebensalter hinter sich, äußerst vorsichtig sein muß.

Nur dann mag man ihm Wert beilegen, wenn man die Gefahr für Tuberkulose infolge *hereditärer* Disposition fürchtet.

WESTERGAARD[1]) fand in dem Material der National Life Assurance Soc.:

Lebensalter	Bruder oder Schwester an Tuberkulose gestorben. wirklich	berechnet	Vater Sterbefälle (alle Todesursachen!) wirklich	berechnet	Mutter wirklich	berechnet	Total wirklich	berechnet
				Männer				
1—15	23	12,1	2	1,5	18	7,8	43	21,4
15—35	126	91,3	13	8,2	30	20,2	169	119,7
35—65	124	112,9	5	5,5	22	14,3	151	132,7
				Frauen				
1—15	14	12,4	1	1,8	12	6,7	27	20,9
15—35	144	80,9	12	7,0	20	15,5	176	103,4
35—65	97	89,9	1	4,6	3	10,8	101	105,3

In der Lebensalterperiode von 15—35 Jahren übertrifft die wirkliche Sterblichkeit die berechnete viel stärker als in der von 35—65 Jahren.

Asthma nervosum. Catarrhe sec. Emphysem (Tuberkulose).

Bekanntlich werden unter der Bezeichnung „Asthma" allerlei in Art und Ursprung voneinander verschiedene Erkrankungen verstanden. Für die Bestimmung des Risikos, das ein angeblicher „Asthma"kranker für die Lebensversicherung bildet, muß deswegen in erster Linie eine genaue Diagnose gestellt werden. Man muß klarstellen, ob man es in der Tat mit einem reinen Asthma, dem Asthma nervosum oder mit einem Pseudoasthma zu tun hat. In vielen Fällen ist dies nicht leicht. Wir erinnern deswegen daran, daß man beim Asthma nervosum findet: schnell sich entwickelnde, starke Beklemmungsanfälle, in denen der Kranke nach Luft schnappt, mit großer Anspannung auch aller Hilfsatmungsmuskeln einatmet und mittels sehr verlängerter Ausatmung so gut wie möglich seine Lungen von der in ihnen aufgespeicherten kohlensäurereichen Luft zu befreien sucht. Infolge des Krampfes der Bronchialmuskeln sind die Bronchi verengt, und die in den Lungen befindliche Luft kann durch die verengten Bronchi nicht oder nur in ungenügender Weise entweichen. Wird nun bei der Einatmung der Brustkorb erweitert, so ist es möglich, daß durch die verengten Bronchi noch ein wenig frische Luft zu den Lungenbläschen hingelangt. Infolge der behinderten Austreibung der Luft während der Exspiration bleiben die Lungen selbst bei der tiefstmöglichen Ausatmung fast maximal ausgedehnt, so daß sie auch durch die stärkste Inspiration kaum mehr ausgedehnt werden können: der Patient „kann keine Luft bekommen", es ist ihm zum Ersticken beklommen. Inzwischen ist auch etwas zäher Schleim in die Bronchien abgeschieden worden. Bei der Ein- und Ausatmung vermag man nun ein lautes Kratzen, Pfeifen und Flöten schon in beträchtlichem Abstand von dem Patienten zu hören. Langsam nimmt die Schleimabsonderung zu, der Kranke beginnt zu husten und wirft ein weißes, etwas schaumiges, zähes Sputum aus, in dem, wenigstens in vielen Fällen, die bekannten Abgüsse der kleinen und kleinsten Bronchi, die „Asthmaspiralen" zu finden sind. Mit dem Auftreten des Hustens und Auswurfs wird die Beklemmung immer geringer, nach wenigen,

[1]) Mortalität und Morbilität, S. 519.

in manchen Fällen aber erst nach vielen Stunden ist die Beklemmung vollkommen vorüber: der Patient bekommt Ruhe. Bei der Auscultation hört man nun noch wohl trockene oder auch feuchte Rhonchi, aber auch diese sind nach einem Tage vollständig geschwunden. Der Patient ist vollkommen wiederhergestellt.

Das Kennzeichen des reinen Asthma nervosum ist also das schnelle Auftreten der Beklemmungsanfälle, die Stärke dieser Beklemmungen, ihr Abklingen unter Husten und Auswerfen von zähem, weißen Schleim und die ziemlich schnelle Wiederkehr vollkommenen Wohlbefindens ohne jede Spur von Beklemmung. Die Anfälle treten mit kleineren oder größeren Zwischenräumen auf. In diesen Zwischenzeiten ist der Patient vollkommen gesund. Endlich muß noch erwähnt werden, daß nicht selten gegen Schluß des oder kurze Zeit nach dem Anfall Hauteruptionen, wie Urticaria und Herpes auftreten. Auch in den anfallsfreien Zeiten werden die Patienten häufig von Ekzemen, Prurigo, Pruritus, Psoriasis belästigt.

Die Erkrankung zeigt also den Charakter einer in Anfällen sich äußernden Neurose. Es fällt denn auch nicht schwer, festzustellen, daß derartige Asthmakranke reizbare, nervöse Menschen sind. Meistens sind in der näheren Familie der Patienten noch ein oder mehrere Mitglieder, die auch an Asthma oder an anderen Äußerungen der sog. „arthritischen Diathese" leiden.

Das Asthma tritt in den meisten Fällen schon in der Jugend auf und verschwindet in der Regel nach der Pubertätsentwicklung vor dem 30. Lebensjahre.

Die Prognose des reinen Asthmas ist also günstig. Es können keine triftigen Gründe angeführt werden, nur wegen der Erkrankung an Asthma nervosum Antragsteller bedingungslos abzuweisen, die noch nicht 30 Jahre alt sind und schon von Jugend auf an Asthmaanfällen gelitten haben, *ohne daß diese zu einem bleibenden Schaden geführt haben*. Zu erwägen wäre, ob sie nicht für begrenzte Zeitdauer oder gegen erhöhte Prämie angenommen werden können. Wie wir aber eben bereits bemerkten, weisen die Kranken mit Asthma nervosum in der Regel allerlei nervöse Erscheinungen auf. In ihrer Jugend zeigen sie meist schon unverkennbare Anzeichen der exsudativen Diathese und stammen aus einer Familie, in der u. a. Fettsucht, Diabetes, Gicht vorkommen. Dies alles muß den Arzt zu großer Vorsicht mahnen. Solange die asthmatischen Anfälle nicht mehrere Jahre ausgesetzt haben, wird denn auch keine Gesellschaft einen derartigen Antragsteller für lange Zeit und ohne Prämienerhöhung annehmen. Sind aber die Anfälle seit geraumer Zeit ausgeblieben, weist der Patient kein einziges Zeichen von Bronchitis, Emphysem oder Tuberkulose auf, sind am Herzen, den Blutgefäßen, den Nieren keine Änderungen zu finden, dann ist der Umstand, daß der Antragsteller früher an asthmatischen Anfällen gelitten hat, kein genügender Grund, den Abschluß einer Lebensversicherung zu verweigern.

Sehr nahe verwandt dem Asthma nervosum ist zweifellos der sog. „*Catarrhe sec*" (LAENNEC). Wir haben es dabei in der Regel auch mit einem chronischen Leiden mit ziemlich akut auftretenden Exacerbationen zu tun. Meistens leidet der Patient dabei aber dauernd an Beschwerden wie: Kurzatmigkeit und Husten mit Auswurf von wenigem, ungefärbtem und zähem Schleim. Außerdem bestehen meist Zeichen von *Emphysem*: Tiefstand und geringe Verschieblichkeit der Lungengrenzen, Schachtelton, abgeschwächtes Inspirium und verlängertes Exspirium. Bei einer sehr eingehenden Untersuchung können meist mehr oder weniger ausgebreitete lokalisierte Veränderungen an den Lungen gefunden werden, die auf eine von Tuberkulose verursachte Lungenerkrankung hinweisen. Es braucht kaum gesagt zu werden, daß in derartigen Fällen höchstens eine Versicherung auf kurze Zeit oder gegen erhöhte Prämie in Frage kommt. Allerdings zeigt die Tuberkulose in diesen Fällen in der Regel einen höchst gutartigen Charakter und kommt auch ganz zum Stillstand. Aber unvermutet kann doch die eine oder andere akute und das Leben gefährdende tuberkulöse Erkrankung sich entwickeln. Überdies sieht man nicht selten, daß Kranke mit chronischem „Catarrhe sec“ außer an Emphysem schon frühzeitig auch an Arteriosklerose, Herzmuskelerkrankung und bzw. oder an Nephritis erkranken.

Nachdrücklich lenken wir also die Aufmerksamkeit der untersuchenden Ärzte auf die Gefahren eines chronischen „Catarrhe sec“, der, auch dies bedenke man, besonders im Sommer zeitweise gänzlich oder fast ganz latent sein kann. Nur eine äußerst sorgfältige Anamnese — zu welchem Zwecke hier nochmals auf das akute Einsetzen der echten Asthmaanfälle und das absolute Freisein von allen Beschwerden zwischen den Anfällen hingewiesen sei — und eine peinlich genaue Lungenuntersuchung können den untersuchenden Arzt vor groben Fehlern bewahren.

Sogenannte Asthmaanfälle nach dem 35. Lebensjahre sind immer suspekt. Es sei deshalb hier daran erinnert, daß die gutartigen Formen der Lungentuberkulose mit Emphysem und fibrösen Entzündungsherden sich nicht selten hinter dem für den erfahrenen Arzt allerdings nicht reinen Bild des Asthma nervosum verstecken.

Der Arzt mache es sich also zur Regel, bei seiner Untersuchung in jedem Fall von Asthma an chronischen „Catarrhe sec“, Emphysem und auch an die mögliche Anwesenheit von Lungentuberkulose zu denken, obwohl diese in den meisten Fällen von höchst gutartigem Charakter ist.

Bei Emphysem mit chronischer Bronchitis, wobei nicht selten auch mehr oder weniger ausgedehnte Verwachsung der Pleurablätter besteht, kann von einer Lebensversicherung keine Rede sein.

Treten bei älteren Personen nach dem 35. Lebensjahr asthmatische Anfälle auf, so achte man auf Veränderungen am Herzen, insbesondere am Herzmuskel. Das *Asthma cardiacum* kann dem Asthma nervosum gleichen. Es kommen doch zweifellos verschiedene klinische Formen des Asthma cardiacum vor. In vielen Fällen ist Arteriosklerose an den peripheren Arterien festzustellen und besteht Hypertonie, der Blutdruck ist erhöht. Oft äußert der Patient starke Klagen über Herzklopfen, Kurzatmigkeit, schmerzhafte Beklemmungen auf der Brust (Angina pectoris). In diesen asthmatischen Anfällen tritt dann wohl auch ein akutes Lungenödem auf. In solchen Fällen ist natürlich keine Verwechslung möglich. Aber es gibt auch hin und wieder Fälle von Asthma cardiacum, deren Erscheinungen absolut nicht so alarmierender Art sind. So beobachtete ich noch jüngst einen Patienten, der über asthmatische Anfälle klagte, die hauptsächlich des Nachts auftraten. Tagsüber hatte der Kranke kaum irgendwelche Beschwerden, selbst beim Laufen stellte sich keine Kurzatmigkeit oder Herzklopfen ein. Dieser sog. Asthmakranke war etwa 40 Jahre alt, sehr nervös, aber von gesundem Aussehen. Bei den nächtlichen Anfällen wurde unter Husten ein zäher, weißer Schleim ausgeworfen, der vollkommen das Aussehen von Asthmasputum hatte. Man hat es hierbei, und nach meiner Meinung in vielen Fällen von sog. Asthma cardiacum, zweifellos ebenso wie beim Asthma nervosum mit einer Vagusneurose zu tun. In anderen Fällen spielt Hypertonie („Hochdruckstauung“) mit Stauung in den Lungengefäßen und Kohlensäureintoxikation die Hauptrolle. Bei dem eben erwähnten Patienten bestanden gleichzeitig Erscheinungen einer Myodegeneratio cordis, der Ernst der Beschwerden war also nicht zu verkennen. Aber auch wenn keine deutlichen Erscheinungen von Myodegeneratio cordis, keine nachweisbare Vergrößerung des Herzens, kein unregelmäßiger Puls, keine Brady- oder Tachykardie bestehen, so wird man bei Klagen über Asthma seitens älterer Personen und besonders bei Anzeichen von Arteriosklerose mit Bestimmtheit zu einer Ablehnung der beantragten Versicherung kommen müssen.

Aber auch wenn keine deutliche Arteriosklerose festzustellen ist, nehme man die Klagen über Asthmaanfälle oder -beschwerden nicht leicht. Man denke an Aortitis luetica, an Aneurysma aortae, an einen Mediastinaltumor. Endlich möge hier noch an die chronische Nephritis erinnert werden, an das Asthma uraemicum, wobei man es freilich nicht mit Anfällen zu tun hat, wie sie beim Asthma nervosum vorkommen und oben geschildert sind, wo aber doch eine weniger sorgfältig aufgenommene Anamnese und eine ungenaue Untersuchung zu Irrtümern Veranlassung geben können.

Herzkrankheiten[1]).

Wenn das Herz infolge Erkrankung des Herzmuskels nicht mehr imstande ist, den Anforderungen eines geregelten guten Blutumlaufs zu genügen und der Hindernisse, die sich seiner Tätigkeit entgegenstellen, Herr zu werden, entstehen sog. „Kompensationsstörungen“, die sich in allerlei Stauungserscheinungen wie Kurzatmigkeit bis zu stärksten Beklemmungen, Leberschwellung, Cyanose, Ödemen und Albuminurie äußern. In solchen Fällen wird wohl niemals vom Abschluß einer Lebensversicherung die Rede sein können.

Solange aber das Herz noch unter Zuhilfenahme der verfügbaren Reservekräfte sich der durch die Krankheit oder die angeborenen Fehler verursachten Beschwerden zu erwehren vermag, wird es leicht geschehen können, daß der Träger dieses anormalen Herzens von seiner Herzerkrankung nicht das geringste ahnt, da er keine bemerkenswerten Beschwerden empfindet. Dann wird es also auch vorkommen können, daß er sich zu einer für eine Lebensversicherung notwendigen Untersuchung beim Arzte anmeldet.

Wir müssen auch die Möglichkeit berücksichtigen, daß ein Herzfehler allerdings zu Störungen Veranlassung gibt, daß diese aber nicht derart sind, daß sie innerhalb kurzer Zeit lebensbedrohend wirken.

Es muß also für den untersuchenden Arzt in erster Linie darauf ankommen, mit der größtmöglichen Sicherheit festzustellen, ob ein Herzfehler vorhanden ist oder nicht. Wenn in der Tat ein Herzfehler angenommen werden muß, so ist dann zu bestimmen, ob er mehr oder weniger lebensgefährlich ist, ferner, ob die Art des Herzleidens erwarten läßt, daß dem Kranken noch eine Reihe von Lebensjahren beschieden ist. In letzterem Falle wird man die Annahme für eine Lebensversicherung gegen erhöhte Prämie und für begrenzte Zeit in Erwägung ziehen können. In jedem besonderen Falle werden bei Abgabe des ärztlichen Urteils sorgfältig alle Erscheinungen, die der Herzfehler verursacht hat, ferner der Allgemeinzustand, das Lebensalter und vor allem auch der Beruf des Antragstellers berücksichtigt werden müssen. Am Schlusse dieses Kapitels werden wir hierauf eingehender zurückkommen.

Vor allem anderen kommt es hier auf eine bis in alle Einzelheiten genaue Diagnose an. Im Hinblick darauf geben wir hier dem ärztlichen Untersucher noch einige

Fingerzeige für die Diagnose.

Nach Lage der Dinge werden wir hier und da Wiederholungen dessen, was bereits an anderer Stelle dieses Buches gesagt ist, nicht vermeiden können. Im

[1]) Eine sehr lesenswerte Studie über Herzkrankheiten in ihrer Beziehung zur Lebensversicherung ist der über dies Thema von Dr. E. Poels erstattete Bericht: Les Risques tarés en matière d'assurances sur la vie. Deuxième Congres internat. des medecins de compagnies d'assur. Bruxelles: Bruylant Christophe 1901.

Interesse des Lesers scheinen uns aber einzelne Wiederholungen erlaubt. Indessen sei hier außerdem auf das den Puls behandelnde Kapitel verwiesen.

Bei einer sorgfältigen Untersuchung nach einem eventuellen Herzleiden achte man außer auf den eigentlichen Herzbefund noch auf: a) den Puls, b) die Gesichtsfarbe, die Lippen, Ohrmuscheln, Nägel und Fingerspitzen (Trommelschlägelfinger), c) die Atemfrequenz, d) ein eventuelles Ödem an Füßen und längs der Tibia, e) die Leber.

a) Ein *schneller Puls* (mehr als 80 Schläge in der Minute) kann durch Nervosität verursacht werden. Bei Feststellung eines zu frequenten Pulses ist es also ratsam, die Pulszählung zu wiederholen, wenn der zu Untersuchende zur Ruhe gekommen ist. Ist aber die Pulsfrequenz dauernd höher als 88 Schläge in der Minute, so ist dies als ein wichtiges Zeichen anzusehen, das an eine Herzkrankheit denken lassen muß. Ein schneller Puls kann aber auch ein Symptom einer Hyperfunktion der Schilddrüse (Hyperthyreoidie) sein. Auch dann hat man es natürlich mit einer Veränderung zu tun, die für die Bestimmung des Risikos einer Lebensversicherung von großer Bedeutung ist.

Ein frequenter, gleichzeitig weicher und kleiner Puls kommt bei Herzschwäche infolge allgemeiner Körperschwäche vor. Ferner bei allgemeiner Nervosität. Während des Krieges wurde ein sehr frequenter Puls häufig bei Soldaten und Anwärtern für den Militärdienst beobachtet, ohne daß ein weiteres Zeichen eines etwa bestehenden Herzleidens vorlag. Weiter findet man einen frequenten, weichen, kleinen Puls bei Synechie der Perikardialblätter und auch bei Addisonscher Krankheit.

Ein *langsamer Puls* (40 oder weniger Schläge in der Minute) weist auf eine Störung in der Leitung des Hisschen Bündels (Herzblock) hin. Ein langsamer Puls (von 44—56 Schlägen in der Minute) kommt u. a. bei Arteriosklerose und Hypothyreoidie (Myxödem) vor.

Ein Puls, der bei geringer körperlicher Anstrengung sehr frequent wird (über 100 Schläge in der Minute) und innerhalb weniger Minuten nicht wieder zur normalen Frequenz zurückkehrt, gibt Grund zum Verdacht auf eine Herzerkrankung (sei es eine primäre oder sekundäre, wie sie bei Anämie, allgemeiner Körperschwäche, Nephritis, Emphysem usw. vorkommt). Zu einer derartigen Feststellung lasse man den Patienten einige gymnastische Übungen ausführen (z. B. einige tiefe Kniebeugen) oder einen kleinen Trab machen. Man veranschlage aber den Wert dieser Untersuchungsmethode nicht zu hoch. Mit Recht weist MACKENZIE darauf hin, daß bei gesunden Personen die Pulsfrequenz bei körperlichen Anstrengungen sogar auf 200 Schläge in der Minute steigen kann, während dagegen zuweilen bei Menschen mit zweifelloser Herzerkrankung die Pulsfrequenz bei Anstrengungen nur wenig zunimmt. MACKENZIE geht so weit, daß er diese Methode „irreführend“ nennt. Jedenfalls gibt sie an sich keine entscheidenden Resultate[1]).

Ein weicher, kleiner, ein schnell reagierender Puls (Pulsus celer), ein kleiner, harter, träge reagierender Puls (Pulsus tardus), ein unregelmäßiger und ungleicher Puls (Pulsus irregularis et inaequalis) verstärken bei Zweifel an einer Herzkrankheit den Verdacht auf deren Vorhandensein.

Der *Pulsus celer et altus* weist darauf hin, daß wahrscheinlich eine Insuffizienz der Aortaklappen vorliegt. Der *kleine, harte, träge reagierende* Puls ist für Aortastenose charakteristisch. Ein *kleiner, weicher* Puls ist bei Mitralstenose vorhanden. Ein *infolge Extrasystolen unregelmäßiger Puls* kommt sehr häufig bei einem Herzen zur Beobachtung, welches noch als gesund durchgehen kann. Er ist bei

[1]) Man vergleiche übrigens, was bezüglich dieser und ähnlicher Methoden auf Seite 142 ff. gesagt worden ist.

Menschen über 50 Jahren ein Symptom, das an sich noch nichts für eine etwa bestehende Herzkrankheit beweist. Extrasystolen kommen in diesem Alter aber häufig vor bei Hypertonie. Den *vollständig unregelmäßigen Puls* (Pulsus irregularis perpetuus) findet man vor allem bei Mitralstenose und im allgemeinen bei Myodegeneratio cordis. Man bedenke übrigens, daß ein unregelmäßiger Puls nicht per se auf das Bestehen einer Herzkrankheit hinweist. Der unregelmäßige Puls infolge Sinusarrythmie z. B. ist harmloser Art. Über die Feststellung, welcher Art die Pulsunregelmäßigkeit ist, lese man im Kapitel über den Puls nach.

Der *Pulsus paradoxus* kann ein Symptom für Mediastino-Pericarditis adhaesiva sein.

Ein schneller Puls, der celer oder unregelmäßig ist, muß an Kropfherz (bzw. Basedowsche Krankheit) denken lassen.

Ungleichheit und *Ungleichzeitigkeit* (Anisochronie) der beiden Pulse wecken den Verdacht auf ein bestehendes Aneurysma aortae.

Zum Schlusse sei noch an das deutlich sichtbare Klopfen der peripheren Schlagadern (Arteria temporalis, radialis, dorsalis pedis) und das dem Puls entsprechende Kopfschütteln (Signe de Musset) bei Insuffizienz der Aortaklappen erinnert.

b) Die Erkennung einer schon geringen Blau- oder Violettfärbung des Gesichts und der Lippen erfordert einige Übung. Es braucht jedoch nicht hervorgehoben zu werden, daß die *Cyanose* ein wichtiges Anzeichen ist, welches der Aufmerksamkeit des untersuchenden Arztes nicht entgehen darf. Auch hieraus geht wieder hervor, wie notwendig ein gutes Licht im Untersuchungszimmer des Arztes ist.

Trommelschlägelfinger (S. 91) findet man, außer bei chronischer Bronchitis, Bronchiektasien, hypertrophischer Lebercirrhose und Maries Osteoarthropathie hypertrophiante pneumique, vor allem bei angeborenen Herzfehlern. In geringem Grade kommen Trommelschlägelfinger auch bei als gesund anzusehenden Menschen vor.

c) Ist man im Zweifel, ob ein Herzfehler besteht und findet man dann die *Atmung* bei Ruhehaltung des Patienten *beschleunigt*, so spricht dies für die Annahme eines Herzleidens. Ist doch bei Mitralfehlern infolge der dabei stets auftretenden Stauung in den Lungengefäßen eine gewisse Kurzatmigkeit fast immer zu beobachten. Je nachdem die Kurzatmigkeit deutlicher in Erscheinung tritt, wird sie natürlich auch für die Diagnose um so mehr ins Gewicht fallen. In Zweifelsfällen ist die Feststellung empfehlenswert, ob der Antragsteller schnell kurzatmig wird, wenn man ihn einige gymnastische Übungen ausführen oder einen kleinen Trab machen läßt.

d) Bei der ärztlichen Untersuchung versäume man niemals, sich davon zu überzeugen, ob *Ödem* der Knöchel oder längs der Tibia besteht (also Schuhe und Strümpfe ausziehen lassen!).

e) Von großer Wichtigkeit ist auch die Untersuchung der Leber, weil dies Organ infolge Stauung oft schon vergrößert ist, wenn noch kein Oedema pedum et crurum vorhanden ist. Der Unterrand der Leber ist dann auch meist fühlbar und hart.

Geht man nun zur Untersuchung des Herzens über, so wird man nur bei beträchtlicher Vergrößerung des Herzens, also dann, wenn am Bestehen einer Herzkrankheit nicht zu zweifeln ist, eine *Vorwölbung* in der Herzgegend sehen können.

Von größter Bedeutung ist stets das *Sehen und Fühlen des Herzspitzenstoßes*. Deswegen bringen wir bezüglich des Spitzenstoßes nochmals das folgende in Erinnerung.

Wird der Spitzenstoß links außerhalb der Mamillarlinie gefunden, so besteht meist auch eine Herzerkrankung. Es sei denn, daß das Herz durch außerhalb liegende Veränderungen wie rechtsseitiges pleuritisches Exsudat, Tumoren, Schrumpfung der linken Lunge, hoher Zwerchfellstand von seinem Platze nach links gedrängt oder verzogen worden ist.

Ferner lege man sich von der Ausbreitung und Stärke des Spitzenstoßes genau Rechenschaft ab. Den besten und richtigsten Eindruck von der Resistenz des Spitzenstoßes erhält man, wenn man die 3 mittelsten Finger (nicht nur die Fingerspitzen, sondern die ganzen Finger) aneinander geschlossen mit der Volarseite an der Stelle des Iktus kräftig gegen die Brustwand andrückt, als ob man die systolische Ausbeulung der Brustwand verhindern wolle. In analoger Weise also, wie man sich beim Fühlen des Pulses von seiner Resistenz Rechenschaft zu geben versucht.

Wie wir bereits früher bei der Besprechung der Palpation auseinandergesetzt haben, weist die Verlagerung des Spitzenstoßes nach links auf eine Vergrößerung des linken Herzens hin, immer vorausgesetzt, daß das Herz nicht durch außerhalb liegende Veränderungen verlagert ist. Die Vergrößerung des linken Herzens kann die Folge eines Klappenfehlers sein, nämlich einer Insuffizienz der Aortaklappen, von Aortastenose, Mitralinsuffizienz, Mitralstenose oder einer chronischen Nephritis, einer Hypertension, einer Myodegeneratio cordis bzw. Myokarditis.

Ist der Spitzenstoß nur nach links verlagert, so ist bei Anwesenheit eines Klappenfehlers die Vergrößerung in der Regel die Folge einer Mitralinsuffizienz oder -stenose. Ist er gleichzeitig nach unten verlagert bis in den 6., zuweilen sogar bis in den 7. Intercostalraum, dann ist meist Aorteninsuffizienz die Ursache. Nur bei sehr beträchtlicher Erweiterung des linken Ventrikels (infolge von Mitralinsuffizienz) oder des rechten Ventrikels kann der Spitzenstoß auch einen Intercostalraum tiefer als gewöhnlich gefunden werden. Auch bei Aneurysma aortae findet man wiederholt den Spitzenstoß nach links und gleichzeitig etwas nach unten verlagert, ebenso auch bei Myodegeneratio cordis, Myokarditis und Aortastenose.

Verstärkung des Spitzenstoßes weist auf eine Hypertrophie des linken Herzens hin. Die größere Breite, in der er zu sehen und zu fühlen ist, ist durch Vergrößerung des Herzens bedingt, wenn sie nicht durch Lungenretraktion oder hohen Zwerchfellstand verursacht ist.

In vielen Fällen kann aber auch bei Herzschwäche ein verstärkter Spitzenstoß angetroffen werden, z. B. bei einem nichtkompensierten Klappenfehler oder bei Überanstrengung des Herzens durch andere Ursachen, wie beispielsweise durch übermäßigen Sport.

Beiläufig sei hier nur erwähnt, daß ein sehr verstärkter Ictus gefunden zu werden pflegt bei chronischer Nephritis und auch bei erhöhtem Blutdruck (Hypertonie) infolge anderer Ursachen als einer Nephritis.

Ein *schwacher Herzstoß* oder sogar ein *Fehlen des Herzstoßes* kann dadurch verursacht sein, daß das Herz der Brustwand nicht unmittelbar anliegt, wenn es z. B. durch die Lunge bedeckt ist, wie bei Emphysem oder bei Anwesenheit eines Perikardialexsudats. Auch ein dicker Panniculus adiposus kann die Ursache eines schwachen Ictus cordis sein, ebenso wie der Umstand, daß die Herzspitze direkt gegen eine Rippe anschlägt. Im übrigen weist ein schwacher Spitzenstoß auf eine schwache Herztätigkeit hin, wie man sie bei allgemeinen Schwächezuständen, Addisonscher Krankheit und ferner bei Fettherz und Concretio pericardii antrifft. Bei letztgenannter Erkrankung sieht man zuweilen eine systolische Einziehung an der Herzspitze und auch das Brauersche diastolische Thoraxschwingen, dessen wir bereits oben (S. 107) Erwähnung taten.

Niemals versäume man weiterhin genau, nach der eventuellen Anwesenheit eines „Katzenschnurrens" zu fahnden, dessen großen Wert für die Diagnose wir an anderer Stelle (unter: Palpation) auseinandergesetzt haben. Wir wiederholen hier, daß das Vorhandensein eines „Katzenschnurrens" 1. die Diagnose „Herzfehler" fast sicher stellt und 2. daß die Phase der Herztätigkeit, in der es gefühlt wird (systolisches, diastolisches oder präsystolisches Katzenschnurren) zusammen mit der Stelle ihrer deutlichsten Wahrnehmbarkeit die Art des Herzleidens bestimmen läßt.

Dies ist vor allem für die Diagnose Mitralstenose von großer Bedeutung, bei der nicht selten kein Geräusch zu hören ist, während doch ein Katzenschnurren deutlich fühlbar sein kann. Man fühlt das bei diesem Herzfehler sehr oft vorkommende präsystolische Katzenschnurren am deutlichsten links vom Spitzenstoß.

Die *Perkussion des Herzens* wird bei Zweifel an einem Klappenfehler in der Regel keine oder kaum einige Klarheit bringen. Dagegen ist in den Fällen, wo die Diagnose Klappenfehler gesichert ist, die Perkussion von großem Wert. Sie gibt uns Aufklärung über die Größe des Herzens, besonders des rechten Ventrikels. Ist doch das Maß der Vergrößerung des Herzens für uns der Maßstab zur Beurteilung des Einflusses, den der Herzfehler auf das Herz selber ausübt. Die Vergrößerung des rechten Ventrikels, die sich durch die Verbreiterung der absoluten Herzdämpfung nach rechts über den Sternalrand kenntlich macht, ist ein Zeichen der Dilatation des rechten Ventrikels. Diese tritt erst dann auf, wenn das rechte Herz infolge der Blutstauung überfüllt wird. Indessen kann es vorkommen, daß das rechte Herz bereits dilatiert und die absolute Herzdämpfung doch nicht nach rechts verbreitert ist, weil das Herz bei der Dilatation des rechten Ventrikels sich nach links verlagert. Ist aber eine deutliche epigastrische Pulsation mit systolischer Einziehung festzustellen, dann weist dies auf Dilatation des rechten Herzens hin. Findet man eine Verbreiterung der Herzdämpfung nach rechts, dann ist bereits eine sehr beträchtliche Dilatation des rechten Ventrikels zustande gekommen.

Auch zur Feststellung einer Dilatation des linken Ventrikels kann man die Perkussion nicht ganz entbehren, weil der Spitzenstoß nicht immer genau angibt, wie weit die linke Herzgrenze nach links reicht. Dies kann bei starker Hypertrophie des linken Ventrikels oder auch, bei Mitralfehlern, bei starker Dilatation und Hypertrophie des rechten Ventrikels der Fall sein. Bei den Mitralfehlern wird, wie wir bereits an anderer Stelle berichtet haben, der Spitzenstoß zuweilen von dem dilatierten hypertrophischen und nach links verlagerten rechten Ventrikel zustande gebracht.

Bei Pericarditis exsudativa kann man den evtl. noch schwach fühlbaren Spitzenstoß innerhalb der linken Grenze der dann vergrößerten Herzdämpfung finden. Auch dabei ist also die Perkussion zur Bestimmung der linken Grenze dieser Figur unentbehrlich.

Endlich erinnern wir hier noch einmal daran, daß die Perkussion uns auch bei der Feststellung einer Dilatatio aortae und der Anwesenheit eines Aneurysma aortae zustatten kommen kann.

Daß die *Auscultation* für die Diagnose von großem Wert ist, geht schon daraus hervor, daß viele Ärzte bei der Untersuchung des Herzens sich ausschließlich auf sie beschränken! Wir wiesen bereits darauf hin, wie verkehrt es ist, ihren Wert derart zu überschätzen. Aus dem eben Gesagten ist wohl schon, wie wir hoffen, deutlich hervorgegangen, von wie großer Bedeutung die diagnostischen Zeichen sind, die die anderen klinischen Untersuchungsmethoden liefern können.

Bei der Auscultation achte man auf den Charakter der Töne und auf die eventuelle Anwesenheit von Geräuschen. Vor allem ist dabei von Bedeutung, das Stethoskop auf die richtigen Stellen aufzusetzen.

Ein *systolisches Geräusch*, am stärksten an der Herzspitze zu hören, nimmt man wahr bei Insuffizienz der Mitralklappen infolge von Endokarditis, von Arteriosklerose, von relativer Insuffizienz, ein systolisches Geräusch an der Aorta (2. Intercostalraum rechts neben dem Sternum), das sich gewöhnlich in die Carotis fortpflanzt und also auch an der Carotis hörbar ist, bei Aortenstenose.

Bei Insuffizienz der Tricuspidalklappen ist ein systolisches Geräusch unten am Sternum zu hören, bei Stenose des Pulmonalostiums ein systolisches Geräusch im 2. Intercostalraum links neben dem Sternum.

An dieser Stelle sei ferner erinnert an die später in diesem Kapitel zu besprechenden akzidentellen systolischen Geräusche, die zuweilen an allen Ostien, doch meistens allein und am stärksten am Pulmonalostium zu hören sind.

Ein *diastolisches Geräusch* an der Herzspitze ist bei Mitralstenose zu hören. Doch ist meistens bei diesem Herzfehler ein präsystolisches Geräusch wahrzunehmen.

Das diastolische Geräusch, welches bei Insuffizienz der Aortaklappen vorkommt, ist meist von sehr eigenartigem Charakter. Es ist ein langgedehntes Blasen, dem die Franzosen den sehr bezeichnenden Namen „jet de vapeur" gaben. Nachdrücklich erinnern wir daran, daß dieses Geräusch nicht am stärksten an der gewohnten Auscultationsstelle der Aortatöne gehört wird, sondern über dem Sternum in Höhe des 3. Intercostalraumes. Man hört dann in der Regel auch ein systolisches Geräusch an der Aorta, welches aber nicht durch eine Stenose der Aorta, sondern durch Schwingungen der Aortenwand hervorgerufen wird oder vielleicht durch Wellenbewegungen, welche beim Zusammentreffen des nach dem linken Ventrikel zurückströmenden und des bei der Systole aus der linken Kammer ausgetriebenen Blutes entstehen. Bei Insuffizienz der Pulmonalklappen ist ein diastolisches Geräusch im 2. Intercostalraum links vom Sternum zu hören.

Abschwächung des ersten Tones an der Herzspitze oder sogar vollständiges Fehlen desselben kommt vor bei Insuffizienz der Mitralklappen und auch bei Insuffizienz der Aortaklappen (Traubes Symptom). Dagegen ist der erste Ton verstärkt bei Mitralstenose.

Bei Insuffizienz und auch bei Stenose der Mitralis ist, wenn keine Kompensationsstörungen bestehen, der *zweite Pulmonalton* infolge des erhöhten Druckes in der Arteria pulmonalis *verstärkt*, während der *zweite Aortenton verstärkt* und oft von klingendem Charakter ist bei Druckerhöhung in der Aorta, also bei chronischer Nephritis, bei Arteriosklerose und, ganz allgemein, bei Hypertonie.

Abgeschwächt ist der zweite Aortenton bei Aortenstenose. Auch bei Aorteninsuffizienz kann ein schwacher zweiter Ton neben dem diastolischen Geräusch zu hören sein.

Für die Diagnose der Mitralstenose ist die dabei vielfach vorkommende *Verdoppelung des zweiten Tones an der Herzspitze von Bedeutung.*

Gleichzeitiges Vorkommen von mehr als einem Klappenfehler wird angenommen werden müssen, wenn die verschiedenen zur Beobachtung kommenden Erscheinungen nicht alle durch einen einzigen Klappenfehler erklärt werden können. In einem derartigen Falle versuche man zuerst die Erscheinungen festzustellen, die in ihrer Gesamtheit mit Sicherheit das Vorhandensein eines bestimmten Klappenfehlers beweisen. Die dann noch übrigbleibenden Symptome, die nicht durch diesen Klappenfehler erklärt werden können, weisen dann von selbst den Weg zur Erkennung des zweiten Klappenfehlers. Bei einem kombinierten Herzfehler wird es vor allem auf die Feststellung ankommen, an welchem Ostium bzw. an welchem Klappensystem die zu hörenden Geräusche entstehen. Deswegen muß man außer auf die Phase, in der die Geräusche gehört werden können, auch auf den Charakter der Geräusche achten. Hört man z. B. ein systolisches Geräusch an der Herzspitze und an der Aorta, dann wird das systolische Geräusch, das evtl. an den insuffizienten Mitralklappen entsteht, einen anderen Charakter als das infolge einer Aortastenose auftretende haben. Es sind dann also zwei Geräusche von einem verschiedenen akustischen Charakter, die deswegen an zwei verschiedenen Stellen entstehen müssen.

Weiter untersuche man, wo die Geräusche am stärksten wahrgenommen und wohin sie fortgeleitet werden, um bestimmen zu können, an welchem Ostium sie entstehen.

Übrigens sei darauf aufmerksam gemacht, daß das gleichzeitige Bestehen zweier Herzfehler nicht, wie man vielleicht erwarten würde, an sich eine ernstere Prognose gibt als ein einfacher Herzfehler. So kann z. B. die Kombination einer Insuffizienz der Aortaklappen mit Mitralstenose evtl. einmal eine günstigere Prognose gestatten als eine Mitralstenose allein. Es kommt ja für die Bestimmung der Bedeutung eines Klappenfehlers vor allem auf den Umfang des Fehlers an. Die Insuffizienz oder Stenose kann sehr stark, aber auch gering sein. Zudem ist der Zustand des Herzmuskels von großer Bedeutung. Ist der Herzmuskel gesund, so können große Hindernisse überwunden werden, während andererseits ein kranker Herzmuskel den durch einen Klappenfehler verursachten Schwierigkeiten nicht gewachsen ist.

Angeborene Herzfehler. Mit ein paar Worten wollen wir hier auch noch die angeborenen Herzfehler erwähnen. Ihre genaue Diagnose ist meistens unmöglich. Doch die Cyanose und die Trommelschlägelfinger, die bei schweren angeborenen Herzfehlern niemals fehlen, sind an sich schon für den untersuchenden Arzt Grund genug, ohne Zögern eine Ablehnung anzuraten, falls ein Patient mit einem derartigen Herzleiden den Antrag auf Lebensversicherung stellt. Eine bis ins einzelne gehende genaue Diagnose ist deswegen nicht einmal nötig.

Es gibt jedoch angeborene Herzfehler, wie das offengebliebene Foramen ovale, die „Maladie de Roger“ (offengebliebenes Septum ventriculorum) und der offene Ductus Botalli, die Aussicht auf eine jahrzehntelange Lebensdauer gewähren. Oft wird ein solcher Herzfehler sogar nur zufällig bei einer aus dem einen oder anderen Grunde vorgenommenen ärztlichen Untersuchung entdeckt. Nicht so sehr selten geschieht dies gerade bei einer Untersuchung für eine Lebensversicherung.

Das *offengebliebene Foramen ovale* vor allem kann jahrelang bestehen, ohne zu irgendwelchen Beschwerden Veranlassung zu geben. Es kann dann ein systolisches oder diastolisches Geräusch über der Herzbasis zu hören sein.

Bei der *„Maladie de Roger“* ist ein langgezogenes, *sehr lautes,* rauhes, systolisches Geräusch in der Medialinie und am linken Rand des Sternums in Höhe der 3. und 4. Rippe zu hören. Oft ist dabei auch ein starkes Katzenschnurren an der Stelle wahrzunehmen, wo das Geräusch am lautesten ist. Dies Geräusch ist auch zuweilen ziemlich laut an der Rückenfläche im linken Interscapularraum zu hören. Die Diagnose dieses angeborenen Herzfehlers, bei dem jahrelang sogar eine nachweisbare Vergrößerung des rechten Herzens und Beschwerden für den Patienten fehlen können, ist ziemlich leicht, wenn man die Art des Geräusches und die Stelle, an der es am stärksten gehört wird, berücksichtigt.

Der *offengebliebene Ductus Botalli* verursacht ein lautes systolisches Geräusch und dabei einen verstärkten zweiten Pulmonalton außer einer Dämpfung im

2. Intercostalraum links vom Sternum, welche durch eine Erweiterung der Arteria pulmonalis bedingt ist. Mitunter ist gleichzeitig ein systolisches Schnurren im 2. und auch im 1. linken Intercostalraum zu fühlen.

Fingerzeige für die Diagnose eines Aneurysma aortae und eines intrathorakalen Tumors.

Die Diagnose eines Aneurysma aortae oder eines intrathorakalen Tumors wird wohl keinem Arzte besondere Schwierigkeiten bereiten, wenn die vergrößerten oder geschwollenen Partien der Thoraxwand anliegen oder sich dem Auge (durch eine lokale Vorwölbung des Thorax) oder dem Auge und der Hand (durch eine sicht- und fühlbare Pulsation) oder bei der Perkussion schon während einer oberflächlichen Untersuchung verraten. Aber nachdrücklich glauben wir hier noch erinnern zu müssen an einige *Erscheinungen, die an sich von wenig Bedeutung doch Symptome eines verborgenen Leidens sein können, das als lebensgefährdend anzusehen ist,* und dessen Entdeckung durch den Untersucher deshalb für eine Lebensversicherung von der größten Wichtigkeit ist. Die Erscheinungen, die wir hier im Sinne haben, können durch einen Tumor im Mediastinum bzw. durch ein Aortenaneurysma verursacht sein. Es sind: Ungleichheit der Pupillen (einseitiger Druck auf den Sympathicus), Heiserkeit (Druck auf den linken Nervus recurrens), Erweiterung der Halsvenen und der Venen an der Brust (Druck auf intrathorakale Venen), Schmerzen im linken Arm, der Schulter und Brusthälfte oder Intercostalneuralgien, Atmungsbeschwerden, Dyspnöe (Druck auf die Trachea), Schluckbeschwerden (Druck auf den Oesophagus), Verschiebung des Larynx und der Trachea, Erscheinungen von Bronchialstenose, nämlich Abschwächung oder Fehlen des Atemgeräusches über einer Lungenpartie, die nach dem vorhandenen sonoren Lungenton noch lufthaltig ist, endlich das Oliver-Cardarellische Symptom. Letztere Erscheinung kann man wohl fast als pathognomisch für das Aortenaneurysma betrachten, vorausgesetzt, daß man es lege artis feststellt, d. h. in Rückenlage des Patienten mit hintenübergebogenem Kopf, während unter die Schultern ein Kissen gelegt ist. Man stelle sich dann auf die rechte Seite des Patienten und lege den rechten Daumen und Zeigefinger mit einem kleinen Abstand voneinander unten gegen die Cartilago cricoidea und drücke sie nach oben. Ist das Symptom vorhanden, so fühlt man, daß die Cartilago cricoidea synchron mit jeder Herzsystole kräftig nach unten gezogen wird. Man denke an eine mögliche Verwechslung mit dem Klopfen der Carotiden, eine Verwechslung übrigens, die, wenn man lege artis vorgeht, nicht gut möglich ist.

Es braucht wohl nicht gesagt zu werden, daß ein Aneurysma und natürlich auch ein Tumor mediastini den Abschluß einer Lebensversicherung ausschließt. Bei einem Tumor mediastini fehlt beinahe immer das Oliver-Cardarellische Symptom, die oben erwähnten Druckerscheinungen kommen dabei aber häufig vor. Vor allem sei man vorsichtig bei *Heiserkeit!* Übrigens ist jede Stimmbanderkrankung Verdacht erregend, besonders für den Lebensversicherungsarzt. Außer an die durch Druck bedingte Recurrenslähmung denke er an Tuberkulose, Syphilis oder eine Neubildung.

Wir haben oben nochmals die Aufmerksamkeit auf die wichtigsten Erscheinungen hingelenkt, die bei Klappenfehlern und Herzmuskelerkrankungen vorkommen und dem untersuchenden Arzt wertvolle Hinweise für eine richtige Diagnose eines evtl. vorhandenen Herzleidens geben können. Wir dürfen hier aber auch nicht die Warnung vor einem *Fehler* unterlassen, der durchaus nicht so selten begangen wird, daß nämlich *ein Herzleiden diagnostiziert wird, wenn das Herz in Wirklichkeit gesund ist* oder wenigstens von einem *schweren* Herzleiden keine Rede sein kann.

Die Erscheinungen, die die erwähnte fehlerhafte Diagnose veranlassen können, sind: 1. Herzgeräusche, 2. unregelmäßige Herztätigkeit und 3. geringe Vergrößerungen des Herzens.

Zu 1. *Geräusche.* Noch immer ist das Vernehmen eines Herzgeräusches für viele Ärzte genügender Grund zur Annahme eines Herzleidens. Bei diastolischen oder präsystolischen Geräuschen ist diese Annahme gerechtfertigt, bei systolischen keineswegs. Kommen doch systolische Geräusche sehr häufig bei Menschen mit vollkommen gesundem Herzen vor. So hört man ein systolisches Geräusch bei einer sehr großen Zahl gesunder junger Menschen beiderlei Geschlechts im Alter von 10—30 Jahren. In der Tat ist denn auch Grund zur Annahme des Vorschlags von James Mackenzie vorhanden, diese systolischen akzidentellen Geräusche bei gesunden jungen Menschen als „*physiologische*" Geräusche zu bezeichnen[1]). Als *funktionelle* Geräusche bezeichnen wir dann diejenigen systolischen Geräusche, welche infolge einer Dilatation des Herzens und einer relativen Insuffizienz der Klappen entstehen[2]).

Die *physiologischen* Geräusche sind leise blasend und meistens ausschließlich an der Pulmonalis oder wenigstens stärker an der Pulmonalis als an der Herzspitze zu hören. Sie verschwinden oft, wenn der Puls infolge körperlicher Anstrengung schneller wird. Sie sind häufig nur in liegender oder allein in stehender Haltung zu hören. Das Herz ist nicht oder sehr wenig dilatiert und weist weder subjektive noch objektive Insuffizienzerscheinungen auf. Besteht eine Pulsunregelmäßigkeit, so ist sie respiratorischer Art, Mackenzies „Youthful type of irregularity".

Die infolge relativer Mitralinsuffizienz entstehenden *funktionellen Geräusche* sind auch von blasendem Charakter, während die *organischen* Geräusche mehr oder weniger rauh, zuweilen musikalisch sind. Indessen können auch die organischen Geräusche wohl einmal leise blasend sein. Es ist denn auch in vielen Fällen unmöglich, zu bestimmen, ob man es mit einem organischen oder einem funktionellen Geräusch zu tun hat.

Zu 2. *Unregelmäßige Herztätigkeit.* In dem über den Puls handelnden Kapitel findet man die Bedeutung der verschiedenen Formen des unregelmäßigen Pulses besprochen. Wir können uns hier mit der Warnung begnügen, daß man nicht, wie das wohl noch häufig geschieht, sofort bei der Beobachtung einer unregelmäßigen Herztätigkeit ein Herzleiden diagnostiziert.

Zu 3. *Vergrößerung des Herzens.* Geringe Vergrößerungen des Herzens kommen bei jungen Menschen nicht so sehr selten vor, ohne daß ihnen eine größere pathologische Bedeutung beigelegt werden darf, wenn wenigstens das Herz kein einziges Symptom einer Insuffizienz aufweist. Mackenzie[3]) berichtet, daß er vor vielen Jahren zu einem Jungen von 10 Jahren gerufen wurde, der einen Ohnmachtsanfall erlitten hatte. Er fand, daß die Herzdämpfung nach rechts über die Mittellinie und nach links eben über die linke Mamillarlinie hinausreichte. In der Ansicht, daß die geringe Herzvergrößerung kein hinreichender Grund zur Diagnose einer Herzkrankheit abgäbe, erlaubte Mackenzie dem Knaben zu laufen und zu spielen, als ob nichts geschehen wäre. Inzwischen hielt Mackenzie den Knaben im Auge. Es ereignete sich weiter nichts. Der Junge wuchs zu einem gesunden und kräftigen Mann heran und zeigte niemals irgendeine Spur einer Herzinsuffizienz. Mackenzie rät, in derartigen Fällen das funktionelle Vermögen des Herzens zu untersuchen. Wenn dies bis zu dem

---

[1]) Mackenzie, James: Principles of diagnosis and treatment in heart affections. S. 101. London 1916.

[2]) Wir verweisen an dieser Stelle auch auf Seite 136 und 137 dieses Buches.

[3]) loc. cit. S. 124.

Augenblick der Störung, wie z. B. ein Anfall von Synkope, gut gewesen ist, so kann man es, seiner Ansicht nach, als sicher annehmen, daß die Synkope nicht von einer primären Herzschwäche herrührte und die Dilatation des Herzens nicht der Grund der Störung war.

Bei jungen Leuten, die viel Sport ausüben oder schwere körperliche Arbeit verrichten, findet man häufig den Spitzenstoß in oder gerade außerhalb der linken Mamillarlinie infolge einer geringen Hypertrophie des Herzens. Diese hat keine pathologische Bedeutung. Man bedenke aber, daß diese Vergrößerung und Hypertrophie des Herzens immer nur gering ist. Nimmt sie etwas größere Ausdehnung an, so ist die Dilatation die Folge einer Überanstrengung des Herzens, meist gepaart mit allgemeiner Überanstrengung und Erschöpfung der Körperkräfte oder mit der ein oder anderen, zuweilen nur leichten Infektion.

Auch bei Menschen in mittlerem oder höherem Lebensalter kommen, wie Mackenzie mitteilt, Veränderungen unbekannter Art vor, die eine Vergrößerung des Herzens zur Folge haben. Meistens findet man dabei eine geringe Verminderung der Reservekraft des Herzens. Solange sich diese Verminderung in Grenzen hält, die dem mehr oder weniger vorgerückten Alter des Individuums entsprechen, braucht darauf kein Gewicht gelegt zu werden. Mackenzie[1]) erinnert sich, daß er in den ersten Jahren seiner Praxis einen kräftig gebauten Mann von 62 Jahren für eine Lebensversicherung abwies, weil dessen Spitzenstoß sich etwa 2 cm außerhalb der linken Mamillarlinie befand. Dieser Mann führte noch eine Reihe von Jahren ein arbeitsreiches Leben und starb im Alter von 89 Jahren. Auf Grund der Beobachtung mehrerer derartiger Fälle kommt Mackenzie zu dem Schlusse, daß eine Vergrößerung der Herzdämpfung bis etwas außerhalb der linken Mamillarlinie, selbst wenn dabei auch Geräusche und eine unregelmäßige Herztätigkeit, wie Extrasystolen, wahrzunehmen sind, an sich keine Veranlassung zu einer Besorgnis zu geben braucht, vorausgesetzt, daß das Herz bei Anstrengungen nicht das geringste Zeichen einer Insuffizienz (Kurzatmigkeit, Cyanose, Angina pectoris) aufweist. Die Lebensaussichten eines solchen Patienten können, seiner Meinung nach, für die Zukunft günstig sein.

Mackenzies Mitteilungen seiner sich auf langjährige, sorgfältige Beobachtungen stützenden Erfahrungen bezüglich prognostisch unbedeutender Vergrößerungen des Herzens bei Menschen von mittlerem oder vorgeschrittenerem Alter sind auch für die Lebensversicherung von Bedeutung, obwohl in solchem Alter sicher nur eine geringe Anzahl Anträge auf Versicherungen gestellt werden. Indessen wird man wohl niemals beim Finden einer Herzvergrößerung in dem genannten Alter anders als nach einer genauen Untersuchung einer Gesellschaft die Annahme der beantragten Versicherung empfehlen. Bei der Untersuchung müssen u. a. besonders Adipositas, Myodegeneratio cordis, Myokarditis, Nephritis, Hypertonie und pathologische Arteriosklerose ausgeschlossen werden. Übrigens kann ich auf Grund eigener Erfahrungen in der Beziehung der Auffassung des ebenso erfahrenen wie klarblickenden englischen Kenners der Herzkrankheiten vollkommen beipflichten.

Die Bestimmung der wahrscheinlichen Lebensdauer bei Herzkrankheiten kann vorläufig noch nicht in dem für die Lebensversicherung erwünschten Grade von Genauigkeit geschehen, weil darüber noch keine zuverlässigen statistischen Angaben von genügendem Umfang bestehen und überdies die am stärksten voneinander abweichenden Erscheinungen unter dem Sammelbegriff Herzleiden zusammengefaßt werden. War man aber früher fast allgemein der Ansicht,

[1]) loc. cit. S. 125.

daß den Herzkranken nur eine kurze Lebensdauer vorausgesagt werden durfte, so hat in den letzten Jahren diese ungünstige Auffassung der Herzkrankheiten eine bemerkenswerte Wandlung erfahren. Mit der besseren Erkenntnis dieser Krankheiten, welche wir der Vervollständigung der diagnostischen Hilfsmittel und einer sorgfältigen Beobachtung zu danken haben, zweifellos aber auch mit der Verbesserung unserer Therapie, welche die Frucht unserer besseren Erkenntnis war, wird die Prognosse bei Herzleiden in günstigerem Sinne gestellt, als dies früher der Fall war. Es besteht denn auch aller Grund zu der Erwartung, daß die Lebensversicherungen mehr und mehr dazu zu bewegen sein werden, unter bestimmten Verhältnissen und Bedingungen auch Herzkranke in die Versicherung aufzunehmen. Zweifellos ist schon jetzt ein beträchtlicher Fortschritt festzustellen, da nun bereits dank der besseren Diagnostik viele für eine Lebensversicherung angenommen werden können, welche, obwohl sie in Wirklichkeit gesund sind, früher für Herzkranke in dem einen oder anderen Sinne gehalten wurden und deswegen von den untersuchenden Ärzten ohne Zögern abgewiesen worden wären. Es ist aber zu bedauern, daß dieser Fortschritt noch nicht Gemeingut aller Ärzte geworden ist, und gerade darum haben wir im vorhergehenden die Herzdiagnostik noch einmal speziell besprochen und auf die Fußangeln und Fallstricke hingewiesen, auf welche die untersuchenden Ärzte ganz besonders zu achten haben. Daß wir dabei nicht nur unsere persönliche Auffassung berücksichtigten, wird u. a. durch einen Ausspruch WENCKEBACHS auf dem „Kongreß für innere Medizin" im Jahre 1916 in Warschau bewiesen. „Man nimmt viel zu häufig", sagt WENCKEBACH, „eine wirkliche Herzkrankheit an, wo nur subjektive Beschwerden vorhanden sind." Und weiterhin sagte er: „v. ROMBERG bestätigt, daß die Mehrzahl der als Herzkranke zur Untersuchung kommenden Dienstpflichtigen kein Herzleiden haben. Die Ursache der vielen Fehldiagnosen ist die Schwierigkeit der physischen Diagnose."

An derselben Stelle sprach WENCKEBACH auch über die Prognose bei Herzleiden, und damit kommen wir von selbst auf das uns beschäftigende Thema zurück. „Häufig vertragen sich mit kompensiertem Herzklappenfehler die Kriegsstrapazen tadellos." Und er schloß: „Aus allen Mitteilungen über die im Felde gemachten Erfahrungen folgt, daß die Herzkrankheiten beträchtlich überschätzt werden, daß Patienten mit wirklichen Herzfehlern die Anstrengungen des Krieges gut durchhalten, und daß nervöse Herzbeschwerden sich sogar oft bessern." Übrigens haben sich schon viel früher erfahrene Kliniker in gleichem Sinne über die Prognose bei Herzkrankheiten geäußert. Unter diesen nennen wir wiederum keinen geringeren als JAMES MACKENZIE.

Wie wir bereits oben andeuteten, sind die statistischen Angaben, die uns jetzt zur Verfügung stehen, um die mittlere Lebensdauer einer großen Anzahl Herzkranker zu bestimmen, noch sehr kümmerlich. Soweit uns bekannt, hat nur KRETSCHMANN[1]) sich ernsthaft mit einer derartigen statistischen Untersuchung beschäftigt. Ganz kurz wollen wir hier die wichtigsten Ergebnisse mitteilen.

KRETSCHMANN benutzte zu seiner Untersuchung die Akten der Lebensversicherungsgesellschaft „Victoria" in Berlin und außerdem die Angaben der „Ortskrankenkassen der Kaufleute, Apotheker und Handlungsgehilfen" und der „Schneider und Schneiderinnen" zu Berlin, die ein Kartensystem mit sog. „Schlußdiagnosen" führen. Auf diesen Karten ist bei jedem Mitglied jede einzelne Krankheit aufgeführt. KRETSCHMANN fand beim Studium von 5604 Karten bei 494 Personen angegeben, wann zum ersten Male das schließlich zum

[1]) KRETSCHMANN, WERNER: Lebensdauer bei Herzkrankheiten. Dissert. Berlin 1916. Man findet ein ausführliches Referat dieser Arbeit in den Blättern für Vertrauensärzte der Lebensversicherungen 7. Jg., Heft 3, 4 u. 5. 1916.

Tode führende Herzleiden in Erscheinung getreten war. Eine genaue Diagnose der Art des Herzleidens war dabei jedoch nicht angegeben. Ferner konnte das Material auch darum einer strengen Kritik — wie sich KRETSCHMANN wohl etwas euphemistisch ausdrückt — nicht standhalten, weil der angegebene Beginn des Herzleidens mit der Arbeitsunfähigkeit zusammenfiel, so daß zu der Zeit die Herzerkrankung bereits kürzere oder längere Zeit bestanden hatte und der wirkliche Beginn des Leidens nicht festzustellen war.

Das Material der „Victoria“ umfaßte die Jahre 1905—1912 und betrug 11607 Sterbefälle, darunter 947 an Herzkrankheiten. Bei den 947 Personen dauerte die Versicherung

bis zu 1 Jahr	bei 28	bis zu 20 Jahren	bei 345
„ „ 3 Jahren	„ 53	„ „ 30 „	„ 174
„ „ 5 „	„ 78	„ „ 40 „	„ 84
„ „ 10 „	„ 168	„ „ 50 „	„ 17

Mit Recht bemerkt KRETSCHMANN zu dieser Tabelle, es verdiene unsere Beachtung, daß, wie aus diesen Zahlen hervorgeht, beinahe ein Drittel aller an Herzkrankheiten gestorbenen Personen schon im ersten Dezennium ihrer Versicherung gestorben sind. Indessen muß darauf hingewiesen werden, daß bei 265 der 947 an Herzleiden Gestorbenen beim Abschluß der Versicherung durch genaue Messungen deutlich Fettleibigkeit oder wenigstens starke Neigung zu Korpulenz festgestellt wurde.

Bei 303 Personen war der Beginn des Herzleidens bekannt. Die Dauer des Herzleidens betrug:

Lebensalter	Bis zu 1 Woche	Bis zu 3 Wochen	Bis zu 1/4 Jahr	Bis zu 1/2 Jahr	Bis zu 1 Jahr	Bis zu 2 Jahren	Bis zu 3 Jahren	Bis zu 5 Jahren	Bis zu 7 Jahren	Bis zu 10 Jahren
20—30	—	2	1	—	—	3	1	—	—	—
30—40	8	6	9	4	8	8	4	4	—	—
40—50	2	11	26	9	17	11	11	11	3	—
50—60	3	5	13	10	14	14	5	13	1	1
60—70	—	5	6	4	8	4	2	6	2	1
70—80	—	—	1	2	—	—	1	4	1	—

Aus dieser Tabelle geht also hervor, daß in mehr als der Hälfte (174) von den 303[1]) Fällen das Herzleiden bereits nach 1 Jahre den Tod zur Folge hatte, daß nach 5 Jahren nur noch einzelne Patienten lebten, und daß nach 10 Jahren keiner mehr am Leben war. Der Wert dieser Tabelle wird aber sehr durch das Fehlen einer richtigen Diagnose des Herzleidens heruntergesetzt. Es ist sehr gut möglich, daß z. B. viele Personen an Fettsucht litten. Waren doch unter den 947 an Herzleiden Gestorbenen nicht weniger als 265 Fettleibige, und dies schon, wie oben mitgeteilt wurde, beim Abschließen der Versicherung!

Lebensalter	Zahl der Gestorbenen	Bis zu 1 Woche	Bis zu 3 Wochen	Bis zu 1/4 Jahr	Bis zu 1/2 Jahr	Bis zu 1 Jahr	Bis zu 2 Jahren	Bis zu 3 Jahren	Bis zu 5 Jahren	Bis zu 7 Jahren	Bis zu 10 Jahren
15—20	54	8	5	13	7	5	8	5	3	—	—
20—30	66	6	6	19	10	7	7	7	—	3	—
30—40	69	8	4	12	7	8	16	3	8	1	—
40—50	110	10	9	21	21	14	15	6	6	5	2
50—60	100	6	8	18	7	17	27	6	6	1	—
60—70	69	4	3	14	8	8	10	8	7	3	1
70—80	12	1	1	2	1	1	2	3	2	—	—

[1]) Ich zähle in der Tabelle nur 285 Fälle, finde übrigens noch mehr Ungenauigkeiten in KRETSCHMANNS Zahlen.

Zum Schlusse führen wir hier noch eine Tabelle von KRETSCHMANN bezüglich der Lebensdauer bei Herzleiden von 494 Mitgliedern der obengenannten Ortskrankenkassen in Berlin an, deren Herzleiden von dem Augenblicke der Arbeitsunfähigkeit der Patienten bis zu ihrem Tode verfolgt werden kann.

Diese Tabelle[1]) stimmt mit der vorigen überein. Mehr als die Hälfte der Kranken ist bereits nach einem Jahre gestorben, und kein einziger Patient mit einem Herzleiden hat länger als 10 Jahre gelebt.

KRETSCHMANN zieht dann aus seinen Untersuchungen den Schluß, daß die Lebensdauer bei Herzkrankheiten im allgemeinen nicht länger als 10 Jahre beträgt. Dieses Resultat, bemerkt KRETSCHMANN, stimmt aber nicht mit der allgemeinen ärztlichen Erfahrung überein, daß Menschen mit Herzfehlern unter günstigen äußeren Umständen viel länger als 20 Jahre leben können. In der Erwägung jedoch, daß bei den Untersuchungen der Beginn des Herzleidens erst von dem Zeitpunkt des Eintritts der *Arbeitsunfähigkeit* gerechnet ist, „dürfte das Ergebnis vielleicht doch den wahren Sachverhalt wenigstens annähernd klarlegen[2])“. Diese letzte Schlußfolgerung ist nicht richtig. KRETSCHMANN selber erkennt an, daß die Ergebnisse seiner statistischen Untersuchungen nicht mit den ärztlichen Erfahrungen übereinstimmen. Jedoch ist der Widerspruch zwischen KRETSCHMANNS Ergebnissen und den ärztlichen Erfahrungen nur ein scheinbarer. Dauert es doch bei Herzklappenfehlern in vielen Fällen lange Zeit, bevor Insuffizienzerscheinungen und als deren Folge Arbeitsunfähigkeit eintritt. In den meisten Fällen ist dem Arzte das Bestehen eines Klappenfehlers bei seinem Patienten bekannt, bevor dieser über Beschwerden infolge Insuffizienz zu klagen hat. Ganz mit Recht sagt denn auch FEILCHENFELD[3]) in seinem ausführlichen Referat von KRETSCHMANNS Arbeit, daß man die Arbeitsfähigkeit in den meisten Fällen als einen Beweis einer guten Herztätigkeit ansehen darf, und daß die schlechte Prognose eines Herzfehlers erst von dem Zeitpunkt zu datieren ist, an dem die Beschwerden zu „Erwerbsunfähigkeit“ geführt haben.

Wir wollen nun die Besprechung der wenigen und dürftigen Angaben, die bis jetzt durch die statistische Untersuchung erzielt worden sind, abbrechen und nun die Lehren der klinischen Erfahrung und Untersuchung betrachten. Wir können dabei im allgemeinen die Feststellung machen, daß für die Prognose eines Herzfehlers von überwiegender Bedeutung sind: 1. die Art des Herzleidens und der Zustand der Herzmuskulatur, 2. die Anforderungen, die der Kranke in Anbetracht seiner täglichen Beschäftigung und seiner Lebensweise an sein Herz stellt.

1. *Die Art des Herzleidens.* Das Herzleiden kann auch nervöser Natur sein. In diesen Fällen ist die Prognose günstig, auch wenn neben den subjektiven noch objektive Veränderungen wie systolisches Geräusch, eine geringe Vergrößerung des Herzens, unregelmäßige Herztätigkeit (Extrasystolie, Sinusarythmie) nachzuweisen sind. Dabei wird die richtige Diagnosenstellung oft sehr großen Schwierigkeiten gegenüberstehen. Man wird dann die oben angegebenen diagnostischen Kriteria mit Vorteil in Anwendung bringen können, zudem aber auch den Zustand des ganzen Nervensystems berücksichtigen müssen. Von überwiegender Bedeutung ist dabei, daß man sich durch die bekannten Hilfsmittel über die Reaktion des Herzens auf körperliche Anstrengungen genaue Informationen verschaffe. Kann der Untersuchte ohne Beschwerden schnell laufen, Treppen steigen, Radfahren, Tennis spielen usw., so darf man mit Sicherheit annehmen, daß der Herzmuskel gesund ist. Bei rein nervösem Herzleiden empfindet der Patient häufig dann die meisten Beschwerden (Herzklopfen,

[1]) Ich zähle nicht 494 Gestorbene, sondern 480 und in den 10 Reihen zusammen 470.
[2]) loc. cit. S. 23. [3]) Blätter f. Vertrauensärzte 7. Jg., H. 5, S. 72.

Gefühl, als ob das Herz hin und wieder stillstände, unregelmäßiger Herzschlag), wenn er sich ruhig verhält. In der Mehrzahl der Fälle — man denke vor allem aber auch an die Herzbeschwerden bei Basedowscher Krankheit und deren zahlreich vorkommende „Formes frustes" — bestehen gegen die Annahme einer Lebensversicherung unter den gewohnten Bedingungen keine Bedenken.

In vielen Fällen hängen die Herzbeschwerden, wie Herzklopfen, das bei Gemütserregungen aber auch körperlicher Anstrengung schnell auftritt, mit einem allgemeinen asthenischen Körperbau (Asthenia universalis congenita) zusammen. Bei der Bestimmung des Risikos der Versicherung wird man dann die unterwertige allgemeine Körperbeschaffenheit berücksichtigen müssen.

Man denke auch an die Möglichkeit einer chronischen Intoxikation, also insbesondere an Alkohol- und Nicotinvergiftung. Obwohl die dabei evtl. auftretenden Erscheinungen von seiten des Herzens oft den Eindruck nur funktioneller Natur zu sein hervorrufen, und sie bei Abstinenz, wenigstens was die Nicotinvergiftung angeht, ziemlich schnell zu verschwinden pflegen, sei man doch vorsichtig und nehme sie nicht zu leicht. Außerdem halten Trinker sicher nur ausnahmsweise und Raucher bestimmt nicht immer die ihnen auferlegte Abstinenz auf die Dauer durch.

Das Herzleiden kann die Folge einer *Erkrankung des Myokards* sein. Die Diagnose ist leicht in den Fällen, wo chronische Nephritis, Hypertonie oder Arteriosklerose, meist auch wenn Syphilis in Betracht kommt. Schwieriger ist sie, wenn die eine oder andere Infektionskrankheit, wie Influenza, Typhus, Diphtherie, Angina usw. die Erkrankung des Herzmuskels verursacht haben. Zuweilen wird die Schwierigkeit einer richtigen Diagnose noch dadurch vermehrt, daß auch systolische Geräusche zu hören sein können, obwohl die Klappen intakt sind. Bei der Untersuchung findet man übrigens bei der Erkrankung des Myokards: Dilatatio cordis, nicht selten unregelmäßige Herztätigkeit, zuweilen partiellen oder totalen Herzblock evtl. einen Pulsus alternans und dumpfe Herztöne, Bruit de galop (besonders bei chronischer Nephritis). Auf das Vorkommen von Herzvergrößerungen bei jüngeren und älteren Menschen, ohne daß dabei von einer Myokarderkrankung die Rede zu sein braucht, haben wir oben bereits hingewiesen.

Obwohl ein längeres Leben bei bestehender Myokarderkrankung durchaus nicht zu den Seltenheiten gehört, wird man die Annahme einer Lebensversicherung doch nicht empfehlen können, es sei denn in ganz vereinzelten Fällen eine Versicherung auf kurze Zeit, ungefähr 5 Jahre. Bevor man aber eine derartige ziemlich günstige Empfehlung abgibt, muß man sich sehr gründlich davon überzeugen, daß das Herz noch ohne Mühe körperliche Anstrengungen vertragen kann. Man wird dann auch das Lebensalter des Patienten berücksichtigen und dabei bedenken müssen, daß mit Zunahme der Jahre die Reservekraft, auch eines gesunden Herzens abnimmt.

Bei einem *Fettherz* wird wohl niemals von einer Lebensversicherung die Rede sein können, wenn der Antragsteller älter als 45 Jahre ist. Bei jüngeren Personen mit allgemeiner Fettsucht und Herzbeschwerden (Kurzatmigkeit, Bronchitis) wird auch nur eine Versicherung auf begrenzte Zeit, die sich in jedem Falle nach dem Grade der Fettsucht richtet, in Betracht kommen können.

Bei *Verwachsung der Perikardialblätter* — eine Erkrankung, deren Diagnose sehr schwer ist, solange keine deutlichen Erscheinungen von Insufficientia cordis vorhanden sind — und a fortiori bei adhäsiver Mediastino-Perikarditis kann von einer Lebensversicherung keine Rede sein.

Klappenfehler. Sie sind bekanntlich bei jugendlichen Personen die Folge einer Infektion, insbesondere von Rheumarthritis oder von Chorea minor.

In vielen Fällen besteht gleichzeitig eine Herzmuskelerkrankung. Die Antwort auf die Frage nach der vermutlichen Lebensdauer der Kranken mit Klappenfehlern wird in der Hauptsache durch den Zustand des Herzmuskels bestimmt. Es kann keine Versicherung eingegangen werden, sobald deutliche Erscheinungen von Insufficientia cordis aufgetreten sind (schnelle Erschöpfung der Reservekraft des Herzens und nur langsame Wiederherstellung, nachdem der Patient nach einer körperlichen Anstrengung wieder zur Ruhe gekommen ist, Kurzatmigkeit, Cyanose, Leberschwellung, verminderte Diurese mit hohem spezifischen Gewicht des Urins, Hämoptöe). Eine Ausnahme kann nur in dem Falle gemacht werden, wenn der Patient seit dem Auftreten der Insuffizienzerscheinungen wieder hergestellt ist und mehrere Jahre vergangen sind, ohne daß neue Störungen auftraten. Dann darf man annehmen, daß das Herzleiden stationär geworden und daher genügend Grund zu der Erwartung gegeben ist, daß der Patient noch eine Reihe von Jahren leben wird.

Ist ein Klappenfehler die Folge einer Rheumarthritis, so muß man berücksichtigen, daß diese Krankheit häufig rezidiviert. Übrigens kann ganz allgemein gesagt werden, daß je mehr Jahre seit der Entwicklung des Klappenfehlers verstrichen sind, die Prognose desto günstiger gestellt werden kann, vorausgesetzt, daß der Patient noch keine Beschwerden von seinem Klappenfehler hat.

Von den Klappenfehlern gilt die Mitralinsuffizienz als die am wenigsten gefährliche. Alle Kliniker sind sich darüber einig, daß Personen mit einer Mitralinsuffizienz Jahrzehnte leben und sogar ein hohes Alter erreichen können. Zur Bestimmung, inwiefern in einem vorliegenden Falle die Prognose günstig oder weniger günstig gestellt werden muß, untersuche man die Größe des Herzens, überzeuge sich, ob Stauungserscheinungen vorhanden sind, berücksichtige die Zeit, die seit dem Auftreten des Klappenfehlers verstrichen ist, die Krankheit, die zur Entwicklung des Klappenfehlers geführt hat, und prüfe die Reaktion des Herzens auf körperliche Anstrengungen. In vereinzelten Fällen erscheint uns eine Versicherung gegen erhöhte Prämie und von begrenzter Dauer möglich.

Bei der Mitralstenose hat man es fast immer mit einem progressiven Leiden zu tun. In verschiedenen Fällen ist aber die Progression sehr verschieden, zuweilen sehr langsam, in anderen Fällen wieder sehr schnell. Ist die Verengerung des Ostium noch gering, dann hört man ein präsystolisches Crescendogeräusch, das von der Kontraktion des Atriums abhängig ist, durch welche das Blut mit größerer Schnelligkeit als zuvor vom Atrium nach dem Ventrikel getrieben wird. Wird das Ostium enger, dann tritt auch ein diastolisches Geräusch gleich nach der Systole des Ventrikels auf, weil dann die Schnelligkeit, mit der das Blut vom Atrium in den Ventrikel strömt, am größten ist. Dieses diastolische Geräusch wird aber schnell schwächer, es ist ein postsystolisches Diminuendogeräusch. Dieses Geräusch wird langsam lang dauernder, bis es an das präsystolische heranreicht. Dann ist es ein diastolisches Geräusch, das erst diminuendo und dann crescendo ist. Diese Verhältnisse können jahrelang unverändert bleiben, bis, meistens plötzlich, eine unregelmäßige Herztätigkeit auftritt, während bis dahin das Herz noch regelmäßig schlug. Dann verschwindet der präsystolische Crescendoteil des diastolischen Geräusches, das Atrium hat aufgehört zu schlagen, es fibrilliert.

Wenn man also bei einer Person mittleren Alters, die in der Jugend an Rheumaarthritis erkrankt war, ein präsystolisches Geräusch wahrnimmt, dann darf man annehmen, daß die Stenose sehr wenig progressiv ist[1]). Bei einem Patienten

[1]) Diese Ausführungen entnehme ich dem Buche von J. MACKENZIE: The principles of diagnosis and treatment in heart affections. S. 108ff.

von MACKENZIE[1]), der im Alter von 50 Jahren mit einer sehr leichten Mitralstenose in seine Behandlung kam und im Alter von 8 Jahren an Rheumarthritis erkrankt gewesen war, änderte das Geräusch seinen Charakter nicht. Der Patient starb im Alter von 82 Jahren!

Auch bei der Bestimmung der Prognose bei Mitralstenose wird man übrigens immer die Reaktion des Herzens auf körperliche Anstrengung prüfen müssen.

Aus meiner eigenen Erfahrung könnte ich eine Anzahl Fälle von Patienten mit Mitralstenose mitteilen, die ich 15—25 Jahre in Beobachtung hatte, und von denen jetzt noch verschiedene leben und wenig Beschwerden seitens ihres Herzens empfinden. Selbst wenn bei einer Mitralstenose schon Atriumfibrillation aufgetreten ist, kann der Patient noch jahrelang leben. Ich selbst kenne eine Dame, die, als ich sie vor 12 Jahren zum ersten Male untersuchte, schon an Atriumfibrillation litt und jetzt nach 12 Jahren noch ohne besondere Beschwerden ihrer häuslichen Tätigkeit nachgeht und kleine Spaziergänge macht. MACKENZIE berichtet über einen Fall, in dem die Atriumfibrillation 16 Jahre bestand. Mit derartigen Ausnahmen dürfen wir aber bei der Bestimmung des Risikos einer Lebensversicherung nicht rechnen.

Es ist aber zu hoffen, daß die Lebensversicherungsgesellschaften sich darauf einlassen, mit Personen mit Klappenfehlern des Herzens eine Lebensversicherung von begrenzter Dauer oder gegen erhöhte Prämie abzuschließen, wenn wenigstens eine wohl begründete Prognose in vereinzelten Fällen dies rechtfertigt.

Auch für verschiedene Fälle von Insuffizienz der Aortaklappen kann dies gelten. Denn in vielen Fällen, in denen der Klappenfehler in der Jugend als Folge einer Rheumarthritis oder einer anderen meist unbekannten Infektion entstanden ist, ist die Prognose durchaus nicht ungünstig. Die Patienten können jahrelang leben, ohne daß starke Beschwerden seitens des Herzens auftreten. Ich kenne mehrere Patienten mit einem solchen Klappenfehler, die seit Jahren ohne irgendwelche Störungen Rad fahren und Tennis spielen. Immer wieder ist man erstaunt über die Arbeitsleistungen, wozu derartige Patienten mit Insuffizienz der Aortenklappen viele Jahre hindurch imstande sind. Auch hierin stimmen die Erfahrungen der Kliniker vollkommen überein. Man bedenke aber auch, daß weitaus die meisten Fälle von Insuffizienz der Aortenklappen, die sich in mittlerem oder höherem Alter entwickeln, syphilitischen Ursprungs sind, und daß dabei eine luetische Aortitis in Betracht kommt. In diesen Fällen ist die Prognose viel ungünstiger. Man erwarte auch von einer antiluetischen Behandlung keine wesentliche Besserung. Der Abschluß einer Lebensversicherung ist also in solchen Fällen der Lebensversicherungsgesellschaft dringend zu widerraten.

MACKENZIE ist der Ansicht, daß die Aortaerkrankung, welche sich bei Menschen in mittlerem oder höherem Alter infolge atheromatöser Veränderungen entwickelt, selten die Veranlassung einer schweren Insufficientia cordis ist. Ich kann mich dieser Ansicht nicht anschließen. In derartigen Fällen würde ich sicher niemals zur Annahme eines Antrages auf Lebensversicherung raten.

Für die Prognose bzw. die Bestimmung des Risikos in einem Falle von Insuffizienz der Aortenklappen ist also die Art der Krankheit, die zur Entwicklung des Klappenfehlers geführt hat, von primärer Bedeutung. Weiter berücksichtige man die Größe des Herzens. Es ist von prognostisch günstiger Bedeutung, wenn der linke Ventrikel wenig hypertrophisch, der Spitzenstoß also wenig verstärkt und verbreitert und nur eben außerhalb der Mamillarlinie zu fühlen ist. Ist das Herz aber sehr hypertrophisch, dann ist vor allem die Pulsfrequenz von Wichtigkeit. Beträgt sie in der Ruhe 80 oder weniger Schläge, so ist dies als

[1]) loc. cit. S. 114.

ein günstiges Zeichen anzusehen. Ist die Pulsfrequenz fortwährend höher als 80 Schläge, so hat man es wahrscheinlich mit einem weniger kräftigen Herzmuskel zu tun, der den schweren Anforderungen, die durch den Klappenfehler an ihn gestellt werden, nicht genügend gewachsen ist. Ist der Puls auffallend celer, so ist auch dies ein weniger günstiges Symptom, ebenso wie ein großer Unterschied zwischen dem systolischen und diastolischen Blutdruck. Auch bei Erscheinungen von Angina pectoris ist die Prognose weniger günstig.

Ferner muß noch bemerkt werden, daß, wenn ein Patient mit Aorteninsuffizienz einmal Erscheinungen von Insufficientia cordis, in der Regel Inkompensation genannt, gehabt hat, dann auch bei entsprechender Therapie viel weniger Aussicht auf Wiederherstellung vorhanden ist als bei Inkompensation infolge eines Mitralleidens. Ebenso ist das Auftreten von Atriumfibrillation bei Aorteninsuffizienz von viel ernsterer Bedeutung als bei Mitralstenose.

Endlich sei hier nochmals daran erinnert, daß zur Bestimmung der Prognose bei Herzleiden immer untersucht werden muß, in welcher Weise das Herz auf körperliche Anstrengungen reagiert. Stets kommt es auf die Schätzung der Herzmuskelkraft, insbesondere der Reservekraft an.

Die Prognose einer Aortenstenose, sei diese nun eine Komplikation einer Aorteninsuffizienz, sei sie die Folge atheromatöser oder luetischer Prozesse, halte ich immer für zu ungünstig oder zu zweifelhaft, um den Abschluß einer Lebensversicherung überhaupt nur in Erwägung zu ziehen.

Zum Schlusse noch ein paar Worte über die Prognose bei *kongenitalen Herzfehlern.* Wie oben gesagt, ist in den meisten Fällen eine richtige Diagnose nicht möglich. Dies ist aber für die Lebensversicherung von keiner überwiegenden Bedeutung. Wenn Cyanose, Trommelschlägelfinger, eine beträchtliche Vergrößerung des Herzens gefunden werden, kann von einer Lebensversicherung natürlich keine Rede sein. Übrigens sterben weitaus die meisten Kranken mit angeborenen Herzfehlern vor dem 20. Lebensjahre. Die Prognose kann günstig gestellt werden, wenn derartige Kranke mit ihrem angeborenen Herzfehler älter als 20 Jahre geworden sind (Patienten mit offenem Foramen ovale, offenem Ductus Botalli, offenem Septum ventriculorum), und wenn bei ihnen in diesem Alter noch keine Cyanose oder andere Erscheinungen einer Insufficientia cordis aufgetreten sind. Wir sind ohne weiteres der Ansicht, daß in derartigen Fällen gegen den Abschluß einer Versicherung von begrenzter Dauer, z. B. 10 Jahre, keine schwerwiegenden Bedenken bestehen. Selbstverständlich muß bei der Beurteilung solcher Fälle vor allem auch auf die allgemeine Körperentwicklung und eine eventuelle Anämie bzw. auf Erscheinungen von Infantilismus Rücksicht genommen und, falls solche vorhanden sind, die Abweisung der beantragten Lebensversicherung angeraten werden.

2. *Die tägliche Beschäftigung und die Lebensweise des Herzkranken.* Es braucht wohl nicht weiter ausgeführt zu werden, daß der Herzkranke, ebenso aber auch die Lebensversicherung die selbstverständliche Tatsache berücksichtigen muß, daß ein Herz mit einem Fehler nicht — sicher nicht auf die Dauer — die gleiche Arbeitsleistung verrichten kann wie ein gesundes Herz. Bei der Prognose wird also in jedem besonderen Falle damit zu rechnen sein. Der Beruf des Herzkranken ist darum von großer Bedeutung. Für den Menschen, der durch seinen Beruf zu größerer Kraftanstrengung gezwungen wird, als es der Zustand seines Herzens erlaubt, ist die Prognose natürlich schlechter als für den, der ein ruhiges Leben führen kann. Aber auch derjenige, welcher unmäßig lebt, zuviel ißt, und besonders derjenige, welcher den Genuß von Alkohol und Tabak übertreibt, hat schlechtere Lebensaussichten als der Herzkranke, der in jeder Hinsicht mäßig und zurückgezogen lebt.

Für die herzkranke Frau ist die Schwangerschaft eine nicht zu unterschätzende Gefahr, wenn auch die Erfahrung lehrt daß in einzelnen Fällen selbst wiederholte Schwangerschaften ohne ernste Folgen überstanden wurden. Mir selbst ist der Fall einer Patientin bekannt, die mit 22 Jahren heiratete, schon damals einen Klappenfehler infolge Rheumarthritis hatte, 9 Kindern das Leben schenkte, zwischen den Schwangerschaften noch 3 Anfälle von Polyarthritis acuta überstand und endlich im Alter von 42 Jahren gegen Ende ihrer 10. Schwangerschaft plötzlich starb. Aber derartige seltene Beobachtungen beweisen nur, daß möglich ist, was man a priori für unmöglich halten sollte. Sie dürfen natürlich nicht als Maßstab für die Prognose in anderen Fällen dienen. Meiner Meinung nach wird man vorläufig schwerlich dazu übergehen mit einer herzkranken Frau, auch wenn noch keine einzige deutliche Erscheinung einer Insufficientia cordis zu entdecken ist, eine andere Lebensversicherung als die auf begrenzte Dauer abzuschließen, solange sie das Klimakterium noch nicht erreicht hat.

Erkrankungen der Bauchorgane.

Von nicht geringerer Bedeutung als die bisher behandelten Abschnitte ist die Untersuchung nach Veränderungen der Bauchorgane. Es ist jedoch in der Regel viel schwieriger, diese bei einer Untersuchung festzustellen als z. B. Veränderungen des Herzens oder der Lungen. Der Grund ist der, daß *beginnende* Krankheiten der Bauchorgane oft nur gefunden werden können, einerseits durch genaues Berücksichtigen der subjektiven Beobachtungen des Kranken, andererseits durch eine Untersuchung der Funktion dieser Organe. Eine derartige Untersuchung wird aber bei der Begutachtung eines Antragstellers für eine Lebensversicherung oder eines Anwärters auf ein Amt und ähnliche Fälle aus begreiflichen Gründen nur ausnahmsweise vorgenommen werden können.

Grobe Veränderungen, die durch die Inspektion und Palpation während der Sprechstundenuntersuchung festgestellt werden können, bestehen gewöhnlich in einem späteren Entwicklungsstadium der Krankheit. Dann sind die Folgen oft (nicht immer, es kommen eine ganze Reihe von Ausnahmen vor) auch für die Patienten bereits derart, daß sie keinen Antrag auf Lebensversicherung mehr stellen. Die Untersuchung für die Lebensversicherung will aber auch die scheinbar gesunden Personen soweit als möglich herausfinden, die schon den Keim einer schweren Krankheit in sich tragen.

Eine Reihe von den Krankheiten, die wir hier im Auge haben, geben schon in einem frühen Stadium oft zu allerlei Klagen und Beschwerden Veranlassung, über deren Bedeutung der Patient selber sich nicht klar ist, die aber den sachkundigen Arzt auf die gute Spur einer Diagnose bringen können. Klagen wie diese: geringe Eßlust, Ekel vor bestimmten Speisen, Gefühl von Völle nach dem Essen, oder auch: Mühe beim Schlucken, Gefühl, daß die Speisen nicht weiter herunter wollen, an einer bestimmten Stelle steckenbleiben, oder endlich: Störungen bei der Defäkation, Entleerung eines dünnen mit etwas Blut gemengten Kots — werden dem Patienten oft ziemlich unbedeutend vorkommen, aber allzu häufig mit Recht den Verdacht auf ein Carcinoma ventriculi, oesophagi, recti erwecken können. Es ist darum notwendig, solchen Klagen nachzugehen. Dies geschehe aber mit Takt und Vorsicht: Jeder von uns vergißt wohl einmal, daß die Patienten unseren Worten, oft auch unseren Fragen eine größere Bedeutung beilegen, als wir selber glaubten. Vereinzelt kommt es vor, daß sich jemand für eine Versicherung untersuchen läßt, hauptsächlich um einmal genau zu erfahren, was ihm fehlt. Der Hausarzt sagt, seiner Überlegung nach, doch nicht die rückhaltlose Wahrheit.

In anderen Fällen verschweigt der Antragsteller absichtlich allerlei Klagen oder stellt sie als unbedeutend hin, in der Furcht, sonst abgewiesen zu werden. Umgekehrt geschieht es wohl einmal, daß sehr besorgte Personen unbedeutende Erscheinungen für sehr schwer halten und sie mit übertriebener Ausführlichkeit und Wichtigkeit beschreiben. Man begreift, wie schwer es zuweilen ist, die Wahrheit zu erfahren.

Die methodische Untersuchung des Bauches wurde an anderer Stelle dieses Buches (S. 167 bis 173) beschrieben. Hier ist es unsere Aufgabe, einige wichtige Erkrankungen der Bauchorgane zu beschreiben.

Weit verbreitet sind die Klagen über *Magenschmerzen* oder *Magenkrämpfe*, die häufig als „nervöse" näher umschrieben werden. Bei Befragung des Hausarztes bekommt man vielleicht die Diagnose „nervöse Kardialgie" zu hören.

Wie immer sei man vorsichtig in der Annahme „nervöser" Erscheinungen. Je besser man untersucht, je länger man seine Patienten in Beobachtung hat, desto mehr entpuppen sich solche Schmerzen als Erscheinungen eines gut definierbaren organischen Leidens. Das Kapitel der „nervösen Dyspepsie" und der „Magenneurosen" schrumpft in den letzten Jahren immer mehr ein, dank einer sorgfältigen Untersuchung und vor allem der Zunahme unserer Kenntnisse auf Grund zahlreicher operativer Autopsien.

Als die am häufigsten vorkommende Ursache der sog. „nervösen Magenkrämpfe" müssen wahrscheinlich Gallensteinleiden und Ulcus duodeni angesehen werden. Selten werden Nierensteinkoliken so ungenau beschrieben werden, daß sie als Kardialgien aufgefaßt werden könnten. Tabische Krisen können bei einer einigermaßen genauen Untersuchung nicht verkannt werden. Zuweilen können Veränderung des Appendix zu Schmerzanfällen führen, die von dem Patienten als Magenkrämpfe bezeichnet werden (Coliques appendiculaires). Auch Lageanomalien des Kolon, insbesondere des Coecum erfordern unsere Aufmerksamkeit. Nur bei einer oberflächlichen Untersuchung eines Patienten wird uns eine Hernia epigastrica entgehen können. Mehrmals fand ich heftige „Kardialgien" als Symptom einer Angina pectoris. Selbstverständlich ist es zwecklos, alle Möglichkeiten zu berücksichtigen.

Eine genaue Untersuchung ist bei Klagen über Magenschmerzen erforderlich. Wenn der untersuchende Arzt in dem Formular ausfüllt: Antragsteller leidet seit einigen Jahren an „nervösen Magenkrämpfen", so kann der Vertrauensarzt mit einer derartigen Angabe nichts anfangen.

Wenn etwa ein *Gallensteinleiden* in Betracht kommt, so ist man in der Hauptsache auf eine sorgfältige Anamnese angewiesen. Plötzlich, unerwartet und anfallsweise auftretende Schmerzen, fast immer einhergehend mit Erbrechen, das keine Erleichterung verschafft, zuweilen mit Vorliebe einige Stunden nach der Hauptmahlzeit, also am späten Abend auftretend[1]), im übrigen aber ohne jeden Zusammenhang mit irgendeiner bestimmten Nahrung und unabhängig von Leere oder Füllung des Magens, lokalisiert im Epigastrium oder unter dem rechten Rippenbogen und evtl. nach dem Rücken oder der Schulter ausstrahlend, werden in der großen Mehrheit der Fälle von Gallensteinen verursacht.

Zuweilen findet man auch in der anfallsfreien Zeit bei der Palpation oder bei leichtem Druck in der Gallenblasengegend eine schmerzhafte Stelle. Dies ist ein wertvoller Fingerzeig. Von geringerer Bedeutung erachte ich den Boasschen Druckpunkt rechts neben der Wirbelsäule in Höhe des 12. Brustwirbels. Von großer Bedeutung ist dagegen natürlich der Nachweis der vergrößerten Gallenblase, die man jedoch nicht mit dem darüber liegenden hypertrophischen Riedel-

[1]) In Holland wird die Hauptmahlzeit zwischen 6 und 7 Uhr abends eingenommen. (Der Übers.)

schen Leberläppchen verwechseln darf. Vereinzelt kommt es vor, daß man während oder nach dem Anfall eine starke, lokale, bis zum obersten Teil des Musc. rectus abdominis reichende Muskelspannung findet. Ich muß dem jedoch hinzufügen, daß eine défense musculaire des obersten Teiles vom rechten Rectus ebenso bei einem Ulcus am Pylorus des Magens vorkommen kann, auch ohne daß eine Perigastritis besteht, wie ich selbst es beobachten konnte. Obwohl vielleicht überflüssig, sei hier doch noch darauf hingewiesen, daß man die Diagnose auf Gallensteine nicht verwerfen darf, weil nach einem Schmerzanfall keine sichtbare Gelbsucht auftrat. Im Gegenteil, in der Mehrzahl der sämtlichen Fälle von Gallensteinerkrankung fehlt sie. Auf die Wichtigkeit der Urin- und Stuhluntersuchung, zuweilen auch der Untersuchung des Blutserums, braucht hier wohl nicht hingewiesen zu werden. Die Ergebnisse der Röntgenphotographie der Gallensteine sind für die Praxis noch nicht von großer Bedeutung.

Daß das weibliche Geschlecht mehr als das männliche an Gallensteinen erkrankt, ist kein Grund, um in einem bestimmten Falle an dieser Diagnose bei einem Manne zu zweifeln. Auch beim starken Geschlecht gehört die Cholelithiasis zu den durchaus nicht selten vorkommenden Krankheiten.

Soll man nun alle Antragsteller, in deren Krankheitsgeschichte ein Gallensteinleiden vorkommt, als körperlich ungeeignet erklären? Keineswegs. Bei einem derartigen Vorgehen würde man eine große Anzahl im übrigen vollkommen gesunder Menschen von allerlei Berufen und den Vorteilen einer Versicherung ausschließen. Nach statistischen Erfahrungen ist die der Lebensversicherung von dieser Seite drohende Gefahr gering. Bei der „Leipzig“ waren in einem Zeitraum von 12 Jahrsn 17 Todesfälle infolge von Cholelithiasis vorgekommen bei einer Gesamtmortalität von 10 048 Todesfällen. Bei der „Gotha“ wurden in den Jahren 1904—1909 von 445 Todesfällen 4 durch Gallensteine verursacht. Wenn man das häufige Vorkommen von Gallensteinen bedenkt, ist diese Sterbeziffer klein zu nennen.

Doch darf man die Gefahr nicht vollkommen außer Betracht lassen. Es ist äußerst schwierig, feste Regeln aufzustellen, wie in einem bestimmten Falle gehandelt werden müßte. Jeder Gallensteinanfall *kann*, aber *muß* nicht der letzte gewesen sein. Hat man nach einem Anfall einen oder mehrere Steine im Stuhl gefunden, so schließt dies die Möglichkeit eines Rezidivs keineswegs aus und beweist nicht, daß der Kranke geheilt ist. Gewöhnlich befinden sich mehrere Steine in der Blase, es können also nach dem Anfall einige zurückgeblieben sein. Überdies können sich auch neue bilden. Hat der Chirurg Steine aus der Gallenblase entfernt, ohne die Gallenblase selbst wegzunehmen, so ist gleichfalls die Möglichkeit nicht ausgeschlossen, daß sich neue Steine bilden. Selbst nach Cholecystektomie ist die Möglichkeit eines Rezidivs nicht *absolut* ausgeschlossen. Sicher können nach einer solchen Operation Beschwerden bestehen bleiben oder auftreten (Adhäsionen!). Natürlich wird man bei einem Menschen, dem wegen schwerer Komplikationen (Hydrops der Gallenblase, Empyem oder Cholangitis, chronischer Ikterus) oder dauernd wiederkehrender, unerträglicher Schmerzanfälle ein chirurgischer Eingriff sozusagen dicht bevorsteht, das Resultat der Operation abwarten.

Die anderen aber, die nur hin und wieder von einem leichteren Anfall heimgesucht werden, können unbesorgt angenommen werden. Freilich ist das Risiko etwas größer als bei vollkommen gesunden Menschen: die Möglichkeit einer Komplikation nach einiger Zeit, die Notwendigkeit einer Operation bei zunehmenden Beschwerden und die Gefahren einer solchen, endlich die Möglichkeit der Carcinombildung in der durch die Steine gereizten Gallenblasenwand, dürfen nicht verkannt werden. Durch eine geringe Prämienerhöhung, abhängig in jedem

Falle von den besonderen Umständen, wird indessen dieses vermehrte Risiko gedeckt werden können. Eine evtl. notwendige Operation verspricht, wenn sie unter günstigen Umständen ausgeführt wird, gegenwärtig gute Heilungsaussichten. Diese Erwägung wird — um ein Beispiel anzuführen — den Antrag eines Festlandbewohners viel günstiger beurteilen lassen als den eines Seefahrers. Gerade in solchen etwas abweichenden Fällen sind die hinzukommenden Umstände — Vermögen, Beruf, Wohnort, sogar Charakter — von größter Bedeutung.

Noch einer anderen Kategorie von Gallensteinkranken gegenüber ist Mißtrauen am Platze, es darf mit ihnen nur eine Versicherung unter erschwerten Bedingungen abgeschlossen werden. Das sind die Fettleibigen, in deren Familie viel Fettsucht, Gallen- oder Nierensteine, Zuckerkrankheiten und Gicht vorkommt. Mit anderen Worten die Gallensteinkranken mit arthritischer Konstitution. Gegebenenfalls würden diese Momente, wenn sie sehr ausgesprochen wären, sogar zu einer Ablehnung der Versicherung führen können.

Endlich bedenke man, daß manche Gallensteinkranke, wenn sie nicht im richtigen Augenblick von ihrem Leiden befreit werden, Gefahr laufen, dem Morphium zu unterliegen.

Für die Diagnose der Nierensteine ist man in der Hauptsache angewiesen auf eine sorgfältige Anamnese, die Harnuntersuchung und, wo es nur irgendwie möglich ist, die Untersuchung mit Röntgenstrahlen. Bei der Begutachtung für eine Lebensversicherung wird man von diesem letzten und gerade bei Nierensteinen unschätzbaren Hilfsmittel nur unter besonderen Umständen Gebrauch machen können, während selbstverständlich die endoskopischen Methoden nur höchst ausnahmsweise in Betracht kommen.

Zur Beurteilung der Klagen über Kolikschmerzen ist vor allem von Bedeutung, daß derartige Schmerzen bei Nierensteinen in der Regel längs der Ureteren ausstrahlen und mit Drang der Blase sowie vermehrtem Bedürfnis zu oft mit schmerzhaftem Urinieren verbunden sind. Letzteres auch dann, wenn ein Steinchen noch in der Niere und nicht tiefer sitzt.

Bei der Untersuchung des Urins ist insbesondere der Nachweis roter Blutkörperchen im Sediment, in größerer Menge vor allem nach einem Anfall, von größter Wichtigkeit. Man vergleiche hierüber S. 212ff.

Ist ein Nierenstein ausgeschieden worden, so bedeutet dies keineswegs ein Ausbleiben weiterer Anfälle. Der Laie denkt: ein Steinchen, das fort ist, kann nicht mehr schaden. Der Arzt weiß, daß oft solches mit dem Harn abgegangene Steinchen nur ein Stückchen eines in den Nierenkelchen sitzenden größeren Steines ist. Außerdem können verschiedene Steine vorhanden sein, auch können sich Steine von neuem bilden.

Die Röntgenuntersuchung ist von unschätzbarem Werte, aber nur dann, wenn sie nach genügender Vorbereitung des Patienten (gründliche Entleerung des Darmkanals durch tüchtiges Abführen) geschieht, wenn sie von einer Persönlichkeit ausgeführt wird, die mit der Technik vollkommen vertraut ist, und wenn die Platte von einem im Plattenlesen Geübten gelesen wird. Wieviel Irrtümer sind nicht schon bezüglich des letzteren Punktes nach beiden Richtungen hin durch falsche Auslegung der Platte begangen worden. Vor allem sind früher die berühmten Beckenflecke mehr als einmal fälschlicherweise für Nierensteine gehalten worden. ROVSING[1]) weist darauf hin, daß verkäste und verkalkte tuberkulöse Herde einen sehr scharfen Schatten geben können. VOORHOEVE[2])

[1]) WULLSTEIN und WILMS: Lehrbuch der Chirurgie. 4. Aufl., Bd. II, S. 372.

[2]) VOORHOEVE, N.: Pseudoniersteenen. Nederlandsch tijdschr. v. geneesk. 1917, Teil I, S. 1528.

veröffentlichte eine interessante Abhandlung über derartige „Pseudonierensteine", und ich selber behandelte einen Kollegen, dessen Krankengeschichte und Röntgenphotographie aufs Haar der von VOORHOEVES Patienten glichen. Man halte sich an die Regel, daß eine Photographie beider Nieren, beider Ureteren und der Blase gemacht werde.

Eine negative Platte beweist natürlich nicht, daß keine Steine in den Nieren vorhanden sind. Ihre geringe Größe und ihre Zusammensetzung können die Ursache sein, daß sie keinen Schatten werfen. Indessen, wenn Beschwerden vorliegen, die auf Nierensteine hinweisen, und wenn die Röntgenphotographie evtl. nach mehrmaliger Wiederholung und unter Erfüllung oben gestellter Forderungen niemals einen Stein auf der Platte sehen läßt, sei man vorsichtig und unterlasse nicht, nach anderen Ursachen für die Schmerzen zu suchen. Ich möchte es mir nicht versagen, zur Illustration des Gesagten ganz kurz einen Fall mitzuteilen, obschon er nicht in direktem Zusammenhang mit der Lebensversicherung steht, weil er auf mich einen tiefen Eindruck gemacht hat.

Ein 59jähriger Notar litt seit längerer Zeit an heftigen Krämpfen in der Nierengegend und dem Bauche. Eines Tages trat ein heftiger Kolikanfall auf, der jetzt bis in die Blase und die Glans penis ausstrahlte. Nach einigen Stunden kam mit dem Urin ein Steinchen zum Vorschein, welches der Patient in das Gefäß fallen hörte. Die Schmerzen gingen aber nicht weg, sondern traten im Gegenteil mit derselben Heftigkeit wie früher, aber mit immer kürzeren Zwischenpausen auf. Nachdem dieser Patient von verschiedenen Ärzten untersucht worden war, hatte ich Gelegenheit, ihn einige Tage in ruhiger klinischer Beobachtung zu halten. Es ist wohl überflüssig, zu berichten, daß der Patient als gewissenhafter Notar seine Beschwerden bis auf die kleinsten Einzelheiten mitteilte und den kürzlich ausgeschiedenen Stein als Beweisstück mitgebracht hatte. Es war sehr verführerisch, hier Nierenkoliken als Folge der Anwesenheit zurückgebliebener Steinfragmente anzunehmen. Allerdings stimmte es etwas nachdenklich, daß die Schmerzen nicht einseitig, sondern auf beiden Seiten angegeben wurden, und nach den Beschreibungen des Patienten von anderem Charakter waren als während des Anfalls, der mit dem Steinabgang endigte. Worauf ich aber einen besonderen Nachdruck legen möchte: auf verschiedenen Röntgenphotographien, die von beiden Nieren, den Ureteren und der Blase gemacht wurden, war niemals etwas von einem Stein zu sehen. Bald wurde der Zustand klar. Eines Tages gelang es, in der Ileocöcalgegend eine Resistenz zu fühlen. Druck an dieser Stelle war schmerzhaft, und nun gab der Patient auch an, daß die spontanen Schmerzen von diesem Punkte ausgingen. Er hatte sich bisher darüber keine Rechenschaft gegeben in dem festen Glauben an die Erkrankung an Nierensteinen. Daraufhin wurde die Diagnose Carcinom des Coecums gestellt, das sich unabhängig von und neben der Nephrolithiasis entwickelt hatte. Es wurde ein chirurgischer Eingriff beschlossen. Bei der Operation fand sich ein Carcinom des Appendix, das reseziert wurde. Anfangs ging alles gut. Bald traten aber die Schmerzen von neuem wieder auf und nahmen dauernd an Heftigkeit zu. Einige Monate später ist der Patient gestorben. Zweifellos bestanden schon zur Zeit der Operation des Patienten verborgene Metastasen, die auf die Wurzeln der Nervengeflechte einen Druck ausübten. Jedenfalls: die Röntgenphotographie hatte uns nicht betrogen.

Wie soll man sich gegenüber Anfragen von Patienten mit Nierensteinen verhalten? Ebenso wie bei Gallensteinen wird man streng individualisieren müssen. Bestehen *doppelseitige* Nierensteine, die auf der Röntgenplatte gut als große Konkremente sichtbar sind, so ist große Vorsicht anzubefehlen. Nach Entfernung der Nierensteine durch eine gut geglückte Operation wird das Urteil viel günstiger lauten können als zuvor, wenn beide Nieren erhalten bleiben konnten, und es sich herausstellt, daß sie in ihrer Funktion nicht gestört worden sind.

Welchen Rat soll man geben, wenn jemand, dessen eine Niere wegen Nierensteinen einige Zeit vorher entfernt wurde, eine Versicherung einzugehen wünscht? Nehmen wir an, daß die übriggebliebene Niere vollkommen gut funktioniert und der Antragsteller im übrigen absolut gesund ist. Die Annahme ist gerechtfertigt, daß die übriggebliebene, gesunde und hypertrophierende Niere den an sie gestellten verdoppelten Anforderungen offensichtlich gewachsen ist, wenigstens unter gewöhnlichen Umständen. Es ist jedoch denkbar, daß bei anormal großen Anforderungen, bei Infektionskrankheiten, das eine hypertrophierte Organ weniger Widerstandskraft aufbringen wird, als in vollkommen gesunden Tagen beide Nieren zusammen aufbringen konnten. Sicher muß auch mit der Möglichkeit gerechnet werden, daß sich in dem übriggebliebenen bis dahin gesunden Organ Steine bilden können. Denn die Nierensteinerkrankung müssen wir nicht als eine Organerkrankung, sondern als den Ausdruck einer konstitutionellen Anlage ansehen. Natürlich muß das Vorkommen von Steinen bei einem Patienten mit nur einer Niere, besonders auch bezüglich einer Operation, ernst beurteilt werden müssen. Aus diesem Grunde wird man den hier supponierten Antragsteller nur gegen eine beträchtliche Prämienerhöhung und auf eine begrenzte Zahl von Jahren annehmen können.

Außer beidseitigem Auftreten von Steinen sind auch ernste Komplikationen wie Pyelonephritis, Pyonephrose, schwere Blutungen, Infektion des Urins Gründe, den Antrag so lange abzulehnen, bis nach einer Operation und entsprechender Behandlung vollkommene Wiederherstellung eingetreten ist.

Haben wir es dagegen mit einem unkomplizierten Fall zu tun, weisen die Erscheinungen auf Steinvorkommen nur auf der einen Seite, ist der Urin nicht infiziert und im freien Intervall bis auf vereinzelte rote Blutkörperchen noch normal, sind die Anfälle selten, z. B. einer in mehreren Jahren — so wird in all diesen Fällen dem Antrag entsprochen werden können, sei es gegen normale, sei es gegen etwas erhöhte Prämie. Auch hier wird man wieder erst nach Berücksichtigung der besonderen Begleitumstände zu einem Beschluß bezüglich der Bedingungen kommen. Bei Nierensteinkranken mit der als Arthritismus beschriebenen Konstitution ist Vorsicht geboten.

Ganz nützlich ist ferner die Kenntnis der Erfahrungen der amerikanischen Gesellschaften, daß die Resultate mit jungen Nierensteinkranken gut waren, mit Personen mittleren Alters etwas schlechter als der erwartete Durchschnitt, bei älteren Personen schlecht[1]).

Über die *bösartigen Geschwülste der Nieren, Blase und Prostata* braucht nicht viel gesagt zu werden. Selbstverständlich schließen sie eine Versicherung vollkommen aus.

Ein Antragsteller, der an einem *Blasenpolyp* gelitten hat, und nach dessen Entfernung längere Zeit bei normalem Urin ganz frei von Beschwerden geblieben ist, wird ohne Bedenken unter gewöhnlichen Bedingungen angenommen werden können.

Prostatahypertrophie. Beim Bestehen deutlicher Symptome (Aufstehen in frühen Morgenstunden zur Urinentleerung, Beschwerden beim Urinlassen, Urinretention) ist eine Versicherung nicht möglich. Freilich sieht man in vereinzelten Fällen die Beschwerden von selbst wieder verschwinden. Aber dies sind Ausnahmen. Gewöhnlich ist entweder ein regelmäßiges Katheterisieren mit der Gefahr einer Urininfektion oder eine Operation notwendig. Dabei führt

---

[1]) Greene: loc. cit. S. 136.

die Prostatahypertrophie infolge der durch sie bedingten Urinstauung unbemerkt zu einer Erkrankung des Nierenparenchyms. Die Resultate der in geeigneten Fällen vorgenommenen Prostatektomie werden mit der Zeit immer besser. Jedoch sind alle hier angeführten Faktoren noch schwer derart zu berücksichtigen, daß sie eine feste Grundlage für eine Annahme gegen Prämienerhöhung bilden. Hinzu kommt noch, daß die Prostatabeschwerden nicht so sehr selten nicht durch eine einfache Hypertrophie, sondern durch ein Carcinom dieses Organs bedingt sind. Dabei ist die Differentialdiagnose zwischen beiden Erkrankungen oft alles andere als leicht und sicher. Die Prostatahypertrophie verursacht endlich selten Beschwerden vor dem 55. oder 60. Lebensjahre. Für dieses Alter ist die normale Prämie schon hoch. Sind also deutliche Beschwerden von Prostatahypertrophie vorhanden, wird es wohl niemals zu einer Versicherung kommen.

Tuberkulose der Nieren und der Blase. Diese Krankheit gilt in der Regel als ein Grund zu einer absoluten Ablehnung. Ich bin jedoch der Ansicht, daß vereinzelt vielleicht eine Ausnahme gemacht werden kann. Ist eine einseitige Nierentuberkulose festgestellt mit unbedeutenden Veränderungen in der Blase, und ohne daß an irgendeiner anderen Stelle des Körpers ein tuberkulöser Herd gefunden wird, so gibt eine Entfernung der kranken Niere in vielen Fällen vortreffliche Resultate. Ich kenne einige Fälle derart, in denen die Patienten Jahre hindurch vollkommen gesund blieben.

Betrachten wir folgenden der Praxis entnommenen Fall: Ein kräftig gebauter Mann zwischen 30 und 40 Jahren wird wegen einseitiger Nierentuberkulose operiert. Der Allgemeinzustand ist gut, keine schwere tuberkulöse hereditäre Belastung, an Lungen und anderen Organen sind keine Veränderungen festzustellen. In der Blase waren nur unbedeutende Veränderungen zu sehen, die nach der Operation abheilten. Die Geschlechtsorgane waren normal. Seit der Operation sind 2 Jahre verlaufen, der Patient fühlte sich die ganze Zeit hindurch vollkommen gesund. Der Urin zeigt seitdem keine Veränderungen, nur im Sediment sind vereinzelt weiße Blutkörperchen. Temperatur stets normal. Der Mann ist nach der Operation noch kräftiger geworden. In solchem Falle würde ich unbedenklich zu einer Versicherung für 15 Jahre mit einer mäßigen Prämienerhöhung raten. Auch die Chirurgen, die sich durch Nachuntersuchungen von dem weiteren Schicksal ihrer Patienten mit einseitiger Nierentuberkulose nach Exstirpation der kranken Niere überzeugt haben, sind der gleichen Ansicht[1]).

Pyelitis. Allgemeingültige Regeln hierfür aufzustellen, ist sehr schwierig. Alles hängt von der Natur des Leidens ab. Beruht die Nierenbeckenentzündung auf Steinbildung, ist sie tuberkulöser Natur? Hat eine gonorrhoische Infektion stattgefunden, oder liegt ihr eine Harnstauung (Hydronephrose) infolge Abknickung des Ureters zugrunde? Ist eine akute Infektionskrankheit vorausgegangen, oder hat eine Schwangerschaft ihr Entstehen verursacht? Ist sie durch eine eitrige Blasenentzündung, die nach oben fortgeschritten ist, hervorgerufen? Oder endlich, haben wir eine scheinbar primäre Infektion des Nierenbeckens durch Bacterium coli vor uns? Und vor allem: ist nur das Nierenbecken allein erkrankt oder auch das Nierenparenchym ergriffen? Und handelte es sich also um eine Pyelonephritis? Hat man bei einer Begutachtungsuntersuchung eine Pyelitis gefunden, so wird man über die Möglichkeit einer Versicherung erst dann ein Urteil fällen können, wenn alle diese Fragen beantwortet sind, nötigenfalls, und wenn es dem Wunsche des Antragstellers entspricht, mit Hilfe einer spezialistischen Untersuchung. Der Antrag eines

[1]) Siehe Wildbolz: Chirurgie der Nierentuberkulose. S. 157. Stuttgart 1913; und Vortrag von Laméris in der Niederlandsch tijdschr. v. geneesk. 1922, Teil I, S. 926.

Pyelitiskranken auf Lebensversicherung muß so lange abgewiesen werden, bis daß die Erkrankung durch eine entsprechende Behandlung geheilt ist.

Für die *Cystitis* gilt dasselbe. Auch hier hängt alles von der Ursache der Blaseninfektion und der Art der infizierenden Mikroorganismen ab. Gelingt die Entfernung erstgenannter Ursache (Entfernung eines Steines, Beseitigung einer Striktur usw.), so kann die Cystitis gewöhnlich klinisch geheilt werden. Dann kann eine Versicherung abgeschlossen werden.

Es sei daran erinnert, daß Cystitis nicht selten bei Diabetes angetroffen wird. Die Grundkrankheit verbietet hier eine Versicherung. Man vergesse auch nicht, das Bestehen eines malignen Tumors in Betracht zu ziehen.

Gonorrhöe. Die gonorrhoische Urethritis einer Frau wird wohl niemals bei einer Begutachtung für eine Lebensversicherung entdeckt werden, weil hierbei eine gynäkologische Untersuchung nicht vorgenommen wird. Wird durch zufällige Umstände, z. B. auf Grund der Anamnese, der Verdacht auf Gonorrhöe erweckt, so werden die gynäkologischen Komplikationen (Salpingitis usw.) den Gesundheitszustand beherrschen. In einem derartigen Falle dürfte es das verständigste sein, sich von der Antragstellerin die Erlaubnis geben zu lassen, bei dem behandelnden Arzt Erkundigungen einziehen zu dürfen.

Urethritis gonorrhoica des Mannes ist zweifellos eine ernstere Erkrankung. In ihrem akuten Stadium ist sie sehr schmerzhaft, gibt zu vielen Beschwerden Veranlassung und kann den Kranken sehr mitnehmen. Sie bedeutet auch später nach scheinbarer Genesung eine große Gefahr für die Frau, die mit einem Gonorrhoiker in nähere Berührung tritt. Die Aussichten, daß ihre Gesundheit und damit ihr Lebensglück für immer zerstört sind, sind alles andere als gering. Die Gonorrhöe kann eine Reihe von Komplikationen zur Folge haben: Epididymitis mit nachfolgender Sterilität, Arthritis, Endokarditis, Prostatitis, Cystitis, Pyelitis und noch andere mehr. Später Strikturen der Urethra. Wird die Urethritis chronisch, so kann sie lange Jahre dem Patienten Beschwerden verursachen.

Indessen, wie ernst die Krankheit auch ist, die Lebensdauer des Patienten wird nur sehr selten dadurch verkürzt. Dies wird höchst vereinzelt der Fall sein (z. B. Endokarditis, Sepsis, im Spätstadium Strikturenbildung mit Harnabscessen als Folgeerscheinung). Es sind dies aber solche Ausnahmen gegenüber der Häufigkeit dieser Krankheit, daß für die Praxis meiner Meinung nach davon abgesehen werden kann, und die nicht komplizierte Gonorrhöe also nicht zu einer Prämienerhöhung Veranlassung zu geben braucht. Gewöhnlich wird verlangt, daß die Versicherung so lange abgelehnt wird, bis unter guter sachkundiger Behandlung Heilung der Urethritis (das will praktisch heißen des akuten Stadiums) eingetreten ist. Indessen erscheint mir diese Forderung nicht notwendig, weil im akuten Stadium lebensgefährliche Gefahren dem Patienten doch eigentlich kaum oder höchstens in sehr seltenen Ausnahmen drohen. Dagegen hat man alle Ursache, gut darauf zu achten, ob sich nicht nach einer alten geheilten Urethritis eine Striktur gebildet hat.

Wiederholt ist es vorgekommen, daß ein *Carcinom* eines der Bauchorgane oder Carcinommetastasen, die sich retroperitoneal entwickeln, rätselhafte Schmerzen verursachen, die dann oft als nervös betrachtet werden. Dieser Eindruck wird oft noch dadurch verstärkt, daß Abmagerung und Kachexie lange ausbleiben und daß unter dem Einfluß von allerlei Mitteln — Prießnitz, Pappen, Thermophor u. dgl., auch wohl durch Medikamente, wie Antipyrin, Phenacetin, zuweilen auch nur durch Suggestion — eine scheinbare, aber nur zeitweise Besserung folgt. Bei einer einmaligen oder einigen wenigen Untersuchungen, wie sie zum Zwecke einer Begutachtung nur vorgenommen werden können, sind Irrtümer nicht immer vermeidbar. Daß diese in der Tat nicht allzu selten vorkommen, scheint mir durch die Statistik der „Gotha" bewiesen zu werden[1]), nach welcher zwischen 1900 und 1904 im ersten Jahre der Versicherung, also innerhalb eines Jahres nach der Untersuchung, 5 Personen an Carcinom starben. Vermutlich bestand bei diesen 5 Personen das Carcinom schon zur Zeit der Untersuchung. Man sei also bei Klagen selbst über geringfügige Schluck-, Magen- oder Stuhlbeschwerden, über Schmerzen, die in den Rücken ausstrahlen und ischiatischen Schmerzen gleichen, besonders bei älteren Personen auf seiner Hut. Man achte vor allem auf den äußeren Eindruck des zu Untersuchenden, suche zu erfahren, ob er in der letzten Zeit abmagerte. Ganz besonders genau untersuche man auch einen etwa beginnenden Ascites oder Ödeme an den Beinen. Eine umständliche Untersuchung (mit der Magensonde, sogar eine Digitaluntersuchung des Rectums) ist natürlich bei einem Antragsteller einer Lebensversicherung gewöhnlich unangebracht, es sei denn, daß er selbst ausdrücklich einen solchen Wunsch äußert. Es gibt nur einen Ausweg, um in derartigen Fällen zum Ziele zu kommen: das wäre, beim leisesten Zweifel eine vorläufige Ablehnung anzuraten. Eine Wiederuntersuchung, z. B. nach einem halben Jahre, wird ausnahmslos Sicherheit verschaffen.

Selbstverständlich kommen Carcinomkranke niemals für eine Lebensversicherung in Betracht. Denn mit den seltenen Ausnahmen, die zum Beweise einer spontanen Heilung angeführt werden[2]), darf in der Praxis natürlich nicht gerechnet werden. Ebenso ist es klar, daß alle Personen, die wegen Carcinom operiert wurden, von einer Versicherung ausgeschlossen werden müssen. Vielleicht darf bei dem oberflächlichen Lippenepitheliom eine Ausnahme gemacht werden.

Bekanntlich erfreut sich jetzt das Lippenepitheliom eines ziemlich guten Rufes. Nach den schon etwas älteren statistischen Untersuchungen von A. Wärner entstehen 87,6% aller Rezidive des chirurgisch behandelten Lippenkrebses im ersten Jahre nach der Operation. Ist jemand 3 Jahre lang rezidivfrei geblieben, so darf er nach Wärner mit großer Wahrscheinlichkeit (Sicherheit?) als geheilt betrachtet werden. 28,1% aller Operierten genasen vollständig.

Vor welch eigenartige Schwierigkeiten die Praxis uns oft stellt, wird durch die folgende Krankheitsgeschichte dargelegt.

Ein auswärts wohnender Mann, Kaffeehausbesitzer von Beruf, stellte einen Antrag auf Lebensversicherung. Bei der Untersuchung ergaben sich keine krankhaften Veränderungen. Jedoch wies die Vorgeschichte einen erschwerenden Umstand auf: 5 Jahre zuvor war der Mann wegen Lippenepithelions (Diagnose mikroskopisch bekräftigt) operiert worden. Er war vollkommen geheilt. Ein Rezidiv war niemals aufgetreten. Nach der Erklärung eines Chirurgen war auch jetzt die Narbe vollkommen einwandfrei, nirgends waren Anzeichen für einen Tumor zu finden.

Von zwei Versicherungsgesellschaften wurde der Antrag gegen etwas erhöhte Prämienzahlung angenommen. Kurze Zeit nachher aber hörte man, daß der Mann nach mehrwöchigem Krankenlager unter Erscheinungen seitens der Bauchorgane mit starkem Ikterus gestorben war.

Es ist nicht weiter verwunderlich, daß man sich nach dem Eintreffen dieser Nachricht Unvorsichtigkeit vorwarf. Die Schlußfolgerung lag auf der Hand, daß, wie dieser Fall lehrte, man sogar einem seit so langer Zeit und scheinbar so vollkommen genesenen Lippencarcinom nicht trauen dürfe. Und doch zog man einen derartigen Schluß wahrscheinlich zu Unrecht. Denn die Tatsache

---

1) Florschütz: Blätter 1912, März/April-Heft, S. 20.

2) Siehe P. Menetrier: Cancer, in Nouveau traité van Gilbert et Thoinot. Teil XIII, S. 144. Paris 1909.

des Todes des betreffenden Mannes an metastatischem Carcinom der Bauchorgane steht keineswegs fest. Im Gegenteil, die Sektion hat dafür keinen Beweis erbringen können. Dagegen erwuchs der Verdacht, daß ein weibliches Familienmitglied den Versicherten durch Gift umgebracht hätte, um in den Besitz der Versicherungssumme zu gelangen. Mangels Beweisen erfolgte Freisprache. Daß hier aber Carcinommetastasen die Ursache des Todes gewesen sind, ist außerordentlich unwahrscheinlich, um nicht zu sagen ausgeschlossen.

Ich gehe jetzt zur Besprechung einiger *Magenerkrankungen* über.

Leichte Magenbeschwerden gehören zu den am meisten vorkommenden Erscheinungen. Es ist wohl keine Übertreibung, zu sagen, daß jedermann einmal seinen Magen fühlt und etwas Beschwerden hat, sei es einmal nach einem Diätfehler, sei es ohne bekannte Ursache. Es unterliegt keinem Zweifel, daß vorübergehende funktionelle Störungen dieses Organs oft psychogener Natur sind. Besonders unter dem Kaufmannsstand traf ich derartige Magenstörungen häufig an. Die Erregungen und Sorgen bei großen geschäftlichen Unternehmungen bleiben nicht immer ohne Folgen. Eine unzweckmäßige Lebensweise — der Genuß reichlicher und schwerer Kost, die häufige Teilnahme an Diners und „tea's" — legt in gleicher Weise den Grund zu Störungen der Magentätigkeit.

Ist man in der Lage, den Patienten mit Hilfe aller modernen Methoden zu untersuchen und ihn einige Zeit zu beobachten, so wird man in vielen Fällen eine richtige Diagnose stellen können. Der begutachtende Arzt hat es in der Hinsicht viel schwerer. Nachdem er den Patienten ein- oder ein paarmal gesehen hat, muß er ohne funktionelle Magenuntersuchung, ohne Untersuchung des Stuhls auf Blut zur Beurteilung des Falles zu kommen versuchen. Daran läßt sich nichts ändern. Denn zu sehr darf eine derartige Untersuchung nicht belästigen. Besonders kommt es auf eine sorgfältige Befragung und eine nicht weniger genaue Palpation des Bauches an.

Einige Fälle seien im einzelnen besprochen:

1. *Hyperacidität* und *Hypersekretion.* Häufig ist sie schon allein aus den Beschwerden zu diagnostizieren. Einige Zeit, eine Stunde oder später, nach der Nahrungsaufnahme setzen die Schmerzen ein. Sie sind krampfartig. Zuweilen folgt Aufstoßen einer sauren Flüssigkeit, die an den Zähnen ein stumpfes Gefühl verursacht. Nach einiger Zeit, einer halben Stunde oder gewöhnlich etwas später, gehen die Schmerzen wieder weg. Nahrungsaufnahme läßt die Schmerzen für einige Zeit verschwinden, doch ist dies nicht von langer Dauer. Nach einer kleinen Stunde stellen sie sich wieder ein. Man sieht öfters, daß die Schmerzen nach Einnahme einer gewissen Menge Natrium bicarbonicum unter Aufstoßen oder auch nach Erbrechen einer sauren Flüssigkeit verschwinden. Manche Patienten helfen sich dabei, indem sie den Finger in den Hals stecken.

In anderen Fällen, mit übrigens den gleichen Beschwerden, wird hervorgehoben, daß die Schmerzen auftreten, wenn der Magen leer ist, also des Nachts oder morgens vor dem Frühstück. Oft haben die Patienten gelernt, sich selbst zu helfen, indem sie beim Einsetzen der Schmerzen sofort etwas zu sich nehmen.

Sicherheit verleiht meist die bei einer Begutachtung nicht anwendbare Sondenuntersuchung.

Angenommen, man käme zur Überzeugung, daß jemand an Hyperacidität leidet. Was ist dann zu tun? Kann sie als reine Funktionsstörung angesehen werden? In der Mehrzahl der ernsteren Fälle meines Erachtens sicherlich nicht, vielmehr sind Hyperacidität und Hypersekretion als Symptome einer organischen Magenerkrankung zu betrachten. In der Regel wird ein Ulcus ventriculi oder duodeni die Ursache sein. Vielleicht darf man in einigen Fällen mit Hayem eine echte Entzündung mit übermäßiger Säurebildung, eine Gastritis acida, annehmen. Vereinzelt kommt diese Erscheinung wahrscheinlich reflektorisch zustande, z. B. bei Gallensteinen. Krisenartig kommt sie bei Tabes und einigen anderen seltenen Erkrankungen vor.

Bleiben nun nach Ausscheidung all dieser organischen Ursachen noch Fälle von rein funktionellen Störungen in der Magensaftabsonderung übrig? Kommt eine rein funktionelle übermäßige Säurebildung und eine rein funktionelle Störung vor, die darin besteht, daß die Schleimhaut auch ohne Einwirkung eines physiologischen Reizes Magensaft absondert?

Boas[1]) glaubt diese Frage unbedenklich in bejahendem Sinne beantworten zu können. So sehr ich auch Boas' Autorität anerkenne, kann ich darin doch nicht mit ihm übereinstimmen. Ich bin vielmehr der Überzeugung, daß man sich in der Praxis daran halten muß, daß eine lange Zeit bestehende Hyperacidität und Hypersekretion, möge sie nun das Bild des Reichmannschen Symptomenkomplexes zeigen oder nicht, Erscheinungen eines Ulcus ventriculi oder duodeni sind oder vielleicht auf reflektorischem Wege durch die Krankheit eines anderen Organs (Gallensteine) hervorgerufen werden.

Der außerordentlich erfahrene und sorgsam beobachtende Kliniker George Hayem[2]) ist derselben Ansicht. Soupault[3]) schreibt: „L'hypersécrétion pathologique, qu'elle soit composée de suc gastrique pur ou de suc gastrique souillé de débris alimentaires, est constamment le résultat d'une lésion ulcéreuse siégeant dans la région de l'estomac, au niveau de l'antre pylorique, du pylore ou du duodenum ... Il n'existe pas de gastrosuccorrhée sans ulcère."

Als Beweis dieser Ansicht erlaube ich mir, die folgende Krankheitsgeschichte auszugsweise mitzuteilen.

G. M., 22 Jahre alt, Maschinist in B., hat von Jugend auf an Magenschmerzen gelitten, die in der letzten Zeit stärker geworden sind. Er ist ein nervöser, aufgeregter Mensch und deswegen einige Zeit in der psychiatrisch-neurologischen Klinik behandelt worden. Patient klagt darüber, daß er fast täglich, sowohl tagsüber wie des Nachts, Magenschmerzen hat. Die Schmerzen treten nicht anfallsweise auf. Eine Beeinflussung der Schmerzen durch Nahrungsaufnahme oder die Art der Nahrung vermag er nicht anzugeben. Oft wird er von Säure und saurem Aufstoßen gequält. Hin und wieder Erbrechen, nach dem Erleichterung auftritt.

Bei der Untersuchung des nüchternen Magens findet man allmorgendlich, nachdem am Abend zuvor der Magen ausgespült worden ist, eine ziemlich beträchtliche Menge einer sauren Flüssigkeit, die wenig oder keine Speisereste enthält. Gewöhnlich sind es 150 ccm Flüssigkeit mit einer Gesamtacidität von 55 und einem Gehalt an freier Salzsäure von 30.

Die Ausheberung nach einem Probefrühstück ergibt 190 ccm Mageninhalt mit einer Gesamtacidität von 75 und einem HCl-Gehalt von 45.

Im Stuhl waren unter Beachtung der bekannten Vorsichtsmaßregeln keine Blutspuren zu finden.

Bei der Durchleuchtung mit Röntgenstrahlen sieht man eine sehr starke Peristaltik. Nach 6 Stunden ist noch ziemlich viel Bismut zu sehen.

Der Urin ist außergewöhnlich arm an Chloriden. Bei salzarmer Diät mit einer Extrazugabe von 10 g Kochsalz wurden durch den Urin nur Spuren (von

---

[1]) Boas: Diagnostik und Therapie der Magenkrankheiten. 6. Aufl. Leipzig: G. Thieme.

[2]) Hayem und Lyon: Maladies de l'estomac. Nouveau traité de médecine, van Gilbert et Thoinot. Teil XVI, 1913.

[3]) Zitiert bei Hayem: loc. cit. S. 105. — Weitere Literatur: Campo, J. González: Arch. f. Verdauungskrankh. Bd. 28. 1921.

0,250 g bis 0,700 g) ausgeschieden. Offenbar verläßt beinahe das gesamte Chlor den Körper mit dem Magensaft.

Es war verführerisch, bei diesem jungen Menschen die Diagnose auf den Reichmannschen Symptomenkomplex zu stellen und den Zustand als eine fortdauernde Hypersekretion (Gastrosuccorrhöe) mit Pylorospasmus auf nervösem Boden aufzufassen, also als eine Magenneurose. Und in der Tat waren einige der mitbehandelnden Ärzte dieser Auffassung.

Eines Morgens, am 19. Januar 1914, fühlt sich Patient elend. Plötzlich erbrach er eine außerordentlich große Menge schwarzes Blut.

Als Patient die Folgen der Blutung überstanden hatte, wurde die Operation beschlossen, bei der ein Ulcus duodeni gefunden wurde.

Auch hier bestand also wieder der Zustand, den Hayem, Soupault u. a. so richtig aufgefaßt haben: ein Geschwür in der Pylorusgegend (juxtapylorique, ob auf dieser oder jener Seite, ist gleichgültig) führt zu einer teilweisen Pylorusstenose, funktionell (Spasmen) oder organisch. Der Zustand geht einher mit Hypersekretion, sei diese nun die Ursache oder Folge des Ulcus.

Diese auf den ersten Anblick vielleicht theoretisch erscheinenden Ausführungen sind nichtsdestoweniger notwendig. Es ist doch selbstverständlich, daß man im Hinblick auf eine Versicherung eine Hypersekretion anders beurteilen wird, wenn man sie als eine rein funktionelle Störung auffaßt, als wenn man in ihr ein Symptom eines Ulcus ventriculi oder duodeni erblickt.

Da ich auf dem Standpunkt stehe, daß einer ausgesprochenen Hyperacidität, einer Hypersekretion und dem Reichmannschen Symtomenkomplex so gut wie immer eine organische Veränderung zugrunde liegt, muß ich empfehlen, mit der Versicherung von Personen, die über derartige Erscheinungen klagen, vorsichtig zu sein. Glücklicherweise lehrt die Erfahrung, daß zahllose leichtere Fälle dieser Art bei einer geeigneten Diät ausheilen. Wir brauchen also nicht alle Menschen, die an den oben beschriebenen Störungen leiden, abzuweisen. Im Hinblick darauf, daß es bei einer Begutachtung unmöglich ist, eine gründliche Untersuchung vorzunehmen (die übrigens auch nicht immer Sicherheit verleiht), ist es in der Praxis nicht anders möglich, als etwas willkürlich vorzugehen: die leicht erscheinenden Fälle anzunehmen, evtl. mit einer geringen Prämienerhöhung, und die, welche ernster zu sein scheinen, auf gleiche Stufe mit einem Ulcus ventriculi zu stellen.

2. Nehmen wir jetzt den Fall an, eine Person berichtet, an einem sicheren *Ulcus ventriculi* gelitten zu haben oder noch zu leiden. Wir wollen dabei keinen Unterschied zwischen einem Magen- und Duodenalgeschwür machen. Es mag zutreffen, daß die Prognose beider Geschwüre nicht ganz die gleiche ist. Vorläufig ist es aber meiner Meinung nach noch nicht möglich, sie nur auf Grund der Anamnese — und darauf kommt es, praktisch gesprochen, bei einer Begutachtung heraus — mit Sicherheit voneinander zu unterscheiden.

Wie soll man also handeln gegenüber Personen, die an einem Ulcus ventriculi oder duodeni gelitten haben?

In der Literatur habe ich nur vereinzelte Angaben gefunden.

F. de Haviland Hall[1]) sagt: The prognosis in gastric ulcer is so uncertain and the tendency to recurrence is so marked, that if the symptoms characteristic of the disease have been present, the applicant shoud be declined, unless there has been an interval of at least five years of complete freedom from dyspeptic troubles.

---

[1]) de Haviland hall,: The medical examination for life assurance. 3. Aufl. S. 30. Bristol: John Wright & Co. 1906.

L. FEILCHENFELD[1]) ist der Ansicht: Fälle von Magengeschwür oder Duodenalgeschwür sind für gewöhnlich stets abzulehnen. Wenn selbst eine Reihe von Jahren vorübergegangen sind, seit die Erscheinungen auftraten, ist doch zu jeder Zeit ein Rezidiv möglich, und schon durch die Narbenbildung wie durch die Gefahr einer carcinösen Entartung der Narbe das Risiko ein ungünstiges.

HESSE[2]) zählt unter 7066 Todesfällen der Lebensversicherungsbank in Basel 427 Fälle von Krankheiten der Verdauungsorgane, und unter diesen 99 Fälle von Ulcus ventriculi. Man darf die Frage stellen, ob dies in der Tat alle echte Ulcera waren und ob nicht Carcinomfälle durchgeschlüpft sind. Möge dies auch der Fall gewesen sein: grob-klinisch gleichen sie dann doch einem Ulcus ventriculi. Und nur damit haben wir in der Begutachtungspraxis zu rechnen. Man sieht also, daß tatsächlich die Gefahr eines Ulcustodes nicht so sehr gering ist.

Nichtsdestoweniger würde ich doch nicht raten, wie die oben angeführten Autoren, jede Person, die an Ulcus leidet oder gelitten hat, zurückzuweisen. Ich würde individualisieren und mich dabei von folgenden Erwägungen leiten lassen:

1. Personen über 35 oder 40 Jahre mit einem aktiven Ulcus ventriculi, das also deutliche Symptome (Schmerzen, Blutung) verursacht, können nicht ohne weiteres angenommen werden. Die Möglichkeit, daß dabei schon Degeneration besteht oder sich entwickelt, darf nicht unterschätzt werden. Außerdem wird es lange nicht immer möglich sein, mit Sicherheit die Differentialdiagnose zwischen Ulcus simplex und Carcinom zu stellen, ohne die klinischen Hilfsmittel anzuwenden, die außerhalb des Rahmens einer Begutachtung fallen. Man kann solche Personen für eine geraume Zeit zurückweisen bis nach einer eventuellen Heilung und die Forderung aufstellen, daß sie vor der Annahme ein Jahr lang von allen Beschwerden frei gewesen sein müssen. Auf diese Weise ist man wenigstens vor der Annahme eines Carcinomfalles gesichert. Bei Annahme nach Verlauf dieser Zeit wird man jedoch noch eine Prämienerhöhung fordern müssen im Hinblick auf die Möglichkeit eines Rezidivs, der Entwicklung eines Carcinoms und anderer Komplikationen.

2. Jüngere Menschen bis 35 Jahre mit einem aktiven Ulcus, die noch kurz zuvor eine Blutung gehabt haben, müssen ebenfalls zurückgewiesen werden, bis sie geraume Zeit lang, z. B. 1 Jahr, beschwerdefrei gewesen sind. Die Prämienerhöhung kann geringer sein als im ersten Fall, weil die Gefahr der malignen Degeneration, wenigstens in den ersten Jahren, geringer sein wird. Eine Dauer der Versicherung von 20 Jahren kann bewilligt werden.

3. Hat keine Blutung kurz vorher stattgehabt, sind nur Blutspuren in den Faeces gefunden worden, so kann die Versicherung für eine kürzere Zeit (z. B. ein halbes Jahr) ausgestellt und eine geringere Prämienerhöhung gefordert werden.

4. Eine Person, die laut Anamnese ein Ulcus ventriculi gehabt hat, sogar mit Blutungen, jedoch seit längerer Zeit, 2 Jahre oder mehr, vollkommen beschwerdefrei ist, kann ohne weiteres angenommen werden. Von der Schwere der früheren Erscheinungen wird man es abhängig machen, ob eine Prämienerhöhung und in welchem Grade gefordert werden soll. Man darf dabei nicht aus dem Auge verlieren, daß bei Ulcus duodeni und ventriculi die Blutungen sich mit Zwischenpausen von vielen Jahren wiederholen können.

5. Endlich ist noch eine Frage zu beantworten, die in unserer Zeit nicht selten gestellt wird: ist die Prognose bezüglich der Lebensdauer bei Ulcus ventriculi nach einer Operation besser als die ohne Operation?

---

[1]) FEILCHENFELD: Leitfaden der ärztlichen Versicherungspraxis. S. 82. Berlin: Urban & Schwarzenberg 1903.

[2]) HESSE, ARTHUR: 7066 Todesfälle der Basler Lebensversicherungs-Gesellschaft. S. 58. Leipzig 1899.

Es ist schwer, Tatsachen zu erhalten, nach denen man sich ein Urteil bilden kann. Auch ist es kaum möglich, allgemeine Regeln aufzustellen. Jeder Fall muß für sich betrachtet und durchdacht werden.

Im allgemeinen ist vielleicht die folgende Schlußfolgerung berechtigt: Ein Kranker mit Ulcus ventriculi läuft immer Gefahr, daß er einmal operiert werden muß. Hat die Operation einmal stattgefunden, so ist die Gefahr, daß eine zweite Operation notwendig werden wird, viel geringer. Angesichts dessen, daß die direkte Operationsmortalität bei Fällen von gutartiger Magenerkrankung zwar klein ist, aber doch keineswegs ganz außer acht gelassen werden kann, ist der Operierte besser daran als der Nichtoperierte, wenn genügende Zeit nach der Operation verlaufen ist, so daß man die Komplikationen als überstanden ansehen darf. Vielleicht ist die Gefahr der Entwicklung eines Carcinoms auf dem Boden eines Ulcus bei dem Operierten auch noch kleiner als bei einem Nichtoperierten. Außerdem ziehe man die Besonderheiten eines jeden Falles in Betracht: Wer eine Resektion durchgemacht hat, ist — wenn die Operation einmal mit gutem Ausgang vorgenommen worden ist — vermutlich besser daran als derjenige, bei dem nur eine Gastroenterostomie gemacht worden ist.

Die günstigsten Resultate geben die Fälle von Gastroenterostomie nach Narbenverengerung am Pylorus. Dann folgen die Geschwüre am Pylorus. Die geringste Besserung sieht man bei Ulcera an anderen Stellen der Magenwand[1]).

Bei der Feststellung einer Prämienerhöhung wegen Ulcus ventriculi wird man in jedem Falle mit derartigen Überlegungen rechnen müssen.

3. Carcinoma ventriculi. Schon früher (S. 267) wurden bereits einige Bemerkungen über das Carcinom der Bauchorgane im allgemeinen gemacht. Es mögen hier wegen des außerordentlich häufigen Vorkommens und zudem der großen Bedeutung dieser Erkrankung für die Versicherung noch einige Worte über das Magencarcinom hinzugefügt werden.

Selbstverständlich schließt diese Krankheit eine Versicherung aus. Es handelt sich nur darum, diese Erkrankung zu diagnostizieren. Nur ausnahmsweise wird wohl das Leiden bei der Untersuchung für eine Lebensversicherung mit Sicherheit auf Grund unzweifelhafter Erscheinungen diagnostiziert werden können, z. B. durch das Fühlen eines Tumors in der Magengegend, durch Metastasen auf der einen oder anderen Stelle, oder durch ein typisches Symptom, wie z. B. kaffeesatzartiges Erbrechen. Fast immer werden es Menschen im Beginne der Erkrankung sein mit vagen Beschwerden. Man wird höchstens einen Verdacht empfinden, verursacht durch das schlechte, kachektische Aussehen der untersuchten Person, durch eine auffallende Abmagerung oder durch die Klagen über schlechte Eßlust, besonders den Widerwillen gegen Fleisch. Dieser Verdacht wird vielleicht durch Klagen über Störungen bei der Verdauung gestützt werden. Wenn es nicht möglich ist, sich durch die Untersuchung Sicherheit zu verschaffen, erscheint mir ein Aufschub von einem halben bis einem Jahre das beste Mittel, dieser Schwierigkeit Herr zu werden.

Nochmals möge hier wiederholt werden, daß leichte Magenbeschwerden bei einer großen Zahl von Menschen, vor allem Geistesarbeitern, vorkommen. Das eine Mal schildert der Patient seine Beobachtungen als ein Gefühl von Völle im Magen, ein anderes Mal klagt er über „Säure“bildung, ferner über Luftaufstoßen. Und noch eine ganze Reihe anderer Beschwerden kommen vor. Zuweilen ist ein psychogener Ursprung nachzuweisen, häufiger eine unzweckmäßige Lebensweise. Nach meiner Erfahrung hilft eine geeignete Diät besser als eine suggestive Behandlung.

[1]) Siehe z. B. Galpern: Langenbecks Arch. Bd. 94, S. 870. 1911; und Janssen: Therap. Monatshefte 1912, S. 701.

Über die Pathogenese dieser Erscheinungen ist uns in Wirklichkeit noch nichts bekannt.

Es ist natürlich untunlich, allgemeine Regeln dafür aufzustellen, wie man in derartigen Fällen handeln muß. Es kommt hierbei alles auf eine genaue Untersuchung und eine richtige Anamnese an, kurz gesagt auf die diagnostischen Kenntnisse und die Kunst des untersuchenden Arztes.

Zu den Baucherkrankungen, die gleichfalls einer besonderen Besprechung bedürfen, gehört zweifellos die *Appendicitis.*

Die Untersuchung eines Menschen, der niemals eine Erkrankung des Appendix vermiformis durchgemacht hat, wird uns niemals darüber eine Aufklärung verschaffen können, ob er nicht einmal später an Appendicitis erkranken wird. Ebenso wird es zu den größten Ausnahmen gehören, daß wir jemanden für eine Lebensversicherung untersuchen müssen, der gerade zu der Zeit an einer deutlichen Appendicitis leidet und vorher niemals einen Anfall gehabt hat. Wir brauchen deswegen nur die Fälle zu besprechen, in denen die untersuchte Person von früheren Anfällen von Appendicitis Mitteilung macht. Diese Fälle sind so verschieden, daß sich ihre Einteilung in Gruppen nicht umgehen läßt. Da bezüglich zahlreicher Punkte in der Pathogenese dieser eigenartigen Krankheit noch keine Sicherheit und auch keine Übereinstimmung besteht, müssen natürlich auch die Ansichten, wie die verschiedenen Modalitäten dieses Leidens zu beurteilen sein werden, gleichfalls voneinander abweichen.

Ich will mit der Aufzählung der Grundsätze beginnen, die GREENE[1]) in seinem schon so oft von uns zitierten Buche aufstellt. Sie lassen sich am besten folgendermaßen in Tabellenform bringen.

A. Fälle von nicht suppurativer Appendicitis, in denen der Appendix entfernt wurde und Heilung per primam erfolgte.	Annehmbar 3—6 Monate nach erfolgter Operation.
B. Fälle von Appendicitis simplex, in denen keine Operation vorgenommen wurde.	Annehmbar nach einer vollkommen beschwerdefreien Zeit von 2—5 Jahren.
C. Fälle von eitriger Appedicitis, die drainiert worden ist, ohne Entfernung des Appendix.	Annehmbar nach 2 Jahren, vorausgesetzt daß während dieser Zeit keine Krankheitserscheinungen aufgetreten sind.
D. Fälle von eitriger Appendicitis, in denen der Appendix vollkommen entfernt wurde.	Annehmbar nach 1 Jahre.
E. Fälle von nicht operierter eitriger Appendicitis mit spontanem Durchbruch und Entleerung des Eiters durch den Darm.	Annehmbar nach 3jährigem Fehlen sämtlicher Erscheinungen.
F. Fälle mit diffuser Peritonitis.	Annehmbar nach 1 Jahre, wenn der Appendix mit gutem Erfolg entfernt worden ist. Nach 5jährigem Fehlen aller Erscheinungen, wenn Heilung nach einfacher Drainage erfolgt ist. Nach interner Behandlung würde wahrscheinlich ein Aufschub von nicht weniger als 5 Jahren Sicherheit bieten.
G. Rezidivierende Fälle (recurrent cases).	Mindestens 5jähriges Fehlen der Erscheinungen.

GREENE läßt hierauf noch diese Erläuterung folgen:

„In all cases these recommendations are based upon the favorable report from the medical examiner, and a substantial extra premium would be necessary if fistula were present at the time of examination.

Occupation must materially modify acceptance in all cases where the appendix has not been removed, or where violent exertion may bring an unusual strain upon the abdominal wall.“

[1]) loc. cit. S. 83.

Die Appendicitis ist von solch großer Bedeutung für die Versicherung, daß ich es für wünschenswert erachtet habe, die Ansicht eines der berufensten Autoren auf dem Versicherungsgebiet ausführlich wiederzugeben.

Nichtsdestoweniger scheinen mir die von GREENE aufgestellten Regeln für die Praxis nicht geeignet, wenigstens nicht in Holland. Sie berücksichtigen zu sehr die Besonderheiten der früheren Anfälle und die der vielleicht vorgenommenen Operationen, Besonderheiten, über die nur selten genügende Sicherheit zu erlangen ist.

Unzweckmäßig erscheint es mir, in den nicht operierten Fällen zu unterscheiden zwischen Appendicitis simplex und den eitrigen Entzündungen, angesichts dessen daß diese Formen doch ineinander übergehen und klinisch die Unterscheidung sicher nicht immer durchführbar ist.

Ich selbst würde das folgende Schema vorschlagen. In erster Linie möchte ich einen Unterschied gemacht wissen zwischen den operierten Fällen und denjenigen, die nach interner Behandlung abheilten. Beginnen wir mit der ersten Gruppe.

A. Wenn der Antragsteller früher wegen eines akuten Anfalles von Appendicitis operiert wurde und seitdem beschwerdefrei war, können wiederum zwei Möglichkeiten vorhanden sein:

a) bei der Operation wurde der Appendix entfernt;

b) es wurde nur ein Absceß incidiert, der kranke Appendix ist zurückgeblieben.

In dem unter a) genannten Fall wird der Antragsteller gegen normale Prämie angenommen werden und sogar ein sehr günstiges Risiko bieten, weil er jetzt nicht mehr an Appendicitis erkranken kann. Man wird die Annahme des Antrages nicht länger als 3 Monate nach der Operation aufzuschieben brauchen. Im Falle b) dagegen beherbergt der Antragsteller vielleicht noch ein krankes Organ. Es kann sein, daß dieses durch Bindegewebsbildung vollkommen eingeschlossen ist, oder daß es, auf welche Weise auch immer, zur Heilung kommt. Sicherheit haben wir jedenfalls nicht, und die Möglichkeit eines Rezidivs ist nicht ausgeschlossen. Obwohl nach der Ansicht mancher Chirurgen in solchen Fällen nur ziemlich selten, nämlich in 3—4% der Fälle, Rezidive vorkommen [nach anderer Ansicht jedoch in 13%[1])], glaube ich doch, daß derartige Personen in der gleichen Weise zu beurteilen sind, wie unter B. ausgeführt werden soll.

B. Der Antragsteller hat einen oder mehrere Anfälle von Appendicitis durchgemacht, welche ohne Operation heilten.

Wir müssen dabei bedenken, daß ein großer Unterschied zwischen der Heilung von einem Anfall und der Heilung von der Krankheit selbst besteht. Solange der Appendix nicht entfernt ist, bleiben Rezidive möglich. Die Gefährdung des Lebens besteht also nach wie vor. Über die Größe dieser Gefahr sind wir unterrichtet dank einiger in großem Maßstabe ausgeführter statistischer Untersuchungen, nämlich der von RIEDEL (Thüringen 1898), SAHLI (Schweiz 1895), STRICKER (Preuß. Heer 1900—1905), GUTTSTADT (Preuß. Krankenhäuser 1903 bis 1906), ALBU und ROTTER (Berlin 1907).

Die zuletzt genannte Untersuchung beruht auf einer Rundfrage, die im Auftrage der Berliner Medizinischen Gesellschaft unternommen wurde[2]). Aus den erhaltenen Angaben scheint man den Schluß ziehen zu dürfen, daß der erste Anfall doppelt so gefährlich ist als der zweite, und daß die Mortalität mit jedem neuen Anfall geringer wird.

---

[1]) GREENE: loc. cit. S. 81.

[2]) ALBU und ROTTER: Bericht über die Sammelforschung der Berliner Medizinischen Gesellschaft, betreffend die Blinddarmentzündungen des Jahres 1907 in Groß-Berlin. Berlin. klin. Wochenschr. 1909, Nr. 26, 27, 28.

Von allen Patienten, die

wegen des ersten Anfalls behandelt wurden, starben		10,2 %
„ „ zweiten „ „ „ „		5,4 %
„ „ dritten „ „ „ „		1,6 % [1])

Parallel damit verläuft die Kurve der Absceßbildung:

Erster Anfall	Abscesse in	82 %
Zweiter „	„ „	10,6 %
Dritter „	„ „	3,3 %

Patienten, die zwei Anfälle überstanden haben, werden also weniger gefährdet sein als solche, die nur einen Anfall durchmachten. Noch eine andere wichtige Tatsache wird durch die statistische Untersuchung zutage gefördert. Die meisten Rezidive, die zum ersten Male nach einem Anfall auftraten, fielen in die ersten 2 Jahre nach diesem Anfall. Ein erstes Rezidiv nach 2 Jahren ist schon ziemlich selten. Zweifellos kommen aber Ausnahmen von dieser Regel vor und darauf muß bei Festsetzung einer Prämienerhöhung Rücksicht genommen werden. Überdies ist es nicht immer möglich, in einem gegebenen Falle klarzustellen, was unter einem *ersten Rezidiv* zu verstehen ist. Es wird vorkommen können, daß kleine Anfälle vom Patienten nicht als solche erkannt und infolgedessen nicht angegeben werden. Ein scheinbar erster Rückfall kann in Wirklichkeit ein wiederholter Rückfall sein.

Die Verhaltungsmaßregeln, die aus den oben stehenden Betrachtungen abgeleitet werden können, müssen also nach Lage der Dinge nur als ein Schema angesehen werden:

a) Ein im übrigen gesunder Mensch, der seit 2 oder mehr Jahren von einem zweiten (oder späteren) Anfall von akuter Appendicitis geheilt ist, kann ohne Prämienerhöhung angenommen werden, wenn er seit dieser Zeit vollständig beschwerdefrei geblieben ist.

b) Wenn unter den gleichen Umständen nur ein einziger Anfall aufgetreten ist, kann gleichfalls von einer Prämienerhöhung abgesehen werden[2]).

c) Ist kurze Zeit vorher ein Anfall aufgetreten, der ohne Operation geheilt ist, so muß die Versicherung bis mindestens 1 Jahr nach vollkommener Heilung aufgeschoben werden. Dann kann eine Versicherung verschiedenster Art folgen:

1. Mit einer ein für allemal festzustellenden geringen Prämienerhöhung. Diese muß beträchtlicher sein für denjenigen, welcher einen ersten Anfall überstanden hat, als für denjenigen, welcher an einem Rezidiv erkrankt war.

2. Mit einer beträchtlicheren Prämienerhöhung während der zwei ersten Jahre, die danach reduziert wird.

3. Gegen normale Prämie unter der Bedingung, daß keine Auszahlung stattfindet, wenn innerhalb von 2 Jahren der Versicherte an Appendicitis oder ihren Folgen sterben würde.

Diese letzte Art der Versicherung, die zu vielen Streitigkeiten Veranlassung geben kann, scheint mir die am wenigsten empfehlenswerte zu sein.

Die von der Statistik gefundenen Tatsache von der geringeren Gefährlichkeit der Rezidive stimmt meiner Ansicht nach nicht mit dem klinischen Eindruck überein, den man bis dahin hatte. Obwohl wir uns vor der Macht großer, sorgfältig zusammengestellter Zahlen zu beugen haben, ist bei den zahllosen Fehlern, die solchen Rundfragen anhaften, jedoch Vorsicht geboten.

C. Chronische Appendicitis. Es ist dies eigentlich eine unglückliche Bezeichnung, die leicht zu Irrtümern Veranlassung geben kann. Auch die im vorher-

---

[1]) Albu: l. c. S. 1266.

[2]) Wir behandeln a) und b) doch getrennt, weil im Hinblick auf oben stehende Statistiken rein theoretisch das Risiko in letzterem Falle etwas größer ist.

gehenden behandelte rezidivierende Appendicitis ist mit ihrer Wiederholung von akuten Anfällen eine chronische Form. Doch hat nun einmal diese Bezeichnung Bürgerrecht erhalten.

Konnten wir uns bei der akuten Appendicitis von allgemeinen Gesichtspunkten leiten lassen, so ist dies bei der chronischen Appendicitis nicht angängig. Die Ursache davon ist das wenig scharf umrissene Krankheitsbild und die große Schwierigkeit der Diagnose. Dies bereitet nicht nur in einem konkreten Fall der Feststellung Schwierigkeiten, daß eine zu versichernde Person an chronischer Entzündung des Wurmfortsatzes leidet, sondern es beraubt auch die statistische Untersuchung und Berechnung fast ihres ganzen Wertes. Unter dem, was als chronische Appendicitis bezeichnet wird, kommen außer Strikturen, Verwachsungen und Entzündungen des Appendix zahllose Fälle der verschiedensten Krankheiten vor: Tuberkulose des Peritoneums, allerlei Erkrankungen der weiblichen Geschlechtsorgane, Gallensteine, Ulcus duodeni, Nierensteine und vieles andere.

Hieraus folgt, daß bei derartigen Beschwerden nicht verallgemeinert werden kann. Das eine Mal wird man eine eingehendere Untersuchung zur Feststellung der Diagnose verlangen, ein anderes Mal die Versicherung aufschieben bis nach einer vom Patienten schon in Aussicht genommenen Operation, weitere Male werden die Beschwerden so gering sein, daß eine Versicherung gegen normale Prämie zulässig erscheint.

Es ist zu hoffen, daß es auf diese Weise gelingen wird, den Appendicitiskranken gegenüber Billigkeit walten zu lassen, und daß die Resultate besser sein werden, als sie es bisher waren. In der schon wiederholt angeführten Statistik von FLORSCHÜTZ[1]) waren von den 445 Todesfällen, die unter den seit dem Jahre 1904 bei der „Gotha“ Versicherten in den ersten 5 Jahren eintraten, nicht weniger als 19 die Folge von Appendicitis. Nach der Berechnung auf Grund der Erfahrungstabelle dieser Bank von 1852—1896 konnten nur 11,04 Todesfälle an Appendicitis erwartet werden. Indessen muß bemerkt werden, daß in unserer Zeit die Diagnose Appendicitis als Todesursache sicher in einer Reihe von Fällen gestellt wird, in denen früher (1852—1896) allerlei andere Bezeichnungen eingetragen worden sind (Bauchfellentzündung, unbekannt usw.).

4. Hämorrhoiden. Fast immer werden Antragsteller trotz bestehender Hämorrhoiden angenommen werden dürfen. Selbstverständlich muß man sich davon vergewissern, daß diese Hämorrhoiden nicht eine Sekundärerscheinung eines tieferen Leidens, wie Lebercirrhose, Carcinoma recti und Herzerkrankungen sind.

Sind die Hämorrhoiden Ursache einer immer in solcher Schwere wiederkehrenden Blutung, daß dadurch eine starke Anämie mit ihren Folgen hervorgerufen wird, so müssen sie erst auf operativem Wege beseitigt werden.

Es darf hier wohl gesagt werden, daß diese durchaus nicht so seltene Ursache eines starken Blutverlustes zuweilen einmal verkannt wird.

Diarrhöe. Jedermann hat wohl einmal über eine unregelmäßige Darmtätigkeit zu klagen gehabt, die nach einem oder wenigen Tagen verschwand, ohne weitere Störungen zu hinterlassen. Gerade weil diese Erscheinung so häufig vorkommt, ohne daß die Gesundheit darunter weiter leidet, wird man wohl bei der Untersuchung der Angabe einer einmal aufgetretenen Diarrhöe keine besondere Bedeutung beizumessen brauchen.

Ganz anders verhält sich dies aber, wenn jemand fortwährend oder wiederholt an derartigen Störungen leidet. Und in der Tat verdienen die Fälle von chronischer Diarrhöe unsere vollste Aufmerksamkeit.

[1]) FLORSCHÜTZ: Die Sterblichkeit und Todesursachen der ersten fünf Versicherungsjahre. Zeitschr. f. d. Versicherungswiss. 1912, H. 2, S. 302.

Gleichwie bei allen Krankheitserscheinungen wird auch die Bedeutung des Symptoms Diarrhöe von dem organischen Leiden beherrscht, das ihr zugrunde liegt. Und nun stehen wir wieder vor derselben Schwierigkeit, die schon so oft in diesem Buche beklagt werden mußte: es ist manchmal unmöglich, auf Grund der nach Lage der Dinge oberflächlichen Untersuchung zwecks Begutachtung aus dem wahrgenommenen *Symptom* auf die zugrunde liegende *Krankheit* zu schließen. In besonderem Maße ist dies der Fall bei den mit Diarrhöe einhergehenden Darmerkrankungen. Selbst wenn man mit allen Hilfsmitteln klinischer Beobachtung ausgerüstet ist und über eine genügend lange Beobachtungszeit verfügen kann, bleibt man noch oft im Ungewissen. Wieviel mehr muß dies der Fall bei einer Untersuchung zwecks Begutachtung sein.

Es fällt aus dem Rahmen dieses Buches, Anweisungen dafür zu geben, wie der Arzt, dessen Rat von einem an Diarrhöe leidenden Patienten eingeholt wird, bei der Untersuchung vorgehen muß, um so genau wie möglich deren Ursache und die Art des Darmleidens festzustellen. Hier kann nur angedeutet werden, an welche Krankheiten man bei Angabe diarrhöischer Beschwerden zu denken hat. Es können nur einige Anweisungen gegeben werden, wie wir bei einer einmaligen ziemlich flüchtigen Untersuchung versuchen sollen, so gut es eben geht, uns ein Urteil über die Möglichkeit einer Versicherung zu bilden.

In erster Linie bedenke man, daß Diarrhöe ein Symptom der Tuberkulose sein kann. Die primäre Darmtuberkulose kommt — im Gegensatz zu den Beobachtungen bei Kindern — bei Erwachsenen zu selten vor, als daß wir sie für unsere Zwecke berücksichtigen müßten. Fast immer ist sie nach dem Kindesalter Begleiter, und dann so gut wie sicher auch die Folge einer gewöhnlich schon vorgeschrittenen Lungentuberkulose. Vereinzelt habe ich aber bei Patienten mit ziemlich geringen Lungenveränderungen in einem noch früheren Stadium Diarrhöen angetroffen, welche mit sehr großer Wahrscheinlichkeit tuberkulösen Veränderungen der Darmschleimhaut zugeschrieben werden mußten.

Diarrhöe bei einem Tuberkulosekranken bildet ein absolutes Hindernis für Abschluß einer Versicherung.

Bei *Darmstrikturen*, besonders infolge von Carcinom des Dickdarms oder Rectums, kommt es häufig zu wiederholten Entleerungen kleiner Mengen eines dünnen, sehr übelriechenden Kotes, die von dem Patienten oft unter der Bezeichnung Diarrhöe angegeben werden. Man denke also bei den Klagen über Diarrhöe auch an die Möglichkeit eines Carcinoms.

Außer der Anamnese wird eine makroskopische und mikroskopische Untersuchung der Entleerungen auf Schleim, Blut und Eiter notwendig sein, um die Diagnose einer Dysenterie festzustellen. Bei Patienten, die in den Tropen gelebt haben, wird die Gefahr des Bestehens einer chronischen Dysenterie (in diesem Falle oft eine Amöbendysenterie) ernsthaft in Betracht gezogen werden müssen.

Setzen wir den Fall, daß jemand, der in den Tropen an Dysenterie gelitten hat, eine chronische Diarrhöe zurückbehalten hat und eine Versicherung beantragt. Was soll man unter solchen Umständen tun? Diese Frage ist nicht mit wenigen Worten zu beantworten. Ich würde die folgenden Verhaltungsmaßregeln vorschlagen. Vor allen Dingen wird man mit besonderer Sorgfalt den Allgemeinzustand des Antragstellers untersuchen müssen. Ist dieser (abgesehen von der Diarrhöe) nicht vortrefflich (guter Ernährungszustand, normale Temperatur, normaler Hämoglobingehalt usw.), so kann von einer Versicherung durchaus keine Rede sein. Ganz besonders muß auf Symptome eines Leberabscesses geachtet werden. Weiter muß man dem Darmkanal selbst seine Aufmerksamkeit widmen. Schmerzen bei Druck auf den Bauch dürfen nicht vorhanden sein. Ebensowenig kolikartige Schmerzen, die auf eine teilweise Striktur des Darmes hinweisen können. Wird noch Blut oder Eiter in den Dejecta gefunden, woraus auf noch nicht abgeheilte Geschwüre geschlossen werden darf, dann wird die Versicherung abgelehnt werden müssen. Nur dann, wenn allein über einen etwas zu häufigen Stuhlgang mit breiigen oder noch dünneren Entleerungen evtl. mit Schleimbeimischung, aber ohne Blut und Eiter, geklagt wird, und wenn das akute Stadium des Krankheitsprozesses mindestens 5 Jahre zurückliegt, würde ich unter im übrigen vollkommen günstigen Verhältnissen eine Versicherung anraten.

Von derartigen Erwägungen muß man sich bei ehemaligen Tropenbewohnern leiten lassen, die an anderen nicht dysenterischen Formen von tropischer Diarrhöe gelitten haben. Es können hier unbesprochen bleiben alle Formen von einer Diarrhöe, welche als Sekundärerscheinung einer anderen ernsten, das Krankheitsbild beherrschenden und leicht diagnostizierbaren Erkrankung aufzufassen ist. Denn in diesen Fällen bedingt das primäre Leiden die eventuelle Möglichkeit der Versicherung. Man kann nur ganz allgemein sagen, daß die Prognose der hier in Erwägung gezogenen krankhaften Zustände durch die komplizierende Diarrhöe schlechter wird. Ich denke an die Urämie, an alle Erkrankungen, die zu Amyloid führen, und an die Addisonsche und Graves-Basedowsche Krankheit. Betrachten wir nun die Fälle von chronischer Diarrhöe näher, die nach dem vorher gesagten übrig bleiben. Es erscheint sehr schwierig, zu bestimmen, welche von diesen für eine Versicherung in Betracht kommen und welche nicht.

Eine Einteilung der chronischen Diarrhöen nach anatomischen Gesichtspunkten, die also den Darmabschnitt berücksichtigt, der ausschließlich oder in der Hauptsache ergriffen ist (Dünn- oder Dickdarm), läßt uns aber zu oft, wenn es darauf ankommt, im Stich. Aber selbst wenn eine solche Lokalisation möglich wäre, ist sie für unseren speziellen Zweck — die Beurteilung der Lebensprognose — wertlos. Das Studium des ätiologischen Momentes, wozu eine sehr sorgfältige mikroskopische und vielleicht eine schwierige bakteriologische Untersuchung nötig sind, ist selbstverständlich nicht Aufgabe des begutachtenden Arztes.

Ich wüßte keine andere Regel aufzustellen als die folgende: Bei der Frage, ob ein Diarrhöekranker für eine Versicherung in Betracht kommt, müssen wir uns leiten lassen von dem mehr oder weniger schweren Eindruck, den der Krankheitsfall macht.

Zwei Fragen werden wir uns hierbei stellen:

1. Besteht nur (wenigstens soweit wir dies untersuchen können) eine funktionelle Störung der Darmtätigkeit, oder haben wir es mit einem Entzündungsprozeß der Darmschleimhaut zu tun? Und wenn ja, ist dieser oberflächlich lokalisiert oder in die Tiefe vorgedrungen? Hat er zu Geschwürsbildungen geführt? Mit anderen Worten: Finden wir in dem dünnen Stuhlgang nur unverdaute oder ungenügend verdaute Speisereste, oder außerdem Schleim in größerer oder kleinerer Menge, in größeren oder kleineren Stückchen oder Häutchen, ja sogar Eiter und Blut? Selbstverständlich stempelt das Vorhandensein von Eiter und Blut den Fall zu einem ernsten.

2. Hat das Leiden einen merkbaren Einfluß auf den Allgemeinzustand des Antragstellers ausgeübt?

Es gibt Formen von Enteritis, die einen sehr ernsten Einfluß auf den Allgemeinzustand des Patienten ausüben. Oft entwickelt sich eine Anämie, die einen hohen Grad erreichen kann. Auch in der Krankengeschichte der an perniziöser Anämie Erkrankten hört man oft — doch keineswegs immer — Klagen über periodisch auftretende Diarrhöe. Gewöhnlich jedoch läßt die enterogene Anämie die charakteristischen Zeichen der perniziösen Form im Sinn von Addison-Biermer vermissen und weist den Charakter einer schweren sekundären

Anämie auf. Zuweilen ist der Patient mager und kachektisch, mag er nun diese Blutveränderungen aufweisen oder nicht. Es braucht kaum gesagt zu werden, daß in derartigen Fällen unter keiner Bedingung eine Versicherung eingegangen werden kann. Auch dann nicht, wenn zeitweise Besserung eintritt. Denn diese Erkrankungen neigen zu Rezidiven. Man lasse sich auch nicht durch die Angabe des Patienten irreführen, daß der Stuhlgang durchaus nicht vollkommen dünn ist, sondern höchstens breiartig; oder daß die tägliche Zahl der Stuhlentleerungen nur wenig größer ist als normal. Man halte sich an die Regel, daß jede chronische Diarrhöe, die auf den Allgemeinzustand des Patienten einen deutlichen Einfluß ausgeübt hat, ein triftiger Grund zur Ablehnung einer Versicherung sein muß.

Nur die Formen von sehr leichter Diarrhöe, die ohne Einfluß auf den Allgemeinzustand des Antragstellers geblieben sind, und bei denen in den Faeces kein Blut oder Eiter vorgefunden werden, können die Möglichkeit einer Versicherung in Erwägung ziehen lassen. Vermutlich werden hierunter besonders die leichteren Fälle der *gastrogenen Dyspepsie* und der *intestinalen Gärungsdyspepsie* gefunden werden, die von SCHMIDT mehr zu den funktionellen Störungen des Darmkanals als zu den Entzündungen gerechnet werden. Ich will aber nicht unterlassen, darauf hinzuweisen, daß diese prinzipielle, aber künstliche Unterscheidung SCHMIDTS wieder fast allgemein verlassen wird. Es ist nicht möglich, SCHMIDTS funktionelle Störungen von leichten katarrhalischen Entzündungen klinisch zu unterscheiden[1]). Ich möchte auf die zahlreichen Fragen, die auf diesem Gebiet noch der Lösung harren, hier nicht näher eingehen. Ich möchte nur den Rat geben, auch Patienten mit leichter chronischer Diarrhöe in der Regel nicht gegen normale Prämie anzunehmen, bis daß sie genesen und lange Zeit hindurch beschwerdefrei geblieben sind. Man verweise solche Patienten in die Behandlung ihres Hausarztes. Nur eine sorgfältige Untersuchung, in der ein genaues Studium der Stuhlentleerung eine besondere Rolle spielt, wird die richtige Art der Störung zutage fördern, d. h. in einigen Fällen, durchaus nicht in allen. Manchmal wird eine glücklich gewählte Diät Heilung bringen, vereinzelt schon die Diät, welche zum Zwecke der Untersuchung verordnet wurde. Wenn der Antragsteller eine Erklärung seines Hausarztes beibringen kann, aus der hervorgeht, daß er während 1 oder 2 Jahren frei von Störungen ist, würde ich ihn für eine Versicherung empfehlen.

Um jedem Irrtum vorzubeugen, möchte ich zum Schlusse noch darauf hinweisen, daß zwischen dem normalen Stuhlgang und der Neigung zu leichten Diarrhöen keine scharfe Grenze besteht. Es gibt vollkommen gesunde Menschen, die fast ihr ganzes Leben hindurch mehr als einmal täglich eine mehr oder weniger breiartige Entleerung haben. Andere haben täglich mehrere Entleerungen von völlig normal geformtem Stuhl. Dies bezeichnete BOAS mit den Namen der fragmentären Defäkation. Allgemein bekannt ist der große Einfluß der eingenommenen Nahrung auf den Stuhlgang.

Es ist unmöglich, eine Regel aufzustellen, wie derartige noch zu den normalen Zuständen gehörende, doch von der Durchschnittstype etwas abweichende Formen von den pathologischen Fällen unterschieden werden können. Es scheint mir, als ob das langjährige Bestehen solcher Eigentümlichkeiten, ohne daß der Allgemeinzustand gelitten hat, ein beruhigendes Urteil rechtfertigt.

Dagegen möchte ich vor den sog. „nervösen“ chronischen Diarrhöen warnen. Daß psychische Einflüsse zu einer vorübergehenden Vermehrung der Peristaltik Veranlassung geben können, steht fest. Aber der Diagnose einer *chronischen* „nervösen“ Diarrhöe habe ich zu mißtrauen gelernt.

[1]) Siehe bezüglich dieser Frage auch die ausgezeichneten Aufsätze v. NOORDENS: Über Durchfalls- und Verstopfungskrankheiten und die Grundsätze ihrer Behandlung. Bergmann, 1922.

Krankheiten der Schilddrüse.

Krankheiten der Schilddrüse kommen häufig vor, besonders Vergrößerungen des Organs. Es ist zweckmäßig, letztere in zwei Gruppen einzuteilen, die einfachen Vergrößerungen und solche, welche die Symptome der Graves-Basedowschen Krankheit hervorrufen.

I. Die *einfache Struma*[1]). Unter dieser Bezeichnung verstehen wir die bei uns sporadisch vorkommenden, nicht entzündlichen, auf hyperplastischen und degenerativen Veränderungen beruhenden, klinisch gutartigen Vergrößerungen der Schilddrüse.

Wenn eine derartige Struma schädigend wirkt, so wird dies in erster Linie mechanischer Natur sein können.

Selten ist der Druck der Kropfgeschwulst auf den Oesophagus so beträchtlich, daß schwere Schluckstörungen auftreten. Auch der Druck auf die in der Umgebung liegenden Arterien wird nur ausnahmsweise zu Erscheinungen einer schweren Gesundheitsschädigung Veranlassung geben.

Lebensgefährlich können dagegen die Veränderungen werden, denen die Luftröhre durch den Druck der sich vergrößernden Schilddrüse ausgesetzt ist. Die Zusammenpressung zur Form der Säbelscheide ist jedermann, wenigstens aus den Lehrbüchern bekannt. Noch gefährlicher ist die zirkuläre Verengerung infolge ringförmiger Umwachsung. Im Hinblick darauf, daß diese Formveränderungen der Luftröhre mit Veränderungen der Struktur ihrer Wand einhergehen, kann ein plötzlicher Erstickungstod die Folge sein.

Die Veränderungen der Luftröhre stehen nicht immer im Verhältnis zur Größe der Struma. Eine kleine retrosternale Geschwulst kann sehr schwere Erscheinungen hervorrufen.

Merkwürdigerweise macht vielen Patienten die durch die Struma verursachte Verengerung der Luftröhre nur geringe subjektive Beschwerden. Selbst wenn es zu einem anhaltenden Stridor gekommen ist, gewöhnt sich der Patient oft noch so sehr an den Zustand, daß er sich von der ihm drohenden Gefahr keine Rechenschaft ablegt. Aber bei einer plötzlichen Anstrengung, einem Hustenanfall, einer Schwellung der Schleimhaut infolge Tracheo-Bronchitis kommt es plötzlich zu einer lebensgefährlichen Beklemmung.

Zuweilen, jedoch seltener, kann auch Druck auf die in diese Gegend liegenden Nerven (besonders auf den N. recurrens) Störungen der Atmung mit heftigen Beklemmungsanfällen herbeiführen, in denen durch Erstickung der plötzliche Tod des Patienten erfolgen kann.

Endlich kann die Kropfgeschwulst auch noch auf weniger direkte Weise der Gesundheit Schaden zufügen, nämlich durch ihre Einwirkung auf das Herz[2]).

Man nimmt gegenwärtig an, daß das Herz auf zweierlei Weise von der Erkrankung der Schilddrüse in Mitleidenschaft gezogen wird.

In erster Linie auf mechanischem Wege, wie es von Rose im Jahre 1878 beschrieben wurde. Man spricht denn auch vom „mechanischen", „pneumischen" oder „dyspnoischen" Kropfherz, auch wohl von dem Roseschen Kropfherzen. Man erklärt diese Wirkung in folgender Weise. Die durch die Struma verursachte Verengerung der Luftröhre erschwert die Atmung. Infolge der Verminderung der Atembewegungen und des sich entwickelnden Lungenemphysems wird die Abfuhr des venösen Blutes aus den großen Gefäßen behindert. Insbesondere

---

[1]) Siehe u. a. Frhr. v. Eiselsberg: Die Krankheiten der Schilddrüse. Deutsche Chirurgie, Lief. 38. 1901 und in Handbuch der prakt. Chirurgie Bd. 2, S. 341ff. 1913.

[2]) Blauel, Müller und Schlayer: Über das Verhalten des Herzens bei Struma. Bruns' Beitr. z. klin. Chirurg. 1909, S. 119.

kommt es zu einer Überlastung des rechten Herzens, das schließlich erlahmt. Dann entsteht das Bild einer schweren Herzinsuffizienz, die Autopsie ergibt eine fortgeschrittene Myodegeneration. Nach ROMBERG[1]) wird es unter diesen Umständen niemals zu einer Hypertrophie der rechten Kammer kommen.

Das mechanische Kropfherz kommt, wenigstens in seiner reinen Form sehr selten vor.

Unendlich häufiger ist die zweite Art des Entstehens eines Herzleidens durch Kropf. Ich meine das chemische Kropfherz oder Cor thyreotoxicum.

Besonders KRAUS[2]) und MINNICH haben auf das vielfache Vorkommen thyreogener Herzerkrankungen ohne gleichzeitiges Bestehen anderer typischer Basedowerscheinungen hingewiesen. In leichten Fällen beschränkt sich das Krankheitsbild auf eine Pulsbeschleunigung, leichte Arhythmie, Carotidenklopfen, mehr oder weniger vergesellt von einigen anderen Basedowsymptomen, wie Zittern, starkes Schwitzen u. dgl. In den schweren Fällen kommt es zur Hypertrophie und Dilatation des Herzens mit Entartung des Herzmuskels. Ich finde nicht den geringsten Grund, warum derartige Fälle nicht zu den „Formes frustes“ der Graves-Basedowschen Krankheit gerechnet werden sollen.

Ein Fall möge hier kurz erwähnt werden, wie ich ihn bisher in der Literatur nicht beschrieben fand.

Ein etwa 55jähriger Bankdirektor litt seit langen Jahren an einer Kropfgeschwulst. Im übrigen war er niemals krank gewesen, hatte vor allem keine syphilitische Infektion durchgemacht, stammte aus gesunder Familie. Auch seine Kinder waren vollkommen gesund. Verschiedene Chirurgen, darunter auch KOCHER, hatten ihm eine Operation angeraten, er hatte sich jedoch dazu nicht entschließen können. Zu diesem Patienten wurde ich vor mehreren Jahren als Konsilarius hinzugezogen, weil typische Erscheinungen der Adams-Stokesschen Krankheit aufgetreten waren: permanente Bradykardie mit Anfällen einer extremen Pulsverlangsamung und epileptiformen Zuckungen. In einem dieser Anfälle starb der Patient. Natürlich ist ein Nebeneinanderbestehen der beiden Erkrankungen nicht auszuschließen. Und doch fällt es schwer, in einem derartigen Fall nicht an die schädliche Wirkung von toxischen Ausscheidungsprodukten der kranken Schilddrüse auf das Herz zu denken.

Ein zweiter, mit diesem übereinstimmender Fall, den ich vor einigen Jahren zusammen mit Dr. DE VRIES REILINGH sah, wurde von letzterem veröffentlicht[3]).

Ebenso wie die normale Schilddrüse sich entzünden kann (Thyreoiditis), ist dies auch mit dem Kropf der Fall, und sogar, wie es scheint, in verstärktem Maße[4]).

Auch die bösartigen Geschwülste kommen nach der Erfahrung der Chirurgen „mit Vorliebe in bereits kropfig erkrankten Schilddrüsen zur Entwicklung“[5]). Endlich sei noch erwähnt, daß die einfache Struma in eine gewöhnlich mildere Form von Morbus Basedow übergehen kann (Goitre Basedowifié, P. MARIE).

Aus alledem folgt, daß eine Kropfgeschwulst auf verschiedene Weise zu lebensgefährlichen Erscheinungen Veranlassung geben kann: Beiseitedrängen und Abknicken der Luftröhre, Zusammendrücken der Luftröhre, Stimmbandlähmung

---

[1]) ROMBERG: Lehrbuch der Krankheiten des Herzens und der Blutgefäße. 2. Aufl. S. 181. Stuttgart: Ferd. Enke 1909.

[2]) KRAUS: Wien. klin. Wochenschr. 1899, Nr. 15 und Dtsch. med. Wochenschr. 1906, S. 1889.

[3]) de Vries Reilingh: Nederlandsch tijdschr. v. geneesk. 1915, Teil II, S. 1426. — Auch dieser Patient ist kürzlich gestorben, der Tod trat plötzlich ein.

[4]) EISELSBERG, Frhr. v.: loc. cit. S. 400.

[5]) EISELSBERG, Frhr. v.: loc. cit. S. 404.

mit Verschluß der Stimmritze, Hemmung des venösen Blutumlaufs mit Erweiterung und Lähmung des rechten Herzens, Vergiftung des Herzens, Entzündung (Strumitis), Übergang in Morbus Basedowii, endlich Übergang in eine bösartige Neubildung.

Man kann also die Lebensaussichten eines Kropfkranken durchaus nicht als vollkommen normal ansehen. Jedoch kommen andererseits eine ganze Anzahl von Kropfgeschwülsten vor, die niemals irgendeine Störung verursachen. Andere, besonders große Kröpfe verursachen zwar Kurzatmigkeit, werden aber nichtsdestoweniger lange Jahre hindurch gut vertragen, so daß sie nicht die Schuld eines etwaigen frühen Todes sind. Als Beispiel erwähne ich einen 51jährigen Mann, der seiner Angabe nach stets einen dicken Hals gehabt hat. Nach geringer Anstrengung wird er kurzatmig und auch in der Ruhe ist ein starker Stridor zu hören. Es besteht eine große Kropfgeschwulst, der rechte Lappen ist größer als der linke. Der Halsumfang beträgt 45 cm. Die Trachea ist stark nach rechts verdrängt. Bereits im Jahre 1904 ist Patient deswegen in Behandlung gewesen, die Beschwerden haben seiner Angabe nach in den verflossenen 11 Jahren nicht zugenommen. Eine Untersuchung mit dem Kehlkopfspiegel und die Aufnahme einer Röntgenphotographie lehnt Patient ab, weil er mit einer derartigen Untersuchung die Vorstellung einer operativen Entfernung des Kropfes verbindet, und er von einer solchen nichts wissen will. Diese Beobachtung zeigt, daß eine große Kropfgeschwulst, die schon zu einer beträchtlichen Verdrängung und Atmungsstörungen mit Stridor geführt hat, 11 Jahre lang bestehen kann, ohne daß Erstickungsanfälle auftreten.

Nach all diesen Erwägungen erhebt sich die Frage: was sollen wir raten, wenn jemand mit einer einfachen Struma sich zu einer ärztlichen Begutachtung einfindet? Die Antwort möchten wir in folgendem Sinne formulieren:

In erster Linie muß klargestellt werden, ob die Kropfgeschwulst schon zu einer der genannten Erscheinungen Veranlassung gegeben hat. Man untersuche also, ob Larynx oder Trachea verdrängt oder zusammengedrückt sind. Zu diesem Zwecke empfehlen wir neben einer Kehlkopfspiegeluntersuchung vor allem die Anfertigung einer Röntgenphotographie, die sowohl eine Verdrängung als auch oft ein seitliches Zusammendrücken der Luftröhre ausgezeichnet nachweist. Eine Erkrankung der Nervi recurrentes wird mit Hilfe des Kehlkopfspiegels angezeigt werden. Man achte auf Entzündung und maligne Entartung des Kropfes und besonders auf den Zustand des Herzens.

Ist eine dieser Komplikationen nachzuweisen, so muß der Antragsteller abgewiesen werden, es sei denn, daß er sich zu einer Operation entschließt und sich dann einer nochmaligen Begutachtung unterziehen will. Jedoch würde ich raten, auch nach einer gut geglückten Operation wenigstens 1 Jahr abzuwarten, ob nicht etwa noch Störungen auftreten.

Findet man die obenerwähnten Abweichungen nicht, ist die Größe der Struma gering, so kann der Antragsteller gegen eine mäßige Prämienerhöhung angenommen werden, wenigstens, wenn er erklärt, daß die Geschwulst in den letzten Monaten nicht schnell gewachsen ist, wenn sie nicht retrosternal sitzt oder bei jeder Einatmung nach unten hinter das Mannbrium sterni gezogen wird (goître plongeant). In letzteren Fällen kommt eine Versicherung ebenfalls erst nach einer Operation in Betracht. Dasselbe gilt für große sofort ins Auge fallende Kröpfe. Bei deren Vorhandensein kann nur einige Zeit nach einer gut gelungenen Operation zu einer Versicherung geraten werden.

Nicht weniger schwierig ist die Beurteilung der Lebensaussichten eines an Graves-Basedowscher Krankheit Leidenden. Es steht fest, daß eine ganze Anzahl dieser Patienten, ich glaube die meisten, wenn die Krankheit leicht ist, und außerdem Lebensweise und äußere Umstände günstig sind, sich so bessern, daß man beinahe von Heilung sprechen darf!

Demgegenüber steht, daß bei anderen Patienten — meiner Meinung nach der Minderheit — die Krankheit jahrelang stationär bleibt, oder daß abwechselnd Verschlimmerung und Besserung zu beobachten sind. Nur selten, und dann in sehr schweren Fällen, führt die Krankheit direkt zum Tode. Dies schließt aber nicht aus, daß die Basedowsche Krankheit wiederholt einen sehr ernsten Krankheitszustand hervorruft. Zuweilen findet man eine eigenartige Kachexie mit starker Abmagerung. So befindet sich gerade jetzt[1]) in der Klinik ein 18jähriges Mädchen, das bei der Aufnahme 26 kg wog. Mitunter setzt die Erschöpfung der Herzkraft dem Leben ein Ziel, andere Male entwickelt sich eine schwere Psychose. Aus letzter Bemerkung schließe man nun nicht, daß die Basedowpsychose stets eine ungünstige Prognose hat, das Gegenteil ist richtig. Vereinzelt sieht man als Komplikation einen echten Diabetes, ich beobachtete dies zweimal. Natürlich kann ein solcher Diabetes den Tod zur Folge haben. Auch unstillbares Erbrechen, erschöpfende Diarrhöen, die jeder Behandlung trotzen, können das Leben in Gefahr bringen. Ich möchte nochmals wiederholen, daß man in augenscheinlich besonders schweren Fällen und bei schweren Komplikationen doch noch eine beträchtliche Besserung auftreten sehen kann, wenn sorgfältige Verpflegung und Behandlung stattfinden. Als Beispiel führe ich das oben erwähnte Mädchen an. Bei ihrer Aufnahme wog sie 26 kg und war derart zum Skelett abgemagert und erschöpft, daß man kaum auf Besserung hoffen durfte. Jetzt, nach 4monatiger Pflege in der Klinik beträgt ihr Gewicht 45 kg. Nebenstehende Photographien veranschaulichen deutlich den Unterschied zwischen dem Zustand bei ihrer Aufnahme und dem derzeitigen. Endlich geschieht es, je länger desto häufiger, daß die Erscheinungen die Patienten veranlassen, sich einer Operation zu unterziehen. Wird die Operation in geeigneten und nicht zu weit fortgeschrittenen Fällen vorgenommen, so sind die Resultate nicht selten gut und scheinen noch immer besser zu werden. Meine persönlichen Erfahrungen in dieser Beziehung sind allerding gering, aber diese wenigen sind gut.

Jedoch ist ein chirurgischer Eingriff bei dieser Krankheit, selbst wenn er vom besten Operateur vorgenommen wird, noch immer von einer Mortalität begleitet, die nicht unberücksichtigt gelassen werden darf.

Faßt man alles zusammen, so ist der Schluß berechtigt, daß die Lebensaussichten eines Basedowkranken, der in günstigen äußeren Umständen lebt, weniger ungünstig sind, als man (vielleicht auch in ärztlichen Kreisen) wohl anzunehmen geneigt ist. Sie sind aber unsicher, so daß die Versicherungswissenschaft nicht gut damit Rechnung halten kann. Die vorhandenen Statistiken sind aus zu verschiedenartigem Material zusammengestellt, als daß sie brauchbare Folgerungen erlauben. In bekannten Statistiken der Lebensversicherungsgesellschaften fand ich die Basedowsche Krankheit nicht erwähnt[2]). Hinzu kommt noch, daß die übergroße Mehrzahl der Basedowpatienten Frauen sind. Unter den von SATTLER zusammengestellten 3800 Fällen befanden sich 3200 Frauen. Die Frauen, die in der Jetztzeit eine Lebensversicherung abschließen, sind fast ausschließlich selbständig, und müssen ganz oder teilweise ihren Lebensunterhalt durch eigene Arbeit verdienen. Erkranken sie an Morbus Basedowii, so werden für sie die äußeren Umstände viel weniger günstig sein als für die Patienten, die geraume Zeit ungestört und ausschließlich ihrer Gesundheit leben können. Dieselbe Überlegung findet auch auf die viel weniger häufigen männlichen Basedowpatienten Anwendung.

[1]) D. h. bei Abfassung der ersten Auflage dieses Buches.

[2]) Z. B. nicht in den 7066 Todesfällen der Basler Lebensversicherungs-Gesellschaft 1899.

Alles zusammen genommen, bin ich denn auch der Ansicht, daß ein Kranker mit ausgesprochenen Graves-Basedow-Erscheinungen nicht in eine Lebensversicherung aufgenommen werden kann. Natürlich ist es möglich, ihn zurück-

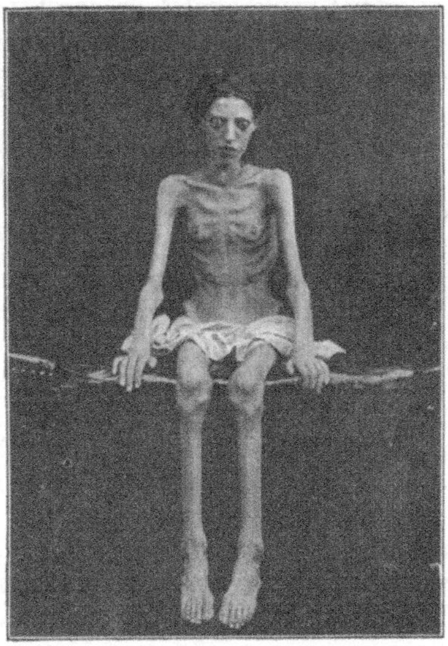

Abb. 47.

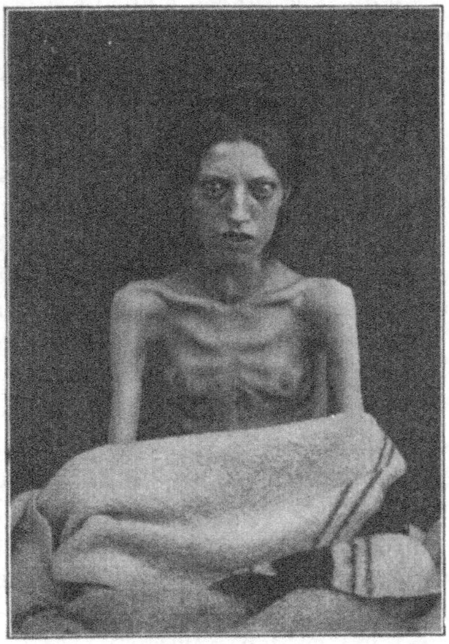

Abb. 48.

A. E. 18 Jahre alt. Ende Februar 1915 (kurz nach der Aufnahme). Morbus Basedow. Gewicht 26 kg.

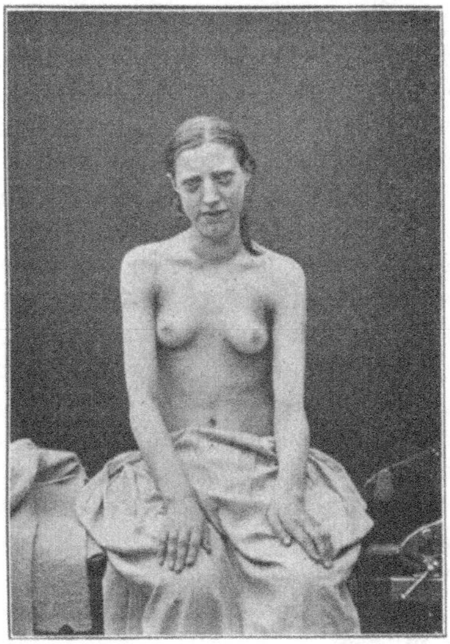

Abb. 49.

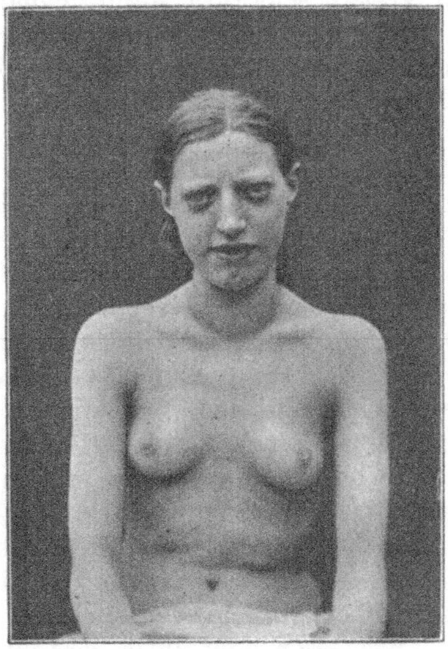

Abb. 50.

Dieselbe Patientin. 15. September 1915. Ernährungszustand sehr gebessert. Gewicht 45 kg. Exophthalmus, Tremor, schneller Puls, starke Schweißausbrüche noch vorhanden, aber viel weniger als früher.

zustellen — aber dann auf lange Zeit — bis daß eine vollkommene oder beträchtliche Besserung eingetreten sein wird.

Diese Regel würde unschwer zu befolgen sein, wenn man nicht in der Praxis eine große Anzahl von unvollständigen Basedowfällen anträfe.

Schon vor Jahren sind diese unvollständigen Krankheitsbilder von CHARCOT unter dem Namen „Formes frustes" beschrieben worden. Später hat STERN versucht, eine schärfere Einteilung aufzustellen. Er unterscheidet zwei Gruppen: 1. Die des „klassischen" Morbus Basedow und 2. die der Formes frustes. In der ersten Gruppe unterscheidet er wieder zwischen den *reinen* und den *degenerativen* Formen. Unter degenerativen Formen versteht er die, bei welchen eine erbliche degenerative Veranlagung zu bemerken ist.

In der zweiten Gruppe unterscheidet STERN das *Kropfherz* und das *Basedowid.* Letztgenanntes Krankheitsbild betrachtet er als ein *Kropfherz*, das auf dem Boden einer degenerativ-neuropathischen Veranlagerung entstanden ist.

Wie sehr auch die Sternsche Auffassung in Aufnahme gekommen ist, so kann ich ihr im ganzen doch nicht zustimmen. Es dünkt mich, daß STERNS Vorschläge zu Irrtümern Veranlassung geben und auf künstlich aufgestellten diagnostischen Verschiedenheiten aufgebaut sind, die der Kritik der nüchternen Beobachtung gegenüber nicht standhalten. Mir scheint außerdem, daß die alte Unterscheidung von „vollständigen" Krankheitsbildern und „Formes frustes", die bei jeder Krankheit gemacht werden kann, auch und in besonderem Maße für den Morbus Basedowii gilt. Das oben erwähnte „Kropfherz" im Sinne von MINNICH und KRAUS wird man meines Erachtens ebenfalls zu den „Formes frustes" des Morbus Basedowii zählen müssen[1]).

Worauf es ankommt, ist die Tatsache, daß nicht selten Fälle vorkommen, die zum Morbus Basedow gerechnet werden müssen, bei denen aber die Erscheinungen so wenig ausgesprochen sind, daß man kaum von einer Krankheit sprechen kann. Die Beurteilung dieser Fälle gestaltet sich sehr schwierig. Wie ihr Verlauf sein wird, kann niemand voraussagen. Jegliche Erfahrung in dieser Hinsicht mangelt, weil diese Menschen sich nicht für krank halten und deshalb nicht in ärztlicher Beobachtung sind. Ein leichter Exophthalmus, in anderen Fällen ein geringer Tremor, ein etwas beschleunigter Puls, seltener eine beschleunigte Atmung, noch häufiger vielleicht eine eigenartige Aufgeregtheit, das eine oder andere neben einer geringen Vergrößerung der Schilddrüse, eine etwas stärker als gewöhnlich vorhandene „Ausfüllung" des Halses — das ist alles, was man findet. Die Aufgeregtheit, die Betriebsamkeit, der Drang, im Hause vieles selbst zu tun und sich dabei möglichst zu beeilen, werden vom Laien gewöhnlich als eine nicht krankhafte Charaktereigenschaft angesehen. Das erfahrene Auge des untersuchenden Arztes erkennt den Zusammenhang mit der leichten Schilddrüsenschwellung. Wie erstaunlich häufig diese letztere bei jungen Mädchen vorkommt, weiß jeder erfahrene Arzt: man braucht junge Frauen mit einem „tiefen Hals" nur anzusehen. Dasselbe fällt uns auf, wenn wir in den Museen die Bilder von jüngeren Frauen betrachten. Wir sprachen darüber schon früher[2]). Die äußerst leichten Fälle stehen auf der Grenze zwischen normal und krank. Feste Regeln sind nicht aufzustellen. Nur die Schwere der wahrgenommenen Symptome kann ein Urteil abgeben lassen, ob derartige Personen angenommen werden können und unter welchen Bedingungen, oder ob sie abgewiesen oder zurückgestellt werden müssen.

---

[1]) Siehe OPPENHEIMER: Lehrbuch der Nervenkrankheiten. 6. Aufl. II. Teil, S. 1812. Berlin: S. Karger 1913.

[2]) S. 142 u. 143.

Gicht.

Unter den Stoffwechselkrankheiten, die für die Beurteilung der Lebensdauer von Bedeutung sind, nimmt die Gicht eine besondere Stelle ein. Damit soll aber nicht gesagt sein, daß diese Krankheit in all ihren Formen lebensgefährlich ist und mit Sicherheit den Tod in ziemlich jungen Jahren vorhersagen läßt. Das sei fern von uns. Schon GARROD hat darauf hingewiesen, daß Gichtkranke oft ein hohes Lebensalter erreichten, und daß die Anfälle mit vorgerücktem Alter seltener und weniger heftig auftreten können. Als Beispiel führt er einen von ihm beobachteten, 84 Jahre alt gewordenen Patienten an, der vor seinem 50. Jahre an Gicht gelitten hatte. Auch ein anderer ausgezeichneter Kenner dieser Stoffwechselkrankheit, Sir WILLIAM ROBERT, betont, daß die Mitglieder von Gichtikerfamilien oft alt werden[1]). Jeder von uns kennt wohl Fälle, die diese Behauptung bestätigen. Ich erinnere mich eines Patienten, der seit langen Jahren an heftigen und typischen Podagraanfällen litt. Nichtsdestoweniger ist er über 70 Jahre alt geworden.

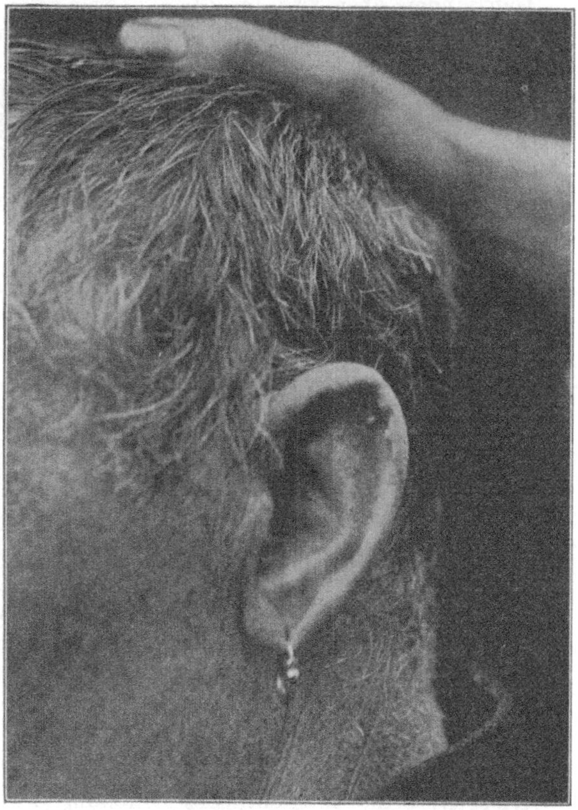

Abb. 51. Tophi an der Ohrmuschel bei Gicht.

Höchst selten kommt es vor, daß ein akuter Anfall das Leben bedroht. So weit mir bekannt, geschieht dies nur bei der sog. „Retrocedent gout“ der englischen Autoren. Darunter versteht man, daß ein Anfall, also eine akute gichtische Gelenkentzündung, plötzlich aufhört oder geringer wird, sei es durch irgendeine unbekannte Ursache, sei es infolge einer starken und unvorsichtigen Abkühlung des Gelenks. Bei einem solch plötzlichen Zurückgehen der lokalen Erkrankung sieht man zuweilen drohende Erscheinungen seitens des Darmkanals, des Herzens oder Gehirns. Unter Leibschmerzen, Erbrechen, Diarrhöe, Kollaps oder Dyspnöe, Schmerzen in der Herzgegend und unregelmäßiger Herztätigkeit kann der Tod eintreten. Oder endlich, der Patient stirbt in einem Zustand von Delirium oder Coma, oder auch an einer Apoplexie.

Solche Fälle von „Retrocedent gout“ — „Nachinnenschlagen“ der Gicht würden wir es nennen müssen — sind außerordentlich selten. Bei einer Be-

[1]) ROBERT, WILLIAM: Gout, in Albutt, a system of medicine by many writers. III. Teil, S. 185. London 1897.

urteilung zum Zwecke einer Lebensversicherung brauchen wir sie kaum zu berücksichtigen. Solange die Krankheit ihren typischen Charakter der regelmäßigen Gicht behält, solange also nicht zu schnell aufeinander folgende, auf die Gelenke beschränkte Anfälle auftreten, kann die Lebensprognose günstig genannt werden. Selbst wenn infolge der wiederholten Entzündungen und der Depots von Harnsäure starke Difformitäten an den Gelenken entstanden sind, kann der Kranke ein normales Alter erreichen, wie sehr er auch von den wiederholten Schmerzanfällen und den Beschwerden seitens der verunstalteten Gelenke gequält wird.

Ganz anders aber wird der Zustand, wenn die inneren Organe, d. h. auf der einen Seite Herz und Schlagadern, auf der anderen die Nieren, von dem Krank-

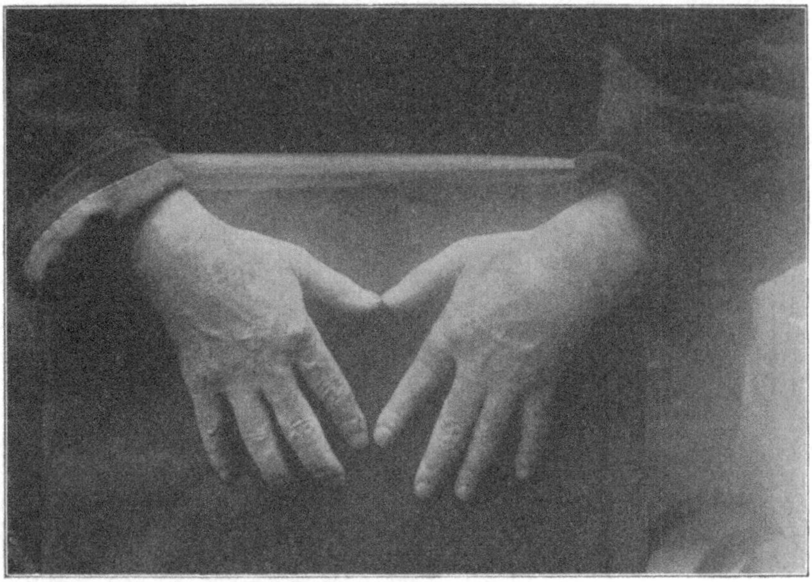

Abb. 52. Tophi an den Händen bei Gicht.

heitsprozeß ergriffen sind. Gewöhnlich spricht man in diesen Fällen von „visceraler" Gicht. Sehr häufig entwickelt sich bei chronischer Gicht eine starke Arteriosklerose mit beträchtlicher Erhöhung des Blutdrucks. Das linke Herz wird hypertrophisch, zu einer bestimmten Zeit kann es zu einer Dilatation kommen mit Herzklopfen und unregelmäßiger Tätigkeit als Folgen, evtl. zu einer starken Dekompensation.

Gewöhnlich entwickelt sich manchmal früher, manchmal gleichzeitig eine chronische interstitielle Nephritis. Die Gichtniere ist von anderen Formen der Schrumpfniere nicht zu unterscheiden. Die meisten Gichtkranken sterben an Urämie. Es ist nicht sicher, ob die viscerale Gicht primär, d. h. also ohne vorhergegangene Gelenkerkrankung entstehen kann, wie es Ebstein für seine primäre Nierengicht behauptet hat.

Es müssen noch einige Worte über die Diagnose der Gicht hinzugefügt werden. In den meisten Fällen ist die Erkennung der Krankheit leicht, wenn man Gelegenheit hatte, einen akuten Anfall zu beobachten, oder der Patient die Anfälle gut zu beschreiben weiß. Das Auffinden von Tophi wird dann Sicherheit verschaffen.

Wenn man es dagegen mit einem Anfall von chronischer Gicht zu tun hat, bei der nur über ab und zu auftretende, undeutliche Gelenkanfälle gesprochen wird, kann die Diagnose sehr schwer sein, besonders wenn es nicht gelingt, Tophi aufzufinden.

Selbst der beste Kenner dieser Krankheit wird durch die Betrachtung der kranken Gelenke allein nicht immer die Diagnose zwischen Gicht und Arthritis deformans oder chronischem Gelenkrheuma stellen können. Die Röntgenphotographie kann für die Diagnose der gichtischen Natur einer Gelenkerkrankung von Nutzen sein, wird aber in Zweifelsfällen nicht immer Sicherheit verleihen. Urinuntersuchung und Bestimmung des Harnsäuregehaltes im Blute müssen hier unbesprochen bleiben. Abgesehen davon, daß sie außerhalb der Aufgabe einer ärztlichen Untersuchung zum Zwecke einer Lebensversicherung liegen, können auch diese zeitraubenden und schwierigen chemischen Analysen nur unter den strengen Bedingungen einer Stoffwechseluntersuchung Klarheit verschaffen. Es besteht kein Zweifel darüber, daß Fälle von chronischer Gicht infolge der Schwierigkeiten der Diagnose verkannt und mit sog. chronischen Gelenkrheuma verwechselt werden.

Alles, was wir bei einer Begutachtungsuntersuchung tun können, ist, bei Menschen, die über akute Exacerbationen des Gelenkleidens mit keinem oder geringem Fieber berichten, gut auf Zeichen von Gicht zu achten. Man forsche nach Tophi an der Ohrmuschel und Harnsäuredepots in der Umgebung der erkrankten Gelenke. Man wird die kleinen fibrösen Knötchen und die kleinen Cysten, die man bei einer ganzen Anzahl von Menschen am Rande der Ohrmuschel findet, nicht mit Tophi verwechseln. Kleine subcutane Tophi können den fibrösen Knötchen gleichen, die man zuweilen bei rheumatischen Gelenkerkrankungen antrifft. Diese letzteren (die „nodosités de MEYNET“ der französischen Autoren) bestehen gewöhnlich nur kurze Zeit. Einmal war ich gezwungen, ein derartiges Knötchen zum Zwecke der Diagnose exstirpieren zu lassen. Mikroskopische Untersuchung des breiartigen Inhaltes, der aus Natriumurat bestand, brachte Gewißheit. Diese Untersuchungsmethode, Excision und mikroskopische Betrachtung, die auch FUTCHER[1]) für zweifelhafte Fälle empfiehlt, ist in der gewöhnlichen Praxis von großem Wert. Jedoch kommt sie wiederum für eine Untersuchung zwecks Begutachtung nicht in Betracht.

Eine genaue Anamnese mit Bezug auf Beruf, Lebensweise und Heredität kann oft von größtem Werte sein. Man denke daran, daß die chronische Bleivergiftung den Boden für die Entwicklung einer Gicht bereitet.

Noch schwieriger ist die Diagnose der „irregulären Gicht“. Mit dieser Bezeichnung belegt man allerlei sehr verschiedenartige und vage Erscheinungen, die bei Kranken mit chronischer Gicht im Intervall zwischen den — dann oft atypischen — Anfällen auftreten, oder auch wohl bei Personen, die niemals an Gichtanfällen gelitten haben, und an deren Gelenken keine urischen Symptome zu beobachten sind, in deren Familie aber Gicht vorkommt. Als solche Erscheinungen werden bezeichnet: allerlei Hautausschläge, Veränderungen an den Nägeln, Augenerkrankungen, Kopfschmerz, Neuralgien und Neuritis, Herzklopfen und Unregelmäßigkeiten des Pulses, auch wohl asthmaartige Anfälle. Vor allem ist dann die eigentliche Gichtnatur schwer zu beweisen, wenn nebenher keine typische Gelenkgicht besteht. Untersuchung des Harns und des Blutes auf Harnsäuregehalt ist in solchen Fällen notwendig. Der Lebensversicherungsarzt wird den möglichen Zusammenhang zwischen solchen Erscheinungen und Gicht nicht übersehen dürfen. Sogar der Antrag einer Person, die zwar zur Zeit

[1]) FUTCHER, TH. B.: Gout. In OSLER and MC CREA: A system of medicine. I. Teil, S. 834. London 1907.

der Untersuchung gesund ist, aber einer Gichtikerfamilie angehört, wird nicht ohne ernstliche Überlegung angenommen werden können. Die Erblichkeit spielt namentlich in der Geschichte der Gicht eine besonders große Rolle.

Nach SCUDAMORE befanden sich unter 523 Gichtkranken 309, d. i. 59%, deren Eltern oder Großeltern an derselben Krankheit gelitten hatten. Es hat den Anschein, als ob die Erblichkeit sich mehr bei den Gichtkranken der besseren Klasse als bei den der weniger begüterten geltend macht, wenn letztere daran erkranken. So fand GARROD die Anlage für Gicht in 50% seiner Krankenhauspatienten vererbt, er schätzt sie aber auf 75% in seiner Privatpraxis. Nach TH. B. FUTCHER sollen Frauen, obschon sie nur selten selber an Gicht erkranken, doch die Krankheit in höherem Maße als Männer den Nachkommen überliefern. Ein Enkelkind soll Gicht von einem gichtischen Großvater durch eine Mutter ererben können, die selber niemals ein deutliches Symptom der Krankheit gezeigt hat[1]). Man würde hier also einer ähnlichen Erscheinung, wenn auch weniger stark ausgesprochen, gegenüberstehen wie bei der Hämophilie. Nach demselben Autor würde auch eine durch äußere Ursachen erworbene Gicht auf die Nachkommen übergehen können. Eine Beobachtung, der, wenn sie sich als richtig herausstellte, vom allgemein biologischen Standpunkt aus betrachtet, eine große Bedeutung zuerkannt werden müßte.

Wir haben bereits an anderer Stelle gesehen, daß die Gicht einen Teil der arthritischen Konstitution ausmacht. Daraus folgt, daß jemand aus einer Gichtikerfamilie nicht nur mehr als andere Menschen der Gefahr ausgesetzt ist, selber an Gicht zu erkranken, es liegt auch die größere Wahrscheinlichkeit vor, daß sich eine der vielen Erscheinungen des Arthritismus bei ihm entwickelt. Es scheint, daß die Gichterblichkeit noch mehr als zu akuten, echten Anfällen Veranlassung zu geben, die Neigung besitzt als irreguläre Gicht zum Vorschein zu kommen, unter dem Bild der Dyspepsie, Hauterkrankungen, degenerativen Veränderungen in Herz, Gefäßen und Nieren. Die Anzeichen der vererbten Gicht sollen nach einigen Autoren zumeist vor dem 35. Lebensjahre offenkundig werden, während bei erworbener Gicht der erste Anfall gewöhnlich später auftreten solle.

Jedenfalls wird man gut daran tun, Personen, deren Vater oder Großvater an Gicht litten, doppelt sorgsam hinsichtlich des Zustandes ihres Herzens, ihrer Nieren und Blutgefäße zu untersuchen. Ein besonders schweres Körpergewicht wird bei ihnen von erhöhter Bedeutung sein. Man berücksichtige bei ihnen mehr noch als bei anderen Personen den Beruf und die Lebensweise.

Besteht eine erhebliche Heredität, so kann dies, selbst wenn der Antragsteller an sich keinerlei Anzeichen aufweist, doch als Grund angesehen werden, die Bedingungen zu erschweren. Im Hinblick darauf, daß die Gefahren von seiten des Herzens und der Nieren vor allem nach dem 50. Lebensjahre drohen, würde ich in letzterem Falle zu einer Versicherung ohne Prämienerhöhung, aber nur bis zum 50. oder 55. Lebensjahre raten.

In Amerika werden die mit der Annahme von Personen, die aus Gichtikerfamilien stammen, verbundenen Gefahren besonders hoch eingeschätzt. Man läßt sich dabei von den seitens einiger großen Gesellschaften gemachten Ergebnissen leiten. So teilt die Mutual Life Insurance Company in Neu York mit, daß bis Ende des Jahres 1887 von den 30 000 durch sie abgegebenen Policen nur 58 an 48 Personen bewilligt waren, in deren Familiengeschichte eine Heredität für Gicht bestand. Diese Fälle waren nach den durch den Chefarzt Dr. MARSH aufgestellten Grundsätzen sorgfältig ausgesucht worden und wurden als Ausnahme-

---

[1]) Alle Ausführungen nach FUTCHER: l. c. S. 809.

fälle angesehen, die mit Sicherheit für eine Lebensversicherung angenommen werden durften. Nichtsdestoweniger stellte es sich heraus, daß sie für die Gesellschaft ein sehr ungünstiges Risiko abgaben, nämlich 4 mal ungünstiger als normal. Die direkte Todesursache in diesen Fällen war: Gicht, Herzleiden, Brightsche Krankheit, Pneumonie und einmal Leberschwellung. Man wird die Frage aufwerfen, ob diese letzten beiden Todesursachen wohl mit der gichtischen Konstitution in Zusammenhang gebracht werden dürfen. In zwei Dritteln der Fälle mit tödlichem Ausgang war aber der Tod gerade durch die Krankheiten verursacht, zu denen die Gicht absolut sicher die Veranlassung gegeben hatte.

Mit Nachdruck sei hier darauf hingewiesen, daß unter Gicht zu verstehen ist die *echte* Gicht, die Stoffwechselkrankheit, bei der der Harnsäurehaushalt gestört ist. Man bedenke, daß das Publikum gewohnt ist, als Gicht allerlei Fälle von chronischem Rheuma zu bezeichnen, welche mit Gicht nichts zu tun haben.

Tritt der Fall ein, daß jemand angibt, selber an Gichtanfällen gelitten zu haben, so gelten die gleichen Überlegungen.

Die englischen und amerikanischen Autoren sind darin einig, daß für alle Personen, welche an Gichtanfällen auch leichterer Art gelitten haben, eine Prämienerhöhung für mindestens 5 Jahre notwendig ist.

Man nimmt an, daß unregelmäßige unklare Formen von Gicht gefährlicher, und was ihre Prognose betrifft, schwieriger zu beurteilen sind, als die reguläre Gicht mit ihren klassischen Anfällen. Daß die letztere Form durchaus nicht in der Regel einen frühzeitigen Tod herbeiführt, wurde oben bereits ausdrücklich erwähnt.

Für die Prognose bezüglich der Lebensdauer eines Gichtkranken muß man verschiedene Faktoren berücksichtigen.

Je früher die Gicht zum Ausbruch gekommen ist, desto größere Gefahr laufen Herz und Nieren, desto schlechter ist die Prognose. Bei Personen, die vor ihrem 30. Lebensjahre Zeichen von Gicht aufwiesen, sei man sehr vorsichtig.

Ein ungünstiger Einfluß wird der hereditären Belastung zugeschrieben. Günstig wird die Beurteilung dagegen sein können, wenn reguläre Anfälle, leicht und wenig an Zahl, auftreten, und wenn der letzte Anfall schon jahrelang zurückliegt.

Das Vorhandensein von Nieren- oder Blasensteinen macht die Prognose schlechter.

Nach der englischen Auffassung können keine Personen versichert werden, die neben ihren Gichtleiden auch Zucker im Urin aufweisen, oder bei welchen man annehmen muß, daß sie an Beschwerden von Angina pectoris leiden oder litten, wenn diese auch noch so leicht sind und sich auf ein scheinbar unbedeutendes Druckgefühl auf das Sternum beschränken.

Von der größten Bedeutung ist bei diesen Antragstellern der Beruf, die Lebensweise und ihre Willenskraft, um erforderliche Vorschriften bezüglich ihrer Ernährung und Lebensweise zu befolgen. In diesen Fällen muß man mehr denn je individualisieren.

Es darf nicht verschwiegen werden, daß im Gegensatz zu den hier wiedergegebenen englischen und amerikanischen Auffassungen, die deutschen der Gicht eine viel geringere Bedeutung zuschreiben. Sehr deutlich lassen sich hierüber KARUP und GOLLMER aus[1]).

Nach ihrer Statistik betrug die Sterblichkeit an Gicht nur 0,1%. Es ist aber schwierig, diese Statistik mit der englischen zu vergleichen, weil sie nach „Todesursachen" zusammengestellt ist. Wann wird aber Gicht als Todesursache

[1]) KARUP und GOLLMER: Aus der Praxis der Gothaer Lebensversicherungsbank, S. 115.

angegeben? In wieviel Fällen, die als Herzlähmung, Nephritis, Apoplexie aufgeführt sind, lag Gicht der Erkrankung des Herzens, der Nieren, des Gehirns zugrunde? Die Engländer und Amerikaner haben dagegen — wenn ich es recht verstehe — untersucht, in welchem Alter, an welcher Krankheit die Personen starben, die beim Abschluß der Versicherung, sei es an Gicht litten oder gelitten hatten, sei es aus einer Gichtikerfamilie stammten. Diese Art des Vorgehens scheint mir die einzig rationelle.

Fettsucht.

Die Fettsucht und ihr Vorstadium, die Korpulenz, ist eine Krankheit, die der Lebensversicherung mancherlei Nachteile und dem Vertrauensarzt viel Last und Unannehmlichkeiten bringt. Denn ein schwerer, stattlicher Mann betrachtet sich selbst als kerngesund, seine Umgebung teilt gewöhnlich diese Ansicht, und selbst der begutachtende Arzt hat oft den Eindruck einer blühenden Gesundheit. Wenn dann der Vertrauensarzt der Lebensversicherung, der nur die Zahlen des Körpergewichts und Bauchumfangs liest, nicht so günstig über den Zustand denkt und Bedenken gegen eine langdauernde Versicherung äußert, folgen oft entrüstete Briefe.

Nicht immer mit Unrecht. Denn, wenn auch Körpergewicht und Bauchumfang zwei sehr gewichtige Symptome der Korpulenz sind, so wird doch der Zustand nicht absolut von diesen Faktoren beherrscht.

Ein schwerer Mann ist nicht immer ein fetter Mann. Das Fett hat das niedrigste spezifische Gewicht von allen Körperbestandteilen (0,97), die Knochen das größte (1,5), so daß die Knochen viel zum Körpergewicht beitragen. Es ist also wichtig, sich einen Eindruck von der Art des Skeletts zu verschaffen. FLESCH[1]) rät zu dem Zwecke an, den Umfang des Handgelenks zu messen, weil an dieser Stelle die Fett- und Muskellage gering sind, und man also einen ziemlich einwandfreien Eindruck von der Dicke der Knochen erhält. Er fand bei grazilen Personen 15—16 cm, bei schwer gebauten 16—20 cm[2]).

Auch die Muskelentwicklung ist natürlich von Bedeutung. VAN DER HEIDEN[3]) stellt zur Erwägung, für diesen Zweck den Unterschied im Umfang des Bicepsmuskels in kontrahierten und erschlafften Zustand als Maß zu nehmen.

Diese Verhältnisse mahnen zur Vorsicht bei der Vergleichung des gefundenen Gewichtes mit dem normalen (s. S. 219 u. 220).

Noch wichtiger ist das Maß des Bauchumfanges und sein Verhältnis zur Körperlänge und zum Brustumfang (s. S. 224 u. 225). Durch dieses Maß erhält man einen richtigeren Begriff von der Fettablagerung. Ein direktes Maß der subcutanen Fettlage kann man noch dadurch erhalten, daß man eine Falte der Bauchwand mit dem Meßzirkel mißt. OEDER[4]) fand dafür als Durchschnitt von 1920 Messungen bei normalen Personen 2,75 cm.

Auf Grund solcher Berechnungen erhält man aber nur die Maße der Fettablagerung besonders im subcutanen Bindegewebe, die an sich nicht direkt als gesundheitsschädlich anzusehen ist.

Zur Beurteilung aber eines Falles von Fettsucht und der damit verbundenen Lebensaussichten muß vor allem auf den Allgemeinzustand geachtet werden. In erster Linie auf das allgemeine Vorkommen. KISCH[5]) unterscheidet die erworbene von der konstitutionellen Fettsucht, was ungefähr mit der plethorischen

[1]) Zitiert nach v. D. HEIDEN: De beteekenis van het overmatig lichaamsgewicht voor de levensverzekering. Jaarb. v. de levensverzekering 1912.

[2]) Bemerkenswert ist, daß CHAMBERS (On corpulence) bei 24 korpulenten Personen, bei denen er Daten bezüglich des Skeletts erhalten konnte, 18 mal ein graziles Knochensystem konstatieren konnte.

[3]) l. c. [4]) Zitiert nach v. D. HEIDEN: l. c. [5]) Dtsch. med. Wochenschr. 1904, Nr. 7.

und anämischen Form von IMMERMANN übereinstimmt. Bei ersterer findet man ein stattliches Äußere, blühendes, zuweilen etwas gerötetes Gesicht, das Fettgewebe fühlt sich fest an, die Muskulatur ist kräftig, der Hämoglobingehalt des Blutes und die Erythrocyten sind vermehrt. Der Puls ist voll, kräftig, oft ein wenig frequent, der Blutdruck etwas erhöht. Die zweite Kategorie zeigt ein blasses Äußere, das Gesicht ist etwas gedunsen, das Fett schlaff, die Muskelkraft gering, die Zahl der Erythrocyten und der Hämoglobingehalt vermindert. Der Blutdruck ist nicht erhöht, der Puls klein, die Frequenz beträgt selbst in Ruhe 80 oder mehr Schläge.

Die Personen der ersten Gruppe fühlen sich gesund, sind heiter und genießen das Leben mit all seinen Freuden, die der zweiten Gruppe dagegen sind ernergielos, ermüden schnell, werden kurzatmig, leiden unter Herzklopfen und Schwächezuständen, kommen bald in Schweiß. Ihr Appetit liegt darnieder, kurzum das Leben ist ihnen eine Last und kein Vergnügen.

Diesen beiden Typen der Fettsucht liegt auch in der Regel eine verschiedene Ursache zugrunde. Die plethorische Type findet man vor allem bei Männern, die tüchtige Esser und auch einem guten Trunk nicht abhold sind. Die anämische Form sieht man meist bei Frauen auftreten, zuweilen nach Überstehen einer schweren Krankheit, zuweilen ohne daß eine erkennbare Ursache dafür zu finden ist. Oft ist hier auch Heredität im Spiel.

Mischformen dieser beiden Typen der Fettsucht kommen auch vor, Individuen, die zwar kräftig aussehen und sich nicht krank fühlen, bei denen aber doch ein leichter Grad von Anämie nicht zu verkennen ist.

Ebensowenig wie man klinisch diese beiden Hauptformen scharf auseinanderhalten kann, ebensowenig kann man dies auch in ätiologischer Hinsicht. Es ist nicht angängig, die Fettsucht auf ein einfaches Rechenexempel zurückzuführen: es ißt und trinkt jemand zuviel, der Stoffwechselumsatz bleibt aber per kg Körpergewicht derselbe, also bleibt die überschüssige Nahrung im Körper, und zwar in Form von Fett zurück. In der Theorie ist dies hinsichtlich der Fette und Kohlehydrate sicher, hinsichtlich des Eiweiß wahrscheinlich, in der Wirklichkeit aber kommen andere Faktoren hinzu. Sonst würden wohl etwas mehr dicke Menschen herumlaufen. Eine regulierende Wirkung üben die Eßlust und das Sättigungsgefühl, besonders aber die Bewegung aus. Auf die Dauer kann man aber durch „Übung" sowohl die Eßlust als auch das Sättigungsgefühl auf eine zu große Nahrungsmenge einstellen. Ist das Individuum dann nicht lebhaft, sondern von mehr phlegmatischem Charakter, so wird leicht mit Fortschreiten der Jahre und durch die sich entwickelnde Korpulenz der Bewegungsdrang beschränkt werden, und so die Fettsucht entstehen. Man kann dann von einer exogenen Fettsucht sprechen.

Jedoch sieht man auch, daß manche Menschen viel essen und, ohne sich viel Bewegung zu machen, doch nicht dick werden. Umgekehrt trifft es auch zu, daß andere, die verhältnismäßig wenig Nahrung zu sich nehmen, trotzdem dick werden. Schränkt man bei solchen Leuten die Nahrungsmenge ein, oder läßt man sie reichlich Bewegung machen, so werden sie nicht viel magerer, sondern schwächer und schlapper. v. BERGMANN[1]) hat darauf hingewiesen, daß man in solchen Fällen einen weniger intensiven Stoffwechsel findet als bei normalen Personen. Man hat indessen diesen verzögerten Stoffwechsel auch bei Personen, die nicht an Fettsucht leiden, beobachtet (bei Inanitionszuständen, bei stuporösen Geisteskranken, auch wohl bei normalen Individuen — LÖWY und HIRSCHFELD, GRÄFE).

---

[1]) Dtsch. med. Wochenschr. 1909, S. 611.

Aus alledem geht hervor, daß beim Stoffwechsel noch ein Faktor wirksam ist, der das Körpergewicht regelt, ein Faktor, der wohl auf dem Gebiet der „inneren Sekretion“ gesucht werden muß, wobei man der Tätigkeit der Schilddrüse eine überragende Bedeutung zumißt. Die Bedeutung der Schilddrüse für den Stoffwechsel ist bekannt. Bei Basedowkranken ist der Stoffwechselumsatz oft das Doppelte des normalen, und ebenso verursachen Dosen von Schilddrüsensubstanz eine Zunahme des Stoffwechsels. Aber nicht allein die Schilddrüse, auch andere Organe mit innerer Sekretion üben auf die Fettbildung Einfluß aus. Besonders bei der Hypophysis cerebri und den Geschlechtsorganen tritt dies deutlich in Erscheinung. Bei den Formen der Fettsucht, die durch eine mangelhafte Tätigkeit dieser Organe verursacht werden, helfen diätetische Maßregeln ebensowenig wie beim Myxödem. Man hat in diesen Fällen wohl von einer „lipogenen“ Neigung des Unterhautzellgewebes gesprochen und dann eine Analogie gesucht zwischen dieser diffusen, zuweilen aber auf bestimmte Körperteile beschränkten, Fettsucht und Lipomen, die auch hartnäckig ihr Fett behalten, wenn auch der übrige Körper abmagert. Das Krankheitsbild der Dercumschen Krankheit unterstützt diese Auffassung in gewissem Sinne. Auch die konstitutionelle Fettsucht würde dann einer derartigen allgemeinen Veränderung des Unterhautzellgewebes zugeschrieben werden müssen. Unter der konstitutionellen Fettsucht würde eine Fettsucht zu verstehen sein, die nicht durch zu reichliche Nahrungsaufnahme oder zu wenig Bewegung erschöpfend erklärt werden könnte.

Es ist oft aber äußerst schwierig, festzustellen, ob man es mit einer bestimmten Konstitutionsanomalie zu tun hat. Wenn man von Konstitution spricht, wird man sofort an Vererbung denken, und es ist eine bekannte Tatsache, daß Fettsucht in vielen Familien erblich ist. Oft wird sich aber herausstellen, daß die Fettsucht als solche nicht primär ist, sondern sekundär auf anderen Familieneigentümlichkeiten (starkes Essen und Trinken, phlegmatisches Temperament) beruht.

Ebenso verhält es sich mit der Rassenangehörigkeit, die auch auf die Konstitution von Einfluß zu sein pflegt. Es wird behauptet, daß man bei den Juden häufig Fettsucht antrifft. Es ist aber nicht klar, ob dies die Folge einer Konstitutionseigentümlichkeit oder der Neigung zu vielem und süßem Essen ist. v. Noorden[1]) fand bei den Frauen der jüdischen Rasse oft Symptome einer mangelhaften Schilddrüsentätigkeit und glaubt, daß also in der Tat eine Rasseeigenschaft im Spiele ist.

Dieselbe Schwierigkeit verursacht auch das häufige Zusammentreffen der Fettsucht mit Gicht oder Diabetes bei ein und derselben Person oder in derselben Familie. Man kann hier eine Konstitutionsanomalie annehmen (die sog. arthritische Diathese), aber es wird wenigstens bezüglich der Gicht, als gemeinsamer Boden häufig die zu reichliche Ernährung nachzuweisen sein.

Bei der Beurteilung eines bestimmten Falles von Fettsucht bedenke man, daß nicht so sehr die Fettsucht selbst, sondern ihre schädlichen Folgen eine Gefahr für bestimmte Organe hervorrufen. Dies sind vor allem die Blutkreislauforgane und die Lungen.

Herz und Blutgefäße sind die schwachen Punkte der korpulenten Menschen. Bei der plethorischen Type mit ihrem gespannten, zuweilen verlangsamten Puls und ihrem etwas erhöhten Blutdruck kann man eine leichte Hypertrophie des linken Herzens finden, die schließlich in Dekompensation übergehen kann. Die sog. anämische Type mit weichem frequenten Puls und niedrigem Blutdruck

---

[1]) Die Fettsucht, S. 64. 1910.

weist dagegen eher eine allgemeine Dilatation des Herzens auf. Im ersten Falle hört man an Herzspitze und -basis laute Herztöne (zuweilen ist der 2. Aortenton klingend), im zweiten Falle sind die Herztöne schwach.

Arteriosklerose tritt häufig frühzeitig auf und gibt eine schlechte Prognose.

Von seiten der Atmungsorgane ist oft eine geringe Kurzatmigkeit nach Anstrengungen (Treppenlaufen usw.), „Dyspnée d'effort", zu beobachten, die auf ungenügende Herztätigkeit hinweist und durch chronische Bronchitis und Emphysem vermehrt wird. Eine geringe Verschieblichkeit der Lungen (weniger als 2 cm) und ein schlechtes Ausdehnungsvermögen des Brustkorbes (weniger als 4 cm) verstärken den schlechten Eindruck.

Von Bedeutung ist natürlich auch die Urinuntersuchung. Der Urin ist meistens konzentriert. Ist das spezifische Gewicht über 1020, enthält der Harn Spuren von Eiweiß, so ist dies bereits ein Symptom für eine mangelhafte Herztätigkeit. Natürlich kann auch, im Zusammenhang mit der Neigung zur Arteriosklerose eine Schrumpfniere auftreten. Man denke ferner an das zuweilen gleichzeitige Auftreten von Fettsucht und Diabetes.

Muß man über einen korpulenten Menschen ein Urteil abgeben, dessen Fettsucht bereits schädigend auf die Organe eingewirkt hat, und der also die oben erwähnten Erscheinungen aufweist (schlechte Herztätigkeit, Herzdilatation, chronische Bronchitis, Albuminurie), so wird man gut tun, die Ablehnung einer Lebensversicherung anzuraten oder höchstens auf sehr kurze Dauer (z. B. auf 10 Jahre) mit erheblicher Prämienerhöhung abzuschließen.

Anders verhält es sich, wenn die Organe noch keine Änderungen aufweisen. Aber auch dann geben solche korpulente Menschen kein normales Risiko.

Moses[1]) berechnete, daß die Versicherten bei der „Victoria" ein durchschnittliches Alter von 50 Jahren und 1 Monat erreichten, bei den Korpulenten waren es 47 Jahre und 10 Monate. Als „korpulent" ist jemand anzusehen, dessen Körpergewicht 10 kg über das Normalgewicht nach Broca betrug (Anzahl Zentimeter über 1 Meter) oder dessen Bauchumfang mehr als sechs Zehntel der Körperlänge betrug oder den Bauchumfang übertraf. Bei Anwendung der ersten Regel erhält man die leichten Fälle von Korpulenz. Florschütz[2]) berechnete, daß die Sterblichkeit der Korpulenten bei der Gotha 26% über die normale betrug (auch wieder ausgesuchte Fälle). Überdies stellte er fest, daß die größere Sterblichkeit nicht erst im späteren Alter deutlich zutage trat, sondern in jeder Lebensaltersgruppe vorhanden war. Dies steht etwas im Gegensatz zu der allgemeinen Auffassung, daß die Gefahren der Korpulenz erst in mittlerem Alter, ungefähr um das 50. Jahr auftreten. Auch auf der Tabelle S. 223 kann man den schlechten Einfluß der Korpulenz auf die Lebensaussichten sehen, und in der letzten Tabelle sieht man die aus der klinischen Beobachtung geschöpfte Erfahrung bestätigt, daß besonders von seiten der Kreislauforgane dem korpulenten Menschen Gefahr droht. Auch Nieren-, Leberleiden und Diabetes haben bei der Korpulenz eine erhöhte Mortalität.

Es ergibt sich also, daß ein Korpulenter ein gefährliches Risiko ist. Deswegen kann man jedoch nicht alle Korpulenten abweisen. In einem Lande, wie Holland, ist ein gewisses Maß von „Beleibtheit" die normale Erscheinung für den „gesetzten" Bürger, der die Jugend hinter sich hat. Denn hier gilt der Sport nur auf einem Gebiet, das der Jugend reserviert ist und welches von älteren Herren nur mit der Gefahr betreten werden kann, daß sie sich einem leichten Spott aussetzen; außerdem ist es dann mehr eine therapeutische als eine prophylaktische

[1]) Nach Richter: Bericht über die Korpulenz auf dem Kongreß für Versicherungsärzte zu Berlin 1906.

[2]) Allgemeine Versicherungsmedizin, S. 40. 1914.

Maßregel. Diesen Bürgern, den Stützpfeilern der Gesellschaft, den Zugang zu einer Lebensversicherung zu verweigern oder zu erschweren, kann sicher nicht gewünscht erscheinen. Man wird also individualisieren und achten müssen:

a) Auf den Allgemeinzustand. Der starke, kräftig gebaute Mann mit gesunder Gesichtsfarbe (die plethorische Type von IMMERMANN) hat bessere Lebensaussichten als das schlaffe, blasse, gedunsene Individuum, welches sich wenig Bewegung macht, weil es sich sofort ermüdet fühlt (anämische Type).

b) Auf die Heredität. In diesem Punkte laufen die Ansichten etwas auseinander. KISCH, der vor allem bei der anämischen Type häufig den hereditären Faktor antraf, betrachtet also die familiäre Anlage als ein ungünstiges Moment. NORTON[1]) und VON NOORDEN sehen dagegen in ihr etwas günstiges. BRUGSCH[2]) fand die stärksten Grade der Fettsucht bei hereditärer Anlage und Überfütterung. Auch hier wird man individualisieren müssen und annehmen können, daß, wenn in einer Familie viele korpulente Personen vorkommen, die aber trotz ihrer Korpulenz kräftig bleiben und alt werden, man es mit einer gutartigen Form zu tun hat. Kommen dagegen in einer Familie viele Fälle von Gicht, Zuckerkrankheit oder frühem Tod vor, dann muß die Beurteilung viel strenger ausfallen.

c) Auf die Lebensweise. Starker Alkoholgebrauch übt einen schlechten Einfluß aus. Deutlich ist dies bei den sog. Alkoholberufen. In derartigen Fällen, wo also der Antragsteller Hotelbesitzer oder Schankwirt ist, sei man sehr vorsichtig.

d) Auf das Alter. Nach BRUGSCH[3]) ist der Beginn einer starken Fettsucht bereits im 3. Dezennium zu bemerken. Wenn im 4. Dezennium noch keine Anzeichen einer starken Korpulenz vorliegen, bleibt in der Regel eine Zunahme des Körpergewichtes aus.

Zusammenfassend kann man somit folgende Regeln für die Handlungsweise aufstellen:

a) Personen mit typischer Fettsucht, also Organveränderungen, speziell des Herzens und der Lunge, können höchstens auf eine kurze Dauer (z. B. 10 bis 15 Jahre) mit erheblicher Prämienerhöhung versichert werden.

b) Korpulente Personen ohne Organveränderungen, bei denen aber die allgemeinen Umstände nicht günstig sind (z. B. Alkoholberuf, Alter unter 30 Jahren, schlechte Familiengeschichte), oder welche die anämische Type aufweisen (frequenter, schlaffer Puls!) nehme man nur in eine Versicherung bis zum 50. Lebensjahre und mit mäßiger Prämienerhöhung.

c) Korpulente Personen über 30 Jahre, von kräftigem Körperbau und in günstigem Allgemeinzustande, können unter normalen Bedingungen für eine gemischte Versicherung, am besten bis zum 50., höchstens bis zum 60. Lebensjahre, angenommen werden. Wünschen sie eine Versicherung auf längere Dauer, so ist Prämienerhöhung erforderlich.

Ich bin mir bewußt, daß diese letzte Bestimmung im Gegensatz zu den Erfahrungen der „Gotha" steht, die FLORSCHÜTZ veröffentlicht hat, und die von den Erfahrungen der „Leipziger" (HÖCHNER) gestützt wird. Aber die allgemeine klinische Erfahrung steht so im Gegensatz zu ihrer Auffassung, daß ich obenstehende Handlungsweise wohl anraten dürfte, bis sich herausstellt, daß in der Tat auch bei Verteilung der verschiedenen Risiken in dieser Weise noch immer für das jüngere Lebensalter eine zu hohe Sterblichkeit besteht.

Der Vollständigkeit halber müssen hier noch einige typische Formen der endogenen Fettsucht angeführt werden.

---

[1]) NORTON: Bericht auf dem Kongreß von Versicherungsärzten zu Paris 1902.

[2]) Die Fettsucht, in „Spezielle Pathologie und Therapie innerer Krankheiten" von KRAUS und BRUGSCH.

[3]) a. a. O.

a) Eunuchoidismus. Bei Personen, deren Geschlechtsdrüsen entfernt sind (Eunuchen), oder bei denen die innere Sekretion dieser Organe gestört ist (Eunuchoiden) sieht man eine Fettsucht auftreten, die vor allem durch die Lokalisation der Fettablagerung charakterisiert ist, nämlich an den Hüften, den Hinterbacken, dem untersten Teil der Bauchwand, den Brüsten und zuweilen den Oberarmen und Oberschenkeln. Beim Manne verursacht dies einen weiblichen Körperbau, eine Ähnlichkeit, die noch durch Besonderheiten des Haarwuchses (Fehlen des Bartwuchses, weibliche Type des Ansatzes der Schamhaare) durch Änderung der Stimme, zuweilen auch der Psyche vergrößert wird. Gewöhnlich tritt diese Veränderung vor oder während der Pubertät auf.

b) Dystrophia adiposo-genitalis. In engem Zusammenhang hiermit steht die Dystrophia adiposo-genitalis, eine Folge von Veränderungen der Hypophysis cerebri. Die Lokalisation der Fettablagerung ist hier dieselbe wie bei der Eunuchoidie, und es ist sehr wahrscheinlich, daß auch hier eine mangelhafte Funktion der Geschlechtsdrüsen, hervorgerufen durch die ungenügende Wirkung der Hypophysis, die Ursache der Fettsucht ist. In solchen Fällen findet man außer einer ungenügenden Entwicklung der Genitalien auch eine auffallende Trägheit und Schläfrigkeit, gepaart mit langsamem Puls. Wenn die Veränderungen an der Hypophyse durch einen Tumor verursacht werden, treten auch Erscheinungen von Hirndruck auf. Dies braucht aber noch nicht immer der Fall zu sein. Verschiedene Fälle von Fettsucht in der Jugend scheinen auf einer funktionellen Störung der Hypophyse zu beruhen, ohne daß diese irgendwelche anatomischen Veränderungen aufweist. Nach BRUGSCH[1]) werden dann die Erscheinungen in späterem Alter weniger ausgesprochen, „verwachsen" sozusagen, so daß diese Patienten für ihr ferneres Leben nur eine mäßige Korpulenz zurückbehalten. Dasselbe sieht man auch bei den Eunuchoiden. Wenn dieses Stadium erreicht ist, würde man gegen eine Versicherung auf nicht zu langer Dauer keine Bedenken zu haben brauchen. Als vollwertig aber kann man solche Leute, auch vom Versicherungsstandpunkt aus, nicht betrachten.

c) Adipositas dolorosa (Dercumsche Krankheit). Diese ist charakterisiert durch lokal umschriebene, schmerzhafte Fettablagerungen (meist mit allgemeiner Fettsucht verbunden), Muskelschwäche und depressiven Gemütszustand. Sie tritt vor allem bei Frauen auf. Versicherung ist dabei ausgeschlossen.

Auch wenn sich Symptome von Myxödem zeigen, wird man gut daran tun, eine Versicherung abzulehnen.

Syphilis.

Allgemein und aus guten Gründen nimmt man an, daß die Syphilis einen recht schädlichen Einfluß auf die Lebensdauer ausübt. Die Versicherungsgesellschaften sind verpflichtet, dies zu berücksichtigen. Wie man aber gegenüber Personen, die an dieser Krankheit litten oder noch leiden, handeln soll, darüber besteht noch keineswegs Übereinstimmung.

In Amerika verfährt man anscheinend gegen Antragsteller, die an Lues erkrankt waren, äußerst streng.

Bis zum Jahre 1895 z. B. war die „Mutual" zu Neuyork gewöhnt, alle Anträge auf Versicherung, in deren Anamnese Syphilis angegeben war, bis auf sehr seltene Ausnahmen abzuweisen.

In diesem Jahre drang Dr. E. J. MARSH, der bekannte ärztliche Direktor dieser Gesellschaft in einem Bericht an ihren Präsidenten, betitelt: „Syphilis as effecting life insurance risks", darauf, anderen Verhaltungsmaßregeln zu folgen, welche sich nach den folgenden Grundsätzen richten sollten:

---

[1]) a. a. O.

1. Kein Antragsteller mit der Anamnese „primär-venerische Geschwüre" kann angenommen werden, bevor nicht 6 Monate seit dem Auftreten derartiger Erscheinungen verstrichen sind, wenn er während dieser Zeit nicht antiluetisch behandelt wurde. Inzwischen muß er von sekundären Symptomen freigeblieben sein. Hat er jedoch eine spezifische Kur durchgemacht, so muß die Versicherung noch 6 Monate, gerechnet von dem Tage der Beendigung der Kur ab, aufgeschoben werden.

2. Kein Antragsteller, der an sekundärer Syphilis erkrankt war, darf versichert werden, bevor er genügend lange Zeit hindurch und zweckmäßig behandelt wurde, und bevor seit dem Tage der Infektion wenigstens 6 Jahre verstrichen sind.

3. Kein Antragsteller darf versichert werden, bei dem tertiär syphilitische Erscheinungen wahrzunehmen sind[1]).

Auch GREENE[2]) ist außergewöhnlich streng in seinem Verhalten gegenüber Antragstellern, in deren Vorgeschichte Syphilis vorkommt. Er geht sogar so weit, niemanden, der an Syphilis gelitten hat, gegen eine normale Prämie annehmen zu wollen.

Dieser Grundsatz kann uns gegenwärtig nicht mehr befriedigen. Die Statistiken, die ihm zugrunde liegen (wie die Fourniersche, die von MARSH benutzt wurde, die von RUNEBERG[3]) dürfen für diesen Zweck nicht kritiklos angewandt werden[4]). Überdies ist unser Streben in der Jetztzeit darauf gerichtet, möglichst viele Menschen — auch substandard lives — sei es auch gegen erhöhte Prämie, die Vorteile einer Versicherung genießen zu lassen.

Allerdings folgt aus den Statistiken der großen Gesellschaften, daß die Sterblichkeit von Personen, die an Syphilis erkrankt waren, beträchtlich höher als der Durchschnitt bei normalen Personen war.

So fand GOLLMER im Jahre 1902 unter dem Material der Gotha eine um 68% erhöhte Sterblichkeit.

Zu demselben Ergebnis kommt er[5]) 4 Jahre später in einem Bericht auf dem vierten Internationalen Kongreß für Versicherungsmedizin in Berlin. Auch da wieder eine erhöhte Sterblichkeit von 68%, die aber sehr ungleichmäßig unter die verschiedenen Lebensaltergruppen verteilt ist, nämlich:

15—35 Jahre	Übersterblichkeit um	38 %
36—50 „	„ „	86 %
51—70 „	„ „	61 %
71—90 „	„ „	40 %

Etwas weniger trübe ist (nach demselben Bericht) die Statistik von 34 amerikanischen Gesellschaften.

Lebensalter bei Abschluß der Versicherung	Tatsächliche Sterblichkeit	Berechnete Sterblichkeit	Übersterblichkeit
15—28 Jahre	45	42,8	105 %
29—42 „	232	172,5	134 %
43—56 „	107	69,8	153 %
57—70 „	13	12,8	102 %
15—70 Jahre	397	297,9	133 %

[1]) Zitiert nach GOLLMER: Aus der Praxis der Gothaer Lebensversicherungsbank S. 391. 1902.

[2]) GREENE: Examination for Life Insurance S. 117.

[3]) RUNEBERG: Über den Einfluß der Syphilis auf die Sterblichkeit der Versicherten. Dtsch. med. Wochenschr. 1900, Nr. 18, 19 u. 20.

[4]) GOLLMER: a. a. O.

[5]) GOLLMER: Berichte und Verhandlungen des vierten internationalen Kongresses für Versicherungsmedizin, I, S. 155. Berlin 1906.

und die der vereinigten Skandinavischen Gesellschaften:

Lebensalter	
20—30 Jahre	2,8 %
31—40 „	6,7 %
41—50 „	43,3 %
51—60 „	41,3 %
61—70 „	32,4 %
71—90 „	0,0 %
	28,5 %

Beiläufig ist GOLLMERS Bemerkung nicht ohne Interesse, daß von den 1778 Fällen von Syphilis nicht weniger als 13 durch extragenitale Infektion angesteckt waren. Darunter befanden sich 8 Ärzte und 1 Zahnarzt, die sich in ihrem Beruf infizierten. 2 Patienten wurden gelegentlich einer zahnärztlichen Operation oder durch Impfen, 2 von einem Kindermädchen angesteckt.

Die letzte Statistik, die von den Gesellschaften der Vereinigten Staaten über die Jahre 1885—1908 bekannt wurde, ist besonders belangreich. In der folgenden Tabelle sind nur Versicherte aufgeführt, bei denen der Zeitpunkt der Infektion genau bekannt war, und die 2 Jahre hindurch fortwährend behandelt wurden. Sie wurden frühestens 1 Jahr nach der Behandlung, und wenn während und nach der Behandlung keine einzige Krankheitserscheinung aufgetreten war, versichert[1]).

	Tatsächliche Sterblichkeit	Erwartete Sterblichkeit	Über-sterblichkeit
1. Gruppe: Infektion 3—5 Jahre vor der Versicherung	13	9,35	139 %
2. Gruppe: Infektion 5—10 Jahre vor der Versicherung	34	19,56	147 %
3. Gruppe: Infektion länger als 10 Jahre vor der Versicherung	53	24,42	217 %
	100	53,33	188 %

Übrigens hat der erfahrene Arzt nicht einmal diese Statistiken nötig, um zu wissen, welche Gefahr für das Leben die Syphilis bedeutet. Aus der Erfahrung am Krankenbett weiß er, daß eine ganze Anzahl von Todesfällen auf Rechnung dieser Krankheit gesetzt werden müssen, auch wenn die Infektion in der Anamnese nicht angegeben war. Er kann nur RUNEBERGS Auffassung teilen, nach welcher 75% aller Fälle von Apoplexie und 50% von plötzlichem Herztod bei Personen unter 50 Jahren, die nicht angegeben hatten, an Syphilis erkrankt zu sein, doch auf Rechnung dieser Krankheit kommen.

Vom Standpunkte der Lebensversicherung aus gesehen, ist es nicht nur wichtig, zu wissen, daß Syphiliskranke im Durchschnitt eine kürzere Lebensdauer zu erwarten haben als diejenigen Personen, die von dieser Krankheit verschont geblieben sind, es ist ebenso wichtig, zu erfahren, in welchem Lebensalter der Tod gewöhnlich eintritt. Es kann nun als feststehend angesehen werden, daß nur äußerst selten jemand an den primären oder sekundären syphilitischen Erkrankungen — also sehr kurze Zeit nach und infolge der Infektion — stirbt. Zuweilen kann (und dann gewöhnlich bei Nicht- oder Schlechtbehandelten, vereinzelt auch, ohne daß eine Ursache dafür zu finden ist) die Krankheit als sog. *maligne* Syphilis verlaufen. Dies sind aber Ausnahmen, die in den Kreisen der Versicherungsanfrager nur selten vorkommen werden. Die eigentliche Gefahr bilden die spätsyphilitischen Erkrankungen (sei es tertiäre, sei es metaluetische) namentlich die des Gehirns, Rückenmarks, des Herzens und der

[1]) Blätter f. Vertrauensärzte d. Lebensversicherung 1914, Mai/Juni.

Gefäße. Während seit langer Zeit allgemein angenommen wird, daß Tabes und Dementia paralytica auf Syphilis beruhen, stellt sich je länger desto sicherer heraus, daß auch eine ganze Reihe von Erkrankungen der Kreislauforgane durch Syphilis verursacht werden. Dazu gehören: Die Insuffizienz der Aortaklappen, die Sklerose der Arteriae coronariae, die Myokarditis, die Endarteriitis der Hirngefäße, die diffuse Sklerose der Aorta [Mesaortitis syphilitica von HELLER-DOEHLER[1])], das Aneurysma der Aorta. Alle diese Erkrankungen sind häufig, die beiden letztgenannten wohl immer auf Syphilis zurückzuführen. Überdies kommen noch eine Anzahl von auf Syphilis beruhenden Krankheiten anderer Organe vor, die einen frühzeitigen Tod zur Folge haben. Obwohl durchaus nicht selten, bilden sie doch gegenüber den luetischen Erkrankungen von Hirn und Rückenmark und von Herz und Gefäßen nur eine kleine Minderheit.

Über die Art und Weise der Feststellung derartiger Erkrankungen zu der Zeit, wo sie schon zu wahrnehmbaren Erscheinungen geführt haben, braucht hier nichts gesagt zu werden. Ihre Diagnostik fällt mit der der Krankheiten der Gefäße und des Herzens, oder mit der neurologischen Diagnostik zusammen. Jedoch muß eingehend darüber gesprochen werden, wie wir in einem gegebenen Fall von frischer oder scheinbar genesener Lues feststellen können, ob nach Ablauf einer gewissen Zeit eine der hier erwähnten schweren Nachkrankheiten zu erwarten wäre. Wir müssen uns aber darüber klar sein, daß es kein einziges Mittel gibt, um dies voraussagen zu können. Wir können auf keinerlei Weise feststellen, ob ein Syphiliskranker, der sich vor kürzerer oder längerer Zeit infiziert hat, sei es, daß er noch Erscheinungen der Krankheit aufweist, sei es, daß er scheinbar geheilt ist, später an Dementia paralytica, Tabes, Hirnsyphilis, Mesaortitis luetica, Aneurysma usw. zugrunde gehen wird. Vielleicht, aber auch dies scheint noch keineswegs mit Sicherheit festzustehen, kann angenommen werden, daß eine gründliche, zweckmäßige, lang fortgesetzte Behandlung die Gefahren dieser schrecklichen, späten Lokalisation der Syphilis verringert. Auch die Schwere der durch die Krankheit primär hervorgerufenen Erscheinungen ist durchaus nicht imstande, uns etwas bezüglich der Zukunft im Hinblick auf die hier erwähnten späteren Lokalisationen zu lehren.

Aus alledem folgt, daß der Versicherungsarzt nur danach streben kann:

1. Mit größtmöglicher Sicherheit festzustellen, ob jemand eine luetische Infektion erlitten hat,

2. sich über die Gefahren klar zu werden, die einem Syphiliskranken drohen.

Zu 1. Schwierigkeiten bezüglich der Erkennung einer früheren luetischen Infektion ergeben sich natürlich nur, wenn bei der Untersuchung keine sicheren klinischen Erscheinungen zu finden sind. Es kann sich dann ereignen, daß der Patient eine frühere Infektion eingesteht oder ableugnet.

Teilt jemand mit, daß er an Syphilis erkrankt gewesen ist, so wird dies gewöhnlich seine Richtigkeit haben. Vereinzelt kommt es aber vor, daß ein weicher Schanker oder ein Herpes praeputialis von den Patienten für einen Primäreffekt gehalten wurden. Man wird also den Antragsteller gut ausfragen müssen; nach der Art des Geschwürs, der Anzahl und der Lokalisation, nach der Zeit, die zwischen der Infektion und dem Auftreten des Geschwürs verstrichen ist. Man wird fragen, ob eine Lymphdrüsenschwellung bestanden hat, ob und wie lange nach dem Sichtbarwerden des Geschwürs Hautausschläge oder Halsentzündung auftraten. Man wird sich auch über die angewandte Behandlung unterrichten, bei Verheirateten nach dem Gesundheitszustand der Frau und der Kinder. Man bedenke dabei aber stets, daß dies empfindliche und für den Antragsteller leicht

[1]) Siehe Dr. H. J. LEEMHUIS: Aortitis syphilitica. Dissert. Groningen 1917.

peinliche Fragen sind, so daß man behutsam und taktvoll zu Werke gehen muß. In der Regel wird es, wenn der Patient angibt, an Lues erkrankt gewesen zu sein, auf diese Weise gelingen, herauszubekommen, ob diese Angabe als richtig angesehen werden kann.

Die Verneinung einer syphilitischen Infektion muß mit großer Zurückhaltung beurteilt werden. Läßt die Anamnese bezüglich einer venerischen Infektion uns in allen Umständen schon oft im Stich, so ist dies in noch viel höherem Maße bei der Untersuchung zwecks einer Lebensversicherungsbegutachtung der Fall. Je mehr der Antragsteller weiß oder fürchtet, daß das Bekanntwerden einer früheren luetischen Infektion Ablehnung oder Prämienerhöhung zur Folge haben wird, desto mehr wird er eine frühere Syphilis verschweigen.

Auch ohne daß ein derartiger Beweggrund vorliegt, wird, wie jeder Praktiker aus eigener Erfahrung weiß, eine frühere Syphilis manchmal verschwiegen, sei es aus Scham, sei es aus Furcht, daß trotz der verpflichteten Geheimhaltung die Familie Kenntnis davon erlangen wird.

Endlich steht fest, daß außerordentlich häufig jemand syphilitisch infiziert wird — und dies gilt durchaus nicht nur für Frauen, sondern gleichzeitig auch, obschon in wesentlich geringerem Maße, für Männer — ohne daß er etwas davon weiß.

Was nun auch der Grund sein möge, es ist sicher, daß es auf anamnestischem Wege nur bei einem Teile der Antragsteller gelingt, die frühere Infektion festzustellen. Sprechend sind die Zahlen von BLASCHKO[1]). Er fand, daß in Berlin 20—25% aller Männer, die nach dem 30. Lebensjahre heiraten, syphilitisch infiziert gewesen sind. Von den Versicherten der „Victoria" hatten aber nur 2,7% eine frühere Erkrankung an Syphilis zugegeben. Hieraus folgt, wie viele absichtlich oder unabsichtlich eine frühere Infektion verschwiegen haben müssen. Zweifellos ist diese Zahl noch größer, als aus diesen Ziffern hervorzugehen scheint, denn es ist nicht daran zu zweifeln, daß unter denjenigen, die einen Antrag auf Versicherung stellen, die Syphilis im Verhältnis noch viel häufiger vorkommt als unter der gesamten männlichen Bevölkerung einer Stadt.

Auch von denjenigen, die an der einen oder anderen Erkrankung gestorben waren, welche mit Sicherheit, oder so gut wie sicher die Folge einer Syphilis war, hatten nur 16% der Fälle eine frühere Infektion angegeben.

Da also die Anamnese manchesmal im Stich läßt, und da bekanntlich die Syphiliserreger lange Zeit sozusagen in schlummerndem Zustand vorhanden sein können, ohne daß eine einzige klinische Erscheinung ihre Anwesenheit verrät, um dann später zu den schwersten Katastrophen zu führen, kommt man von selbst zur Untersuchung, ob die Wassermannsche Reaktion die gewünschte Aufklärung verschaffen kann. Auch hierüber, über den Nutzen der Wassermannschen Reaktion ist man sich nicht einig. Einzelne, wie J. FRIEDLÄNDER[2]) halten sie für diesen Zweck für wertlos, andere betrachten sie als ein unentbehrliches [LENZMANN[3])], noch andere als ein wertvolles Hilfsmittel [SCHOTTMÜLLER[4])]. Um den Wert dieser Methode für die Lebensversicherung zu beurteilen, muß man sich das folgende vor Augen halten:

Die positive Reaktion zeigt für die Verhältnisse bei einer Lebensversicherungsbegutachtung mit einem hohen Grade von Wahrscheinlichkeit an, daß bei einer Person noch ein aktiver syphilitischer Herd vorhanden ist, der zu einer gegebenen Zeit zu Krankheitserscheinungen Veranlassung geben kann.

---

[1]) BLASCHKO, A.: Der Einfluß der Syphilis auf die Lebensdauer. Berichte und Verhandlungen des 4. internationalen Kongresses für Versicherungsmedizin, Berlin 1906, S. 95.
[2]) Blätter f. Vertrauensärzte 1912, Juli/August-Heft.
[3]) Blätter f. Vertrauensärzte 1913, Juli/August-Heft.
[4]) Blätter f. Vertrauensärzte 1913, März/April-Heft.

Bemerkungen. a) Es trifft zu, daß auch bei einzelnen anderen Zuständen eine positive Reaktion gefunden wird, wie bei Framboesia, Scharlach, Poliomyelitis, Malaria, Lepra, Carcinom (nämlich im Stadium der Kachexie), bei chronischem Alkoholismus. Was die beiden ersten Infektionskrankheiten anbetrifft, so findet man eine positive Reaktion nur im akuten Stadium oder kurz darnach. Bei der Malaria scheint nach einer Mitteilung von E. JAKOBSTHAL und DA ROCHA-LIMA[1]) auch bei einem Kranken, der lange Jahre zuvor an einer tropischen Malaria erkrankt war, noch ein positiver Wassermann vorkommen zu können. Es braucht nicht bewiesen zu werden, daß alle diese Erkrankungen bei der für uns in Frage kommenden Untersuchung im allgemeinen nicht zu Schwierigkeiten Veranlassung geben werden.

b) Wenn bei jemandem eine positive Reaktion festgestellt wird, so will dies durchaus nicht bedeuten, daß er nach einiger Zeit ein Rezidiv bekommen oder krank werden muß. Man hat schon bei der Untersuchung einer großen Anzahl vollkommen gesunder Menschen eine Reihe von Jahren nach einer luetischen Infektion eine positive Reaktion gefunden.

Indessen beweist die Reaktion, daß lebende Spirochäten im Blute kreisen, die ein Rezidiv hervorrufen können. Mit dieser *Möglichkeit* muß die Lebensversicherung rechnen.

Die negative Reaktion beweist nicht, daß keine lebenden Spirochäten mehr vorhanden sind. Aber besondere Umstände ausgenommen, kann der negative Ausfall mit Wahrscheinlichkeit den Schluß ziehen lassen, daß dem Antragsteller wenig Gefahr bezüglich des Ausbruchs von Krankheitserscheinungen droht.

Bemerkungen. a) Die Erfahrung lehrt, daß es durch eine intensive spezifische Kur oft gelingt, eine negative Reaktion zu erhalten, während sie einige Zeit später (z. B. nach einem halben Jahre) zuweilen doch wieder positiv wird.

Hieraus folgt, daß der Untersucher dadurch getäuscht werden kann, daß der Untersuchte einige Zeit vor der Vornahme der Reaktion sich einer Kur unterzogen hat.

LENZMANN will dieser Gefahr entgehen, indem er 2—3 Jahre hindurch jedes halbes Jahr eine Reaktion vornehmen läßt. Bleibt sie all diese Zeit über negativ, so kann mit *Wahrscheinlichkeit* angenommen werden, daß der Antragsteller keine aktiven Spirochäten mehr beherbergt. Sollte sie wieder positiv ausfallen, so ist die Wiederholung einer spezifischen Kur notwendig.

Demgegenüber muß ich darauf hinweisen, daß auch nach LENZMANN selbst auf diese Weise keine absolute Sicherheit zu erlangen ist. Es erhebt sich die Frage, ob solch jahrelange Kontrolle eines Antragstellers praktisch durchführbar und ob die sehr relative Sicherheit mit all diesem Übermaß an Mühe nicht zu teuer bezahlt ist.

b) Bekanntlich gibt das Blutserum bei Tabes in einer Reihe von Fällen eine negative Reaktion. Im Hinblick darauf, daß Tabes eine Folge der Syphilis ist, geht also daraus hervor, daß eine negative Reaktion den Ausbruch später Syphiliserscheinungen nicht ausschließt.

Hinzu tritt noch, daß die Vornahme der Reaktion besondere Unkosten mit sich bringt, und eine, wenn auch geringe, Blutentnahme erfordert, also für den Beantrager lästig ist. Gibt man sich darüber Rechenschaft, daß die Wassermannsche Reaktion keine absolute Sicherheit verschafft, und daß mit ihrer Anwendung gewisse praktische Bedenken verbunden sind, dann wird man gewiß nicht, wie es SCHOTTMÜLLER[2]) will, sie allgemein beim Abschließen einer Versicherung obligatorisch machen. Nur unter bestimmten Umständen, z. B. bei Versicherung von größeren Kapitalien, oder wenn der Antragsteller es selber wünscht, weil er sonst abgewiesen zu werden fürchtet, wird man von diesem Hilfsmittel bei der Begutachtung Gebrauch machen.

In allen anderen Fällen sind wir, wie in früheren Jahren, auf eine sehr sorgfältige Anamnese und eine peinliche Untersuchung seitens des begutachtenden Arztes angewiesen, in der Überzeugung, daß trotzdem eine ganze Anzahl früher Infizierter als solche nicht erkannt werden.

Zu 2. Wie wir bereits sagten, werden die Versicherungsgesellschaften danach streben müssen, die größere Gefahr kennenzulernen, die ein ehemals Syphiliskranker mit sich bringt. Erst wenn man das größere Risiko kennt, wird die

---

[1]) JAKOBSTHAL: Blätter f. Vertrauensärzte 1914, Juli/August-Heft, S. 58; und CITRON: Dtsch. med. Wochenschr. 1913, II, S. 2173.

[2]) SCHOTTMÜLLER: Blätter f. Vertrauensärzte 1914, Juli/August-Heft.

Prämienerhöhung festgestellt werden können. Man würde den Rat von FLORSCHÜTZ[1]) befolgen können. Dieser will alle Syphiliskranken in eine große Gruppe der „substandard lives" einreihen und von allen die gleiche Prämienerhöhung fordern.

Das scheint mir nicht gerecht zu sein. Klinische Erfahrung und Statistik geben uns schon jetzt die Mittel an Hand, um eine Trennung in der Gruppe der mit Syphilis infizierten Personen zu erproben.

Die Grundregeln, welche eine derartige Trennung erlauben würden, sind folgende:

1. Im allgemeinen sind lebensgefährliche Erkrankungen während der ersten Jahre nach der Infektion weniger häufig als in späteren Jahren.

2. Junge Menschen, die sich eine Infektion zugezogen haben, laufen in der Regel unter im übrigen gleichen Verhältnissen weniger Gefahr als ältere.

3. Wenn bei einer Person lange Jahre nach der Infektion, und ohne daß kurze Zeit vorher eine spezifische Therapie angewandt wurde, die Wassermannsche Reaktion negativ ist, so darf daraus der Schluß gezogen werden, daß die Gefahr für ernstere Erkrankungen nicht groß ist.

Von diesen Erwägungen ausgehend, gelangen wir zu folgenden Verhaltungsmaßregeln:

I. Gruppe: Personen unter 30 Jahren.

A. Es bestehen noch klinische Erscheinungen von Syphilis.

Die Versicherung aufschieben, bis eine zweckentsprechende gute Behandlung stattgefunden hat. Der Antrag auf Versicherung kann aufs neue in Erwägung gezogen werden, wenn ein halbes Jahr nach Beendigung dieser Behandlung verstrichen ist, und während dieser Zeit kein einziges neues Symptom mehr beobachtet wurde. Im einzelnen muß dies aus der Erklärung eines Spezialisten hervorgehen.

Dann kann eine Versicherung abgeschlossen werden

a) für einen Zeitraum von 15—20 Jahren ohne Prämienerhöhung. Es müßte auf Behandlung bestanden werden, sobald sich neue Erscheinungen zeigen;

b) für einen Zeitraum von 20—30 Jahren gegen eine geringe Erhöhung.

B. Es bestehen keine klinischen Erscheinungen mehr. Der Antragsteller ist gut und richtig behandelt worden, es sind während 2 Jahren keine Erscheinungen mehr beobachtet worden.

a) Infektion vor 5 Jahren oder kürzer. Annehmbar für 15—20 Jahre ohne Erhöhung.

b) Infektion vor 5—10 Jahren. Annehmbar für dieselbe Zeit mit geringer Erhöhung.

c) Infektion vor 10 Jahren. Annehmbar mit mäßiger Erhöhung, wenn die Wassermannsche Reaktion negativ ausfällt (ohne vorhergehende Kur!). Wird die Vornahme der Reaktion verweigert oder fällt die Reaktion positiv aus, dann größere Erhöhung.

II. Gruppe: Personen über 30 Jahre.

Hierfür gelten dieselben Bestimmungen mit dem Unterschied, daß die Prämienerhöhungen beträchtlich größer sein müssen.

Selbstverständlich ist obenstehendes Schema nur ein Versuch, eine Rubrizierung der syphilitisch Infizierten zu erproben. Nur jahrelange Erfahrung wird lehren können, ob der hier angegebene Weg der richtige ist.

---

[1]) FLORSCHÜTZ, G.: Allgemeine Versicherungsmedizin. S. 117. Berlin: E. S. Mittler u. Sohn 1914.

Arteriosklerose.

In einem der früheren Kapitel wurde gelegentlich der Untersuchung des Pulses die Arteriosklerose bereits erwähnt. Dieser Krankheitsprozeß kommt aber so häufig vor, seine Bedeutung für die Heilkunde und insbesondere auch für die Lebensversicherungsheilkunde ist so groß, daß in diesem Buche eine besondere Besprechung wünschenswert erscheint.

Bei der Beurteilung der Arteriosklerose in ihrem Verhältnis zur Lebensversicherung trifft man auf eine eigenartige Schwierigkeit. Die Gefäßsklerose ist doch in gewissem Sinne ein physiologischer Prozeß, insofern als sie in höherem Lebensalter wohl bei jedermann zur Entwicklung kommt. Man ist vorläufig gezwungen, sie als eine „Abnutzung" der Gefäße zu betrachten, die so gut wie niemandem erspart bleibt.

Den berühmten Fall des großen Harvey, der bei der Autopsie des mit 152 Jahren gestorbenen Thomas Parr nicht die kleinste Veränderung an den Schlagadern fand, können wir noch mit vereinzelten anderen dieser Art als Kuriosum außer Betracht lassen.

Wenn denn auch Talbot Jones[1]) einer Abhandlung im Medical Examiner and Practitioner den Titel gibt: „Arteriosclerosis — The greatest Foe of the Life Insurance Company", so ist das meines Erachtens nicht zu rechtfertigen.

Nach einer Berechnung von Bahrdt, Vertrauensarzt der Leipziger Lebensversicherungs-Gesellschaft, mußten von den 10 093 während der Jahre 1893 bis 1904 bei der genannten Gesellschaft vorgekommenen Todesfällen 2152, d. h. 22% der Arteriosklerose zugeschrieben werden[2]). Diese Zahlen machen im ersten Augenblick einen trüben Eindruck. In Wirklichkeit aber sagen sie nichts. Im Gegenteil würde eine Lebensversicherungsgesellschaft ihre Resultate ganz besonders rühmen dürfen, wenn 22% aller Sterbefälle, ja sogar wenn 100% auf Rechnung der Arteriosklerose kämen, vorausgesetzt, daß sie in einem genügend hohen Alter eingetreten wären. Denn, wer nicht an einer anderen Krankheit oder durch einen Unfall stirbt, stirbt doch schließlich an Arteriosklerose.

Bei fast jedem Menschen beginnt früher oder später, gewöhnlich um das 40.—45.—50. Jahr eine sklerotische Gefäßveränderung in stärkerem oder geringerem Maße in Erscheinung zu treten. Bei manchen schon viel früher. Über diese wird später noch gesprochen werden müssen. Findet man also bei jemanden nach dem 45. Lebensjahre Arteriosklerose, so kann dies unmöglich ein Grund zu seiner Zurückweisung sein. Ist doch in dem Alter die Sklerose ein *normaler* Zustand und auf normale Menschen sind die Prämienberechnungen jeden Lebensalters gegründet. Zur Besorgnis und also zu besonderem Maßregeln — Abweisen, oder Prämienerhöhung wird man sich also bei Menschen diesen Alters nur dann genötigt sehen, wenn die Arteriosklerose entweder in einem besonders gefährlichen Gefäßgebiet oder in mit Bezug auf das Lebensalter anormal großer Ausdehnung oder Intensität angetroffen wird.

Was den ersten Punkt betrifft, so sind es vor allem die Veränderungen in den Gefäßen des Herzens, der Niere und des Gehirns und die lokale oder allgemeine Erweiterung der Aorta, die zu schweren und lebensgefährlichen Folgen führen kann.

Während auf der einen Seite die Arteriosklerose nach der Anschauung einer Reihe von Untersuchern die *Folge* einer dauernden durch Nephritis verursachten Blutdruckerhöhung sein kann, ist auf der anderen Seite die Sklerose der kleinen Nierengefäße die *Ursache* einer Nierenschrumpfung. Diese verursacht ihrerseits

[1]) Nach Greene: a. a. O. S. 183.

[2]) Kongreß für innere Medizin, Wiesbaden 1904, S. 126.

in der Regel eine beträchtliche Erhöhung des Blutdrucks mit allen Gefahren (insbesondere Hypertrophie des linken Herzens), die damit verknüpft sind. Die Erscheinungen der arteriosklerotischen Schrumpfniere und ihr Einfluß auf die Lebensaussichten sind nicht von der der genuinen unterschieden. In einem konkreten Falle wird es oft unmöglich sein, zu sagen, welche Erkrankung primär ist, die Arteriosklerose oder die Nephritis.

Besonders wird das Herz durch die Arteriosklerose bedroht. Die Hypertrophie des linken Herzens als Folge der Nierenschrumpfung wurde bereits erwähnt. Oft entwickeln sich auch sklerotische Veränderungen an den Klappen, insbesondere an denen des Ostium aorticum, wodurch die sklerotischen Klappenfehler entstehen. Eine ernste Bedrohung des Lebens bildet vor allem die Sklerose der Kranzschlagadern, die nicht selten gleichzeitig mit Sklerose der aufsteigenden Aorta angetroffen wird.

Im Gehirn endlich führt die Arteriosklerose vornehmlich zu Apoplexie und Thrombose mit nachfolgender Erweichung. Für uns ist es besonders wichtig, zu wissen, daß die arteriosklerotischen Gehirnveränderungen sich im Beginn oft durch scheinbar neurasthenische Erscheinungen bemerkbar machen. Auf die Gefahren des Aneurysma aortae und auf die diffuse Erweiterung der aufsteigenden Aorta, welche in weitaus den meisten Fällen auf Lues beruhen, wird im folgenden Kapitel hingewiesen werden.

Hiermit sind aber die ernsten Folgen, zu denen die Gefäßsklerose führen kann, nur zum allerkleinsten Teile genannt. Doch spielen die oben erwähnten Äußerungen dieser Erkrankung in der Mortalitätsstatistik die größte Rolle. Die Besprechung der Sklerose der Pankreasgefäße gehört zum Kapitel über Diabetes. Die Sklerose der peripheren Arterien gibt, abgesehen von den ziemlich seltenen Fällen der senilen Gangrän und des intermittierenden Hinkens, nicht zu schweren Folgeerscheinungen Veranlassung.

Worauf es also für den Lebensversicherungsarzt in der ersten Linie ankommt, ist, festzustellen, ob eine besonders gefährliche Lokalisation der Arteriosklerose besteht. Diagnostiziert man ein Aneurysma, eine Sklerose oder diffuse Erweiterung der Aorta ascendens, eine Sklerose der Hirngefäße, der Kranzschlagadern, eine arteriosklerotische Schrumpfniere, so muß der Antragsteller bestimmt abgewiesen werden.

In zweiter Linie muß untersucht werden, ob die Sklerose sich bezüglich Intensität und Ausbreitung in den Grenzen hält, die man bei dem Alter der untersuchten Person erwarten darf. Im Hinblick darauf, daß sich weder Intensität noch Extensität der Gefäßveränderung in Zahlen ausdrücken lassen, ist es nicht möglich, auch nur einigermaßen eine Richtschnur zu geben, um eine Beurteilung zu erleichtern. Hier wird es in jedem Falle auf die persönliche Erfahrung des Arztes, auf seinen „klinischen Blick“ ankommen müssen. Nur auf das eine sei hingewiesen: wenn auch nur der geringste Grund zur Annahme vorliegt, daß eine der oben erwähnten gefährlichen Lokalisationen besteht (Schwindelanfälle, Ohrensausen, sog. neurasthenische Erscheinungen, Beklemmungen auf der Brust, Dyspnée d'effort, anginaartige Beschwerden, Unregelmäßigkeiten des Pulses, hoher Blutdruck — über 140 mm — Albuminurie, sehr laute Geräusche über dem Herzen, klingender 2. Aortenton), so ist eine Versicherung unmöglich, auch dann, wenn an den peripheren Gefäßen eine nur mäßige Sklerose vorgefunden wird.

In Zweifelsfällen werden der Habitus des Antragstellers, seine Konstitution, seine äußeren Verhältnisse und Lebensgewohnheiten bei der Beurteilung ins Gewicht fallen. Auch bei einer geringen Sklerose der peripheren Schlagadern, die nicht zu den Erscheinungen im Mißverhältnis steht, welche man bei dem Alter des Antragstellers erwarten darf, und wenn keine Klagen geäußert werden, muß doch der apoplektische Habitus uns mißtrauisch machen. Ebenso die Familienanamnese, wenn aus ihr hervorgeht, daß Apoplexie bei den Eltern und Großeltern häufig vorgekommen ist. Mit Recht sagt E. MORITZ [St. Petersburg[1])] in seinem ausgezeichneten Vortrag über die Arteriosklerose, daß die Vererbung sich an das Gefäßgebiet hält, welches in der Familie mit Vorliebe ergriffen wurde. Die Apoplexie weist (ebenso, aber vielleicht in geringerem Maße, die Schrumpfniere) unzweifelhaft einen hereditären Charakter auf. Obschon es nicht direkt bewiesen ist, so nimmt man doch wohl allgemein an, daß eine reichliche Nahrungsaufnahme, vor allem von Fleisch und anderen tierischen Nahrungsstoffen, Alkoholgebrauch und starkes Rauchen, die Entwicklung der Arteriosklerose unterstützen oder den Prozeß derart fördern kann, daß er zu bedrohlichen Erscheinungen führt. Vermutlich verhält es sich hier wie mit dem Arthritismus, der, hereditär in der Anlage, gewöhnlich aber erst unter dem Einfluß besonderer äußerer Faktoren zum Ausbruch kommt (S. 51 u. 52).

Aus den bisherigen Darlegungen können wir also den Schluß ziehen:

Personen über 45 Jahre mit einer mäßigen Sklerose ihrer Arterien, die mit ihrem Lebensalter in Einklang steht, können gegen normale Prämie angenommen werden, wenn die Sklerose keine Erscheinungen hervorgerufen hat, welche eine besonders gefährliche Lokalisation (Nieren, Gehirn, Kranzschlagadern, Aorta ascendens) oder starke Erhöhung des Blutdrucks vermuten läßt (systolischer Druck über 140 mm, klappender oder klingender 2. Aortenton, Hypertrophie des linken Ventrikels), und wenn keine Anzeichen für ein Aneurysma vorhanden sind. Sind dagegen die hier genannten Erscheinungen nachzuweisen, so ist eine Versicherung unmöglich.

Bekanntlich befördern verschiedene Krankheiten das Entstehen der Arteriosklerose oder sind vielleicht deren Ursache. Ob die auf diese Weise hervorgerufene Gefäßsklerose histologisch mit der echten Alterssklerose übereinstimmt, tut hier nichts zur Sache. Die Nephritis haben wir in diesem Zusammenhang bereits erwähnt. Sicher ist es, daß die Syphilis das Entstehen einer Arteriosklerose in hohem Maße unterstützt, abgesehen von den spezifisch-luetischen Gefäßveränderungen, die nach Ansicht der meisten Autoren anatomisch scharf von der Arteriosklerose unterschieden werden muß. Auch an einem ursächlichen Zusammenhang zwischen Diabetes und Gicht einerseits und Arteriosklerose andererseits ist nicht zu zweifeln. Auf Grund der Beobachtung einiger besonderer Fälle bin ich überzeugt, daß auch das echte Asthma schon bei jüngeren Personen zu Arteriosklerose und Nephritis führen kann.

Der Versicherungsmedizin bereitet aber das gleichzeitige Vorkommen zweier wichtiger Krankheitszustände keine Schwierigkeiten. So gut wie immer wird schon die primäre Krankheit ein Grund sein, den Antrag auf eine Versicherung abzulehnen. Könnte ein Einzelfall zu Zweifeln Veranlassung geben, dann ist es klar, daß das Bestehen einer Gefäßsklerose die Prognose viel ungünstiger macht und die Wagschale auf die Seite der Ablehnung sinken läßt.

Endlich noch einige Worte über die frühzeitige Arteriosklerose. Wir betreten damit einen noch nicht genügend durchgearbeiteten Boden.

Wir wollen die Gefäßveränderungen, die sich auf dem Boden einer Syphilis und Nephritis entwickeln, außer Betracht lassen und ebenso die seltenen Fälle von Verkalkung bei jungen Kindern. Die klinischen Formen, die ich hier im Auge habe, betreffen junge Menschen im Alter von 14—20 Jahren, mit dicken Arterien-

---

[1]) MORITZ, E.: De l'arteriosclerose. 2me Congres international des medécins de compagnies d'assurances, Amsterdam 1901, S. 17.

wänden. Ob diese Gefäßwandverdickung auf Hypertrophie der Muskelschicht beruht oder auf echter Arteriosklerose, ist schwer zu sagen.

Bei der Untersuchung solcher junger Personen (soweit ich mich erinnere, waren die Mehrzahl männlich) fand ich kein Eiweiß im Urin. Der Herzspitzenstoß ist gewöhnlich verbreitert und hebend, der Herzschlag beschleunigt. Nur vereinzelt ist der 2. Aortenton laut. Das eine Mal sind die Töne rein, ein anderes Mal ist ein leises systolisches Geräusch an der Basis zu hören. Diese jungen Menschen suchen uns auf, weil sie leichte Beschwerden haben, besonders Herzklopfen, aber auch manchmal ein Beklemmungsgefühl auf der Brust bei physischer Anstrengung. Vermutlich sind es dieselben Fälle, die G. SÉE bei der Beschreibung seiner Hypertrophie de croissance im Auge hatte, die so viel von sich reden machten. In allen Veröffentlichungen über Herzkrankheiten sind solche Fälle erwähnt, von neueren Autoren nenne ich vor allem KREHL und ROMBERG. In Holland hat WERTHEIM SALOMONSON[1]) in einer lesenswerten Abhandlung die Aufmerksamkeit auf das häufige Vorkommen dieser Arteriosclerosis praecox hingelenkt.

Über die Lebensaussichten solcher junger Menschen mit präseniler Arteriosklerose ist eigentlich so gut wie nichts bekannt. Man ist geneigt, hier das geflügelte Wort von CAZALIS, das allmählich zu einem Gemeinplatz geworden ist, anzuwenden: l'homme a l'âge de ses artères. Ich weiß aber nicht sicher, ob dies zutreffend ist. Mein persönlicher Eindruck ist, daß der Zustand die Neigung hat, zu „verwachsen", wie man sagt, und daß, wenn man derartige Patienten nach 10 Jahren wieder sieht, von Veränderungen an den Gefäßen nicht viel zu finden ist. Aber es geschieht nicht oft, daß der konsultierende Arzt in der Lage ist, junge Leute nach so langer Zeit wiederzusehen. Deswegen lege ich der Arbeit von FABER[2]) große Bedeutung bei. Er war in der Lage, in der Universitätspoliklinik zu Jena die Arbeiter zu untersuchen, die etwa 10—12 Jahre vorher von KREHL untersucht worden waren. Seit dem Jahre 1896 war es nämlich Brauch, daß die jungen Arbeiter der Firma Carl Zeiss zweimal im Jahr auf ihren Gesundheitszustand untersucht wurden. Es war dies das Material, das der bekannten Abhandlung KREHLS zugrunde gelegt war.

Bei seiner Nachuntersuchung fand FABER nun, daß bei den meisten dieser Leute, als sie erwachsen waren, von einer Vergrößerung der Perkussionsfigur des Herzens nichts mehr zu finden und bei mehr als der Hälfte der Spitzenstoß nicht mehr hebend war. Einige (ungefähr ein Viertel) klagten über leichte subjektive Beschwerden seitens des Herzens. Eine geringe Verstärkung des 2. Aorten- oder des 2. Pulmonaltones, bisweilen ein leises systolisches Geräusch, wurde bei ungefähr der gleichen Anzahl wie zur Zeit von KREHLS Untersuchung festgestellt. FABER hörte sogar bei einem Drittel aller Fälle ein systolisches Geräusch an der Mitralis, was 10 oder 12 Jahre zuvor nur bei wenigen beobachtet worden war. Ungefähr doppelt so oft wie früher wurde eine Rigidität der Arterienwand gefunden, der Blutdruck wies einen etwas höheren als den Durchschnittswert auf.

Indessen, so wichtig sie an sich auch ist, sagt diese Untersuchung uns doch nichts bezüglich der Lebensaussichten dieser jungen Leute.

In der Erwartung, daß hierüber noch nähere Angaben zu erhalten sein werden, ist es ratsam, Personen, wie die hier erwähnten, nur gegen Prämienerhöhung und nicht über das Alter von 45—50 Jahre hinaus zu versichern.

[1]) SALOMONSON, WERTHEIM: Nederlandsch tijdschr. v. geneesk. 1903, II, S. 716.
[2]) FABER: Dtsch. Arch. f. klin. Med. Bd. 103, S. 580. 1911.

Venektasien. Hämorrhoiden. Varicen. Phlebitis.

In dem Kapitel „Objektive Untersuchung" ist bereits über Venektasien gesprochen und auf die Bedeutung hingewiesen worden, die sie als Symptome lokaler Stauung für die Erkennung verschiedener Krankheiten haben können, wie z. B. von mediastinalen und abdominalen Tumoren, von Cirrhosis hepatis usw. An dieser Stelle behandeln wir die Bedeutung der Venektasien an sich.

Bekanntlich kommen Venektasien häufig am Anus vor: Hämorrhoiden. Sitzende Lebensweise, überreichliche Mahlzeiten, Konstipation und Schwangerschaft werden allgemein als wichtige ätiologische Momente für die Entwicklung von Hämorrhoiden angesehen. Aber oft findet man sie auch, ohne daß von derartigen ätiologischen Momenten die Rede sein kann. Selten werden sie schon bei jugendlichen Personen vor dem 25. Lebensjahr vorgefunden.

Auch bei Hämorrhoiden denke man an die Möglichkeit, daß sie sich infolge von Stauung bei Lungen-, Herz- oder Leberkrankheiten, oder bei Bauchtumoren, oder bei Krankheiten der Beckenorgane entwickeln können, und daß sie deswegen als ein nicht zu vernachlässigendes Symptom einer mehr oder weniger ernsten Erkrankung zu betrachten sind. Eine genaue Untersuchung, deswegen oft auch eine Digitaluntersuchung des Rectums, ist dann notwendig. Zuweilen wird eine Untersuchung mit dem Rectoskop nicht zu umgehen sein.

Die Hämorrhoiden können an sich zu allerlei für das Leben der zu versichernden Person nicht unbedenklichen Komplikationen führen. Kleine Hämorrhoiden am Anus verursachen in der Regel nur geringe Beschwerden, wie Jucken, Gefühl von mehr oder weniger schmerzhafter Spannung, und haben dann für die Lebensversicherung keine Bedeutung. Sobald aber die Hämorrhoiden an Umfang zunehmen und zu erbsen- bzw. bohnengroßen Knoten werden, geben sie vielfach zu wiederholten Blutungen Veranlassung. Auf diese Weise können sie einen für den Organismus keineswegs bedeutungslosen Blutverlust verursachen. Meist werden die Hämorrhoidalknoten bei der Defäkation nach außen gepreßt und dann durch die Kontraktion des Sphincter ani abgeklemmt. Dabei kann dann eine heftige Blutung auftreten und eine akute Anämie zustande gebracht werden. Es ist klar, daß, wenn derartige Blutungen, wie es tatsächlich der Fall ist, sich immer wiederholen, sie bei weniger kräftigen Menschen ernste Schädigungen für den Gesundheitszustand zur Folge haben können. Aber auch weniger heftige, immer wieder auftretende Blutungen führen auf die Dauer zu schweren Formen der Anämie. Auch kleine sich oft wiederholende Blutungen aus Hämorrhoiden sind also keineswegs als ganz harmlos zu betrachten.

Auch noch auf andere Weise als durch Blutungen können Hämorrhoiden eine ernste Bedeutung erlangen. Sie können sogar das Leben direkt gefährden. Dies kann dann der Fall sein, wenn sie sich entzünden und Phlebitis, oft auch Periphlebitis auftritt. Dann können sich nicht nur phlegmonöse Entzündungen mit Absceßbildung im periproktalen Gewebe entwickeln, sondern auch eine allgemeine Sepsis verursacht werden.

Aus vorstehenden Betrachtungen folgt, daß, während kleine Hämorrhoiden rund um den Anus in der Regel nur zu geringen Beschwerden und höchst selten zu ernsten Folgen für das Leben Veranlassung geben, dagegen voluminöse Hämorrhoiden für die Beurteilung des Risikos einer Lebensversicherung von großer Bedeutung sind. Geben Hämorrhoiden zu wiederholten Blutungen Anlaß, und ist die zu versichernde Person infolgedessen bereits mehr oder weniger anämisch geworden, dann wird ein Aufschub der Versicherung angeraten werden müssen. Bestehen Excoriationen oder Ulcerationen in der Umgebung der Hämorrhoiden, so wird gleichfalls der Abschluß einer Versicherung aufgeschoben werden müssen. Bei der Überlegung, welcher Rat der Gesellschaft zu geben sei, wird man überdies die äußeren Lebensumstände des Antragstellers zu berücksichtigen haben, ob er seinem Körper die notwendige Sorgfalt zuwendet bzw. zuwenden kann, ob er im Notfalle für evtl. bei den Hämorrhoiden auftretende Komplikationen schnell ärztliche Hilfe anruft oder anrufen kann. In der Regel wird es ratsam sein, einen Menschen mit voluminösen Hämorrhoiden, oder einen, der schon an beträchtlichen hämorrhoidalen Komplikationen erkrankt war, nicht anzunehmen, ihm aber die operative Beseitigung oder eine andere Behandlung der Hämorrhoiden anzuempfehlen, um sich nach seiner Heilung von neuem untersuchen zu lassen. Also Aufschub, keine definitive Abweisung, es sei denn, daß neben den Hämorrhoiden oder als deren Ursache ein lebensgefährliches Leiden festgestellt ist.

Beiläufig erwähnen wir hier auch die *Fistula ani*, welche in den meisten Fällen als eine Folge einer tuberkulösen proktitischen bzw. periproktitischen Entzündung anzusehen ist. Bei Fistula ani werden also vor allem auch die Lungen genau untersucht werden müssen. Auch wenn, außer der Fistula ani, an den verschiedenen Organen keine Veränderungen tuberkulöser Art gefunden werden, wird doch nur eine Lebensversicherung von beschränkter Dauer oder gegen erhöhte Prämie in Erwägung gezogen werden können.

Bekanntlich kommen auch an den unteren Extremitäten oft Venektasien und Varicen vor. Auch diese dürfen von dem Arzt bei der Untersuchung für eine Lebensversicherung nicht außer acht gelassen werden, da sie zu allerlei Komplikationen Veranlassung geben können.

Diese Venektasien, die meistens an den Unterschenkeln vorkommen, sind gewöhnlich an dem einen Beine stärker entwickelt als an dem anderen. Findet man sie ausschließlich an einem Beine, so denke man an Druck (z. B. durch einen Tumor) als Ursache. Bei Frauen können infolge der Schwangerschaft beträchtliche Venektasien an den Beinen auftreten, die aber nach dem Partus meist verschwinden.

Mehr oder weniger gefährlich können Venektasien oder Varicen werden, wenn sie platzen und zu Blutungen führen. Meistens werden die Blutungen aber bald bemerkt und leicht durch eine zweckentsprechende Kompression zum Stehen gebracht. Wiederholte Blutungen aus diesen Varicen können aber auch wieder eine Anämie zur Folge haben. Von größerer Bedeutung jedoch ist die Tatsache, daß die Varicen an den Beinen außer zu Pruritus und Ekzem nicht selten zur Entwicklung von chronischer Ulcera (Ulcera varicosa) Anlaß geben, die als „Eingangspforten" von Mikroben gefährlich sind. So bilden nicht selten ein Ekzem oder Ulcus cruris den Ausgangspunkt von einem Erysipel, einer Phlebitis oder phlegmonösen Entzündung. Überdies können Thromben, die sich in den ektasierten Venen bilden, Embolien verursachen, die mittelbar oder unmittelbar sogar lebensbedrohend werden können.

In jedem besonderen Falle wird genau untersucht werden müssen, inwieweit evtl. vorhandene Venektasien und Varicen für das Risiko einer Lebensversicherung von Bedeutung zu schätzen sind. Dabei wird dann auch die Antwort, die man sich vielleicht auf die Frage geben kann, ob der Antragsteller die Venektasien bzw. Varicen mit der nötigen Sorgfalt behandelt oder behandeln läßt (Gummistrümpfe, Operation) auf das Urteil von Einfluß sein, welches der untersuchende Arzt sich über die Bedeutung dieser Erscheinungen zu bilden hat. Chronische Ulcera cruris werden wohl immer eine Abweisung des Antrags beschließen lassen[1]). Auch Ekzem und chronische Ulcera, die meist nur von einem

[1]) Vgl. Moritz: Les affections chroniques des veines. III. Congrès international des médecins de compagnies d'assurances, Paris 1903.

dünnen Häutchen bedeckt sind und also infolge einer geringen Schädigung wieder aufbrechen können, müssen als sehr ungünstige Momente für eine Lebensversicherung angesehen werden, bei denen nur Versicherung gegen Prämienerhöhung oder auf beschränkte Dauer in Betracht kommen kann.

Es kommen hin und wieder Fälle vor, daß Patienten an immer wieder auftretenden Phlebitiden leiden, die allerdings in der Regel wieder heilen, aber doch auch jedesmal wieder eine Gefahr bedeuten. Nach unserer Ansicht sind diese rezidivierenden Phlebitiden genügender Grund zu einer bedingungslosen Ablehnung einer Versicherung.

Wird ein Antrag auf Lebensversicherung von einer Person gestellt, die erst vor wenigen Monaten eine Phlebitis oder Thrombose überstanden hat, wie sie z. B. nach einem Partus (Phlegmasia alba dolens) oder nach einer Operation nicht so sehr selten auftritt, dann ist Aufschub der Versicherung für wenigstens 1 Jahr anzuraten.

Im allgemeinen muß als Regel gelten, daß jede Phlebitis bzw. Thrombose als eine ernste Erkrankung anzusehen ist, und daß noch geraume Zeit, nachdem sie scheinbar ganz abgeheilt ist, ein Rezidiv mit allen mit einer Phlebitis und Thrombose verbundenen Gefahren auftreten kann.

Anämie.

Die Anämie ist eine Erscheinung, die durch eine große Zahl von Ursachen und die verschiedensten Krankheitsprozesse hervorgerufen werden kann, eine Erscheinung, der denn auch in dem einen Falle eine nur geringe, zuweilen schnell vorübergehende, im anderen Falle dagegen eine sehr ernste Bedeutung zukommt. Hieraus folgt, daß die Anämie durchaus nicht an sich bei der ärztlichen Begutachtung zur Abweisung eines Antragstellers beschließen lassen darf, sondern daß vor Abgabe eines endgültigen Urteils nachgeforscht werden muß, welches die Ursache ist, die zur Entwicklung der Anämie geführt hat. Erst wenn der untersuchende Arzt hierüber zu einem positiven Resultat gekommen ist, kann er auch mit mehr oder weniger Sicherheit bestimmen, welche Bedeutung die Anämie für das Risiko der Versicherung hat oder haben kann.

Die Wahrnehmung der Erscheinung, d. h. die Feststellung, daß in einem bestimmten Falle eine Anämie besteht, ist nicht immer leicht und kann oft nicht ohne Hilfe der dazu angegebenen und allgemein bekannten Hilfsmittel geschehen. Bei einer oberflächlichen Untersuchung kann man nach zweierlei Richtungen hin sich beträchtlich irren. Einmal wird man einen Antragsteller auf Grund einer wohl scheinbaren, aber nicht wirklich bestehenden Anämie (Pseudoanämie) abweisen, ein anderes Mal dagegen einem Antrage zustimmen, trotzdem eine nicht unbeträchtliche Anämie vorhanden ist.

Es ist durchaus nicht genügend, zur Erkennung einer Anämie nur die Gesichtsfarbe genau zu betrachten. Bleiche Gesichtsfarbe kommt oft bei Personen mit vollkommem guter Blutmischung vor, dagegen kann eine gerötete Gesichtsfarbe beim Vorhandensein eines beträchtlichen Grades von Anämie bestehen. Die Farbe des Gesichts ist ja abhängig vom Zustand und der Füllung der Hautgefäße, deshalb auch von vasomotorischen Einflüssen.

Einen besseren Fingerzeig zur Beantwortung der Frage, ob eine Anämie besteht oder nicht, gibt, wie dies schon in dem Kapitel „Objektive Untersuchung“ dieses Buches auseinandergesetzt ist, die sorgfältige Betrachtung der Färbung der sichtbaren Schleimhäute und insbesondere die Injektion der Gefäße der Conjunctivae palpebrarum. Aber auch dabei ist man vor einer falschen Diagnose nicht gesichert. Wird ein aufmerksamer Untersucher eine starke Injektion der conjunctivalen Blutgefäße, die die Folge einer Conjunctivitis ist, wohl sofort als solche erkennen, so ist er in einem derartigen Falle gezwungen, sich nach einem anderen Hilfsmittel umzusehen, um eine evtl. vorhandene Anämie feststellen zu können. In der Farbe der Lippen oder des Gaumens darf man auch keinen zuverlässigen Anhalt für die Erkennung einer Anämie erblicken.

In den meisten Fällen braucht man aber, auch ohne daß eine Blutuntersuchung selbst vorgenommen wird, nicht im Zweifel bei der Frage zu sein, ob eine Anämie besteht. Man kann also mit den allereinfachsten Untersuchungsmitteln auskommen. In Zweifelsfällen, sogar dann, wenn man vielleicht sofort mit Sicherheit sagen kann, daß eine Anämie besteht, muß die Frage erwogen werden, ob auch noch eine Untersuchung des Blutes vorgenommen werden muß.

Bei einer genauen Durchsicht der Anamnese und der bei der objektiven Untersuchung erhaltenen Resultate wird man wohl in den meisten Fällen einen guten Einblick in die Ursache der evtl. vorhandenen Anämie und damit in den Charakter der bestehenden krankhaften Veränderungen bekommen können. Man wird sich so auch ohne hämatologische Untersuchung aus in jeder Hinsicht genügenden Gründen klar darüber werden können, ob man zu einer Abweisung des Antragstellers, vorsichtshalber vielleicht zu einer Abweisung auf bestimmte Zeit, raten muß.

Bei Bestehen einer Anämie oder in Zweifelsfällen zur *Annahme* eines Antrages auf Versicherung ohne hämatologische Untersuchung zu raten, wird wohl nur in sehr vereinzelten Ausnahmefällen gestattet sein. Wird man doch in derartigen Fällen nur durch die hämatologische Untersuchung Sicherheit nicht nur über ein etwaiges Bestehen einer Anämie, sondern auch über ihren Grad und ihre Art bekommen können.

In vielen Fällen kann man die hämatologische Untersuchung auch nicht entbehren, um bestimmen zu können, welche Bedeutung der Anämie für den betreffenden Patienten zukommt. So ist, um dies durch ein klares Beispiel zu verdeutlichen, die perniziöse Anämie vielfach nicht ohne hämatologische Untersuchung mit Sicherheit zu erkennen, wenn auch die Erscheinungen deutlich genug sind. *Überdies muß auch bedacht werden, daß Kranke mit perniziöser Anämie nicht immer während des ganzen Verlaufs der Krankheit anämisch sind.*

Ist der untersuchende Arzt mit den gebräuchlichen Methoden der hämatologischen Untersuchung nicht genügend vertraut — was in der Jetztzeit nicht mehr der Fall zu sein braucht —, dann wird also in den obenerwähnten Fällen die Hilfe eines in derartigen Untersuchungsmethoden erfahrenen Arztes angerufen werden müssen.

Ist in einem bestimmten Falle das Bestehen einer Anämie mit Sicherheit festgestellt, so bedenke man, daß die Anämie die Folge sein kann von:

a) *Blutungen,*
b) *Krankheiten,*
c) *Vergiftungen,*
d) *progressiver perniziöser Anämie und Chlorose.*

Es bedarf keines Beweises, daß das Erkennen der Ursachen der Anämie die wichtigsten Hinweise für die Prognose liefert. Ist die Ursache der Anämie in einer Blutung vorübergehender Art oder einer Krankheit, wie z. B. Chlorose, zu suchen, von der man annehmen kann, daß sie vollständig geheilt werden wird, dann darf man auch erwarten, daß die Anämie verschwinden wird, und kann also die Prognose günstig stellen. Liegt aber der Anämie ein unheilbares Leiden zugrunde, wie z. B. Carcinom oder progressive perniziöse Anämie, dann kann natürlich vom Abschluß einer Lebensversicherung keine Rede sein.

Wir dürfen aber nicht versäumen, nachdrücklichst darauf hinzuweisen, daß nicht nur die *Ursache* der Anämie, sondern auch der *Grad* der Blutarmut für die Bestimmung der Prognose von Wichtigkeit ist. Ist die Blutarmut groß, ist aber ihre Ursache eine einfache traumatische Blutung, so schiebe man die Versicherung auf und warte ab, ob der Organismus sichtlich imstande ist, den erlittenen Blutverlust zu überwinden und wieder zu ergänzen. Nicht selten ist es der Fall, daß eine einzige heftige Blutung zu einem hohen Grade von Anämie führt und eine bleibende Anämie mit allgemeiner Schwäche zur Folge hat. Aber vor allem sind es wiederholte Blutungen, sogar auch kleine, aber häufig wieder auftretende, die zu unheilbarer Anämie und damit Hand in Hand gehender Erschöpfung führen. Auch bei nicht starken Graden von Anämie betrachte man immer das Vorkommen von Mikrocyten und Poikilocyten und auch die gleichzeitig bestehende Leukopenie als ungünstige Erscheinungen.

Wir wollen jetzt noch etwas eingehender über die oben angegebenen verschiedenen Ursachen der Anämie sprechen.

a) *Blutungen.* Sie sind sicher die meist vorkommende Ursache der Anämie. Aber erst seit kurzer Zeit, vor allem durch die noch nicht lange erworbene Kenntnis der Häufigkeit sog. okkulter Blutungen, ist das vielfache Vorkommen chronischer Blutungen als Ursache der Blutarmut bekanntgeworden. Auch für die Lebensversicherung ist diese Kenntnis von großer Bedeutung, da sie uns, selbst auch beim Bestehen eines geringen Grades von Anämie, oft auf die Spur einer schweren Krankheit bringen kann.

Unschwer ist die Ursache einer Blutarmut zu erkennen, wenn infolge eines Traumas, einer Zerreißung von Blutgefäßen oder einer Operation ein heftiger Blutverlust eingetreten ist. Der Blutverlust war dann ja auch sofort sichtbar. Aber auch wenn infolge eines Traumas Anämie auftritt, ohne daß äußerlich von einer Blutung etwas festzustellen ist, wird die Diagnose der Ursache der Anämie keine Schwierigkeiten machen. Die Diagnose: innere Blutung, z. B. durch Zerreißung der Leber, Niere oder Milz, liegt dann auf der Hand. Dasselbe gilt für heftige Blutungen aus den weiblichen Genitalien, während oder nach einem Partus, bei Abort und Tumor uteri, aus dem Darmkanal infolge von Ulcerationen (Ulcus rotundum ventriculi resp. duodeni, tuberkulöse oder typhöse Darmgeschwüre, Carcinom des Magens oder Darms), von Polypen im Rectum, von Hämorrhoiden, aus dem Magen oder Oesophagus (Hämatemesis bei Ulcus oder Carcinoma ventriculi, bei Cirrhosis hepatis), aus den Lungen (abundante Hämoptöe bei Phthisis pulmonum oder bei Bronchiektasien), aus der Nase (Ulcerationen der Nasenschleimhaut, Polypen in der Nase, Arteriosklerose, chronische Nephritis, Leukämie, Skorbut, Purpura) oder endlich aus Varicen an den Beinen.

Ohne große Schwierigkeit wird man in all diesen Fällen durch Befragen des Antragstellers einer längere oder kürzere Zeit vorausgegangenen Blutung auf die Spur kommen und infolgedessen auch der Erkrankung, durch welche die Blutung vermutlich hervorgerufen wurde. Mit dieser Kenntnis ausgestattet, ist der untersuchende Arzt auch meist in der Lage, richtig zu beurteilen, ob die primäre Ursache der Blutung bzw. der Anämie als abgeheilt anzusehen ist, oder ob eine Heilungsmöglichkeit besteht und, wenn letzteres der Fall ist, ob eine Heilung wahrscheinlich ist. So wird er in dem einen Falle zu einem Aufschub der Versicherung, im anderen zu einer direkten Abweisung raten können und müssen. Solange ein einigermaßen beträchtlicher Grad von Anämie besteht, wird er aber in keinem Falle, wie wir oben bereits ausführten, den Antragsteller bedingungslos empfehlen.

Ist eine eventuelle Anämie durch weniger heftige, aber wiederholte Blutungen verursacht, so kann es vorkommen, daß der Versicherungsanfrager bei der Aufnahme der Anamnese davon nichts mitteilt, sei es absichtlich, sei es, was sehr gut möglich ist, daß er den Blutungen keinen besonderen Wert beigelegt hat. Der Arzt wird also, will er die Ursache der Anämie entdecken, an allerlei bekannte Ursachen wiederholter kleiner Blutungen denken müssen und danach seine Fragen einzurichten haben. Im Hinblick darauf erinnern wir hier nochmals an die Möglichkeit der Entwicklung einer Anämie durch wiederholte kleine Blutungen aus der Nase (Ulcerationen der Nasenschleimhaut, Arteriosklerose, chronische Nephritis, Leukämie, hämorrhagische Diathese), aus den Lungen (wiederholte Hämoptöe), aus Varicen, aus den weiblichen Geschlechtsorganen (Hypermenorrhöe, Myoma uteri, Carcinoma uteri), aus Blase und Nieren (Tumor renis, Tumor vesicae, Tuberculosis renis, chronische hämorrhagische Nephritis).

Aber vor allem denke der untersuchende Arzt auch an die wiederholten kleinen Blutungen, die dem Patienten selbst ganz unbekannt sind, an die oben bereits erwähnten *okkulten Blutungen* bei Ulcus rotundum ventriculi resp. duodeni und bei Magencarcinom. Ist für eine evtl. bestehende Anämie keine deutliche Ursache zu finden, dann versäume man niemals, an die Möglichkeit okkulter Blutungen zu denken, besonders natürlich bei der Untersuchung von Personen im Alter von mehr als 40 Jahren. Selbstverständlich gilt dies auch bei geringen Graden der Anämie. Ohne wiederholte Untersuchung der Faeces auf etwa vorhandene Blutspuren wird man einen Antragsteller, der ein Alter von 40 Jahren erreicht hat, selbst wenn er nur einen geringen Grad von Anämie aufweist, für die aber keine deutliche Ursache zu finden ist, nicht empfehlen dürfen. Man rate zu einem Aufschub von wenigstens einem halben Jahre.

Bei Menschen, die in den Tropen oder in Gegenden gewohnt haben, wo das Anchylostoma duodenale vorkommt, denke man an diesen Eingeweidebewohner als den möglichen Erreger einer eventuellen Anämie. Die mikroskopische Untersuchung der Faeces auf die eventuelle Anwesenheit von Eiern des genannten Parasiten verleiht dann bald Sicherheit.

b) *Krankheiten.* Es ist mehr als bekannt, daß alle Infektionskrankheiten einen nachteiligen Einfluß auf die Zusammenstellung des Blutes ausüben und zu mehr oder weniger beträchtlichen Graden von Anämie führen können. In besonderer Weise gilt dies aber für die Sepsis, für Strepto- und Staphylokokkeninfektionen, für die Polyarthritis rheumatica acuta, für chronische Eiterungsprozesse und Malaria. Auch die Syphilis führt nicht selten zu Anämie, besonders im 3. Stadium der Krankheit. Die Anämie als Folge der Syphilis erreicht oft einen hohen Grad. Von manchen Autoren wird angenommen, daß Syphilis zur Entwicklung der progressiven, perniziösen Anämie führen kann.

Unter den Krankheiten, die Anämie zur Folge haben können, müssen vor allem die indische Mundfäule (Aphthae tropicae) und die chronische Dysenterie genannt werden. Aber auch bei Patienten, die niemals in den Tropen gewesen sind, gibt eine chronische Enteritis (chronische Diarrhöe) zuweilen zu Anämie Veranlassung. Daß derartige Patienten für eine Lebensversicherung nicht in Betracht kommen können, ebensowenig wie Kranke mit indischer Mundfäule oder chronischer Enteritis, auch dann nicht, wenn sie zeitweilig beschwerdefrei sind (besonders die indische Mundfäule verläuft meist mit langdauernden Remissionen, während welcher der Patient *scheinbar* geheilt ist), braucht kaum ausdrücklich hervorgehoben zu werden.

Wir erinnern daran, daß alle Krankheiten, bei denen eine sog. hämorrhagische Diathese besteht, auch Anämie zur Folge haben und erwähnen zum Schlusse noch, daß Knochenmarkstumoren (Carcinom, Myelom) Ursache einer Anämie sein können.

c) *Vergiftungen.* Von den Giften, die Anämie hervorrufen können, kommt praktisch fast ausschließlich das Blei in Frage. Bei Ungewißheit über die Ursache einer in einem gegebenen Fall evtl. gefundenen Anämie wird man also auch an die Möglichkeit einer Bleivergiftung zu denken haben (z. B. durch Trinken von bleihaltigem Wasser), und dies um so mehr, als es sich ereignen kann, daß jemand ohne sein Wissen Blei zu sich nimmt und auf diese Weise vergiftet wird. Für die Diagnose wird die mikroskopische Untersuchung des Blutes (basophile Granula in den roten Blutkörperchen) und die Untersuchung des Urins (Hämatoporphyrinurie) gute Dienste leisten können.

Ferner sei daran erinnert, daß auch der Gebrauch von Arsenik Anämie erzeugen kann, ebenso der Gebrauch von Anilinderivaten, wie Antifebrin und Phenacetin. Ich habe Fälle beobachtet, in denen Patienten zur Bekämpfung von Kopfschmerzen geraume Zeit hindurch ziemlich große Mengen dieser Heilmittel eingenommen hatten und infolgedessen anämisch geworden waren.

Die bekannten hämolytischen Gifte brauchen wir hier nicht zu besprechen, weil sie für die Lebensversicherung ohne praktische Bedeutung sind.

Wir wollen nur noch mit einigen Worten die Möglichkeit auseinandersetzen, daß Gifte aus Eingeweidewürmern Anämie hervorrufen können. Wahrscheinlich wirken Anchylostomen nicht nur durch die von ihnen verursachten multiplen Blutungen aus der Darmschleimhaut anämisierend, sondern auch durch ein hämolytisches Gift, das sie produzieren. Das gleiche wird als möglich angenommen von den Taenien, den Ascariden, dem Trichocephalus dispar und der Anguillula. Sicher ist es aber beim Botriocephalus latus der Fall, der indessen, soweit bekannt, bei uns zu Lande nicht vorkommt. Jedoch ist es selbstverständlich, daß bei Menschen, die im Auslande gelebt haben, auch an die Möglichkeit, daß sie Träger fremder Eingeweideparasiten sind, gedacht werden muß. Wir erachten es deswegen auch nicht für unangebracht, hier daran zu erinnern, daß die Botriocephalusanämie bezüglich der dabei vorkommenden Blutveränderungen eine auffallende Übereinstimmung mit der progressiven, perniziösen Anämie aufweist.

d) *Progressive perniziöse Anämie.* Chlorose. In diesem Abschnitt müssen wir über zwei Krankheiten sprechen, die bezüglich der Prognose, welche bei ihnen in weitaus der Mehrzahl der Fälle gestellt werden muß, sich ungefähr verhalten wie Schwarz zu Weiß. Bei der perniziösen Anämie ist, und dies gilt absolut sicher für den Lebensversicherungsarzt, die Prognose durchaus ungünstig zu stellen, während die Vorhersage bei der Chlorose günstig lauten kann. Im einen Falle also bedingungslose Zurückweisung des Antragstellers, im anderen nur Aufschub der Versicherung und Wiederholung der Untersuchung nach höchstens 3 Monaten. Ist die Diagnose vom untersuchenden Arzt mit mehr oder weniger Wahrscheinlichkeit auf Chlorose gestellt, dann raten wir, die Untersuchung am besten nach nicht zu langer Zeit zu wiederholen, weil es gerade für die Chlorose charakteristisch ist, daß sie unter einer zweckmäßigen Eisentherapie in 2, höchstens 3 Monaten auszuheilen ist, während andere Formen der Anämie, mit Ausnahme der posttraumatischen bzw. postoperativen Anämie nicht die schnelle Heilbarkeit durch Eisenmittel aufweisen. Die schnelle Heilung einer Anämie kann also, und dies gerade für den Lebensversicherungsarzt, für die Diagnose ein Hilfsmittel von großem Werte sein. Und dieses Hilfsmittel ist von um so größerem Wert, weil die Diagnose: Chlorose, durchaus nicht so leicht mit dem Maß von Sicherheit zu stellen ist, wie dies in der Praxis vielfach angenommen wird. Freilich ist die Beobachtung eines beträchtlichen Grades von Anämie bei einem Mädchen in der Zeit der Pubertätsentwicklung und ohne Abmagerung einhergehend ein genügender Grund, um eine Chlorose zu diagnostizieren. Sicher ist aber die Diagnose nicht. Auch die Blutuntersuchung kann dabei keine ausschlaggebenden Resultate liefern, obwohl ein niedriger Färbeindex (Hämoglobingehalt im

Verhältnis zur Zahl der roten Blutkörperchen sehr niedrig), der nicht mit einer Änderung in der Zahl der Leukocyten einhergeht, in einem derartigen Falle sehr stark für die Diagnose der Chlorose spricht. Nach meiner Ansicht aber unterliegt es keinem Zweifel, daß die sog. latente Tuberkulose sich nicht selten hinter dem Bilde der Chlorose versteckt. Die schnelle Heilbarkeit mit Eisen halte ich in derartigen Fällen für ein Zeichen von überragender Bedeutung für die Diagnose.

Auch die progressive perniziöse Anämie ist in vielen Fällen nicht leicht zu erkennen. Wir erinnerten bereits oben an die zuweilen sehr lange anhaltenden Besserungsperioden, an eine sehr trügerische scheinbare Genesung, die bei dieser wohl immer schließlich letal verlaufenden Krankheit beinahe in allen Fällen vorkommen. Ist Grund vorhanden, an eine perniziöse Anämie zu denken, so ist eine erschöpfende Blutuntersuchung erwünscht, man kann sich vielleicht aber auch mit der Bestimmung des Färbeindex begnügen. Ist bei einer bestehenden Anämie der Färbeindex bestimmt größer als 1, dann muß der Antrag abgelehnt werden. Aber die Schwierigkeit, auf die wir vor allem aufmerksam machen wollen, ist, daß ein Patient mit perniziöser Anämie sich in einem Stadium der Remission der Krankheit zu einer Versicherung anmeldet und vielleicht vollkommen guten Glaubens sich selbst für durchaus gesund erklärt. Aus der Anamnese wird dann hervorgehen müssen, daß die zu untersuchende Person noch kurz zuvor an Blutarmut gelitten hat und wahrscheinlich auch, daß sie mit Arsenik behandelt und danach geheilt ist. In einem derartigen Falle versäume man dann nicht, eindringlichst nach den Funktionen der Verdauungsorgane zu fragen. Man frage vor allem, ob der Antragsteller nicht an langwieriger Diarrhöe gelitten hat oder wenigstens an etwas häufigerem und nicht normal geformtem, breiigem Stuhlgang. Denn in der großen Mehrzahl der Fälle von perniziöser Anämie ist bereits geraume Zeit vor dem Auftreten der charakteristischen Krankheitserscheinungen, der Stuhlgang fast regelmäßig etwas zu frequent, zwei- bis dreimal am Tage und nicht wie gewöhnlich geformt, sondern mehr oder weniger breiig. Diese Diarrhöe ist zumeist nicht so stark, daß der Kranke deswegen ärztliche Hilfe in Anspruch nimmt. Nicht selten sagten derartige Patienten mir, daß sie die „gehörige“ Entleerung als ein günstiges Symptom, sogar als eine Bürgschaft für die Gesundheit angesehen hatten, in der glücklichen Überzeugung, daß „ein offener Leib“ das Haupterfordernis für ein gesundes und glückliches Leben sei!

Ferner weisen wir darauf hin, daß bei der perniziösen Anämie zuweilen Veränderungen an der Zunge und der Mundschleimhaut vorkommen. Man beobachtet eine rote glatte Zunge und Eruptionen von schmerzhaften Aphthen, Erscheinungen, wie sie bei der indischen Mundfäule (Aphthae tropicae) zu sehen sind. Bei der Aufnahme der Anamnese denke man daran.

In der Regel kann man auch bei Kranken mit perniziöser Anämie und dies sogar meist auch in einem Remissionsstadium der Krankheit, Druckschmerzhaftigkeit des Corpus sterni finden. Es ist dies ein sehr wichtiges Symptom, obwohl es auch wieder nicht als eine sog. pathognomische Erscheinung zu betrachten ist. Es kommt auch bei anderen Erkrankungen des Knochenmarks, so z. B. bei der myeloischen Leukämie vor.

Schließlich heben wir noch hervor, daß bei der perniziösen Anämie, bis auf einzelne Ausnahmen auch in den Zeiten der Besserung oder scheinbarer völliger Genesung, der Färbeindex größer als 1 bleibt und bei der morphologischen Untersuchung des Blutes einzelne anormale Blutkörperchen (Mikrocyten, Makrocyten, Poikilocyten) nicht zu fehlen pflegen, während die Zahl der Blutplättchen verringert ist.

Bei einer sorgfältigen Untersuchung ist daher die perniziöse Anämie wohl in allen Stadien ihres Verlaufs festzustellen.

Otitis media.

Die Veränderungen am Gehörorgan können für die Beurteilung des Risikos einer Versicherung von großer Bedeutung sein und verdienen darum eine besondere Besprechung.

Nicht so sehr deswegen, weil Ohrkrankheiten so oft die Ursache des Todes sind. Der chronische Mittelohrkatarrh, die Otosklerose, kann indirekt durch die damit verbundene Taubheit für den Patienten eine gewisse Gefahr bedeuten, groß ist diese Gefahr jedoch nicht, weil die Erfahrung lehrt, daß taube Menschen im allgemeinen vorsichtig sind und ihre Augen gut zu gebrauchen wissen. Auch die chronische eitrige Mittelohrentzündung führt nicht häufig zum Tode. BEZOLD fand bei 1702 Fällen eine Mortalität von 0,5%, BURGER bei 539 Fällen in der Privatpraxis eine solche von 0,46%[1]. Wohl könnte man dem entgegenhalten, daß diese niedrige Mortalität ebensosehr auf die gute Behandlung wie auf die ziemliche Gutartigkeit der Erkrankung hinweisen, und daß also die Sterblichkeit bei nicht oder schlecht behandelten Fällen höher sein kann. Dem steht aber wieder entgegen, daß bei einer Reihe chronischer eitriger Entzündungen keine ärztliche Hilfe in Anspruch genommen wird, da man häufig nur in schweren Fällen nach dieser verlangt.

Jedoch müssen die Ohrentzündungen hier besprochen werden, weil eine Otitis purulenta direkt den Tod verursachen *kann* (Meningitis, Sinusthrombose, Hirnabsceß), und weil die Erkennung und Beurteilung so schwierig sind. Die Otorrhöe, das am meisten hervortretende Symptom, braucht kein Beweis für eine Otitis media zu sein, sondern kann die Folge einer ganz harmlosen Entzündung des Gehörgangs sein. Dagegen kann bei schwerer Mittelohrentzündung ein eitriger Ausfluß fehlen (vor allem bei den so gefürchteten Entzündungen der Kuppel der Paukenhöhle). Gerade in diesen Fällen entgeht die Veränderung häufig der Beobachtung eines im Ohrenspiegeln nicht sehr erfahrenen Untersuchers. Daher riet BURGER, in solchen Fällen die Untersuchung von einem Spezialisten vornehmen zu lassen.

BURGER weist darauf hin, daß, während im allgemeinen die Prognose bei Otitis media purulenta chronica gut ist, bestimmte Fälle doch sehr gefährlich werden können. Als solche nannte er:

1. Entzündung der Kuppelhöhle oder der Mastoidhöhle.
2. Entzündung tuberkulöser Natur oder Cholesteatom.
3. Die Komplikation mit Periostitis und Ostitis.
4. Die Komplikation mit Facialisparalyse.
5. Entzündung einhergehend mit Schwindel, Kopfschmerz oder Verengerung des Gehörgangs.

In allen diesen Fällen tut man gut daran, eine Versicherung abzulehnen. Die anderen Fälle von eitriger chronischer Mittelohrentzündung können gegen Prämienerhöhung angenommen werden.

Hat die Eiterung vollkommen aufgehört, so kann man den Antragsteller gegen die normale Prämie annehmen. Nur eine bleibende Perforation des Trommelfells ist ein Grund für eine geringe Prämienerhöhung.

Auch nach einer Radikaloperation kann der Antragsteller gegen eine leichte Erhöhung angenommen werden. Man tut aber gut daran, in derartigen Fällen zu versuchen, in Erfahrung zu bringen, was bei der Operation gefunden wurde,

[1]) Bericht von Prof. Dr. H. BURGER auf dem Kongreß von Versicherungsärzten in Amsterdam 1900.

weil eine Ablehnung geboten ist, wenn es sich herausstellt, daß Tuberkulose oder Cholesteatom die Ursache der Erkrankung waren.

Der gewöhnliche Mittelohrkatarrh, ebenso wie doppelseitige Taubheit und vom Gehörorgan ausgehender Schwindel sind für das Leben nicht gefährlich und stehen also einer Versicherung gegen normale Prämie nicht im Wege. Auch die Facialisparalyse, die nach der Abheilung einer Otitis übriggeblieben ist, braucht kein Anlaß zu Besorgtheit zu sein.

Bei akuten Krankheiten des Mittelohres schiebe man, wie bei allen anderen akuten Krankheiten die Versicherung bis nach der Heilung auf.

Mithöfer[1]) sieht in einer trockenen Perforation des Trommelfells keinen Anlaß zur Prämienerhöhung, wenn die Perforation zentral gelegen, und keine Erkrankung des Nasen-Rachenraums vorhanden ist. Besteht diese aber, so muß sie erst behandelt werden, eine Prämienerhöhung ist danach noch wünschenswert. Eine marginale Perforation betrachtet er als einen Grund zur Ablehnung, ebenso wie eine unvollständige Heilung einer Mastoidoperation mit Erkrankung der Knochen des Promontoriums oder Antrums. Sonst kann auch jemand mit einer unvollständigen Heilung nach einer Radikaloperation gegen Prämienerhöhung angenommen werden. Ist die Operationswunde vollkommen geheilt, so ist Prämienerhöhung nicht mehr nötig.

Schwangerschaft.

Welches Urteil ist abzugeben, wenn eine Schwangere eine Lebensversicherung abschließen will?

Zweifellos wird das Leben der Frau während der Schwangerschaft, Geburt und des Wochenbettes von mehr als gewöhnlichen Gefahren bedroht. Teilweise sind diese Gefahren die indirekte Folge der Schwangerschaft, weil bestehende Krankheiten sich verschlimmern (Tuberkulose, Nephritis), teilweise bringt die Gravidität selbst mit dem darauffolgenden Partus Gefahren mit sich (Eklampsie, Verblutungen, Wochenbettfieber). Alle diese Ursachen zusammen geben eine teilweise Erklärung der höheren Sterblichkeit der verheirateten Frauen und der versicherten Frauen im geschlechtsreifen Alter (s. S. 7 u. 28 u. 29). Zum großen Teile wird aber auch der allgemein schwächende Einfluß wiederholter Geburten die Ursache sein.

Besonders die direkten Folgen der Schwangerschaft haben wir hier im Auge, weil die indirekten schon an sich, auch ohne die Komplikation der Gravidität, noch stärker natürlich mit dieser Komplikation, ein Grund zur Abweisung sein werden.

Im allgemeinen wird diese direkte Gefahr bei Primiparae größer als bei Multiparae sein (Eklampsie, Dystopien).

Man bedenke ferner, daß eine vorgeschrittene Schwangerschaft die Untersuchung durch die anormalen anatomischen Verhältnisse erschwert, und dadurch Erscheinungen hervorgerufen werden können, die unter gewöhnlichen Umständen eine ernste Bedeutung haben, als Graviditätsymptome, aber von viel weniger unheilverkündendem Charakter sind, deren rechte Bedeutung in diesem Zustande jedoch nicht beurteilt werden kann, z. B. die Glykosurie. Endlich gibt die Möglichkeit eines baldigen Todes oft Veranlassung zu Spekulation von dritter Seite.

Man kann nun einwenden, daß die Gefahren einer Schwangerschaft oder Geburt auch der meisten nicht schwangeren verheirateten Frauen warten, und daß die Unverheirateten beim Abschluß einer Versicherung nicht das Gelöbnis

[1]) Nach einem Referat in Med. record 1914, 26. Dez., S. 1103.

der Ehelosigkeit abzulegen brauchen. Aber es ist doch etwas anderes, ob man es mit einem wirklich bestehenden Zustand oder mit der Möglichkeit des späteren Eintritts dieses Zustandes zu tun hat.

Gefahren sind also vorhanden. Aber um die Richtschnur seines Handelns zu kennen, wenn eine Anfrage um Versicherung an uns herantritt, muß man auch wissen, wie groß diese Gefahr ist. Eine gute Übersicht hierüber gibt das Werk von Dr. CATH. VAN TUSSENBROEK: „De ontwikkeling der aseptische verloskunde in Nederland.“ Hierin findet man berechnet, daß im Jahre 1900 von den Wöchnerinnen (zwischen 20 und 50 Jahren) gestorben sind:

in den 4 großen Städten[1]	3,9‰
„ 13 kleineren Städten	5 ‰
„ 47 Landgemeinden (Durchschnitt von 1895–1911 einschl.)	4,6‰

Von der Allgemeinsterblichkeit der Frauen zwischen 20 und 50 Jahren betrug die Sterblichkeit im Wochenbett im Jahre 1900:

in Amsterdam	6,6% (0,4‰ gegen 6‰)
in den 4 großen Städten	8,3% (0,5‰ „ 6‰)

Es geht also daraus hervor, daß die Gefahren, die gegenwärtig[2]) bei uns die schwangere Frau bedrohen, nicht so sehr groß sind. Für die Frauen, die für eine Lebensversicherung in Betracht kommen, wird die Sterblichkeit sicher nicht höher, eher etwas niedriger sein (s. Fußnote 2 auf S. 35).

Früher verhielt sich dies alles jedoch anders, und es ist also begreiflich, daß man das hieraus entspringende größere Risiko nach Gebühr zu decken versucht hat. Der sicherste Weg ist natürlich, daß man nicht nur die Schwangeren, sondern alle Frauen von einer Versicherung ausschloß oder nur gegen Prämienerhöhung annahm. Diese rigorose Maßregel wird nun wohl nirgendwo mehr angewandt[3]).

Zwar wird bei einigen Gesellschaften die Schwangerschaft noch als ein Hindernis für die Versicherung angesehen. So sagt GREENE in seinem Lehrbuch: „Pregnancy is a bar to life-insurance.“ Man schiebt die Versicherung dann auf, bis die Frau vollkommen von ihrem Wochenbett geheilt ist. Diese Auffassung wurde auf dem Kongreß der Versicherungsärzte in Berlin im Jahre 1903 auch von TISSIER verteidigt, fand damals jedoch viel Widerstand. Die mit einem solchen Aufschub verbundenen nichtärztlichen Bedenken können zuweilen sehr groß sein. Deswegen waren viele der Ansicht, einen solchen Aufschub bis nach dem Wochenbett nur bei Primiparae zu verlangen, jedoch bei Multiparae dann, wenn die vorigen Geburten gut verlaufen waren und die Schwangerschaft nicht zu weit vorgeschritten ist, gegen das Abschließen einer Versicherung keine Bedenken zu hegen. Bei der „Gotha“ werden, wie FLORSCHÜTZ auf dem Kongreß mitteilte, alle Schwangeren angenommen. Nur bei vorgeschrittener Gravidität (7. Monat) wird Aufschub verlangt, sowohl weil die Untersuchung dann zu schwierig ist als auch, um der Spekulation vorzubeugen. Bei den Skandinavischen Gesellschaften besteht der Grundsatz, alle Graviden anzunehmen, jedoch unter der einschränkenden Bedingung, daß bei Todesfall im Wochenbett keine Kapitalauszahlung stattfinden wird. SVEN PALME teilte auf dem Kongreß mit, daß man diese Maßregel noch niemals habe anzuwenden brauchen.

[1]) Amsterdam, Rotterdam, 's-Gravenhage, Utrecht.

[2]) Es liegt kein Grund vor, eine große Änderung der Mortalität nach 1900 anzunehmen.

[3]) Jedoch findet man etwas ähnliches noch bei der „Gotha“. Diese Gesellschaft wendet bei Frauen bis zum 40. Jahre eine Prämienerhöhung von 1,5‰ des Kapitals an, sie kürzt jedoch die Prämie nach dem 55. Jahr (nach Ablauf von 5 Versicherungsjahren) wieder um 3‰ des Kapitals. Diese Maßregel ist aber nicht so sehr im Hinblick auf die Graviditätsgefahren getroffen, sondern wohl wegen der Erfahrungen bezüglich der Sterblichkeit von versicherten Frauen. (P. RECKZEH: Soziale Medizin. S. 186.)

Uns erscheint folgende Handlungsweise am geeignetsten:

1. bei vorgeschrittener Schwangerschaft (7. Monat) Aufschub,

2. Multiparae unter normalen Bedingungen annehmen, wenn die vorigen Geburten ohne Störung verlaufen sind[1]) und die Frau weiter keine Abweichungen aufweist (z. B. Albuminurie, Glykosurie, Hängebauch, starke Varicen). Sonst Aufschub.

3. Primiparae unter normalen Bedingungen annehmen, wenn keine Abweichungen gefunden werden und namentlich der Körperbau nichts zu wünschen übrig läßt. Ist das letztere doch der Fall, und erheben sich einige Zweifel bezüglich des Baues des Beckens, so muß eine spezialistische Untersuchung verlangt werden.

Überdies wird man auch auf die sozialen Verhältnisse achten müssen, namentlich auf die Möglichkeit ausreichender obstetrischer Hilfe. Bei einer schwangeren Frau z. B., die nach dem Inneren Indiens reist, wird ein Aufschub zweifellos wünschenswert sein.

Albuminurie.

Wenn bei der Untersuchung des Urins aus den Nieren stammendes Eiweiß gefunden worden ist, erheben sich verschiedene Fragen, die zu den schwierigsten auf dem Gebiete der Lebensversicherungsmedizin gehören. Muß jede echte Albuminurie als Symptom einer organischen Nierenerkrankung betrachtet werden? Und muß jeder Nephritiskranke von einer Versicherung ausgeschlossen werden? Oder, wenn nein, unter welchen Bedingungen kann er angenommen werden?

Bei der Behandlung der ersten Frage wird selbstverständlich die Albuminurie durch kardiale Stauung unberücksichtigt gelassen.

Häufig wird eine Albuminurie das Zeichen einer echten leicht zu diagnostizierenden Nephritis[2]) sein. Man wird eine ziemlich beträchtliche Menge Eiweiß finden (bei der Bestimmung nach Esbach 1‰ und mehr). Im Sediment wird man verschiedene Sorten von Zylindern sehen, namentlich granulierte, verfettete und mit weißen Blutkörperchen oder Epithelzellen bedeckte Zylinder. Der Blutdruck wird in der Regel höher sein als normal, die Gefäßwand oft verdickt. Zuweilen wird man den Herzspitzenstoß verbreitert, zuweilen hebend finden, die Herzdämpfung nach links vergrößert, den zweiten Aortenton verstärkt oder sogar klingend. Ja, es kommt vereinzelt vor, daß Menschen noch den Abschluß einer Versicherung beantragen, wenn bereits Netzhautablösungen (Blutungen, Retinitis albuminurica) nachzuweisen sind. Vielleicht wird man letzteres bezweifeln und glauben, daß jemand mit einer derart fortgeschrittenen Nephritis die bereits zu Augenerscheinungen geführt hat, doch nicht an einen Antrag auf Abschluß einer Lebensversicherung denken wird. Die Erfahrung lehrt anderes. Während manche Menschen ein merkwürdig richtiges Gefühl von der Schwere ihrer Krankheit haben, gibt es andere, die kaum von den ihnen drohenden Gefahren zu überzeugen sind. Ich behandelte einmal einen 40 jährigen Kaufmann, der Jahre zuvor an Lues gelitten hatte, und bei dem jetzt eine chronische Nephritis mit viel Eiweiß bestand. Es fanden sich beträchtliche Veränderungen an Herz und Gefäßen. Eine Woche, bevor der Patient in meine Behandlung kam, hatte er einen Schwindelanfall gehabt, glücklicherweise in

[1]) Eine Zangengeburt des ersten Kindes kann sich bei eingehender Erkundigung als bedeutungslos für die Prognose späterer Geburten herausstellen.

[2]) Die Bezeichnung Nephritis wird in diesem Kapitel in der alten Bedeutung einer diffusen Nierenerkrankung angewandt, gleichgültig, ob diese auf einer echten Entzündung oder einer Zelldegeneration beruht. Es wird also darunter verstanden werden sowohl was man gegenwärtig Nephrose, als auch was man Nephritis im engeren Sinne nennt.

der Nacht, als er schon zu Hause zu Bett lag. Der Hausarzt fand ihn mit einem doppelseitigen beträchtlichen Exophthalmus und einem beiderseitigen starken Blutaustritt unter die Bindehaut. Bei der Aufnahme des Mannes in das Krankenhaus bestand der Exophthalmus noch, die beiden Sclerae sahen infolge der Verfärbung des subconjunctivalen Blutes gelb aus, mit dem Augenspiegel waren zahlreiche Blutaustritte in die Netzhaut zu sehen. Dieser Mann hatte nicht den geringsten Begriff davon, was seiner wartete. Ungefähr 6 Wochen später ist er gestorben. Dies Beispiel ist eines von vielen. Merkwürdigerweise gehören zu denjenigen, die die allergeringste Einsicht in eine eigene schwere Krankheit haben, vielfach Ärzte. Unter anderen Fällen erinnere ich mich noch eines ziemlich jungen Arztes, der an bösartigen Geschwulsten erkrankt war (Lymphosarkomen). Die großen, harten, mit der Umgebung verwachsenen Lymphdrüsengeschwülste in der Oberschlüsselbeingrube, die heftigen in die Lenden und das Ischiasgebiet ausstrahlenden Schmerzen, eine Folge der Beckenmetastasen, ließen nicht den geringsten Zweifel übrig. Nichtsdestoweniger ist es mir nicht gelungen, diesen Kollegen von dem Ernst seines Leidens zu überzeugen und ihn davon abzuhalten, in diesem Zustande zu heiraten. Ein paar Monate nach der Heirat ist er nach qualvollstem Leiden gestorben.

Überdies hat der begutachtende Arzt es nur zu oft mit Leuten zu tun, die ohne Treu und Glauben sind. Kürzlich las ich in einem interessanten Büchlein, betitelt „Malingering“ (der Name des Verfassers ist mir entfallen), von einem Manne, der sich für eine bekannte englische Lebensversicherungsgesellschaft begutachten ließ, 2 Monate, nachdem ihm wegen Rectumcarcinoms ein Anus praeternaturalis angelegt worden war. Er hatte es in listiger Weise verstanden, die Kolonöffnung vor dem begutachtenden Arzt bedeckt zu halten!

Was ich an der Hand dieser Beispiele anzeigen will, ist, daß man wiederholt bei Menschen schwere und vorgeschrittene Organerkrankungen antreffen kann, ohne daß sie irgend etwas von Klagen mitteilen, sei es nun bona oder mala fide.

Bei der chronischen Nephritis sind wir nun gewöhnlich in der günstigen Lage, daß die Untersuchung des Urins und die körperliche Untersuchung uns sofort Ergebnisse liefern, auch ohne daß der Patient über Beschwerden geklagt hat.

Es kommen aber von Zeit zu Zeit Fälle vor, wo man im Urin Eiweiß findet, wo aber alle anderen Zeichen einer Nephritis fehlen. Fälle also, wo kein Scharlach oder andere Infektionskrankheiten vorangegangen, wo Herz und Gefäße vollkommen normal sind, wo im Fundus oculi keine Veränderungen angetroffen werden, und wo im Urinsediment entweder keine oder nur sehr vereinzelte hyaline Zylinder zu finden sind. In derartigen Fällen — in der Regel betrifft es jüngere Menschen — ist man im Zweifel, ob die Diagnose auf Nephritis gestellt werden darf. Vor allem in Hinblick auf solche Personen sprechen sich manche Gelehrte, wie Stokvis, Senator, Ultzmann, Fürbringer für Aufnahme gegen normale oder etwas erhöhte Prämie aus, ein Rat, der von den englischen Gesellschaften schon in die Praxis umgesetzt ist. Es scheint mir zweckmäßig, diese Fälle in die folgenden Gruppen einzuteilen, wobei — wie schon mehr als einmal hervorgehoben — die extrarenale Albuminurie und die durch kardiale Stauung hervorgerufene außer Betracht bleiben.

1. Albuminurie durch physiologische Einflüsse.
2. Albuminurie infolge von während der Untersuchung noch bestehendem Fieber nach Infektionskrankheiten, Vergiftungen und bei anderen Organerkrankungen.
3. Spontane Albuminurien.

Unter die erste Gruppe rechnen wir die meist geringe Eiweißausscheidung, die man von Zeit zu Zeit nach großen körperlichen Anstrengungen (forcierten

Märschen), nach Aufnahme von zu großen Mengen stickstoffenthaltender Nahrung, nach kalten Bädern oder bei sehr hohen Temperaturen, vereinzelt vielleicht nach heftiger psychischer Erregung auftreten sieht.

Alle diese Zustände liefern keine diagnostischen Schwierigkeiten, weil ihre Ursache bald gefunden wird. Im Zweifelsfalle kann ein Aufschub von einigen Wochen stattfinden, während welcher Zeit die schädlichen Einflüsse vermieden werden, wobei gleichzeitig in diesem Zeitraum der Urin wiederholt untersucht werden muß.

Bedenkt man, daß nach mäßigen sportlichen Anstrengungen bei durchschnittlich 50% und nach maximalen Anstrengungen bei 100% der untersuchten Personen Eiweiß im Urin vorgefunden wird, so kann selbstverständlich eine Albuminurie, welche durch übermäßige körperliche Anstrengungen hervorgerufen wird, kein Grund sein, den Antrag auf Lebensversicherung abzuweisen.

Wenn man annimmt, daß die Albuminurie die Folge einer übermäßigen körperlichen Anstrengung ist, muß man sich davon überzeugen, daß tatsächlich vor dem Auftreten der Albuminurie eine *sehr starke* Anstrengung stattgefunden hat. Ein kurzer Spaziergang oder eine kleine Radtour können nicht als genügender Grund angesehen werden. Wenn jemand Eiweiß im Urin hat nach einer Anstrengung von so geringer Intensität, daß sie bei der übergroßen Mehrzahl gesunder Menschen nicht dazu führt, dann beweist dies, daß bei ihm etwas nicht ganz in Ordnung ist und damit Rechnung gehalten werden kann und muß.

Die Märsche, die in LEUBES bekannter Untersuchung bei 19 der 119 gesunden Soldaten zur Eiweißabsonderung im Urin führten, waren wirklich anstrengend gewesen. Ebenso die Sportleistungen, nach denen auffallend oft Eiweiß im Urin vorgefunden wurde.

Die an zweiter Stelle genannten Albuminurien können vollkommen übergangen werden, weil sie die Folge anderer einwandfreier krankhafter Erscheinungen sind. Nach Heilung der primären Krankheit muß untersucht werden, ob die Albuminurie gänzlich verschwunden ist. Hat man es mit Dauerzuständen zu tun, so ist unsere Beurteilung von der primären Krankheit abhängig. Es möge hier nur daran erinnert werden, daß auch eine zu begutachtende Person zur Zeit der Untersuchung an einer akuten Krankheit leiden kann. Wie ich früher schon bemerkte, kommt es vor, daß ein Patient in der Sprechstunde von Kopf bis zu den Füßen sorgfältig untersucht wird, ohne daß Abweichungen zu finden sind. Aber man hat versäumt, darauf zu achten, daß sich die Haut des Patienten warm anfühlt, der beschleunigte Puls wird übersehen. Das Thermometer wird nicht eingelegt und keine Klarheit über den Zustand erhalten.

Wir gehen jetzt über zur Besprechung der Gruppe der spontanen Albuminurien, die im Laufe der Zeit die verschiedensten Bezeichnungen erhalten haben: physiologische, intermittierende, essentielle, orthostatische, orthotische, cyclische, juvenile Albuminurien und noch andere mehr.

Wir erinnerten bereits daran, daß v. LEUBE[1]) in einer berühmt gewordenen Untersuchung bei 19% von 119 daraufhin untersuchten Soldaten nach anstrengenden Märschen Eiweiß im Urin vorfand. Aber auch ohne daß dergleichen physische Anstrengungen vorhergegangen waren, fand er bei einer gewissen Anzahl von ihnen, nämlich in 4%, Albuminurie. v. LEUBES Abhandlung erregte großes Aufsehen, die Massenuntersuchung, besonders an Soldaten, wurde viele Male wiederholt, in der letzten Zeit noch in besonders großem Maße von v. HEKKER[2]). v. LEUBES Resultate konnten nur bestätigt werden.

---

[1]) v. LEUBE: Virchows Arch. f. pathol. Anat. u. Physiol. Bd. 72. 1878.

[2]) v. HECKER: Berlin. klin. Wochenschr. 1913, S. 1848.

Diese zahlreichen Untersuchungen lehren mit Sicherheit, daß Albuminurie bei gesunden jungen Männern in einem bestimmten Prozentsatz vorkommt, auch ohne daß außergewöhnliche Anstrengungen vorhergegangen sind.

Zur gleichen Zeit, als v. LEUBE seine Untersuchungen vornahm, und sogar schon früher hatten englische Ärzte auf das noch viel häufigere Vorkommen von Eiweiß im Urin älterer Kinder besonders in den Pubertätsjahren hingewiesen (GULL, MOXON). Dabei waren schon bald zwei höchst merkwürdige Kennzeichen dieser Albuminurie des jugendlichen Alters aufgefallen. Das eine ist, daß im Laufe des Tages der Eiweißgehalt des Urins sich ändert. Anfänglich ist der Urin eiweißfrei, dann tritt Eiweiß auf, die Menge nimmt zu, erreicht gegen Mittag ihr Maximum, um darnach wieder zu verschwinden: „cyclic Albuminuria" (PAVY). Die andere Eigenschaft ist die, daß das Eiweiß im Urin erscheint, wenn der Patient steht, um schnell zu verschwinden, wenn er liegt: „postural albuminuria" (STIRLING). Die englische, Stirlingsche Bezeichnung wurde später von TEISSIER in orthostatische Albuminurie geändert, während noch später HEUBNER es für nötig erachtete, von orthotischer Eiweißausscheidung zu sprechen. Wann wird man in unserer Wissenschaft endlich damit aufhören, die doch schon so komplizierten Probleme durch Bezeichnung mit verschiedenen Namen noch mehr zu verwirren?

Die Ansichten über das Wesen dieser Albuminurie haben von Anfang an einander scharf gegenüber gestanden. Die einen, und als einer ihrer hervorragendsten Wortführer aus der späteren Zeit möge SENATOR genannt werden, waren überzeugt, daß in derartigen Fällen eine wenn auch sehr leichte Nephritis mit im Spiele war. Andere wieder dachten sogar an eine partielle Erkrankung der Nieren. Wieder andere dagegen halten diese Form der Albuminurie für eine konstitutionelle Anomalie, die mit Nephritis nichts zu tun hat. HEUBNER glaubte sogar, diese Ansicht durch eine anatomische Untersuchung in einem bekanntgewordenen Fall bewiesen zu haben[1]). Der kritische Leser wird aber diesen Fall eher alles andere als beweisend finden und sich mit BAGINSKY[2]) fragen, warum nicht die bei der Leichenöffnung des Kindes gefundene Gehirngeschwulst in Übereinstimmung mit der Entdeckung von CLAUDE BERNARD Anlaß zu dieser deshalb cerebralen Albuminurie gewesen sein kann.

SENATORS Ansicht findet zweifellos eine Stütze in der von niemand widerlegten Beobachtung, daß *echte organische Nephritiden nicht selten die orthotische Type aufweisen.* Für die gegensätzliche Auffassung spricht wieder, daß in vielen Fällen von orthotischer Albuminurie auch im weiteren Verlauf kein einziges Symptom von Nephritis gefunden wird, und daß schließlich das Eiweiß oft aus dem Urin verschwindet.

Auch bis in unsere Zeit hinein ist noch keine vollkommene Übereinstimmung über die Genese der orthostatischen Eiweißausscheidung erzielt worden, die nun schon beinahe ein halbes Jahrhundert lang die Gelehrten gespalten hält, trotzdem eine überreiche Literatur über dies Thema vorhanden ist[3]). Doch haben die letzten Jahre unsere Kenntnis über das interessante und praktisch so wichtige Krankheitsbild bereichert. Nachdem man schon lange an Störungen im Blutumlauf gedacht hatte (Vermehrung des venösen Drucks in der Vena cava inferior, Verminderung des arteriellen Druckes beim Aufrichten), hat JEHLE durch eine Reihe trefflicher Untersuchungen bewiesen, daß bei den von ihm untersuchten

---

[1]) HEUBNER: Berlin. klin. Wochenschr. 1907, S. 1 und Diskussion im Anschluß an dessen Vortrag.

[2]) BAGINSKY: Berlin. klin. Wochenschr. 1907, S. 174.

[3]) Siehe POLLITZER: Ren juvenum. Urban u. Schwarzenberg 1913. Auch v. HECKER: a. a. O.

Kranken mit orthotischer Albuminurie die Ausscheidung von Eiweiß durch Hervorrufen einer starken Lendenlordose in beträchtlichem Maße befördert wird, während Aufheben einer Lordose, sei es durch Vornüberbeugen oder Heben des Beines, durch Anlegen eines Korsetts oder das feste Einwickeln des Bauches das Eiweiß in kurzer Zeit verschwinden läßt. Nach JEHLE würde die Lordose zur Streckung und dadurch Verengerung der Nierenarterie führen und die auf diese Weise hervorgerufene Stauung die Ursache der Eiweißausscheidung sein. Angesichts dessen nun, daß JEHLE bei seinen kleinen Patienten mit orthotischer Albuminurie eine stärkere und andere Lordose nachweisen zu können glaubte als bei Kindern desselben Alters ohne diese Erkrankung, meinte er, in der anormalen Lordose bei diesen Kindern die Hauptursache dieser Erscheinung gefunden zu haben. Von jetzt ab würde man also nicht länger von „orthotischer", sondern von „lordotischer" Albuminurie sprechen müssen[1]).

Wäre die Auffassung von JEHLE vollkommen richtig, so würde dies im Hinblick auf die Prognose von der allergrößten Bedeutung sein. Es ist doch klar, daß eine mechanische der Behandlung gut zugängliche Ursache der Erscheinung, wie sie die starke Lordose ist, als sehr viel harmloser betrachtet werden muß als eine noch so leichte Nephritis oder Konstitutionsanomalie.

Indessen ist meiner Meinung nach auch mit der Lehre von JEHLE noch nicht das letzte Wort über die orthotische Albuminurie gesprochen. An den von JEHLE festgestellten Tatsachen ist nicht zu zweifeln, sie stehen fest.

Im Liegen scheiden diese Patienten keine Spur Eiweiß aus. Sobald sie sich stellen, beginnt der Urin die Eiweißreaktion zu zeigen. Langsam steigt die Menge an, um nach ungefähr einer halben Stunde den Maximalwert zu erreichen [JEHLE sah einmal 3,6%, Frau GOMOLITSKY[2]) beobachtete 5,1%!]. Bleibt der Patient in aufrechter Haltung, so sinkt der Eiweißgehalt langsam wieder, um nach ungefähr $1^1/_2$ Stunden wieder zu verschwinden. Durch Laufen wird die Albuminurie nicht vermehrt, Knien in aufrechter Haltung ergibt in kurzer Zeit die stärkste Ausscheidung. Wie bereits erwähnt wurde, lassen alle Maßregeln, welche die Lordose aufheben, die Eiweißausscheidung verringern oder verschwinden, am schnellsten tut dies die liegende Haltung.

Daß die Lordose ein außerordentlich beachtenswerter Faktor in der Entstehung dieser Form der Albuminurie ist, steht außer allem Zweifel. Aber ich möchte dem gleich hinzufügen: der einzige Grund kann sie nicht sein. Bei den nachstehenden Betrachtungen folge ich zu einem großen Teil den Ausführungen von POLLITZER[3]).

1. Die von JEHLE erwähnte Form der Lorsose kommt nicht in allen Fällen von orthostatischer Albuminurie vor. Beschränkt man sich auf die Untersuchung von Kindern, so wird man das Verhältnis vielleicht auf 50% schätzen können. Das bedeutet also, daß von den Kindern mit orthostatischer Albuminurie die Hälfte eine lordotische Wirbelsäule besitzt. Dabei muß man aber sehr im Auge behalten, daß die Beurteilung, ob ein Kind eine Lordose im Jehleschen Sinne oder eine noch normale Lordose hat, ziemlich willkürlich ist. Wenn man aber auch über 15 Jahre alte Personen untersucht — man sieht die Erscheinung ab und zu noch zwischen 20 und 30 Jahren, auch nach meiner persönlichen Erfahrung — so findet man die erwähnte Lordose niemals oder so gut wie niemals damit verbunden.

[1]) JEHLE, L.: Die lordotische Albuminurie (orthostatische Albuminurie), ihr Wesen und ihre Therapie. Leipzig u. Wien 1909. — JEHLE, L.: Die Albuminurie. Berlin: Julius Springer 1914.

[2]) GOMOLITSKY, V.: Zeitschr. f. klin. Med. Bd. 77, H. 1 u. 2, S. 116.

[3]) POLLITZER: Ren juvenum, S. 42ff.

2. Von allen Kindern mit einer sogar starken Lordose im Jehleschen Sinne weisen nur eine geringe Zahl orthotische Albuminurie auf.

3. Wenn man bei normalen Individuen im Liegen eine Lordose hervorruft, gelingt es in der Tat, zuweilen Albuminurie zur Entwicklung zu bringen. Gerade dies wird von Jehle als einer seiner wichtigsten Beweise angesehen. Aber er ist doch etwas weniger schlagend als es scheint. Tatsächlich gelingt das Experiment nur in einzelnen Fällen, hat also keine allgemeine Bedeutung. Überdies ist dazu eine sehr starke Lordose erforderlich, viel stärker als diejenige, welche bei der habituellen Lordose der Kinder jemals beim Stehen vorhanden ist.

Will man untersuchen, ob in der Tat die Lordose das Eiweiß im Urin erscheinen läßt, so muß die Probe methodisch ausgeführt werden. Jehle selbst beschreibt die zu ergreifenden Maßnahmen folgenderweise:

Vor allem muß der Urin zu Beginn der Untersuchung frei von Eiweiß sein. Denn nur das prompte Auftreten der Albuminurie unter bestimmten Umständen ist ein sicheres Kennzeichen der orthostatischen Albuminurie, während Änderungen der Eiweißausscheidung von anderen oft nicht kontrollierbaren Faktoren abhängen können (Flüssigkeitsaufnahme). Im Hinblick darauf, daß die Patienten in manchen Fällen im Morgenurin noch als Überbleibsel der voraufgegangenen Abendalbuminurie eine Spur Eiweiß beherbergen, läßt man den Patienten den Abend vor der Probe etwas früher zu Bett gehen und nach 1—2 Stunden Bettruhe urinieren. Bevor wir bei dem Patienten die Probe beginnen, muß der Urin ganz aus der Blase entfernt und auf Eiweiß untersucht werden. Nun kommt der Patient in der Weise aus dem Bett, daß dabei das Zustandekommen einer Lordose vorerst unmöglich ist. Er hebt ein Bein hoch und stellt es auf einen bereitstehenden Stuhl. So läßt man ihn mit unbedecktem Oberkörper ganz gerade und aufrecht stehen. Nach ungefähr 10 Minuten muß der Patient urinieren, sei es im Sitzen oder mit vornüber gebeugtem Oberkörper. Diese Urinportion muß vollkommen frei von Eiweiß sein. Dann läßt man den Patienten 3 bis 5 Minuten (länger ist niemals nötig) in „strammer“ militärischer Haltung stehen oder noch besser „aufrecht knien“. Die gleichzeitig oder bald darauf gelassene Urinportion, die gewöhnlich schon durch ihr kleines Volumen auffällt, enthält reichlich Eiweiß und ebenso sehr den acetopräcipitablen Körper, wie Serumalbumin. Vereinzelt ist es notwendig, noch 3—5 Minuten mit der Probe weiter fortzufahren.

Läßt man nun den Patienten, nachdem er nach dem Aufrechtstehen oder Aufrechtknieen seinen eiweißhaltigen Urin entleert hat, sofort wieder liegen oder die korrigierende Haltung einnehmen, und untersucht man dann die Urinportionen in Zwischenräumen von 5—10 Minuten (wobei man natürlich während der Probe und besonders bei der Urinentleerung aufs sorgfältigste eine lordotische Haltung vermeiden lassen muß), so sieht man schon in der ersten Portion eine deutliche Verminderung der Eiweißmenge, der eine weitere stärkere Verminderung folgt. Der Urin der 2. oder 3. Portion (nach 15—20 Minuten) ist wieder vollkommen eiweißfrei.

4. Jehles Lordosetheorie ist nicht imstande, den eigenartigen Zyklus der Albuminurie, erst steigend, dann im Lauf des Tages beim Stehen wieder sinkend, zu erklären.

Auch die schon angeführte Untersuchung von Gomolitsky gibt zu denken. Die Schreiberin fand, daß eine Anzahl Patienten, die an akuten Infektionskrankheiten gelitten hatten (insbesondere Rekonvaleszenten nach Scharlach, typische, orthostatische Albuminurie aufwiesen, auch wenn sie während der Krankheit keine Nephritis gehabt hatten. Bekanntermaßen greifen akute Infektionskrankheiten mit einer gewissen Vorliebe das Nierenparenchym an. Die Vermutung liegt also auf der Hand, daß ein aus welchem Grunde auch immer lädiertes weniger kräftiges Nierengewebe in der aufrechten Haltung — auch beim Aufrichten — nicht imstande sein wird, das Eiweiß aus dem Urin zurückzuhalten. Zusammenfassend kommt man bei dem gegenwärtigen Stand unserer Kenntnisse zur Schlußfolgerung, daß der orthostatischen Albuminurie in allen Fällen eine funktionelle Minderwertigkeit des Nierengewebes zugrunde liegt, und daß unter verschiedenen Umständen, in allererster Linie bei Stauung in den Nierenvenen oder der Vena cava inferior, insbesondere auch infolge einer starken Lordose, das minderwertige Nierengewebe nicht imstande ist, das Eiweiß aus seinem Abscheidungsprodukt zurückzuhalten. Alle Aufmerksamkeit verdient die

Untersuchung von Carl Sonne, der bei derartigen Patienten die Ureteren in lordotischer Haltung katheterisierte und dadurch zur Ansicht kam, daß die typische orthostatische (lordotische) Albuminurie stets linksseitig wäre. Er erklärt dies durch die Annahme einer Kompression der linken Vena renalis, die (anders als die rechten Nierenvenen) quer über die Achse der Wirbelsäule und über die Aorta hinläuft [1]).

Indessen, vom Standpunkt der Lebensversicherungswissenschaft aus, ist die Kenntnis des Wesens der orthostatischen Albuminurie nur insofern von Bedeutung, als sie uns einige Aufklärung bezüglich der Prognose des Leidens zu geben vermag. Nun liegt es auf der Hand, daß eine echte Nephritis mit ihrer Neigung zum Fortschreiten vermutlich von ernsterer prognostischer Bedeutung sein wird als die hier besprochene Konstitutionsanomalie. Jedoch ist auch wieder vieles dagegen anzuführen. Man kann sich sehr gut vorstellen, daß das minderwertige Nierengewebe, welches schon nicht einmal bei einer etwas stärkeren venösen Stauung seine Arbeit zu leisten vermag, im Laufe der Jahre krank werden wird, und daß sich dann aus der funktionellen „Nierenschwäche“ ein „organisches“ Nierenleiden entwickeln wird. Auch ohne daß es dazu kommt, kann man sich diese Erkrankung als weniger harmlos vorstellen. Es ist gut denkbar, daß die angeborene Minderwertigkeit der Nieren nur eine Teilerscheinung einer allgemeinen konstitutionellen Schwäche ist, welche das Individuum auf andere Weise unterwertig und sein Widerstandsvermögen geringer machen wird. Bei einer Beurteilung im Hinblick auf eine Lebensversicherung ist es aber bis zu einem gewissen Grade gleichgültig, ob ein Kranker mit orthostatischer Albuminurie vor der erwarteten Altersgrenze an Nephritis oder einer anderen Krankheit infolge seiner allgemeinen Unterwertigkeit stirbt.

Auf Grund der letzten Folgerung wird es klar sein, daß nur die statistische Kenntnis der Lebensdauer von Personen, bei denen Albuminurie festgestellt ist, uns einen festen Boden für die Prognose verschaffen kann. Bedauerlicherweise ist unsere Kenntnis in dieser Hinsicht noch sehr gering.

Über ein ordentliches statistisches Material verfügen wir eigentlich noch ganz und gar nicht. Mir scheint, daß dies nur in langen Jahren von den Lebensversicherungsgesellschaften zusammengetragen werden kann, soweit sie derartige Versicherungsanträge annehmen wollen, oder in anderer Weise durch eine Nachuntersuchung der abgewiesenen Personen. Mir ist nur eine einzige größere statistische Nachuntersuchung von Versicherten bekannt, die sich über sehr leichte Albuminurien erstreckte, nämlich die von Barringer und Warren [2]). Diese Ärzte untersuchten im Sommer 1911 eine Anzahl von Personen, die 10 oder 11 Jahre zuvor, also in den Jahren 1900 und 1901, eine Lebensversicherung abgeschlossen hatten. Die Zahl dieser damals untersuchten und angenommenen Personen betrug 396. Alle wurden bezüglich ihrer Organe als ganz normal befunden, abgesehen von dem Vorhandensein von Eiweiß im Urin, ohne daß berichtet wurde, ob die Albuminurie einen cyclischen oder orthostatischen Charakter gehabt hatte oder nicht. Die Untersucher teilten diese Fälle in 3 Gruppen ein:

1. Albuminurie ohne Zylindrurie,
2. Albuminurie mit vereinzelten hyalinen Zylindern,
3. Albuminurie mit einigen granulierten Zylindern.

---

[1]) Zeitschr. f. klin. Med. Bd. 40, S. 1. 1920.

[2]) Barringer und Warren: Arch. of internal med. Bd. 9, S. 6. 1912. Nach einem Referat in Semaine méd. 1912, S. 451. Wie der Referent (Cheinisse) bemerkt, stimmen die zusammengezählten Zahlen der Patienten nicht mit den Angaben Barringers und Warrens überein.

Die erste Gruppe umfaßte in überwiegender Mehrheit junge Männer unter 20 Jahren (nämlich 5 mal so viele unter als über 20 Jahren). In der zweiten Gruppe kamen ziemlich gleichmäßig verteilt alle Lebensalter zwischen 20 und 50 Jahren vor. Die Männer der dritten Gruppe waren meistens zwischen 40 und 50 Jahre alt.

Im Jahre 1911 wurden 70 dieser Versicherten aufs neue begutachtet. Hiervon gehörten 20 zur ersten Gruppe, hatten also nur Albuminurie ohne Zylindrurie aufgewiesen. Bei keinem von ihnen hatte sich eine chronische interstitielle Nephritis entwickelt. Bei 12 waren Herz, Gefäße und auch der Urin normal, bei 8 stimmte die Urinuntersuchung mit den vor 10 Jahren erhaltenen Resultaten überein, bei 4 anderen fand man Eiweiß ebenso wie früher, überdies aber auch Zylinder.

Von der zweiten Gruppe wurden 30 im Jahre 1911 untersucht. Einer von ihnen litt jetzt an einwandfreier interstitieller Nephritis, zwei Fälle waren zweifelhaft. Bei 5 bestand ein etwas zu hoher Blutdruck, aber nicht genügend, um die Diagnose einer chronischen Nephritis zu rechtfertigen. 18 Personen hatten, soweit dies festgestellt werden konnte, gesunde Nieren, Gefäße und ein gesundes Herz. Bei 9 war das Ergebnis der Untersuchung das gleiche wie im Jahre 1900.

Von den 20 der dritten Gruppe endlich litten 2 an interstitieller Nephritis, 5 Fälle waren zweifelhaft, bei 8 waren Herz und Nieren normal.

Eine Zusammenfassung der Untersuchung dieser 70 Fälle lehrt, daß 38 frei von Herz- und Nierenleiden waren; 3 waren an chronischer interstitieller Nephritis erkrankt. Bei 7 anderen schien diese Diagnose wahrscheinlich. Bei 2 bestand Diabetes. Bei 22 endlich fand man dasselbe Ergebnis der Urinuntersuchung wie früher, aber ohne Veränderungen von seiten des Herzens und der Gefäße.

Was die Mortalität anbetrifft, so waren von den 396 Versicherten 25 gestorben, während diese Anzahl nach den Sterbetabellen nur 16 hatte betragen dürfen. Dieses Ergebnis stimmt nach Barringer mit der Erfahrung der großen Gesellschaften überein. Sollen diese doch annehmen, daß die jährliche Sterblichkeit der Personen mit etwas Eiweiß und vereinzelten hyalinen Zylindern im Urin 137 : 10 000 sein würde. Menschen mit Albuminurie und anderen Arten von Zylindern würden eine Mortalität von 220 : 10 000 ergeben, während die Durchschnittsmortalität der gesunden 100 : 10 000 sein würde.

Aus ihrer Untersuchung ziehen Barringer und Warren den Schluß, daß die einfache Albuminurie ohne Zylindrurie besonders häufig bei jungen Personen vorkommt. Nur sehr ausnahmsweise soll sie den Beginn einer Nephritis bedeuten. Eher würde sie das Zeichen einer konstitutionellen Unterwertigkeit sein, welche eine Empfänglichkeit für Tuberkulose verursachen würde. Die Mortalität unter diesen Kranken mit „einfacher" Albuminurie ist höher als die unter gesunden Individuen.

Von dieser Untersuchung abgesehen, verfügen wir nur über kasuistisches Material. Und darin sind sich wohl alle Kliniker und erfahrenen Ärzte einig, daß, nach einer langjährigen Beobachtung zu urteilen, viele der jungen Menschen mit intermittierender Albuminurie vollkommen gesund bleiben. Unter denen, welche sich mit dieser Frage beschäftigt haben, nenne ich vor allem Dukes, einer der allerersten, welche die Albuminurie in jugendlichem Alter bemerkt haben. Anfänglich hielt er sie für einen Vorläufer der echten chronischen Nephritis, später änderte er aber seine Auffassung vollkommen. Im Jahre 1905 hat er in einer lesenswerten Abhandlung diese Form der „Albuminuria of adolescents" einen prognostisch absolut günstigen Zustand genannt, der mit Nephritis nichts zu tun hat und ebensowenig in sie übergeht[1]).

[1]) Dukes: Brit. med. journ. 1905, II, S. 848.

Im gleichen Sinne urteilt TEISSIER in der Diskussion über die Prognose der Albuminurien auf dem 3. französischen medizinischen Kongreß in Nancy[1]) und noch nachdrücklicher später in seiner Monographie[2]).

Ebenso endlich auch FÜRBRINGER[3]), der über die Auffassung einer großen Anzahl deutscher Ärzte berichtet, und auf dessen interessanten Aufsatz hingewiesen sei. Auch meine Erfahrung spricht für diese Auffassung. Jedoch muß auch die schon erwähnte Erfahrung berücksichtigt werden, welche als erster wohl TEISSIER veröffentlichte, und nach welcher eine intermittierende Albuminurie vereinzelt bei Personen, die später an Tuberkulose erkrankten, festgestellt wurde, eine Erfahrung, die keineswegs allein steht. Es ist ferner nicht ohne Bedeutung, daß die Vertrauensärzte der Lebensversicherungsgesellschaften sich auf ihrem 4. Kongreß in Berlin (1906) gegenüber der Frage der Annahme von Personen mit leichter Albuminurie sehr zurückhaltend äußerten. Nichtsdestoweniger bin ich der Ansicht, daß in Fällen leichter intermittierender Albuminurie unter bestimmten Umständen und nach eingehender Überlegung zur Annahme geraten werden darf[4]).

Zu diesem Zwecke ist es in erster Linie notwendig, mit der größtmöglichen Sicherheit den Unterschied zwischen diesem Zustand und dem einer echten chronischen Nephritis klarzulegen. Man bedenke, daß auch bei letzterer die Albuminurie einen intermittierenden, ja sogar orthostatischen Charakter haben kann, ebenso wie eine orthostatische Eiweißausscheidung sozusagen bei einer in Heilung begriffenen akuten Nephritis vorkommen kann. Natürlich muß man Vergrößerung und Hypertrophie des linken Herzens, zu hohen Blutdruck — letzterer durch instrumentelle Messung festzustellen — verstärkten oder klingenden zweiten Aortenton und Galopprhythmus ausschließen. Besonders die Bestimmung des Blutdrucks ist von großer Wichtigkeit. In der Regel ist sowohl der systolische wie der diastolische Druck bei chronischer Nephritis erhöht, während er niedrig, ja sogar anormal niedrig sein kann bei der funktionellen orthostatischen Albuminurie. Man vergesse aber nicht, daß auch bei unzweifelhaften Nephropathien (verschiedene Nephrosen, Amyloid) ein normaler Blutdruck gefunden wird. Sind Infektionskrankheiten, vor allem Scharlach, vorhergegangen, so sei man doppelt vorsichtig. Was die Eiweißausscheidung selbst anbetrifft, so achte man darauf, ob sie im Liegen oder bei Aufhebung einer Lordose schnell verschwindet, um ebenso schnell im Stehen und besonders beim Knien wieder in Erscheinung zu treten. Dabei ist es gleichfalls von Gewicht, daß innerhalb weniger Stunden das Eiweiß auch in vertikaler Haltung wieder aus dem Urin verschwindet. Nicht ohne Bedeutung, aber durchaus nicht pathognomisch ist, daß bei dieser Form der Albuminurie gewöhnlich ein großer Teil des Eiweiß von dem acetopräcipitabeln Körper gebildet wird[5]). Es scheint etwas Wahres daran zu sein, daß die Prognose einer Albuminurie um so günstiger ist, je mehr von diesem Körper und je weniger echtes Serumalbumin und Serumglobulin im Urin vorgefunden wird. Bei all diesen Formen ist die Menge Eiweiß,

---

[1]) Semaine méd. 1896, S. 325.

[2]) TEISSIER: Les albuminuries curables. Paris: Baillière et fils 1900.

[3]) FÜRBRINGER: Dtsch. med. Wochenschr. 1909, Nr. 47.

[4]) Siehe HUISMANS: Blätter f. Vertrauensärzte der Lebensversicherung 1912, Januar-Februar-Heft, S. 2ff., und FRICK: Zeitschr. f. d. ges. Versicherungswiss. 1914, H. 1, S. 66.

[5]) Über die chemische Natur dieses Körpers ist man sich noch nicht ganz einig. Man weist ihn nach, indem man den Urin mit 2—3 Volumen Wasser verdünnt (um die Salzkonzentration zu vermindern), und dann einige Tropfen verdünnter Essigsäure hinzufügt. Nach Ablauf einer gewissen Zeit entsteht bei Anwesenheit dieses Körpers eine Trübung. Es braucht wohl kaum gesagt zu werden, daß Serumalbumin und Globulin durch Hinzufügen von Essigsäure auch nach Verdünnung in der Kälte nicht ausgefällt werden.

die man in einem 24stündigen Urinquantum findet, gewöhnlich gering. In den abgeteilten Portionen, die nach einer Lordoseprobe aufgefangen werden, findet man zuweilen sehr große Mengen (bis zu 5%). Bei einem derartig starken Eiweißgehalt ist der Urin vereinzelt gelatinös. In den Urinportionen nach der Lordoseprobe findet man oft Zylinder, sogar epitheliale und granulierte Zylinder, weiße und rote Blutkörperchen. In dem 24 stündigen Urin sind in der Regel nur sehr wenige Formelemente zu finden. Häufig findet man auch noch recht zahlreiche Kalkoxalatkrystalle. Diagnostische Bedeutung kommt ihnen jedoch nicht zu. Die Auffassung, daß Zylindroide gegen Nephritis und für die einfache Albuminurie sprechen sollen, kann schwerlich noch aufrechterhalten werden, seitdem POSNER nachgewiesen hat, daß zwischen Zylindroiden und Zylindern nur quantitative Unterschiede bestehen[1]).

Man achte auf die Farbe und das spezifische Gewicht des Urins. Bei Schrumpfniere ist der Urin, wie allgemein bekannt, leicht gefärbt und von niedrigem spezifischen Gewicht.

Ferner achte man mit besonderer Sorgfalt auf das Bestehen einer Tuberkulose oder einer Anlage zu dieser Krankheit. Nicht nur den Organen, sondern auch dem Allgemeinzustand, der Anamnese und den Familiengeschichten schenke man seine Aufmerksamkeit.

Endlich nehme man die „orthostatische" Albuminurie nur bei *jungen* Menschen an. Gewöhnlich, jedoch nicht immer, sind es anämische, zarte, oft lang aufgeschossene Individuen.

Nach allen obigen Auseinandersetzungen ist der Hinweis wohl kaum nötig, daß alle Organkrankheiten, die sekundär zu Albuminurie führen können, eine ganz andere, von der Art dieser Krankheiten abhängige Beurteilung erfordern. Als Beispiele nenne ich: Herzkrankheiten, Infektionskrankheiten und Vergiftungen. Nach einigen Autoren soll sogar einfache chronische Obstipation die Ursache einer Albuminurie sein können.

Endlich denke man daran, daß das bimanuelle Palpieren der Nieren, ja sogar das Betasten des Epi- und Mesogastriums eine — also künstlich erzeugte Eiweißausscheidung — hervorrufen kann.

Alle vorhergehenden Ausführungen haben Bezug auf die eigentliche juvenile „orthostatische" Albuminurie. Aber außer dieser hat man auch Fälle von leichter ziemlich harmloser jahrelang anhaltender Albuminurie bei älteren Personen beschrieben. Teilweise, nimmt man an, bilden diese Zustände sozusagen ein Überbleibsel einer akuten infektiösen Nephritis. Ein andermal entwickeln sie sich scheinbar als ein von Anfang an chronischer Prozeß. Hin und wieder besteht eine dauernde Eiweißausscheidung mit wenig Formelmeenten. Öfters ist die Albuminurie intermittierend, es sind dann kurze Anfälle von Albuminurie, die durch viel länger dauernde anfallsfreie Intervalle getrennt sind. Auf Herz und Gefäße üben sie für gewöhnlich keinen nachteiligen Einfluß aus, es kommt meist nicht zu einer Nephritis im gewöhnlichen Sinn des Wortes[2]).

Im Sediment eines derartigen Urins findet man Zylinder, zuweilen auch granulierte, und nicht selten einzelne rote Blutkörperchen.

Höchstwahrscheinlich sind diese Formen ihrer Natur nach nichts anderes als sehr leichte, gutartig verlaufende, chronische Nephritiden. Im Hinblick darauf, daß es unmöglich ist, sie von langsam verlaufenden interstitiellen Nephritiden mit Neigung zu progressivem Verlauf zu unterscheiden, ist es äußerst schwierig, in einem konkreten Fall ein Urteil über die Prognose abzugeben. Höchstens bei jungen Personen und in Ausnahmefällen würde ich zur Annahme

[1]) POSNER: Berlin. klin. Wochenschr. 1913, S. 2040.
[2]) FÜRBRINGER: Dtsch. med. Wochenschr. 1909, S. 2044.

unter mäßiger Prämienerhöhung raten. Betreffs älterer Personen zwischen 30 und 40 Jahren kann nur nach längerer und genauer Beobachtung zu einer Versicherung gegen größere Prämienerhöhung und bis zu einem Alter von höchstens 55 Jahren geraten werden.

Ich komme nun zur Zusammenfassung meiner Betrachtungen[1]).

Für den Abschluß einer Lebensversicherung kommen Personen mit Albuminurie nur in Betracht, wenn folgende Bedingungen erfüllt sind:

1. Der Antragsteller muß jünger als 30 oder höchstens 35 Jahre alt sein.
2. Der Albuminurie darf nicht eine Infektionskrankheit unmittelbar vorausgegangen sein.
3. Der Antragsteller darf nicht, auch nicht als Kind an akuter Nephritis nach Scharlach gelitten haben.
4. Herz, Blutgefäße, Blutdruck, Lungen, evtl. Fundus oculi müssen vollkommen normal sein.
5. Die Albuminurie darf, von Ausnahmen abgesehen (s. S. 320 u. 321), nur an einem Teil des Tages nachweisbar sein. Nach Liegen muß sie ganz verschwinden und die orthotische oder lordotische Type aufweisen.
6. Es dürfen keine subjektiven Erscheinungen, die auf Nephritis hindeuten, vorhanden sein.
7. Das spezifische Gewicht des Urins muß höher als 1016, die Farbe normal sein.
8. Der Eiweißgehalt der im Laufe von 24 Stunden abgesonderten Urinmenge darf nicht mehr als 0,5% betragen.
9. Im Sediment dürfen nur einige wenige hyaline Zylinder, im Notfall sehr vereinzelte granulierte, aber keine Epithel- oder Wachszylinder vorkommen. Höchst vereinzelte rote oder weiße Blutkörperchen.

Sind diese Bedingungen erfüllt, so würde meines Erachtens zu einer Versicherung von höchstens 20 jähriger Dauer geraten werden dürfen.

Nach obigen Erwägungen brauchte die Frage, ob ein Antragsteller mit einer ausgesprochenen Nephritis angenommen werden darf, eigentlich kaum mehr erörtert zu werden. Es ist absolut richtig, daß die Prognose einiger Fälle, was die Lebensdauer anbetrifft, nicht vollkommen ungünstig ist. Wie wohl jeder Arzt, so kenne auch ich Personen, welche trotz einer ausgesprochenen Nephritis lange Jahre hindurch wichtige und anstrengende Posten und Ämter bekleideten. Manche von ihnen hatten ziemlich anstrengende körperliche Arbeit zu verrichten, andere waren durch die Art ihres Wirkungskreises täglichen Gemütserregungen ausgesetzt und dauernd geistig sehr angespannt. Ich will hier nur einen 50 jährigen Patienten anführen, der etwa 20 Jahre lang einen anstrengenden Beruf ausübte. Es wurde jedoch bei ihm schon in jugendlichem Alter Eiweiß im Urin vorgefunden, bei sehr häufig wiederholten Untersuchungen fehlte es niemals[2]).

Jedoch muß festgestellt werden, daß wir die Faktoren, welche die Prognose beherrschen, noch nicht genau genug kennen, um das Risiko in Zahlen ausdrücken zu können. Deswegen sind wir vorläufig noch verpflichtet, Antragsteller mit einer echten nephritischen Albuminurie zurückzuweisen.

Wir halten es nicht für nötig, in diesem Buche ausführlich die Erscheinungen aufzuzählen, welche die Diagnose einer echten Nephritis ermöglichen[3]). Eine akute und eine chronische parenchymatöse Nephritis werden wohl niemals zu Schwierigkeiten Veranlassung geben. Es sei hier nur gestattet, die Aufmerksamkeit

---

[1]) Siehe auch FEILCHENFELD: Blätter f. Vertrauensärzte Jg. 4, H. 3, S. 40.
[2]) Nach der zweiten Auflage dieses Buches ist Patient gestorben.
[3]) Siehe Fußnote auf S. 319.

auf einige Punkte bezüglich der chronischen interstitiellen Nephritis hinzulenken. Und in erster Linie möge der junge Arzt davor gewarnt werden, daß er bei dem Antragsteller, der seiner eigenen Erklärung nach gesund ist, bei welchem er aber eine Schrumpfniere entdeckt, deswegen eine Mala fides annimmt. Denn tatsächlich entsteht diese Krankheit schleichend und häufig, ohne zu irgendwelchen subjektiven Erscheinungen Veranlassung zu geben, so daß der Patient es manchmal gar nicht weiß. Ein anderes Mal vernimmt man bei genauem Befragen, daß wohl seit geraumer Zeit Symptome bestehen, die den erfahrenen Arzt auf die Spur einer Krankheit weisen, welche aber dem Patienten selbst gar nicht aufgefallen waren, und denen er in Wirklichkeit nicht die geringste Bedeutung zugemessen hatte. Manche werden über Appetitmangel klagen, andere über Kopfschmerzen oder Schwindel, über erschwertes Atmen beim Laufen oder anderer körperlicher Anstrengung. Nicht selten — die Tatsache ist allgemein bekannt — sind Sehstörungen die ersten Erscheinungen, die zur Entdeckung der Krankheit führen. DIEULAFOY, der den „Petits signes du Brightisme" seine besondere Aufmerksamkeit widmete, rechnet dazu die „toten Finger", eine Erscheinung, die ich selber im Beginn einer interstitiellen Nephritis nur wenige Male beobachtete. Als bedeutungsvoller sehe ich Nasenblutungen bei Personen zwischen 40 und 50 Jahren an, ferner einen gesteigerten Urindrang, der dazu zwingt, nachts aufzustehen, die eigentümliche Erscheinung, daß die Menge des Nachts gelassenen Urins größer ist als die Tagesmenge, alles Symptome, denen der Laie merkwürdigerweise gewöhnlich nicht die geringste Beachtung schenkt.

Ein Kranker mit interstitieller Nephritis verrät sich dem geübten Auge des Arztes oft auf den ersten Anblick durch eine eigenartig fahle, zuweilen gelbliche Gesichtsfarbe, durch eine geringe, kaum merkbare Schwellung des unteren Augenlids, vor allem des Morgens, und durch eine Erweiterung der Gesichtscapillaren.

Ein andermal wird selbst der erfahrenste Arzt den rein äußerlich gesund ausschenden Mann keinen Augenblick im Verdacht haben, an einer so ernsten Krankheit zu leiden. Nur eine eingehende Befragung wird auf die richtige Spur leiten und die Untersuchung dann Gewißheit verschaffen. Der Urin ist leicht gefärbt, und hat ein niedriges spezifisches Gewicht. Er enthält eine Spur oder auch eine etwas größere Menge Eiweiß, einzelne hyaline und granulierte Zylinder. Bei der Untersuchung des Pulses fühlt man das harte Gefäß, die verdickte, zuweilen geschlängelte Gefäßwand, den hohen Blutdruck. Man versäume niemals, den letzteren mit einem dazu geeigneten Instrument zu messen. Wohl fast ausnahmslos wird das linke Herz vergrößert, der Spitzenstoß verbreitert sein. Der 2. Aortenton ist verstärkt, gewöhnlich klingend, oft beinahe musikalisch. Mehrmals habe ich in Fällen von interstitieller Nephritis, in denen der Symptomenkomplex vollständig vorhanden war, einen laut klingenden zweiten Ton im 2. *linken* Intercostalraum angetroffen, also dort, wo man das Ostium pulmonale zu auskultieren erwartet. Oft hört man an der Herzspitze ein systolisches Geräusch und oft auch den Galopprhythmus, dem, seit POTAIN die Aufmerksamkeit darauf lenkte, in Frankreich mit Recht ein so großer Wert beigelegt wird.

Ich wiederhole: Personen mit beginnender interstitieller Nephritis können scheinbar vollkommen gesund sein. Es ist möglich, daß sie verschiedene Jahre lang einer ziemlich guten Gesundheit sich erfreuen und imstande bleiben, ihrem Beruf oder ihrer Beschäftigung nachzugehen. Es kann aber auch — ohne jeden nachweisbaren Anlaß — ihr Leben durch einen plötzlich eintretenden Anfall von akutem Lungenödem, durch eine Gehirnblutung oder eine Urämie in Gefahr kommen oder beendigt werden. Auch kann langsam, aber oft früher als man erwartete, das linke Herz erlahmen.

Für den Abschluß einer Lebensversicherung kann ein Kranker mit interstitieller Nephritis nicht in Betracht kommen.

Seit einigen Jahren hat man mit besonderer Vorliebe nach Methoden geforscht, mit denen wir instand gesetzt werden sollen, uns einen Begriff über das Ausscheidungsvermögen der Nieren, ihre funktionelle Kapazität zu bilden. Das Prinzip dieser Methoden ist allgemein bekannt[1]). Man sucht festzustellen, auf welche Weise gesunde Nieren das Wasser ausscheiden, daß ihnen in einer bestimmten Menge zugeführt wird (Verdünnungsprobe). Oder umgekehrt, wie sie die mit der Nahrung aufgenommenen Salze ausscheiden, wenn ihnen sehr wenig Flüssigkeit zur Verfügung steht (Konzentrationsprobe). Man untersucht auch die Art der Ausscheidung des Kochsalzes und das Ureum, sowohl, was die Menge betrifft, die unter normalen Verhältnissen im Organismus zirkuliert als auch, wenn absichtlich größere Mengen einverleibt werden (Belastungsproben). Bei dem Studium der Ausscheidung des Ureum untersucht man nach einigen Methoden den Urin, nach anderen das Blut. Auch die Gefrierpunktsbestimmung des Bluts wurde eine Zeitlang viel angewandt. Sehr verbreitet ist jetzt die Untersuchung, in welcher Weise die Nieren Farbstoffe ausscheiden. Dabei wird sowohl in den englisch sprechenden Ländern als auch in Frankreich je länger desto mehr — und nach meiner Meinung mit Recht — das Phenolsulphophthalein angewandt, das von Rowntree eingeführt wurde. Endlich hat man geglaubt, in dem „Coefficient uréo-sécrétoire“ (Konstante von Ambard) ein äußerst empfindliches und zuverlässiges Reagens zu besitzen, um die funktionelle Kapazität der Nieren zu bestimmen. Eine Besprechung der Bedeutung, welche diesen Methoden im allgemeinen zuerkannt werden muß, würde weit aus dem Rahmen dieses Buches fallen, welches sich nur mit einem sehr begrenzten Unterteil befaßt. Wir haben uns hier nur diese Frage zu stellen: Angenommen, es ist zweifelhaft, ob ein Antragsteller bezüglich seiner Nieren vollkommen gesund ist, z. B. weil eine Spur Eiweiß in seinem Urin gefunden wird, oder weil bekannt ist, daß bei früheren Untersuchungen Eiweiß im Urin angetroffen wurde, welches aber bei der letzten Untersuchung nicht mehr der Fall war. Kann nun unter diesen Umständen der begutachtende oder der Vertrauensarzt der Gesellschaft aus einer funktionellen Untersuchung der Nieren irgendwelchen Vorteil ziehen? Bei Beantwortung dieser Frage wird man sich darüber Rechenschaft ablegen müssen, daß bei einer Erkrankung der Nieren nicht alle Funktionen zu gleicher Zeit und in gleichem Maße Schaden zu leiden brauchen. Es kommt häufig vor, daß die Ausscheidung des einen Stoffes vollkommen intakt ist (z. B. Kochsalz), während die Untersuchung der Ausscheidung eines anderen Stoffes (z. B. der Harnstoffsekretion) schon eine Störung zutage fördert. Es ist also klar, daß man wenigstens bei gerade im Beginne stehenden Erkrankungen sich nicht mit Anstellen einer einzigen Funktionsprüfung begnügen darf, sondern daß eine vielseitige Untersuchung notwendig ist. Ferner ist es selbstverständlich, daß auch im günstigsten Falle eine derartige Untersuchung uns nur einen Einblick in die Funktion zur Zeit der Vornahme der Probe verschaffen kann. Nun ist es mehr als wahrscheinlich, daß dank der kompensatorischen Tätigkeit die Ausscheidung von allerlei Stoffen normal verlaufen kann, obwohl doch schon sehr geringe anatomische Veränderungen bestehen. Eine ungestörte Funktion beweist am allerwenigsten auch eine vollkommen einwandfreie anatomische Beschaffenheit des Nierenparenchyms. Und angesichts dessen, daß viele Nierenerkrankungen einen progressiven Charakter haben, wäre es also nicht richtig, aus normalen Sekretionsverhältnissen auf eine vollkommene Gesundheit der Nieren zu schließen und eine absolut günstige

[1]) Zwecks ausgezeichneter Übersicht siehe Hugh Maclean: Modern methods in the diagnosis and treatment of renal disease. London 1921.

Prognose zu stellen. Anders verhält es sich in dem Falle, daß die funktionelle Untersuchung deutliche Störungen des Ausscheidungsvermögens ans Licht bringt. Dann wird man sicher nicht den Abschluß einer Versicherung anraten können. In diesem Falle jedoch, also wenn Störungen bei Vornahme der Funktionsprüfung gefunden werden, wird so gut wie immer schon die klassische klinische Untersuchung (Untersuchung der Urinmenge, spezifisches Gewicht, Eiweiß, Sediment, Untersuchung des Herzens, der Blutgefäße, des Blutdrucks) eine anatomische Erkrankung der Nieren haben feststellen lassen. Wie es bei den meisten Verrichtungen des Organismus der Fall ist, sind die Grenzen zwischen dem Normalen und dem Kranken nicht scharf. Es bestehen beträchtliche individuelle Variationen. Daraus ergibt sich, daß große Abweichungen der normalen Zahlen einen Schluß auf gestörte Funktion zulassen. Bei geringen Abweichungen aber — und nach Lage der Dinge handelt es sich bei der ärztlichen Begutachtung eigentlich fast immer um solche — bleibt man oft im Zweifel.

Nach Ansicht mancher Ärzte würde dies nicht für die Konstante von Ambard gelten, die — wie oben bereits erwähnt wurde — von ihm als ein sehr feines und sicheres Kennzeichen betrachtet wird. Die Ansichten über diesen Koeffizient laufen aber sehr auseinander. Wie es mir scheint, ist im allgemeinen in der letzten Zeit ein Sinken in der Wertschätzung dieser vielbesprochenen Constante uréosécrétoire zu spüren. Nach meiner persönlichen Meinung können die Untersuchungen von Ambard nicht hoch genug eingeschätzt werden. Seine Arbeit gehört neben der von Widal zu den besten, die uns die letzten Jahre auf dem Gebiete der pathologischen Physiologie der Nieren gebracht haben. Ich will auch die Richtigkeit der Gesetze, die Ambard aus seinen Experimenten ableitete, nicht in Zweifel ziehen. Ebenso will ich die Frage nicht erörtern, ob dieser Koeffizient bei normalen Menschen wirklich so konstant ist, wie von Ambard angenommen wird, und ob ziemlich geringe Erhöhungen der Konstante als ein sicheres Zeichen einer Nierenschädigung angesehen werden müssen. Ich beschränke mich auf einige wenige Bemerkungen.

Peters[1]) wies darauf hin, daß die Ambardsche Formel wegen der wechselnden Verhältnisse des sezernierenden Nierengewebes und Körpergewichts einer Korrektur bedürfe. Aber der von ihm eingeführte Faktor ist auf Grund einer statistischen Untersuchung festgestellt. Es ist kein Wert, der in jedem besonderen Falle wirklich bestimmt wird. Dadurch verliert die Formel etwas von ihrem ursprünglichen experimentellen Charakter, was ihren Reiz größtenteils ausmachte.

Widal, dessen Autorität in derartigen Fragen nicht hervorgehoben zu werden braucht, hält Ambards Konstante von geringer klinischer Bedeutung und Fiessinger[2]) erklärt: „Après avoir fait pratiquer de nombreuses constantes d'Ambard à nos malades, nous avons renoncé à ce mode examen. Andere wieder erachten diese Untersuchungsmethode von allergrößter Wichtigkeit[3]).

Aber auch wenn man der Konstante eine Bedeutung beimißt, falls sie mit der peinlichen Vorsicht, wie sie in einer Klinik möglich ist, ausgeführt wird, so erhebt sich noch die Frage, ob sie vollkommen zuverlässige Resultate auch unter

---

[1]) Peters: Nederlandsch tijdschr. v. geneesk. 1919, II, S. 315 und Dtsch. Arch. f. klin. Med. Bd. 129, S. 253. 1919.

[2]) Fiessinger: Le traitement médical des maladies des reins. S. 23. Maloine et fils 1920.

[3]) Zur Orientierung über dieses Thema sei verwiesen auf: Ambard: Physiologie normale et pathologique des reins. 2. Aufl. Paris 1920. — Hymans, M.: Nieuwere inzichten over nephritis. Dissert. Groningen 1914. — Vogelenzang, P.: Dissert. Groningen 1922. Richter: in Kraus und Brugsch, Pathologie und Therapie. Bd. VII. — Guggenheimer: in Ergebn. d. ges. Med. Bd. 3. 1922. — Discussie in de Nederlandsche Vereeniging voor Heelkunde (Brongersma, Sträter und andere). Nederlandsch tijdschr. v. geneesk. 1922, I, S. 913ff.

den Umständen abgibt, wie man sie in der Praxis antrifft (wobei, um nur einige anzuführen, die Möglichkeit der vollständigen Entleerung, die richtige Ausführung der chemischen Untersuchung eine große Rolle spielen). Nach meiner Ansicht ist unter diesen Umständen ihr Wert sehr relativ. Bei der Begutachtung des Beantragers einer Versicherung ist der Koeffizient selten nötig, weil die klassischen Methoden schon genügende Resultate ergeben haben, und es andererseits unvorsichtig sein würde, aus geringen Veränderungen der Konstante große Schlüsse zu ziehen. Die Bestimmung der Konstante zum Zwecke einer Begutachtung halte ich denn auch nur selten für nötig. In den Berichten über Harnuntersuchungen, die man zuweilen zu sehen bekommt, und die besonders von Patienten mitgebracht werden, die aus Bädern zurückgekehrt sind, erwecken derartige Formeln mehr den Eindruck von Verzierungen als von Angaben, die wirklichen Wert besitzen. Man vergesse niemals, daß die Kosten, die eine solche Untersuchung von zweifelhaftem Werte mit sich bringt, bei Begutachtungen für eine Lebensversicherung von nicht außer acht zu lassender Bedeutung sind.

Glykosurie.

Wir kommen jetzt zu der wichtigen Frage, wie man sich bei Antragstellern zu verhalten hat, in deren Urin zweifelsfrei Zucker nachgewiesen wird. Bis vor wenigen Jahren war die Antwort auf diese Frage sehr einfach: jeder Zuckerkranke wurde unwiderruflich zurückgewiesen. Seit einiger Zeit aber beginnt sich diese Auffassung zu ändern. Man neigt etwas mehr dazu, Fälle von leichter Glykosurie unter besonderen Umständen und gegen besondere Bedingungen anzunehmen.

Um diese etwas schwierige Materie so klar wie möglich zu behandeln, will ich erst einige Punkte besprechen, über welche keine Meinungsverschiedenheit mehr besteht.

1. Selbstverständlich muß in einem Falle, wo wir von Glykosurie sprechen, zweifelsfrei *Traubenzucker* im Urin nachgewiesen sein. Mögliche Irrtümer bei der Untersuchung haben wir in einem früheren Kapitel (S. 194 ff.) ausführlich besprochen. Wir kommen darauf jetzt nicht wieder zurück.

2. Es kann keine Rede davon sein, Antragsteller mit Glykosurie unter den folgenden Umständen anzunehmen:

a) Wenn der Zuckergehalt des Urins mehr als 1% beträgt und es nicht gelingt, ihn durch teilweise Beschränkung der Kohlehydratzufuhr (bis mindestens 100 g Brot oder andere Speisen, die eine äquivalente Menge an Kohlehydraten enthalten) unter 1% hinunterzusenken.

b) Wenn der Urin, es sei denn bei absolut kohlehydratfreier Diät, die Eisenchloridreaktion zeigt.

c) Wenn Folgezustände des Diabetes wahrzunehmen sind, wie schnelle Ermüdbarkeit, Furunculose, Ekzeme, Katarakt, Cystitis, Neuritis, Neuralgien oder Begleitsymptome wie stark vermehrter Durst, Polyurie usw.

d) Wenn gleichzeitig Albuminurie besteht.

e) Wenn gleichzeitig Arteriosklerose (Gangrän!) besteht.

f) Wenn in der Familie schwere Fälle von Diabetes vorkommen.

3. Wenn die Glykosurie als Folge einer anderen organischen Erkrankung angesehen werden muß, wird die letztere, die primäre Erkrankung also, die Möglichkeit einer Versicherung entscheiden. Gewöhnlich sind diese primären Krankheiten derart, daß von einer Annahme keine Rede sein kann (Pankreaserkrankung, Morbus Basedowii, cerebrale Erkrankungen u. dgl.).

Unter allen bis jetzt genannten Umständen ist die Entscheidung leicht. Wir wollen nur zur Besprechung der schwierigen Fälle übergehen. Diese können einfachheitshalber in 3 Gruppen eingeteilt werden:

A. Alimentäre Glykosurie.

In der Praxis wird es hin und wieder bei einem Antrag auf Versicherung in folgender Weise gehen:

Bei einem Antragsteller, der sich vollkommen gesund glaubt, wird Zucker im Urin nachgewiesen, sein Antrag wird abgelehnt. Er wird dadurch in Schrecken versetzt, gleichzeitig kann er aber an die Richtigkeit der Untersuchung kaum glauben. Entrüstet läuft er zu seinem Hausarzt, der niemals Zucker in seinem Urin vorgefunden hat. Dieser, ebenfalls einigermaßen erschreckt, untersucht augenblicklich den Urin aufs neue, findet ihn aber wiederum zuckerfrei. Der Antragsteller ist nun über den begutachtenden Arzt und die Versicherungsgesellschaft wütend. Er ersucht, fordert fast, gegen normale Prämie angenommen zu werden. Der Urin wird noch mehrmals untersucht, er bleibt zuckerfrei.

Dem Entstehen einer so flüchtigen Glykosurie können verschiedene Ursachen zugrunde liegen. In einem Teil der Fälle ist die Glykosurie alimentär. Nur über diese müssen wir uns hier des weiteren auslassen.

Es ist allgemein bekannt, daß auch gesunde Menschen Glykose ausscheiden, wenn sie eine große Menge Zucker auf einmal zu sich nehmen. Die Toleranz der verschiedenen Menschen ist sehr verschieden. Man betrachtet es als vollkommen physiologisch, wenn jemand Glykose im Urin aufweist, nachdem er in nüchternem Zustand 150—200 g Traubenzucker zu sich genommen hat[1]).

Wie bereits erwähnt wurde, ist die Toleranz der einzelnen Menschen für Glykose sehr verschieden und vielleicht besteht zwischen gesund und krank ein fließender Übergang.

Auch gegenüber anderen Kohlehydraten gibt es eine unterschiedliche Toleranz bei verschiedenen Menschen.

So ist sie oft sehr gering für Maltose, normal für andere Zuckerarten. Auch die Umstände, unter welchen die Aufnahme erfolgt, sind von Einfluß. In nüchternem Zustand aufgenommen geben die verschiedenen Zuckerarten eher zu einer Glykosurie Veranlassung als nach der Aufnahme in einen gefüllten Magen. Es ist eine merkwürdige Tatsache, daß die Zufuhr von ziemlich geringen Mengen einiger alkoholischer Getränke bei vielen Menschen Glykosurie verursacht. Wie es den Anschein hat, kommt diese Erscheinung besonders bei Bier und Champagner vor. Krehl[2]), der diese Fragen seinerzeit in Jena zuerst genau untersuchte, fand, daß Bier, morgens vor dem Frühstück nüchtern getrunken, von größerem Einflusse war, als wenn es abends nach dem Essen getrunken wurde, und ferner, daß „Exportbier" prozentualiter bei mehr Menschen ein positives Resultat ergab als „Lagerbier". Im ersten Falle schieden von den 14 untersuchten Studenten 5 Zucker im Urin aus, in letzterem von 57 nur 4, obschon einige von ihnen sehr große Mengen (bis zu 7 l!) des „Lagerbiers" getrunken hatten.

Die positive Reaktion der alimentären Glykosurie erscheint gewöhnlich $^3/_4$—1 Stunde nach der Zuckeraufnahme und hält 1—3 Stunden an. Die totale Ausscheidung beträgt selten mehr als 2%, höchstens 5% des genossenen Zuckers (v. Noorden). Sobald mit dem Genuß der großen Zuckermengen aufgehört wird, bleibt die Zuckerreaktion im Urin aus.

Findet man also während einer Untersuchung auf Grund eines Antrags für eine Lebensversicherung bei jemanden, der sich vollkommen gesund glaubt,

---

[1]) Siehe z. B. v. Noorden: Die Zuckerkrankheit. 4. Aufl. S. 18.

[2]) Krehl: Zentralbl. f. inn. Med. 1897, S. 1033. Krehl teilt mit, daß vor ihm schon Kratschmer das Auftreten von Zucker im Urin nach Genuß von Bier bei vielen Menschen beobachtet hatte. Strümpell und Strauss fanden, daß der Genuß von Alkohol das Entstehen einer alimentären Glucosurie befördert.

eine kleine Menge Glykose im Urin (weniger als 1%), dann wird die Möglichkeit einer alimentären Glykosurie e saccharo in Erwägung gezogen werden müssen. Ein derartiger Antrag darf nicht kurzerhand abgewiesen werden. Man wird feststellen, ob kurze Zeit vor der Untersuchung viel Zucker genossen, an einem Diner mit Champagner teilgenommen oder viel Bier getrunken wurde. Es wird nötig sein, dem Antragsteller eine Beobachtungszeit vorzuschlagen, unter der Bedingung, daß während eines gewissen Zeitraumes der Urin mehrmals unter verschiedenen Umständen auf Zucker untersucht wird. Dabei wird im besonderen festgestellt werden müssen, ob es nicht auch nach dem Genusse reichlicher Stärkemehlkost zu einer Glykosurie kommt.

Während nämlich die „Glycosuria e saccharo" bis zu einem gewissen Grade als eine physiologische Erscheinung angesehen werden kann, muß jeder Fall von „Glycosuria ex amylo" zweifellos für pathologisch gehalten werden. Bei derartigen Untersuchungen muß man sich davon überzeugen, daß der Urin innerhalb einiger Stunden nach dem Genusse der Amylacea entleert ist. Denn, wenn man den vor dem Frühstück entleerten Urin zuckerfrei gefunden hat, so will dies gar nichts beweisen. Man lasse also den Antragsteller ein Frühstück mit Brot zu sich nehmen (nötigenfalls in Gegenwart des Arztes, evtl. in einer Anstalt) und lassen ihn 4—6 Stunden später, diesmal bestimmt in Gegenwart des Arztes oder einer zuverlässigen Person urinieren. Enthält nun der Urin Glykose, so haben wir allerdings vielleicht eine sehr leichten Fall von Diabetes vor uns. Wird der Urin unter genannten Verhältnissen zuckerfrei gefunden, so wird der Antragsteller für eine Versicherung *in Betracht kommen können.*

Wir sagen *in Betracht kommen können*, denn in der Tat bedarf dieser Ausspruch doch noch einer ziemlichen Reserve, obwohl wir vorhin die Ansicht äußerten, daß die „Glycosuria e saccharo" als eine physiologische Erscheinung aufgefaßt werden kann. Es ist nämlich nicht zweifelhaft, daß der Diabetes zuweilen mit einer verminderten Toleranz für Zucker beginnen kann. Deswegen muß bei einem derartigen Antragsteller auch noch die Assimilationsgrenze für Zucker festgestellt werden müssen. Stellt sich heraus, daß die Toleranz sehr stark verringert ist, so ist die Gefahr, daß wir es mit einem sich entwickelnden Diabetes zu tun haben, alles andere denn gering. Die Assimilationsgrenze wird in folgender Weise bestimmt: Morgenfrühstück bestehend aus Milch mit Kaffee oder Tee und 80—100 g Brot. Zwei Stunden später 100 g Zucker. Der Urin der ersten 6 Stunden wird aufgefangen. Findet man nun eine meßbare Menge Zucker im Urin, 0,25% oder mehr, dann ist die Toleranz verringert, und es besteht der Verdacht auf einen in der Entwicklung begriffenen leichten Fall von Diabetes[1]).

War der Urin zuckerfrei, dann wird der Antragsteller angenommen werden dürfen. Ob man dann noch eine Prämienerhöhung fordern soll, wird von den zu jedem Falle hinzutretenden Nebenumständen: Beruf, Lebensweise, Heredität, übriger Gesundheitszustand abhängen

Auch in den Fällen, wo der Verdacht auf Diabetes sich regt, ohne daß man Zucker im Urin gefunden hat (z. B. durch das Vorkommen zahlreicher Fälle von Zuckerkrankheit in der Familie, durch das Vorhandensein von Hauterkrankungen oder Zahncaries, durch die Klagen über Durst o. dgl.), ist die Probe auf alimentäre Glycosurie e saccharo und ex amylo anzuraten.

B. Leichte Fälle von Glykosurie (Diabetes) bei älteren Personen.

Es ist allgemein bekannt, daß manche leichte Glykosurien in vorgeschritteneren Alter zuweilen ausgezeichnet vertragen werden, und daß solche Menschen trotz ihres Zuckers alt werden können.

[1]) Siehe auch Feilchenfeld: Zeitschr. f. d. ges. Versicherungswiss. 1913, H. 3.

Man fasse diese Regel aber nicht falsch auf und glaube nicht, daß der Diabetes in höherem Alter stets eine harmlose Krankheit ist. Weit entfernt davon! Auch bei alten Menschen schreitet die Zuckerkrankheit oft schnell fort, um entweder im Koma oder durch Komplikationen (Arteriosklerose, Gangrän, Tuberkulose) ihr Ende zu finden.

Unter den sehr leichten Fällen von Diabetes in vorgeschritteneren Alter sind jedoch manche, welche für eine Versicherung in Betracht kommen, vorausgesetzt, daß folgende Bedingungen erfüllt sind:

1. Der Zucker darf nicht vor Erreichung des 35. Lebensjahres nachgewiesen worden sein.
2. Günstige hereditäre Verhältnisse: wenn Diabetes in der Familie vorkommt, dürfen es nur leichte Fälle sein.
3. Fehlen schwerer Komplikationen, namentlich der Albuminurie, Arteriosklerose, Lungenerkrankungen. Subjektiv vollkommenes Wohlbefinden.
4. Guter Ernährungszustand. Am besten ein gewisser Grad von Korpulenz.
5. Günstige äußere Lebensumstände (Beruf, Vermögen, Familienleben usw.).
6. Geringer Zuckergehalt des Urins (höchstens 1—2%) bei einer normalen Urinmenge.
7. Bei Kohlehydratentziehung muß die Glykose aus dem Urin verschwinden.
8. Kleinere Mengen Kohlehydrate (50—100 g Brot) müssen ohne Zuckerausscheidung vertragen werden können.
9. Fehlen der Eisenchloridreaktion des Urins.

Wenn bei einem im übrigen vollkommen gesunden Antragsteller mit leichter Glykosurie alle diese Bedingungen erfüllt sind, würde ich es für erlaubt halten, den Abschluß einer Versicherung von einer Dauer bis zu 10—20 Jahren und mit einer Prämienerhöhung von 15—30% anzuempfehlen.

C. Leichter Diabetes bei jüngeren Personen.

Allzu häufig aber sind wir in der Lage, uns davon überzeugen zu können, daß bei jüngeren Personen, Kindern und Menschen bis zum Alter von etwa 30 Jahren der Diabetes Neigung zu bösartigem Verlauf zeigt. Vollkommen mit Recht wird die Zuckerkrankheit in diesem Alter denn auch allgemein prognostisch ungünstig angesehen.

Nichtsdestoweniger kommen auch Ausnahmen von dieser Regel vor.

Diese Ausnahmefälle können wieder in 3 Gruppen eingeteilt werden.

1. *Renaler Diabetes.* Bald nach der Entdeckung des experimentellen Phlorizindiabetes hat man schon eingesehen, daß dieser von der Zuckerkrankheit beim Menschen, soweit sie bis dahin bekannt war, prinzipiell verschieden war. Bei der durch Phlorizineinspritzung sowohl beim Menschen als auch bei Tieren hervorgerufenen Glykosurie stellte sich der Blutzuckergehalt kleiner als normal heraus, während beim echten Diabetes stets Hyperglykämie angetroffen wurde. Ein zweiter Unterschied ist der, daß die Menge des bei dem Phlorizindiabetes ausgeschiedenen Zuckers von der Menge der eingenommenen Kohlehydrate unabhängig ist. Als feststehend kann gegenwärtig angenommen werden, daß der Phlorizindiabetes darauf beruht, daß die Nierenepithelien mit größerer Intensität als normal dem Plasma den Blutzucker entziehen. Auf diese Weise erscheint die Glykose im Urin, während der Blutzuckergehalt sinkt.

Im Jahre 1896 wurde ungefähr zu gleicher Zeit von Lépine und Klemperer die Vermutung geäußert, daß einzelne Fälle, die man in der Klinik antrifft, in ihrem Wesen mit dem Phlorizindiabetes übereinstimmen. Naunyn und Lüthje sind der Ansicht, daß diese eigenartige übermäßige Funktion des Nierenepithels die Folge einer Nephritis sein soll.

Nach den Mitteilungen von LÉPINE und KLEMPERER sind bis jetzt nur eine kleine Zahl Fälle von renalem Diabetes beschrieben worden, und diese erfüllen nicht alle hier erwähnten Forderungen. Ich glaube dies jedoch von dem durch DE LANGEN[1]) aus der Groninger Klinik mitgeteilten Fall sagen zu dürfen, der lange Zeit hindurch und mit großer Sorgfalt beobachtet werden konnte.

Obschon die Anzahl der in der Literatur mitgeteilten Fälle von renalem Diabetes bisher noch sehr klein ist, bin ich überzeugt, daß die Lebensversicherungsheilkunde doch schon darauf Rücksicht nehmen muß.

In erster Linie, weil diese Fälle gerade bei einer derartigen Untersuchung an den Tag kommen werden, und unsere Kenntnis bezüglich des Vorkommens eines renalen Diabetes von den begutachtenden Ärzten ausgehen wird.

Ferner weil die Prognose des renalen Diabetes von der des echten Diabetes vollkommen verschieden ist. Die renale Glykosurie kann vorläufig als harmlos angesehen werden. Wir müssen dafür Sorge tragen, daß ein junger Mensch nicht durch unsere Unkenntnis bezüglich dieser Krankheit vielleicht unglücklich gemacht wird.

Auf der anderen Seite müssen wir uns davor in acht nehmen, daß nicht Fälle eines beginnenden Diabetes unter der falschen Diagnose einer renalen Glykosurie angenommen werden. Wenn wir den Gesellschaften den Rat geben, manche Menschen mit leichter Zuckerausscheidung für eine Versicherung anzunehmen, so betreten wir damit einen ganz neuen Weg. Große Vorsicht ist geboten, wollen wir nicht Gefahr laufen, den Gesellschaften Enttäuschungen zu bereiten und die Schuld daran zu tragen, daß der Annahme solcher Patienten und im allgemeinen der Annahme von „risques tarés“ für lange Zeit Schaden zugefügt wird.

Deshalb habe ich in der ersten Auflage dieses Buches für die Annahme eines Falles von renalem Diabetes vom Standpunkte der Lebensversicherung strenge Forderungen aufgestellt:

1. Der Glykosegehalt des Harns sei gering, höchstens 1%, bei einer normalen Urinmenge innerhalb 24 Stunden. Die totale Menge des in 24 Stunden ausgeschiedenen Zuckers betrage deshalb nicht mehr als 10—12 g.

2. Die Glykosurie sei vollkommen unabhängig von der Menge der genossenen Kohlehydrate. Kohlehydratentziehung darf den Zuckergehalt nicht zunehmen lassen.

3. Der Blutzuckergehalt sei kleiner als normal, keineswegs aber erhöht.

4. Der Patient muß sich vollkommen gesund fühlen und keines der bekannten Diabetessymptome aufweisen.

In einer sehr guten Arbeit aus der Amsterdamer medizinischen Klinik hat Dr. ELZAS[2]) sich im allgemeinen diesen Forderungen angeschlossen, hinsichtlich einiger Punkte ist er jedoch für eine liberalere Auffassung eingetreten. DE LANGEN und SCHUT[3]), denen wir gewichtige Beobachtungen über den Blutzuckergehalt in den Tropen verdanken, sind derselben Ansicht.

ELZAS glaubt, daß in der ersten Bedingung die Grenze von 10—12 g auf 15—20 erhöht werden darf. Daß jedoch eine derartige Erhöhung nicht gefahrlos ist, geht aus der erwähnten Abhandlung von DE LANGEN und SCHUT hervor, die ebenfalls die von mir vorgeschlagene Grenze etwas niedrig finden und diese auf 25 g erhöhen wollen, jedoch mit dem Hinzufügen, daß die meisten Werte unter 10 g liegen müssen, daß aber eine vereinzelte Steigung bis höchstens 25 g im Tag noch nicht zum Ausschluß von einer Versicherung zu führen braucht. Jedoch auch diese Grenze von 25 g ist willkürlich, und es ist nicht sicher, daß die

---

[1]) LANGEN, C. D. DE: Nederlandsch tijdschr. v. geneesk. 1913, II, Nr. 17 und Berlin. klin. Wochenschr. 1914, Nr. 45.

[2]) ELZAS, M.: Hyperglykaemie en Glykosurie. Dissert. Amsterdam, S. 106.

[3]) DE. LANGEN und SCHUT: Geneesk. tijdschr. v. Nederlandsch Ind. Bd. 57, S. 331. 1917.

Beobachtung eines neuen Falles von renalem Diabetes nicht einmal ausnahmsweise eine Ausscheidung von 30 g oder mehr ergeben wird. Verlassen wir die von mir aufgestellte Forderung, so werden wir, fürchte ich, nicht mehr wissen, wo wir bleiben.

Etwas ähnliches gilt für die zweite Bedingung. Zweifellos haben ELZAS und DE LANGEN und SCHUT vollkommen recht, daß auch beim renalen Diabetes ein gewisser geringer Einfluß der Diät auf die Glykosurie beobachtet werden kann. Aber es ist einstweilen nicht möglich, diesen Einfluß zahlenmäßig auszudrücken.

Als einen wichtigen Zusatz zu meiner dritten Bedingung sehe ich ELZAS' Vorschlag an, den Blutzuckergehalt $1^1/_2$ Stunden nach Einnahme des von ihm angegebenen Probefrühstücks zu bestimmen, nach welchem der Blutzuckergehalt nicht höher als 0,17% steigen darf. Dieses Probefrühstück, bestehend aus 150 g Brot mit Butter und einer Tasse Tee ohne Zucker oder Milch wird in meiner Klinik seit ELZAS' Mitteilungen allen Patienten gegeben, bei welchen eine Störung in dem Kohlehydratstoffwechsel angenommen werden kann.

Zusammenfassend glaube ich vorsichtshalber und aus den oben angegebenen praktischen Gründen an den in der ersten Auflage dieses Buches aufgestellten Bedingungen festhalten zu müssen mit der von ELZAS vorgeschlagenen Ergänzung, daß der Blutzuckergehalt nach Einnahme seines Probefrühstücks nicht höher als 0,17% sein darf. Bei geringen Abweichungen von den hier genannten Regeln — in 24 Stunden eine etwas höhere Zuckerausscheidung als 10 g, ein geringer Einfluß der Nahrung auf die Glykosurie — wird der Vertrauensarzt einer Gesellschaft in jedem besonderen Fall entscheiden müssen, ob der betreffende Fall als ein renaler Diabetes aufgefaßt werden kann. Können doch absolute Zahlen nicht gegeben, sondern nur allgemeine Regeln als Leitfaden aufgestellt werden.

Nachdem ich den Begriff des renalen Diabetes in dieser Weise bestimmt habe, halte ich es für erlaubt, folgenden Grundsatz aufzustellen:

Im übrigen gesunde Menschen mit bestimmter renaler Glykosurie können vorläufig gegen normale Prämie angenommen werden.

Es ist wohl kaum nötig zu sagen, daß die Diagnose eines renalen Diabetes nur nach langdauernder Beobachtung von einem Arzte gestellt werden kann, der mit der Stoffwechseluntersuchung und der Untersuchung des Blutzuckers vertraut ist.

2. Der Diabetes innocens im jugendlichen Alter [SALOMON[1])]. Vor ein paar Jahren ist von SALOMON aus der Klinik von v. NOORDEN die Aufmerksamkeit auf das nicht seltene Vorkommen leichter Glykosurien bei jüngeren Personen hingelenkt worden.

Die von ihm beobachteten Fälle betrafen Personen, bei denen die Zuckerausscheidung zum ersten Male zwischen 20 und 40 Jahren bemerkt wurde. In der Familie fanden sich oft noch mehr Fälle von sehr leichtem Diabetes. Der Glykosegehalt des Urins betrug nur Zehntelprozente, die Menge des ausgeschiedenen Zuckers betrug nicht mehr als 10—12 g und war vollkommen oder in hohem Grade von der Menge der Kohlehydrate in der Nahrung unabhängig. Eine Neigung zum Fortschreiten war in keinem der Fälle wahrzunehmen, obwohl SALOMON seine Patienten jahrelang beobachtet hatte. Diese Beschreibung stimmt deutlich in allen Punkten mit dem renalen Diabetes überein. Es besteht jedoch ein wichtiger Unterschied: nur bei einem dieser Patienten wurde ein erniedrigter Blutzuckergehalt gefunden, was bisher als ein notwendiges Symptom des renalen Diabetes galt.

Von Dr. G. GRAHAM[2]), dessen interessantes und eingehendes Werk über das Gebiet der Zuckerkrankheit äußerst beachtenswert ist, wird noch eine dritte Type eines „unschädlichen" Diabetes beschrieben, bei welcher eine viel größere Menge Zucker ausgeschieden wird.

[1]) SALOMON: Dtsch. med. Wochenschr. 1914, Nr. 5.

[2]) GRAHAM, GEORGE: Diabetes innocens. Quart. journ. of med. Bd. 10, S. 39. 1917.

Wer auf dem Gebiete der Glykosurie über eine größere Erfahrung verfügt, muß sich zweifellos hinterher erinnern, Fälle, wie sie SALOMON oder GRAHAM im Auge haben, auch selbst beobachtet zu haben. Es scheint mir darum von Wichtigkeit, in einem Buche über Lebensversicherungswissenschaft schon jetzt die Aufmerksamkeit darauf zu richten. Indessen werden derartige Personen vorläufig wohl nur selten für eine Versicherung angenommen werden können, und dann auch nur bei einem niedrigen Blutzuckergehalt, womit sie in die vorhergehende Gruppe des renalen Diabetes fallen. Es scheint mir jedoch wahrscheinlich, daß es in nicht zu ferner Zukunft möglich sein wird, diese leichten Fälle von Glykosurie sowohl von dem echten Diabetes als auch von der renalen Glykosurie mit Sicherheit abzugrenzen. Dazu wird die Untersuchung von Lebensversicherungsanwärtern viel beitragen können.

Außer den hier genannten Fällen von sehr leichter, sicherer oder zweifelhafter renaler Glykosurie sieht man als sehr große Ausnahme vereinzelt einen Patienten, der nachgewiesenermaßen seit der Jugend einen echten mittelschweren Diabetes hat und trotzdem lange Jahre hindurch leidlich gesund bleibt. Einen solchen Fall habe ich selbst beobachtet. Es sind jedoch so seltene Ausnahmen, daß die Versicherungsheilkunde damit nicht rechnen kann.

Fassen wir Obenstehendes zusammen, so kommen wir zu der Schlußfolgerung, daß im Gegensatz zum Vorgehen in früheren Jahren manche Personen mit leichter Glykosurie nach sorgfältiger Untersuchung und unter bestimmten Bedingungen für eine Versicherung in Betracht kommen können[1]).

Diese Schlußfolgerung ist auf Grund der klinischen Beobachtungen gezogen. Auch auf anderem Wege, nämlich auf Grund statistischer Angaben, ist man zu demselben Schlusse gekommen. Ich habe dabei eine interessante Untersuchung von FEILCHENFELD[2]) im Auge. Dieser hat versucht, eine Statistik über die leichten Diabetesfälle aufzustellen. Zu dem Zwecke hat er an eine Anzahl Ärzte eine Rundfrage über ihre Erfahrungen in dieser Hinsicht gerichtet. Die Resultate seiner Rundfrage teilt er in oben erwähnter Arbeit mit. Von 22 Ärzten wurde über 122 Fälle Angaben gemacht u. a. über das Geschlecht, den Beruf, die soziale Stellung, Konfession und das Lebensalter ihrer Patienten, ferner über die Dauer der Krankheit und die Möglichkeit einer Versicherung. Wir wollen uns jetzt nur mit den beiden letzten Punkten befassen. Es muß dabei bemerkt werden, daß die Dauer der Krankheit natürlich niemals bekannt ist, nur der Zeitpunkt, zu welchem sie entdeckt wurde. Die wirkliche Dauer ist also immer etwas länger als aus den Angaben zu folgern scheint:

Die folgende kleine Tabelle ergibt eine Übersicht über die scheinbare Dauer:

unbekannt	12	11—15 Jahre	11
0—2 Jahre	32	16—21 „	12
3—5 „	26	25 „	2
6—9 „	14	32 „	1
10 „	12		96
	96		122

Hieraus folgt, daß bei 38 von den 122 Fällen, also bei ungefähr 30%, die Krankheit länger als 10 Jahre gedauert hat. Mit Recht bemerkt FEILCHENFELD, daß alle diese Personen, wenn ihre Glykosurie bei der Lebensversicherungsuntersuchung entdeckt worden wäre, für eine Lebensversicherung auf die Dauer von 15 Jahre hätten angenommen werden können.

---

[1]) Siehe auch RECKZEH: Einführung in die soziale Medizin, unter besonderer Berücksichtigung der Versicherungsmedizin. S. 251ff. Berlin: S. Karger 1915, und Die sozialmedizinische Bedeutung konstitutioneller Anomalien und Krankheiten. S. 63ff.

[2]) FEILCHENFELD: Zeitschr. f. d. ges. Versicherungswiss. Bd. 12, H. 1. 1912.

Achtes Kapitel.

Die Versicherung unterwertigen Lebens.

Gegenwärtig ist es bei den meisten Lebensversicherungsgesellschaften üblich, auch das Leben solcher Personen zu versichern, über welche das ärztliche Urteil nicht vollkommen günstig lautet, allerdings eine Versicherung unter bestimmten Bedingungen oder gegen erhöhte Prämie abzuschließen.

Der Grundgedanke, auf welchem diese Handlungsweise beruht, ist, daß, wenn der Nachweis erbracht werden kann, daß die Todeswahrscheinlichkeit einer bestimmten Gruppe von Menschen größer als normal ist, die von ihnen zu bezahlende Prämie auch höher als die normale aus der normalen Todeswahrscheinlichkeit berechnete Prämie sein muß.

So logisch die Überlegung auch erscheint, so wird man doch sagen können, daß sie nicht ganz richtig ist. Es hängt davon ab, *wie* die normale Prämie berechnet ist, aus *welchen* normalen Sterbewahrscheinlichkeiten. Ist sie berechnet aus den Sterbezahlen einer Gruppe von Individuen, die nicht erst ärztlich untersucht sind, wie z. B. einer ganzen Bevölkerung, dann sind in den so erhaltenen Sterbewahrscheinlichkeiten sowohl die gesunden als die nicht gesunden einbezogen. Die Nichtgesunden oder besser die Kurzlebigen[1]) haben also schon ihren Einfluß auf die Todeswahrscheinlichkeit geltend gemacht und infolgedessen auch auf die zu bezahlende Prämie. Es würde also unbillig sein, aus diesem Komplex von Lang- und Kurzlebigen die letzteren auszusondern und sie für ihre schlechten Lebensaussichten noch einmal extra zu belasten. Man kann dann nur unterscheiden zwischen versicherbarem und nichtversicherbarem Leben, unter welch letzteren man dann die Personen verstehen muß, deren Gesundheitszustand so schlecht ist, daß ein baldiger Tod zu erwarten steht. Dadurch würde die Versicherung ihren eigentlichen Charakter verlieren und nur eine für den Versicherten oder dessen Angehörige sehr bequeme Kapitalsvermehrung sein.

Das Bedenken gegen diese Erwägung ist, daß man auf diese Weise eine Sterbeziffer erhalten würde, die ungefähr der der Bevölkerung gleich wäre. Das ist unerwünscht. Man muß im Interesse der Betriebssicherheit eine niedrigere Sterbeziffer erwarten können. Allerdings war in den letzten Zeiten vor dem Kriege ein ständiges Sinken der Sterbeziffer zu bemerken, aber es ist doch keineswegs ausgeschlossen (man denke an den Weltkrieg und seine Folgen), daß wieder

---

[1]) Dieser Ausdruck (worunter natürlich nicht diejenigen verstanden werden, die wirklich eine kurze Lebensdauer haben, sondern diejenigen, von denen man erwarten kann, daß ihre Lebensaussichten geringer als die normalen sind) verdient den Vorzug, weil für die Lebensversicherung der Begriff der normalen Lebensaussichten nicht mit dem Begriff Gesundsein übereinstimmt. Das wird allzu häufig übersehen. Jemand kann normale Lebensaussichten haben und doch nicht gesund sein (z. B. bei gutartigen Infektionskrankheiten, bei nervösen Erscheinungen), aber auch (was praktisch von größerer Bedeutung ist, weil man es gewöhnlich nicht berücksichtigt) vollkommen gesund sein und doch keine normalen Lebensaussichten haben (z. B. bei starker hereditärer Belastung, bei ungesunder Lebensweise, bei ungesundem Beruf oder Wohnort).

eine Steigung eintritt. Ein solcher Fall aber würde die Sicherheit, mit welcher die Versicherungsgesellschaft rechnen muß, um ihren Verpflichtungen nachzukommen, wieder ins Schwanken bringen.

Doch würden die angeführten Erwägungen richtig sein, wenn man es mit einer Pflichtversicherung zu tun hätte. Dann würde unter den Versicherten das Verhältnis der Lang- zu den Kurzlebigen dasselbe sein wie bei der ganzen Bevölkerung. Wie schon auf S. 27 und 29 bemerkt wurde, ist dies nicht der Fall. Es sind vor allem die Kurzlebigen, die eine Versicherung abschließen (Selbstwahl). Dadurch würde die Sterblichkeit unter den Versicherten ohne ärztliche Untersuchung die allgemeine Sterblichkeit wahrscheinlich übertreffen. Um dies zu vermeiden, kann man zwei Mittel anwenden: entweder die Schwächeren nicht versichern oder sie etwas mehr bezahlen lassen. Man wird zugeben müssen, daß die letzte Handlungsweise die geeignetste ist.

Man geht aber dieser scheinbaren Ungerechtigkeit aus dem Wege, wenn man nicht nur die Kurzlebigen, sondern auch die Langlebigen aussondert und diese eine niedrigere Prämie bezahlen läßt, als mit der Sterblichkeit der Gesamtbevölkerung übereinstimmt.

Dies letztere geschieht nun tatsächlich auch in vielen Fällen. Wenn nämlich bei der Berechnung der Prämie nicht von den Angaben über eine willkürlich zusammengesetzte Bevölkerung ausgegangen wird, sondern von einer Gruppe Personen, bei denen man ein langes Leben erwarten kann, weil sie einer ärztlichen Begutachtung unterworfen wurden. Solche Angaben bilden die Erfahrungssterbetabellen der großen Lebensversicherungsgesellschaften.

Werden derartige Tabellen angewandt, dann ist es selbstverständlich, daß man von den Kurzlebigen eine höhere Prämie fordert. Hat doch ihre Sterbewahrscheinlichkeit auf die Berechnung der normalen Prämie keinen Einfluß ausgeübt. In diesem Falle ist es Sache der ärztlichen Begutachtung, anzuzeigen, welche Personen eine größere Sterbewahrscheinlichkeit haben als diejenigen, aus deren Sterbewahrscheinlichkeit der Prämienwert berechnet ist, d. h. die „normalen Risiken".

Die „anormalen Risiken" oder „unterwertigen" Leben müssen also eine höhere Prämie bezahlen.

Die Anwendung dieser Regel stößt auf zwei sehr große Schwierigkeiten:

Wann kann man jemanden mit Bezug auf seine Lebensaussichten minderwertig nennen?

Wie muß die Prämienerhöhung bestimmt werden?

Bei den meisten Menschen wird man, wenn man sehr gründlich untersucht, eingehende Fragen stellt und etwas pessimistisch urteilt, einen schwachen Punkt entdecken können. Glücklicherweise wird die ärztliche Untersuchung meist nicht so scharf aufgefaßt. Der Vertrauensarzt erhält zahlreiche Berichte, in denen nichts Ungünstiges bezüglich der Lebensaussichten aufgeführt ist.

Wenn aber nach dem Bericht doch eine Kleinigkeit nicht ganz stimmt, erheben sich die Schwierigkeiten. Muß man dann auf Grund einer solchen Kleinigkeit den Fall unter die unterwertigen Leben einreihen? Oder besser und richtiger gesagt, ist die Unterwertigkeit von einer solchen Art, daß das Leben nicht gegen normale Prämie versichert werden kann?

In den vorhergegangenen Ausführungen sind oft derartige Fälle besprochen worden. Dabei wurde wiederholt das Urteil abgegeben, daß eine Versicherung gegen normale oder erhöhte Prämie eingegangen werden könnte. Die Entscheidung zwischen diesen beiden Möglichkeiten verursacht aber gerade die Schwierigkeiten. In der Tat kann die Abweichung an sich zuweilen nicht den Ausschlag geben, sondern die Umstände werden die Entscheidung herbeiführen.

Ein Beispiel: Jemand hat vor rund 2 Jahren eine leichte Appendicitis überstanden, die nicht operiert wurde, hat aber niemals mehr irgendwelche Beschwerden von seinem Appendix gehabt. In einem solchen Falle wird man, wenn der Antragsteller in einer Stadt wohnt und auch dort seinen Beruf ausübt, wo stets gute chirurgische Hilfe zu erlangen ist, die Versicherung gegen normale Bedingungen eingehen können. Wohnt er dagegen auf dem Lande oder schlimmer noch, reist er viel in abgelegenen Strecken (wie z. B. dem Inneren der Kolonien), so wird eine Erhöhung der Prämie wünschenswert sein.

Noch mehr Schwierigkeiten bildet die Beantwortung der zweiten Frage: wie groß muß die Prämienerhöhung sein?

Die einwandfreieste Lösung würde hier die empirische sein. Aber diese ist nicht zu erhalten. Man müßte zu diesem Zwecke Sterbetabellen von Personen, die eine bestimmte Abweichung bei der Untersuchung aufwiesen, zusammenstellen, und aus diesen Sterbetabellen die Prämie berechnen. Man würde also Sterbetabellen für Kranke mit Albuminurie, Glykosurie, für Magere, für Korpulente usw. erhalten. Derartige Tabellen sind aber wegen des Fehlens der Unterlagen nicht zusammenzustellen. Deswegen kann man einen etwas anderen Weg einschlagen und aus den Versicherten bei einer großen Lebensversicherungsgesellschaft diejenigen aussondern, die eine bestimmte Abweichung aufwiesen und berechnen, um wieviel die Sterblichkeit in dieser Gruppe die normale Sterblichkeit im allgemeinen oder in bestimmten Lebensaltersgruppen übertrifft. So fand man z. B. bei der „Gotha", daß die Sterblichkeit der Korpulenten 126% der normalen Sterblichkeit betrug[1]). Hieraus ist dann wieder die Prämienerhöhung zu berechnen, die zur Deckung der erhöhten Sterblichkeit notwendig ist. Das Bedenkliche dieser Methode ist, daß man alle Fälle, in denen die eine Abweichung zutage tritt, über einen Kamm schert. So sind unter den Korpulenten der „Gotha" alle dicken Menschen aufgezählt, in welchem Grade, in welchem Alter, unter welchen Umständen auch immer dies Symptom bei ihnen in Erscheinung trat. Das kann nicht richtig sein. So können z. B. auch die Fälle von Albuminurie, Glykosurie usw. nicht alle als gleich angesehen werden. Es dürfte nicht angängig sein, jemanden mit einer funktionellen Albuminurie eine ebenso hohe Prämie bezahlen zu lassen wie einen Kranken mit chronischer Nephritis.

Man kann allerdings alle diese Abweichungen wieder in Untergruppen einteilen und für jede dieser Gruppen die Extrasterblichkeit berechnen. Dazu ist aber ein riesengroßes Material erforderlich. Selbst bei der hier so oft angeführten Medico-Actuarial Mortality Investigation, die sich über 221 819 Versicherte erstreckt, ist die Anzahl Daten für derartige Unterabteilungen der sog. „Medical impairments" häufig zu gering, um einen Schluß zuzulassen. Hinzu kommt aber noch ein anderes Bedenken, auf welches schon wiederholt hingewiesen worden ist, nämlich, daß diese Erfahrungen alle auf ausgesuchten Leben beruhen und dadurch ein ganz falscher Eindruck von der Gefahr erweckt wird (siehe

[1]) Auch die schwedischen Lebensversicherungsgesellschaften haben eine derartige Untersuchung durchgeführt und die „Übersterblichkeit" für verschiedene Unterwertigkeiten berechnet, wie: Tuberkulose in der Familiengeschichte oder der Anamnese, Pleuritis in der Anamnese, Herzkrankheiten, Arteriosklerose oder Gelenkrheumatismus in der Familie oder der Anamnese, Nierenkrankheiten der Eltern, Albuminurie, Nierensteine, Syphilis, Schanker in der Anamnese, alles im Zusammenhang mit dem Alter und der Versicherungsdauer. — Daraus geht z. B. hervor, daß eine im Alter von 30—34 Jahren überstandene Tuberkulose in den ersten 5 Versicherungsjahren eine „Übersterblichkeit" von 380% ergibt, also 380% der normalen Sterblichkeit. Die höchste „Übersterblichkeit" bei Syphilis beträgt 80% (Alter 60—65 Jahre, erste 5 Versicherungsjahre). Die totale Durchschnittübersterblichkeit bei Syphilis beträgt nur 49%, was wohl auf eine strenge Auswahl hinweist. — Zum Studium der Sterblichkeit minderwertiger Leben vgl. Skandinavisch actuarien Tidskr. 1921, H. 1.

z. B. die Fußnote auf S. 81). Um nochmals auf das Beispiel der „Gotha" zurückzukommen: die korpulenten Versicherten weisen eine Sterblichkeit von 26% über die normale auf. Aber welche Korpulenten werden versichert und welche werden abgewiesen? Erst wenn man dies weiß, kann man das Resultat der Berechnung auf ein neues Risiko anwenden. Für die Gesellschaft selbst, aus deren eigenen Erfahrungen dieses Ergebnis stammt und die also auch weiß, auf welche Art es erhalten ist, sind derartige Zahlen von Wert, für andere Gesellschaften dagegen nicht.

Derselbe Fehler haftet in noch stärkerem Maße der von HUNTER[1]) angegebenen Methode zur Berechnung des Risikos an. Er untersucht, wie groß der Einfluß verschiedener Umstände, die bei der Bestimmung der Lebensaussichten in Betracht kommen, auf die Mortalität ist und vergleicht ihn mit der Allgemeinsterblichkeit. Er gebraucht dazu die Zahlen der Specialized Mortality Investigation (eine der Medico-Actuarial Mortality Investigation ähnliche Untersuchung, nur früheren Datums, aus dem Jahre 1903).

Um ein Beispiel anzuführen: ein Hotelbesitzer (der nicht selber hinter dem Schanktisch steht) von 25 Jahren, in Orleans County, Louisiana wohnend, dessen beide Eltern 75 Jahre alt wurden, ist von normalem Gewicht und hat eine Pulsfrequenz unter 60. Er hat zweimal Gelenkrheumatismus gehabt. Dieser Fall ergibt nun folgende Zahlen:

Unterschied zwischen der durch die folgenden Umstände bedingten und der normalen Sterblichkeit.

Gewicht	0
Familiengeschichte	−12
Beruf	+22
Geringe Pulsfrequenz	−30
2 mal Gelenkrheumatismus	+ 8
Wohnort	+36 [2])
	+24

Der ganze Fall wird also angesehen werden müssen, als gäbe er eine wahrscheinliche Sterblichkeit von 24% über die normale. Sieht man davon ab, daß eine Reihe von Umständen nicht zahlenmäßig ausgedrückt sind oder werden können, und daß zwei ungünstige Umstände einander aufzuheben vermögen (Tuberkulose und Korpulenz!), so gilt hier das Bedenken, daß man aus den oben auseinandergesetzten Gründen den absoluten Zahlen nicht soviel Wert beimessen darf.

In ähnlicher Weise berechnet in Deutschland „die Hilfe" das Extrarisiko.

Die im Jahre 1916 gegründete „Hilfe" ist eine Einrichtung[3]), wie sie in Holland schon im Jahre 1905 unter dem Namen „De Hoop" gegründet wurde. Diese Lebensversicherungsgesellschaft versichert nur die unterwertigen Leben, die ihr von anderen gewöhnlichen Lebensversicherungsgesellschaften zugewiesen werden. Für die Öffentlichkeit besteht die „Hoop" nicht, die Versicherung läuft auf den Namen der Gesellschaft, bei welcher sie beantragt wurde. Die „Hoop" ist denn auch eine Unterabteilung von verschiedenen unserer großen Lebensversicherungsgesellschaften. Auf diese Weise tragen sie das Extrarisiko der unterwertigen Leben gemeinsam. Die Direktion der „Hoop" beschließt aber vollkommen selbständig, welche Risiken angenommen werden können und gegen welche Prämie. Über die Art und Weise der Berechnung dieser Prämie

[1]) Transact. of the actuarial soc. of America Bd. 12, Nr. 45.

[2]) Das heißt also, daß die Gruppe von Personen, deren Eltern 75 Jahre alt wurden, eine Sterblichkeit von 88% der normalen hat, daß dagegen die Gruppe von Personen mit dem fraglichen Beruf eine Sterblichkeit, die 122% der normalen beträgt, aufweist usw.

[3]) Zeitschr. f. d. ges. Versicherungswiss. Bd. 21, H. 3.

sind keine näheren Angaben veröffentlicht. Die „Hoop" fordert oft eine Anzahl Garantiejahre, in dem Sinne, daß unter allen Umständen eine bestimmte Anzahl von Jahresprämien bezahlt werden muß. Muß die Auszahlung vor Ablauf dieser Jahre erfolgen, dann wird der fehlende Betrag von dem auszuzahlenden abgezogen.

Die „Hilfe" hat kürzlich veröffentlicht, welches System sie bei der Berechnung der Extraprämie befolgt. Sie fordert eine viel genauere Untersuchung als bei der gewöhnlichen Begutachtung. Sie schätzt das Risiko, indem sie jede einzelne „Unterwertigkeit" besonders taxiert, die geschätzten „Übersterblichkeiten" zueinander addiert und den Fall dann in eine bestimmte Klasse einreiht, mit welcher Klasse eine bestimmte Prämienerhöhung verknüpft ist. Diese Schätzungen beruhen aber nicht auf statistischen Angaben, sondern vorläufig nur noch auf klinischer Erfahrung und Einsicht.

Es ist etwas Gutes an dieser Methode, und das ist die Einsicht, daß die Summe der Umstände das Risiko bildet und nicht eine bestimmte Abweichung. Dieses Prinzip wird auch klar ausgedrückt durch das Schema von OGILVIE:

Familiengeschichte	20%
Anamnese	20%
Äußere Erscheinung	20%
Untersuchungsresultat	30%
Wohnort und Umgebung	10%

wobei man dann jeden Hauptabschnitt besonders taxieren kann. Das Wertverhältnis der verschiedenen Hauptabschnitte zueinander wird man sich vielleicht anders denken. Aber eine derartige Gruppierung erleichtert zweifellos die Übersicht.

Indessen sind wir damit wieder ganz in die Berechnung auf Grund einer Schätzung geraten.

Eine völlig andere Methode ist, daß man ausschließlich nach den medizinischen Abweichungen sich richtet und diese in einige wenige Hauptgruppen einteilt, über welche man nähere Angaben sammeln kann. Dies ist die Methode der „Gefahrenklassen", die von BUCHHEIM und BLASCHKE zu einem System ausgearbeitet worden ist. BUCHHEIM unterscheidet 3 Gefahrenklassen:

1. Klasse: Personen, bei welchen die Heredität, Anamnese, äußeren Umstände oder nervöse Erscheinungen auf eine besondere Disposition für die eine oder andere Krankheit hinweisen.

2. Klasse: Personen mit Abweichungen, die zwar nicht an sich, aber durch ihre Folgen die Gesundheit in Gefahr bringen (z. B. Anämie, Skoliose, chronische Katarrhe), oder welche eine Krankheit durchgemacht haben, die wenig Heilungstendenz aufweist (z. B. Spitzenkatarrh, Ulcus ventriculi).

3. Klasse: Personen, bei denen eine Anomalie gefunden wurde, die den Tod verursachen kann (z. B. Herzfehler, Diabetes mellitus).

Über die beiden ersten Klassen sind von österreichischen Versicherungsgesellschaften Angaben gesammelt worden, die zu einer Sterbetabelle zusammengestellt sind. Die Sterbewahrscheinlichkeiten der 3. Gefahrenklasse beruhen auf hypothetischer Begründung, die von BLASCHKE aus der Todesursachenstatistik entnommen wurde.

Das Bedenken gegen dieses System ist, daß die Gruppierung nach Lage der Dinge nicht fest umrissen und es daher oft der subjektiven Ansicht überlassen ist, in welche Gefahrenklasse man einen bestimmten Fall einreihen will. Auch sind die erwähnten Sterbetabellen nur aus einem kleinen Material zusammengesetzt, und es stellte sich für die Praxis die Notwendigkeit heraus, die 1. Gefahrenklasse wieder in 3 Abteilungen zu spalten:

a) Hereditär Belastete,
b) Personen mit ernsten Krankheiten in der Anamnese,
c) Personen mit ungünstigem Status praesens.

Zweifellos hat aber diese auf Gruppierung der unterwertigen Leben in einige wenige sehr große Klassen beruhende Methode etwas sehr Bestechendes.

In Holland geht man wegen des Fehlens einer gehörigen empirischen Grundlage noch schätzungsweise vor. Bestimmte Regeln hat man nicht, jede Direktion geht in Überlegung mit ihrem Vertrauensarzt von ihrer subjektiven Anschauung aus, so daß die Beurteilung eines Falles bei verschiedenen Gesellschaften oft sehr voneinander abweicht. Man kann hierin einen Nachteil erblicken, für den Versicherungsanwärter ist es meist ein Vorteil.

Man kann die Prämienerhöhung nun auf verschiedene Weise taxieren. Man kann das größere Risiko in Prozenten schätzen, also zu der normalen Prämie 5, 10, 20% extra hinzuschlagen. Man macht dabei dann Gebrauch von einer bestimmten Gruppierung von Unterwertigkeitsursachen, die man sich selbst zusammengestellt hat und deren Gefahr man nach einer rein subjektiven Auffassung einschätzt, die meist aber jeder Grundlage entbehrt.

Eine andere Weise ist, daß man die Lebensaussichten eines Individuums mit einer gewissen Anomalie den Lebensaussichten einer normalen, aber älteren Person gleichstellt. Wie groß dieser Altersunterschied sein muß, kann man für einzelne häufig vorkommende Anomalien im allgemeinen auf die Weise berechnen, wie sie auf S. 342 für die „Gotha" angegeben ist. Bei dieser Gesellschaft fand man, daß die Gefahr der Korpulenz gedeckt werden kann, wenn man bei allen korpulenten Personen eine Alterserhöhung um 4 Jahre anwendet. Diese allgemeine Regel ist aber wegen ihrer Verallgemeinerung unbrauchbar. Sie berücksichtigt nicht die anderen Umstände, und so muß man in jedem besonderen Falle doch wieder auf die Schätzung zurückgreifen.

Die Methode hat aber ihre Vorteile. Einmal von einem praktischen Gesichtspunkt aus, weil sie die Berechnungen des Mathematikers vereinfacht, da dieser dann die „unterwertigen" Personen in seinen Statistiken einfach als normale Menschen von höherem Lebensalter (sog. Bürolebensalter) anzusehen hat, die also auch eine für dieses Alter normale Prämie bezahlen.

In zweiter Linie bekommt man auf diese Weise auch klarere Angaben bei den verschiedenen Formen einer Versicherung. Wenn jemand eine Versicherung mit Auszahlen des Kapitals im Todesfalle abschließt, beruht die Prämienberechnung ganz auf der Sterbewahrscheinlichkeit. Hat man dagegen eine sog. gemischte Versicherung, bei der also auch zu Lebzeiten zu einem bestimmten Zeitpunkt das Kapital ausgezahlt wird, dann kann man die Versicherung teilen in eine zeitliche Versicherung für den Todesfall (Auszahlung des Kapitals, nur wenn jemand vor einem bestimmten Zeitpunkt stirbt) und eine Versicherung für das Leben (Auszahlung nur, wenn jemand nach einem bestimmten Zeitpunkt noch lebt). Größere Sterbewahrscheinlichkeit (also auch höheres Alter) läßt die Prämie für die erste Versicherung steigen, für die zweite sinken. Eine prozentuale Erhöhung würde die beiden Teile der Prämie treffen, die Erhöhung des Alters wirkt gerade so wie die größere Sterbewahrscheinlichkeit aus einem anderen Grunde.

Nach Lage der Dinge wird eine Alterserhöhung bei einer lebenslangen Versicherung eine relativ viel stärkere Prämienerhöhung bedingen als eine gemischte Versicherung.

Man kann die Prämienerhöhung nun auf verschiedene Weise variieren. Bei manchen Anomalien ist der Einfluß auf die Sterbewahrscheinlichkeit nicht in jedem Alter oder in allen Versicherungsperioden der gleiche. So wird z. B. die

Gefahr einer Lungentuberkulose, die nach einer Pleuritis droht, am größten in den ersten Jahren nach der Pleuritis sein, nach einem Appendicitisanfall wird die Aussicht auf ein Rezidiv mit den Jahren abnehmen, die Heredität bei Tuberkulose wird besonders in jugendlichem Alter eine Rolle spielen. In derartigen Fällen kann man die Prämienerhöhung für die Jahre anwenden, in welchen die meiste Gefahr droht. Wenn eine bestimmte Anzahl von Jahren nach der Begutachtung verstrichen ist, kann man wieder zur normalen Prämie übergehen, sei es mit, sei es ohne erneute ärztliche Untersuchung. Auch kann man beim Abschluß der Versicherung eine einmalige Extrasumme für die Deckung des größeren Risikos bezahlen lassen.

Manchmal wird auch ein Schutz gegen die größere Gefahr der ersten Versicherungsjahre in den sog. Garantiejahren gesucht, die ein Versicherter am Leben bleiben muß, um das Kapital voll ausgezahlt zu bekommen, während bei etwaigem früheren Tode weniger ausbezahlt wird.

Eine ganz andere Methode der Versicherung unterwertigen Lebens ist der Zwang zu einzelnen bestimmten Versicherungsformen, namentlich die Verpflichtung zu einer gemischten Versicherung auf kurze Dauer. Man stellt dabei folgende Erwägungen an: Wenn jemand an Stelle einer Versicherung mit Auszahlung im Todesfalle eine Versicherung mit Auszahlung nach 20 Jahren oder im Todesfalle vor Ablauf dieser Zeit schließt (welch letztere Versicherung eine höhere Prämie erfordert) und er innerhalb der 20 Jahre stirbt, dann hat er im zweiten Falle eine größere Prämiensumme bezahlt als im ersten, während das ausgezahlte Kapital für beide Fälle gleich groß ist. Bleibt er dagegen länger als 20 Jahre leben, dann bedeutet dies für die Versicherungsgesellschaft keinen Schaden.

Diese Regelung hat für den Versicherten den Vorteil, daß er sein Geld noch während seines Lebens erhalten kann. Überdies ist er „normal“ versichert und braucht sich also nicht als „unterwertig“ zu betrachten. Dem steht gegenüber, daß er viel mehr bezahlen muß. Die Vorteile für den Versicherer erscheinen größer als sie sind. Für einen bestimmten Fall können oben erwähnte Überlegungen recht gut gelten, aber nicht für eine ganze Gruppe. Der Fehler der Überlegung steckt darin: wenn man Menschen mit größerer Sterbewahrscheinlichkeit gegen eine erhöhte Prämie versichert, dann werden diejenigen, welche doch noch das gewünschte Alter erreichen oder (bei Versicherung auf Lebensdauer) die durchschnittliche Lebensdauer aufweisen (was natürlich sehr gut der Fall sein kann, da man keine Kranken versichert), zu viel an Prämie bezahlen und dadurch den Schaden wieder gutmachen, welchen die zu früh Gestorbenen den Versicherern zugefügt haben. Aber bei der Methode der Veränderung der Art oder Verkürzung der Dauer der Versicherung kann der Versicherer niemals mehr erhalten als die normale Prämie. Wenn der Versicherte zu früh stirbt, wird der Schaden weniger groß sein als bei der ursprünglich beantragten Form der Versicherung. Schaden bleibt aber, und gegenüber diesem Schaden steht kein Vorteil, der ihn kompensiert. Nur dann würde dies möglich sein, wenn die Sterbewahrscheinlichkeit während der Versicherungszeit auch wirklich normal war. Derartige Fälle aber kommen häufig vor. Die allgemeine Auffassung ist, daß die Gefahren der Korpulenz erst im späteren Alter auftreten. Dasselbe ist der Fall bei der Gefahr der Apoplexie (Heredität, Habitus apoplecticus) und bei der Gefahr des Krebses (Heredität). In derartigen Fällen würde die Verpflichtung zum Abschluß einer gemischten Versicherung, die z. B. vor dem 50. Lebensjahre endet, das richtige sein. Indessen ist auf Grund der Erfahrungen der „Gotha“ und der „Leipziger“ nachgewiesen, daß eine Unterwertigkeit infolge der Korpulenz nicht erst nach einem gewissen Alter auftritt, sondern in jedem Lebensalter und in allen Versicherungsperioden klar zutage kommt. Sollten wirklich diese

Ergebnisse, die klinischen Erfahrungen einigermaßen entgegenstehen, bestätigt werden, so würde damit wenigstens für diese Fälle der Verpflichtung zu einer bestimmten Versicherungsform die logische Grundlage entzogen sein[1]).

Daraus geht also hervor, daß theoretisch die Frage der Versicherung unterwertigen Lebens noch nicht gelöst ist. Glücklicherweise hat die Praxis nicht darauf gewartet. Nach dem immer mehr zunehmenden Umfang dieser Art der Versicherung zu schließen, ist die praktische Lösung gut zu gebrauchen. Damit ist noch nicht gesagt, daß sie richtig, und vor allem nicht, daß sie billig ist. Es ist sehr wohl möglich, und dies wird auch von Autoritäten behauptet, daß noch bei viel zu vielen Menschen eine Versicherung abgelehnt wird, und daß die Prämienerhöhung für die „Unterwertigen" häufig zu hoch ist.

Da es im Interesse beider Parteien liegt, daß so viel wie möglich Leben versichert werden können, und daß die zu berechnende Prämie billig ist, würde es erwünscht sein, wenn untersucht wird, ob die gegenwärtige Berechnung mit der Wirklichkeit übereinstimmt. Dies würde in der Weise geschehen können, daß man nicht nur die Sterblichkeit unter den unterwertigen Versicherten untersucht (d. h. solche, die entweder gegen Prämienerhöhung oder mit der Verpflichtung zu einer bestimmten Form oder Dauer der Versicherung angenommen worden waren), sondern auch den weiteren Lebensweg aller derer kontrollierte, deren Antrag auf eine Versicherung zu keinem günstigen Ergebnis führte, sei es, daß ihre Lebensaussichten zu schlecht waren, um auf irgendeine Weise versichert werden zu können, sei es, weil sie selbst die Aussichten als so günstig ansahen, daß sie nicht auf die erschwerten Bedingungen eingehen zu können glaubten. Zu dem Zweck müßten alle diese Fälle zusammengestellt und die Abgewiesenen an Hand der Angaben des Zivilstandregisters kontrolliert werden. Eine ähnliche Untersuchung ist in Schweden durch Sven Palme und in Belgien in beschränktem Maße durch Maingie bereits angestellt worden. Auch in Holland würde dies nicht unmöglich sein und Anlaß zu einer gerechteren Beurteilung der Gefahr geben können, welche schwere und leichte Anomalien verursachen, und so die Möglichkeit der Lebensversicherung auf immer weitere Kreise ausdehnen können. Wenn man genügende Angaben hat, ist jedes Risiko zu berechnen. Es kann also jedermann versichert werden und das muß erreicht werden!

---

[1]) Es gibt noch andere Versicherungsformen, bei denen der durch die frühzeitigen Todesfälle bedingte Nachteil für den Versicherer geringer ist, als bei der gewöhnlichen lebenslangen oder gemischten Versicherung; z. B. die Versicherung mit Prämienverminderung, weil bei zu frühem Tode ein größerer Prämienbetrag bezahlt ist und mehr Zinsen gezogen worden sind, als wenn die Prämien gleichbleiben. Eine sehr geeignete Versicherung für Menschen, die ihre eigenen Lebensaussichten als vortrefflich ansehen, über welche aber der Vertrauensarzt anders denkt, ist die, wobei eine bestimmte Summe ausbezahlt wird, wenn der Versicherte innerhalb einer gewissen Zeit stirbt. Lebt er aber nach Ablauf dieser Jahre noch, so erhält er die doppelte Summe.

Neuntes Kapitel.

Spezialistische Untersuchung. — Das Gutachtenformular. Verzeichnis der Todesursachen. — Das Berufsgeheimnis.

Spezialistische Untersuchung.

Da dies Buch als ein Leitfaden für die ärztliche *Begutachtung* gedacht ist, ist hier nicht der Ort, die komplizierteren Methoden der Diagnostik zu besprechen. Ihre Anwendung wird nicht verlangt, einmal weil in den meisten Sprechzimmern die Möglichkeit hierzu fehlt, zum anderen aber auch, weil man nicht von jedem praktischen Arzte die Beherrschung dieser Methoden erwarten darf. So können wir hier die Röntgenuntersuchung der Brustorgane und das Elektrokardiogramm, ebenso wie die funktionelle Untersuchung der Verdauungsorgane und der Nieren außer Besprechung lassen. Selbst die so viel einfachere Untersuchung des Pulses mittels Anfertigung einer Pulskurve oder des Blutes durch Zählen der Blutkörperchen und Anfertigen eines Präparates, wird für die gewöhnliche Begutachtung als nicht erforderlich erachtet, weil die größere Arbeitsleistung meist nicht von dem zu erwartenden Nutzen aufgewogen wird.

Jedoch kann es in manchen Fällen wünschenswert sein, daß diese komplizierteren Methoden Anwendung finden. Dann wird es notwendig sein, den Antragsteller entweder einem Spezialisten zu überweisen, der die Untersuchungsmethode beherrscht, oder ihn für einige Zeit in eine Klinik zur Beobachtung aufnehmen zu lassen. Selbstverständlich wird der letztere Fall stets zu den großen Ausnahmen gehören. Ersteres aber kommt häufiger vor. Die Vornahme der Wassermannschen Reaktion durch einen Syphilidologen ist ein Beispiel dafür.

Auch die genaue Untersuchung der Augen, Ohren, Nase und des Kehlkopfs wird für gewöhnlich nicht verlangt und braucht also nicht besprochen zu werden. In den Fällen, wo Anomalien auf dem Gebiete bestehen oder vermutet werden können, ist eine spezialistische Untersuchung häufig erwünscht. Dasselbe ist der Fall, wenn auch bei der gewöhnlichen Untersuchung, wie dies früher dargelegt worden ist, sich Schwierigkeiten erheben, für welche der begutachtende Arzt keine Erklärung weiß, so z. B. bezüglich der Auffassung von Pulsunregelmäßigkeiten oder nervösen Störungen. In einem derartigen Falle sollte der begutachtende Arzt die Schwierigkeit hervorheben und vorschlagen, den Antragsteller nochmals durch einen sachkundigen Internisten oder Neurologen untersuchen zu lassen.

Eine eigenartige Stellung nimmt die gynäkologische Untersuchung ein. Wir haben auf S. 33 gesehen, daß die Sterblichkeit unter den versicherten Frauen in den Jahren der sexuellen Aktivität höher ist als die der Männer, und daß die Ursache gesucht werden muß zum Teil in dem schwächenden Einfluß der Gravidität, Partus und des Puerperiums, zum Teil auch in der Tatsache, daß die Geschlechtsorgane nicht untersucht werden und deren Krankheiten also zuweilen unbemerkt durch die Schranke der ärztlichen Begutachtung hindurchschlüpfen können. Da man die Technik der vaginalen Untersuchung als in den Bereich der Kenntnisse eines jeden Arztes fallend ansehen darf, liegt die Annahme nahe, daß diese Unvollständigkeit in der Untersuchung, deren Nachteile sicher nicht gering zu veranschlagen sind, leicht aus dem Wege geräumt werden könne. Dagegen besteht aber das praktische Bedenken, daß, wenn eine gynäkologische Untersuchung einen notwendigen Teil der Begutachtung bei Frauen bildete, das Schamgefühl die meisten von einer solchen Untersuchung fern halten würde. Darum ist es auch wünschenswert, daß, wenn Abweichungen auf diesem Gebiete vermutet werden, der begutachtende Arzt nicht selbst diese Untersuchung vornimmt, sondern dem Vertrauensarzt vorschlägt, auch hier den Spezialisten zur Hilfe zu rufen. Zwar wird es für die Frau unangenehm sein, sich von zwei Ärzten untersuchen lassen zu müssen, aber sie wird dann doch einsehen, daß eine derartige Untersuchung notwendig ist. Im anderen Falle dagegen wird die Gefahr bestehen, daß sie dies als eine überflüssige Manipulation betrachtet, zumal sie meist weiß, daß in der Regel eine derartige Untersuchung nicht vorgenommen wird.

Wenn von dem begutachtenden Arzte die Hilfe eines Spezialisten für notwendig erachtet wird, kann er dies selbstverständlich dem Vertrauensarzt vorschlagen. Der Auftrag dazu darf aber nicht von ersterem selber, sondern muß stets vom Vertrauensarzt erteilt werden. Es können andere, auch nicht medizinische Gründe bestehen, warum eine solche zweite Untersuchung ungewünscht oder überflüssig ist.

Das Gutachtenformular.

Auf der allgemeinen Tagung der Maatschappy ter Bevordering der Geneeskunst zu Tilburg wurden die folgenden Modellformulare für die ärztliche Untersuchung angenommen, und zwar Modell A für die Versicherungen über fl 1000.—, Modell B für die unter fl 1000.—[1]). Gleichzeitig wurde ein Formular C festgestellt für die sog. Volksversicherung. Im Hinblick darauf, daß dabei keine Untersuchung verlangt wird, braucht dies Modell hier nicht des näheren angeführt zu werden.

Formular A.

Erklärung des Antragstellers für die ärztliche Untersuchung.

Ich Unterzeichneter .... erkläre geboren zu sein zu .... am ...., von Beruf ...., wohnhaft zu ....

I. Halten Sie sich für zur Zeit gesund?

II. Haben Sie einmal an einer oder mehrerer der folgenden Krankheiten gelitten?

a) Langwierigem Husten?
b) Brustfellentzündung (Pleuritis)?
c) Asthma?
d) Blutauswurf?
e) Herzklopfen?
f) Magen- oder Darmkrankheiten?
g) Schluck- oder Stuhlbeschwerden?
h) Blinddarmentzündung?
i) Starken Kopfschmerzen?
j) Ohreiterung?
k) Nervenleiden?
l) Abspannung?
m) Ohnmachten?
n) Gicht? Wieviel Anfälle?
o) Gelenkrheumatismus?
p) Störungen beim Urinieren?
q) Syphilis? (Siehe weiter unten.)
r) Anderen Geschlechtskrankheiten?

Wenn ja 1. Wann?
2. Wie lange?
3. Wie war der Verlauf?

---

[1]) Nederlandsch tijdschr. v. geneesk. 1909, I, S. 1236.

s) An welchen anderen Krankheiten haben Sie gelitten?
   1. Wie lange?
   2. Wann?
t) Sind Sie schwer verwundet gewesen? oder haben Sie eine Operation durchgemacht?
u) Im Falle einer Syphilis:
   1. Wann sind die ersten Erscheinungen aufgetreten?
   2. Wie und wo machten sie sich bemerkbar?
   3. Von welcher Dauer? Welche Kur oder Kuren haben Sie dafür gebraucht?
   4. Wann sind die letzten Erscheinungen der Syphilis bemerkt worden?
   5. Wann hat zuletzt eine Behandlung stattgefunden?

III. a) Trinken Sie Alkohol?
b) Wieviel täglich?
c) Nehmen Sie berauschende Getränke zu sich?
   Welche?
d) Sind Sie geimpft? und wieder geimpft?
e) Sind Sie vom Militärdienst oder einer Dienststellung zurückgewiesen worden?
   Warum?
   Wann?
f) Haben Sie in den Tropen gelebt?
   Wie lange?
   Wo?
g) An welchen Krankheiten haben Sie dort gelitten?
   Wann?
   Wie lange?
h) Haben Sie eine Kur gebraucht?
   Wo?
   Zu welchem Zwecke?
   Wann?
i) Wer ist Ihr jetziger Arzt?
   Wer hat Sie früher behandelt? Woran?
j) Sind Sie aus Gesundheitsgründen von einer Gesellschaft abgewiesen worden? Oder gegen besondere Bedingungen angenommen worden?
   Von welcher Gesellschaft?
   Wann?
k) Sind, soweit Ihnen bekannt, unter Ihren nächsten Blutsverwandten Personen, die an Tuberkulose, Krebs, Gemütskrankheiten, Zuckerkrankheit, Epilepsie, Gicht, Schlaganfall gelitten haben oder leiden?
l) Ist Selbstmord oder Selbstmordversuch in Ihrer Familie vorgekommen?
m) Sind Sie verheiratet?
   Ist Ihr(e) Gatte(in) gesund?

IV. Bei einer Frau:
a) Ist die Menstruation regelmäßig und ungestört?
b) Sind Sie schwanger?
   Seit wann?
   Die wievielte Schwangerschaft?
c) Wie war der Verlauf der früheren Geburten?
d) Haben Sie eine Fehlgeburt gehabt?
   Wie oft?
e) Leiden Sie oder haben Sie an einer Geschlechtskrankheit gelitten?

V. Füllen Sie untenstehende, den Zustand Ihrer Familie betreffende Rubrik so genau wie möglich aus.

	Gesundheitszustand und Alter	In welcher Alter gestorben	Todesursache
Vater . . .			
Mutter . .			

	Zahl der Lebenden	Gesundheitszustand und Alter	Zahl der Gestorbenen	In welchem Alter gestorben	Todesursache
Brüder . .					
Schwestern .					
Kinder . .					

Ich Unterzeichnete(r) erkläre obenstehende Angaben nach meinem besten Wissen und wahrheitsgemäß gemacht zu haben und bin mir bewußt, daß ein Verschweigen oder eine falsche Angabe die Lebensversicherungsgesellschaft von ihren Verpflichtungen meiner Person gegenüber entbinden kann.

Gleichzeitig ermächtige ich alle Ärzte, die mich behandelt haben oder behandeln werden, jede von dieser Gesellschaft verlangte Auskunft über meinen Gesundheitszustand und die Ursache meines Todes abzugeben.

Unterschrift der zu versichernden Person

Gezeichnet in meiner Gegenwart zu .... am ....

Der behandelnde Arzt:

Bericht des Arztes.

VI. 1. a) Ist Ihnen die Person bekannt?
b) Seit wie lange?
c) Haben Sie sie schon behandelt?
d) Wann?
e) Woran?
f) Wissen Sie etwas über Ihren gegenwärtigen Gesundheitszustand?
2. Erscheint Ihnen die Person gesund?
a) Stimmt das Äußere mit dem Alter von .. Jahren überein?
3. Ist der allgemeine Körperbau stämmig, die Haltung kraftvoll, die Länge im Verhältnis (Länge .... cm) zur Schwere (Gewicht gewogen [geschätzt] ... Kilo) nicht auffallend über oder unter dem Durchschnitt?
4. Ist die Stimme klar?
5. Bestehen auffallende Abweichungen an der Haut oder den Nägeln?
6. Bestehen Drüsenschwellungen?
7. Ist das Skelett mißbildet?

VII. 1. Macht der Untersuchte einen psychisch gesunden Eindruck?
2. Bestehen Störungen der
a) Motilität (Paralysen, Tremor)?
b) Sensibilität?
3. Ist der Patellarreflex normal?
4. Kann er (sie) gehen und mit geschlossenen Augen stillstehen?
5. Bestehen Abweichungen am
Sehorgan?
b) Gehör?
Wenn ja, welche?
6. Sind die Pupillen gleich? Reagieren sie normal auf
a) Licht?
b) Konvergenz?
7. Besteht Otorrhöe?

VIII. 1. Ist der Thorax gut gebaut?
2. Wie groß ist der Umfang, gemessen über der Papilla mammae (bei Frauen oberhalb der Mammae) bei seitlich ausgestreckten Armen?
a) bei tiefster Einatmung (cm ....)?
b) bei tiefster Ausatmung (cm ....)?
3. Ist die Grube oberhalb oder unterhalb der Claviculae eingefallen?
4. a) Dehnt der Brustkorb sich beiderseits gleichmäßig und genügend aus?
b) Verschiebt sich die Lungen-Lebergrenze bei der Atmung genügend?
c) Erregt tiefes Atmen Husten?
5. Finden Sie etwa bei der Perkussion des Brustkorbs Abweichungen?
6. Finden Sie etwa bei der Auskultation des Brustkorbs Abweichungen?
7. Sind Lungen und Pleura gesund?

IX. 1. Wo ist der Herzstoß zu fühlen?
2. Ist er sichtbar?
3. a) Welches ist die obere Grenze der Herzdämpfung?
b) Welches die rechte Grenze?
c) Welches die linke Grenze?
4. Finden Sie etwa bei der Auskultation des Herzens Abweichungen?
5. Wie ist der Puls?
a) Frequenz?
b) Rhythmus?
c) Art { Füllung? Spannung? Härte?

6. Ist das Herz gesund?
7. Besteht Arteriosklerose?
8. Bestehen:
   a) Varicen } von Bedeutung?
   b) Hämorrhoiden } von Bedeutung?
9. Ist Verdacht auf Aneurysma?

X. 1. Ist in Mund-, Nasen- oder Rachenhöhle etwas Anormales wahrzunehmen?
2. Wie groß ist der Bauchumfang über dem Nabel, gemessen im Stehen? cm ....
3. Besteht irgendwo Druckschmerzhaftigkeit des Bauches?
4. Sind Abweichungen an Magen, Leber, Milz oder anderen Bauchorganen festzustellen?
5. Ist ein Bruch vorhanden? Wird er leicht durch ein Bruchband zurückgehalten?

XI. 1. Wie ist
   a) das spezifische Gewicht
   b) die Reaktion
   c) die Klarheit
   } des Urins? { Der Urin *muß* während der Untersuchung gelassen werden.
2. Enthält er
   a) Eiweiß?
   b) Zucker?
   c) Andere anormale Bestandteile?
   d) Nach welchen Methoden haben Sie untersucht?
3. Besteht Verdacht auf eine Verengung der Urethra oder eine andere krankhafte Abweichung der Organa urogenitalia?

XII. Bei einer Frau:
1. Vermuten Sie eine Schwangerschaft?
2. Vermuten Sie eine Erkrankung der Geschlechtsorgane?
3. Vermuten Sie eine Verengung oder Mißbildung des Beckens?
4. Sind die Mammae gesund?

Auf Grund vorstehend niedergeschriebener Untersuchung hält unterzeichneter untersuchender Arzt der Gesellschaft den Gesundheitszustand von ....
für günstig,
mittelmäßig,
ungünstig.

.............., den ....

Der Arzt:

Formular B.

Erklärung des Antragstellers für die ärztliche Untersuchung.

Ich Unterzeichneter .... erkläre geboren zu sein zu .... am .... von Beruf .... wohnhaft zu ....

I. Halten Sie sich für zur Zeit gesund?
II. An welchen Krankheiten haben Sie gelitten?
   Wann?
   Wie lange?
III. Füllen Sie untenstehende Rubrik so genau wie möglich aus.

	Befinden. Gesundheit und Alter	In welchem Alter gestorben	Todesursache
Vater . . .			
Mutter . .			
Brüder . .			
Schwestern .			
Kinder. . .			

IV. Sind Sie vom Militärdienst, einer Lebensversicherung oder einer Dienststellung zurückgewiesen worden?
   Wenn ja, warum?
V. Führen Sie ein mäßiges und geregeltes Leben?
VI. Ist unter Ihren nächsten Blutsverwandten Schwindsucht, Krebs, Geisteskrankheit, Epilepsie, Gicht, Zuckerkrankheit, Schlaganfall oder Selbstmord vorgekommen?
   Wenn ja, ausführlichere Angaben.

Ich Unterzeichneter erkläre obenstehende Angaben nach meinem besten Wissen und wahrheitsgemäß gemacht zu haben, und bin mir bewußt, daß ein Verschweigen oder eine falsche Angabe die Lebensversicherungsgesellschaft von ihren Verpflichtungen meiner Person gegenüber entbinden kann.

Gleichzeitig ermächtige ich alle Ärzte, die mich behandelt haben oder behandeln werden, jede von dieser Gesellschaft verlangte Auskunft über meinen Gesundheitszustand und die Ursache meines Todes abzugeben.

Unterschrift der zu versichernden Person:

Gezeichnet in meiner Gegenwart zu .... am ....

Der untersuchende Arzt:

Ärztliche Erklärung.

Abgegeben von .... zu .... betreffend .... zu ...., alt .. Jahre, von Beruf ....

1. Halten Sie den Antragsteller für gesund?
2. Stimmt sein Äußeres mit dem Alter überein?
3. Finden Sie
   a) bei der Perkussion
   b) bei der Auskultation
   } etwaige Abweichungen an den Lungen?
4. Finden Sie
   a) bei der Perkussion
   b) bei der Auskultation
   } etwa Abweichungen am Herzen?
5. Weist das Gefäßsystem etwa Abweichungen auf?
6. Finden Sie in dem *während der Untersuchung entleerten Urin* Eiweiß, Zucker oder andere anormale Bestandteile?
7. Finden Sie etwas Anormales an den Bauchorganen?
8. Besteht eine
   a) konstitutionelle Krankheit?
   b) Störungen in der Motilität oder Sensibilität?
   c) Veränderungen an einem der Sinnesorgane?
   Welche?
9. Wenn der Antragsteller eine Frau ist: Besteht Schwangerschaft? und halten Sie die bevorstehende Geburt mit größeren Gefahren als gewöhnlich verbunden?
10. Halten Sie den Gesundheitszustand für
    günstig?
    mittelmäßig?
    ungünstig?

Zu .... am ....

In diesem Formular B fehlen die Fragen nach Maßen, Gewicht und Pulsfrequenz. Der Vorschlag der Hauptleitung auf Anraten der Leitung der Vereinigung von Vertrauensärzten der Lebensversicherungsgesellschaften, diese Fragen noch hinzuzufügen, wurde von der Generalversammlung im Jahre 1920 angenommen. Das Honorar wurde gleichzeitig festgesetzt auf 10 fl und 5 fl Minimum (Nederlandsch tijdschr. v. geneesk. 1920, I, S. 2463 und II, S. 2249).

Manche niederländischen Versicherungsgesellschaften haben diese Formulare im ganzen übernommen, andere wenden etwas hiervon abweichende Formulare an, ohne daß jedoch dieser Verschiedenheit irgendwelche Bedeutung zukommt. So wird in einigen Formularen die Frage nach der Gesundheit oder Todesursache der Großeltern (auf S. 54 von uns bereits auseinandergesetzt, warum uns diese Frage nicht zweckmäßig erschien) gestellt, in anderen brauchen die Herzgrenzen nicht so genau beschrieben zu werden, wieder andere ergehen sich bei der Urinuntersuchung mehr in Details oder verlangen noch einzelne Besonderheiten bei der Untersuchung des Nervensystems.

Die Beantwortung des Formulars A kostet mehr Zeit und Schreibarbeit als die des Formulars B. Die Untersuchung selbst ist in praxi die gleiche. Ob man einen Antragsteller gemäß A oder B begutachtet, im Grunde muß man doch ermitteln, ob sein Gesundheitszustand gut ist, ob seine Lebensaussichten normal sind. Dies alles kann man allein dann erfahren, wenn man gründlich untersucht.

Jedoch ist der Unterschied zwischen Formular A und B nicht ausschließlich formaler Art. Sie stellen ein jedes eine bestimmte Auffassung des ärztlichen Berichtes dar. Wenn man sich lediglich aus schriftlichen Angaben ein Urteil über eine bestimmte Person bilden muß, kann man der Ansicht sein, daß dies am besten gelingt, indem man so viele und so genaue Fragen wie nur möglich stellt, oder man kann glauben, daß eine mehr allgemeine, kurze aber richtige Beschreibung von größerem Werte ist. Bei der ersten Methode läuft man Gefahr, daß man unnötig die gleichen Fragen wiederholt, was aber nicht sehr schlimm ist (siehe z. B. Formular A VIII. 7 oder IX 6), außerdem aber, daß der begutachtende Arzt denkt, was *nicht* gefragt würde, brauche auch nicht beantwortet zu werden, mit anderen Worten, daß man infolge der schematischen Fragen auch schematische Antworten erhält. Die zweite Methode, bei der die Fragen mehr allgemein gestellt werden, würde sicher besser sein, wenn man es immer mit erfahrenen und sehr sorgfältig begutachtenden Ärzten zu tun hätte, die niemals etwas übersehen, was bei der Untersuchung von Wichtigkeit sein kann.

Wenn man die ausländischen Gutachtenformulare mit den niederländischen vergleicht, tritt dieser Unterschied in der Auffassung sehr deutlich in Erscheinung. Die deutschen sind, wie das zu erwarten ist, sehr sorgfältig und ausführlich. Bei der Anamnese wird noch mehr nach Details gefragt als im Formular A (z. B. welche Badeorte der Antragsteller aufgesucht hat), auch bei der Untersuchung wird auf die kleinsten Einzelheiten eingegangen (bei manchen z. B. welche Farbe der Haare oder Augen der Antragsteller hat). Mit den verschiedenen Hausarztattesten, die dem Gutachtenformular gewöhnlich beiliegen, erhält man ein dickes Aktenstück, durch das nicht leicht hindurchzukommen ist.

Dem gegenüber stehen die französischen und in noch stärkerem Maße die englischen Formulare. In den französischen sind sehr viele, aber sehr kurz formulierte Fragen enthalten, z. B.[1]):

VIII. Appareil circulatoire.

1. N'existe-t-il aucun trouble de nature à faire craindre une affection du coeur ou des gros vaisseaux?
2. Palpitations?
3. Oedème des jambes?
4. Examen physique { Palpation: Quel résultat? / Percussion: Quel résultat? / Auscultation: Quel résultat? }
5. Caractère du pouls?
6. Etat des artères? — Athérome?
7. Etat des veines? — Varices? — Hémorrhoides?

Ebenso kurz sind die englischen und amerikanischen Formulare, letztere aber oft *zu* kurz. Als Beispiel sei angeführt, daß bei einer großen amerikanischen Gesellschaft nur folgende Fragen für die ärztliche Untersuchung gestellt werden[2]):

3. Ärztliche Untersuchung. Finden Sie nach eingehender Befragung und sorgfältiger ärztlicher Untersuchung einen Anhalt für eine frühere oder zur Zeit bestehende Krankheit von:

A. Haut, Mittelohr, Auge oder einem Körperteil.
B. Lungen } Etwaige Abweichungen von einem der beiden.
C. Herz }
D. Magen oder Bauchorganen.

Nach dem Äußeren, dem Puls und Urin wird in einer anderen Frage geforscht. Fragen bezüglich des Nervensystems fehlen.

---

[1]) Aus dem Gutachtenformular von „La Nationale".

[2]) Holländisches Formular der „Equitable".

Daß auch die Anforderungen an die Untersuchung selbst nicht sehr streng sind, geht aus einer Frage des Formulars einer anderen amerikanischen Gesellschaft hervor[1]):

Through what clothing, if any, did you examine heart and lungs? [only undershirt or one thickness is permitted[2])].

Dagegen wird in den amerikanischen Formularen sehr erheblich Wert auf Beruf und Lebensweise, namentlich was den Alkoholkonsum betrifft, gelegt. So wird gefragt, ob der Antragsteller in den letzten 5 Jahren jemals Schnaps bis zur Betrunkenheit zu sich genommen hat, und ob er jetzt oder früher, sei es direkt, sei es indirekt, bei der Fabrikation oder beim Verkauf irgendeines alkoholischen Getränkes beteiligt war.

Verzeichnis der Todesursachen.

Im Laufe dieses Buches ist wiederholt darauf hingewiesen worden, wie wichtig für die Lebensversicherung vor allem im Hinblick auf die Versicherung der sog. unterwertigen Leben eine richtige Statistik der Todesursachen ist.

Zu diesem Zwecke ist eine sachgemäße Einteilung dieser Todesursachen erforderlich. Nach Lage der Dinge ist eine derartige Einteilung niemals vollkommen einwandfrei zu machen. Meist wird die unmittelbare Todesursache angegeben, während gerade die mittelbare von Wichtigkeit ist. Es ist für die Lebensversicherung nicht so sehr von Bedeutung, zu wissen, ob jemand an einer Apoplexie oder an einer „Paralysis cordis" gestorben ist, sondern ob eine Nephritis, ein Vitium cordis oder Syphilis die Krankheit war, an welcher der Verstorbene gelitten hatte. So wird Gicht höchst selten als Todesursache angegeben werden, wohl aber ihre Folgen: Nephritis, Apoplexie. Eine zum Tode führende Peritonitis kann die Folge einer Appendicitis oder einer Tuberkulose sein und daher für die Statistik eine vollkommen verschiedene Bedeutung haben.

Jedoch wird man aus einer Statistik der Todesursachen praktisch brauchbare Folgeerscheinungen ziehen können, wenn man nur größere Gruppen von Todesursachen berücksichtigt (z. B. Krankheiten der Atmungsorgane, des Herzens und der Blutgefäße, des Nervensystems usw.) und auf den Zusammenhang bestimmter Krankheiten und Todesursachen achtet.

Das Verzeichnis der Todesursachen, nach welchem diese angegeben werden, muß denn auch praktisch sein. In Holland wird zu dem Zwecke das sog. kleine Verzeichnis von Bertillon angewandt:

1. Febris typhoidea, Typhus abdominalis.
2. Typhus exanthematicus.
3. Febris intermittens. Malaria-Kachexie.
4. Pocken.
5. Masern.
6. Scharlach.
7. Keuchhusten.
8. Diphtherie.
8a. Croup.
8b. Dysenterie.
8c. Dysenteria epidemica.
9. Influenza.
10. Cholera asiatica.
11. Cholera nostras.
12. Andere epidemische Krankheiten.
13. Lungentuberkulose.
14. Hirntuberkulose.
15. Andere Formen von Tuberkulose.
16. Krebs und andere maligne Tumoren.
17. Meningitis.
18. Apoplexie, Gehirnerweichung.
19. Organische Herzfehler.
20. Akute Bronchitis.
21. Chronische Bronchitis.
22. Pneumonie.
23. Magenkrankheiten.
24. Gastro-Enteritis (bei Kindern unter 2 Jahren).
25. Hernia, Darmverschluß.
26. Lebercirrhose.

[1]) Mutual, New York.

[2]) Wahrscheinlich ist der Wunsch nach Schonung des Schamgefühls des Antragstellers der Grund dieser Handlungsweise. Jedenfalls leidet natürlich die Genauigkeit der Untersuchung darunter.

27. Nephritis und Brightsche Krankheit.
28. Krankheiten der weiblichen Geschlechtsorgane.
29. Wochenbettfieber.
30. Andere Krankheiten der Schwangerschaft und des Wochenbetts.
31. Angeborene Schwäche und Fehler.
32. Altersschwäche.
33. Gewaltsamer Tod.
33a. Selbstmord.
34. Andere Krankheiten.
35. Unbekannt.

Es muß allgemein zugegeben werden, daß dieses Verzeichnis für unsere Zwecke außerordentlich unpraktisch ist.

Den Infektionskrankheiten wird ein sehr großer Platz eingeräumt, viel größer, als der Häufigkeit entspricht, mit der sie in den Registern der Versicherungsgesellschaften als Todesursache vorkommen. Typhus exanthematicus, Malariakachexie, Pocken, Masern, Scharlach, Keuchhusten, Diphtherie (und dazu noch besonders Croup!), zwei Arten von Dysenterie, asiatische Cholera und Cholera nostras (letztere anscheinend auch als Infektionskrankheit angesehen), alle diese Todesursachen können für die Sterblichkeit einer gesamten Bevölkerung von Wichtigkeit sein. Bei der Lebensversicherung kommen sie so selten vor, daß ihre besondere Aufzählung keinen Sinn hat. Dagegen fehlt hier z. B. die Septicopyämie.

Weiter kommt in dem Verzeichnis vor: angeborene Schwäche und Fehler, es werden Wochenbettfieber und andere Krankheiten der Schwangerschaft und des Wochenbettes gesondert aufgeführt, dagegen Apoplexie und Gehirnerweichung zusammengefaßt. Ist die Gastroenteritis eine Todesursache nur bei Kindern unter 2 Jahren?

Ein noch schwerer wiegendes Bedenken gegen das Verzeichnis ist, daß viele häufig vorkommenden Todesursachen gänzlich fehlen. Alle Blut-, alle Stoffwechselkrankheiten (sogar Diabetes mellitus!) wird man vergeblich darin suchen, so auch die Arteriosklerose, Appendicitis, Pyelocystitis, Tabes dorsalis, um nur einige wichtige herauszugreifen.

Deswegen haben wir versucht, ein brauchbareres Verzeichnis aufzustellen, von dem Grundsatz ausgehend, daß die Todesursachen in große Gruppen verteilt werden müssen. Zu diesem Zwecke erschien uns die Einteilung in die verschiedenen Organsysteme am geeignetsten. Die Infektionskrankheiten und die Krankheiten, die man häufig als „Konstitutionskrankheiten“ bezeichnet, fielen von selbst aus, weil eine bestimmte Lokalisation bei ihnen nicht das hervorstechendste ist (Stoffwechsel-, Blutkrankheiten). Hinzugenommen haben wir die sicher selten als Todesursache auftretenden Hautkrankheiten. Eine Ausnahme von dieser Einteilung haben wir bezüglich der bösartigen Neubildungen gemacht, weil es uns wichtig erschien, die Krebssterblichkeit einwandfrei beurteilen zu können. Was die Tuberkulose anbetrifft, so haben wir die Lungentuberkulose unter die Krankheiten der Atmungsorgane eingereiht und ihr, wie dies in allen Tuberkulosestatistiken üblich ist, die Tuberkulose der anderen Organe gegenübergestellt, die wiederum unter die Infektionskrankheiten eingeteilt ist.

Wir sind uns bewußt, daß auch durch unsere Liste das oben erwähnte Bedenken nicht aus dem Wege geräumt wird, daß nur die direkte Todesursache und nicht die tödliche Krankheit angegeben wird. Aber solange wie nur die Ursache des Todes gemeldet und keine Krankengeschichte vorgelegt wird, scheint ein derartiges Bedenken unabänderlich.

Verzeichnis der Todesursachen.

Infektionskrankheiten.

1. Febris typhoidea.
2. Influenza.
3. Septicopyämie.
4. Polyarthritis rheumatica.
5. Erysipelas.
6. Syphilis.
7. Tuberkulose (mit Ausnahme von Lungen tuberkulose).
8. Andere Infektionskrankheiten.

Blut- und Stoffwechselkrankheiten.

9. Diabetes mellitus.
10. Blutkrankheiten.
11. Hautkrankheiten.
12. Andere Stoffwechselkrankheiten[1]).

Krankheiten der Atmungsorgane.

13. Akute Bronchitis, Bronchopneumonie.
14. Chronische Bronchitis und Emphysem.
15. Pneumonia crouposa.
16. Tuberculosis pulmonum.
17. Pleuritis.
18. Andere Krankheiten der Atmungsorgane a. b. N.[2]).

Krankheiten des Herzens und der Blutgefäße.

19. Endocarditis acuta.
20. Vitium cordis.
21. Myodegeneratio cordis.
22. Arteriosklerosis.
23. Andere Krankheiten von Herz und Blutgefäßen.

Krankheiten der Verdauungsorgane.

24. Akute Gastroenteritis.
25. Ulcus ventriculi et duodeni.
26. Appendicitis.
27. Ileus.
28. Krankheiten der Leber a. b. N.
29. Krankheiten der Gallenblase a. b. N.
30. Krankheiten des Pankreas a. b. N.
31. Peritonitis.
32. Andere Krankheiten der Verdauungsorgane a. b. N.

Nierenkrankheiten.

33. Nephritis.
34. Pyelonephritis.
35. Nephrolithiasis.
36. Andere Krankheiten der Harnwege a.b.N.

Frauenkrankheiten.

37. Krankheiten der weiblichen Geschlechtsorgane a. b. N.
38. Gravidität, Partus und Puerperium.

Krankheiten des Nervensystems.

39. Apoplexia cerebri.
40. Tabes dorsalis und Dementia paralytica.
41. Epilepsie.
42. Geisteskrankheiten.
43. Andere Krankheiten des Nervensystems a. b. N.

Bösartige Neubildungen.

44. Krebs der Speiseröhre.
45. Krebs des Magens.
46. Krebs der Leber.
47. Krebs des Darms.
48. Krebs des Larynx.
49. Krebs der Brustdrüse.
50. Krebs der Geschlechtsorgane.
51. Krebs der anderen Organe.
52. Andere bösartige Neubildungen.

Vergiftungen.

53. Alkoholismus.
54. Andere Vergiftungen.

Gewaltsamer Tod.

55. Selbstmord.
56. Gewaltsamer Tod.
57. Altersschwäche[3]).
58. Unbekannt, Mors subita.
59. Nicht genannte Krankheiten.

Das Berufsgeheimnis gegenüber der Lebensversicherung.

In dem Verhältnis zwischen den Ärzten und der Lebensversicherung spielt die Frage nach dem Berufsgeheimnis eine große Rolle. Es ist dies ein Punkt, der wiederholt zu Reibungen Veranlassung gegeben hat, und deswegen erscheint es uns erwünscht, in diesem Buche uns kurz darüber auseinanderzusetzen, auch wenn das Thema etwas außerhalb des Rahmens unserer Arbeit fällt.

Steht doch das Berufsgeheimnis zwischen dem *praktizierenden* Arzt und der Lebensversicherungsgesellschaft. Der *begutachtende* Arzt und der Vertrauensarzt sind dadurch gegenüber der Anstalt, für welche sie tätig sind, nicht gebunden. Zwar ist es uns bekannt, daß von mancher Seite seine Wirksamkeit auch auf den begutachtenden Arzt ausgedehnt werden will. Dadurch würde aber die ärztliche Untersuchung als im Streite mit dem Berufsgeheimnis in Wegfall kommen[4]).

[1]) Hierunter werden fallen z. B. Gicht, Diabetes insipidus, Morbus Basedowi, Morbus Addisoni, Akromegalie, Osteomalacie und ähnliche selten als Todesursachen auftretende Krankheiten.

[2]) a. b. N. = außer bösartigen Neubildungen.

[3]) Hierunter sind auch die etwas vagen Todesursachen, wie Paralysis cordis bei alten Leuten, aufzuführen.

[4]) Dr. H. H. van Eijk u. a. hat anscheinend etwas für diese Auffassung übrig (Over sociale Geneeskunde 1915, S. 38). Dagegen ist A. C. M. Beukers in seiner Dissertation: „Het beroepsgeheim van den Geneesheer", Amsterdam 1915, in dieser Frage unserer Ansicht (S. 69).

Jedoch wird die Zahl derjenigen nicht groß sein, welche zwischen einem begutachtenden und behandelnden Arzt keinen Unterschied machen werden und die glauben, daß jemand, der sich für eine Versicherung untersuchen läßt, seine Angaben und die Ergebnisse der Untersuchung als „geheim zur Kenntnis gegeben und genommen" seitens des begutachtenden Arztes behandelt wissen will in dem Sinne, daß er sie der Direktion der Lebensversicherungsgesellschaft oder ihrem Vertrauensarzte nicht mitteilen darf. Auf den offensichtlichen Zweck der Untersuchung muß doch auch Rücksicht genommen werden.

Jedoch besteht eine Möglichkeit, bei welcher das Berufsgeheimnis mit einer ärztlichen Untersuchung in Konflikt kommen kann. Das ist dann der Fall, wenn der Hausarzt diese Untersuchung vornimmt. Er kann in die schwierige Lage versetzt werden, daß er Aufklärungen hinsichtlich der Familiengeschichte oder des Gesundheitszustandes des Versicherungsanwärters besitzt, welche ihm in Ausübung seines Berufes zur Kenntnis gekommen oder anvertraut sind, und die ihm von dem Untersuchten, sei es absichtlich, sei es aus Unkenntnis verschwiegen werden. So kann z. B. der Hausarzt, der Vertraute der Familie, wissen, daß der Vater des Versicherungsanwärters Selbstmord begangen hat. Dem Sohne, der selber etwas ängstlich ist, ist dies niemals mitgeteilt worden, und er gibt als Todesursache an: „Unbekannt" oder „Schlaganfall". Mitteilung der wahren Todesursache würde auf die Beurteilung des ganzen Falles von Einfluß sein — aber es ist das Geheimnis des Hausarztes. Der Arzt steht dann vor einem schweren Dilemma, entweder muß er sein Berufsgeheimnis verletzen, was er nicht tun darf, oder er muß seine Unterschrift unter eine falsche Erklärung setzen. Deswegen mache man es sich zum Grundsatz, niemals seine eigenen Patienten für eine Lebensversicherung zu begutachten, ein Grundsatz, an dem auch von seiten der Lebensversicherung immer so viel wie möglich festgehalten wird, weil der Hausarzt niemals seinen Patienten so frei gegenübersteht, wie dies für die Abgabe eines unbefangenen Urteils notwendig ist[1]).

Aber außer in dem Fall der Begutachtung durch den Hausarzt gilt das Berufsgeheimnis bei der Untersuchung für eine Lebensversicherung nicht.

Anders steht es mit den Erklärungen, die von dem behandelnden Arzte an den Vertrauensarzt abgegeben werden. Diese Erklärungen sind von zweierlei Art, nämlich das sog. Hausarztattest und die Mitteilung der Todesursache bei der Todeserklärung.

Bezüglich des ersten Punktes hat sich in Holland eine Communis opinio gebildet. Das echte Hausarztattest darf in diesem Lande nach allgemeiner Auffassung nicht mehr abgegeben werden. Dagegen wird z. B. in Deutschland noch viel Gebrauch davon gemacht, der Hausarzt gibt einen vollständigen Bericht (an Hand eines bestimmten Formulars) über den allgemeinen Gesundheitszustand des Antragstellers ab und erhält für diesen Bericht ein festes Honorar. Die holländischen Gesellschaften haben derartige Atteste für unnötig erklärt auf Grund des Berichtes, der im Jahre 1909 von einer aus Ärzten und Vertretern der Lebensversicherungsgesellschaften bestehenden Kommission abgegeben wurde. Jedoch ist auf der Hauptversammlung der Maatschappij tot Bevordering der Geneeskunst in Leeuwarden anerkannt worden, daß es dem behandelnden Arzt gestattet ist, dem Vertrauensarzt Mitteilungen über bestimmte Punkte zugehen zu lassen unter der Voraussetzung, daß der Versicherungsanwärter seine Zustimmung dazu gibt[2]). Das strenge Berufsgeheimnis, das noch im Jahre 1864 auf der

---

[1]) Merkwürdigerweise wird von einigen Ärzten das Bedenken, das mit der Begutachtung der eigenen Patienten verbunden ist, so wenig empfunden, daß sie ein solches Verbot als Beleidigung ansehen.

[2]) Nederlandsch tijdschr. v. geneesk. 1909, II, S. 558.

Versammlung zu Arnheim ausgesprochen wurde („die Ärzte dürfen keine Auskunft über den Gesundheitszustand ihrer Patienten geben"), besteht in Holland also nicht mehr in dem Grade, wie dies z. B. in Frankreich der Fall ist. Auf dem Kongreß der Ärzte der Lebensversicherungsgesellschaften zu Paris wurde von französischer Seite nochmals nachdrücklich erklärt, daß es unmöglich wäre, von den behandelnden Ärzten einige Angaben über den früheren Gesundheitszustand zu erhalten, weil diese sich durch deren Abgabe einer strafbaren Handlung schuldig machten.

Heftiger war der Streit, der zwischen Ärzten und Lebensversicherungsgesellschaften über die Angabe der Todesursache geführt wurde.

Die Gründe, warum die Gesellschaften auf diese Angaben Wert legten, waren ursprünglich dreierlei Art:

1. Kontrolle der begutachtenden Ärzte,
2. Kontrolle der Versicherten bezüglich der Richtigkeit ihrer Angaben,
3. Kontrolle bezüglich Selbstmord.

Später kam als 4. Punkt hinzu: das Sammeln von statistischem Material.

Vor allem im Hinblick auf die drei ersten Gründe nahmen die Ärzte anfänglich eine absolut ablehnende Haltung ein. Im Jahre 1888 wurde auf der Hauptversammlung in Nijmegen der Beschluß gefaßt, daß der behandelnde Arzt keine Erklärungen über den Patienten abgeben dürfe, den er während seiner letzten Krankheit behandelt hatte. Dieser Beschluß wurde im Widerstreit mit der Ansicht der Mehrheit einer ad hoc berufenen Kommission auf der Hauptversammlung in Leeuwarden im Jahre 1897 und später nochmals (im Jahre 1901 in Leiden) bestätigt. Die Gesellschaften versuchten ihrerseits die Ärzte moralisch zu zwingen, diese Erklärungen doch abzugeben, indem sie auf der Police bemerkten, daß keine Auszahlung erfolgen würde, wenn nicht vom Arzte die Todesursache angegeben würde. Daß von dieser Bedingung viel Gebrauch gemacht worden ist, ist unwahrscheinlich, aber sie war doch eine gefährliche Waffe in der Hand der Gesellschaften.

Deswegen versuchte man erneut zu einer Lösung zu kommen. Im Jahre 1907 wurde eine aus Ärzten und Interessenten der Lebensversicherungsbetriebe bestehende Kommission ernannt, die zur Aufgabe hatte, einen Ausgleich in dieser Angelegenheit herbeizuführen. Auf der Hauptversammlung in Leeuwarden im Jahre 1909 kam es noch nicht dazu. Es war vor allem der von den Gesellschaften durch obenstehende Klausel ausgeübte Zwang, der eine Annäherung unmöglich machte. Die Kommission blieb aber am Werke und im Jahre 1910 wurde auf der Versammlung in Tilburg endlich ein Übereinkommen erreicht. Die Gesellschaften ließen ihre Forderung fallen, daß eine Erklärung der Todesursache für die Auszahlung notwendig wäre. Dagegen wurde es den Ärzten freigestellt, vor der Auszahlung die Erklärung der Todesursache abzugeben (das Verbot wurde also aufgehoben!). Es wurde ausdrücklich ausgesprochen, daß es *wünschenswert* sei, die Todesursache nach der Auszahlung stets in Erfahrung zu bringen zum Nutzen der Statistik, deren gutes Recht endlich erkannt wurde. Der Ausdruck „gewünscht" wurde gewählt, damit auch hier von Zwang keine Rede sein konnte[1]). In der Tat kommt es noch vor, daß Ärzte sich weigern, die Todesursache anzugeben, auch nach der ausdrücklichen Erklärung, daß ihre Angabe auf die Kapitalsauszahlung keinen Einfluß haben und ausschließlich der Statistik dienen solle, ja sogar auch *nachdem* die Auszahlung schon stattgefunden hat.

In ersterem Falle ist eine derartige Weigerung noch durch die Annahme zu motivieren, daß die Ärzte der erwähnten Erklärung nicht trauen. In letzterem Falle aber fehlt jedes andere Motiv als ein starres Festhalten an dem absoluten Berufsgeheimnis.

---

[1]) Nederlandsch tijdschr. v. geneesk. 1910, II, S. 651.

Jedermann, auch der Arzt, erkennt die große soziale Bedeutung, die in einem soliden Lebensversicherungsbetriebe gelegen ist. Jedermann wird erkennen müssen, daß der Segen der Lebensversicherung um so größer sein wird, je mehr eine immer größere Zahl von Menschen daran teilnehmen kann. Man hört häufig die Beschwerde gegen den Lebensversicherungsbetrieb aussprechen, daß infolge der ärztlichen Begutachtung viele der Vorteile dieser Einrichtung beraubt werden. Nun, man versucht immer mehr, auch den nicht vollkommen Gesunden die Möglichkeit zu geben, eine Lebensversicherung abzuschließen. Dies ist aber nur dann durchführbar, wenn bezüglich der Lebensaussichten dieser „Unterwertigen" zuverlässige Angaben gesammelt werden können. Diese Angaben sind nur zu erhalten, wenn der richtige Zusammenhang zwischen den bei der Begutachtung gefundenen Anomalien und der Krankheit gefunden wird, an der der Versicherte gestorben ist. So kann man zu einer richtigen Einschätzung der Bedeutung der Heredität und eines paralytischen Thorax für die Tuberkulose kommen, so die Gefahren berechnen, die durch eine Albuminurie oder Glykosurie bedingt werden. Ohne genaue Angabe der Todesursachen ist dies nicht zu erreichen. Die Frage danach ist also lediglich die Folge des Wunsches, den Menschen in möglichst großer Zahl die Gelegenheit zu einer Versicherung zu geben, ein Ziel, zu dessen Erreichung ein jeder mitwirken müßte.

Darum ist nicht nur die Angabe der Todesursache wünschenswert, sondern sie sollte auch so klar wie möglich abgefaßt, und es sollten vage Ausdrücke wie Paralysis cordis soviel wie möglich vermieden werden. Es wird stets das Bedenken geäußert, daß ein Arzt, der regelrecht die Todesursache angibt, mißtrauisch sein muß, wenn er (z. B. in einem Falle von Selbstmord) es für besser hält, zu schweigen, weil die Mitteilung möglicherweise ein Grund zur Verweigerung der Ausbezahlung der versicherten Summe sein könnte. Dieses Bedenken ist hinfällig, wenn man die Erklärung stets erst nach der Zusage abgibt, daß von ihr ausschließlich zum Zwecke der Statistik Gebrauch gemacht wird, oder nachdem die Auszahlung bereits stattgefunden hat.

Namenverzeichnis.

Sachverzeichnis.

Druck der Spamerschen Buchdruckerei in Leipzig.

GPSR Compliance

The European Union's (EU) General Product Safety Regulation (GPSR) is a set of rules that requires consumer products to be safe and our obligations to ensure this.

If you have any concerns about our products, you can contact us on ProductSafety@springernature.com

In case Publisher is established outside the EU, the EU authorized representative is:

Springer Nature Customer Service Center GmbH
Europaplatz 3
69115 Heidelberg, Germany

Batch number: 10844827

Printed by Printforce, the Netherlands